Schweitzers
Bayerischer
Finanzkalender

für das Jahr

1918

Herausgegeben
von
Dr. Anton Schlecht,
K. Regierungsrat in Regensburg.

Siebenter Jahrgang.

MÜNCHEN, BERLIN und LEIPZIG
J. Schweitzer Verlag (Arthur Sellier).

Druck v. Dr. F. P. Datterer & Cie. (Inh. Arthur Sellier)
München u. Freising.

Vorwort.

Bei der Übersicht über den Bestand und Umfang der Rentamtsbezirke sind nunmehr auch die Postscheck-Konto-Nummern der Rentämter, die zugehörigen Bankanstalten und deren Postscheck-Konto-Nummern vorgetragen, ebenso die Telephon-Nummern der Regierungsfinanzkammern.

Das Nachschlagverzeichnis ist wiederum ergänzt und erweitert worden.

Wir bitten Wünsche und Hinweise auf Irrtümer uns spätestens bis 1. August 1918 mitzuteilen.

Regensburg-München, Dezember 1917.

Herausgeber und Verleger.

Im Kampfe fürs Vaterland fanden den Heldentod:

Bablitschky Konrad, Rentamtssekretär bei dem Rentamte Nürnberg II;
Bals Georg, Finanzassessor bei der Regierungsfinanzkammer von Oberfranken;
Baumann Michael, Rentamtsassistent in Erlangen;
Bindsack Johann, Rentamtsinzipient in Homburg;
Bopp Gustav, Rentamtsinzipient in Kissingen;
Burkhardt Konrad, Rentamtssekretär in Lauterecken;
Dess Xaver, Rentamtsinzipient in Ingolstadt;
Eber Hans, Rentamtssekretär in Monheim;
Engelhardt Theodor, Finanzassessor der Regierungsfinanzkammer der Oberpfalz und von Regensburg;
Färber Franz, Rentamtsinzipient in Dillingen;
Fiederling Mich., Rentamtsdiener bei dem Rentamt Aschaffenburg II;
Fleischmann Hans, Finanzassessor bei der Regierungsfinanzkammer von Mittelfranken;
Frölich August, gepr. Kam.-Praktikant u. Rentamtssekretär in Winnweiler;
Garrecht Richard, Rentamtsinzipient in Edenkoben;
Haeffner Fritz, Rentamtsinzipient in Kronach;
Hauser Max, Rentamtssekretär in Schönberg;
Henner Michael, Rentamtsinzipient in Freising;
Herrmann Wilhelm, Rentamtsinzipient in Kandel;
Hetzler Joseph, Rentamtsinzipient in Ansbach;
Hirschmann Paul, Rentamtsassistent bei dem Rentamte Nürnberg II;
Holzwart Ludwig, Rentamtsinzipient in Schwabach;
Höss Franz, Rentamtsinzipient in Pfaffenhofen;
Huber Heinrich, Rentamtsassistent in Burglengenfeld;
Jacob Wilhelm, Rentamtsinzipient in Gemünden;
Ingerl Johann, Rentamtsinzipient in Straubing;
Kaiser Friedrich, Rentamtsassistent in Ebern;
Koch Rudolf, Rentamtsassistent in Kaiserslautern;
König Max, Rentamtsassistent bei dem Rentamt Augsburg I;
Konle Joseph, Rentamtsassistent in Höchstädt a. D.
Küffner Friedrich, gepr. Kameralpraktikant u. Rentamtssekretär in Hof;

Kutzer Joseph, Rentamtsinzipient in Waldmünchen;
Landes Adolf, Rentamtsassistent in Münnerstadt;
Loibl Anton, Rentamtsinzipient in Riedenburg;
Mahler Wilhelm, Finanzassessor bei der Regierungsfinanzkammer von Regensburg;
Meixner Martin, Rentamtsassistent in Erlangen.
Odermatt Max, Rentamtsassistent in Buchloe;
Oehl Joseph, Rentamtsinzipient in Velburg;
Ostertag Leopold, Rentamtsinzipient in Griesbach;
Paur Johann, Rentamtsassistent in Fürth;
Plenk Gottfried, Rentamtsinzipient in Burghausen;
Reder Stephan, Rentamtsassistent in Gemünden;
Scheurer Hans, Rentamtsassessor in Burghausen;
Schottenloher Karl, Rentamtsinzipient bei dem Rentamte Regensburg I;
Sieber Heinrich, Rentamtsassistent in Landau i. Pf.;
Troppmann Johann, Rentamtsassistent in Burghausen;
Veith Emil, Rentamtsinzipient in Neustadt a. S.;
Wagner Maximilan, Regierungsrat bei der Regierungsfinanzkammer von Niederbayern;
Wenger Leopold, Rentamtsassistent bei dem Rentamt Augsburg II;
Wolfenstetter Kajetan, Rentamtsassistent in Schesslitz;
Zeilmann Johann, Rentamtsinzipient in Pottenstein.

Genealogie des Königlichen Hauses.

A. Die Hauptlinie.

Ludwig I., König, geb. zu Strassburg am 25. August 1786 gest. zu Nizza am 29. Febr. 1868. Vermählt am 12. Oktober 1810 zu München mit *Therese,* herz. Prinzessin von Sachsen-Hildburghausen, seit 1826 von Sachsen-Altenburg, geb. zu Hildburghausen am 8. Juli 1792, gest. zu München am 26. Okt. 1854.

Kinder:

I. **Maximilian II.**, König, geb. zu München am 28. November 1811. gest. zu München am 10. März 1864. Vermählt am 12. Okt. 1842 zu München mit *Marie,* K. Prinzessin von Preussen, geb. am 15. Oktober 1825 zu Berlin, gest. zu Hohenschwangau am 17. Mai 1889.

Kinder:

a) **Otto I.**, König, geb. zu München am 27. April 1848; auf dem Thron vom 13. Juni 1886 bis 5. Nov. 1913, gest. 11. Okt. 1916 auf Schloss Fürstenried.

b) **Ludwig II.**, geb. am 25. Aug. 1845; König vom 13. Aug. 1864 bis zum 13. Juni 1886, gest. 13. Juni 1886 zu Schloss Berg.

II. **Luitpold**, des *Königreichs Bayern Verweser* vom 10. Juni 1886 bis 12. Dezember 1912. Geb. zu Würzburg am 12. März 1821. Vermählt zu Florenz am 15. April 1844 mit der kaiserl. Prinzessin *Augusta,* Erzherzogin von Oesterreich, K. Prinzessin von Ungarn und Böhmen und Grossherzogliche Prinzessin von Toskana; Witwer seit 26. April 1864; gest. 12. Dez. 1912 zu München.

Kinder:

1. **Ludwig III.**, Leopold Joseph Maria Alois Alfred, von Gottes Gnaden **König von Bayern**, Pfalzgraf bei Rhein, Herzog von Bayern, Franken und in Schwaben usw. usw. Geb. zu München am 7. Januar 1845. Verm. zu Wien am 20. Februar 1868 mit Prinzessin *Marie Therese Henriette Dorothea,* Erzherzogin von Oesterreich-Este, kgl. Prinzessin von Ungarn und Böhmen, geb. am 2. Juli 1849 zu Brünn. Des Königreichs Bayern Verweser vom 12. Dez. 1912 bis zum 5. Nov. 1913; seitdem König.

Kinder:

a) *Rupprecht Maria Luitpold Ferdinand,* Kronprinz, geb. zu München am 18. Mai 1869. Vermählt am 10. Juli 1900 zu München mit Marie Gabriele, Herzogin in Bayern, geb. 9. Oktober 1878 in Tegernsee, gest. am 24. Okt. 1912 in Sorrent.

Kinder: a) *Luitpold*, geb. 8. Mai 1901 zu Bamberg, gest. am 27. Aug. 1914 zu Berchtesgaden.
b) *Irmingard*, geb. am 21. Sept. 1902 zu Bad Kreuth, gest. am 21. April 1903 zu Tegernsee.
c) *Albrecht*, Erbprinz, geb. 3. Mai 1905 in München.
d) *Rudolf*, geb. 30. Mai 1909 in Schloss Nymphenburg, gest. ebendort am 26. Juni 1912.

b) *Adelgunde*, geb. zu München am 17. Okt. 1870. Vermählt am 24. Januar 1915 in München mit Wilhelm, Fürst von Hohenzollern, geb. 7. März 1864.

c) *Maria*, geb. in Villa Amsee den 6. Juli 1872. Vermählt am 31. Mai 1897 mit Ferdinand Pius Maria, K. Erbprinz von Bourbon, Herzog von Calabrien, geb. zu Rom am 25. Juli 1869.

d) *Karl*, geb. in Villa Amsee den 1. April 1874.

e) *Franz*, geb. zu Leutstetten am 10. Okt. 1875. Vermählt am 8. Juli 1912 zu Baden bei Wien mit der Prinzessin Isabella von Croy, geb. 7. Okt. 1890.

Kinder: a) *Ludwig*, geb. am 22. Juni 1913 in Nymphenburg.
b) *Marie*, geb. am 9. September 1914 in Nymphenburg.
c) *Adelgunde*, geb. am 9. Juni 1917 zu Nymphenburg.

f) *Mathilde*, geb. in Villa Amsee am 17. August 1877, vermählt in München am 1. Mai 1900 mit Prinz Ludwig von Sachsen-Coburg und Gotha, Herzog v. Sachsen, gest. zu Davos am 6. August 1906.

g) *Wolfgang*, geb. in Villa Amsee am 2. Juli 1879, gest. am 31. Januar 1895 in München.

h) *Hildegarde*, geb. zu München am 5. März 1881.

i) *Nothburga*, geb. zu München am 19. März und gest. am 24. März 1883 daselbst.

k) *Wiltrud*, geb. zu München am 10. Nov. 1884.

l) *Helmtrudis*, geb. zu München am 22. März 1886.

m) *Dietlinde*, geb. zu München am 2. Jan. 1888, daselbst gest. am 14. Febr. 1889.

n) *Gundelinde*, geb. zu München am 26. Aug. 1891.

2. Leopold, geb. zu München den 9. Febr. 1846. Vermählt zu Wien am 20. April 1873 mit Prinzessin *Gisela*, Kaiserliche Prinzessin und Erzherzogin von Oesterreich, k. Prinzessin von Ungarn und Böhmen, Tochter des Kaisers Franz Joseph I., geb. zu Laxenburg am 12. Juli 1856.

Kinder:

a) *Elisabeth*, geb. zu München am 8. Jan. 1874. Vermählt am 3. Dez. 1893 mit Otto Grafen *von Seefried* auf Buttenheim.

b) *Auguste*, geb. zu München am 28. April 1875. Vermählt am 15. Nov. 1893 mit *Josef August*, Kaiserlichem Prinzen, Erzherzog von Oesterreich, geb. zu Alcsuth 9. Aug. 1872.

c) *Georg*, geb. zu München am 2. April 1880; vermählt zu Wien mit Isabelle Marie, Kaiserlicher Prinzessin und Erzherzogin von Oesterreich, K. Prinzessin von Ungarn und Böhmen, geb. zu Pressburg am 17. November 1888; die Ehe wurde für nichtig erklärt mit Urteil vom 17. Januar 1913.

d) *Konrad*, geb. zu München den 22. November 1883.

3. Therese, geb. zu München den 12. November 1850.

4. **Arnulf**, geb. zu München den 6. Juli 1852, vermählt zu Wien am 12. April 1882 mit *Theresia*, Prinzessin von u. zu Liechtenstein (geb. am 28. Juli 1850), gest. zu Venedig am 12. Nov. 1907.

Sohn: *Heinrich*, geb. zu München am 24. Juni 1884, gefallen 7. Nov. 1916 in Rumänien.

III. **Adelgunde**, geb. zu Würzburg am 19. März 1823. Vermählt zu München am 30. März 1842 mit dem Herzog *Franz V.* von Modena, Erzherzog von Oesterreich-Este, Prinz von Ungarn und Böhmen, Witwe vom 20. Nov. 1875 an. Gestorben am 28. Okt. 1914 in München.

V. **Adalbert**, geb. zu München am 19. Juli 1828, gest. zu Nymphenburg am 21. Septbr. 1875. Vermählt am 25. August 1856 zu Madrid mit *Amalie*, Infantin von Spanien, geb. zu Madrid 12. Okt. 1834, gest. 27. August 1905 zu Nymphenburg.

Kinder:

a) **Ludwig Ferdinand**, geb. zu Madrid 22. Oktober 1859. Vermählt zu Madrid am 2. April 1883 mit *Maria de la Paz*, Infantin von Spanien, geb. am 23. Juni 1862 zu Madrid.

Kinder:

α) *Ferdinand Maria*, K. Prinz von Bayern und Infant von Spanien, geb. zu Madrid am 10. Mai 1884. Vermählt am 12. Januar 1906 mit Maria Theresa, Infantin von Spanien, geb. am 12. November 1882 zu Madrid, gestorben am 23. Sept. 1912 in Madrid. Morgan. wiedervermählt mit *Luise Sylva da Conha* am 1. Okt. 1914.

Kinder:

a) *Ludwig Alfons*, geb. zu Madrid am 12. Dez. 1906.
b) *Joseph Eugen*, geb. zu Madrid am 26. März 1909.
c) *Maria de las Mercedes*, geb. zu Madrid am 3. Okt. 1911.
d) *Maria del Pilar*, geb. zu Madrid am 15. Sept. 1912.

β) *Adalbert*, geb. zu Nymphenburg am 3. Juni 1886.

γ) *Maria del Pilar*, geb. zu Nymphenburg am 13. März 1891.

b) **Alfons**, geb. 24. Januar 1862 zu München. Vermählt zu Nymphenburg am 15. April 1891 mit *Luise*, Prinzessin von Orleans, geb. zu Bushy-House am 9. Juli 1869.

Kinder:

α) *Josef Clemens*, geb. zu München am 25. Mai 1902.
β) *Elisabeth*, geb. 10. Oktober 1913 zu München.

c) **Isabella**, geb. zu Nymphenburg am 31. August 1863. Vermählt am 14. April 1883 zu Nymphenburg mit dem Prinzen *Thomas* von Savoyen, Herzog von Genua, geb. zu Turin am 6. Februar 1854.

d) **Elvira**, geb. zu München am 22. November 1868 (Königliche Hoheit). Vermählt am 28. Dez. 1891 zu Nymphenburg mit dem Reichsgrafen *Rudolf von Wrbna-Kaunitz-Rietberg-Questenberg und Freudenthal*, K. K. Kämmerer, Herrschaftsbesitzer zu Holleschau.

e) **Klara**, geb. zu Nymphenburg am 11. Oktober 1874.

B. Die Herzogliche Linie:

1. **Karl Theodor**, Herzog in Bayern, geb. den 9. August 1839 zu Possenhofen, gest. am 30. November 1909 zu Bad Kreuth. Vermählt in erster Ehe am 11. Februar 1865 mit *Sophie Marie*,

k. Prinzessin von Sachsen, geb. 15. März 1845, gest. 9. März 1867. In zweiter Ehe am 29. April 1874 in Kleinheubach mit *Maria Josefa*, Infantin von Portugal, Herzogin von Braganza, geboren zu Brombach (Baden) am 19. März 1857.

Tochter 1. Ehe

Amalie, geb. zu München den 24. Dez. 1865. Vermählt am 4. Juli 1892 zu Tegernsee mit *Wilhelm*, Herzog von Urach und Graf von Württemberg, geb. zu Monaco am 3. März 1864, gest. am 26. Mai 1912 in Stuttgart.

Kinder 2. Ehe

a) *Sophie*, geb. zu Possenhofen am 22. Februar 1875. Verm. am 26. Juli 1898 zu München mit dem Grafen Hans Veit zu Törring-Jettenbach.
b) *Elisabeth*, geb. zu Possenhofen am 25. Juli 1876. Vermählt am 2. Oktober 1900 zu München mit Albert, König der Belgier.
c) *Marie Gabriele*, geb. zu Tegernsee am 9. Okt. 1878. Verm. am 10. Juli 1900 zu München mit Rupprecht, nun Kronprinz von Bayern. Gestorben am 24. Oktober 1912 in Sorrent.
d) *Ludwig Wilhelm*, Herzog in Bayern, **Das Haupt der herzoglichen Linie**, geb. zu Tegernsee am 17. Januar 1884.
e) *Franz Josef*, geb. zu Tegernsee am 23. März 1888, gest. zu München am 23. Sept. 1912.

2. **Ludwig**, Herzog in Bayern, geb. zu München am 21. Juni 1831; hat am 9. März 1859 zugunsten seines Bruders, des Herzogs Karl Theodor, dem Erstgeburtsrecht entsagt.

3. **Elisabeth**, geb. zu München den 24. Dez. 1837. Vermählt am 24. April 1854 zu Wien mit Kaiser *Franz Josef I.* von Oesterreich, gest. zu Genf am 10. Sept. 1898.

4. **Marie**, geb. zu Possenhofen am 4. Okt. 1841. Verm. zu Bari am 3. Febr. 1859 mit *Franz*, König beider Sizilien; Witwe seit 27. Dezember 1894.

5. **Mathilde**, geb. zu Possenhofen den 30. Sept. 1843. Verm. zu München den 5. Juni 1861 mit *Ludwig*, Grafen von Trani, kgl. Prinzen von Sizilien. Witwe seit 8. Juni 1886.

6. **Sophie**, geb. zu München am 22. Febr. 1847. Verm. am 28. Sept. 1868 zu Possenhofen mit *Ferdinand Philipp* von Orleans, Herzog von Alençon, gest. am 29. Juni 1910 zu Belmont. Gest. am 4. Mai 1897 zu Paris.

7. **Maximilian Emanuel**, geb. zu München am 7. Dez. 1849. Verm. zu Ebenthal bei Wien am 20. Sept. 1875 mit *Amalie*, Prinzessin von Sachsen-Coburg und Gotha, geb. am 23. Okt. 1848. Prinz Max Emanuel starb zu Feldafing am 12. Juni 1893, Prinzessin Amalie am 6. Mai 1894 zu Biederstein.

Kinder:

a) *Siegfried*, geb. zu Bamberg am 10. Juli 1876.
b) *Christoph*, geb. zu Biederstein am 22. April 1879.
c) *Luitpold*, geb. zu Biederstein am 30. Juni 1890.

Uebersichts-Kalendarium

1917, 1918 und 1919.

Terminkalender.

Inhalts-Uebersicht.

Der erste Teil des Terminkalenders enthält:

I. einen Uebersichtskalender für 1917, 1918 und 1919.

II. den Schreibkalender 1918, enthaltend:

1) die Bezeichnung der Monate, Wochen und Tage, von welchen je 2 resp. 3 Tage mit leeren **Zwischenräumen auf die Seite treffen;**

2) die Namen der Katholiken und Protestanten, die ersteren voraus und beide durch einen Strich getrennt;

3) Sonnen-Aufgang (SA.) und Untergang (SU.) nach Stunden und Minuten (z. B. 8.13 = 8 Uhr 13 Min.).

4) Mond-Aufgang (MA.) und Untergang (MU.) **nach Stunden, Minuten und Tageszeit (Vm. = Vormittags, 12 Uhr nachts bis 12 Uhr mittags; Nm. = Nachmittags, 12 Uhr mittags bis 12 Uhr** nachts);

5) Tageslänge (Tl.) nach Stunden **und Minuten;**

6) das Eintreten der Mondphasen, **der Sonnen- und Mond-Finsternisse und der Jahreszeiten.**

Die Verbesserung des alten verworrenen römischen Kalenders wurde im Jahre 46 v. Chr. Geb. eingeführt durch Julius Cäsar; man nennt das Jahr von 365¼ Tagen das Julianische Jahr und den darauf gegründeten Kalender den Julianischen Kalender, welchen noch jetzt die Russen und Griechen im allgemeinen zu ihrer Zeitrechnung anwenden.

Zur Zeit Gregors **XIII. (1582) waren infolge** der durch Cäsar angenommenen Jahreslänge **(365¼) bereits 10 Tage zu viel eingeschaltet, da jedes durch vier ohne Rest teilbare Jahr ein Schaltjahr von 366 Tagen sein sollte. Um diesen Fehler zu beseitigen, nahm man 1582 zehn Tage weg (es fiel damals die Frühlingsnachtgleiche** statt auf den 21. März schon auf den 11. März) **und bestimmte, dass in je 400 Jahren 3 Schalttage ausgelassen werden und zwar, wenn die Jahreszahl mit zwei Nullen endigt und nicht** durch 400 ohne Rest teilbar ist. Auf diese Weise ist der neue (gregor.) Kalender von 1582 bis 1700 um **10 Tage vor dem alten (julian.) Kalender voraus, und diese Differenz beträgt von 1700—1800 11 Tage, von 1800—1900 12 Tage und von 1900 bis 2100 13 Tage.**

z. B.: 1. Jan. 1917 gregor. entspricht dem 19. Dez. 1916 julian.

14. Apr. 1917 gregor. entspricht dem 1. Apr. 1917 julian.

Alle Zeitangaben sind in M. E. Z. = mitteleuropäischer Zeit (bezogen auf den Meridian von Stargard) gemacht; die mittlere Ortszeit von München ist hinter der M. E. Z. um zirka 14 Minuten zurück. Für die Umwandlung der M. E. Z in Deutsche Sommerzeit hat man zur M. E. Z 1 Stunde hinzuzufügen. Die Auf- und Untergangszeiten für Sonne und Mond gelten, ebenso wie die Tageslänge, für einen Ort des Münchner Meridians in + 50° Breite (Gegend von Bayreuth).

Sonnen- und Mondfinsternisse im Jahre 1918.

Im Jahre 1918 finden zwei Sonnen- und eine Mondfinsternis statt.

1. Totale Sonnenfinsternis vom 8. auf 9. Juni. Sie beginnt um 7 Uhr 29 Min. nachmittags und endet am 9. Juni 12 Uhr 46,2 Min. vormittags nach M. E. Z. Die Finsternis ist sichtbar für ganz Nordamerika und einen Teil des nördl. Atlant. Ozeans.

2. Partielle Mondfinsternis am 24. Juni. Die Finsternis beginnt vormittags 9 Uhr 46,4 Min. M. E. Z. und endet um 11 Uhr 9,8 Min. M. E. Z. Der Beginn der Finsternis ist sichtbar in Südamerika, mit Ausnahme des östl. Teiles; in Nordamerika, mit Ausnahme des nördl. Teiles, im Großen Ozean und in Australien. Das Ende ist beobachtbar im Südwesten Nordamerikas, im westl. und südl. Südamerika, im Großen Ozean und in Australien.

3. Ringförmige Sonnenfinsternis am 3. Dezember. Beginn der Finsternis um 12 Uhr 21,3 Min. nachmittags nach M. E. Z. und Ende der Finsternis um 6 Uhr 22,3 Min. nachmittags. Die Finsternis ist sichtbar im östl. Teil des Großen Ozeans, in Südamerika, im südl. Atlant. Ozean und in der südwestl. Hälfte von Afrika.

(Gemeinjahr 365 Tage). **1917.**

Januar		Februar		März		April		Mai		Juni	
1 M	**Neujahr**	1 D	Ignatius	1 D	Suitbert	1 S	**6. Palmstg.**	1 D	Phil. u. Jak.	1 F	†Juventius
2 D	Makarius	2 F	Mar. Lichtm.	2 F	†Simplicius	2 M	Franz v. Pl.	2 M	Athanasius	2 S	†Erasmus
3 M	Genoveva	3 S	Blasius	3 S	†Kunigunde	3 D	Richard	3 D	Hl. † Auffd.	3 S	**1. Hl. Dreif.**
4 D	Titus	4 S	**Septuages.**	4 S	**2. Remin.**	4 M	Isidor	4 F	Monica	4 M	Quirinus
5 F	Telesphor.	5 M	Agatha, A.	5 M	Friedrich	5 D	† **Gründstg.**	5 S	Pius V.	5 D	Bonifazius
6 S	**Hl. 3 Könige**	6 D	Dorothea	6 D	Fridolin	6 F	† **Karfreitag**	6 S	**4. Cantate.**	6 M	Norbert
7 S	**1. n. Ep.*)**	7 M	Romuald	7 M	Thom. v. A.	7 S	† **Karsamst.**	7 M	Stanislaus	7 D	**Fronleichn.**
8 M	Erhard	8 D	Johann v. M.	8 D	Johann v. G.	8 S	**Osterfest**	8 D	Mich. Ersch.	8 F	Medardus
9 D	Marzellin.	9 F	Apollonia	9 F	Franziska	9 M	**Ostermontg.**	9 M	Gregor v. N.	9 S	Primus
10 M	Agathon	10 S	Scholastika	10 S	40 Märt.	10 D	Ezechiel	10 D	Antonia	10 S	**2. n. Pfing.**
11 D	Hyginus	11 S	**Sexages.**	11 S	**3. Oculi**	11 M	Leo I.	11 F	Mamertus	11 M	Barnabas
12 F	Ernst	12 M	Eulalia	12 M	Gregor	12 D	Zeno	12 S	Pankratius	12 D	Basilides
13 S	Veron. Hil.	13 D	Kath. v. R.	13 D	Nicephorus	13 F	Hermeneg.	13 S	**5. Rogate**	13 M	Anton v. P.
14 S	**2. n. Ep.**	14 M	Valentin	14 M	Mathilde	14 S	Tiburtius	14 M	Bonifazius	14 D	Basilius
15 M	Maurus	15 D	Faustinus	15 D	Longinus	15 S	**1. Quasim.**	15 D	Sophia, Is.	15 F	Vitus
16 D	Marzellus	16 F	Juliana	16 F	Heribert	16 M	Eusebius	16 M	Joh. v. N.	16 S	Benno
17 M	Antonius	17 S	Donatus	17 S	Gertraud	17 D	Rudolf	17 D	**Chr. Himlf.**	17 S	**3. n. Pfing.**
18 D	Petri Stuhlf.	18 S	**Quinquag.**	18 S	**4. Laetare**	18 M	Eleutherius	18 F	Venantius	18 M	Mark. Marc.
19 F	Kanut, Mar.	19 M	Konrad	19 M	Hl. Joseph	19 D	Emma	19 S	Petrus Cöl.	19 D	Gerv. u. P.
20 S	Fab. Sebast.	20 D	**Fastnacht**	20 D	Nicetas	20 F	Sulpitius	20 S	**6. Patr. Bav.**	20 M	Silverius
21 S	**3. n. Ep.**	21 M	**Ascherm.**	21 M	Benediktus	21 S	Anselm	21 M	Konstantin	21 D	Aloisius
22 M	Vincentius	22 D	Petr. Stuhlf.	22 D	Katharina	22 S	**2. Miseric.**	22 D	Julia, Hel.	22 F	Paulinus
23 D	Verl. Mar.	23 F	Milburgis	23 F	Viktorinus	23 M	Adalbert	23 M	Desiderius	23 S	Edeltraud
24 M	Timotheus	24 S	Matthias	24 S	Simon	24 D	Georg	24 D	Johanna	24 S	**4. n. Pfing.**
25 D	Pauli Bek.	25 S	**1. Invoc.**	25 S	**5. Judica**	25 M	Markus	25 F	Urban	25 M	Prosper
26 F	Polykarp	26 M	Mechtildis	26 M	Castulus	26 D	Kletus	26 S	Philipp N.	26 D	Joh. u. Paul
27 S	Joh. Chrys.	27 D	Leander	27 D	Rupert	27 F	Peregrin.	27 S	**Pfingstfest**	27 M	Ladislaus
28 S	**4. n. Ep.**	28 M	**† I. Quat.**	28 M	Guntram	28 S	Paul	28 M	**Pfingstmtg.**	28 D	Leo II.
29 M	Franz v. Sal.			29 D	Ludolph	29 S	**3. Jubilate**	29 D	Theodosia	29 F	**Peter u. Paul**
30 D	Martina			30 F	Quirinus	30 M	Kathar. v. S.	30 M	**† II. Quat.**	30 S	Pauli Ged.
31 M	Petrus v. N.			31 S	Benjamin			31 D	**Angela, Pt.**		

*) Am 7. Januar Geburtsfest Sr. M. des Königs Ludwig III.

1917.

Juli		August		September		Oktober		November		Dezember	
1 S	**5. n. Pfing.**	1 M	Petri Kettf.	1 S	Aegidius	1 M	Remigius	1 D	**Allerheil.**	1 S	Eligius
2 M	Mar. Hms. *)	2 D	Alfons v. L.	2 S	**14. n. Pfing.**	2 D	Leodegar	2 F	Allerseelen	2 S	**1. Advent**
3 D	Eulogius	3 F	Steph. Auff.	3 M	Seraphia	3 M	Candidus	3 S	Hubert	3 M	Franz Xav.
4 M	Ulrich	4 S	Dominikus	4 D	Rosalia	4 D	Franz Jos.	4 S	**23. n. Pfing.**	4 D	Barbara
5 D	Domitius	5 S	**10. n. Pfing.**	5 M	Laurentius	5 F	Placidus	5 M	Zach. u. Elis.	5 M	Sabas
6 F	Isaias	6 M	Verkl. Chr.	6 D	Magnus	6 S	Bruno	6 D	Leonhard	6 D	Nikolaus
7 S	Willibald	7 D	Afra, Caj.	7 F	Regina	7 S	**19. n. Pfing.**	7 M	Engelbert	7 F	Ambrosius
8 S	**6. n. Pfing.**	8 M	Cyriakus	8 S	Mar. Geb.	8 M	Brigitta	8 D	Gottfried	8 S	**Mar. Empf.**
9 M	Cyrillus	9 D	Romanus	9 S	**15. n. Pfing.**	9 D	Dionysius	9 F	Theodor	9 S	**2. Advent**
10 D	Amal., Fel.	10 F	Laurentius	10 M	Nikol. v. T.	10 M	Franz v. B.	10 S	Andreas Av.	10 M	Melchiades
11 M	Pius I.	11 S	Susanna	11 D	Aemilian	11 D	Germanus	11 S	**24. n. Pfing.**	11 D	Damasus
12 D	Joh. Qualb.	12 S	**11. n. Pfing.**	12 M	Guido	12 F	Maximilian	12 M	Martin Papst	12 M	Synesius
13 F	Eugen	13 M	Hippolyt,Cs.	13 D	Tobias	13 S	Eduard	13 D	Stanislaus	13 D	Luzia
14 S	Bonavent.	14 D	Eusebius	14 F	Hl. † Erhöhg.	14 S	**20. n. Pfing.**	14 M	Serapion	14 F	Nikasius
15 S	**7. n. Pfing.**	15 M	**Mar. Himlf.**	15 S	†Nikomedes	15 M	Theresia ***)	15 D	Leop., Alb.	15 S	Christiana
16 M	Reinald	16 D	Rochus	16 S	**16. n. Pfing.**	16 D	Gallus	16 F	Ottmar	16 S	**3. Advent**
17 D	Alexius	17 F	Liberatus	17 M	Lampert	17 M	Hedwig	17 S	Greg. d. W.	17 M	Lazarus
18 M	Friedrich	18 S	Helene	18 D	Thom. v. V.	18 D	Lukas	18 S	**25. n. Pfing.**	18 D	Wunibald
19 D	Vinz. v. P.	19 S	**12. n. Pf.**	19 M	**† III. Quat.**	19 F	Peter v. A.	19 M	Elisabeth	19 M	**† IV. Quat.**
20 F	Margareta	20 M	Bernhard	20 D	Matthäus	20 S	Wendelin	20 D	Korbinian.	20 D	Christian
21 S	Daniel, Jul.	21 D	Johanna	21 F	†Maurus	21 S	**21. n. Pfing.**	21 M	Mar. Opferg.	21 F	†Thomas A.
22 S	**8. n. Pfing.**	22 M	Symphor.	22 S	†Thekla	22 M	Kordula	22 D	Cäcilia	22 S	†Demetrius
23 M	Liborius	23 D	Philipp	23 S	**17. n. Pfing.**	23 D	Joh. v. Kp.	23 F	Clemens	23 S	**4. Advent**
24 D	Christina	24 F	Bartholom.	24 M	Gerhard	24 M	Erzgl. Raph.	24 S	Joh. v. Kr.	24 M	Adam u. Eva
25 M	Jakob	25 S	Ludwig **)	25 D	Kleophas	25 D	Krispinus	25 S	**26. n. Pfing.**	25 D	**Hl. Christtag**
26 D	Anna	26 S	**13. n. Pfing.**	26 M	Cyprian	26 F	Evaristus	26 M	Konrad	26 M	**Stephan**
27 F	Pantaleon	27 M	Gebhard, J.	27 D	Kosm. u. D.	27 S	Sabina	27 D	Virgilius	27 D	Johs. Ap.
28 S	Innocenz	28 D	Augustin	28 F	Wenzeslaus	28 S	**22. n. Pfing.**	28 M	Kreszentia	28 F	Unsch. Kind.
29 S	**9. n. Pfing.**	29 M	Joh. Enth.	29 S	Michael	29 M	Narzissus	29 D	Saturnin	29 S	Thomas
30 M	Abd. u. Sen.	30 D	Rosa v. L.	30 S	**18. n. Pfing.**	30 D	Serapion	30 F	Andreas	30 S	**S. n. Weihn.**
31 D	Ignat v. L.	31 F	Raimund			31 M	Wolfgang			31 M	Sylvester

*) Geburtsfest I. M. der Königin Maria Theresia. **) 25. Aug. Namensfest Sr. M. des Königs Ludwig III.
***) 15. Okt. Namensfest I. M. der Königin Maria Theresia.

Gemeinjahr 365 Tage. **1918.**

Januar		Februar		März	
1 D	**Neujahr**	1 F	Ignatius	1 F	Suitbert
2 M	Makarius	2 S	Mr. Lichtm.	2 S	Simplicius
3 D	Genoveva	3 S	**Sexages.**	3 S	**3. Oculi**
4 F	Titus	4 M	Veronika	4 M	Kasimir
5 S	Telesphor.	5 D	Agatha, A.	5 D	Friedrich
6 S	**Hl. 3 Kön.**	6 M	Dorothea	6 M	Fridolin
7 M	Valentin*)	7 D	Romuald	7 D	Thom. v. A.
8 D	Erhard	8 F	Joh. v. M.	8 F	Johann v.G.
9 M	Marzellinus	9 S	Appollonia	9 S	Franziska
10 D	Agathon	10 S	**Quinquag.**	10 S	**4. Laetare**
11 F	Hyginus	11 M	Euphrosine	11 M	Rosine
12 S	Ernst	12 D	**Fastnacht**	12 D	Gregor
13 S	**1. n. Ep.**	13 M	**Ascherm.**	13 M	Nicephorus
14 M	Felix	14 D	Valentin	14 D	Mathilde
15 D	Maurus	15 F	Faustinus	15 F	Longinus
16 M	Marzellus	16 S	Juliana	16 S	Heribert
17 D	Antonius	17 S	**1. Invoc.**	17 S	**5. Judica**
18 F	Petri Sthlf.	18 M	Simon	18 M	Narcissus
19 S	Kanut, Mr.	19 D	Konrad	19 D	Hl. Joseph
20 S	**2. n. Epiph.**	20 M	**† I. Quat.**	20 M	Nicetas
21 M	Agnes	21 D	Eleonore	21 D	Benediktus
22 D	Vincentius	22 F	†Petri Sthlf.	22 F	Katharina
23 M	Verl. Mar.	23 S	†Milburgis	23 S	Viktorinus
24 D	Thimoths.	24 S	**2. Remin.**	24 S	**6. Palms.**
25 F	Pauli Bek.	25 M	Walburga	25 M	Mar. Verk.
26 S	Polykarp	26 D	Mechtildis	26 D	Castulus
27 S	**Septuages.**	27 M	Leander	27 M	Rupert
28 M	Karl d. Gr.	28 D	Romanus	28 D	**† Gründst.**
29 D	Franz v. Sl.			29 F	**† Karfrtg.**
30 M	Martina			30 S	**† Karsmtg.**
31 D	Petr. v. Nola			31 S	**Osterfest**

Januar	Februar	März
5. Letzt. Viert.	4. Letzt. Viert.	6. Letzt. Viert.
12. Neumond.	11. Neumond.	12. Neumond.
19. Erstes Viert.	18. Erstes Viert.	19. Erstes Viert.
27. Vollmond.	25. Vollmond.	27. Vollmond.

*) Am 7. Januar Geburtsfest Sr. M. des Königs Ludwig III.

1918.

April		Mai		Juni	
1 M	**Ostermtg.**	1 M	Phil. u. Jak.	1 S	Juventius
2 D	Franz v. Pl.	2 D	Athanasius	2 S	**2. n. Pf.**
3 M	Richard	3 F	Hl. † Auff.	3 M	Klotildis
4 D	Isidor	4 S	Monika	4 D	Quirinus
5 F	Vinzenz F.	5 S	**5. Rogate**	5 M	Bonifazius
6 S	Sixtus	6 M	Joh. v. d. L.	6 D	Norbert
7 S	**1. Quasim.**	7 D	Stanislaus	7 F	Robert
8 M	Dionysius	8 M	Mich. Ersch.	8 S	Medardus
9 D	Mr. Cleophä	9 D	**Chr. Hmlf.**	9 S	**3. n. Pf.**
10 M	Ezechiel	10 F	Antonia	10 M	Margareta
11 D	Leo I.	11 S	Mamertus	11 D	Barnabas
12 F	Zeno	12 S	**Patr. Bav.**	12 M	Basilides
13 S	Hermeneg.	13 M	Servatius	13 D	Anton v. P.
14 S	**2. Miseric.**	14 D	Bonifazius	14 F	Basilius
15 M	Anastasia	15 M	Sophia, Is.	15 S	Vitus, Krsz.
16 D	Eusebius	16 D	Joh. v. N.	16 S	**4. n. Pf.**
17 M	Rudolf	17 F	Paschalis	17 M	Adolf
18 D	Eleuther.	18 S	Venantius	18 D	Mark. Marc.
19 F	Emma	19 S	**Pfingstfest**	19 M	Gerv. u. P.
20 S	Sulpitius	20 M	**Pfingstmt.**	20 D	Silverius
21 S	**3. Jubilate**	21 D	Konstantin	21 F	Aloisius
22 M	Cajus	22 M	**† 11. Quat.**	22 S	Paulinus
23 D	Adalbert	23 D	Desiderius	23 S	**5. n. Pf.**
24 M	Georg	24 F	†Johanna	24 M	Joh. d. T.
25 D	Markus	25 S	†Urban	25 D	Prosper
26 F	Kletus	26 S	**1. H. Dreif.**	26 M	Joh. u. Paul
27 S	Peregr.	27 M	Beda, Magd.	27 D	Ladislaus
28 S	**4. Cantate**	28 D	Germanus	28 F	Leo II.
29 M	Petrus	29 M	Theodosia	29 S	**Pet. u. Pl.**
30 D	Kathar. v. S.	30 D	**Fronleich.**	30 S	**6. n. Pf.**
		31 F	Angela, Pt.		

April	Mai	Juni
4. Letzt. Viert.	3. Letzt. Viert.	2. Letzt. Viert.
11. Neumond.	10. Neumond.	8. Neumond.
18. Erstes Viert.	17. Erstes Viert.	16. Erstes Viert.
26. Vollmond.	25. Vollmond.	24. Vollmond.

1918.

Juli		August		September	
1 M	Theobald	1 D	Petri Kettf.	**1 S**	**15. n. Pf.**
2 D	M. Hmsg.*)	2 F	Alfons v. L.	2 M	Stephan
3 M	Eulogius	3 S	Steph. Auf.	3 D	Seraphia
4 D	Ulrich	**4 S**	**11. n. Pf.**	4 M	Rosalia
5 F	Domitius	5 M	Mr. Schnee	5 D	Laurentius
6 S	Isaias	6 D	Verkl. Chr.	6 F	Magnus
7 S	**7. n. Pf.**	7 M	Afra, Caj.	7 S	Regina
8 M	Kilian	8 D	Cyriakus	**8 S**	**16. n. Pf.**
9 D	Cyrillus	9 F	Romanus	9 M	Korbinian
10 M	Amal., Fel.	10 S	Laurentius	10 D	Nikol. v. T.
11 D	Pius I.	**11 S**	**12. n. Pf.**	11 M	Aemilian
12 F	Joh. Qualb.	12 M	Klara, Hild.	12 D	Guido
13 S	Eugen	13 D	Hippolyt	13 F	Tobias
14 S	**8. n. Pf.**	14 M	Eusebius	14 S	Hl. † Erh.
15 M	Heinrich	15 D	**Mar. Hmlf.**	**15 S**	**17. n. Pf.**
16 D	Reinald	16 F	Rochus	16 M	Cornelius
17 M	Alexius	17 S	Liberatus	17 D	Lampert
18 D	Friedrich	**18 S**	**13. n. Pf.**	18 M	† III. Quat.
19 F	Vinz. v. Pl.	19 M	Sebald	19 D	Januarius
20 S	Margareta	20 D	Bernhard	20 F	† Matthäus
21 S	**9. n. Pf.**	21 M	Johanna	21 S	† Maurus
22 M	Mar Magd.	22 D	Symphor.	**22 S**	**18. n. Pf.**
23 D	Liborius	23 F	Philipp	23 M	Thekla
24 M	Christina	24 S	Bartholm.	24 D	Gerhard
25 D	Jakob	**25 S**	**14. n. Pf.**)**	25 M	Kleophas
26 F	Anna	26 M	Zephyrinus	26 D	Cyprian
27 S	Pantaleon	27 D	Gebhard, J.	27 F	Kosm. u. D.
28 S	**10. n. Pf.**	28 M	Augustin	28 S	Wenzeslaus
29 M	Martha	29 D	Joh. Enth.	**29 S**	**19. n. Pf.**
30 D	Abd. u. Sen.	30 F	Rosa v. L.	30 M	Otto
31 M	Ignat. v. L.	31 S	Raimund		

Juli	August	September
1. Letzt. Viert.	6. Neumond	5. Neumond.
8. Neumond.	14. Erstes Viert.	13. Erstes Viert.
16. Erstes Viert.	22. Vollmond.	20. Vollmond.
23. Vollmond.	28. Letzt. Viert	27. Letzt. Viert.
30. Letzt. Viert.		

*) Geburtsfest I. M. der Königin Maria Theresia.
**) Namensfest Sr. M. des Königs Ludwig III.

1918.

Oktober		November		Dezember	
1 D	Remigius	1 F	**Allerhl.**	1 S	**1. Advent**
2 M	Leodegar	2 S	Allerseelen	2 M	Bibiana
3 D	Candidus	3 S	**24. n. Pf.**	3 D	Franz Xav.
4 F	Franz Jos.	4 M	Karl Borr.	4 M	Barbara
5 S	Placidus	5 D	Zach. u Elis.	5 D	Sabas
6 S	**20. n. Pf.**	6 M	Leonhard	6 F	Nikolaus
7 M	Markus	7 D	Engelbert	7 S	Ambrosius
8 D	Brigitta	8 F	Gottfried	8 S	**Mar. Epf.**
9 M	Dionysius	9 S	Theodor	9 M	Leokadia
10 D	Franz v. B.	10 S	**25. n. Pf.**	10 D	Melchiades
11 F	Germanus	11 M	Martin B.	11 M	Damasus
12 S	Maximil.	12 D	Martin Pp.	12 D	Synesius
13 S	**21. n. Pf.**	13 M	Stanislaus	13 F	Luzia
14 M	Burkhard	14 D	Serapion	14 S	Nikasius
15 D	Theresia*)	15 F	Leop., Alb.	15 S	**3. Advent**
16 M	Gallus	16 S	Ottmar	16 M	Adelheid
17 D	Hedwig	17 S	**26. n. Pf.**	17 D	Lazarus
18 F	Lukas	18 M	Otto, Abt.	18 M	**† IV. Quat.**
19 S	Peter v. A.	19 D	Elisabeth	19 D	Nemesius
20 S	**22. n. Pf.**	20 M	Korbinian	20 F	†Christian
21 M	Ursula	21 D	Mar. Opfer.	21 S	†Thomas A.
22 D	Kordula	22 F	Cäcilia	22 S	**4. Advent**
23 M	Joh. v. Kp.	23 S	Clemens	23 M	Viktoria
24 D	Erzg. Raph.	24 S	**27. n. Pf.**	24 D	Adam u. Ev.
25 F	Krispinus	25 M	Katharina	25 M	**Hl. Christ.**
26 S	Evaristus	26 D	Konrad	26 D	**Stefan Erz.**
27 S	**23. n. Pf.**	27 M	Virgilius	27 F	Johs. Ap.
28 M	Sim. u. Jd.	28 D	Kreszentia	28 S	Unsch. Kd.
29 D	Narzissus	29 F	Saturnin	29 S	**S. n. Weih.**
30 M	Serapion	30 S	Andreas	30 M	David
31 D	Wolfgang			31 D	Sylvester

Oktober	November	Dezember
5. Neumond.	3. Neumond.	3. Neumond.
13. Erstes Viert.	11. Erstes Viert.	11. Erstes Viert.
19. Vollmond.	18. Vollmond.	17. Vollmond.
26. Letzt. Viert.	25. Letzt. Viert.	25. Letzt. Viert.

*) Namensf. I. M. der Königin Maria Theresia.

1919 (Gemeinjahr, 365 Tage).

Januar		Februar		März		April		Mai		Juni	
1 M	Neujahr	1 S	Ignatius	1 S	Suitbert	1 D	Hugo	1 D	Phil. u. Jak.	1 S	Patr. Bavar.
2 D	Makarius	2 S	Mar. Lichtm.	2 S	Quinquages.	2 M	Franz v. Pl.	2 F	Athanasius	2 M	Erasmus
3 F	Genoveva	3 M	Blasius	3 M	Kunigunde	3 D	Richard	3 S	Hl. † Auff.	3 D	Klotildis
4 S	Titus	4 D	Veronika	4 D	Fastnacht	4 F	Isidor	4 S	2. Miseric.	4 M	Quirinus
5 S	S. n. Neujahr	5 M	Agatha	5 M	Aschermitt.	5 S	Vinzenz F.	5 M	Pius V.	5 D	Bonifazius
6 M	Hl. 3 Könige	6 D	Dorothea	6 D	Fridolin	6 S	5. Judica	6 D	Joh. v. d. L. Pf.	6 F	Norbert
7 D	Valentin *)	7 F	Romuald	7 F	Thom. v. A.	7 M	Hermann	7 M	Stanislaus	7 S	Robert
8 M	Erhard	8 S	Joh. v. M.	8 S	Johann v. G.	8 D	Dionysius	8 D	Mich. Ersch.	8 S	Pfingstfest
9 D	Marzellinus	9 S	5. n. Epiph.	9 S	1. Invocavit	9 M	Mr. Cleophä	9 F	Gregor v. N.	9 M	Pfingstmtg.
10 F	Agathon	10 M	Scholastika	10 M	40 Märt.	10 D	Ezechiel	10 S	Antonia	10 D	Margareta
11 S	Hyginus	11 D	Euphrosine	11 D	Rosine	11 F	Leo I.	11 S	3. Jubilate	11 M	† II. Quat.
12 S	1. n. Epiph.	12 M	Eulalia	12 M	† I. Quat.	12 S	Zeno	12 M	Pankratius	12 D	Basilides
13 M	Veron., Hil.	13 D	Kathar. v. R.	13 D	Nicephorus	13 S	6. Palmstg.	13 D	Servatius	13 F	†Anton v. P.
14 D	Felix	14 F	Valentin	14 F	†Mathilde	14 M	Tiburtius	14 M	Bonifazius	14 S	†Basilius
15 M	Maurus	15 S	Faustinus	15 S	†Longinus	15 D	Anastasia	15 D	Sophia, Is.	15 S	1. Hl. Dreif.
16 D	Marzellus	16 S	Septuages.	16 S	2. Remin.	16 M	Eusebius	16 F	Joh. v. Np.	16 M	Benno
17 F	Antonius	17 M	Donatus	17 M	Gertraud	17 D	† Gründstg.	17 S	Paschalis	17 D	Adolf
18 S	Petr. Stf. z. R.	18 D	Simeon	18 D	Narcissus	18 F	† Karfreitg.	18 S	4. Cantate	18 M	Mark. u. Mc.
19 S	2. n. Epiph.	19 M	Konrad	19 M	Joseph	19 S	† Karsamst.	19 M	Petrus, Cöl.	19 D	Fronleichn.
20 M	Fab. Sebast.	20 D	Eucherius	20 D	Nicetas	20 S	Osterfest	20 D	Bernard. v. S.	20 F	Silverius
21 D	Agnes	21 F	Eleonora	21 F	Benediktus	21 M	Ostermontg.	21 M	Konstantin	21 S	Aloisius
22 M	Vincentius	22 S	Petri Stuhlf.	22 S	Katharina	22 D	Soter u. Caj.	22 D	Julia, Hel.	22 S	2. n. Pfing.
23 D	Verlob. Mar.	23 S	Sexagesim.	23 S	3. Oculi	23 M	Adalbert	23 F	Desiderius	23 M	Edeltraud
24 F	Timotheus	24 M	Matthias	24 M	Simon	24 D	Georg	24 S	Johanna	24 D	Joh. d. Täuf.
25 S	Pauli Bek.	25 D	Walburga	25 D	Mar. Verk.	25 F	Markus	25 S	5. Rogate	25 M	Prosper
26 S	3. n. Epiph.	26 M	Mechtildis	26 M	Mittfasten	26 S	Kletus	26 M	Philipp N.	26 D	Joh. u. Paul
27 M	Joh. Chrys.	27 D	Leander	27 D	Rupert	27 S	1. Quasim.	27 D	Beda, Magd.	27 F	Ladislaus
28 D	Karl d. Gr.	28 F	Romanus	28 F	Guntram	28 M	Paul	28 M	German	28 S	Leo II.
29 M	Franz v. Sl.			29 S	Ludolph	29 D	Petrus	29 D	Christi Hmlf.	29 S	Peter u. Paul
30 D	Martina			30 S	4. Laetare	30 M	Kathar. v. S.	30 F	Ferd., Fel.	30 M	Pauli Ged.
31 F	Petrus v. N.			31 M	Benjamin			31 S	Angela, Petr.		

*) Am 7. Januar Geburtsfest Sr. M. des Königs Ludwig III.

1919 (Gemeinjahr, 365 Tage).

Juli		August		September		Oktober		November		Dezember	
1 D	Theobald	1 F	Petri Kettf.	1 M	Aegidius	1 M	Remigius	1 S	**Allerheil.**	1 M	Eligius
2 M	Mar.Hmsg.*)	2 S	Alfons v. L.	2 D	Stephan	2 D	Leodegar	2 S	**Allerseelen**	2 D	Bibiana
3 D	Eulogius	3 S	**8. n. Pfing.**	3 M	Seraphia	3 F	Candidus	3 M	Hubert	3 M	Franz Xaver
4 F	Ulrich	4 M	Dominikus	4 D	Rosalia	4 S	Franz Ser.	4 D	Karl. Borr.	4 D	Barbara
5 S	Domitius	5 D	Mar. Schnee	5 F	Laurentius	5 S	**17. n. Pfing.**	5 M	Zach. u. Elis.	5 F	Sabas
6 S	**4. n. Pfing.**	6 M	Verkl. Chrst.	6 S	Magnus	6 M	Bruno	6 D	Leonhard	6 S	Nikolaus
7 M	Willibald	7 D	Afra, Caj.	7 S	**13. n. Pfing.**	7 D	Markus	7 F	Engelbert	7 S	**2. Advent**
8 D	Kilian	8 F	Cyriakus	8 M	Mar. Geb.	8 M	Brigitta	8 S	Gottfried	8 M	**Mar. Empf.**
9 M	Cyrillus	9 S	Romanus	9 D	Korbinian	9 D	Dionysius	9 S	**22. n. Pfing.**	9 D	Leokadia
10 D	Amal., Felix	10 S	**9. n. Pfing.**	10 M	Nikolausv.T.	10 F	Franz v. B.	10 M	Andreas Av.	10 M	Melchiades
11 F	Pius I.	11 M	Susanna	11 D	Aemilian	11 S	Germanus	11 D	Martin	11 D	Damasus
12 S	Joh. Qualb.	12 D	Klara, Hil.	12 F	Guido	12 S	**18. n. Pfing.**	12 M	Martin, Pp.	12 F	Synesius
13 S	**5. n. Pfing.**	13 M	Hippolyt, C.	13 S	Tobias	13 M	Eduard	13 D	Stanislaus	13 S	Lucia
14 M	Bonavent.	14 D	Eusebius	14 S	**14. n. Pfing.**	14 D	Burkhard	14 F	Serapion	14 S	**3. Advent**
15 D	Heinrich	15 F	**Mar. Hmlf.**	15 M	Nikomedes	15 M	Theresia ***)	15 S	Leop., Alb.	15 M	Christiana
16 M	Reinald	16 S	Rochus	16 D	Cornelius	16 D	Gallus	16 S	**23. n. Pfing.**	16 D	Adelheid
17 D	Alexius	17 S	**10. n. Pfing.**	17 M	**† III. Quat.**	17 F	Hedwig	17 M	Gregor	17 M	**† IV. Quat.**
18 F	Friedrich	18 M	Helene	18 D	Thom. v. V.	18 S	Lukas	18 D	Otto, Abt	18 D	Wunibald
19 S	Vinz. v. P.	19 D	Sebald	19 F	†Januarius	19 S	**19. n. Pfing.**	19 M	Elisabeth	19 F	†Nemesius
20 S	**6. n. Pfing.**	20 M	Bernhard	20 S	†Matthäus	20 M	Wendelin	20 D	Korbinian	20 S	†Christian
21 M	Daniel, Jul.	21 D	Johanna	21 S	**15. n. Pfing.**	21 D	Ursula	21 F	Mar. Opfer.	21 S	**4. Advent**
22 D	Maria Magd.	22 F	Symphorian	22 M	Thekla	22 M	Kordula	22 S	Cäcilia	22 M	Demetrius
23 M	Liborius	23 S	Philipp, Ben.	23 D	Mauritius	23 D	Joh. v. Kp.	23 S	**24. n. Pfing.**	23 D	Viktoria
24 D	Christina	24 S	**11. n. Pfing.**	24 M	Gerhard	24 F	Erz. Raph.	24 M	Joh. v. Kr.	24 M	Adam u. Ev.
25 F	Jakob	25 M	Ludwig **)	25 D	Kleophas	25 S	Krispinus	25 D	Katharina	25 D	**Hl. Christtag**
26 S	Anna	26 D	Zephyrinus	26 F	Cyprian	26 S	**20. n. Pfing.**	26 M	Konrad	26 F	**Stephan**
27 S	**7. n. Pfing.**	27 M	Gebhard	27 S	Kosm. u. Dm.	27 M	Sabina	27 D	Virgilius	27 S	Johs. Apost.
28 M	Innocenz	28 D	Augustin	28 S	**16. n. Pfing.**	28 D	Sim. u. Jud.	28 F	Kreszentia	28 S	**S. n. Weihn.**
29 D	Martha	29 F	Joh. Enth.	29 M	Michael	29 M	Narzissus	29 S	Saturnin	29 M	Thomas.
30 M	Abdon u. S.	30 S	Rosa v. L.	30 D	Otto	30 D	Serapion	30 S	**1. Advent**	30 D	David
31 D	Ignatius v. L.	31 S	**12. n. Pfing.**			31 F	Wolfgang			31 M	Sylvester

*) Geburtsfest I. M. der Königin Maria Theresia. **) Namensfest Sr. M. des Königs Ludwig III.
***) Namensfest I. M. der Königin Maria Theresia.

Januar 1918.

1. Dienstag. (1.W.) **Beschn. Christi. — Neuj.** Jes.
SA. 8.13. SU. 4.22. — MU. 10.1 Vm. MA. 9.3 Nm. — Tl. 8.9
Läutordnung 5 Uhr.

2. Mittwoch. Makarius. — Abel.
SA. 8.13. SU. 4.23. — MU. 10.18 Vm. MA. 10.9 Nm. — Tl. 8.10
Einweihung der Universität Würzburg 1582.

3. Donnerstag. Genoveva. — Enoch.
SA. 8.13. SU. 4.24. — MU. 10.34 Vm. MA. 11.14 Nm. — Tl. 8.11

4. Freitag. Titus. — Isabella.
SA. 8.12. SU. 4.25. — MU. 10.51 Vm. — Tl. 8.13

Januar 1918.

5. Samstag. Telesphorus. — Simeon.
SA. 8.12. SU. 4.27. — MA. 12.19 Vm. MU. 11.9 Vm. — Tl. 8.15

6. Sonntag. (2. W.) Hl. 3 Könige. — Ersch. Christi
SA. 8.12. SU. 4.28. — MA. 1.25 Vm. MU. 11.29 Vm. — Tl. 8.16

7. Montag. Valentin. — Raimund.
SA. 8.12. SU. 4.29. — MA. 2.34 Vm. MU. 11.53 Vm. — Tl. 8.17

Geburtsfest S. M. des Königs Ludwig III.

8. Dienstag. Erhard. B. — Erhard.
SA. 8.11. SU. 4.30. — MA. 3.43 Vm. MU. 12.23 Nm. — Tl. 8.19

9. Mittwoch. Marzellinus. — Martialis.
SA. 8.11. SU. 4.32. — MA. 4.52 Vm. MU. 1.3 Nm. — Tl. 8.21

10. Donnerstag. Agathon. — Paul d. Eins.
SA. 8.10. SU. 4.33. — MA. 5.57 Vm. MU. 1.55 Nm. — Tl. 8.23

11. Freitag. Hyginus. — Mathilde.
SA. 8.10. SU. 4.34. — MA. 6.52 Vm. MU. 2.59 Nm. — Tl. 8.24

12. Samstag. Ernst. — Reinhold.
SA. 8.9. SU. 4.36. — MA. 7.38 Vm. MU. 4.15 Nm. — Tl. 8.27

13. Sonntag. (3. W.) 1. S. n. Ep. Veron. — 1. S. n. Ep.
SA. 8.9. SU. 4.37. — MA. 8.16 Vm. MU. 5.37 Nm. — Tl. 8.28

14. Montag. Felix v. N. — Felix.
SA. 8.8. SU. 4.38. — MA. 8.45 Vm. MU. 7.1 Nm. — Tl. 8.30
I. Rebi-el-accher 1336 (Schaltjahr) der Mohammedaner.
I. Schebat 5678 der Juden.

15. Dienstag. Maurus, Paul. M. — Maurus.
SA. 8.7. SU. 4.40. — MA. 9.10 Vm. MU. 8.25 Nm. — Tl. 8.33

16. Mittwoch. Marzellus. — Marzellus.
SA. 8.7. SU. 4.41. — MA. 9.32 Vm. MU. 9.47 Nm. — Tl. 8.34
Läutordnung halb 6 Uhr.

17. Donnerstag. Anton, Abt. — Anton.
SA. 8.6. SU. 4.43. — MA. 9.54 Vm. MU. 11.9 Nm. — Tl. 8.37

18. Freitag. Petri Stuhlf. z. Rom. — Trisca.
SA. 8.5. SU. 4.44. — MA. 10.16 Vm. — Tl. 8.39

19. Samstag. Kanut. — Sara.
SA. 8.4. SU. 4.46. — MU. 12.29 Vm. MA. 10.40 Vm. — Tl. 8.42

20. Sonntag. (4. W.) 2. S. n. Ep. Namen Jesu. — Fab.
SA. 8.3. SU. 4.48. — MU. 1.48 Vm. MA. 11.9 Vm. — Tl. 8.45

Januar 1918.

21. Montag. Agnes; Meinrad. — Agnes.
SA. 8.2. SU. 4.49. — MU. 3.4 Vm. MA. 11.43 Vm. — Tl. 8.47

22. Dienstag. Vincentius, Vinzenz. — Vincentius.
SA. 8.1. SU. 4.51. — MU. 4.14 Vm. MA. 12.26 Nm. — Tl. 8.50

23. Mittwoch. Verlob. Mariä. — Emerentia.
SA. 8.0. SU. 4.52. — MU. 5.26 Vm. MA. 1.18 Nm. — Tl. 8.52

24. Donnerstag. Timotheus. — Timotheus.
SA. 7.59. SU. 4.54. — MU. 6.7 Vm. MA. 2.18 Nm. — Tl. 8.55

25. Freitag. Pauli Bekehr. — Pauli Bekehr.
SA. 7.58. SU. 4.56. — MU. 6.47 Vm. MA. 3.24 Nm. — Tl. 8.58

26. Samstag. Polykarp. — Polykarp.
SA. 7.56. SU. 4.57. — MU. 7.18 Vm. MA. 4.33 Nm. — Tl. 9.1

27. Sonntag. (5.W.) Septuag. Joh. Chrysostomus.
SA. 7.55. SU. 4.59. — MU. 7.45 Vm. MA. 5.41 Nm. — Tl. 9.4
Geburtsfest S. M. des deutschen Kaisers Wilhelm II. (1859).

28. Montag. Karl d. Gr. — Karolina.
SA. 7.54. SU. 5.1. — MU. 8.6 Vm. MA. 6.49 Nm. — Tl. 9.7

Januar 1918.

29. Dienstag. Franz v. S. — Valerius.
SA. 7.53. SU. 5.2. — MU. 8.34 Vm. MA. 7.55 Nm. — Tl. 9.9

30. Mittwoch. Martina. — Adelgunde.
SA. 7.51. SU. 5.4. — MU. 8.41 Vm. MA. 9.0 Nm. — Tl. 9.13

31. Donnerstag. Petrus v. Nol. — Virg.
SA. 7.50. SU. 5.5. — MU. 8.58 Vm. MA. 10.6 Nm. — Tl. 9.15

Februar 1918.

1. Freitag. Ignatius. — Brigitta.
SA. 7.49. SU. 5.7. — MU. 9.15 Vm. MA. 11 11 Nm. — Tl. 9.18

2. Samstag. Mariä Lichtmess. — Mariä Reinigung.
SA. 7.47. SU. 5.9. — MU. 9.34 Vm. — Tl. 9.22

3. Sonntag. (6. W.) Sexages. Blasius. — Blasius.
SA. 7.46. SU. 5.11. — MA. 12.18 Vm. MU. 9.56 Vm. — Tl. 9.25

4. Montag. Andreas. — Veronika.
SA. 7.44. SU. 5.13. — MA. 1.25 Vm. MU. 10.24 Vm. — Tl. 9.29

5. Dienstag. Agathe, Albin. — Agathe.
SA. 7.43. SU. 5.14. — MA. 2.32 Vm. MU. 10.57 Vm. — Tl. 9.31

6. Mittwoch. Dorothea. — Dorothea.
SA. 7.41. SU. 5.16. — MA. 3.38 Vm. MU. 11.43 Vm. — Tl. 9.35

7. Donnerstag. Romuald. — Richard.
SA. 7.39. SU. 5.18. — MA. 4.37 Vm. MU. 12.39 Nm. — Tl. 9.39

8. Freitag. Joh. v. M. — Salomon.
SA. 7.38. SU. 5.19. — MA. 5.27 Vm. MU. 1.47 Nm. — Tl. 9.41

9. Samstag. Apollonia. — Apollonia.
SA. 7.36. SU. 5.21. — MA. 6.8 Vm. MU. 3.5 Nm. — Tl. 9.45

Februar 1918.

10. Sonntag. (7.W.) Quinq. Scholastika. — Schol.
SA. 7.34. SU. 5.23. — MA. 6.43 Vm. MU. 4.28 Nm. — Tl. 9.49

11. Montag. Euphrosine. — Euphrosine.
SA. 7.33. SU. 5.25. — MA. 7.10 Vm. MU. 5.54 Nm. — Tl. 9.52

12. Dienstag. Eulalia. — Eulalia.
SA. 7.31. SU. 5.25. — MA. 7.34 Vm. MU. 7.20 Nm. — Tl. 9.54

Fastnacht.

I. Dschemâdi-el-awwel 1336 der Mohammedaner.

13. Mittwoch. Katharina v. R. — Jordan.
SA. 7.29. SU. 5.28. — MA. 7.57 Vm. MU. 8.45 Nm. — Tl. 9.59

Aschermittwoch.

I. Adar 5678 der Juden.

14. Donnerstag. Valentin. — Valentin.
SA. 7.28. SU. 5.30. — MA. 8.20 Vm. MU. 10.9 Nm. — Tl. 10.2

15. Freitag. Faustinus. — Faustinus u. J.
SA. 7.26. SU. 5.32. MA.44 Vm.— . MU. 11.32 Nm. — Tl. 10.6

16. Samstag. Juliana. — Juliana.
SA. 7.24. SU. 5.33. — MA. 9.12 Vm. — Tl. 10.9
Läutordnung halb 7 Uhr.

17. Sonntag. (8.W.) 1.Invoc. — Buss- u. Bett.
SA. 7.22. SU. 5.35. — MU. 12.52 Vm. MA. 9.44 Vm. — Tl. 10.13

18. Montag. Simeon. — Konkordia.
SA. 7.20. SU. 5.37. — MU. 2.5 Vm. MA. 10.25 Vm. — Tl. 10.17

19. Dienstag. Konrad. — Konrad.
SA. 7.18. SU. 5.38. — MU. 3.10 Vm. MA. 11.15 Vm. — Tl. 10.20

20. Mittwoch. Eucherius. — Eucherius.
SA. 7.16. SU. 5.40. — MU. 4.4 Vm. MA. 12.13 Nm. — Tl. 10.24
I. Quatember.

21. Donnerstag. Eleonore. — Eleonore.
SA. 7.15. SU. 5.42. — MU. 4.47 Vm. MA. 1.16 Nm. — Tl. 10.27

22. Freitag. Petri Stuhlf. z. A. — Petri Stuhlf.
SA. 7.13. SU. 5.44. — MU. 5.22 Vm. MA. 2.33 Nm. — Tl. 10.31

23. Samstag. Milburgis. — Reinhard.
SA. 7.11. SU. 5.45. — MU. 5.49 Vm. MA. 3.31 Nm. — Tl. 10.34

24. Sonntag. (9.W.) 2. Rem. Matthias. — Matthias.
SA. 7.9. SU. 5.47. — MU. 6.11 Vm. MA. 4.38 Nm. — Tl. 10.38

25. Montag. Walburga. — Viktor.
SA. 7.7. SU. 5.49. — MU. 6.30 Vm. MA. 5.44 Nm. — Tl. 10.42
13. Adar 5678: Fasten-Esther.

Februar 1918.

26. Dienstag. Mechtildis. — Nestor.
SA. 7.5. SU. 5.50. — MU. 6.48 Vm. MA. 6.50 Nm. — Tl. 10.45

14. Adar 5678: Purim.

27. Mittwoch. Leander. — Leander.
SA. 7.3. SU. 5.52. — MU. 7.5 Vm. MA. 7.55 Nm. — Tl. 10.49

15. Adar 5678: Schuschan-Purim.

28. Donnerstag. Romanus. — Renata.
SA. 7.1. SU. 5.54. — MU. 7.22 Vm. MA. 9.0 Nm. — Tl. 10.53

März 1918.

1. Freitag. Suitbert. — Albin, Oskar.
SA. 6.59. SU. 5.55. — MU. 7.41 Vm. MA. 10.6 Nm. — Tl. 10.56

2. Samstag. Simplicius. — Luise.
SA. 6.57. SU. 5.57. — MU. 8.6 Vm. MA. 11.12 Nm. — Tl. 11.0

3. Sonntag. (10.W.) 3. Oculi. Kunigunde. — Kunig.
SA. 6.55. SU. 5.59. — MU. 8.27 Vm. — Tl. 11.4

4. Montag. Kasimir K. — Adrian.
SA. 6.53. SU. 6.0. — MA. 12.18 Vm. MU. 8.57 Vm. — Tl. 11.7

5. Dienstag. Friedrich. — Friedrich.
SA. 6.51. SU. 6.1. — MA. 1.24 Vm. MU. 9.36 Vm. — Tl. 11.10

März 1918.

6. Mittwoch. Fridolin. — Fridolin.
SA. 6.48. SU. 6.3. — MA. 2.24 Vm. MU. 10.26 Vm. — Tl. 11.15
Mittfasten.

7. Donnerstag. Thomas v. A. — Feliz.
SA. 6.46. SU. 6.5. — MA. 3.16 Vm. MU. 11.26 Vm. — Tl. 11.19

8. Freitag. Johann v. Gott. — Philemona.
SA. 6.44. SU. 6.7. — MA. 3.59 Vm. MU. 12.38 Nm. — Tl. 11.23

9. Samstag. Franz v. R. — 40 Ritter.
SA. 6.42. SU. 6.8. — MA. 4.36 Vm. MU. 1.57 Nm. — Tl. 11.26

10. Sonntag. (11. W.) 4. Lätare. 40 Märtyrer. — Alex.
SA. 6.40. SU. 6.10. — MA. 5.7 Vm. MU. 3.20 Nm. — Tl. 11 30

11. Montag. Rosina. — Rosina.
SA. 6.38. SU. 6.12. — MA. 5.38 Vm. MU. 4.45 Nm. — Tl. 11.34

12. Dienstag. Gregor. — Gregor.
SA. 6.36. SU. 6.13. — MA. 5.57 Vm. MU. 6.12 Nm. — Tl. 11.37

13. Mittwoch. Nicephorus. — Ernst.
SA. 6.34. SU. 6.15. — MA. 6.20 Vm. MU. 7.38 Nm. — Tl. 11.41

14. Donnerstag. Mathilde. — Zach.
SA. 6.32. SU. 6.16. — MA. 6.44 Vm. MU. 9.4 Nm. — Tl. 11.44
I. Dschemâde-el-accher 1336 der Mohammedaner.
I. Nisan 5678 der Juden.

15. Freitag. Longinus. — Christoph.
SA. 6.30. SU. 6.18. — MA. 7.11 Vm. MU. 10.28 Nm. — Tl. 11.48

16. Samstag. Heribert. — Henriette.
SA. 6.27. SU. 6.20. — MA. 7.43 Vm. MU. 11.47 Nm. — Tl. 11.53

17. Sonntag. (12.W.) 5. Judica. Gertraud. — Gertr.
SA. 6.25. SU. 6.21. — MA. 8.23 Vm. — Tl. 11.56

18. Montag. Narzissus. — Anselm.
SA. 6.23. SU. 6.23. — MU. 12.58 Vm. MA. 9.11 Vm. — Tl. 12

19. Dienstag. Joseph. — Joseph.
SA. 6.21. SU. 6.24. — MU. 1.58 Vm. MA. 10.7 Vm. — Tl. 12.3
Patron der kath. Kirche und Deutschlands.

20. Mittwoch. Nizetas. — Hubert.
SA. 6.18. SU. 6.26. — MU. 2.45 Vm. MA. 11.9 Vm. — Tl. 12.8

21. Donnerstag. Benedikt. — Benedikt.
SA. 6.16. SU. 6.28. — MU. 3.22 Vm. MA. 12.16 Nm. — Tl. 12.12
Frühlingsanfang: 10 Vm.

22. Freitag. 7 Schmerz. Mariä. Kathar — Kasimir.
SA. 6.14. SU. 6.29. — MU. 3.52 Vm. MA. 1.23 Nm. — Tl. 12.15

23. Samstag. Viktorinus. — Eberhard.
SA. 6.12. SU. 6.31. — MU. 4.16 Vm. MA. 2.30 Nm. — Tl. 12.19

24. Sonntag. (13.W.) 6. Palms. Simon. — Palms.
SA. 6.10. SU. 6.32. — MU. 4.36 Vm. MA. 3.36 Nm. — Tl. 12.22

25. Montag. Mariä Verkündigung. — Mar. Verk.
SA. 6.7. SU. 6.34. — MU. 4.54 Vm. MA. 4.41 Nm. — Tl. 12.27

März 1918.

26. Dienstag. Castulus. — Emanuel.
SA. 6.5. SU. 6.36. — MU. 5.12 Vm. MA. 5.46 Nm. — Tl. 12.31

27. Mittwoch. Rupert. — Rupert.
SA. 6.3. SU. 6.37. — MU. 5.29 Vm. MA. 6.51 Nm. — Tl. 12.34

28. Donnerstag. Guntram. — Malchus.
SA. 6.1. SU. 6.39. — MU. 5.47 Vm. MA. 7.57 Nm. — Tl. 12.38

Gründonnerstag.

15. Nisan 5678: Passah-Anfang.

29. Freitag. Ludolph. — Eustachius.
SA. 5.59. SU. 6.40. — MU. 6.8 Vm. MA. 9.3 Nm. — Tl. 12.41

Karfreitag.

16. Nisan: Zweites Fest.

März 1918.

80. Samstag. Quirinus. — Guido.
SA. 5.57. SU. 6.42. — MU. 6.37 Vm. MA. 10.9 Nm. — Tl. 12.45
Karsamstag.

81. Sonntag. (14.W.) Ostern. Benjamin. — Traugott.
SA. 5.54. SU. 6.43. — MU. 7.1 Vm. MA. 11.15 Nm. — Tl. 12.49

April 1918.

1. Montag. Ostermontag. Hugo. — Theodora.
SA. 5.52. SU. 6.45. — MU. 7.36 Vm. — Tl. 12.53
Läutordnung 7 Uhr (München $7^1/_2$ Uhr).

2. Dienstag. Franz v. P. — Theodosia.
SA. 5.50. SU. 6.47. — MA. 12.15 Vm. MU. 8.22 Vm. — Tl. 12.57

März 1918.

3. Mittwoch. Richard. — Rosamunde.
SA. 5.48. SU. 6.48. — MA. 1.9 Vm. MU. 9.18 Vm. — Tl. 13.0

21. Nisan: Siebentes Fest.

4. Donnerstag. Isidor — Ambrosius.
SA. 5.46. SU. 6.49. — MA. 1.55 Vm. MU. 10.22 Vm. — Tl. 13.3

22. Nisan: Achtes Fest.

5. Freitag. Vinzenz F. — Maxim.
SA. 5.44. SU. 6.51. — MA. 2.33 Vm. MU. 11.37 Vm. — Tl. 13.7

6. Samstag. Sixtus. — Irenäus.
SA. 5.41. SU. 6.53. — MA. 3.5 Vm. MU. 12.55 Nm. — Tl. 13.12

7. Sonntag. (15. W.) 1. Quas. **Eberhard. — Egesippus.**
SA. 5.40. SU. 6.54. — MA. 3.32 Vm. MU. 2.16 Nm. — Tl. 13.14

8. Montag. Dionys B. — Albrecht.
SA. 5.38. SU. 6.56. — MA. 3.56 Vm. MU. 3.39 Nm. — Tl. 13.18

9. Dienstag. Mar. Cleophä. — Demetrius.
SA. 5.35. SU. 6.57. — MA. 4.19 Vm. MU. 5.4 Nm. — Tl. 13.22

10. Mittwoch. Ezechiel. — Daniel.
SA. 5.33. SU. 6.59. — MA. 4.43 Vm. MU. 6.30 Nm. — Tl. 13.26

11. Donnerstag. Leo I. — Julius.
SA. 5.31. SU. 7.1. — MA. 5.9 Vm. MU. 7.56 Nm. — Tl. 13.30

12. Freitag. Zeno. — Eustorgius.
SA. 5.29. SU. 7.2. — MA. 5.30 Vm. MU. 9.19 Nm. — Tl. 13.33
I. Redscheb 1336 der Mohammedaner.

13. Samstag. Hermenegild. — Patr.
SA. 5.27. SU. 7.4. — MA. 6.15 Vm. MU. 10.36 Nm. — Tl. 13.37
I. Ijar 5678 der Juden.

14. Sonntag. (16.W.) 2.Misericord. Tiburtius. — Tiburt.
SA. 5.24. SU. 7.5. — MA. 7.1 Vm. MU. 11.34 Nm. — Tl. 13.41

April 1918.

15. Montag Anastasia. — Olymp.
SA. 5.22. SU. 7.7. — MA. 7.56 Vm. — Tl. 13.45

16. Dienstag. Eusebius. Turibius. — Aaron.
SA. 5.20. SU. 7.8. — MU. 12.38 Vm. MA. 8.58 Vm. — Tl. 13.48
Läutordnung halb 8 Uhr. (München 8 Uhr).

17. Mittwoch. Rudolf. — Rudolf.
SA. 5.18. SU. 7.10. — MU. 1.20 Vm. MA. 10.5 Vm. — Tl. 13.52

18. Donnerstag. Eleuth.; Apollonia. — Valerian.
SA. 5.16. SU. 7.11. — MU. 1.54 Vm. MA. 11.13 Vm. — Tl. 13.55

19. Freitag. Werner, Emma. — Hermogenes.
SA. 5.14. SU. 7.13. — MU. 2.20 Vm. MA. 12.22 Nm. — Tl. 13.59

20. Samstag. Sulpitius. — Sulpitius.
SA. 5.12. SU. 7.15. — MU. 2.41 Vm. MA. 1.27 Nm. — Tl. 14.3

21. Sonntag. (17.W.) 3. Jub. Anselm. — Adolarius.
SA. 5.10. SU. 7.16. — MU. 3.0 Vm. MA. 2.32 Nm. — Tl. 14.6

22. Montag. Soter u. Cajus. — Soter u. Cajus.
SA. 5.8. SU. 7.18. — MU. 3.18 Vm. MA. 3.37 Nm. — Tl. 14.10

23. Dienstag. Adalbert B. — Albert.
SA. 5.6. SU. 7.19. — MU. 3.35 Vm. MA. 4.42 Nm. — Tl. 14.13

24. Mittwoch. Georg. — Georg.
SA. 5.4. SU. 7.21. — MU. 3.53 Vm. MA. 5.47 Nm. — Tl. 14.17
Georgi-Ritter-Ordensfest.

25. Donnerstag. Markus. — Markus.
SA. 5.3. SU. 7.22. — MU. 4.13 Vm. MA. 6.53 Nm. — Tl. 14.19

26. Freitag. Kletus. — Kletus.
SA. 5.1. SU. 7.24. — MU. 4.36 Vm. MA. 8.0 Nm. — Tl. 14.23

27. Samstag. Peregrinus. — Anastasius.
SA. 4.59. SU. 7.26. — MU. 5.4 Vm. MA. 9.6 Nm. — Tl. 14.27

28. Sonntag. (18.W.) 4. Cant. Paul v. Kr. — Vitalis.
SA. 4.57. SU. 7.27. — MU. 5.38 Vm. MA. 10.9 Nm. — Tl. 14.30

29. Montag. Petrus, M. — Sibylla.
SA. 4.55. SU. 7.29. — MU. 6.21 Vm. MA. 11.5 Nm. — Tl. 14.34

30. Dienstag. Kathar. v. S. — Eutropius.
SA. 4.54. SU. 7.30. — MU. 7.24 Vm. MA. 11.53 Nm. — Tl. 14.36
18. Ijar 5678: Lag-B'omer.

Mai 1918.

1. Mittwoch. Philipp u. Jakob. — Philipp u. Jakob.
SA. 4.52. SU. 7.32. — MU. 8.16 Vm. — Tl. 14.40

2. Donnerstag. Athanasius. — Sigismund.
SA. 4.50. SU. 7.33. — MA. 12.32 Vm. MU. 9.26 Vm. — Tl. 14.43

3. Freitag. Hl. † Auffindung. — Hl. † Auffindg.
SA. 4.48. SU. 7.35. — MA. 1.6 Vm. MU. 10.41 Vm. — Tl. 14.47

4. Samstag. Floria, Monika. — Floria, Monika.
SA. 4.46. SU. 7.36. — MA. 1.34 Vm. MU. 11.59 Vm. — Tl. 14.50

5. Sonntag. (19.W.) 5. Rog. Pius V. — Gotthard.
SA. 4.44. SU. 7.38. — MA. 1.58 Vm. MU. 1.18 Nm. — Tl. 14.54
Bittwoche.

---

6. Montag. Joh. v. d. L. Pf. — Dietrich.
SA. 4.43. SU. 7.39. — MA. 2.20 Vm. MU. 2.38 Nm. — Tl. 14.56

---

7. Dienstag. Stanislaus. — Gottfried.
SA. 4.41. SU. 7.41. — MA. 2.43 Vm. MU. 4.1 Nm. — Tl. 15

---

8. Mittwoch. Michaels Erschein. — Stanislaus.
SA. 4.39. SU. 7.42. — MA. 3.7 Vm. MU. 5.25 Nm. — Tl. 15.3

Mai 1918.

9. Donnerstag. Christi Himmelfahrt. Gregor v. N.
SA. 4.38. SU. 7.44. — MA. 3.35 Vm. MU. 6.49 Nm. — Tl. 15.6

10. Freitag. Antonie. — Viktoria.
SA. 4.36. SU. 7.45. — MA. 4.7 Vm. MU. 8.9 Nm. — Tl. 15.9

11. Samstag. Mamertus. — Adolf.
SA. 4.35. SU. 7.47. — MA. 4.49 Vm. MU. 9.22 Nm. — Tl. 15.12

12. Sonntag. (20. W.) 6. Exaudi. Patrona Bavariae.
SA. 4.33. SU. 7.48. — MA. 5.40 Vm. MU. 10.24 Nm. — Tl. 15.15

I. Schabân 1336 der Mohammedaner.

I. Sivan 5678 der Juden.

13. Montag. Servatius B. — Servatius.
SA. 4.32. SU. 7.50. — MA. 6.40 Vm. MU. 11.13 Nm. — Tl. 15.18

14. Dienstag. Bonifazius M. — Christian.
SA. 4.30. SU. 7.51. — MA. 7.47 Vm. MU. 11.50 Nm. — Tl. 15.21

15. Mittwoch. Sophia. — Sophia.
SA. 4.29. SU. 7.52. — MA. 8.57 Vm. — Tl. 15.23

16. Donnerstag. Joh. v. N. — Peregrinus.
SA. 4.27. SU. 7.54. — MU. 12.20 Vm. MA. 10.7 Vm. — Tl. 15.27
Läutordnung halb 9 Uhr.

17. Freitag. Paschalis. — Eubert.
SA. 4.26. SU. 7.55. — MU. 12.44 Vm. MA. 11.15 Vm. — Tl. 15.29
6. Sivan 5678: Wochenfest.

18. Samstag. Venantius. — Liborius.
SA. 4.25. SU. 7.57. — MU. 1.5 Vm. MA. 12.22 Nm. — Tl. 15.32
7. Sivan: Zweites Fest.

19. Sonntag. (21.W.) Pfingsts. — Potentian.
SA. 4.23. SU. 7.58. — MU. 1.23 Vm. MA. 1.26 Nm. — Tl. 15.35
Ivo, B. v. Chartres. Patron der Juristen.

20. Montag. Pfingstmontag. Bernhard v. S.
SA. 4.22. SU. 7.59. — MU. 1.41 Vm. MA. 2.31 Nm. — Tl. 15.37

21. Dienstag. Konstantin. — Prudens.
SA. 4.21. SU. 8.1. — MU. 1.58 Vm. MA. 3.36 Nm. — Tl. 15.40

22. Mittwoch. Julia. — Helene.
SA. 4.20. SU. 8.2. — MU. 2.17 Vm. MA. 4.42 Nm. — Tl. 15.42
II. Quatember.

23. Donnerstag. Desiderius. — Desiderius.
SA. 4.19. SU. 8.3. — MU. 2.39 Vm. MA. 5.49 Nm. — Tl. 15.44

24. Freitag. Johanna. — Esther.
SA. 4.18. SU. 8.4. — MU. 3.5 Vm. MA. 6.55 Nm. — Tl. 15.46

25. Samstag. Urban. — Urban.
SA. 4.16. SU. 8.6. — MU. 3.27 Vm. MA. 8.0 Nm. — Tl. 15.50

26. Sonntag. (22.W.) Hl. Dreifaltig. — Trinitatis.
SA. 4.15. SU. 8.7. — MU. 4.18 Vm. MA. 8.59 Nm. — Tl. 15.52

27. Montag. Magdalena. — Luzian.
SA. 4.14. SU. 8.8. — MU. 5.8 Vm. MA. 9.50 Nm. — Tl. 15.54

28. Dienstag. Germanus. — Wilh.
SA. 4.13. SU. 8.9. — MU. 6.8 Vm. MA. 10.33 Nm. — Tl. 15.56

Mai 1918.

29. Mittwoch. Theodosia. — Christiana.
SA. 4.13. SU. 8.11. — MU. 7.17 Vm. MA. 11.9 Nm. — Tl. 15.58

30. Donnerstag. Fronleichnam. — Wigand.
SA. 4.12. SU. 8.12. — MU. 8.31 Vm. MA. 11.38 Nm. — Tl. 16

31. Freitag. Angela. — Petronilla.
SA. 4.11. SU. 8.13. — MU. 9.48 Vm. — Tl. 16.2

Juni 1918.

1. Samstag. Juventius. — Nikomedes.
SA. 4.10. SU. 8.14. — MA. 12.3 Vm. MU. 11.5 Vm. — Tl. 16.4
Läutordnung 9 Uhr.

2. Sonntag. (23.W.) 2. n. Pf. **Erasmus. — 1. n. Tr.**
SA. 4.9. SU. 8.15. — MA. 12.25 Vm. MU. 12.24 Nm. — Tl. 16.6

3. Montag. Klotildis. — Erasmus.
SA. 4.9. SU. 8.16. — MA. 12.47 Vm. MU. 1.44 Nm. — Tl. 16.7

4. Dienstag. Quirinus. — Karpas.
SA. 4.8. SU. 8.17. — MA. 1.10 Vm. MU. 3.4 Nm. — Tl. 16.9

5. Mittwoch. Bonifazius. — Bonifazius.
SA. 4.7. SU. 8.18. — MA. 1.35 Vm. MU. 4.25 Nm. — Tl. 16.11

Bonifaz, Apostel der Deutschen.

6. Donnerstag. Norbert. — Benignus.
SA. 4.7. SU. 8.19. — MA. 2.4 Vm. MU. 5.45 Nm. — Tl. 16.12

7. Freitag. Robert. — Lucretia.
SA. 4.6. SU. 8.19. — MA. 2.40 Vm. MU. 7.1 Nm. — Tl. 16.13
Herz Jesu-Fest.

8. Samstag. Medardus. — Medardus.
SA. 4.6. SU. 8.20. — MA. 3.27 Vm. MU. 8.8 Nm. — Tl. 16.14

9. Sonntag. (24.W.) 3. n. Pf. Primus. — 2. n. Tr.
SA. 4.5. SU. 8.21. — MA. 4.23 Vm. MU. 9.3 Nm. — Tl. 16.16

10. Montag. Margaretha. — Onuphrius.
SA. 4.5. SU. 8.22. — MA. 5.27 Vm. MU. 9.46 Nm. — Tl. 16.17
I. Ramadân 1336 der Mohammedaner.

11. Dienstag. Barnabas. — Barnabas.
SA. 4.5. SU. 8.22. — MA. 6.37 Vm. MU. 10.20 Nm. — Tl. 16.17
I. Thamuz 5678 der Juden.

12. Mittwoch. Basilides. — Basilides.
SA. 4.5. SU. 8.23. — MA. 7.48 Vm. MU. 10.46 Nm. — Tl. 16.18

13. Donnerstag. Anton v. P. — Tobias.
SA. 4.4. SU. 8.23. — MA. 8.58 Vm. MU. 11.8 Nm. — Tl. 16.19
Totenfeier für weiland König Ludwig II.

14. Freitag. Basilius. — Antonia.
SA. 4.4. SU. 8.24. — MA. 10.6 Vm. MU. 11.27 Nm. — Tl. 16.20

15. Samstag. Vitus. — Vitus.
SA. 4.4. SU. 8.25. — MA. 11.12 Vm. MU. 11.45 Nm. — Tl. 16.21

16. Sonntag. (25.W.) 4.n.Pf. Benno. — 3.n.Tr.
SA. 4.4. SU. 8.25. — MA. 12.17 Nm. — Tl. 16.21
Patrozinium der Hauptstadt München (Benno).

17. Montag. Adolf. — Volkmar.
SA. 4.4. SU. 8.26. — MU. 12.3 Vm. MA. 1.22 Nm. — Tl. 16.22

18. Dienstag. Markus. — Arnulph.
SA. 4.4. SU. 8.26. — MU. 12.22 Vm. MA. 2.28 Nm. — Tl. 16.22

19. Mittwoch. Gervasius u. Prot. — Gervasius.
SA. 4.4. SU. 8.26. — MU. 12.42 Vm. MA. 3.34 Nm. — Tl. 16.22

20. Donnerstag. Silverius. — Silverius.
SA. 4.4. SU. 8.27. — MU. 1.6 Vm. MA. 4.40 Nm. — Tl. 16.23

21. Freitag. Aloysius. — Albanus.
SA. 4.4. SU. 8.27. — MU. 1.35 Vm. MA. 5.46 Nm. — Tl. 16.23

22. Samstag. Paulinus. — Achatius.
SA. 4.4. SU. 8.27. — MU. 2.12 Vm. MA. 6.49 Nm. — Tl. 16.23
Sommeranfang: 6 Vm.

23. Sonntag. (26. W.) 5. n. Pf. Edeltraud. — 4. n. Tr.
SA. 4.5. SU. 8.27. — MU. 2.59 Vm. MA. 7.44 Nm. — Tl. 16.22

24. Montag. Johannes d. T. — Johann.
SA. 4.5. SU. 8.27. — MU. 3.57 Vm. MA. 8.31 Nm. — Tl. 16.22

25. Dienstag. Prosper. — Eulogius.
SA. 4.5. SU. 8.27. — MU. 5.3 Vm. MA. 9.9 Nm. — Tl. 16.22
Augsburger Konfession 1536.

26. Mittwoch. Johann u. Paul. — Jeremias.
SA. 4.6. SU. 8.27. — MU. 6.17 Vm. MU. 9.41 Nm. — Tl. 16.21
Stiftungstag der Universität München 1472.

27. Donnerstag Ladislaus. — Philippine.
SA. 4.6. SU. 8.27. — MU. 7.33 Vm. MA. 10.8 Nm. — Tl. 16.21
17. Thamuz 5678: Fasten. Tempeleroberung.

28. Freitag. Leo II. — Josua.
SA. 4.6. SU. 8.27. — MU. 8.55 Vm. MA. 10.31 Nm. — Tl. 16.21

29. Samstag. Peter u. Paul. — Peter u. Paul.
SA. 4.7. SU. 8.27. — MU. 10.13 Vm. MA. 10.53 Nm. — Tl. 16.20

Juni 1918.

30. Sonntag. (27.W.) 6. n. Pf. Pauli Ged. — 5. n. Tr.
SA. 4.8. SU. 8.27. — MU. 11.33 Vm. MA. 11.15 Nm. — Tl. 16.19

Juli 1918.

1. Montag. Theobald. — Theobald.
SA. 4.8. SU. 8.27. — MU. 12.51 Vm. MA. 11.39 Nm. — Tl. 16.19

---

2. Dienstag. Mariä Heims. — Mariä Heims.
SA. 4.9. SU. 8.26. — MU. 2.11 Nm. — Tl. 16.17

Geburtsfest I. M. der Königin Maria Theresia.
Politischer Feiertag.

---

3. Mittwoch. Eulogius. — Kornelius.
SA. 4.10. SU. 8.26. — MA. 12.7 Vm. MU. 3.30 Nm. — Tl. 16.16

Juli 1918.

4. Donnerstag. Ulrich, B. v. Augsburg. — Ulrich.
SA. 4.10. SU. 8.26. — MA. 12.39 Vm. MU. 4.45 Nm. — Tl. 16.16

Patrozinium des Bistums Augsburg (Ulrich).

---

5. Freitag. Domitius. — Charlotte.
SA. 4.11. SU. 8.25. — MA. 1.20 Vm. MU. 5.54 Nm. — Tl. 16.14

---

6. Samstag. Isaias. — Esaias.
SA. 4.12. SU. 8.25. — MA. 1.11 Vm. MU. 6.53 Nm. — Tl. 16.13

---

7. **Sonntag.** (28.W.) 7. n. Pf. Willibald. — 6. n. Tr.
SA. 4.13. SU. 8.24. — MA. 3.10 Vm. MU. 7.40 Nm. — Tl. 16.11

8. Montag. Kilian. — Kilian.
SA. 4.13. SU. 8.24. — MA. 4.18 Vm. MU. 8.18 Nm. — Tl. 16.11

9. Dienstag. Cyrillus. — Gottlob.
SA. 4.14. SU. 8.23. — MA. 5.29 Vm. MU. 8.47 Nm. — Tl. 16.9

10. Mittwoch. Felizitas. — Jakobina.
SA. 4.15. SU. 8.22. — MA. 6.40 Vm. MU. 9.11 Nm. — Tl. 16.7

I. Schewwâl 1336 der Mohammedaner.

I. Ab 5678 der Juden.

11. Donnerstag. Pius I. — Pius, Eleonore.
SA. 4.16. SU. 8.22. — MA. 7.49 Vm. MU. 9.32 Nm. — Tl. 16.6

Juli 1918.

12. Freitag. Joh. Qu. — Heinrich.
SA. 4.17. SU. 8.21. — MA. 8.57 Vm. MU. 9.51 Nm. — Tl. 16.4
Patrozinium des Erzbistums Bamberg (Heinrich).

13. Samstag. Eugen. — Margareta.
SA. 4.18. SU. 8.20. — MA. 10.3 Vm. MU. 10.8 Nm. — Tl. 16.2

14. Sonntag. (29.W.) 8.n.Pf. Bonaventura. — 7. n. Tr.
SA. 4.19. SU. 8.19. — MA. 11.8 Vm. MU. 10.26 Nm. — Tl. 16

15. Montag. Heinrich. — Heinrich.
SA. 4.20. SU. 8.18. — MA. 12.13 Nm. MU. 10.46 Nm. — Tl. 15.58
Anfang der Gerichtsferien.
(Ende am 15. September.) §§ 202, 204 GVG.

16. Dienstag. Reinald. — Ruth.
SA. 4.21. SU. 8.17. — MA. 1.18 Nm. MU. 11.9 Nm. — Tl. 15.56
Läutordnung halb 9 Uhr.

17. Mittwoch. Alexius. — Alexius.
SA. 4.23. SU. 8.17. — MA. 2.24 Nm. MU. 11.35 Nm. — Tl. 15.54

18. Donnerstag. Friedrich. — Maternus.
SA. 4.24. SU. 8.16. — MA. 3.30 Nm. — Tl. 15.52
9. Ab 5678: Fasten. Tempelverbrennung.

19. Freitag. Vinzenz v. Pad. — Rufina.
SA. 4.25. SU. 8.14. — MU. 12.7 Vm. MA. 4.34 Nm. — Tl. 15.49

20. Samstag. Margareta. — Elias.
SA. 4.26. SU. 8.13. — MU. 12.49 Vm. MA. 5.32 Nm. — Tl. 15.47

21. Sonntag. (30.W.) 9.n.Pf. Daniel, Julia. — 8. n. Tr.
SA. 4.27. SU. 8.12. — MU. 1.42 Vm. MA. 6.32 Nm. — Tl. 15.45
Skapulierfest.

22. Montag. Maria Magdalena. — Mar. Magd.
SA. 4.29. SU. 8.11. — MU. 2.45 Vm. MA. 7.5 Nm. — Tl. 15.42

23. Dienstag. Liborius. — Apollinaris.
SA. 4.30. SU. 8.10. — MU. 3.57 Vm. MA. 7.41 Nm. — Tl. 15.40
Patrozinium des Herzogtums Sulzbach.
Hundstage-Anfang.

24. Mittwoch. Christina. — Christina.
SA. 4.31. SU. 8.9. — MU. 5.15 Vm. MA. 8.10 Nm. — Tl. 15.38

25. Donnerstag. Jakob. — Jakob.
SA. 4.32. SU. 8.7. — MU. 6.25 Vm. MA. 8.36 Nm. — Tl. 15.35

26. Freitag. Anna. — Anna
SA. 4.34. SU. 8.6. — MU. 7.56 Vm. MA. 8.59 Nm. — Tl. 15.32
St. Anna-Ordensfest in München und Würzburg.

27. Samstag. Pantaleon. — Martha.
SA. 4.35. SU. 8.5. — MU. 9.18 Vm. MA. 9.21 Nm. — Tl. 15.30

28. Sonntag. (31.W.) 10. n.Pf. Innoc. V. — 9. n.Tr.
SA. 4.36. SU. 8.3. — MU. 10.39 Vm. MA. 9.45 Nm. — Tl. 15.27

29. Montag. Flora. — Beatrix.
SA. 4.38. SU. 8.2. — MU. 11.59 Vm. MA. 10.11 Nm. — Tl. 15.24

30. Dienstag. Abdon u. Sennen.
SA. 4.39. SU. 8.0. — MU. 1.18 Nm. MA. 10.41 Nm. — Tl. 15.21

31. Mittwoch. Ignat. v. L. — Trasybul.
SA. 4.41. SU. 7.59. — MU. 2.35 Nm. MA. 11.19 Nm. — Tl. 15.18

August 1918.

1, Donnerstag. Petri Kettenf. — Petri Kettenfeier.
SA. 4.42. SU. 7.57. — MU. 3.45 Nm. — Tl. 15.15

2. Freitag. Alfons v. L. — Gustav.
SA. 4.43. SU. 7.56. — MA. 12.6 Vm. MU. 4.47 Nm. — Tl. 15.13

3. Samstag. Stephans Auffindung. — August.
SA. 4.45. SU. 7.54. — MA. 1.2 Vm. MU. 5.37 Nm. — Tl. 15.9

4. Sonntag. (32.W.) 11.n.Pf. Dominikus. — 10. n. Tr.
SA. 4.46. SU. 7.53. — MA. 2.5 Vm. MU. 6.17 Nm. — Tl. 15.7
Portiunkula.

5. Montag. Maria Schnee. — Oswald.
SA. 4.48. SU. 7.51. — MA. 3.14 Vm. MU. 6.49 Nm. — Tl. 15.3

6. Dienstag. Verkl. Christi. — Verkl. Christi.
SA. 4.49. SU. 7.49. — MA. 4.24 Vm. MU. 7.15 Nm. — Tl. 15

7. Mittwoch. Afra, Cajetan. — Ulrika.
SA. 4.51. SU. 7.48. — MA. 5.34 Vm. MU. 7.37 Nm. — Tl. 14.57

8. Donnerstag. Cyriakus. — Cyriakus.
SA. 4.52. SU. 7.46. — MA. 6.42 Vm. MU. 7.56 Nm. — Tl. 14.54
Friedensfest in Augsburg (1650).
I. Dsû'l-kade 1336 der Mohammedaner.

9. Freitag. Romanus. — Erikus, Romanus.
SA. 4.54. SU. 7.44. — MA. 7.49 Vm. MU. 8.14 Nm. — Tl. 14.50

Patrozinium des Stiftes Kempten.
I. Elul 5678 der Juden.

10. Samstag. Laurentius. — Lorenz.
SA. 4.55. SU. 7.43. — MA. 8.54 Vm. MU. 8.32 Nm. — Tl. 14.48

Sternschnuppenfall mit dem Rotationspunkt im Perseus.
Perseiden, feurige Tränen des hl. Laurentius.
Kinderfest in Augsburg.

11. Sonntag. (33.W.) 12.n.Pf. Susanna. — 11.n.Tr.
SA. 4.56. SU. 7.41. — MA. 9.59 Vm. MU. 8.51 Nm. — Tl. 14.45

12. Montag. Klara, Hilaria. — Klara.
SA. 4.58. SU. 7.39. — MA. 11.4 Vm. MU. 9.12 Nm. — Tl. 14.41

August 1918.

13. Dienstag. **Hippolyt. — Kassian.**
SA. 4.59. SU. 7.37. — MA. 12.9 Vm. MU. 9.37 Nm. — Tl. 14.38

14. Mittwoch. **Eusebius. — Eusebius.**
SA. 5.1. SU. 7.35. — MA. 1.14 Nm. MU. 10.6 Nm. — Tl. 14.34

15. Donnerstag. **Mariä Himmelfahrt. — Mar. H.**
SA. 5.2. SU. 7.34. — MA. 2.18 Nm. MU. 10.43 Nm. — Tl. 14.32
Patrozinium des Bistums Speyer.

16. Freitag. **Rochus. — Rochus.**
SA. 5.4. SU. 7.32. — MA. 3.18 Nm. MU. 11.30 Nm. — Tl. 14.28

17. Samstag. Liberatus. — Augusta.
SA. 5.5. SU. 7.30. — MA. 4.11 Nm. — Tl. 14.25

18. Sonntag. (34.W.) 13.n.Pf. Helena. — 12.n.Tr.
SA. 5.7. SU. 7.28. — MU. 12.27 Vm. MA. 4.57 Nm. — Tl. 14.21

19. Montag. Sebald. — Sebald.
SA. 5.8. SU. 7.26. — MU. 1.33 Vm. MA. 5.36 Nm. — Tl. 14.18

20. Dienstag. Bernhard. — Bernhard.
SA. 5.10. SU. 7.24. — MU. 2.49 Vm. MA. 6.9 Nm. — Tl. 14.14

21. Mittwoch. Johann. — Hartwig.
SA. 5.11. SU. 7.22. — MU. 4.9 Vm. MA. 6.36 Nm. — Tl. 14.11

22. Donnerstag. Timotheus. — Symphorian.
SA. 5.13. SU. 7.20. — MU. 5.31 Vm. MA. 7.6 Nm. — Tl. 14.7

23. Freitag. Philipp, Benitius. — Zachäus.
SA. 5.14. SU. 7.18. — MU. 6.54 Vm. MA. 7.24 Nm. — Tl. 14.4

24. Samstag. Bartholomäus. — Bartholomäus.
SA. 5.16. SU. 7.16. — MU. 8.17 Vm. MA. 7.48 Nm. — Tl. 14.

25. Sonntag. (35. W.) 14. n. Pf. Ludwig. — 13. n. Tr.
A. 5.17. SU. 7.14. — MU. 9.41 Vm. MA. 8.15 Nm. — Tl. 13.57

Namensfest Sr. M. des Königs Ludwig III.

Büros bleiben geöffnet; Sitzungen und Termine sind nicht abzuhalten.

26. Montag. Zephyrinus, Samuel. — Samuel.
SA. 5.19. SU. 7.12. — MU. 11.3 Vm. MA. 8.45 Nm. — Tl. 13.53

27. Dienstag. Gebhard. — Joseph Calasanz.
SA. 5.20. SU. 7.10. — MU. 12.22 Nm. MA. 9.21 Nm. — Tl. 13.50

28. Mittwoch. Augustin. — Augustin.
SA. 5.22. SU. 7.8. — MU. 1.36 Nm. MA. 10.5 Nm. — Tl. 13.46

August 1918.

29. Donnerstag. Johannes Enth. — Joh. Enth.
SA. 5.23. SU. 7.6. — MU. 2.41 Nm. MA. 10.59 Nm. — Tl. 13.43

---

30. Freitag. Rosa v. L. — Rebekka.
SA. 5.25. SU. 7.4. — MU. 3.34 Nm. MA. 11.59 Nm. — Tl. 13.39

---

31. Samstag. Raimund. — Paulinus.
SA. 5.26. SU. 7.1. — MU. 4.17 Nm. — Tl. 13.35

September 1918.

1. Sonntag. (36. W.) 15. n. Pf. Aegidius. — 14. n. Tr.
SA. 5.28. SU. 6.59. — MA. 1.5 Vm. MU. 4.52 Nm. — Tl. 13.31
Läutordnung halb 8 Uhr.
Schutzengelfest.

September 1918.

2. Montag. Stephan. — Absalon.
SA. 5.29. SU. 6.57. — MA. 2.14 Vm. MU. 5.19 Nm. — Tl. 13.28

3. Dienstag. Seraphia, Remaklus. — Mansuetas.
SA. 5.31. SU. 6.55. — MA. 3.23 Vm. MU. 5.42 Nm. — Tl. 13.24

4. Mittwoch. Rosalia. — Moses.
SA. 5.32. SU. 6.53. — MA. 4.31 Vm. MU. 5.52 Nm. — Tl. 13.21

5. Donnerstag. Laurentius. — Herkules.
SA. 5.34. SU. 6.51. — MA. 5.37 Vm. MU. 6.21 Nm. — Tl. 13.17

6. Freitag. Magnus. — Magnus.
SA. 5.35. SU. 6.49. — MA. 6.43 Vm. MU. 6.39 Nm. — Tl. 13.14
Magnus, Apostel des Algäu.

---

7. Samstag. Regina. — Regina.
SA. 5.37. SU. 6.47. — MA. 7.48 Vm. MU. 6.58 Nm. — Tl. 13.10
I. Dsû'l-hedsche 1336 der Mohammedaner.
1. Tischri 5679 (abgekürztes Schaltjahr): Neujahrsfest der Juden.

---

8. Sonntag. (37.W.) 16.n.Pf. Mariä Geb.— 15.n.Tr.
SA. 5.38. SU. 6.44. — MA. 8.53 Vm. MU. 7.19 Nm. — Tl. 13.6
2. Tischri 5679: Zweites Fest.

---

9. Montag. Korbinian. — Gorgon.
SA. 5.40. SU. 6.42. — MA. 9.57 Vm. MU. 7.42 Nm. — Tl. 13.2
3. Tischri 5679: Fasten. Gedaljah.

September 1918.

10. Dienstag. Nikol. v. T. — Jodocus.
SA. 5.41. SU. 6.40. — MA. 10.2 Vm. MU. 8.9 Nm. — Tl. 12.59

11. Mittwoch. Aemilian. — Protus.
SA. 5.43. SU. 6.38. — MA. 12.6 Nm. MU. 8.42 Nm. — Tl. 12.55

12. Donnerstag. Guido. — Syrus, Ottilia.
SA. 5.44. SU. 6.36. — MA. 1.5 Nm. MU. 9.24 Nm. — Tl. 12.52

13. Freitag. Tobias. — Gottlieb.
SA. 5.46. SU. 6.33. — MA. 2.0 Nm. MU. 10.15 Nm. — Tl. 12.47

September 1918.

14. Samstag. Hl. † Erhöhung. — † Erhöhung.
SA. 5.47. SU. 6.31. — MU. 2.48 Nm. MU. 11.15 Nm. — Tl. 12.44

15. Sonntag. (38.W.) 17. n. Pf. Mar. Nam. — 16. n. Tr.
SA. 5.49. SU. 6.29. — MA. 3.29 Nm. — Tl. 12.40
Letzter Tag der Gerichtsferien.

16. Montag. Kornelius. — Euphemia.
SA. 5.50. SU. 6.27. — MU. 12.25 Vm. MA. 4.4 Nm. — Tl. 12.37
10. Tischri 5679: Versöhnungsfest.

17. Dienstag. Wundmaleinpr. d. hl. Franz. — Lamp
SA. 5.52. SU. 6.25. — MU. 1.40 Vm. MA. 4.34 Nm. — Tl. 12.33

18. Mittwoch. Thomas v. Villf. — Titus, Siegfried.
SA. 5.53. SU. 6.22. — MU. 3.0 Vm. MU. 5.0 Nm. — Tl. 12.29

III. Quatember.

19. Donnerstag. Januarius. — Mikleta, Januarius.
SA. 5.55. SU. 6.20. — MU. 4.33 Vm. MA. 5.24 Nm. — Tl. 12.25

20. Freitag. Eustachius. — Fausta.
SA. 5.56. SU. 6.18. — MU. 5.47 Vm. MA. 5.49 Nm. — Tl. 12.22

21. Samstag. Matthäus. — Matthäus.
SA. 5.58. SU. 6.16. — MU. 7.23 Vm. MA. 6.15 Nm. — Tl. 12.18
15. Tischri 5679: Laubhüttenfest.

22. Sonntag. (39. W.) **18. n. Pf.** Mauritius. — **17. n. Tr.**
SA. 5.59. SU. 6.14. — MU. 8.37 Vm. MA. 6.44 Nm. — Tl. 12.15
16. Tischri 5679: Zweites Fest.

23. Montag. Thekla. — Thekla.
SA. 6.1. SU. 6.11. — MU. 10.1 Vm. MA. 7.19 Nm. — Tl. 12.10
Herbstanfang: 9 Nm.

24. Dienstag. Gerhard. — Maria de Mercede.
SA. 6.2. SU. 6.9. — MU. 11.20 Vm. MA. 8.2 Nm. — Tl. 12.7

25. Mittwoch. Kleophas. — Kleophas.
SA. 6.4. SU. 6.7. — MU. 12.30 Nm. MA. 8.54 Nm. — Tl. 12.3

26. Donnerstag. Cyprian. — Cyprian.
SA. 6.5. SU. 6.5. — MU. 1.29 Nm. MA. 9.54 Nm. — Tl. 12

27. Freitag. Kosm. u. Dam. — Kosm. u. Dam.
SA. 6.7. SU. 6.3. — MU. 2.16 Nm. MA. 10.59 Nm. — Tl. 11.56
21. Tischri 5679: Palmenfest.

28. Samstag. Wenzeslaus. — Wenzeslaus.
SA. 6.8. SU. 6.0. — MU. 2.54 Nm. — Tl. 11.52
22. Tischri 5679: Versammlung oder Laubhüttenende.

29. Sonntag. (40. W.) 19. n. Pf. Michael. — 18. n. Tr.
SA. 6.10. SU. 5.58. — MA. 12.7 Vm. MU. 3.23 Nm. — Tl. 11.48
23. Tischri 5679: Gesetzesfreude.

September 1918.

30. Montag. Otto. — Hieronymus.
SA. 6.11. SU. 5.56. — MA. 1.15 Vm. MU. 3.47 Nm. — Tl. 11.45

Oktober 1918.

1. Dienstag. Remigius. — Julia.
SA. 6.13. SU. 5.54. — MA. 2.33 Vm. MU. 4.8 Nm. — Tl. 11.41

---

2. Mittwoch. Leodegar. — Johanna.
SA. 6.14. SU. 5.52. — MA. 3.30 Vm. MU. 4.27 Nm. — Tl. 11.38

---

3. Donnerstag. Candidus. — Jairus.
SA. 6.16. SU. 5.59. — MA. 4.35 Vm. MU. 4.45 Nm. — Tl. 11.33

4. Freitag. Franz Seraph. — Franz.
SA. 6.18. SU. 5.47. — MA. 5.39 Vm. MU. 5.4 Nm. — Tl. 11.29

5. Samstag. Placidus. — Placidus.
SA. 6.19. SU. 5.45. — MA. 6.44 Vm. MU. 5.24 Nm. — Tl. 11.26

6. Sonntag. (41.W.) 20.n.Pf. Bruno. — 19.n.Tr.
SA. 6.21. SU. 5.43. — MA. 7.48 Vm. MU. 5.47 Nm. — Tl. 11.22
Rosenkranzfest. Erntefest.

7. Montag. Markus. — Amalia.
SA. 6.22. SU. 5.41. — MA. 8.53 Vm. MU. 6.14 Nm. — Tl. 11.19
I. Moharrem 1337 (Gemeinjahr) der Mohammedaner.
I. Marscheschwan 5679 der Juden.

8. Dienstag. Brigitta. — Pelagius.
SA. 6.24. SU. 5.39. — MA. 9.57 Vm. MU. 6.45 Nm. — Tl. 11.15

9. Mittwoch. Dionysius. — Dionysius.
SA. 6.25. SU. 5.37. — MA. 10.57 Vm. MU. 7.23 Nm. — Tl. 11.12

10. Donnerstag Franz v. Borgias. — Gideon.
SA. 6.27. SU. 5.35. — MA. 11.53 Vm. MU. 8.10 Nm. — Tl. 11.8

11. Freitag. Germanus. — Burkhard.
SA. 6.28. SU. 5.32. — MA. 12.42 Nm. MU. 9.7 Nm. — Tl. 11.4

Oktober 1918.

12. Samstag. Maximilian. — Maximilian
SA. 6.30. SU. 5.30. — MA. 1.24 Nm. MU. 10.10 Nm. — Tl. 11
Max-Josef-Ritterfest.

---

13. Sonntag. (42. W.) 21. n. Pf. Eduard. — 20. n. Tr.
SA. 6.32. SU. 5.28. — MA. 2.0 Nm. MU. 11.20 Nm. — Tl. 10.56

---

14. Montag. Burkhard. — Kallixtus.
SA. 6.33. SU. 5.26. — MA. 2.31 Nm. — Tl. 10.53

---

15. Dienstag. Theresia. — Hedwig.
SA. 6.35. SU. 5.24. — MU. 12.35 Vm. MA. 2.58 Nm. — Tl. 10.49
Theresien-Ordensfest.

Namensfest Ihrer M. der Königin Maria Theresia.

Büros bleiben geöffnet, Sitzungen und Termine sind nicht abzuhalten.

Oktober 1918.

16. Mittwoch. Gallus. — Gallus.
SA. 6.36. SU. 5.22. — MU. 1.54 Vm. MA. 3.23 Nm. — Tl. 10.46

17. Donnerstag. Hedwig. — Florentine.
SA. 6.38. SU. 5.20. — MU. 3.17 Vm. MA. 3.47 Nm. — Tl. 10.42

18. Freitag. Lukas. — Lukas.
SA. 6.40. SU. 5.18. — MU. 4.38 Vm. MA. 4.12 Nm. — Tl. 10.38

19. Samstag. Petr. v. Alk. — Ferdinand.
SA. 6.41. SU. 5.16. — MU. 6.3 Vm. MA. 4.40 Nm. — Tl. 10.35

20. Sonntag. (43.W.) 22.n.Pf. Wendelin. — 21.n.Tr.
SA. 6.43. SU. 5.14. — MU. 7.29 Vm. MA. 5.12 Nm. — Tl. 10.31
Allgem. Kirchweihfest.

---

21. Montag. Ursula. — Ursula.
SA. 6.44. SU. 5.12. — MU. 8.52 Vm. MA. 5.53 Nm. — Tl. 10.28

---

22. Dienstag. Kordula. — Helmtrudis.
SA. 6.46. SU. 5.10. — MU. 10.9 Vm. MA. 6.43 Nm. — Tl. 10.24

---

23. Mittwoch. Johann v. Capr. — Severin.
SA. 6.48. SU. 5.8. — MU. 11.16 Vm. MA. 7.42 Nm. — Tl. 10.20

24. Donnerstag. Raphael. — Salome.
SA. 6.49. SU. 5.6. — MU. 12.9 Nm. MA. 8.47 Nm. — Tl. 10.17

25. Freitag. Krisp. u. Krisp. — Wilhelmine.
SA. 6.51. SU. 5.5. — MU. 12.50 Nm. MA. 9.56 Nm. — Tl. 10.14

26. Samstag. Evaristus. — Amandus.
SA. 6.53. SU. 5.3. — MU. 1.24 Nm. MA. 11.6 Nm. — Tl. 10.10

27. Sonntag. (44.W.) 23.n.Pf. Sabina. — 22.n.Tr.
SA. 6.54. SU. 5.1. — MU. 1.51 Nm. — Tl. 10.7

Oktober 1918.

28. Montag. **Simon u. Juda. — Simone**
SA. 6.56. SU. 4.59. — MA. 12.14 Vm. MU. 2.13 Nm. — Tl. 10.3

29. Dienstag. **Narcissus. — Eusebia.**
SA. 6.58. SU. 4.57. — MA. 1.21 Vm. MU. 2.33 Nm. — Tl. 9.59

30. Mittwoch. **Serapion. — Hartmann.**
SA. 6.59. SU. 4.54. — MA. 2.26 Vm. MU. 2.52 Nm. — Tl. 9.55

31. **Donnerstag. Wolfgang. — Wolfgang.**
SA. 7.1. SU. 4.54. — MA. 3.31 Vm. MU. 3.10 Nm. — Tl. 9.53

November 1918.

1. Freitag. Allerheiligen. — Allerheiligen.
SA. 7.3. SU. 4.52. — MA. 4.35 Vm. MU. 3.30 Nm. — Tl. 9.49
Läutordnung halb 6 Uhr.

2. Samstag. Allerseelen. — Allerseelen.
SA. 7.4. SU. 4.50. — MA. 5.39 Vm. MU. 3.52 Nm. — Tl. 9.46

3. Sonntag. (45.W.) 24.n.Pf. Hubert. — 23. n. Tr.
SA. 7.6. SU. 4.49. — MA. 6.44 Vm. MU. 4.17 Nm. — Tl. 9.43

4. Montag. Karl Borromäus. — Emmerich.
SA. 7.8. SU. 4.47. — MA. 7.49 Vm. MU. 4.46 Nm. — Tl. 9.39

5. Dienstag. *Zach.* u. Elis. — Blandina.
SA. 7.9. SU. 4.45. — MA. 8.51 Vm. MU. 5.23 Nm. — Tl. 9.36
I. Kislev 5679 der Juden.

6. Mittwoch. Leonhard. — Leonhard.
SA. 7.11. SU. 4.44. — MA. 9.48 Vm. MU. 6.8 Nm. — Tl. 9.33
Leonhardsfahrten.
I. Safar 1337 der Mohammedaner.

7. Donnerstag. Engelbert. — Erdmann.
SA. 7.13. SU. 4.42. — MA. 10.39 Vm. MU. 7.2 Nm. — Tl. 9.29

8. Freitag. Gottfried. — 4 gekr. Ritter.
SA. 7.14. SU. 4.41. — MA. 11.23 Vm. MU. 8.2 Nm. — Tl. 9.27

9. Samstag. Theodor. — Theodor.
SA. 7.16. SU. 4.39. — MA. 12.0 Nm. MU. 9.9 Nm. — Tl. 9.23

10. Sonntag. (46. W.) 25. n. Pf. Andr. Avel. — 24. n. Tr.
SA. 7.18. SU. 4.38. — MA. 12.32 Nm. MU. 10.21 Nm. — Tl. 9.20

11. Montag. Martin. — Martin.
SA. 7.19. SU. 4.36. — MA. 12.59 Nm. MU. 11.35 Nm. — Tl. 9.17

12. Dienstag. Martin. — Jonas.
SA. 7.21. SU. 4.35. — MA. 1.24 Nm. — Tl. 9.14
Sternschnuppenfall m. d. Radianten im Sternbild des Löwen (Martinistrom).

November 1918.

13. Mittwoch. Stanislaus K. — Briccius.
SA. 7.23. SU. 4.33. — MU. 10.52 Vm. MA. 1.47 Nm. — Tl. 9.10

14. Donnerstag. Serapion. — Levinus.
SA. 7.24. SU. 4.32. — MU. 2.11 Vm. MA. 2.11 Nm. — Tl. 9.8

15. Freitag. Leopold, Albert. — Leopold.
SA. 7.26. SU. 4.31. — MU. 3.32 Vm. MA. 2.37 Nm. — Tl. 9.5

16. Samstag. Ottmar. — Ottmar.
SA. 7.28. SU. 4.30. — MU. 4.55 Vm. MA. 3.61 Nm. — Tl. 9.2

November 1918.

17. Sonntag. (47.W.) 26.n.Pf. Mar. Schutz.—25.n.Tr.
SA. 7.29. SU. 4.28. — MU. 6.19 Vm. MA. 3.41 Nm. — Tl. 8.59

18. Montag. Otto, Hilda. — Otto.
SA. 7.31. SU. 4.27. — MU. 7.40 Vm. MA. 4.26 Nm. — Tl. 8.56

19. Dienstag. Elisabeth. — Elisabeth.
SA. 7.32. SU. 4.26. — MU. 8.53 Vm. MA. 5.22 Nm. — Tl. 8.54
Elisabeth-Ordensfest.

20. Mittwoch. Korbinian. — Emilie.
SA. 7.34. SU. 4.25. — MU. 9.55 Vm. MA. 6.26 Nm. — Tl. 8.49
Titularfest des Bistums Freising.

November 1918.

29. Freitag. Saturnin. — Walther.
SA. 7.47. SU. 4.17. — MA. 3.29 Vm. MU. 1.56 Nm. — Tl. 8.30
25. Kislev 5679: Tempelweihe.

30. Samstag. Hl. Andreas — Andreas.
SA. 7.49. SU. 4.16. — MA. 4.34 Vm. MU. 2.20 Nm. — Tl. 8.27

Dezember 1918.

1. Sonntag. (49.W.) **1. Adv.** Eligius. — **1. Adv.**
SA. 7.50. SU. 4.16. — MA. 5.39 Vm. MU. 2.48 Nm. — Tl. 8.26
Läutordnung 5 Uhr.

2. Montag. Bibiana. — Aurelia.
SA. 7.51. SU. 4.15. — MA. 6.42 Vm. MU. 3.22 Nm. — Tl. 8.24

Dezember 1918.

3. Dienstag. Franz Xaver. — Kassian.
SA. 7.53. SU. 4.15. — MA. 7.42 Vm. MU. 4.5 Nm. — Tl. 8.22

4. Mittwoch. Barbara. — Barbara.
SA. 7.54. SU. 4.14. — MA. 8.36 Vm. MU. 4.56 Nm. — Tl. 8.20
I. Tebet 5679 der Juden.

5. Donnerstag. Sabbas. — Abigail.
SA. 7.55. SU. 4.14. — MA. 9.23 Vm. MU. 5.56 Nm. — Tl. 8.19
I. Rebi-el-awwel 1337 der Mohammedaner.

6. Freitag. Nikolaus. — Nikolaus.
SA. 7.56. SU. 4.13. — MA. 10.2 Vm. MU. 7.1 Nm. — Tl. 8.17

7. Samstag. Ambrosius. — Agathon.
SA. 7.58. SU. 4.13. — MA. 10.36 Vm. MU. 8.12 Nm. — Tl. 8.15

8. Sonntag. (50. W.) 2. Adv. Unbefl. Empf. Mariä.
SA. 7.59. SU. 4.13. — MA. 11.4 Vm. MU. 9.25 Nm. — Tl. 8.14
Georgi-Ritter-Ordensfest.

9. Montag. Leokadia. — Joachim.
SA. 8.0. SU. 4.13. — MA. 11.29 Vm. MU. 10.39 Nm. — Tl. 8.13

10. Dienstag. Melchiades. — Judith.
SA. 8.1. SU. 4.12. — MA. 11.52 Vm. MU. 11.55 Nm. — Tl. 8.11

11. Mittwoch. Damasus. — Damasus.
SA. 8.2. SU. 4.12. — MA. 12.14 Nm. — Tl. 8.10

12. Donnerstag. Synes. — Epimachus.
SA. 8.3. SU. 4.12. — MU. 1.13 Vm. MA. 12.38 Nm. — Tl. 8.9

13. Freitag. Lucia. — Lucia.
SA. 8.4. SU. 4.12. — MU. 2.32 Vm. MA. 1.5 Nm. — Tl. 8.8
10. Tebet 5679: Fasten. Belagerung Jerusalems.

14. Samstag. Nicasius. — Nicasius.
SA. 8.5. SU. 4.12. — MU. 3.53 Vm. MA. 1.35 Nm. — Tl. 8.7

15. Sonntag. (51. W.) 3. Adv. Christiana. — 3. Adv.
SA. 8.6. SU. 4.12. — MU. 5.13 Vm. MA. 2.20 Nm. — Tl. 8.6

16. Montag. Adelheid. — Ananias.
SA. 8.6. SU. 4.13. — MU. 6.29 Vm. MA. 3.3 Nm. — Tl. 8.6

17. Dienstag. Lazarus. — Lazarus.
SA. 8.7. SU. 4.13. — MU. 7.37 Vm. MA. 4.2 Nm. — Tl. 8.6

18. Mittwoch. Wunibald. — Wunibald.
SA. 8.8. SU. 4.13. — MU. 8.32 Vm. MA. 5.11 Nm. — Tl. 8.5

IV. Quatember.

19. Donnerstag. Nemesius. — Abraham.
SA. 8.9. SU. 4.14. — MU. 9.15. Vm. MA. 6.24 Nm. — Tl. 8.5

20. Freitag. Christian. — Ammon.
SA. 8.9. SU. 4.14. — MU. 9.50 Vm. MA. 7.38 Nm. — Tl. 8.5

21. Samstag. Thomas Ap. — Thomas.
SA. 8.10. SU. 4.14. — MU. 10.17 Vm. MA. 8.50 Nm. — Tl. 8.4

22. Sonntag. (52. W.) 4. Adv. Demetrius. — 4. Adv.
SA. 8.10. SU. 4.15. — MU. 10.40 Vm. MA. 9.59 Nm. — Tl. 8.4
Winteranfang: 4 Nm.

23. Montag. Viktoria. — Dagobert.
SA. 8.11. SU. 4.15. — MU. 11.1 Vm. MA. 11.6 Nm. — Tl. 8.4

24. Dienstag. Adam u. Eva. — Adam u. Eva.
SA. 8.11. SU. 4.16. — MU. 11.20 Vm. — Tl. 8.5

25. Mittwoch. Hl. Weihnachtsfest. — Weihnachtsf.
SA. 8.12. SU. 4.17. — MA. 12.12 Vm. MU. 11.39 Vm. — Tl. 8.5

26. Donnerstag. Stephanus, Erzm. — Stephan.
SA. 8.12. SU. 4.17. — MA. 1.16 Vm. MU. 12.0 Nm. — Tl. 8.5

27. Freitag. Johannes. — Johannes.
SA. 8.12. SU. 4.18. — MA. 2.22 Vm. MU. 12.23 Nm. — Tl. 8.6

28. Samstag. Unschuldige Kinder. — Unsch. K.
SA. 8.13. SU. 4.19. — MA. 3.25 Vm. MU. 12.49 Nm. — Tl. 8.6

29. Sonntag. S. n. W. Thomas B. M. — S. n. W.
SA. 8.13. SU. 4.20. — MA. 4.30 Vm. MU. 1.20 Nm. — Tl. 8.7

30. Montag. David. — David.
SA. 8.13. SU. 4.21. — MA. 5.31 Vm. MU. 1.59 Nm. — Tl. 8.8

31. Dienstag. Silvester P. — Silvester.
SA. 8.13. SU. 4.21. — MA. 6.27 Vm. MU. 2.48 Nm. — Tl. 8.8

Name des Beamten	Urlaub		Dienstbefreiung		Krankheit		Bemerkungen
	von	bis	von	bis	von	bis	

Name des Beamten	Urlaub		Dienstbefreiung		Krankheit		Bemerkungen
	von	bis	von	bis	von	bis	

Name des Beamten	Urlaub		Dienst-befreiung		Krankheit		Bemerkungen
	von	bis	von	bis	von	bis	

Name des Beamten	Urlaub		Dienst-befreiung		Krankheit		Bemerkungen
	von	bis	von	bis	von	bis	

Zweiter Teil.

Inhaltsverzeichnis.

(Alphabetisches Sachregister s. S. 373.)

1.

Uebersicht über den Bestand und Umfang der Rentamtsbezirke.

(Bei den mit * versehenen Rentämtern besteht eigene Kassaabteilung. — Die dem RegBezirke in Klammern beigesetzte Nr. ist die RufNr. der betr. RegFinKammer. — Die Postscheckämter München, Nürnberg, Ludwigshafen sind mit M N L bezeichnet.)

Fortl. Nr.	Rentämter: Sitz u. Bezeichnung	Tel. Nr.	Postscheck-Konto Nr.	Bestandteile	Tel. Nr.	Rentamtliches Bank-Konto	Postscheck-Konto-Nr. der Bank
	I. Regierungsbezirk Oberbayern (Tel. 20035).						
1	Aibling	85	M 1678	Amtsgericht Aibling	29	FB. Rosenheim	M 156
2	Aichach	44	„ 1672	Amtsgericht Aichach	39	„ München	„ 120
3	Berchtesgaden	251	„ 1722	a) Amtsgericht Berchtesgaden	66	„ Rosenheim	„ 156
				b) Amtsgericht Reichenhall	43		
4	Bruck	74	„ 1698	Amtsgericht Bruck	25	„ München	„ 120
5	Burghausen	16	„ 1654	a) Amtsgericht Burghausen	18	„ Rosenheim	„ 156
				b) Amtsgericht Altötting	10		
6	Dachau	28	„ 1648	Amtsgericht Dachau	22		
7	Ebersberg	121	„ 1657	Amtsgericht Ebersberg	125		
8	Erding	46	„ 1669	a) Amtsgericht Erding	24		
				b) Amtsgericht Dorfen	16	„ München	„ 120
9	Freising	81	„ 1707	Amtsgericht Freising	41		
10	Friedberg	20	„ 1690	Amtsgericht Friedberg	11		
11	Garmisch	167	„ 1697	Amtsgericht Garmisch	101		

Fortl. Nr.	Rentämter						
	Sitz u. Bezeichnung	Tel. Nr.	Postscheck-Konto Nr.	Bestandteile	Tel. Nr.	Rentamtliches Bank-Konto	Postscheck-Konto der Bank
12	Ingolstadt	81	M 1676	Amtsgericht Ingolstadt	80	FB. Ingolstadt	M 122
13	Landsberg	95	„ 1671	Amtsgericht Landsberg	36	„ München	„ 120
14	Laufen	32	„ 1656	a) Amtsgericht Laufen b) Amtsgericht Tittmoning	6 10	„ Rosenheim	„ 156
15	Miesbach	68	„ 1709	a) Amtsgericht Miesbach b) Amtsgericht Tegernsee	18 62	„ München	„ 120
16	Moosburg	53	„ 1719	Amtsgericht Moosburg	17	„ Landshut	„ 118
17	Mühldorf	47	„ 1689	a) Amtsgericht Mühldorf b) Amtsgericht Neumarkt a/R.	21 32	„ „	„ 118
18	München, Stadtrentamt I*	23007	„ 1680	Amtsgericht München (Stadtbezirk)[1]	11600	„ München	„ 120
19	München, Stadtrentamt II*	24811	„ 1622				
20	München, Stadtrentamt III*	24811	„ 1711				
21	München, Stadtrentamt IV	6157	„ 1688				
22	München, Landrentamt	9167	„ 1718	Amtsgericht München (Landbezirk)	11600	„ „	„ 120

[1]) Die Behandlung des Forstrügewesens obliegt für den Bezirk des ganzen Amtsgerichtes München dem Landrentamt. Vgl. FMBl. 1910 S. 3. 1903 S. 221.

23	Pfaffenhofen	36	M 1674	a) Amtsgericht Pfaffenhofen	24	FB. Ingolstadt	M 122
				b) Amtsgericht Geisenfeld	9		
24	Rosenheim	217	„ 1677	a) Amtsgericht Rosenheim	93	„ Rosenheim	„ 156
				b) Amtsgericht Prien	29		
25	Schongau	33	„ 1706	Amtsgericht Schongau	29	„ München	„ 120
26	Schrobenhausen	2	„ 1675	Amtsgericht Schrobenhausen	16	„ Ingolstadt	„ 122
27	Starnberg	88	„ 1710	Amtsgericht Starnberg	83	„ München	„ 120
28	Tölz	134	„ 1660	Amtsgericht Tölz	35	„ „	„ 120
29	Traunstein	126	„ 1713	Amtsgericht Traunstein	39	„ Rosenheim	„ 156
30	Trostberg	34	„ 1705	Amtsgericht Trostberg	14	„ „	„ 156
31	Wasserburg	55	„ 1681	a) Amtsgericht Wasserburg	20	„ „	„ 156
				b) Amtsgericht Haag	6		
32	Weilheim	4	„ 1625	Amtsgericht Weilheim	30	„ München	„ 120
33	Wolfratshausen	72	„ 1701	Amtsgericht Wolfratshausen	24	„ „	„ 120

II. Regierungsbezirk Niederbayern (Tel 17).

1	Deggendorf	97	M 1686	a) Amtsgericht Deggendorf	41	FB. Straubing	N 5
				b) Amtsgericht Hengersberg	6		
2	Dingolfing	31	„ 1687	Amtsgericht Dingolfing	20	„ Landshut	M 118
3	Eggenfelden	66	„ 1712	a) Amtsgericht Eggenfelden	13	„ „	„ 118
				b) Amtsgericht Arnstorf	14		
4	Freyung	6	„ 1721	a) Amtsgericht Freyung	12	„ Passau	„ 233
				b) Amtsgericht Waldkirchen	11		
5	Griesbach	36	„ 1704	a) Amtsgericht Griesbach	11	„ „	„ 233
				b) Amtsgericht Rotthalmünster	11		
6	Kelheim	23	„ 1683	Amtsgericht Kelheim	15	„ Regensburg	N 3
7	Kötzting	18	„ 1720	a) Amtsgericht Kötzting	22	„ Straubing	„ 5
				b) Amtsgericht Neukirchen	9		

Fortl. Nr.	Rentämter						
	Sitz u. Bezeichnung	Tel. Nr.	Postscheck-Konto Nr.	Bestandteile	Tel. Nr.	Rentamtliches Bank-Konto	Postscheck-Konto der Bank
8	Landau a/Isar	60	M 1695	Amtsgericht Landau a/Isar	22	FB. Landshut	M 118
9	Landshut	180	„ 1692	Amtsgericht Landshut	102	„ „	„ 118
10	Mallersdorf	13	„ 1715	a) Amtsgericht Mallersdorf	4	„ Straubing	N 5
				b) Amtsgericht Rottenburg	12		
11	Mitterfels	10	„ 1691	a) Amtsgericht Mitterfels	9	„ „	„ 5
				b) Amtsgericht Bogen	6		
12	Neustadt a/D.	10	„ 1714	a) Amtsgericht Abensberg	19	„ Ingolstadt	M 122
				b) Amtsgericht Mainburg	16		
13	Obernzell	20	„ 1725	Amtsgericht Wegscheid	8	„ Passau	„ 233
14	Passau*	191	„ 1663	Amtsgericht Passau	154	„ „	„ 233
15	Pfarrkirchen	66	„ 1629	Amtsgericht Pfarrkirchen	16	„ „	„ 233
16	Schönberg	5	„ 1621	Amtsgericht Grafenau	12	„ „	„ 233
17	Simbach	31	„ 1685	Amtsgericht Simbach	12	„ „	„ 233
18	Straubing	28	„ 1717	Amtsgericht Straubing	93	„ Straubing	N 5
19	Viechtach	32	„ 1723	Amtsgericht Viechtach	19	„ „	„ 5
20	Vilsbiburg	52	„ 1673	Amtsgericht Vilsbiburg	13	„ Landshut	M 118
21	Vilshofen	68	„ 1700	a) Amtsgericht Vilshofen	14	„ Passau	„ 233
				b) Amtsgericht Osterhofen	12		
22	Zwiesel	32	„ 1667	Amtsgericht Regen	10	„ Straubing	N 5

III. Regierungsbezirk Pfalz (Tel. 96).

Fortl. Nr.	Sitz u. Bezeichnung	Tel. Nr.	Postscheck-Konto Nr.	Bestandteile	Tel. Nr.	Rentamtliches Bank-Konto	Postscheck-Konto der Bank
1	Annweiler	60	L 909	Amtsgericht Annweiler	19	FB. Pirmasens	L 1767
2	Bergzabern	44	„ 914	Amtsgericht Bergzabern	29	„ „	„ 1767
3	Blieskastel	45	„ 902	Amtsgericht Blieskastel	1	„ Kaiserslautern	„ 85

4	Dahn	24	L 908	Amtsgericht Dahn	9	FB. Pirmasens	L 1767
5	Dürkheim	75	„ 903	Amtsgericht Dürkheim	40	„ Ludwigshafen	„ 60
6	Edenkoben	50	„ 925	Amtsgericht Edenkoben	1	„ „	„ 60
7	Frankenthal	63	„ 906	Amtsgericht Frankenthal	176	„ „	„ 60
8	Germersheim	74	„ 910	Amtsgericht Germersheim	28	„ „	„ 60
9	Grünstadt	1	„ 915	Amtsgericht Grünstadt	54	„ „	„ 60
10	Homburg	108	„ 907	a) Amtsgericht Homburg	37	„ Kaiserslautern	„ 85
				b) Amtsgericht Waldmohr	1	„ „	„ 85
11	St. Ingbert[1])	204	„ 916	Amtsgericht St. Ingbert	65	„ „	„ 85
12	Kaiserslautern*	317	„ 918	a) Amtsgericht Kaiserslautern	313		
				b) Amtsgericht Otterberg	7		
13	Kandel	3	„ 911	Amtsgericht Kandel	12	„ Pirmasens	„ 1767
14	Kirchheimbolanden	15	„ 919	Amtsgericht Kirchheimbolanden	41	„ Kaiserslautern	„ 85
15	Kusel	85	„ 912	Amtsgericht Kusel	34	„ „	„ 85
16	Landau	165	„ 922	Amtsgericht Landau	294	„ Ludwigshafen	„ 60
17	Landstuhl	64	„ 904	Amtsgericht Landstuhl	22	„ Kaiserslautern	„ 85
18	Lauterecken	34	„ 917	a) Amtsgericht Lauterecken	12	„ „	„ 85
				b) Amtsgericht Wolfstein	1		
19	Ludwigshafen*[2])	145	„ 901	Amtsgericht Ludwigshafen	2165	„ Ludwigshafen	„ 60
20	Neustadt a/Hardt	29	„ 913	Amtsgericht Neustadt a/Hardt	358	„ „	„ 60
21	Obermoschel	1	„ 921	a) Amtsgericht Obermoschel	21	„ Kaiserslautern	„ 85
				b) Amtsgericht Rockenhausen	1		
22	Pirmasens*	188	„ 924	a) Amtsgericht Pirmasens	226	„ Pirmasens	„ 1767
				b) Amtsgericht Waldfischbach	7		

[1]) Führt die Forstrechnung für d. ganze F.-A. St. Ingbert (FMBl. 1915 S. 255). [2]) Besteuerung der Bahnhofautomaten der Kartomat AG. in Berlin erfolgt beim Rentamt Ludwigshafen (FMBl. 1915 S. 151).

Fortl. Nr.	Rentämter Sitz u. Bezeichnung	Tel. Nr.	Postscheck-Konto Nr.	Bestandteile	Tel. Nr.	Rentamtliches Bank-Konto	Postscheck-Konto der Bank
23	Speyer	193	L 920	Amtsgericht Speyer	182	FB. Ludwigshafen	L 60
24	Winnweiler	43	„ 905	Amtsgericht Winnweiler	21	„ Kaiserslautern	„ 85
25	Zweibrücken	88	„ 923	Amtsgericht Zweibrücken	127	„	„ 85

IV. Regierungsbezirk Oberpfalz und Regensburg (Tel. 470).

Fortl. Nr.	Sitz u. Bezeichnung	Tel. Nr.	Postscheck-Konto Nr.	Bestandteile	Tel. Nr.	Rentamtliches Bank-Konto	Postscheck-Konto der Bank
1	Amberg	70	N 1716	a) Amtsgericht Amberg	58	FB. Amberg	N 9
				b) Amtsgericht Vilseck	3		
2	Auerbach	26	„ 1799	Amtsgericht Auerbach	10	„ Bayreuth	„ 11
3	Beilngries	30	„ 1803	Amtsgericht Beilngries	13	„ Nürnberg	„ 2
4	Burglengenfeld	40	„ 1797	a) Amtsgericht Burglengenfeld	12	„ Regensburg	„ 3
				b) Amtsgericht Schwandorf	29		
5	Cham	60	„ 1735	a) Amtsgericht Cham	1[illegible]	„ Amberg	„ 9
				b) Amtsgericht Furth	15		
6	Eschenbach	13	„ 1782	Amtsgericht Eschenbach	4	„ Bayreuth	„ 11
7	Hemau	33	„ 1796	Amtsgericht Hemau	21	„ Regensburg	„ 3
8	Kastl	11	„ 1738	Amtsgericht Kastl	10	„ Amberg	„ 9
9	Kemnath	21	„ 1714	a) Amtsgericht Kemnath	3	„ Bayreuth	„ 11
				b) Amtsgericht Erbendorf	13		
10	Nabburg	30	„ 1715	Amtsgericht Nabburg	14	„ Amberg	„ 9
11	Neumarkt	72	„ 1800	Amtsgericht Neumarkt	30	KB. Nürnberg	„ 2

12	Neunburg v/W.	19	N 1766	a) Amtsgericht Neunburg v/W.	15	FB. Amberg	N 9
				b) Amtsgericht Oberviechtach	8		
13	Regensburg I*	7	„ 1767	a) Amtsgericht Regensburg (Stadtbezirk)[1]	407	„ Regensburg	„ 3
				b) Amtsgericht Regenstauf	16		
				c) Amtsgericht Stadtamhof	341		
14	Regensburg II	551	„ 1725	a) Amtsgericht Regensburg (Landbezirk)	407		
				b) Amtsgericht Wörth	10		
15	Riedenburg	26	„ 1808	Amtsgericht Riedenburg	11	„ Ingolstadt	M 122
16	Sulzbach	50	„ 1755	Amtsgericht Sulzbach	9	„ Amberg	N 9
17	Tirschenreuth	43	„ 1712	Amtsgericht Tirschenreuth	19	„ Hof	„ 12
18	Velburg	11	„ 1729	Amtsgericht Parsberg	13	„ Regensburg	„ 3
19	Vohenstrauss	23	„ 1743	Amtsgericht Vohenstrauss	16	„ Amberg	„ 9
20	Walderbach	12	„ 1777	a) Amtsgericht Nittenau	11	„ Regensburg	„ 3
				b) Amtsgericht Roding	10		
21	Waldmünchen	10	„ 1798	Amtsgericht Waldmünchen	11	„ Amberg	„ 9
22	Waldsassen	43	„ 1728	Amtsgericht Waldsassen	20	„ Hof	„ 12
23	Weiden	34	„ 1730	a) Amtsgericht Weiden	37	„ Amberg	„ 9
				b) Amtsgericht Neustadt a/W.-N.	7		

V. Regierungsbezirk Oberfranken (Tel. 260).

1	Bamberg, Stadtrentamt	387	N 1720	Amtsgericht Bamberg (Stadtbezirk)[2]	113	FB. Bamberg	N 8
2	Bamberg, Landrentamt	313	„ 1745	Amtsgericht Bamberg (Landbezirk)[2]	113		

[1]) Vgl. FMBl. 1904 S. 210. [2]) Die Behandlung des Forstrügewesens obliegt für den ganzen Bezirk des Amtsgerichtes Bamberg dem Landrentamt. Vgl. FMBl. 1903 S. 526, 538.

Fortl. Nr.	Rentämter						
	Sitz u. Bezeichnung	Tel. Nr.	Postscheck-Konto Nr.	Bestandteile	Tel. Nr.	Rentamtliches Bank-Konto	Postscheck-Konto der Bank
3	Bayreuth	212	N 1746	a) Amtsgericht Bayreuth	189	FB. Bayreuth	N 11
				b) Amtsgericht Weidenberg	1		
4	Burgwindheim	1	„ 1747	Amtsgericht Burgebrach	7	„ Bamberg	„ 8
5	Ebermannstadt	15	„ 1771	Amtsgericht Ebermannstadt	11	„ „	„ 8
6	Forchheim	100	„ 1703	Amtsgericht Forchheim	22	„ „	„ 8
7	Herzogenaurach	21	„ 1750	Amtsgericht Herzogenaurach	4	„ Erlangen	„ 4507
8	Höchstadt a/A.	21	„ 1723	Amtsgericht Höchstadt a/A.	7	„ Bamberg	„ 8
9	Hof*	219	„ 1769	a) Amtsgericht Hof	142	„ Hof	„ 12
				b) Amtsgericht Rehau	12		
10	Kronach	149	„ 1756	Amtsgericht Kronach	27	„ Bamberg	„ 8
11	Kulmbach	76	„ 1705	Amtsgericht Kulmbach	31	„ Bayreuth	„ 11
12	Lichtenberg	36	„ 1770	a) Amtsgericht Naila und	28	„ Hof	„ 12
				b) die Gemeinden Dürrenwaid, Heinersberg, Langenbach, Steinbach vom Amtsgericht Nordhalben[1])	11		
13	Lichtenfels	100	„ 1724	Amtsgericht Lichtenfels	43	„ Bamberg	„ 8
14	Marktschorgast	7	„ 1794	Amtsgericht Berneck	5	„ Bayreuth	„ 11
15	Münchberg	52	„ 1706	Amtsgericht Münchberg	42	„ Hof	„ 12
16	Neunkirchen a/Br.	2	„ 1707	Amtsgericht Gräfenberg	15	„ Erlangen	„ 4507
17	Pegnitz	27	„ 1708	Amtsgericht Pegnitz	18	„ Bayreuth	„ 11

[1]) Vgl. hiezu Nr. 19 (Rentamt Rothenkirchen).

18	Pottenstein	2	N 1741	Amtsgericht Pottenstein	3	FB. Bayreuth	N 11
19	Rothenkirchen	19	„ 1752	a) Amtsgericht Ludwigsstadt	21	„ Bamberg	„ 8
				b) Amtsgericht Nordhalben mit Ausnahme der Gemeinden Dürrenwaid, Heinersberg, Langenbach, Steinbach[1])			
20	Schesslitz	20	„ 1742	Amtsgericht Schesslitz	11	„ „	„ 8
21	Selb	51	„ 1754	Amtsgericht Selb	227	„ Hof	„ 12
22	Stadtsteinach	9	„ 1726	Amtsgericht Stadtsteinach	12	„ Bayreuth	„ 11
23	Staffelstein	27	„ 1779	a) Amtsgericht Staffelstein	25	„ Bamberg	„ 8
				b) Amtsgericht Sesslach	2	„ „	
24	Thurnau	19	„ 1727	Amtsgericht Thurnau u. die Gemeinde Fesselsdorf vom Amtsgericht Weismain[2])	4	„ Bayreuth	„ 11
25	Waischenfeld	5	„ 1757	Amtsgericht Hollfeld	5	„ „	„ 11
26	Weismain	8	„ 1744	Amtsgericht Weismain mit Ausnahme der Gemeinde Fesselsdorf[3])	2	„ Bamberg	„ 8
27	Wunsiedel	106	„ 1713	a) Amtsgericht Wunsiedel	32	„ Hof	„ 12
				b) Amtsgericht Kirchenlamitz	23		
				c) Amtsgericht Thiersheim	25		

[1]) Vgl. hiezu Nr. 12 (Rentamt Lichtenberg).
[2]) Vgl. hiezu Nr. 26 („ Weismain).
[3]) Vgl. hiezu Nr. 24 („ Thurnau).

Fortl. Nr.	Rentämter						
	Sitz u. Bezeichnung	Tel. Nr.	Postscheck-Konto Nr.	Bestandteile	Tel. Nr.	Rentamtliches Bank-Konto	Postscheck-Konto der Bank
				VI. Regierungsbezirk Mittelfranken (Tel. 142).			
1	Altdorf	33	N 1776	Amtsgericht Altdorf	1	KB. Nürnberg	N 2
2	Ansbach	103	„ 1717	Amtsgericht Ansbach	82	FB. Ansbach	„ 4
3	Cadolzburg	24	„ 1721	Amtsgericht Cadolzburg	11	„ Fürth	„ 6
4	Dinkelsbühl	47	„ 1760	Amtsgericht Dinkelsbühl	1	„ Ansbach	„ 4
5	Eichstätt	29	„ 1761	Amtsgericht Eichstätt	46	„ Ingolstadt	M 122
6	Erlangen	14	„ 1762	Amtsgericht Erlangen	114	„ Erlangen	N 4507
7	Feuchtwangen	35	„ 1763	Amtsgericht Feuchtwangen	1	„ Ansbach	„ 4
8	Fürth*	1585	„ 1702	Amtsgericht Fürth	346	„ Fürth	„ 6
9	Greding	14	„ 1736	Amtsgericht Greding	1	KB. Nürnberg	„ 2
10	Gunzenhausen	93	„ 1795	Amtsgericht Gunzenhausen	1	FB. Ansbach	„ 4
11	Heidenheim	3	„ 1768	Amtsgericht Heidenheim	1	„ „	„ 4
12	Heilsbronn	24	„ 1749	Amtsgericht Heilsbronn	7	„ „	„ 4
13	Herrieden	12	„ 1786	Amtsgericht Herrieden	1	„ „	„ 4
14	Hersbruck	2	„ 1789	a) Amtsgericht Hersbruck	37	KB Nürnberg	„ 2
				b) Amtsgericht Lauf	40		
15	Hilpoltstein	20	„ 1785	Amtsgericht Hilpoltstein	6	„ „	„ 2
16	Kipfenberg	5	„ 1733	Amtsgericht Kipfenberg	4	FB. Ingolstadt	M 122
17	Markt-Bibart	2	„ 1778	Amtsgericht Scheinfeld	3	„ Fürth	N 6
18	Markt-Erlbach	21	„ 1783	Amtsgericht Markt-Erlbach	9	„ „	„ 6
19	Neustadt a/A.	22	„ 1781	Amtsgericht Neustadt a/A.	9	„ „	„ 6

20	Nürnberg I*	8295	N 1701	Amtsgericht Nürnberg	2393	KB. Nürnberg	N 2
21	Nürnberg II*	10215	„ 1700				
22	Nürnberg III*	8307	„ 1724				
23	Rothenburg o/T.	49	„ 1709	a) Amtsgericht Rothenburg o/T.	40	FB. Ansbach	„ 4
				b) Amtsgericht Schillingsfürst	2		
24	Schwabach	90	„ 1753	Amtsgericht Schwabach	143	KB. Nürnberg	„ 2
25	Spalt	12	„ 1711	Amtsgericht Roth	23	„ „	„ 2
26	Uffenheim	45	„ 1809	Amtsgericht Uffenheim	1	FB. Ansbach	„ 4
27	Wassertrüdingen	14	„ 1759	Amtsgericht Wassertrüdingen	11	„ „	„ 4
28	Weissenburg	133	„ 1804	a) Amtsgericht Weissenburg	30	KB. Nürnberg	„ 2
				b) Amtsgericht Ellingen	40		
				c) Amtsgericht Pappenheim	28		
29	Windsheim	53	„ 1758	Amtsgericht Windsheim	20	FB. Fürth	„ 6

VII. Regierungsbezirk Unterfranken und Aschaffenburg (Tel. 2931).

1	Amorbach	26	N 1801	a) Amtsgericht Amorbach	7	FB. Aschaffenburg	N 10
				b) Amtsgericht Miltenberg	21		
2	Arnstein	28	„ 1718	Amtsgericht Arnstein	7	„ Würzburg	„ 13
3	Aschaffenburg I*	120	„ 1772	Amtsgericht Aschaffenburg	404	„ Aschaffenburg	„ 10
4	Aschaffenburg II	466	„ 1807	a) Amtsgericht Alzenau	33		
				b) Amtsgericht Obernburg	15		
				c) Amtsger. Schöllkrippen	17		
5	Brückenau	40	„ 1734	Amtsgericht Brückenau	33	„ Würzburg	„ 13
6	Dettelbach	17	„ 1722	Amtsgericht Dettelbach	3	„ „	„ 13
7	Ebern	26	„ 1737	a) Amtsgericht Ebern	1	„ Bamberg	„ 8
				b) Amtsgericht Baunach	1		
8	Gemünden	47	„ 1764	Amtsgericht Gmünden	4	„ Würzburg	„ 13

Fortl. Nr.	Rentämter						
	Sitz u. Bezeichnung	Tel. Nr.	Postscheck-Konto Nr.	Bestandteile	Tel. Nr.	Rentamtliches Bank-Konto	Postscheck-Konto der Bank
9	Gerolzhofen	52	N 1748	a) Amtsgericht Gerolzhofen	17	FB. Schweinfurt	N 7
				b) Amtsgericht Wiesentheid	1		
10	Hammelburg	85	„ 1806	a) Amtsgericht Hammelburg	87	„ Würzburg	„ 13
				b) Amtsgericht Euerdorf	1		
11	Hofheim	19	„ 1765	Amtsgericht Hofheim	2	„ Schweinfurt	„ 7
12	Karlstadt	32	„ 1793	Amtsgericht Karlstadt	7	„ Würzburg	„ 13
13	Kissingen	96	„ 1719	Amtsgericht Kissingen	108	„ Schweinfurt	„ 7
14	Kitzingen	68	„ 1791	Amtsgericht Kitzingen	71	„ Würzburg	„ 13
15	Klingenberg	55	„ 1704	a) Amtsgericht Klingenberg	15	„ Aschaffenburg	„ 10
				b) Amtsgericht Stadtprozelten	3		
16	Königshofen	16	„ 1780	Amtsgericht Königshofen	7	„ Schweinfurt	„ 7
17	Lengfurt	44	„ 1802	Amtsger. Marktheidenfeld	11	„ Aschaffenburg	„ 10
18	Lohr		„ 1805	Amtsgericht Lohr	7	„ Würzburg	„ 13
19	Mellrichstadt	19	„ 1751	Amtsgericht Mellrichstadt	11	„ Schweinfurt	„ 7
20	Münnerstadt	7	„ 1790	Amtsgericht Münnerstadt	3	„ „	„ 7
21	Neustadt a/S.	2	„ 1784	a) Amtsgericht Neustadt a/S.	18	„ „	„ 7
				b) Amtsgericht Bischofsheim	10		
22	Ochsenfurt	13	„ 1787	a) Amtsgericht Ochsenfurt	18	„ Würzburg	„ 13
				b) Amtsgericht Marktbreit	15	„ „	„ 13
23	Röttingen	6	„ 1773	Amtsgericht Aub	1		
24	Schweinfurt	152	„ 1710	Amtsgericht Schweinfurt	7	„ Schweinfurt	„ 7
25	Volkach	54	„ 1788	Amtsgericht Volkach	2	„ Würzburg	„ 13
26	Werneck	31	„ 1775	Amtsgericht Werneck	3	„ Schweinfurt	„ 7

27	Würzburg, Stadtrentamt*	269	N 1732	Amtsgericht Würzburg (Stadtbezirk)[1])	197	FB. Würzburg	N 13
28	Würzburg, Landrentamt	773	„ 1731	Amtsgericht Würzburg (Landbezirk)[1])	197		
29	Zeil	7	„ 1774	a) Amtsgericht Eltmann	5		
				b) Amtsgericht Hassfurt	3	„ Bamberg	„ 8
	VIII. Regierungsbezirk Schwaben und Neuburg (Tel. 1023).						
1	Augsburg I*[2])	374	M 1652	Amtsgericht Augsburg (Stadtbezirk)	774	FB. Augsburg	M 119
2	Augsburg II[2])	1225	„ 1653	Amtsgericht Augsburg (Landbezirk)	774		
3	Buchloe	79	„ 1679	Amtsgericht Buchloe	7		
4	Burgau	6	„ 1642	Amtsgericht Burgau	12		
5	Dillingen[3])	61	„ 1694	Amtsgericht Dillingen	16		
6	Donauwörth	107	„ 1632	Amtsgericht Donauwörth	27		
7	Füssen	24	„ 1645	Amtsgericht Füssen	15	„ Kempten	„ 121
8	Günzburg	91	„ 1633	Amtsgericht Günzburg	17	„ Augsburg	„ 119
9	Höchstädt a/D.	10	„ 1631	Amtsgericht Höchstädt a/D.	16		
10	Illertissen	19	„ 1668	a) Amtsgericht Illertissen	1		„ 121
				b) Amtsgericht Babenhausen	12		
11	Immenstadt	127	„ 1647	a) Amtsgericht Immenstadt	25	„ Kempten	„ 121
				b) Amtsgericht Sonthofen	24		
12	Kaufbeuren	57	„ 1649	Amtgericht Kaufbeuren	5		
13	Kempten[4])	126	„ 1639	Amtsgericht Kempten	293		

[1]) Die Behandlung des Forstrügewesens obliegt für den gesamten Amtsgerichtsbezirk Würzburg dem Landrentamt. Die Besteuerung der Bahnhofautomaten der Fa. L. Kressner in Würzburg und des J. Klett in Würzburg erfolgt beim Stadtrentamt Würzburg (FMBl. 1915 S. 111 u. 151). [2]) Die dem Rentamte Augsburg II ausschließlich obliegenden Geschäfte sind mit FMB. vom 13. X. 1916 (FMBl. 163) neu geregelt. [3]) Die Verrechnung der Einnahmen und Ausgaben für die sämtlichen Staatswaldungen des K. Forstamts Dillingen erfolgt bei dem Rentamt Dillingen (FMB. v. 9. VI. 1914, FMBl. S. 182). [4]) Besteuerung der Bahnhofautomaten der Buchhandlung Gg. Jordan in Nürnberg erfolgt beim Rentamt Kempten (FMBl. 1915 S. 142).

Fortl. Nr.	Rentämter: Sitz u. Bezeichnung	Tel. Nr.	Postscheck-Konto Nr.	Bestandteile	Tel. Nr.	Rentamtliches Bank-Konto	Postscheck-Konto der Bank
14	Krumbach	78	M 1664	Amtsgericht Krumbach	17	FB. Augsburg	M 119
15	Lauingen	42	„ 1664	Amtsgericht Lauingen	10		
16	Lindau	53	„ 1627	a) Amtsgericht Lindau	75	„ Kempten	„ 121
				b) Amtsgericht Weiler	29		
17	Memmingen	77	„ 1666	Amtsgericht Memmingen	59		
18	Mindelheim	74	„ 1662	Amtsgericht Mindelheim	23		
19	Monheim	6	„ 1665	Amtsgericht Monheim	11	„ Augsburg	„ 119
20	Neuburg a/D.	31	„ 1623	Amtsgericht Neuburg a/D.	2	„ Ingolstadt	„ 122
21	Neu-Ulm	144	„ 1635	Amtsgericht Neu-Ulm	77	„ Augsburg	„ 119
22	Nördlingen	335	„ 1659	Amtsgericht Nördlingen	45		
23	Markt Oberdorf	38	„ 1641	a) Amtsgericht Oberdorf	1	„ Kempten	„ 121
				b) Amtsger. Obergünzburg	1		
24	Oettingen	12	„ 1661	Amtsgericht Oettingen	5	„ Augsburg	„ 119
25	Ottobeuren	61	„ 1650	Amtsgericht Ottobeuren	1	„ Kempten	„ 121
26	Rain	33	„ 1634	Amtsgericht Rain	1	„ Ingolstadt	„ 122
27	Schwabmünchen	40	„ 1658	Amtsgericht Schwabmünchen	25	„ Augsburg	„ 119
28	Türkheim	16	„ 1643	Amtsgericht Türkheim	1	„ Kempten	„ 121
29	Weissenhorn	31	„ 1696	Amtsgericht Weissenhorn	16		
30	Wertingen	31	„ 1655	Amtsgericht Wertingen	1	„ Augsburg	„ 119
31	Zusmarshausen	10	„ 1646	Amtsgericht Zusmarshausen	23		

Für die **Stadtrentämter in München**, die **Rentämter in Nürnberg und Augsburg** wird auf Grund des § 2 Abs. 2 der Verordnung vom 10. Mai 1903 die **nachstehende Geschäftsverteilung** verfügt (vgl. FMBl. 1911 S. 283 und 1916 S. 163):

Als Geschäftsaufgabe wird zugewiesen:

I. dem Stadtrentamte München I:

1. die Verwaltung der Grund- und der Haussteuer nebst den hierauf treffenden Kreisumlagen und Kirchensteuern (einschliesslich der Perzeption für fremde Aemter),

2. die Verwaltung der Erbschaftssteuer,

3. die Verwaltung der Besitzveränderungsgebühren, der Gebührenäquivalente, der Gebühren für Mobiliarversteigerungen, der Gebühren für Jagdkarten und Fischerkarten sowie der für die Tätigkeit dieses Amtes anfallenden Gebühren und Strafen,

4. die Verwaltung der Reichsstempelabgaben und der Zuwachssteuer,

5. die Verwaltung der Trift- und Holzhofgefälle,

6. die Verwaltung der Einnahmen aus den besonderen Betrieben des Staates,

7. die Verwaltung der Grundgefälle zur Staats- und zur Grundrentenablösungskasse,

8. die Verwaltung der besonderen Abgaben und übrigen Einnahmen,

9. die Verwaltung der Einnahmen für den Staatsgüterfonds und die Mitwirkung bei der Erwerbung und der Veräusserung von Staatsgut,

10. die Bestreitung und Verrechnung der mit den vorstehenden Einnahmen zusammenhängenden Ausgaben,

11. die Bestreitung und Verrechnung der Staatsausgaben auf Rechnung der Etats des Staatsministeriums des Innern und des Staatsministeriums des Innern für Kirchen- und Schulangelegenheiten, dann des Etats der allgemeinen Finanzverwaltung für die Stadtrentämter I, II und III.

12. die Bestreitung und Verrechnung der Pensionen der Staatsbeamten und Staatsbediensteten und ihrer Hinterbliebenen mit Ausnahme jener der Justizverwaltung,

13. die Behandlung der einschlägigen dem Allgemeinen Staatsdiener-Unterstützungsverein und dem Unterstützungsvereine für das Forstpersonal sowie den hiemit verbundenen Töchterkassen zufliessenden Einnahmen, dann die Bestreitung der entsprechenden Ausgaben,

14. die Bestreitung und Verrechnung sämtlicher Gebäude-Unterhaltungs- und Neubaukosten,

15. die Bestreitung und Verrechnung der Kreisfondsausgaben für Erziehung und Bildung,

16. die Berechnung, Einhebung und Zurechnung der Beiträge für die land- und forstwirtschaftliche Unfallversicherung.

17. die Kreditierung und Sicherung der bei auswärtigen Rentämtern anfallenden Erlöse aus Forstprodukten hinsichtlich der in München wohnenden Schuldner,

18. die Einhebung und Zurechnung der Beiträge zum Pensionsvereine der Rentamtsgehilfen in Bayern für die sämtlichen in München wohnenden oder bediensteten Mitglieder mit Ausnahme des Personals des Stadtrentamts München IV und des Landrentamts München;

19. Besteuerung der Bahnhofautomaten der Aktiengesellschaft für autom. Verkauf in München, der Aktienges. Automat in München, der Bayer Automatenges. Kaspar Bader in München, des Automatengeschäftsinhabers Mart. Bader in München (FME. v. 31. III. 1915, FMBl. S. 141).

II. dem Stadtrentamte München II:

1. die Veranlagung, Erhebung und Verrechnung der Einkommen-, Gewerb- und Kapitalrentensteuer nebst den hierauf treffenden Kreisumlagen und Kirchensteuern:

a) für die Stadtbezirke 2, 3, 9—12, 14—20, 24, 25, soweit nicht nach Ziff. III 1 b das Stadtrentamt München III zuständig ist,

b) des Personals der Gesandtschaften, der Vereine des bürgerlichen Rechtes, dann der Stiftungen des öffentlichen und des bürgerlichen Rechtes,

c) der sämtlichen in Bayern steuerpflichtigen Personen, die ausserhalb Bayerns einen dienstlichen Wohnsitz haben, ohne dass sie daneben einen Wohnsitz oder Aufenthalt in Bayern haben,

2. die Perzeption für fremde Aemter, soweit es sich um Einkommen-, Gewerb-[1]) und Kapitalrentensteuer nebst Kirchensteuer und Kreisumlage handelt, für sämtliche Stadtbezirke,

3. die Verwaltung der für die Tätigkeit dieses Amtes anfallenden Gebühren und Strafen,

4. die Bestreitung und Verrechnung der mit den vorstehenden Einnahmen zusammenhängenden Ausgaben;

In Bezug auf die Einhebung und Beitreibung der Steuern und Umlagen erstreckt sich die Zuständigkeit des Rentamts München II auf den ganzen Rentamtsbezirk.

III. dem Stadtrentamte München III:

1. die Veranlagung, Erhebung und Verrechnung der Einkommen-, Gewerb- und Kapitalrentensteuer nebst den hierauf treffenden Kreisumlagen und Kirchensteuern:

a) für die Stadtbezirke 1, 4—8, 13, 21—23, 26, soweit nicht nach Ziff. II 1 b das Stadtrentamt München II zuständig ist,

b) der sämtlichen in München steuerpflichtigen, im Artikel 1 Abs. I Ziff. 4a des Einkommensteuergesetzes namentlich bezeichneten Erwerbsgesellschaften (der Aktiengesellschaften, Kommanditgesellschaften auf Aktien, Gesellschaften mit beschränkter Haftung, Genossenschaften, Berggewerkschaften),

2. die Behandlung der Hausiersteuer,[2])

3. die Verwaltung der für die Tätigkeit dieses Amtes anfallenden Gebühren und Strafen, dann der besonderen Abgaben nach dem Artikel 220 des Gebührengesetzes,

---

[1]) einschliesslich Hausiersteuer.

[2]) ohne Perzeption für fremde Aemter, die dem Stadtrentamt München II obliegt.

4. die Bestreitung und Verrechnung der mit den vorstehenden Einnahmen zusammenhängenden Ausgaben;

In Bezug auf die Einhebung und Beitreibung der Steuern und Umlagen erstreckt sich die Zuständigkeit des Rentamts München III auf den ganzen Rentamtsbezirk.

IV. dem Stadtrentamte München IV:

1 die Verwaltung der bei den Notaren anfallenden Gebühren einschliesslich der gemeindlichen Besitzveränderungsabgaben, der bei den Gerichten anfallenden Gebühren und Strafen und der Gebühren und Strafen der Finanzverwaltung,[1])

2. die Bestreitung und Verrechnung der mit den vorstehenden Einnahmen zusammenhängenden Ausgaben,

3. die Behandlung der Wechselstempelhinterziehungen,

4. die Bestreitung und Verrechnung der Staatsausgaben auf Rechnung des allgemeinen Etats der Justiz und des Etats der allgemeinen Finanzverwaltung,

5. die Bestreitung und Verrechnung der Pensionen der Staatsbeamten und Staatsbediensteten und ihrer Hinterbliebenen für den Geschäftskreis des Staatsministeriums der Justiz,

6. die Behandlung der einschlägigen dem Allgemeinen Staatsdiener-Unterstützungsverein und der hiemit verbundenen Töchterkasse zufliessenden Einnahmen, dann die Bestreitung der entsprechenden Ausgaben,

7. die Einhebung und Zurechnung der Verpflegskostenersätze der Strafanstalten;

V. dem Rentamte Nürnberg I:

1. die Verwaltung der Grund- und der Haussteuer nebst den hierauf treffenden Kreisumlagen und Kirchensteuern,

2. die Verwaltung der Erbschaftssteuer,

3. die Verwaltung der bei den Notaren anfallenden Gebühren einschliesslich der gemeindlichen Besitzveränderungsabgaben, der bei den Gerichten anfallenden Gebühren und Strafen, der Gebühren und Strafen der inneren Verwaltung, der Besitzveränderungsgebühren, der Gebührenäquivalente, der Gebühren für Mobiliarversteigerungen, der Gebühren für Jagdkarten und Fischerkarten sowie der sonstigen Gebühren und der Strafen der Finanzverwaltung,

4. die Verwaltung der Reichsstempelabgaben und der Zuwachssteuer,

5. die Behandlung der Wechselstempelhinterziehungen,

6. die Verwaltung der Forst- und Jagdgefälle einschliesslich der Kreditierung und Sicherung der bei auswärtigen Rentämtern anfallenden Erlöse aus Forstprodukten hinsichtlich der im Rentamtsbezirke Nürnberg wohnenden Schuldner sowie des Forstrügewesens,

7. die Verwaltung der Einnahmen aus den besonderen Betrieben des Staates,

8. die Verwaltung der Grundgefälle zur Staats- und zur Grundrentenablösungskasse,

9. die Verwaltung der besonderen Abgaben und übrigen Einnahmen,

---

[1]) einschliesslich der Perzeption für fremde Aemter.

10. die Verwaltung der Einnahmen für den Staatsgüterfonds und die Mitwirkung bei der Erwerbung und der Veräusserung von Staatsgut,

11. die Bestreitung und Verrechnung der mit den vorstehenden Einnahmen zusammenhängenden Ausgaben,

12. die Bestreitung und Verrechnung der Staatsausgaben auf Rechnung des allgemeinen Etats der Justiz, der Etats des Staatsministeriums des Innern und des Staatsministeriums des Innern für Kirchen- und Schulangelegenheiten, dann der allgemeinen Finanzverwaltung,

13. die Bestreitung und Verrechnung der Pensionen der Staatsbeamten und Staatsbediensteten und ihrer Hinterbliebenen,

14. die Behandlung der einschlägigen dem Allgemeinen Staatsdiener-Unterstützungsverein und dem Unterstützungsvereine für das Forstpersonal sowie den hiemit verbundenen Töchterkassen zufliessenden Einnahmen, dann die Bestreitung der entsprechenden Ausgaben,

15. die Bestreitung und Verrechnung sämtlicher Gebäude-Unterhaltungs- und Neubaukosten,

16. die Bestreitung und Verrechnung der Kreisfondsausgaben für Erziehung und Bildung,

17. die Einhebung und Zurechnung der Verpflegskostenersätze der Strafanstalten,

18. die Einhebung und Zurechnung der Landeskulturrenten,

19. die Einhebung und Zurechnung der Brand- und Hagelversicherungsbeiträge sowie die Auszahlung und Zurechnung der bezüglichen Entschädigungen und sonstigen Ausgaben für Rechnung der Versicherungskammer,

20. die Berechnung, Einhebung und Zurechnung der Beiträge für die land- und forstwirtschaftliche Unfallversicherung,

21. die Bestreitung und Zurechnung der Gendarmeriepensionen,

22. die Einlösung und Zurechnung der Zinsabschnitte von Staatsschuldverschreibungen sowie die Vermittlung der Heimzahlung und des Umtausches verloster oder gekündigter Staatsschuldverschreibungen, dann die Mitwirkung bei dem Bezuge neuer Zinsscheinbogen zu den Staatsschuldverschreibungen,

23. die Vergütung und Zurechnung der von den Gemeinden vorgeschossenen Marschgebühren bei militärischen Einberufungen, dann die Zahlung und Zurechnung der Beihilfen aus Militärfonds sowie der Unterstützungen aus dem Dispositionsfonds des Kaisers,

24. die Einhebung und Zurechnung der Beiträge zum Pensionsverein der Rentamtsgehilfen in Bayern für die sämtlichen im Rentamtsbezirke Nürnberg wohnenden oder bediensteten Mitglieder;

VI. dem Rentamte Nürnberg II:

1. die Veranlagung, Erhebung und Verrechnung der Einkommen-, Gewerb- und Kapitalrentensteuer nebst den hieraut treffenden Kreisumlagen und Kirchensteuern:

a) für die sämtlichen Distrikte der Sebalder Seite, die Distrikte 1—32, 74, 75 der Lorenzer Seite, dann die sämtlichen Landgemeinden und Forstbezirke, soweit nicht nach Ziff. VII 1 b das Rentamt Nürnberg III zuständig ist,

b) der sämtlichen in Nürnberg steuerpflichtigen Architekten, Aerzte, Ingenieure, Künstler aller Gattungen, Notare, Offiziere (einschliesslich der Sanitäts- und der Veterinäroffiziere), Rechtsanwälte, Zahnärzte und Zahntechniker, der Vereine des bürgerlichen Rechtes, dann der Stiftungen des öffentlichen und des bürgerlichen Rechtes,

2. die Perzeption für fremde Aemter, soweit es sich um Einkommen-, Gewerb- und Kapitalrentensteuer nebst Kirchensteuer und Kreisumlage handelt, für den ganzen Rentamtsbezirk,

3. die Verwaltung der für die Tätigkeit dieses Amtes anfallenden Gebühren und Strafen der Finanzverwaltung,

4. die Bestreitung und Verrechnung der mit den vorstehenden Einnahmen zusammenhängenden Ausgaben,

In Bezug auf die Einhebung und Beitreibung der Steuern und Umlagen erstreckt sich die Zuständigkeit des Rentamts Nürnberg II auf den ganzen Rentamtsbezirk.

VII. dem Rentamte Nürnberg III:

1. die Veranlagung, Erhebung und Verrechnung der Einkommen-, Gewerb- und Kapitalrentensteuer nebst den hierauf treffenden Kreisumlagen und Kirchensteuern:

a) für die Distrikte 33—73 der Lorenzer Seite, soweit nicht nach Ziff. VI 1b das Rentamt Nürnberg II zuständig ist,

b) der sämtlichen in Nürnberg steuerpflichtigen, im Artikel 1 Abs. I Ziff. 4a des Einkommensteuergesetzes namentlich bezeichneten Erwerbsgesellschaften (der Aktiengesellschaften, Kommanditgesellschaften auf Aktien, Gesellschaften mit beschränkter Haftung, Genossenschaften, Berggewerkschaften) und deren Direktoren, dann der Bankgeschäfte und Generalagenturen,

2. die Behandlung der Hausiersteuer,

3. die Verwaltung der für die Tätigkeit dieses Amtes anfallenden Gebühren und Strafen, dann der besonderen Abgaben nach dem Artikel 220 des Gebührengesetzes,

4. die Bestreitung und Verrechnung der mit den vorstehenden Einnahmen zusammenhängenden Ausgaben.

In Bezug auf die Einhebung und die Beitreibung der Steuern und Umlagen erstreckt sich die Zuständigkeit des Rentamts Nürnberg III auf den ganzen Rentamtsbezirk.

VIII. dem Rentamte Augsburg II:

Nachstehende rentamtl. Geschäfte obliegen für den ganzen Bezirk des Amtsgerichts Augsburg dem Rentamt Augsburg II.

1. die Verwaltung der Steuer vom Gewerbebetrieb im Umherziehen,

2. die Verwaltung der bei den Notaren anfallenden Kosten und Stempel, Reichsstempelabgaben und örtlichen Besitzveränderungsabgaben,

3. die Verwaltung der bei den Gerichten anfallenden Kosten, Stempel und Strafen (mit Ausnahme der der Gerichtsschreiberei des Amtsgerichts Augsburg übertragenen amtsgerichtlichen Strafkosten),

4. die Einhebung und Zurechnung der Verpflegskostenersätze der Strafanstalten,

5. die Einhebung und Zurechnung der Reichsgerichtskosten,

6. die Erhebung der Reichsstempelabgaben von Gesellschaftsverträgen in den Fällen, in welchen die Rentämter zuständig sind,

7. die Behandlung der Wechselstempelhinterziehungen,

8. die Verwahrung und Verwertung der im Strafverfahren eingezogenen Gegenstände,

9. die Bestreitung und Verrechnung der mit den Einnahmen unter 1—8 zusammenhängenden Ausgaben,

10. die Erhebung und Verrechnung der Einnahmen sowie die Bestreitung und Verrechnung der Ausgaben des Etats der Forsten, Jagden und Triften,

11. die Bestreitung und Verrechnung der Ausgaben auf den Etat des Staatsministeriums der Justiz (mit Ausnahme der Ausgaben auf die Gebäude),

12. die Erledigung von Ersuchen anderer Behörden um Einhebung vorstehend bezeichneter Einnahmen.

Anhang.

Beitreibungsdienst.

Der Beitreibungsdienst ist im allgemeinen geregelt mit FMBek. v. 27. 12. 1899 (FMBl. 355—394) u. FMBek. v. 17. 5. 1900 (FMBl. 283), welch letztere die Pfändung von Früchten und landwirtschaftlichen Erzeugnissen betrifft. Das Verfahren teilt sich in zwei Abschnitte: Mahnverfahren und Vollstreckungsverfahren.

Für Stundungen, Forderungspfändungen, Hypothekerwirkungen und alle sonstigen Sicherungs- und Beitreibungsmassnahmen ist an Stelle des verrechnenden Amtes das Rentamt zuständig, in dessen Bezirk der Schuldner wohnt, wenn dies zur Geschäftsvereinfachung oder zur rascheren Sicherung der Forderung dient (§ 17 FMBek. v. 10. IV. 1911, FMBl. 296)), — Holzgeld sofort fällig, wenn nach der Holzüberweisung dem Rentamte die Zahlungsfähigkeit des Käufers zweifelhaft ist (Versteiger.-Prot. Ziff. 8 FMBl. S. 197). — Forderungspfändung (§§ 828 ff. ReichsZPO.). — Gehalts- und Arbeits-, Dienstlohnpfändung (ReichsGes. v. 21. VI. 1869, BundesgesBl. 1869 S. 242, 1871 S. 63, RGesBl. 1897 S. 159, § 4 Ziff. 2 für die direkten persönlichen Abgaben der letzten drei Monate zulässig).[1] — Nicht pfändbar Brandversicherungsgelder (Art. 38, 43 d. Ges. v. 3. IV. 1875 GVBl. 1899 S. 28). — Benachrichtigung des Drittschuldners, dass Pfändung bevorsteht (§§ 845, 846 RZPO.). — Zwangsvollstr. in e. Grundstück (§§ 866 ff. RZPO.); bevorrechtigte Forderungen (§§ 10, 44, 45, 37 110 ZwangsVGes.); Sicherungshypothek (§§ 866, 868 RZPO. und Art. 123 AusfG. z. BGB.). — Verjährung (Art. 124, 126, 127, 128 AusfG. z. BGB.; §§ 216, 218 BGB.; Hemmung der Verjährung §§ 202, 205 BGB.). — Vorrecht im Konkurs (§§ 61, 62 KonkO.).

Vollzugsorgane für die Beitreibung sind die Rentamtsdiener (§ 4 der BeitrInstr. v. 27. XII. 1899), Festsetzung und Kürzung der GebAnteile (§ 13 GeschAnw. f. d. Rent.), Fahrradentschädigung (§ 13 Abs. VI a. a. O.), Ernennung und Versetzung d. Amtsd. (§ 15 a. a. O.); Legitimation hat der Amtsdiener im Dienst bei sich zu führen, beim Ausscheiden aus dem Dienst oder Versetzung sie zurückzugeben (§ 47 a. a. O.), Mitnahme von Quittungen auf den Dienstgängen (§ 72 a. a. O.); Amtsd. dürfen Mahnvorv. und Ausstandsverz. nicht herstellen (§ 68 a. a. O.).

[1]) Vgl. z. Z. RGBl. 1917 S. 254.

2. Verzeichnis der 266 Amtsgerichte Bayerns mit Angabe der Zugehörigkeit des Amtsbezirkes zum Bezirksamt, Rentamt, Landgericht, Oberlandesgericht und Bezirkskommando.

Amtsgericht	Bezirksamt	Rentamt	Landgericht	Oberlandesgericht	Bezirkskommando
Abensberg	Kehlheim	Neustadt a. D.	Regensburg	Nürnberg	Regensburg
Aibling	Aibling	Aibling	Traunstein	München	Rosenheim
Aichach	Aichach	Aichach	Augsburg	Augsburg	Augsburg
Altdorf	Nürnberg	Altdorf	Nürnberg	Nürnberg	Nürnberg
Altötting	Altötting	Burghausen	Traunstein	München	Wasserburg
Alzenau	Alzenau	Aschaffenburg II	Aschaffenburg	Bamberg	Aschaffenburg
Amberg	Amberg	Amberg	Amberg	Nürnberg	Amberg
Amorbach	Miltenberg	Amorbach	Aschaffenburg	Bamberg	Aschaffenburg
Annweiler	Bergzabern	Annweiler	Landau i. Pf.	Zweibrücken	Landau i. Pf.
Ansbach	Ansbach	Ansbach	Ansbach	Nürnberg	Ansbach
Arnstein	Karlstadt	Arnstein	Würzburg	Bamberg	Würzburg
Arnstorf	Eggenfelden	Eggenfelden	Deggendorf	München	Vilshofen
Aschaffenburg	Aschaffenburg	Aschaffenburg I	Aschaffenburg	Bamberg	Aschaffenburg
Aub	Ochsenfurt	Röttingen	Würzburg	Bamberg	Kitzingen
Auerbach	Eschenbach	Auerbach	Weiden	Nürnberg	Weiden
Augsburg	Augsburg	Augsburg I u. II	Augsburg	Augsburg	Augsburg
Babenhausen	Illertissen	Illertissen	Memmingen	Augsburg	Mindelheim
Bamberg	Bamberg I u. II	Bamberg	Bamberg	Bamberg	Bamberg
Baunach	Ebern	Ebern	Bamberg	Bamberg	Bamberg
Bayreuth	Bayreuth	Bayreuth	Bayreuth	Bamberg	Bayreuth
Beilngries	Beilngries	Beilngries	Eichstätt	Augsburg	Ingolstadt
Berchtesgaden	Berchtesgaden	Berchtesgaden	Traunstein	München	Rosenheim
Bergzabern	Bergzabern	Bergzabern	Landau i. Pf.	Zweibrücken	Landau i. Pf.
Berneck	Berneck	Marktschorgast	Bayreuth	Bamberg	Hof
Bischofsheim	Neustadt a. S.	Neustadt a. S.	Schweinfurt	Bamberg	Kissingen
Blieskastel	Ingbert St.	Blieskastel	Zweibrücken	Zweibrücken	Zweibrücken
Bogen	Bogen	Mitterfels	Straubing	München	Straubing
Brückenau	Brückenau	Brückenau	Würzburg	Bamberg	Kissingen

Amtsgericht	Bezirksamt	Rentamt	Landgericht	Oberlandesgericht	Bezirkskommando
Buchloe	Kaufbeuren	Buchloe	Memmingen	Augsburg	Mindelheim
Burgau	Günzburg	Burgau	Augsburg	Augsburg	Dillingen
Burgebrach	Bamberg II	Burgwindheim	Bamberg	Bamberg	Bamberg
Burghausen	Altötting	Burghausen	Traunstein	München	Wasserburg
Burglengenfeld	Burglengenfeld	Burglengenfeld	Regensburg	Nürnberg	Amberg
Cadolzburg	Fürth	Cadolzburg	Fürth	Nürnberg	Nürnberg
Cham	Cham	Cham	Amberg	Nürnberg	Amberg
Dachau	Dachau	Dachau	München II	München	München II
Dahn	Pirmasens	Dahn	Zweibrücken	Zweibrücken	Zweibrücken
Deggendorf	Deggendorf	Deggendorf	Deggendorf	München	Vilshofen
Dettelbach	Kitzingen	Dettelbach	Würzburg	Bamberg	Kitzingen
Dillingen	Dillingen	Dillingen	Neuburg a. D.	Augsburg	Dillingen
Dingolfing	Dingolfing	Dingolfing	Landshut	München	Landshut
Dinkelsbühl	Dinkelsbühl	Dinkelsbühl	Ansbach	Nürnberg	Ansbach
Donauwörth	Donauwörth	Donauwörth	Neuburg a. D.	Augsburg	Dillingen
Dorfen	Erding	Erding	München II	München	München II
Dürkheim	Dürkheim	Dürkheim	Frankenthal	Zweibrücken	Ludwigshafen a. Rh.
Ebermannstadt	Ebermannstadt	Ebermannstadt	Bamberg	Bamberg	Bamberg
Ebern	Ebern	Ebern	Bamberg	Bamberg	Bamberg I
Ebersberg	Ebersberg	Ebersberg	München II	München	München I
Edenkoben	Landau i. Pf.	Edenkoben	Landau i. Pf.	Zweibrücken	Landau i. Pf.
Eggenfelden	Eggenfelden	Eggenfelden	Landshut	München	Wasserburg
Eichstätt	Eichstätt	Eichstätt	Eichstätt	Augsburg	Ingolstadt
Ellingen	Weissenburg i. B.	Weissenburg i. B.	Eichstätt	Augsburg	Gunzenhausen
Eltmann	Hassfurt	Zeil	Schweinfurt	Bamberg	Kitzingen
Erbendorf	Kemnath	Kemnath	Weiden	Nürnberg	Weiden
Erding	Erding	Erding	München II	München	München II
Erlangen	Erlangen	Erlangen	Fürth	Nürnberg	Erlangen

Amtsgericht	Bezirksamt	Rentamt	Landgericht	Oberlandesgericht	Bezirkskommando
Eschenbach	Eschenbach	Eschenbach	Weiden	Nürnberg	Weiden
Euerdorf	Hammelburg	Hammelburg	Schweinfurt	Bamberg	Kissingen
Feuchtwangen	Feuchtwangen	Feuchtwangen	Ansbach	Nürnberg	Ansbach
Forchheim	Forchheim	Forchheim	Bamberg	Bamberg	Erlangen
Frankenthal	Frankenthal	Frankenthal	Frankenthal	Zweibrücken	Ludwigshafen a. Rh.
Freising	Freising	Freising	München II	München	Landshut
Freyung	Wolfstein	Freyung	Passau	München	Passau
Friedberg	Friedberg	Friedberg	Augsburg	Augsburg	Augsburg
Fürstenfeld-bruck	Fürstenfeld-bruck	Fürstenfeld bruck	München II	München	Weilheim
Fürth	Fürth	Fürth	Fürth	Nürnberg	Nürnberg
Füssen	Füssen	Füssen	Kempten	Augsburg	Kempten
Furth	Cham	Cham	Amberg	Nürnberg	Amberg
Garmisch	Garmisch	Garmisch	München II	München	Weilheim
Geisenfeld	Pfaffenhofen	Pfaffenhofen	Neuburg a. D.	Augsburg	Ingolstadt
Gemünden	Gemünden	Gemünden	Würzburg	Bamberg	Aschaffenburg
Germersheim	Germersheim	Germersheim	Landau i. Pf.	Zweibrücken	Landau i. Pf.
Gerolzhofen	Gerolzhofen	Gerolzhofen	Schweinfurt	Bamberg	Kitzingen
Grafenau	Grafenau	Schönberg	Deggendorf	München	Vilshofen
Gräfenberg	Forchheim	Neunkirchen a. Br.	Nürnberg	Nürnberg	Erlangen
Greding	Hipoltstein	Greding	Eichstätt	Augsburg	Gunzenhausen
Griesbach	Griesbach	Griesbach	Passau	München	Passau
Grünstadt	Frankenthal	Grünstadt	Frankenthal	Zweibrücken	Ludwigshafen a. Rh.
Gunzenhausen	Gunzenhausen	Gunzenhausen	Ansbach	Nürnberg	Gunzenhausen
Günzburg a. D.	Günzburg	Günzburg	Memmingen	Augsburg	Dillingen
Haag	Wasserburg	Wasserburg	München II	München	Wasserburg
Hammelburg	Hammelburg	Hammelburg	Schweinfurt	Bamberg	Kissingen

Amtsgericht	Bezirksamt	Rentamt	Landgericht	Oberlandesgericht	Bezirkskommando
Hassfurt	Hassfurt	Zeil	Schweinfurt	Bamberg	Kitzingen
Heidenheim	Gunzenhausen	Heidenheim	Ansbach	Nürnberg	Gunzenhausen
Heilsbronn	Ansbach	Heilsbronn	Ansbach	Nürnberg	Ansbach
Hemau	Parsberg	Hemau	Regensburg	Nürnberg	Regensburg
Hengersberg	Deggendorf	Deggendorf	Deggendorf	München	Vilshofen
Herrieden	Feuchtwangen	Herrieden	Ansbach	Nürnberg	Ansbach
Hersbruck	Hersbruck	Hersbruck	Nürnberg	Nürnberg	Nürnberg
Herzogenaurach	Höchstadt a. A.	Herzogenaurach	Fürth	Nürnberg	Erlangen
Hilpoltstein	Hilpoltstein	Hilpoltstein	Nürnberg	Nürnberg	Gunzenhausen
Hof	Hof	Hof	Hof	Bamberg	Hof
Hofheim	Hofheim	Hofheim	Schweinfurt	Bamberg	Kissingen
Hollfeld	Ebermannstadt	Waischenfeld	Bayreuth	Bamberg	Bamberg
Homburg	Homburg	Homburg	Zweibrücken	Zweibrücken	Zweibrücken
Höchstadt a. A.	Höchstadt a. A.	Höchstadt a. A.	Bamberg	Bamberg	Erlangen
Höchstädt a. D.	Dillingen	Höchstädt a. D.	Neuburg a. D.	Augsburg	Dillingen
Illertissen	Illertissen	Illertissen	Memmingen	Augsburg	Mindelheim
Immenstadt	Sonthofen	Immenstadt	Kempten	Augsburg	Kempten
Ingbert St.	Ingbert St.	Ingbert St.	Zweibrücken	Zweibrücken	Zweibrücken
Ingolstadt	Ingolstadt	Ingolstadt	Eichstätt	Augsburg	Ingolstadt
Kaiserslautern	Kaiserslautern	Kaiserslautern	Kaiserslautern	Zweibrücken	Kaiserslautern
Kandel	Germersheim	Kandel	Landau i. Pf.	Zweibrücken	Landau i. Pf.
Karlstadt	Karlstadt	Karlstadt	Würzburg	Bamberg	Würzburg
Kastl	Neumarkt i. Opf.	Kastl	Amberg	Nürnberg	Nürnberg
Kaufbeuren	Kaufbeuren	Kaufbeuren	Kempten	Augsburg	Mindelheim
Kelheim	Kelheim	Kelheim	Regensburg	Nürnberg	Regensburg
Kemnath	Kemnath	Kemnath	Weiden	Nürnberg	Weiden
Kempten	Kempten	Kempten	Kempten	Augsburg	Kempten
Kipfenberg	Eichstätt	Kipfenberg	Eichstätt	Augsburg	Ingolstadt
Kirchenlamitz	Wunsiedel	Wunsiedel	Hof	Bamberg	Hof

Amtsgericht	Bezirksamt	Rentamt	Landgericht	Oberlandesgericht	Bezirkskommando
Kirchheimbolanden	Kirchheimbolanden	Kirchheimbolanden	Kaiserslautern	Zweibrücken	Kaiserslautern
Kissingen	Kissingen	Kissingen	Schweinfurt	Bamberg	Kissingen
Kitzingen	Kitzingen	Kitzingen	Würzburg	Bamberg	Kitzingen
Klingenberg	Obernburg	Klingenberg	Aschaffenburg	Bamberg	Aschaffenburg
Königshofen	Königshofen	Königshofen	Schweinfurt	Bamberg	Kissingen
Kötzting	Kötzting	Kötzting	Straubing	München	Straubing
Kronach	Kronach	Kronach	Bamberg	Bamberg	Bayreuth
Krumbach	Krumbach	Krumbach	Memmingen	Augsburg	Dillingen
Kulmbach	Kulmbach	Kulmbach	Bayreuth	Bamberg	Bayreuth
Kusel	Kusel	Kusel	Kaiserslautern	Zweibrücken	Kaiserslautern
Landau a. I.	Landau a. I.	Landau a. I.	Straubing	München	Vilshofen
Landau i. Pf.	Landau i. Pf.	Landau i. Pf.	Landau i. Pf.	Zweibrücken	Landau i. Pf.
Landsberg	Landsberg	Landsberg	Augsburg	Augsburg	Weilheim
Landshut	Landshut	Landshut	Landshut	München	Landshut
Landstuhl	Homburg	Landstuhl	Zweibrücken	Zweibrücken	Zweibrücken
Lauf	Lauf	Hersbruck	Nürnberg	Nürnberg	Nürnberg
Laufen	Laufen	Laufen	Traunstein	München	Rosenheim
Lauingen	Dillingen	Lauingen	Neuburg a. D.	Augsburg	Dillingen
Lauterecken	Kusel	Lauterecken	Kaiserslautern	Zweibrücken	Kaiserslautern
Lichtenfels	Lichtentefs	Lichtenfels	Bamberg	Bamberg	Bamberg
Lindau	Lindau	Lindau	Kempten	Augsburg	Kempten
Lohr	Lohr	Lohr	Aschaffenburg	Bamberg	Aschaffenburg
Ludwigshafen a. Rh.	Ludwigshafen a. Rh.	Ludwigshafen a. Rh.	Frankenthal	Zweibrücken	Ludwigshafen a. Rh.
Ludwigsstadt	Teuschnitz	Rothenkirchen	Bamberg	Bamberg	Bayreuth
Mainburg	Mainburg	Neustadt a. D.	Landshut	München	Ingolstadt
Mallersdorf	Mallersdorf	Mallersdorf	Straubing	München	Straubing
Marktbreit	Kitzingen	Ochsenfurt	Würzburg	Bamberg	Kitzingen
Markterlbach	Neustadt a. A.	Markterlbach	Fürth	Nürnberg	Erlangen

Amtsgericht	Bezirksamt	Rentamt	Landgericht	Oberlandesgericht	Bezirkskommando
Marktheidenfeld	Marktheidenfeld	Lengfurt	Aschaffenburg	Bamberg	Aschaffenburg
Marktoberdorf	Marktoberdorf	Marktoberdorf	Kempten	Augsburg	Kempten
Mellrichstadt	Mellrichstadt	Mellrichstadt	Schweinfurt	Bamberg	Kissingen
Memmingen	Memmingen	Memmingen	Memmingen	Augsburg	Mindelheim
Miesbach	Miesbach	Miesbach	München II	München	München II
Miltenberg	Miltenberg	Amorbach	Aschaffenburg	Bamberg	Aschaffenburg
Mindelheim	Mindelheim	Mindelheim	Memmingen	Augsburg	Mindelheim
Mitterfels	Bogen	Mitterfels	Straubing	München	Straubing
Monheim	Donauwörth	Monheim	Eichstätt	Augsburg	Dillingen
Moosburg	Freising	Moosburg	Landshut	München	Landshut
Mühldorf	Mühldorf	Mühldorf	Traunstein	München	Wasserburg
Münchberg	Münchberg	Münchberg	Hof	Bamberg	Hof
München	München	München (4 Stadtrentämter u. das Landrentamt)	München I	München	München I
Münnerstadt	Kissingen	Münnerstadt	Schweinfurt	Bamberg	Kissingen
Nabburg	Nabburg	Nabburg	Amberg	Nürnberg	Weiden
Naila	Naila	Lichtenberg	Hof	Bamberg	Hof
Neuburg a. D.	Neuburg a. D.	Neuburg a. D.	Neuburg a. D.	Augsburg	Dillingen
Neukirchen	Kötzting	Kötzting	Straubing	München	Straubing
Neumarkt a. R.	Mühldorf	Mühldorf	Landshut	München	Wasserburg
Neumarkt i. Opf.	Neumarkt i. Opf.	Neumarkt i. Opf.	Amberg	Nürnberg	Nürnberg
Neunburg v. W.	Neunburg v. W.	Neunburg v. W.	Amberg	Nürnberg	Amberg
Neustadt a. A.	Neustadt a. A.	Neustadt a. A.	Fürth	Nürnberg	Erlangen
Neustadt a. H.	Neustadt a. H.	Neustadt a. H.	Frankenthal	Zweibrücken	Ludwigshafen a. Rh.
Neustadt a. S.	Neustadt a. S.	Neustadt a. S.	Schweinfurt	Bamberg	Kissingen
Neustadt a. WN.	Weidon	Weiden	Weiden	Nürnberg	Weiden

Amtsgericht	Bezirksamt	Rentamt	Landgericht	Oberlandesgericht	Bezirkskommando
Neu-Ulm	Neu-Ulm	Neu-Ulm	Memmingen	Augsburg	Mindelheim
Nittenau	Roding	Walderbach	Regensburg	Nürnberg	Amberg
Nördlingen	Nördlingen	Nördlingen	Neuburg a. D.	Augsburg	Gunzenhausen
Nordhalben	Teuschnitz	Rothenkirchen*)	Bamberg	Bamberg	Bayreuth
Nürnberg	Nürnberg	Nürnberg I, II u. III	Nürnberg	Nürnberg	Nürnberg
Obergünzburg	Marktoberdorf	Marktoberdorf	Kempten	Augsburg	Kempten
Obermoschel	Rockenhausen	Obermoschel	Kaiserslautern	Zweibrücken	Kaiserslautern
Obernburg	Obernburg	Aschaffenburg II	Aschaffenburg	Bamberg	Aschaffenburg
Oberviechtach	Oberviechtach	Neunburg v. W.	Weiden	Nürnberg	Weiden
Ochsenfurt	Ochsenfurt	Ochsenfurt	Würzburg	Bamberg	Kitzingen
Oettingen	Nördlingen	Oettingen	Neuburg a. D.	Augsburg	Gunzenhausen
Osterhofen	Vilshofen	Vilshofen	Deggendorf	München	Vilshofen
Otterberg	Kaiserslautern	Kaiserslautern	Kaiserslautern	Zweibrücken	Kaiserslautern
Ottobeuren	Memmingen	Ottobeuren	Memmingen	Augsburg	Mindelheim
Pappenheim	Weissenburg. i. B.	Weissenburg i. B.	Eichstätt	Augsburg	Gunzenhausen
Parsberg	Parsberg	Velburg	Amberg	Nürnberg	Regensburg
Passau	Passau	Passau	Passau	München	Passau
Pegnitz	Pegnitz	Pegnitz	Bayreuth	Bamberg	Bayreuth
Pfaffenhofen	Pfaffenhofen	Pfaffenhofen	Neuburg a. D.	Augsburg	Ingolstadt
Pfarrkirchen	Pfarrkirchen	Pfarrkirchen	Passau	München	Passau
Pirmasens	Pirmasens	Pirmasens	Zweibrücken	Zweibrücken	Zweibrücken
Pottenstein	Pegnitz	Pottenstein	Bayreuth	Bamberg	Bayreuth
Prien	Rosenheim	Rosenheim	Traunstein	München	Rosenheim
Rain	Neuburg a. D.	Rain	Neuburg a. D.	Augsburg	Dillingen
Regen	Regen	Zwiesel	Deggendorf	München	Vilshofen

*) Mit Ausnahme der Gemeinden: Dürrenwaid, Heinersberg, Langenbach und Steinbach, welche zum Rentamte Lichtenberg gehören.

Amtsgericht	Bezirksamt	Rentamt	Landgericht	Oberlandesgericht	Bezirkskommando
Regensburg	Regensburg	Regensburg I u. II	Regensburg	Nürnberg	Regensburg
Regenstauf	Stadtamhof	Regensburg I	Regensburg	Nürnberg	Regensburg
Rehau	Rehau	Hof	Hof	Bamberg	Hof
Reichenhall	Berchtesgaden	Berchtesgaden	Traunstein	München	Rosenheim
Riedenburg	Riedenburg	Riedenburg	Regensburg	Nürnberg	Ingolstadt
Rockenhausen	Rockenhausen	Obermoschel	Kaiserslautern	Zweibrücken	Kaiserslautern
Roding	Roding	Walderbach	Regensburg	Nürnberg	Amberg
Rosenheim	Rosenheim	Rosenheim	Traunstein	München	Rosenheim
Roth	Schwabach	Spalt	Nürnberg	Nürnberg	Gunzenhausen
Rothenburg o. T.	Rothenburg o. T.	Rothenburg o. T.	Ansbach	Nürnberg	Ansbach
Rottenburg a. L.	Rottenburg a. L.	Mallersdorf	Landshut	München	Landshut
Rotthalmünster	Griesbach	Griesbach	Passau	München	Passau
Scheinfeld	Scheinfeld	Markt-Bibart	Fürth	Nürnberg	Kitzingen
Schesslitz	Bamberg I	Schesslitz	Bamberg	Bamberg	Bamberg
Schillingsfürst	Rothenburg o. T.	Rothenburg o. T.	Ansbach	Nürnberg	Ansbach
Schöllkrippen	Alzenau	Aschaffenburg II	Aschaffenburg	Bamberg	Aschaffenburg
Schongau	Schongau	Schongau	Kempten	Augsburg	Weilheim
Schroben-hausen	Schroben-hausen	Schroben-hausen	Neuburg a. D.	Augsburg	Ingolstadt
Schwabach	Schwabach	Schwabach	Nürnberg	Nürnberg	Gunzenhausen
Schwabmün-chen	Schwabmün-chen	Schwabmün-chen	Augsburg	Augsburg	Augsburg
Schwandorf	Burglengenfeld	Burglengenfeld	Amberg	Nürnberg	Amberg
Schweinfurt	Schweinfurt	Schweinfurt	Schweinfurt	Bamberg	Würzburg
Selb	Rehau	Selb	Hof	Bamberg	Hof
Sesslach	Staffelstein	Staffelstein	Bamberg	Bamberg	Bamberg
Simbach	Pfarrkirchen	Simbach	Passau	München	Passau
Sonthofen	Sonthofen	Immenstadt	Kempten	Augsburg	Kempten
Speyer	Speyer	Speyer	Frankenthal	Zweibrücken	Ludwigshafen a. Rh.

Amtsgericht	Bezirksamt	Rentamt	Landgericht	Oberlandesgericht	Bezirkskommando
Stadtamhof	Stadtamhof	Regensburg I	Regensburg	Nürnberg	Regensburg
Stadtprozelten	Marktheidenfeld	Klingenberg	Aschaffenburg	Bamberg	Aschaffenburg
Stadtsteinach	Stadtsteinach	Stadtsteinach	Bayreuth	Bamberg	Bayreuth
Staffelstein	Staffelstein	Staffelstein	Bamberg	Bamberg	Bamberg
Starnberg	Starnberg	Starnberg	München II	München	Weilheim
Straubing	Straubing	Straubing	Straubing	München	Straubing
Sulzbach	Sulzbach	Sulzbach	Amberg	Nürnberg	Amberg
Tegernsee	Miesbach	Miesbach	München II	München	München II
Thiersheim	Wunsiedel	Wunsiedel	Hof	Bamberg	Hof
Thurnau	Kulmbach	Thurnau	Bayreuth	Bamberg	Bayreuth
Tirschenreuth	Tirschenreuth	Tirschenreuth	Weiden	Nürnberg	Weiden
Tittmoning	Laufen	Laufen	Traunstein	München	Rosenheim
Tölz	Tölz	Tölz	München II	München	München II
Traunstein	Traunstein	Traunstein	Traunstein	München	Rosenheim
Trostberg	Traunstein	Trostberg	Traunstein	München	Rosenheim
Türkheim	Mindelheim	Türkheim	Memmingen	Augsburg	Mindelheim
Uffenheim	Uffenheim	Uffenheim	Ansbach	Nürnberg	Ansbach
Viechtach	Viechtach	Viechtach	Deggendorf	München	Straubing
Vilsbiburg	Vilsbiburg	Vilsbiburg	Landshut	München	Landshut
Vilseck	Amberg	Amberg	Weiden	Nürnberg	Amberg
Vilshofen	Vilshofen	Vilshofen	Passau	München	Vilshofen
Vohenstrauss	Vohenstrauss	Vohenstrauss	Weiden	Nürnberg	Weiden
Volkach	Gerolzhofen	Volkach	Schweinfurt	Bamberg	Kitzingen
Waldfischbach	Pirmasens	Pirmasens	Zweibrücken	Zweibrücken	Zweibrücken
Waldkirchen	Wolfstein	Freyung	Passau	München	Passau
Waldmohr	Homburg	Homburg	Zweibrücken	Zweibrücken	Zweibrücken
Waldmünchen	Waldmünchen	Waldmünchen	Amberg	Nürnberg	Amberg
Waldsassen	Tirschenreuth	Waldsassen	Weiden	Nürnberg	Weiden
Wasserburg	Wasserburg	Wasserburg	Traunstein	München	Wasserburg

Amtsgericht	Bezirksamt	Rentamt	Landgericht	Oberlandesgericht	Bezirkskommando
Wassertrüdingen	Dinkelsbühl	Wassertrüdingen	Ansbach	Nürnberg	Ansbach
Wegscheid	Wegscheid	Obernzell	Passau	München	Passau
Weiden	Neustadt a. WN.	Weiden	Weiden	Nürnberg	Weiden
Weidenberg	Bayreuth	Bayreuth	Bayreuth	Bamberg	Bayreuth
Weiler	Lindau	Lindau	Kempten	Augsburg	Kempten
Weilheim	Weilheim	Weilheim	München II	München	Weilheim
Weismain	Lichtenfels	Waismain*)	Bayreuth	Bamberg	Bamberg
Weissenburg i. Bay.	Weissenburg i. Bay.	Weissenburg i. Bay.	Eichstätt	Augsburg	Gunzenhausen
Weissenhorn	Neu-Ulm	Weissenhorn	Memmingen	Augsburg	Mindelheim
Werneck	Schweinfurt	Werneck	Schweinfurt	Bamberg	Würzburg
Wertingen	Wertingen	Wertingen	Augsburg	Augsburg	Augsburg
Wiesentheid	Gerolzhofen	Gerolzhofen	Würzburg	Bamberg	Kitzingen
Windsheim	Uffenheim	Windsheim	Fürth	Nürnberg	Ansbach
Winnweiler	Rockenhausen	Winnweiler	Kaiserslautern	Zweibrücken	Kaiserslautern
Wolfratshausen	Wolfratshausen	Wolfratshausen	München II	München	München II
Wolfstein	Kusel	Lauterecken	Kaiserslautern	Zweibrüchen	Kaiserslautern
Wörth	Regensburg	Regensburg II	Regensburg	Nürnberg	Regensburg
Wunsiedel	Wunsiedel	Wunsiedel	Hof	Bamberg	Hof
Würzburg	Würzburg	Würzburg (Stadt- und Landrentamt)	Würzburg	Bamberg	Würzburg
Zusmarshausen	Zusmarshausen	Zusmarshausen	Augsburg	Augsburg	Augsburg
Zweibrücken	Zweibrücken	Zweibrücken	Zweibrücken	Zweibrücken	Zweibrücken

*) Mit Ausnahme der Gemeinde Fesselsdorf, welche zum Rentamte Thurnau gehört.

3. Amtsanwaltschaft.

Mit dem 1. Oktober 1912 geht die Führung der staatsanwaltschaftlichen Geschäfte bei den Amts- und Schöffengerichten, soweit diese Geschäfte bisher von Verwaltungsbeamten besorgt wurden, auf Beamte der Justizverwaltung über. Ausgenommen bleibt die Amtsanwaltschaft bei dem Amtsgerichte München, wo bis auf weiteres Beamte der Polizeidirektion München als Amtsanwälte im Hauptamt aufzustellen sind.

Ausser den Amtsanwälten im Hauptamte führen die Gerichtssekretäre, welche die juristische Staatsprüfung bestanden haben und denen die ständige Führung der amtsanwaltschaftlichen Geschäfte im Nebenamt übertragen wird, den Titel Amtsanwalt.

Auf Grund der vorstehenden Allerhöchsten Verordnung wird über die Einrichtung der Amtsanwaltschaft in den Landesteilen rechts des Rheins folgendes bestimmt:

A. Selbständige Amtsanwaltschaften:

Aibling (Rosenheim); Aichach; Amberg; Annweiler (Landau i. Pf.); Ansbach; Arnstein (Gemünden); Aschaffenburg; Augsburg.

Babenhausen (Memmingen); Bamberg; Bayreuth; Berchtesgaden (Reichenhall); Bergzabern; Bogen (Straubing); Burglengenfeld (Stadtamhof).

Cadolzburg (Fürth).

Dachau (Pfaffenhofen); Dahn; Deggendorf; Dingolfing; Donauwörth; Dürkheim.

Ebermannstadt (Forchheim); Ebersberg; Eggenfelden (Neumarkt a. R.); Eichstätt; Eltmann (Hassfurt); Erding; Erlangen; Euerdorf (Kissingen).

Forchheim; Friedberg (Augsburg); Fürth; Füssen.

Garmisch (Weilheim); Geisenfeld (Pfaffenhofen); Gemünden; Germersheim; Gerolzhofen (Schweinfurt); Grafenau; Grünstadt.

Hassfurt; Heilsbronn (Ansbach); Hengersberg (Deggendorf); Herrieden (Ansbach); Hersbruck (Lauf); Herzogenaurach (Erlangen); Höchstädt a. A. (Forchheim); Hof; Hofheim (Hassfurt); Homburg.

Immenstadt (Kempten); Ingolstadt.

Kaiserslautern; Kandel; Karlstadt (Gemünden); Kempten; Kirchheimbolanden; Kissingen; Königshofen (Neustadt a. S.); Kusel.

Landau a. I. (Dingolfing); Landau i. Pf.; Landsberg; Landshut; Landstuhl (Kusel); Lauf; Lauterecken (Wolfstein); Lindau; Ludwigshafen.

Mallersdorf (Straubing); Marktbreit (Würzburg); Markt-Oberdorf (Füssen); Mellrichstadt (Neustadt a. S.); Memmingen; Mindelheim (Memmingen); Monheim (Donauwörth); Moosburg (Landshut); Münnerstadt (Neustadt a. S.).

Nabburg (Schwandorf); Neumarkt a. R.; Neunburg v. W. (Schwandorf); Neustadt a. H.; Neustadt a. S.; Neustadt a. WN. (Weiden) Nürnberg.

Oberdorf s. Markt-Oberdorf; **Obermoschel**; **Ochsenfurt** (Würzburg); Otterberg (Wolfstein).

Papenheim (Eichstätt); **Passau**; **Pfaffenhofen**; **Pirmasens**; **Prien** (Rosenheim).

Regen (Grafenau); **Regensburg**; Regenstauf (Stadtamhof); Rehau (Hof); Reichenhall; Rockenhausen (Obermoschel); **Rosenheim**; Rothenburg o. T.; Rottenburg (Landshut).

Schesslitz (Bamberg); Schongau (Landsberg); Schrobenhausen (Aichach); Schwandorf; Schweinfurt; Selb (Hof); Sonthofen (Kempten); Speyer; Stadtamhof; Staffelstein (Bamberg); Starnberg (Weilheim); Straubing; Sulzbach (Amberg).

Tegernsee; Tölz (Tegernsee); Traunstein; Trostberg (Traunstein).

Uffenheim (Rothenburg o. T.).

Vilsbiburg (Neumarkt a. R.); Vilseck (Weiden); Vilshofen.

Waldfischbach (Dahn); Waldmohr (Homburg); Wasserburg (Ebersberg); Weiden; Weidenberg (Bayreuth); Weiler (Lindau); Weilheim: Weissenburg (Eichstätt); Wertingen (Donauwörth); Windsheim (Rothenburg o. T.); Winnweiler (Kirchheimbolanden); Wolfstein; Würzburg.

Zweibrücken.

B. Bei den übrigen Gerichten

werden bis auf weiteres Gerichtssekretäre im Nebenamte als Amtsanwälte aufgestellt werden.

1. Dienstvorschriften JMBek. v. 29. XI. 1913, JMBl. 419.
2. Die Nebenbezüge der im Nebenamte betrauten Beamten sind unter den „Kosten f. Stellvertretung, Geschäftsaushilfe u. besondere Leistungen“ beim Etat der Staatsanwaltschaften zu verrechnen. Kredit nicht erforderlich (FMBl. 1913 S. 20).

4. Forstämter.

(Die Zugehörigkeit der Forstämter zu den Rentamtsbezirken ist bei der Rentämterbeschreibung angegeben).

Allersberg (Mf.)
Altdorf (Mf.)
Altenbuch (Uf.)
Altötting (Ob.)
Amberg (Opf.)
Amorbach (Uf.)
Annweiler (Pf.)
Ansbach (Mf.)
Anzing (Ob.)
Arzberg (Of.)
Aschaffenburg-Nord (Uf.)
Aschaffenburg-Süd (Uf.)

Bamberg-Ost (Of.)
Bamberg-West (Of.)
Baunach (Uf.)
Bayreuth-Ost (Of.)
Bayreuth-West (Of.)
Behringersdorf (Mf.)
Beilngries (Opf.)
Benediktbeuern (Ob.)
Berchtesgaden (Ob.)
Bergen (Ob.)
Bergheim (Sch.)
Bergzabern (Pf.)
Betzenstein (Of.)
Betzigau (Sch.)
Biberachzell (Sch.)
Biburg (Sch.)
Bischbrunn (Uf.)
Bischofsgrün (Of.)
Bischofsreut (Nb.)
Bischofswiesen (Ob.)
Blieskastel (Pf.)
Bodenmais (Nb.)
Bodenwöhr (Opf.)
Breitenthal (Sch.)
Brückenau (Uf.)
Buch a. F. (Of.)
Büchold (Uf.)
Bundorf (Uf.)
Burgberg (Sch.)
Burghausen (Ob.)
Burglengenfeld (Opf.)
Burgsinn (Uf.)
Burgwindheim (Of.)

Cadolzburg (Mf.)
Cham (Opf.)
Colmberg (Mf.)

Dahn (Pf.)
Deggendorf (Nb.)
Denklingen (Sch.)
Diessen (Ob.)
Dillingen (Sch.)
Dinkelsbühl (Mf.)
Dombühl (Mf.)
Donauwörth (Sch.)
Dürkheim (Pf.)

Ebern (Uf.)
Ebernburg (Pf.)
Ebersberg (Ob.)
Ebrach (Of.)
Edenkoben (Pf.)
Eggenfelden (Nb.)
Eichelsdorf (Uf.)
Eichstätt-Ost (Mf.)
Eichstätt-West (Mf.)
Elmstein-Nord (Pf.)
Elmstein-Süd (Pf.)
Eltmann (Uf.)
Ensdorf (Opf.)
Eppenbrunn (Pf.)
Ergoldsbach (Nb.)
Erlangen-Ost (Mf.)
Erlangen-West (Of.)
Eslarn (Opf.)
Etzenricht (Opf.)
Euerdorf (Uf.)
Eurasburg (Ob.)
Eusserthal (Pf.)

Fabrikschleichach (Uf.)
Falkenberg (Opf.)
Fall (Ob.)
Feucht (Mf.)
Feuchtwangen (Mf.)
Fichtelberg (Of.)
Fischbach (Pf.)
Fischbachau (Ob.)
Flachslanden (Mf.)
Fladungen (Uf.)
Flossenbürg (Opf.)
Forchheim (Of.)
Frankenstein (Pf.)
Freising (Ob.)
Freudenberg (Opf.)
Fürstenfeldbruck (Ob.)

Garmisch (Ob.)
Geisenfeld (Ob.)
Gemünden (Uf.)
Germersheim (Pf.)
Geroldsgrün-Nord (Of.)
Geroldsgrün-Süd (Of.)
Gessertshausen (Sch.)
Glan-Münchweiler (Pf.)
Glashütten (Of.)
Gössweinstein (Of.)
Goldkronach (Of.)
Gossmannsdorf (Uf.)
Gräfendorf (Uf.)
Griesbach (Nb.)
Grönenbach (Sch.)
Günzburg (Sch.)
Gunzenhausen (Mf.)

Hain i. Sp. (Uf.)
Hammelburg (Uf.)
Hardenburg (Pf.)
Hassloch (Pf.)
Heideck (Mf.)
Heidenheim (Mf.)
Heigenbrücken (Uf.)
Heilsbronn (Mf.)
Heroldsberg (Mf.)
Herrnhütte (Mf.)
Hersbruck (Mf.)
Hinterweidenthal-Ost (Pf.)
Hinterweidenthal-West (Pf.)
Hochspeyer (Pf.)
Hofstetten (Mf.)
Hohenecken (Pf.)
Hohenschwangau (Ob.)
Holzkirchen (Ob.)

Homburg (Pf.)
Hundelshausen (Uf.)

Jachenau (Ob.)
Illertissen (Sch.)
Immenstadt (Sch.)
St. Ingbert (Pf.)
Johanniskreuz (Pf.)
Ipsheim (Mf.)
Isen (Ob.)

Kaiserslautern-Ost (Pf.)
Kaiserslautern-West (Pf.)
Kaisheim (Sch.)
Kandel-Nord (Pf.)
Kandel-Süd (Pf.)
Kaufbeuren (Sch.)
Kelheim-Nord (Nb.)
Kelheim-Süd (Nb.)
Kemnath (Opf.)
Kempten (Sch.)
Kinding (Mf.)
Kipfenberg (Mf.)
Kirchenlamitz (Of.)
Kirchenthumbach (Opf.)
Kirchheimbolanden (Pf.)
Kissingen (Uf.)
Kitzingen a. M. (Uf.)
Kleinwallstadt (Uf.)
Klingenberg (Uf.)
Klingenbrunn (Nb.)
Kösching (Ob.)
Kötzting (Nb.)
Kothen (Uf.)
Kreuth (Ob.)
Kriegsfeld (Pf.)
Kronach (Of.)
Krumbach (Sch.)
Krünn (Ob.)
Kürnach (Sch.)
Kulmbach (Of.)
Kusel (Pf.)

Lambrecht (Pf.)
Landau a. I. (Nb.)
Landsberg (Ob.)
Landshut (Nb.)
Landstuhl-Nord (Pf.)
Landstuhl-Süd (Pf.)
Laufamholz (Mf.)
Lauterecken (Pf.)
Lellenfeld (Mf.)
Leogangthal (auf österr. Gebiet) (Ob.)
Lichtenfels (Of.)
Lohr-Ost (Uf.)
Lohr-West (Uf.)
Ludwigsstadt (Of.)

Mähring (Opf.)
Mainburg (Nb.)
Maineck (Of.)
Markt-Bibart
Marktheidenfeld (Uf.)
Marquartstein-Ost (Ob.)
Marquartstein-West (Ob.)
Maut-Ost (Nb.)
Maut-West (Nb.)
Mellrichstadt (Uf.)
Memmingen (Sch.)
Merzalben (Pf.)
Miltenberg (Uf.)
Mindelheim (Sch.)
Mittelsinn (Uf.)
Mittenwald (Ob.)
Mitterteich (Opf.)
Monheim (Sch.)
Moosburg (Ob.)
Mühldorf (Ob.)
München-Forstenried (Ob.)
München-Nord (Ob.)
München-Süd (Ob.)
Münchsmünster (Nb.)
Münnerstadt (Uf.)
Murnau (Ob.)

Neuburg a. D.-Ost (Sch.)
Neuburg a. D.-West (Sch.)
Neuhaus a. P. (Opf.)
Neulauterburg (Pf.)
Neumarkt (Opf.)
Neunburg v. W. (Pf.)
Neureichenau (Nb.)
Neustadt a. d. A. (Mf.)
Neustadt a. d. H.-Nord (Pf.)
Neustadt a. d. H.-Süd (Pf.)
Neustadt a. d. Saale (Uf.)
Neuwirthshaus (U.)
Nittenau (Opf.)
Nördlingen (Sch.)
Nordhalben (Of.)
Nürnberg-Ost (Forsthof) (Mf.)
Nürnberg-Süd (Lichtenhof) (Mf.)

Oberammergau (Ob.)
Oberaudorf (Ob.)
Oberbach (Uf.)
Oberschwarzach (Uf.)
St. Oswald (Nb.)
Otterberg (Pf.)
Ottobeuren (Sch.)

Pappenheim (Mf.)
Parsberg (Opf.)
Partenkirchen (Ob.)
Partenstein (Uf.)
Passau-Nord (Nb.)
Passau-Süd (Nb.)
Pegnitz (Of.)
Peiting (Ob.)
Petersgmünd (Mf.)
Pfaffenhofen (Opf.)
Pielenhofen (Opf.)
Pirmasens-Nord (Pf.)
Pirmasens-Süd (Pf.)
Plössberg (Opf.)
Pressath (Opf.)
Pullenried (Opf.)

Rabenstein (Nb.)
Ramsau (Ob.)
Ramsen (Pf.)
Rapperszell (Mf.)
Regensburg (Opf.)
Rehau (Of.)
Reichenhall-Nord (Ob).
Reichenhall-Süd (Ob.)
Reichmannshausen (Uf.)
Reit im Winkel (Ob.)
Riedenburg (Opf.)
Riglasreuth (Opf.)
Rimpar (Uf.)
Roding (Opf.)
Rohrbrunn (Uf.)
Rosenheim (Ob.)

Rothenbuch (Uf.)
Rothenburg o. T. (Mf.)
Rothenkirchen (Of.)
Ruhpolding-Ost (Ob.)
Ruhpolding-West (Ob.)
Ruppertshütten (Uf.)

Saalachthal (auf österr. Gebiete) (Ob.)
Sachsenried (Sch.)
Sauerlach (Ob.)
Schaidt (Pf.)
Schernfeld (Mf.)
Schesslitz (Of.)
Schliersee (Ob.)
Schlüsselfeld (Of.)
Schnabelwaid (Of.)
Schnaittach (Mf.)
Schöllkrippen (Uf.)
Schönau (Pf.)
Schönberg (Nb.)
Schongau (Ob.)
Schrobenhausen (Ob.)
Schwabach (Mf.)
Schweigen (Pf.)
Schweinfurt (Uf.)
Seeshaupt (Ob.)
Seestetten (Nb.)
Selb (Of.)
Siegsdorf (Ob.)
Simbach (Nb.)
Sondernheim (Pf.)
Sparneck (Of.)
Speyer (Pf.)
Spiegelau (Nb.)
Stadtsteinach (Of.)
Stalldorf (Uf.)
Stammham (Ob.)
Stangenroth (Uf.)
Starnberg (Ob.)
Steben (Of.)
Steinach a. S. (Uf.)
Steingaden (Ob.)
Steinwiesen (Of.)
Sulzschneid (Sch.)

Tännesberg (Opf.)
Tegernsee (Ob.)
Teisendorf (Ob.)
Tettau (Of.)
Teublitz (Opf.)
Thierhaupten (Sch.)
Tirschenreuth (Opf.)
Traunstein (Ob.)
Treuchtlingen (Mf.)
Triesdorf (Mf.)
Trippstadt (Pf.)
Tussenhausen (Sch.)

Uffenheim (Mf.)
Unkenthal (auf österr. Gebiete) (Ob.)
Unterhausen (Sch.)
Unterliezheim (Sch.)

Viechtach (Nb.)
Vilsbiburg (Nb.)
Vilseck (Opf.)
Vohenstrauss (Opf.)
Walchensee (Ob.)
Waldaschaff (Uf.)
Waldbrunn (Uf.)
Waldfischbach-Nord (Pf.)
Waldfischbach-Süd (Pf.)
Waldleiningen (Pf.)
Waldmohr (Pf.)
Waldmünchen (Opf.)
Waldsassen (Opf.)
Wallenfels (Of.)
Wasserburg (Ob.)
Wasserlos (Uf.)
Weiden (Opf.)
Weidenberg (Of.)
Weisingen (Sch.)
Weissenstadt (Of.)
Welden (Sch.)
Wernberg (Opf.)
Werneck (Uf.)
Wettenhausen (Sch.)
Wilgartswiesen (Pf.)
Winnweiler (Pf.)
Wolfratshausen (Ob.)
Wolfstein (Nb.)
Wondreb (Opf.)
Würzburg (Uf.)
Wunsiedel (Of.)

Zeil (Uf.)
Zellingen (Uf.)
Zentbechhofen (Of.)
Zusmarshausen (Sch.)
Zweibrücken (Pf.)
Zwiesel-Ost (Nb.)
Zwiesel-West (Nb.)

5.

Messungsämter.

(Der erste Ortsname bedeutet den Sitz des Amtes, die folgenden Namen sind die Bestandteile (Rentamts- bzw. Amtsgerichtsbezirke.)

Abensberg (Nb.), Neustadt a. D., Kelheim.
Aichach (Ob.).
Amberg (Opf.), Amberg, Sulzbach.
Ansbach (Mf.), Ansbach, Herrieden, Heilsbronn.
Annweiler (Pf.), Annweiler, dann vom Rentamt Dahn die Gemeinden Bruchweiler-Bärenbach, Dahn, Erfweiler, Hauenstein, Hinterweidenthal u. Schindhard.
Arnstein (Uf.), Arnstein, Karlstadt.
Aschaffenburg I (Uf.).
Aschaffenburg II (Uf.).
Augsburg I (Sch.), Rentamt Augsburg I, Zusmarshausen.
Augsburg II (Sch.), Rentamt Augsburg II, Schwabmünchen.
Bamberg I (Of.), Bamberg Stadtrentamt, vom Landrentamt Bamberg die Gemeinden bzw. Forstbezirke Bischberg, Buch, Burglisberg, Dörfleins, Erlach, Erlau, Frensdorf, Gaustadt, Herrnsdorf, Höfen, Kolmsdorf, Kreuzschuh, Mühlendorf, Neuhausen, Oberhaid, Pettstadt, Priesendorf, Reundorf, Röbersdorf, Rothensand, Sassanfahrt, Seussling, Staffelbach, Stegaurach, Trabelsdorf, Trailsdorf, Trosdorf, Trunstadt, Tütschengereuth. Unterhaid, Viereth, Walsdorf, Wildensorg, die Forstbezirke: Bruderwald, Semberg und Landsweide.
Bamberg II (Of.), Burgwindheim u. Schesslitz, dann vom Landrentamte Bamberg die Gemeinden bzw. Forstbezirke: Altendorf, Amlingstadt, Buttenheim, Dreuschendorf, Frankendorf, Friesen, Geisfeld, Gundelsheim, Gunzendorf, Hallstadt, Hirschaid, Kalteneggolfsfeld, Kretschendorf, Leesten, Lindach, Litzendorf, Lohndorf, Medensdorf, Melkendorf, Memmelsdorf, Mistendorf, Naisa, Oberngrub, Pödeldorf, Rossdorf, Schammelsdorf, Seigendorf, Stackendorf, Strullendorf, Teuchatz, Tiefenhöchstadt, Tiefenpölz, Unterstürmig, Weichendorf, Wernsdorf, Zengendorf, die Forstbezirke Eichwald, Geisberg und Hauptsmoor.
Bayreuth (Of.), Bayreuth, Thurnau.
Bergzabern (Pf.), Bergzabern, dann vom Rentamt Dahn die Gemeinden Bobenthal, Bundenthal, Busenberg, Erlenbach, Fischbach, Hirschthal, Ludwigswinkel, Niederschlettenbach, Nothweiler, Rumbach und Schönau.
Brückenau (Uf.), Brückenau, Gemünden.
Burghausen (Ob.).
Cham (Opf.), Cham, Amtsger. Roding.
Dachau (Ob.).
Deggendorf (Nb.).
Dillingen (Sch.), Dillingen, Höchstädt a. D., Lauingen.
Dinkelsbühl (Mf.), Dinkelsbühl, Wassertrüdingen, Feuchtwangen.
Donauwörth (Sch.), Donauwörth, Rain, Wertingen.
Dürkheim Bad (Pf.).
Ebern (Uf.), Ebern, Hofheim (zum Teil).

Ebersberg (Ob.), Ebersberg.
Edenkoben (Pf.).
Eichstätt (Mf.), Eichstätt, Kipfenberg.
Erding (Ob.).
Erlangen (Mf.).
Eschenbach (Opf.), Eschenbach, Auerbach.
Forchheim (Of.), Forchheim, Ebermannstadt, Neunkirchen a/Brand.
Frankenthal (Pf.).
Freising (Ob.), Freising, Moosburg.
Friedberg (Ob.).
Fürstenfeldbruck (Ob.).
Fürth (Mf.), Fürth, Cadolzburg.
Greding (Mf.), Greding, Hilpoltstein.
Grünstadt (Pf.), Grünstadt, dann vom Rentamt Kirchheimbolanden die Gemeinden Rodenbach, Eisenberg, Stauf und Ramsen.
Günzburg (Sch.), Burgau und Neuulm.
Gunzenhausen (Mf.), Amtsger. Gunzenhausen u. Heidenheim.
Hammelburg (Uf.).
Hassfurt (Uf.), Amtsger. Hassfurt, Eltmann.
Hemau (Opf.), Hemau, Riedenburg.
Hersbruck (Mf.), Hersbruck, Altdorf.
Höchstadt a. A. (Of.), Höchstadt a. A., Herzogenaurach.
Hof (Of.), Lichtenberg, dann vom Rentamt Hof der Amtsgerichtsbezirk Hof.
Homburg (Pf.).
Immenstadt (Sch.).
Ingbert St. (Pf.), St. Ingbert, Blieskastel.
Ingolstadt (Ob.), Ingolstadt und Schrobenhausen.
Kaiserslautern (Pf.).
Kandel (Pf.), Kandel, dann vom Rentamt Germersheim die Gemeinden Kuhardt, Leimersheim und Neupfotz.
Kaufbeuren (Sch.), Kaufbeuren, Buchloe.
Kemnath (Opf.).
Kempten (Sch.), Kempten, dann vom Rentamt Oberdorf der Bezirk des Amtsgerichts Obergünzburg.
Kirchheimbolanden (Pf.), Kirchheimbolanden mit Ausnahme der Gemeinden Rodenbach, Eisenberg, Stauf und Ramsen.
Kissingen (Uf.).
Kitzingen (Uf.), Amtsger. Kitzingen, Dettelbach.
Klingenberg (Uf.), Klingenberg, Amorbach.
Kötzting (Nb.).
Kronach (Of.), Kronach, Rothenkirchen.
Krumbach (Sch.).
Kulmbach (Of.), Kulmbach, Stadtsteinach.
Kusel (Pf.), Kusel, dann vom Rentamt Lauterecken die Gemeinden Bosenbach, Friedelhausen, Föckelberg, Neunkirchen, Niederstaufenbach, Oberstaufenbach.
Landau (Nb.), Landau a/I., Dingolfing.
Landau (Pf.).
Landsberg (Ob.).
Landshut (Nb.).
Landstuhl (Pf.), Landstuhl, dann vom Rentamt Lauterecken die Gemeinden Albersbach, Jettenbach und Kollweiler.

Lauterecken (Pf.), der Gerichtsbezirk Lauterecken und der Gerichtsbezirk Wolfstein mit Ausnahme der Gemeinden Albersbach, Bosenbach, Föckelberg, Friedelhausen, Jettenbach, Kollweiler, Neunkirchen, Niederstaufenbach und Oberstaufenbach.
Lichtenfels (Of.), Lichtenfels, Staffelstein, Weismain.
Lindau (Sch.).
Lohr (Uf.), Lohr, Lengfurt.
Ludwigshafen (Pf.).
Mallersdorf (Nb.).
Marktoberdorf (Sch.), Füssen, dann vom Rentamt Marktoberdorf der Bezirk des Amtsgerichts Marktoberdorf.
Miesbach (Ob.), Amtsgericht Miesbach.
Mindelheim (Sch.), Mindelheim, Türkheim.
Mitterfels (Nb.).
Mühldorf (Ob.).
Münchberg (Of.), Münchberg, Marktschorgast.
München I (Ob.), München I Stadtrentamt.
München II (Ob.), Landrentamt München.
Münnerstadt (Uf.), Münnerstadt, Königshofen.
Nabburg (Opf.), Nabburg, dann vom Rentamt Neunburg v. W. der Bezirk des Amtsgerichts Oberviechtach.
Neuburg a. D. (Sch.).
Neumarkt (Opf.), Neumarkt, Beilngries.
Neunburg v. W. (Opf.), Waldmünchen, dann vom Rentamt Neunburg v. W. der Bezirk des Amtsgerichts Neunburg v. W.
Neustadt a. A. (Mf.), Neustadt a. A., Markt Erlbach, Markt Bibart.
Neustadt a. H. (Pf.).
Neustadt a. S. (Uf.), Neustadt, Mellrichstadt.
Nördlingen (Sch.), Nördlingen, Oettingen, Monheim.
Nürnberg (Mf.), Nürnberg I.
Obermoschel (Pf.), vom Rentamt Obermoschel der Gerichtsbezirk Obermoschel.
Ochsenfurt (Uf.), Ochsenfurt, Röttingen.
Ottobeuren (Sch.), Ottobeuren, Memmingen.
Passau I (Nb.), Obernzell u. v. Rentamt Passau die Gemeinden Aicha v. W., Donauwetzdorf, Fürstenstein, Grubweg, Haselbach, Hutthurn, Kellberg, Leoprechting, München, Naukirchen v. W., Nirsching, Oberdiendorf, Prag, Rassberg, Ruderting, Thyrnau, Tittling, Witzmannsberg u. Wotzdorf.
Passau II (Nb.), Passau mit Ausnahme der vorgenannten Gemeinden, dann vom Rentamt Griesbach den Bezirk des Amtsgerichts Griesbach.
Pfarrkirchen (Nb.), Pfarrkirchen, Eggenfelden.
Pfaffenhofen (Ob.).
Pirmasens (Pf.).
Pottenstein (Of.), Pottenstein, Pegnitz, Waischenfeld.
Regensburg (Opf.), Regensburg I und II.
Reichenhall (Ob.), Berchtesgaden.
Rosenheim I (Ob.), Aibling und vom Rentamt Rosenheim die Stadt Rosenheim, dann die Gemeinden Aising, Brannenburg, Degerndorf, Flintsbach, Grossbrannenberg, Grossholzhausen, Happing, Hochstätt, Kiefersfelden, Kirchdorf a. I., Marienberg, Niederaudorf, Oberaudorf, Pang, Pfraundorf, Reischenhart, Westerndorf und der Forstbezirk Rott.

Rosenheim II (Ob.), vom Rentamte Rosenheim der Bezirk des Amtsgerichts Prien, ferner die Gemeinden Altenbeuern, Grainbach, Höhenmoos, Lauterbach, Neubeuern, Neukirchen, Nussdorf, Pietzing, Prutting, Riedering, Rohrdorf, Rossholzen, Söchtenau, Söllhuber, Steinkirchen, Stephanskirchen, Törwang und Vogtareuth.
Rothenburg o. T. (Mf.), Rothenburg o. T., Uffenheim, Windsheim.
Schongau (Ob.).
Schwabach (Mf.), Schwabach, Spalt.
Schwandorf (Opf.), Burglengenfeld.
Schweinfurt (Uf.), Schweinfurt, Werneck.
Selb (Of.), Selb, dann vom Rentamt Hof der Bezirk des Amtsgerichts Rehau.
Simbach (Nb.), Simbach, vom Rentamt Griesbach der Bezirk des Amtsgerichts Rotthalmünster.
Speyer (Pf.), Speyer und vom Rentamte Germersheim die Gemeinden: Bellheim, Freisbach, Germersheim, Hördt, Knittelsheim, Lingenfeld, Niederlustadt, Oberlustadt, Ottersheim, Schwegenheim, Sondernheim, Weingarten, Westheim und Zeiskam.
Stadtamhof (Opf.), Amtsgericht Stadtamhof, Regenstauf Nittenau.
Starnberg (Ob.).
Straubing (Nb.).
Tirschenreuth (Opf.), Tirschenreuth, Waldsassen.
Tölz (Ob.), Tölz u. Amtsger.-Bez. Tegernsee.
Traunstein (Ob.), Traunstein u. von Laufen Amtsger. Laufen.
Trostberg (Ob.), Trostberg und von Laufen Amtsgericht Tittmoning.
Velburg (Opf.), Velburg, Kastl.
Viechtach (Nb.).
Vilsbiburg (Nb.).
Vilshofen (Nb.).
Vohenstrauss (Opf.).
Volkach (Uf.), Volkach, Gerolzhofen.
Wasserburg (Ob.), Amtsger. Wasserburg, Haag.
Weiden (Opf.).
Weilheim (Ob.), Weilheim, Garmisch.
Weissenburg (Mf.).
Weissenhorn (Sch.), Illertissen, Weissenhorn.
Winnweiler (Pf.), Winnweiler, dann von Obermoschel der Gerichtsbezirk Rockenhausen.
Wolfratshausen (Ob.).
Wolfstein (Nb.).
Wunsiedel (Of.).
Würzburg (Uf.), Würzburg Stadtrentamt und Landrentamt.
Zweibrücken (Pf.).
Zwiesel (Nb.), Zwiesel, Schönberg.

6.

Bauämter.

Fortl. Nr.	Bauamtssitz und Reg.-Bez.	Bestandteile des Amtes a) die unmittelbaren Städte; b) die Bezirksamtsbezirke
	a) K. Landbauämter.	
1	Amberg Opf.	a) Amberg; b) Amberg, Burglengenfeld, Cham, Eschenbach, Nabburg, Neunburg v. W., Oberviechtach, Roding, Sulzbach, Waldmünchen
2	Ansbach Mf.	a) Ansbach, Dinkelsbühl; b) Ansbach, Dinkelsbühl, Feuchtwangen.
3	Aschaffenburg Uf. .	a) Aschaffenburg; b) Alzenau, Aschaffenburg, Gemünden, Lohr, Marktheidenfeld, Miltenberg, Obernburg.
4	Augsburg Sch. . .	a) Augsburg, Günzburg, Neu-Ulm; b) Augsburg, Günzburg, Neu-Ulm, Schwabmünchen, Wertingen, Zusmarshausen.
5	Bamberg Of.	a) Bamberg, Forchheim; b) Bamberg I und II, Ebermannstadt, Forchheim, Höchstadt a.A., Lichtenfels, Staffelstein.
6	Bayreuth Of.	a) Bayreuth, Kulmbach; b) Bayreuth, Berneck, Kulmbach, Pegnitz.
7	Donauwörth Sch. .	a) Dillingen, Donauwörth, Neuburg, Nördlingen; b) Dillingen, Donauwörth, Neuburg, Nördlingen.
8	Eichstätt Mf.	a) Eichstätt, Weissenburg; b) Eichstätt, Gunzenhausen, Hilpoltstein, Weissenburg.
9	Freising Ob.	a) Freising, Ingolstadt; b) Aichach, Erding, Freising, Friedberg, Ingolstadt, Pfaffenhofen, Schrobenhausen.
10	Hof Of.	a) Hof; b) Hof, Kronach, Münchberg, Naila, Rehau, Stadtsteinach, Teuschnitz, Wunsiedel.
11	Kaiserslautern Pf. .	b) Homburg, Kaiserslautern, Kirchheimbolanden, Kusel, Pirmasens, Rockenhausen, St. Ingbert, Zweibrücken.
12	Kempten Sch. . . .	a) Kaufbeuren, Kempten, Lindau; b) Füssen, Kaufbeuren, Kempten, Lindau, Markt Oberdorf, Sonthofen.
13	Kissingen Bad Uf.	a) Schweinfurt; b) Brückenau, Ebern, Hammelburg, Hassfurt, Hofheim, Kissingen, Königshofen, Mellrichstadt, Neustadt a. S., Schweinfurt.

Fortl. Nr.	Bauamtssitz und Reg.-Bez.	Bestandteile des Amtes a) die unmittelbaren Städte; b) die Bezirksamtsbezirke
14	Landshut Nb. . . .	a) Landshut; b) Dingolfing, Eggenfelden, Kelheim, Landau, Landshut, Mainburg, Mallersdorf, Pfarrkirchen, Rottenburg, Vilsbiburg.
15	Memmingen Sch. .	a) Memmingen; b) Illertissen, Krumbach, Memmingen, Mindelheim.
16	München Ob. . . .	a) München; b) Bruck, Dachau, Ebersberg, München, Starnberg, Wolfratshausen.
17	Nürnberg Mf. . . .	a) Erlangen, Fürth, Nürnberg, Schwabach; b) Erlangen, Fürth, Hersbruck, Lauf, Nürnberg, Schwabach.
18	Passau Nb.	a) Deggendorf, Passau; b) Deggendorf, Grafenau, Griesbach, Passau, Vilshofen, Wegscheid, Wolfstein.
19	Regensburg Opf. .	a) Neumarkt, Regensburg; b) Beilngries, Neumarkt, Parsberg, Regensburg, Riedenburg, Stadtamhof.
20	Rosenheim Ob. . .	a) Rosenheim; b) Aibling, Altötting, Miesbach, Mühldorf, Rosenheim, Wasserburg.
21	Speyer Pf.	a) Landau; b) Bergzabern, Frankenthal, Germersheim, Ludwigshafen, Neustadt a. H., Speyer.
22	Straubing Nb. . . .	a) Straubing; b) Bogen, Kötzting, Regen, Straubing, Viechtach.
23	Traunstein Ob. . .	a) Traunstein; b) Berchtesgaden, Laufen, Traunstein.
24	Weiden Opf. . . .	b) Eschenbach, Kemnath, Neustadt a. W.-N., Tirschenreuth, Vohenstrauss.
25	Weilheim Ob. . . .	a) Landsberg; b) Garmisch, Landsberg, Schongau, Tölz, Weilheim.
26	Windsheim Mf. . .	a) Rothenburg o. d. T.; b) Neustadt a. A., Rothenburg o. d. T., Scheinfeld, Uffenheim.
27	Würzburg Uf. . . .	a) Kitzingen, Würzburg; b) Gerolzhofen, Karlstadt, Kitzingen, Ochsenfurt, Würzburg.

b) K. Strassen und Flussbauämter.

(Vgl. K. Verordnung vom 29. April 1917 — GVBl. 89 —; K. Verordnung vom 29. April 1917 — GVBl. 91 —; Bek. vom 30. April 1917 — GVBl. 94 —.)

1	Amberg Opf. . . .	a) Amberg; b) Burglengenfeld, Eschenbach, Kemnath, Neumarkt, Sulzbach.
2	Ansbach Mf.	a) Ansbach, Dinkelsbühl, Rothenburg o. T.; b) Ansbach, Dinkelsbühl, Feuchtwangen, Neustadt a. A., Rothenburg o. T., Scheinfeld, Uffenheim.

Fortl. Nr.	Bauamtssitz und Reg.-Bez.	Bestandteile des Amtes a) die unmittelbaren Städte; b) die Bezirksamtsbezirke
3	Aschaffenburg Uf. .	a) Aschaffenburg; b) Alzenau, Aschaffenburg, Gemünden, Lohr, Marktheidenfeld, Miltenberg, Obernburg.
4	Augsburg Sch. . .	a) Augsburg, Kaufbeuren; b) Augsburg, Kaufbeuren, Krumbach, Mindelheim, Schwabmünchen, Wertingen, Zusmarshausen.
5	Bamberg Of.	a) Bamberg, Forchheim; b) Bamberg I u. II, Ebermannstadt, Forchheim, Höchstadt a. A., Staffelstein.
6	Bayreuth Of.	a) Bayreuth, Hof, b) Bayreuth, Berneck, Hof, Münchberg, Naila, Pegnitz, Rehau, Wunsiedel.
7	Deggendorf Nb. . .	a) Deggendorf, Passau, Straubing; b) Bogen, Deggendorf, Grafenau, Kötzting, Landau a. I., Passau, Regen, Straubing, Viechtach, Vilshofen, Wegscheid, Wolfstein.
8	Dillingen Sch. . . .	a) Dillingen, Günzburg, Neu-Ulm; b) Dillingen, Günzburg, Illertissen, Neu-Ulm.
9	Ingolstadt Ob. . . .	a) Ingolstadt; b) Aichach, Dachau, Friedberg, Ingolstadt, Pfaffenhofen, Schrobenhausen.
10	Kaiserslautern Pf. .	b) Bergzabern, Homburg, Kaiserslautern, Kirchheimbolanden, Kusel, Pirmasens, Rockenhausen, St. Ingbert, Zweibrücken.
11	Kempten Sch. . . .	a) Kempten, Lindau, Memmingen; b) Füssen, Kempten, Lindau, Memmingen, Markt Oberdorf, Sonthofen.
12	Kronach Of.	a) Kulmbach; b) Kronach, Kulmbach, Lichtenfels, Stadtsteinach, Teuschnitz.
13	Landshut Nb. . . .	a) Landshut; b) Dingolfing, Kelheim, Landshut, Mainburg, Mallersdorf, Rottenburg, Vilsbiburg.
14	München Ob. . . .	a) Freising, München; b) Bruck, Freising, München, Starnberg, Wolfratshausen.
15	Neuburg a. D. Sch.	a) Donauwörth, Neuburg a. D., Nördlingen; b) Donauwörth, Neuburg a. D., Nördlingen.
16	Nürnberg Mf. . . .	a) Eichstätt, Erlangen, Fürth, Nürnberg, Schwabach, Weissenburg; b) Eichstätt, Erlangen, Fürth, Gunzenhausen, Hersbruck, Hilpoltstein, Lauf, Nürnberg, Schwabach, Weissenburg.
17	Regensburg Opf. .	a) Neumarkt, Regensburg; b) Beilngries, Parsberg, Regensburg, Riedenburg, Stadtamhof.

Fortl. Nr.	Bauamtssitz und Reg.-Bez.	Bestandteile des Amtes a) die unmittelbaren Städte; b) die Bezirksamtsbezirke
18	Rosenheim Ob. . .	a) Rosenheim; b) Aibling, Ebersberg, Erding, Miessbach, Mühldorf, Rosenheim, Wasserburg.
19	Schweinfurt Uf. . .	a) Schweinfurt; b) Brückenau, Ebern, Hammelburg, Hassfurt, Hofheim, Kissingen, Königshofen, Mellrichstadt, Neustadt a. S., Schweinfurt.
20	Simbach Nb.	a) Passau; b) Eggenfelden, Griesbach, Passau, Pfarrkirchen.
21	Speyer Pf.	a) Landau; b) Frankenthal, Germersheim, Ludwigshafen, Neustadt a. H., Speyer.
22	Traunstein Ob. . .	a) Traunstein; b) Altötting, Berchtesgaden, Laufen, Traunstein.
23	Weiden Opf.	b) Cham, Nabburg, Neunburg v. W., Neustadt a. W.-N., Oberviechtach, Roding, Tirschenreuth, Vohenstrauss, Waldmünchen.
24	Weilheim Ob. . . .	a) Landsberg; b) Garmisch, Landsberg, Schongau, Tölz, Weilheim.
25	Würzburg Uf. . . .	a) Kitzingen, Würzburg; b) Gerolzhofen, Karlstadt, Kitzingen, Ochsenfurt, Würzburg.

c) K. Sektionen für Wildbachverbauungen.

Errichtet durch Allerh. Verordnung vom 9. August 1902. Die K. Sektionen für Wildbachverbauungen sind den K. Strassen- und Flussbauämtern gleichgeordnet und den Kreisregierungen K. d. I., untergeordnet.

Derzeitige Sektionen:

K. Sektion in Rosenheim (für die Reg.-Bezirke Oberbayern, Niederbayern und Oberpfalz).

K. Sektion in Kempten (für die Reg.-Bezirke Schwaben und Neuburg, Pfalz, Ober-, Mittel- und Unterfranken).

d) K. Bauleitung für das staatliche Walchenseekraftwerk in Kochel.

e) K. Neubauamt für die Regulierung der Pegnitz in Nürnberg.

f) K. Neubauamt für die Mainkanalisation in Aschaffenburg.

g) Kanalbauamt für das Königreich Bayern in München.

(Vgl. K. Verordnung vom 29. April 1917 Ziff. 4 — GVBl. S. 91 —.)

Diesem sind unterstellt die Kanalbauinspektionen in Aschaffenburg, Kreuzwertheim, Würzburg, Kitzingen, Bamberg, Nürnberg, Roth, Treuchtlingen, Neuburg a. D., Ingolstadt, Kelheim, Regensburg, Deggendorf und Passau.

7.

Notare.

Abensberg: Weckerle Rich.
Aibling: Tessari Alfred, JR.
Aichach I: Regnier Julius.
„ II: Bogendörfer Heinr.
Altdorf: Reichold Karl.
Altötting: Rosner Ludw., Justizrat.
Alzenau: Schröppel Leonh.
Amberg I: Wehgartner Aug., Justizrat.
„ II: Huber Rup.
Amorbach: Verweser: Striffler, Amtsgerichtssekretär.
Annweiler: Selzer Julius.
Ansbach I: Kreichgauer Franz.
„ II: Sommer Julius.
Arnstein: Hartig Karl Michael.
Arnstorf: Spörl Joseph.
Aschaffenburg I: Reinhardt Karl.
„ II: Hausladen Gg., Justizrat.
Aub: Hopf Otto.
Auerbach: — — —
Augsburg I: Eggerking Karl, Justizrat.
„ II: Weinkamm Joh.
„ III: Zenger August, JR.
„ IV: Schieder Heinr.
„ V: — — —.
Babenhausen: Wiesinger Herm.
Bamberg I: Mehltretter Ludw.
„ II: Strasser Adolf, JR.
„ III: Löwi Dr. Rudolf.
Baunach: Verweser: Vogel, Friedr., Amtsgerichtssekretär.
Bayreuth I: Ficht Wilhelm.
„ II: Thiel Friedrich.
Beilngries: Scheuer Otto.
Bellheim: Glaser Friedrich, JR.
Berchtesgaden: Kronberger Dr. Karl
Bergzabern I: Reiser Heinrich.
„ II: Grimm Artur.
Berneck: Kuhr Hans.
Billigheim: Gundelwein Friedr.
Bischofsheim: Eckart Theod.
Blieskastel: Baum Georg.
Bogen: Donsberger Johann.
Brückenau: Stadlbaur Wilhelm.
Buchloe: Burkard Frz., JR.
Burgau: Ehrnsperger Michael.
Burgebrach: Keppel Hans.
Burghausen: Reitzenstein Mich., Justizrat.
Burglengenfeld: Dresely Joh.
Cadolzburg: Taubald Albert.
Cham: Hess Heinrich.
Dachau: Mayr Klement, Justizrat.
Dahn: Forler Peter.
Deggendorf: Finster Otto v., Justizrat.
Deidesheim: Fischer Karl.
Dettelbach: — — —.
Dillingen: Prössl Dr. Jos.
Dingolfing: Schlecht Oskar, Justizrat.
Dinkelsbühl: Adelmann Franz.
Dirmstein: — — —
Donauwörth I: Baumeister Jos.
„ II: — — —.
Dorfen: Hock Joh.
Dürkheim Bad I: Frisch Ludw.
„ II: Heck Otto.
Ebermannstadt: — — —.
Ebern: Rein August.
Ebersberg: Billing Christian.
Edenkoben I: Stett Oskar, Justizrat.
„ II: Krieger Theodor, Geh. Justizrat.
Eggenfelden: Morgott Johann.
Eichstätt: Richter Julius.
Ellingen: Jacob Franz.
Eltmann: Reichold Theodor.
Erbendorf: Verweser: Paur Heinrich, Amtsgerichtssekretär.
Erding I: Mühldorfer Ant., JR.
„ II: — — —.
Erlangen: May Peter, JR.

Eschenbach: Löffl Karl.
Euerdorf: Verweser: Prinz Karl Eugen, Amtsgerichtssekretär.

Feuchtwangen: — — —.
Forchheim: Müller Emil, JR.
Frankenthal: I: Roth Eug.
„ II: Kern Ludw., JR.
Freinsheim: Humbert Karl.
Freising I: Mantler Max.
„ II: Ringer Johann, JR.
Freyung: Hauck Wilhelm.
Friedberg: Vögele Ferd., JR.
Fürstenfeldbruck: Grimm Robert, Justizrat.
Fürth I: Bickert Dr. Armin.
„ II: Deininger Max, Justizrat.
Füssen: Baumann Rudolf, Justizrat.
Furth i. W.: Schaupp Georg.

Garmisch: Brenner Werner, JR.
Geisenfeld: Seitz Anton.
Gemünden: Feller Joseph.
Germersheim: Syffert Rud., Justizrat.
Gerolzhofen: Schul Joseph.
Göllheim: Müller Phil.
Gräfenberg: Rieger Hch.
Grafenau: Eckel Georg.
Greding: — — —.
Griesbach: Gruber Maximilian.
Grünstadt I: Forstmaier Alfred.
„ II: Wolffing Dr. Jakob.
Günzburg: Braun Jak., JR.
Gunzenhausen: Brunner Hans.

Haag: Frech Ludwig.
Hammelburg: Wilhelm Martin.
Hassfurt: Wich Wilhelm.
Hassloch: Keller Georg.
Heidenheim: Einwag Dr. Gg.
Heilsbronn: Reinfurt Karl.
Hemau: Reder Joseph.
Hengersberg: Haderlein Joseph, Justizrat.
Herrieden: — — —
Hersbruck: Ruppenthal Karl.
Herzogenaurach: Winkler Frz.
Hiltpoltstein: Griesbeck Frz. X.
Höchstadt a. A.: Hebendanz Jos.
Höchstädt a. D.: Zech Raim.
Hof I: Wenner Otto.
„ II: Scharberg Johann.
Hofheim: Eckerle Dr. Fritz.
Hollfeld: Schmitt Franz.

Homburg: Aufschneider Karl Justizrat.
Hornbach: Striebinger Dr. Wilh.
Illertissen: Mohr Ulrich.
Immenstadt: Eder Jakob Jos., Justizrat.
St. Ingbert: Barthelmä Karl.
Ingolstadt I: Kohlhaas Franz.
„ II: Eixenberger Frz.
Kaiserslautern I: Meyer Berth.
„ II: Mayer Dr. Ad.
„ III: Hilz Frz. X.
Kandel I: Gerheim Ludwig.
„ II: Pfirmann Ludwig.
Karlstadt: Maltz Christian.
Kastl: Nothhaas Hugo.
Kaufbeuren: Schub Joseph, JR.
Kelheim: Schroder Franz.
Kemnath: Witzgall Johann.
Kempten I: Kuchenbaur Ludw., Justizrat.
„ II: Bayer Georg.
Kipfenberg: Stubenrauch Dr. Wilhelm Ritter und Edler v.
Kirchenlamitz: — — —.
Kirchheimbolanden I: Müller Gust. Ad., Justizrat.
„ II: Schneider Dr. Friedr.
Kissingen: Löhe Dr. Hans.
Kitzingen: Böckler Friedrich.
Klingenberg: Hippler Heinrich.
Königshofen: Bourier Adolf.
Kötzting: Rösch Max.
Kronach: Vogler Franz.
Krumbach I: Braun Joh., JR.
„ II: — — —.
Kulmbach: Popp Dr. Ludwig.
Kusel I: — — —.
„ II: Juncker Johann.
Landau a. I.: Graf Eugen, JR.
Landau (Pfalz) I: Müller Friedr., Justizrat.
„ „ II: — — —.
„ „ III: Giessler Jakob, Justizrat.
„ „ IV: Zimpelmann Wilh.
Landsberg I: Reiss Frz. Xav.
„ II: Hubbauer Otto.
Landshut I: Bauschinger Emil.
„ II: Schmid Gg. Mich., Justizrat.
Landstuhl I: Wittmann Georg.
„ II: Mendel Anton.

Lauf: Schneider Christoph, Justizrat.
Laufen: Schulz Anton.
Lauingen: Meiche Karl.
Lauterecken: Rheinheimer Dr. Eugen.
Lichtenfels: Götzelmann Ferd.
Lindau: Grassmann Ludwig.
Lohr: Schmitt Gottfried.
Ludwigshafen a. Rh. I: Däuwel Joh., Justizrat.
" " II: Wiest Ernst, Justizrat.
" " III: Hauber Ludw., Justizrat.
Ludwigsstadt: Wachs Karl.
Mainburg: Falkner von Sonnenburg Karl Joseph, Justizrat.
Mallersdorf: Bott Anton, JR.
Marktbreit: Bibra K. Frhr. v.
Markt Erlbach: Stapf Wilhelm.
Marktheidenfeld I: — — —.
" II: Kraft Bernh.
Markt Oberdorf: Hepp Herib. O., Justizrat.
Mellrichstadt: Binder Joseph.
Memmingen I: Wöckel Friedr.
" II: — — —.
Miesbach: Rösen August, JR.
Miltenberg: Rid Max.
Mindelheim: Rupprecht Albert.
Mitterfels: Zimmermann Anton, Justizrat.
Monheim: Gabel Alfons.
Moosburg: Eigner Joseph, JR.
Mühldorf: Glasl Anton.
Münchberg: Dorfmüller Th.
München I: Wäckerle Andreas, Justizrat.
" II: Dennler Dr. Wilh., Justizrat.
" III: Sckell Julius.
" IV: Harrasser Ferdin., Justizrat.
" V: Schad Dr. Karl, JR.
" VI: Böck Anton, Justizrat.
" VII: Hellmaier Joseph, Justizrat.
" VIII: Hochreiter Max.
" IX: Schmidt Oskar, JR.
" X: Ernst Joseph.
" XI: Förster Emil.
" XII: Lenz Karl, JW.
München XIII: Pündter Dr. Frz. Justizrat.
" XIV: Weinmann Max, Justizrat.
" XV: Walter Dr. Hugo.
" XVI: Scherer Dr. Th.
" XVII: — —.
Münnerstadt: Linder Otto.
Mutterstadt: Scheerer Jak., JR.
Nabburg: Obermayer Karl.
Naila: Acher Andreas.
Neuburg a. D. I: Krafft Wilhelm, Justizrat.
" " II: — — —.
Neukirchen: — — —
Neumarkt a. R.: Stadler Georg.
Neumarkt (Oberpfalz): Eder Eugen, Justizrat.
Neunburg v. W.: Wagner Emil.
Neustadt a. A.: Winkelbaur Jos.
Neustadt a. H. I: Rupprecht Frdr.
" " II: Marx Dr. Siegfried.
" " III: Hagenburger Adam.
Neustadt a. S.: Eisenhart Dr. Seb.
Neustadt a. WN.: Horn Karl.
Neu-Ulm: Zachariae Eduard.
Nittenau: — — —
Nördlingen: Herrmann Frdr., Justizrat.
Nordhalben: Verweser: Breith Dr. Gust., Amtsgerichtssekr.
Nürnberg I: Oehl Joseph, JR.
" II: Wittmann Franz Xaver, Justizrat.
" III: Daimer Korb., Justizrat.
" IV: Faubel Jos., Geh. Justizrat.
" V: Stett Otto, Justizrat.
" VI: Lösch Friedr., JR.
Obergünzburg: Hollweck Ant.
Obermoschel: Weil Wilhelm, Justizrat.
Obernburg: Erzberger Julius, Justizrat.
Oberviechtach: Pichlmayr Rob.
Ochsenfurt: Weidhofer Ludwig.
Oettingen: — — —.
Osterhofen: Castenauer Karl, Justizrat.
Otterberg: Aubele Max.
Ottobeuren: Mayer Ferd.

Pappenheim: Merz Eduard.
Parsberg: Geiss Emil.
Passau I: Hunglinger Ludwig, Justizrat.
„ II: — — —
„ III: Bachmann Otto.
Pegnitz: Gebhard Hermann.
Pfaffenhofen: Wenninger Jos., Justizrat.
Pfarrkirchen: Rost Karl, JR.
Pirmasens I: Becker Dr. Wilh.
„ II: — — —
„ III: Krehbiel Christ.
Pottenstein: Reindl Andr.
Prien: Weiss Andr., Justizrat.
Rain: Merz Siegmund.
Regen: Grün Hermann.
Regensburg I: Marschall Franz.
„ II: Weiler Friedrich.
„ III: Praun Dr. Th., Justizrat.
Regenstauf: Erdl Andreas.
Rehau: Kolb Otto.
Reichenhall: Trau Karl.
Rheinzabern: — — —
Riedenburg: Leickert Adolf, Justizrat.
Rockenhausen: Keim Dr. Julius.
Roding: Spatze Wilhelm.
Rosenheim I: Heimer Friedr., Justizrat.
„ II: Adam Heinrich.
Roth: Hennecke Ferdinand.
Rothenburg o. T.: Jung Joseph, Justizrat.
Rottenburg (Niederbayern): Goss Joseph.
Rotthalmünster: Reichl Jakob.
Scheinfeld: Röser Karl.
Schesslitz: Würth Max.
Schillingsfürst: Verweser: Wüllfert F., Amtsgerichtssekretär.
Schöllkrippen: Ebert Lorenz.
Schongau: Böhm Georg, JR.
Schrobenhausen: Stinglwagner Albert.
Schwabach: Göss Friedr., JR.
Schwabmünchen: Bunk Leonh.
Schwandorf: Gabel Hr.
Schweinfurt I: Lehner Ludwig.
„ II: Steinbach Ludw.
Selb: Eyermann Dr. Konrad.
Sesslach: Verweser: Zimmer Rich., Amtsgerichtssekretär.
Simbach: Gabler Gustav.
Sonthofen: Knirlberger Joseph, Justizrat.
Speyer I: — — —
„ II: Forthuber Max, Justizrat.
„ III: Klein Hch.
Stadtamhof: Dengler Friedrich Michael, Justizrat.
Stadtprozelten: Verweser: Fischer F., Amtsgerichtssekretär.
Stadtsteinach: Sailer Ludwig.
Staffelstein: Leuchs Joseph.
Starnberg: Hörmann Franz Xav., Justizrat.
Straubing I: Mayer Eduard.
„ II: Stautner Friedr., Justizrat.
Sulzbach: Kreitner Dr. August.
Tegernsee: Kistenfeger Fried. J.
Thiersheim: Verweser: — — — Amtsgerichtssekretär.
Thurnau: Verweser: Schott Joh. Nep., Amtsgerichtssekretär.
Tirschenreuth: Haselberger Jos.
Tittmoning: — — —
Tölz: Schleifer Joseph.
Traunstein: Wimmer H., JR.
Trostberg: Putz Wilhelm.
Türkheim: Eichheim Anton, JR.
Uffenheim: Schätz Georg.
Viechtach: Oberneder Andreas, Justizrat.
Vilsbiburg: Stühler Georg, JR.
Vilseck: — — —
Vilshofen: Eisenhofer Ferd.
Vohenstrauss: Schöpperl Karl.
Volkach: Feichtinger Dr. Eugen.
Waldfischbach: Franzreb Jakob, Justizrat.
Waldkirchen: Versch Adam.
Waldmohr: Leiling Otto.
Waldmünchen: — — —
Waldsassen: Kapfhamer Moritz.
Wasserburg: Hindelang Joseph, Justizrat.
Wassertrüdingen: Weinmiller August.
Wegscheid: Herbst Joseph.
Weiden: Rühl Ernst.
Weidenberg: Verweser: Ritter Ludwig, Amtsrichter.
Weiler: Wirth Alois Joseph.
Weilheim I: Mauter Joseph.
„ II: Brügel Karl.
Weismain: Schleifer F. X.

Weissenburg i. B.: Metzger Gottlieb.
Weissenhorn: Loder Martin.
Werneck: Wernhard Andreas.
Wertingen: Mayr Franz, JR.
Wiesentheid: Verweser: Burger Frdr., Amtsgerichtssekretär.
Windsheim: Mayer Ferdinand.
Winnweiler: Reiser Joseph.
Wörth: — — —
Wolfratshausen: Scharf Karl, JR.
Wolfstein: Becker Friedrich.
Würzburg I: Bub Michael.
" II: Haun Georg.
" III: Wunderl Karl.
" IV: Engert Franz.
" V: Mauter Aquilin.
Wunsiedel: Donle Ernst.
Zell: — — —
Zusmarshausen: Sirl Otto.
Zweibrücken I: — — —
" II: Schleip Karl, Justizrat.
" III: Helfrich Ludw.

---

8. Kulturbauämter.

Errichtet mit Allerh. VO. v. 21. Dez. 1908. — GVBl. 1908 S. 1159.

Das Staatsminist. der Verkehrsangelegenheiten kann in Angelegenheiten, die zu seinem Wirkungskreis gehören, die Dienststellen und Beamten des Kulturbaudienstes in Anspruch nehmen. — K. Verordnung vom 29. April 1917 § 3 GVBl. 89 —.

Die derzeitigen Kulturbauämter mit ihren Bezirken:

Amberg. Städte: Amberg; Bez.-Aemter: Cham, Nabburg, Neunburg v. W., Oberviechtach, Sulzbach, Waldmünchen; Amtsger.-Bez.: Amberg, Roding, Schwandorf.

Ansbach. Städte: Ansbach, Dinkelsbühl, Rothenburg, Weissenburg; Bez.-Aemter: Ansbach, Dinkelsbühl, Feuchtwangen, Gunzenhausen, Rothenburg, Uffenheim, Weissenburg.

Aschaffenburg. Städte: Aschaffenburg; Bez.-Aemter: Alzenau, Aschaffenburg, Lohr, Marktheidenfeld, Miltenberg, Obernburg.

Bamberg. Städte: Bamberg, Forchheim; Bez.-Aemter: Bamberg I u. II, Forchheim, Höchstadt a. A., Kronach, Lichtenfels, Staffelstein, Teuschnitz; Amtsger.-Bez.: Ebermannstadt.

Bayreuth. Städte: Bayreuth, Hof, Kulmbach; Bez.-Aemter: Bayreuth, Berneck, Hof, Kulmbach, Münchberg, Naila, Pegnitz Rehau, Stadtsteinach, Wunsiedel; Amtsger.-Bez.: Hollfeld.

Deggendorf. Städte: Deggendorf, Straubing; Bez.-Aemter: Deggendorf, Bogen, Grafenau, Kötzting, Landau, Regen, Straubing, Viechtach; Amtsger.-Bez.: Osterhofen.

Donauwörth. Städte: Donauwörth, Neuburg, Nördlingen; Bez.-Aemter: Donauwörth, Neuburg, Nördlingen, Wertingen; Amtsger.-Bez.: Höchstätt.

Günzburg. Städte: Günzburg, Augsburg, Neuulm; Bez.-Aemter: Günzburg, Augsburg, Illertissen, Krumbach, Neuulm, Zusmarshausen; Amtsger.-Bez.: Dillingen (einschl. Stadt Dillingen), Lauingen.

Homburg. Bez.-Aemter: Homburg, St. Ingbert, Kaiserslautern, Kusel, Pirmasens, Zweibrücken; Amtsger.-Bez.: Annweiler.

Ingolstadt. Stadt: Ingolstadt; Bez.-Aemter: Ingolstadt, Aichach, Dachau, Friedberg, Pfaffenhofen, Schrobenhausen.

Kaufbeuren. Stadt: Kaufbeuren; Bez.-Aemter: Kaufbeuren, Füssen, Mindelheim, Marktoberdorf, Schwabmünchen.

Kempten Städte: Kempten, Lindau, Memmingen; Bez.-Aemter: Kempten, Lindau, Memmingen, Sonthofen.

Landshut. Städte: Landshut; Bez.-Aemter: Dingolfing, Kelheim, Landshut, Mainburg, Mallersdorf, Rottenburg, Vilsbiburg.

Mühldorf. Bez.-Aemter: Mühldorf, Altötting, Laufen, Wasserburg; Amtsger.-Bez.: Dorfen.

München. Städte: München, Freising; Bez.-Aemter: München, Ebersberg, Freising, Fürstenfeldbruck, Tölz, Wolfratshausen; Amtsger.-Bez. Erding.

Neustadt a. H. Bez.-Aemter: Neustadt, Dürkheim, Frankenthal, Germersheim, Kirchheimbolanden, Landau, Ludwigshafen, Rockenhausen, Speyer; Amtsger.-Bez.: Bergzabern; Stadtbez. Landau.

Nürnberg. Städte: Nürnberg, Eichstätt, Erlangen, Fürth, Schwabach; Bez.-Aemter: Nürnberg, Eichstätt, Erlangen, Fürth, Hersbruck, Hilpoltstein, Lauf, Neustadt a. A., Scheinfeld, Schwabach.

Pfarrkirchen. Stadt: Passau; Bez.-Aemter: Pfarrkirchen, Eggenfelden, Griesbach, Passau, Wegscheid, Wolfstein; Amtsger.-Bez.: Vilshofen.

Regensburg. Stadt: Regensburg; Bez.-Aemter: Regensburg, Beilngries, Parsberg, Riedenburg, Stadtamhof; Amtsger.-Bez.: Neumarkt einschl. Stadt Neumarkt, Nittenau, Burglengenfeld.

Rosenheim. Städte: Rosenheim, Traunstein; Bez.-Aemter: Rosenheim, Aibling, Berchtesgaden, Miesbach, Traunstein.

Schweinfurt. Städte: Schweinfurt, Kissingen; Bez.-Aemter: Schweinfurt, Ebern, Gerolzhofen, Hassfurt, Hofheim, Kissingen, Königshofen, Mellrichstadt, Neustadt a. S.

Weiden. Bez.-Aemter: Neustadt a. W.-N., Eschenbach, Kemnath, Tirschenreuth, Vohenstrauss; Amtsger.-Bez.: Vilseck, Kastl.

Weilheim. Stadt: Landsberg; Bez.-Aemter: Weilheim, Garmisch, Landsberg, Schongau, Starnberg.

Würzburg. Städte: Würzburg, Kitzingen; Bez.-Aemter: Würzburg, Brückenau, Gemünden, Hammelburg, Karlstadt, Kitzingen, Ochsenfurt.

9. Unmittelbare Magistrate.

Oberbayern.

München
Freising
Ingolstadt
Landsberg
Rosenheim
Traunstein

Niederbayern.

Landshut
Deggendorf
Passau
Straubing

Pfalz.

Landau

Oberpfalz und Regensburg.

Regensburg
Amberg
Neumarkt

Oberfranken.

Bayreuth
Bamberg
Forchheim
Hof
Kulmbach

Mittelfranken.

Ansbach
Dinkelsbühl
Eichstätt
Erlangen
Fürth
Nürnberg
Rothenburg o. T.
Schwabach
Weissenburg i .B

Unterfranken und Aschaffenburg.

Würzburg
Aschaffenburg
Bad Kissingen
Kitzingen
Schweinfurt

Schwaben und Neuburg.

Augsburg
Dillingen
Donauwörth
Günzburg
Kaufbeuren
Kempten
Lindau
Memmingen
Neuburg
Neuulm
Nördlingen

10. Verzeichnis der Amtsärzte.

(VO. vom 6. Febr. 1876 [GVBl. 1876, 201], jetzt VO. vom 7. Novbr. 1908 [GVBl. 1908, 973] die Prüfung für den ärztlichen Staatsdienst betr.)

Abkürzungen: LA. = Landgerichtsarzt; B. — Bezirksarzt; St. = bezirksärztlicher Stellvertreter; St. r. = remunerierter bezirksärztlicher Stellvertreter. Sämtliche Amtsärzte sind Dr. med.; * vor dem Namen = Titel und Rang eines k. Medizinalrates.

a) Medizinalreferat im K. Staatsministerium des Innern:

Referent: Dieudonné Adolf Dr., Geh. Rat, Ministerialrat, Honorar-Professor a.d. Universität München, Generalarzt a l. s. d. Armee. (MIII—MV2b m. Schw. — MV4b—PRA4—PEK2—PRKz3) 1. Febr. 09

Hilfsarbeiter: Wallner Otto Dr. Tit. u. R. e. Bez.-Arzts 27. März 16

b) Kreis-Medizinalräte.

Ansbach	Dr. Miller
Augsburg	Dr. Obermayr
Bayreuth	Dr. Schwink
Landshut	Dr. Gebhardt
München	Dr. Messerer, Obermed.Rat, Univ.-Prof.

	Hilfsarb.:
München	Dr. Hofmann B.
Regensburg	Dr. Burgl
Speyer	Dr. Rohmer,
Würzburg	Dr. Frickhinger.

c) Landgerichts- und Bezirksärzte und bezirksärztliche Stellvertreter.

Abensberg	Grimminger St.
Aibling	Krebs B.
Aichach	Erhard B.
Altdorf	Haass St.
Altötting	*Schmid B.
Alzenau	Gutermann B.
Amberg	Zängerle LA.
	Uebl B.
Amorbach	Reiter St.
Annweiler	— — —
Ansbach	Heel LA.
	*Raab B.
Arnstein	Dietrich St.
Arnstorf	Schrott St.
Aschaffenburg	Löffler LA. B.
Aub	— —
Auerbach	Löffler St.
Augsburg	*Sendtner B.
(Stadt)	*Steichele B.
	Heinsen LA.
Babenhausen	Schenk St.
Bamberg	*Zinn LA.
Stadt u.B.-A.I	Löffler B.
Bamberg II	*Schneller B.
Baunach	Streit St.
Bayreuth	Miller LA.
	*Heissler B.
Beilngries	Schmidtlein B.
Berchtesgaden	*Grassler B.
Bergzabern	Dischinger B.
Berneck	Völkl B.
Bischofsheim	Winkler St. r.
Blieskastel	— —
Bogen	Müller B.
Brückenau	Daxenberger B.
Buchloe	Molitor St.
Burgau	— —
Burgebrach	Schmidt St.
Burghausen	Hubbauer St.
Burglengenfeld	Gmehling B.
Cadolzburg	Hammel St.
Cham	Deppisch B.
Dachau	Hausmann B.
Dahn	Demetz St. r.
Deggendorf	*Bayerl LA.
	*Kraus B.
Dettelbach	Wander St.
Dillingen	Schmitt B.

Dingolfing	Fest B.
Dinkelsbühl	Drossbach B.
Donauwörth	Hug B.
Dorfen	Schnabelmaier St.
Dürkheim	Spies B.
Ebermannstadt	Mayr B.
Ebern	Thiel B.
Ebersberg	Schrank B.
Edenkoben	König St.
Eggenfelden	Bernhuber B.
Eichstätt	Thon Frhr. von Dittmer LA.
	Schirmer B.
Eltmann	— — —
Ellingen	Lauk St.
Erbendorf	Brusis St. r.
Erding	Rauh B.
Erlangen	*Bischoff B.
Eschenbach	Geiger B.
Euerdorf	Oschmann St.
Feuchtwangen	Seiderer B.
Forchheim	Buck B.
Frankenthal	Dreyfuß B.
	Frantz LA.
Freising	*Bauer B.
Friedberg	Hörger B.
Furth	— —
Fürstenfeldbruck	Zöllner B.
Fürth i. B.	Baumann LA.
	*Spät B.
Füssen	Stickl B.
Garmisch	Aumüller B.
Geisenfeld	— — —
Gemünden	Mangelsdorff B.
Germersheim	Clessin B.
Gerolzhofen	Hofmeister B.
Grafenau	Imhof B.
Gräfenberg	Siebenhaar St.
Greding	Wolf St.
Griesbach	Adam B.
Grünstadt	— — —
Günzburg	Brugger B.
Gunzenhausen	*Eidam B.
Haag	Wurm St.
Hammelburg	Dürig B.
Hassfurt	Hohenberger B.
Heidenheim	Köhler St.
Heilsbronn	Rüdel St.
Hemau	— —
Hengersberg	Bauer St.
Herrieden	Mandel St.
Hersbruck	Mayer B.
na urach	Walther St.

Hilpoltstein	Bauer B.
Höchstadt a. A.	Günther B.
Höchstädt a. D.	Bogner St.
Hof	Ruß LA.
	Köhl B.
Hofheim	*Kundmüller B.
Hollfeld	Severin St. r.
Homburg	Müller B.
Illertissen	Borger B.
Immenstadt	Müller St.
Ingolstadt	Schön B.
Kaiserslautern	*Kühn B.
	Dollmann LA.
Karlstadt	Trzetziack B.
Kastl	Degen St. r.
Kaufbeuren	Lüst B.
Kelheim	*Weber B.
Kemnath	Schöner B.
Kempten	Redenbacher LA.
	*Grassl B.
Kipfenberg	Bauer St.
Kirchheimbolanden	Britzelmayer B.
Kirchenlamitz	Franke St. r.
Kissingen	*Maar B.
Kitzingen	Braun B.
Klingenberg	Endres St.
Königshofen	Braun B.
Kötzting	Probst B.
Kronach	*Schöpp B.
Krumbach	Vogler B.
Kulmbach	Seidel B.
Kusel	Plauth B.
Landau a. I.	Tremel B.
Landau Pf.	*v. Hösslin LA.
	Dehler B.
Landsberg	*Brinsteiner B.
Landshut	Grahammer LA.
	Stömmer B.
Landstuhl	Fiedler St.
Lauf	Schlier B.
Laufen	Neumüller B.
Lauterecken	— — —
Lichtenfels	Zorn B.
Lindau	Pürckhauer B.
Lohr	*Preisendörfer B.
Ludwigshafen	*Alafberg B.
Ludwigsstadt	(s. Teuschnitz)
Mainburg	Stritzl B.
Mallersdorf	Mirtlsperger B.
Marktbreit	May St.
Markt Erlbach	Götzfried St.
Marktheidenfeld	Stix B.
Markt Oberdorf	Seelos B
Mellrichstadt	Hofmann B.

Memmingen Hetzel LA.
Bschorer B.
Miesbach *Weiss B.
Miltenberg Beltinger B.
Mindelheim — — —
Mitterfels Mitterhuber St.
Monheim Michel St.
Moosburg Fellerer St.
Mühldorf Eisenhofer B.
Münchberg Sauerteig B.
München I *Hermann LA.
Merkel LA.
Becker B. (st.LA., Phys. Ass.)
München II *Erdt LA.
München
Stadt *Henkel B.
Pol.-Dir. *Dall'Armi B.
" *Marzell B.
Zentral-Impfarzt Groth.
Land *Angerer B.
Münnerstadt Husslein St.

Nabburg Schmidt B.
Naila Hofmann B.
Neuburg a. D. *WollenweberLA.
Büller B.
Neukirchen Mayer St. r.
Neumarkt a. R. — — —
Neumarkt Opf. *Grundler B.
Neunburg v. W. Kerschensteiner B.
Neustadt a. A. Schelle B.
Neustadt a. H. *Becker B.
Neustadt a. WN. Kaspar B.
Neu-Ulm Wiedemann B.
Nördlingen Zeltlmann B.
Nürnberg *Wetzel B.
*Federschmidt B.
Knehr LA.
Kreuz LA.
Merkel B.

Obergünzburg Dentler St.
Obermoschel Raab St.
Obernburg Stappel B.
Oberviechtach Ritter B.
Ochsenfurt Aldinger B.
Oettingen Koch St.
Osterhofen Rüth St.
Otterberg — — —
Ottobeuren Berchtold St.

Pappenheim Singer St.
Parsberg Höfer B.
Passau Kufner LA.
Sitzberger B.

Pegnitz Flasser B.
Pfaffenhofen Hartmann B.
Pfarrkirchen Niedermaier B.
Pirmasens Mann B.
Pottenstein — — —
Prien Stummer St.

Rain Steindl St.
Regen Zwicknagl B.
Regensburg *Luckinger LA.
*Boecale B.
Regenstauf — — —
Rehau Hinker B.
Reichenhall Schöppner St. r.
Riedenburg Helmerich B.
Rockenhausen Detzel B.
Roding Nothaass B.
Rosenheim *Baumgart B.
Roth Palmedo St.
Rothenburg o. T. Goehring B
Rottenburg NB. Hoepfel B.
Rotthalmünster — — —

Scheinfeld Hertel B.
Schesslitz Kröhl St.
Schillingsfürst Pickel St.
Schongau Putscher B.
Schöllkrippen Becher St.
Schrobenhausen Führer B.
Schwabach Lauer B.
Schwabmünchen Schwab B.
Schwandorf Ochsenkühn St.
Schweinfurt Schultz LA.
Weber B.
Selb Westermayer St.
Sesslach Gimple St. r.
Simbach — — —
Sonthofen Kienningers B.
Speyer — — —
Stadtamhof Steininger B.
Stadtprozelten Höchstetter St.
Stadtsteinach Heydner B.
Staffelstein Lucas B.
Starnberg Schmitz B.
St. Ingbert Hörrner B.
Straubing Held LA.
Schütz B.
Sulzbach *Schäfer B.

Tegernsee Schöner St.
Teuschnitz Ernst B.
Thiersheim Kurths St. r.
Thurnau Pollmann St.
Tirschenreuth *Möges B.
Tittmoning Speth St.
Tölz *Fortner B.

Traunstein	Pfeiffer LA.
	*Weckerle B.
Trostberg	— — —
Türkheim	Hegler St.
Uffenheim	Hofmann B.
Viechtach	Beer B.
Vilsbiburg	Bernhuber B.
Vilshofen	Schub B.
Vohenstrauss	Kohler B.
Volkach	Werkmeister St.
Waldfischbach	Zwecker St.
Waldkirchen	Pfau St.
Waldmohr	— —
Waldmünchen	Hofhammer B.
Waldsassen	Seidl St.
Wasserburg	Oberweiler B.
Wassertrüding.	Adel St.
Wegscheid	Brodführer B.
Weiden	*Entres LA.
	Kaspar B.
Weidenberg	Schrön St. r.
Weiler	— — —
Weilheim	Rothhammer B.
Weismain	Castorph St.
Weissenburg i. B.	Aschenbrenner B.
Weissenhorn	Rüdinger St.
Werneck	Dorn St.
Wertingen	Maul B.
Wiesentheid	Bausewein St.
Windsheim	Hagen St.
Winnweiler	Hennig St.
Wolfratshausen	*Bredauer B.
Wolfstein Pf.	Wunder St. r.
Wolfstein NB.	Westermayer B.
Wörth a. D.	Neumeier St.
Würzburg	*Stumpf Prof. LA.
(Stadt)	*Hofmann B.
(Land)	*Kihn B.
Wunsiedel	Wild B.
Zusmarshausen	Linder B.
Zweibrücken	Faber LA. B.
	Frank B.

11. Verzeichnis der Nebenrechnungen.

(Rechnungsschema E. v. 13. Januar 1915 FMBl. 1 u. v. 1. Dezember 1916 FMBl. 189.)

Nr. **I. Zur Staatsfondsrechnung.**

1. Solleinnahme an Grundgefällen für das laufende Jahr.
2. Zusammenstellung der Solleinnahmen, der wirklichen Einnahmen und der Rückstände und Nachlässe an Erbschaftssteuern, Gebühren, Stempelabgaben, Strafen u. dgl. sowie an Gerichtsauslagen für die Vorjahre und das laufende Jahr.
3. Solleinnahme an Erbschaftssteuern, Gebühren, Stempelabgaben, Strafen u. dgl. sowie an Forstschadensersätzen für das laufende Jahr.
4. Zusammenstellung der Solleinnahmen, der wirklichen Einnahmen und der Rückstände und Nachlässe an Staatsfondsgefällen — ausschliesslich der Erbschaftssteuern, Gebühren, Stempelabgaben, Strafen u. dgl. — sowie an Kreisumlagen und prot. Kirchensteuern für die Vorjahre und das laufende Jahr.
5. Solleinnahme an Einkommen-, Gewerbe- und Kapitalrentensteuer für das laufende Jahr.
6. Solleinnahme an Grundsteuer und Fischwassersteuer für das laufende Jahr.
7. Solleinnahme an Haussteuer für das laufende Jahr.
8. Post-, Telegramm- und Telephongebühren.
9. Steuerbeiträge nach dem Ges. v. 28. März 1852.
10. Tantiemen der gebührenerhebenden Beamten.

II. Zur Forstrechnung.

1. Zusammenstellung der Solleinnahmen, wirklichen Einnahmen und der Rückstände und Nachlässe an Forst-, Jagd- und Triftgefällen für die Vorjahre und das laufende Jahr.
2. Solleinnahme an Gegenleistungen und Steuerbeiträgen der Forstberechtigten für das laufende Jahr.

III. Zur Kreisfondsrechnung.

Berechnung der Solleinnahme an Kreisumlagen für das laufende Jahr.

IV. Staatsgüterfondsrechnung.

Vgl. FME. vom 24. Januar 1917 — FMBl. S. 9 —.

V. Ablösungskasserechnung.

1. Nebenrechnung über das Verrechnungssoll der Bodenzinse der Ablösungskasse des Staates.
2. Libell über Rückstände und Nachlässe an Bodenzinsen der K. Grundrentenablösungskasse des Staates.
3. Libell über Rückstände und Nachlässe an Restergänzungen, Ablösungskapitalien und Handlohnsäquivalenten der Ablösungskasse des Staates.

Beschleunigung der staatl. Rechnungsstellung:
Bek. v. 12. März 1913, FMBl. 205.

12. Verzeichnis

der von der inneren Revision dem K. Abrechnungskommissär vorzulegenden Rechnungen, Belege, Akten etc. etc. des K. Rentamts ....

Fortl. Nr.	Vortrag	Bemerkungen
1	Rechnungen des Vorjahrs	
2	Hauptrevisionsprotokolle des Vorjahrs	
3	Rechnungen des laufenden Jahres	
4	Hauptrevisionsprotokolle des laufenden Jahres	
5	vorläufige } Abrechnungen	
6	endgültige [1] } Abrechnungen	
7	Bände, wirkliche } Belege	
8	„ remittierliche } Belege	
9	Abrechnungsakten des laufenden Jahres	
10a	Steuerakten	
10b	Akten über Erbschaftssteuer-, Gebühren-, Strafkosten-, Forstrüge- und Gerichtsvollzieherwesen, dann über Gerichtsauslagen	
10c	Akten über die monatlichen Untersuchungskosten, über die Vagantenkosten und über Ablösungsverhandlungen	
10d	Regieakten des Rentamts, Bezirksamts, Bauamts, dann der Gerichte etc.	
11	Immobilieninventar und Brandversicherungskataster	
12	Mobilieninventare sämtlicher Behörden	
13	Tagebuch und Zahlungslisten	
14	Hauptbücher	
15	Entwurf der Buchführungsentschließung	
16	Visitations- und Extratitionsakten	
17	Sonstige besonders verlangte Akten- und Rechnungsprodukte	
	....	
	....	

[1]) Vgl. Ziff. 12 FME. v. 5. Febr. 1912 (FMBl. 11).

13. Kreisumlagen-Prozentsätze sämtlicher Regierungsbezirke.

Regierungs-bezirke	1897	1898	1899	1900	1901	1902	1903	1904	1905	1906	1907	1908	1909	1910	1911	1912	1913	1914	1915	1916	*) 1917
Oberbayern .	28,5	28,0	29,5	28,5	27,0	31,0	32,0	33,0	34,0	39,0	40,0	44,0	44,0	44,0	48,0	36,0	38,0	40,0	40,0	46	46
Niederbayern	28,0	28,0	29,5	30,5	32,5	34,5	36,5	36,5	39,5	39,0	41,5	44,5	49,0	50,5	51,5	44,0	44,0	45,0	48,0	60	57
Pfalz	38,5	38,5	38,0	38,0	37,5	36,0	38,5	40,0	45,0	43,0	43,0	45,0	53,0	50,5	54,0	35,0	37,0	38,0	43,0	47	45
Oberpfalz . .	29,0	30,0	31,6	31,2	31,9	31,0	34,0	33,8	36,5	37,5	39,8	39,8	45,0	45,0	47,0	41,0	43,0	46,0	46,0	54	55
Oberfranken .	30,1	29,5	29,5	29,5	31,0	31,5	36,0	35,0	38,0	39,0	39,5	40,0	42,0	42,0	42,0	34,0	37,0	38,5	38,5	48	46
Mittelfranken	31,6	31,6	31,0	29,5	30,0	30,5	38,0	37,0	39,0	39,5	39,0	39,5	40,0	39,0	42,0	28,0	32,0	35,0	35,0	43	42
Unterfranken .	29,2	28,3	27,6	27,0	28,0	28,0	30,0	30,5	32,5	32,5	32,5	40,0	43,0	42,0	40,0	32,0	37,0	39,0	40,0	47	47
Schwaben . .	27,5	27,0	28,0	28,0	28,0	29,0	32,0	31,0	32,5	33,0	33,5	33,5	37,0	38,0	40,5	31,0	35,0	36,0	36,0	44	44

*) Landratsabschied vom 18. Juli 1917 GVBl. 1917 Nr. 39.

14. Form des schriftlichen dienstlichen Verkehrs und Geschäftsvereinfachung.

Näheres hierüber siehe:

von der Pfordten, Der dienstliche Verkehr und die Amtssprache, 3. Aufl. 1911, erschienen in dem Verlag des Kalenders.

I. ÄJInnKFMB. vom 28. April 1901, die Vereinfachung des dienstlichen Verkehrs betr. (GVBl. S. 379, JMBl. 363).

§ 1. Die bestehenden Vorschriften, welche die Form der an Seine Majestät den König zu richtenden Vorstellungen betreffen, bleiben in Kraft.

(Hiernach sind die Vorstellungen auf weisses Papier im Formate des stempelpflichtigen Papieres auf ganzer Seite zu schreiben mit der Ueberschrift:

„Allerdurchlauchtigster, Grossmächtigster König!"
„Allergnädigster König und Herr!"

mit der Anrede: „Euere Königliche Majestät" oder „Euere Majestät" und mit der Schlussformel:

„In allertiefster Ehrfurcht verharrt (erstirbt)
Euerer Königlichen Majestät
alleruntertänigst treugehorsamster
N. N.")

§ 2. Für den dienstlichen Verkehr der öffentlichen Stellen und Behörden gelten, soweit nicht für einzelne Fälle oder für einzelne Geschäftszweige in Gesetzen oder in Verordnungen oder in den Entschliessungen der zuständigen Staatsministerien Besonderes bestimmt ist, die nachfolgenden Vorschriften.

§ 3. Im gesamten schriftlichen Verkehre der öffentlichen Stellen und Behörden kommen bei der Unterfertigung die bisher vorgeschriebenen Unterwürfigkeitsformeln („ehrerbietigst gehorsamst", „gehorsamst", „gehorsam") künftig in Wegfall und sind Höflichkeitsausdrücke, wenn sie mit Rücksicht auf die Verkehrssitte nicht ganz entbehrt werden können, doch auf möglichst knappes Mass zu beschränken, jedenfalls sind Häufungen und Steigerungen (wie z. B. „ganz ergebenst", „sehr geneigtest") zu vermeiden.

§ 4. Für Eingaben von Privaten an öffentliche Stellen und Behörden wird die folgende Form zum Gebrauche empfohlen (vgl. die Muster Anlage I und II).

Auf der linken Hälfte der ersten Seite sind vorzutragen:

1. die Adresse,
2. der Betreff,
3. die Zahl und Art etwaiger Beilagen.

Auf der rechten Hälfte der ersten Seite ist oben der Ort und Tag der Eingabe anzugeben, in der Höhe des Betreffs ist mit dem sachlichen Vortrage zu beginnen.

Die zweite und die folgenden Seiten sind nach der ganzen Breite zu schreiben; im Interesse des Einheftens in die Akten ist jedoch gegen innen ein entsprechender Rand freizulassen.

Unmittelbar nach dem sachlichen Vortrage erfolgt die Unterfertigung; hierbei ist die vollständige Adresse des Absenders anzugeben (Vor- und Zuname, Stand, Wohnort, wenn nötig Postbestellbezirk, Wohnung, Hausname u. dgl.). Unterwürfigkeits- und Höflichkeitsformeln sind nicht erforderlich.

Eingaben von Privaten dürfen nicht deshalb abgelehnt oder zurückgegeben werden, weil sie von der vorstehend empfohlenen Form abweichen.

Doppelschriften sind nur dann vorzulegen, wenn dies ausdrücklich vorgeschrieben oder durch besondere Umstände geboten ist.

§ 5. Die Reinschriften aller amtlichen Berichte, Schreiben und Erlasse erhalten fortan eine einheitliche Form nach Massgabe der Muster Anlage III—VI.

Auf der linken Hälfte der ersten Seite sind vorzutragen:

1. die Geschäftsnummer,
2. die Bezeichnung der absendenden Stelle oder Behörde,
3. die Adresse,
4. der Betreff,
5. die Bezeichnung des veranlassenden Einlaufes, falls ein solcher vorliegt,
6. die Zahl und Art etwaiger Beilagen,
7. bei Berichten die Bezeichnung des Referenten, falls der Berichterstatter nicht selbst der Referent ist.

Auf der rechten Hälfte der ersten Seite ist oben der Ort und Tag anzugeben, in der Höhe des Betreffs ist mit dem sachlichen Vortrage zu beginnen.

Die zweite und die folgenden Seiten sind nach der ganzen Breite unter Freilassung eines entsprechenden Heftrandes zu beschreiben.

Der Betreff ist möglichst kurz zu fassen. Im Texte sind überflüssige Bezugnahme auf den Betreff und auf den veranlassenden Einlauf zu vermeiden.

Die Unterfertigung erfolgt unmittelbar unter dem sachlichen Vortrage, im Falle der Stellvertretung mit dem Beisatze: „I. V."

Entschliessungen und Bescheide sind, soweit dies vorgeschrieben ist, auch künftig mit der Ueberschrift: „Im Namen Seiner Majestät des Königs" zu versehen.

§ 6. Die Rückerbittung von Beilagen muss nicht im Texte des Schriftstückes, sondern kann auch dadurch geschehen, dass der Bezeichnung der Aktenstücke auf der linken Hälfte der ersten Seite der Zuschrift: „g. R." (gegen Rückgabe) beigefügt wird.

Umfangreiche Schriftstücke sind mit Seitenzahlen zu versehen.

Ein in einem Berichte enthaltener Antrag ist äusserlich hervorzuheben und soweit angängig entweder an den Eingang oder an den Schluss des Berichts zu stellen.

§ 7. Bei amtlichen Schreiben an Beamte, Bedienstete und Privatpersonen ist in der Adresse in der Regel nur die Bezeichnung: „Herr" („Frau", „Fräulein") und im Texte die Anrede „Sie" zu gebrauchen.

Bei amtlichen Schreiben an Einzelbeamte, die eine Behörde vertreten, ist in der Innen- und Aussenadresse der Name der Beamten nur dann anzugeben, wenn es sich um dessen persönliche Angelegenheiten handelt oder wenn besondere Verhältnisse dies erfordern. Wird der Name nicht angegeben, so sind etwaige persönliche Titel des Beamten, z. B. „K. Oberlandesgerichtsrat" „K. Regierungsrat" und dem Namen beizufügende Prädikate, z. B. „Exzellenz" gleichfalls wegzulassen, so dass die Adresse beispielsweise lautet: „An den Herrn K. Oberamtsrichter in X", „An den Herrn K. Bezirksamtmann in Y." usw.

Soll erkennbar gemacht werden, dass das Schriftstück nur von dem Adressaten geöffnet werden darf, so ist die persönliche Adresse mit dem Vermerk „Eigenhändig" anzuwenden.

§ 8. Die protokollarische Form der Beurkundung amtlicher Vorgänge unter Zuziehung eines Aktuars (Protokollführers) ist tunlichst zu beschränken.

In Angelegenheiten, die einfach und nicht streitig sind, genügt eine Vormerkung zu den Akten, je nach Lage der Sache kann auch auf mündliches Vorbringen sofort der schriftliche Bescheid erteilt werden.

Unnötige Erhebungen haben zu unterbleiben, Ersetzungen sind nur im Falle wirklichen Bedürfnisses und dann, soweit nach dem jeweiligen Stande der Sache tunlich, gleichzeitig zu verfügen.

Die Anordnung von Vollzugsberichten, Empfangsbestätigungen und Fehlanzeigen soll möglichst vermieden werden.

§ 9. Bei der Begründung von Entscheidungen ist unbeschadet der Gründlichkeit möglichste Kürze anzustreben.

§ 10. Die Anfertigung von Abschriften solcher Schriftstücke, die an andere Behörden oder zu anderen Akten abgegeben werden, ist in allen geeigneten Fällen durch einen kurzen Vermerk in den Akten zu ersetzen.

In allen Angelegenheiten, bei welchen die Anfertigung eines Entwurfes zu den Akten entbehrlich ist, hat urschriftlicher Verkehr, unter kurzer Aktenvormerkung, soweit notwendig, stattzufinden (vgl. die Muster Anlage VIIa—c).

In Fällen, in welchen einer anderen Behörde oder einer vorgesetzten Stelle von einer erlassenen Verfügung Mitteilung zu machen ist, ohne dass dabei zu einer weiteren Erläuterung Anlass besteht, kann diese Mitteilung durch Uebersendung einer einfachen Abschrift oder eines Abdruckes der Verfügung (ohne Begleitschreiben oder Begleitbericht) erfolgen.

Wenn Akten, Verzeichnisse und dergl. versendet werden, ohne dass hierbei ein Begleitschreiben mit selbständigem Inhalte erforderlich ist, so ist auf Grund einer zu den Akten zu treffenden Verfügung lediglich ein nach dem Muster Anlage VIII ausgefertigter, mit dem Amtssiegel zu versehender halber Bogen ohne Text und Unterschrift („Begleitbogen") beizufügen.

Ueber die erfolgte Versendung ist Vormerkung zu den Akten zu machen.

Zur Versendung von Schriftstücken sind ausschliesslich Umschläge zu verwenden; das noch immer teilweise übliche Verfahren der Zusammenfaltung und Versiegelung eines Schriftstückes hat fortan zu unterbleiben. Die Umschläge sind, soweit möglich, mit Vordruck zu versehen.

§ 11. Die amtliche Schreibweise soll knapp und klar sein und sich dem allgemeinen Sprachgebrauche anschliessen.

Entbehrliche Fremdwörter sind zu vermeiden.

Auch bei der Abfassung von Entwürfen ist stets zu beachten, dass eine deutliche Schrift das Lesen der Akten wesentlich erleichtert und beschleunigt und hierdurch ein wirksames Mittel zur Geschäftsvereinfachung bildet.

Alle Unterschriften müssen gut leserlich sein.

Gebräuchliche und leichtverständliche Abkürzungen sind auch in allen Reinschriften zulässig.

Für häufig wiederkehrende Fälle sind in möglichster Ausdehnung zu Entwürfen, Ur- und Reinschriften Formulare zu verwenden.

Von mechanischen Hilfsmitteln, wie Autographie-Pressen, Hektographen (für Schreiben von vorübergehender Bedeutung), Schreibmaschinen und Buchdruck, ist nach Massgabe der verfügbaren Mittel möglichst weitgehender Gebrauch zu machen.

Die Benützung von Postkarten für kurze Mitteilungen ist im Verkehre mit Behörden und Privaten zulässig, soweit eine unverschlossene Mitteilung in dieser Form unbedenklich erscheint.

§ 12. Die Fristen zur Erledigung von Aufträgen sind so zu bemessen, dass bei ordnungsmässigem Geschäftsgange die Erledigung innerhalb der Frist möglich ist, und ein Mahnschreiben nicht erforderlich wird. Unnötige Mahnschreiben sind zu unterlassen.

Die Termine für wiederkehrende Vorlagen sind so zu verteilen, dass eine Häufung derselben insbesondere am Jahresschlusse tunlichst vermieden wird.

§ 13. Soweit dies tunlich und mit dem geordneten Geschäftsgange vereinbar ist, sind die amtlichen Angelegenheiten mit anderen Stellen und Behörden, mit Referenten und Abteilungen derselben Stelle oder Behörde, sowie mit Privatpersonen im mündlichen oder telephonischen Verkehre zu erledigen. Nötigenfalls ist über die Unterredung eine kurze Vormerkung zu den Akten zu machen.

§ 14. Die den Zivil-Staatsministerien untergeordneten Stellen und Behörden haben mit allen öffentlichen Organen dieser Ministerien, sowie mit Privatpersonen im ganzen Umfange des Königreiches dann in unmittelbaren Geschäftsverkehr zu treten, wenn weder eine Mitwirkung noch eine Kenntnisnahme von Seite derjenigen Stellen und Behörden notwendig ist, welche den Beteiligten zunächst vorgesetzt sind.

Ansinnen an Behörden, welche der veranlassenden Stelle oder Behörde nicht untergeordnet sind, haben in Ersuchensform zu ergehen. Die in dieser Weise angegangenen Behörden haben dem Ansinnen entsprechende Folge zu leisten.

Entschliessungen, die ihrem ganzen Inhalte nach mehreren Unterbehörden oder mehreren Beteiligten zu eröffnen sind, soll die erforderliche Zahl von Abdrücken beigefügt werden.

§ 15. Die vorstehenden Vorschriften treten sofort in Wirksamkeit.

Die vorhandenen Formulare für amtliche Berichte, Schreiben und Erlasse dürfen noch benützt werden.

Die einzelnen Staatsministerien behalten sich vor, soweit dies nicht bereits geschehen ist, innerhalb ihres Geschäftskreises sonstige, auf tunlichste Geschäftsvereinfachung abzielende Anordnungen zu treffen.

München, den 28. April 1901.

Anlage I.

München, den 1. Juli 1901

An
das K. Staatsministerium
des Innern.

Betreff:
Naturalisation des Ernst Kurz
von Wien.

Beilagen:
6 amtliche Zeugnisse.

Ernst Kurz,
Kaufmann in München,
Amalienstrasse 60/III.

Anlage II.

Scheyern, den 10. Oktober 1902

An
das K. Bezirksamt
Pfaffenhofen

Betreff:
Gemeindeumlagen.

Beilagen
12 Quittungen.

Joseph Huber,
Bauer in Scheyern.

Anlage III.

Nr. 10910.

Landshut, den 8. August 1901.

K. Regierung
von Niederbayern,
Kammer des Innern.

An
das K. Staatsministerium des
Innern für Kirchen- und
Schulangelegenheiten.

Betreff:
Schulhausneubau in Berg.

Zur Min.-Entschl.
vom 4. Juli 1901 Nr. 9970.

Beilagen:
2 Akten,
1 Planmappe.

Referent: Regierungsrat Klug.

Unterschrift
des Regierungspräsidenten.

Anlage IV.

Nr. 21700.

Speyer, den 18. Oktober 1902

K. Regierung
der Pfalz,
Kammer des Innern.

An
den Herrn Oberstaatsanwalt
bei dem K. Oberlandesgerichte
Zweibrücken.

Betreff
Namensänderung des Johann
Klein in Kaiserslautern

Zu ________ Nr. ____

Beilagen:
1 Aktenheft,
6 einzelne Schriftstücke } g. R.

Unterschrift
des Regierungspräsidenten.

Anlage V.

Nr. 15666.

Bayreuth, den 9. September 1903.

K. Regierung
von Oberfranken,
Kammer des Innern.

An
das K. Bezirksamt
Teuschnitz.

Betreff:
Heimat des Joseph Schmidt
in Langenau.

Zum Bericht
vom 10. Juni 1903 Nr 4100.

Beilagen:
3 Aktenhefte.

Unterschrift
des Regierungspräsidenten.

Anlage VI.

Nr. 3107

Lindau, den 1. Juli 1902.

K. Bezirksamt
Lindau.

An
Herrn Ludwig Stein,
Schlosser in Immenstadt.

Betreff:
Verehelichungszeugnis.

Zur Vorstellung
vom 15. April 1902.

Beilagen:
1 Zeugnis

Unterschrift
des Bezirksamtmanns.

Anlage VII.

Nr. 6152.

Vorgelegt der K. Regierung der Pfalz, Kammer des Innern, mit 2 Akten und 1 Beilage.

Frankenthal, den 11. November 1902.

K. Bezirksamt.
Unterschrift des Bezirksamtmanns.

Nr. 2605.

G. R. mit 4 Beilagen an das K. Rentamt Traunstein mit dem Ersuchen um Aeusserung.

Traunstein, den 1. Mai 1903.

K. Amtsgericht,
Unterschrift des Oberamtsrichters.

Nr. 10666.

G. R. mit 1 Beilage an das K. Bezirksamt Scheinfeld zur Berichterstattung.

Ansbach, den 4. April 1904.

K. Regierung von Mittelfranken,
Kammer des Innern.

Unterschrift des Regierungspräsidenten.

Anlage VIII.

Nr. 120.

Lenggries, den 15. Mai 1901.

Gemeindeverwaltung
Lenggries.

An
das K. Bezirksamt
Tölz.

Betreff:
Gemeinderechnungen
für 1900.

Amtssiegel

Zum Ausschreiben
vom 1. März 1901 Nr. 612.

Beilagen:
6 Rechnungen,
1 Aktenheft.

Anmerkung: I. Form der an Se. Maj. den Deutschen Kaiser zu richtenden Vorstellungen:

Allerdurchlauchtigster Grossmächtigster Kaiser und König!
Allergnädigster Kaiser, König und Herr!

Adr.: Seiner Majestät dem Deutschen Kaiser und König von Preussen.

Anrede: Eure Kaiserliche und Königliche Majestät, worauf die Worte: Allergnädigst, alleruntertänigst, huldvoll, in tiefster Ehrfurcht.

Schluss: In tiefster Ehrfurcht verharre ich Eurer Kaiserl. und Königl. Majestät alleruntertänigster Diener.

II. Verkehr mit Oesterr.-Ungarn: Die die gemeinsamen Angelegenheiten vertretenden Behörden (auswärtige Vertretungen — Botschaften, Gesandtschaften — und Konsulate sowie Heer und Kriegsmarine) sind als „K. u. K. österreich.-ungar." Behörden, die österr. Behörden dagegen als „K. K. österr." und die ungar. Behörden als „Kgl. ungarische" Behörden zu bezeichnen.

II. ÄJInnKFMB. vom 28. April 1901, den dienstlichen Verkehr betreffend (GVBl. S. 393, JMBl. 378).

Mit Allerhöchster Genehmigung Seiner Königlichen Hoheit des Prinz-Regenten wird verfügt, dass die Bestimmungen der unterm Heutigen ergangenen gemeinschaftlichen Bekanntmachung der Königlichen Zivil-Staatsministerien, die Vereinfachung des dienstlichen Verkehrs betreffend, auch im Verkehr zwischen **Zivil- und Militärbehörden,** zwischen **Zivilbehörden und Militärpersonen** und zwischen **Militärbehörden und Privatpersonen** entsprechend anzuwenden sind.

Die Bekanntmachung des K. Kriegsministeriums vom 28. Oktober 1876 (Gesetz- und Verordnungsblatt S. 831, Verordnungsblatt des K. Kriegsministeriums Seite 5/8) tritt hierdurch ausser Kraft.

Der schriftliche Verkehr im Heer ist durch die KrMB. vom 6. Juni 1907 geregelt (KrMBl. 149); geändert durch KrMB. v. 29. Aug. 1911 (KrMBl. 514).

A. Wiederholt hat das Finanzministerium darauf hingewiesen, dass auf möglichste Vereinfachung der Geschäftsbehandlung Bedacht zu nehmen und bei allen Entscheidungen, Verfügungen und Berichten möglichste Kürze anzustreben ist. Von allen nicht unbedingt notwendigen Verfügungen und Beanstandungen, insbesondere geringfügiger Natur ist abzusehen. Alle Angelegenheiten, deren Behandlung nicht unbedingt einen schriftlichen Verkehr erfordert, sind tunlichst mündlich in persönlichem Verkehr oder auf telephonischem Wege zu erledigen. Soweit es sich hiebei nicht um Aufschlüsse handelt, die eine genauere aktenmässige Festlegung erheischen, genügt eine möglichst kurzgehaltene Vormerkung des Inhalts der mündlichen Verhandlung oder des gepflogenen Gesprächs.

Die Rentämter haben sich auch sonst bei der Abwicklung ihrer Geschäfte alle Einrichtungen zunutze zu machen, die geeignet erscheinen, die Geschäftsbehandlung zu vereinfachen und zu beschleunigen. In dieser Hinsicht ist vor allem auf die weitgehende

Benützung von Schreibmaschinen, Vervielfältigungsapparaten, Stempeln u. dgl. Bedacht zu nehmen, auch ist in möglichst weitem Umfange von der Verwendung zweckentsprechender Formulare Gebrauch zu machen. Alle Bekanntmachungen, Verfügungen, Beschlüsse etc., die sich wiederholen, sind durch die Verwendung geeigneter Formulare herzustellen oder auf sonst geeignete Weise zu vervielfältigen; das gleiche gilt für Rechnungen, Uebersichten und ähnliche Schriftstücke. Bei Vorlagen, die zur Einweisung bestimmt sind, ist der Vordruck für die Einweisung tunlichst den Formularen beizufügen. Nötigenfalls können die Einweisungen, Verfügungen etc. mit möglichst knapp gehaltenem Stempelaufdruck hergestellt werden. Für Mitteilungen, von denen Dritte ohne Verletzung anderer Interessen Kenntnis nehmen können, dürfen auch Postkarten verwendet werden.

Es empfiehlt sich, bei der Abwicklung der Geschäfte in möglichst weitem Umfange der Stenographie (Gabelsberger) sich zu bedienen. Namentlich genügt es, wenn Akten und ähnliche Vormerkungen von vorübergehender Bedeutung nur stenographisch gemacht werden; ebensowenig begegnet es einem Bedenken, wenn die Amtsvorstände sich darauf beschränken, vor allem umfangreichere Entwürfe lediglich zu stenographieren oder einem Inzipienten oder einer Assistentin zur stenographischen Niederschrift zu diktieren und von diesen Konzept und Reinschrift mittels Durchschlags auf der Maschine gleichzeitig herstellen zu lassen.

Von allen nicht unbedingt notwendigen Abschriften ist Umgang zu nehmen (vgl. FME. v. 12. April 1911 Nr. 12 204).

Die Konzepte und Ausfertigungen der Kasseabteilung eines Rentamts einschliesslich der von dieser anzufertigenden Rechnungsteile (wie der Ausstands- und Nachlass-Libelle, der Besoldungs- und Pensionsnebenrechnungen u. dgl.) werden lediglich von dem Vorstand der Kasseabteilung (ev. Stellvertreter) unterzeichnet, bei Rentämtern, bei denen die Führung der Hauptkasse einem Rentamtsassessor übertragen ist, erfolgt die Unterzeichnung dieser Konzepte und Ausfertigung von diesem mit dem Beisatze I. A. (Im Auftrage). Aber auch ausserdem dürfen die Rentamtsvorstände den Rentamtsassessoren (gleichviel ob sie mit der Führung der Hauptkasse betraut sind oder nicht) Schriftstücke vorbereitender Natur, die in die Geschäftsaufgabe des Assessors fallen, zur selbständigen Unterzeichnung mit dem Beisatze I. A. überlassen.

Vorladungen und ähnliche Schriftstücke bedürfen überhaupt keiner Unterschrift, sondern lediglich der Beifügung des Amtssiegels.

Bei Kasseübergaben im Falle von Beurlaubungen kann von dem Abschlusse sämtlicher Kassebücher abgesehen werden; es genügt die Bescheinigung der Uebernahme der Bestände der Hauptkasse in der Kassestrazze und im Depositentagebuch.

In das allgemeine Geschäftsjournal sind künftig Einläufe nicht mehr einzutragen, die bereits in einer anderen fortlaufenden Aufschreibung ausgewiesen werden. Hienach sind insbesondere die eingehenden Postanweisungen und sonstigen Geldeinläufe, die nach dem § 51 der Geschäftsanweisung für die Rentämter von dem mit der Führung des Geschäftsjournals betrauten Beamten in die dort angeordnete Aufschreibung einzutragen sind, von der Aufnahme in das allgemeine Geschätsjournal ausgeschlossen; ebenso die Anträge anderer Aemter auf Einhebung und Beitreibung von

Staatsgefällen, da diese Einläufe in das hiefür vorgeschriebene Tagebuch aufzunehmen sind.

Ebenso dürfen periodisch einlaufende Anzeigen sowie minder wichtige Einläufe nach näherer Bestimmung des Amtsvorstandes im Geschäftsjournal ausser Vortrag bleiben.

Die in dem § 51 der Geschäftsanweisung angeordnete Aufschreibung hat auch die Stelle ersehen zu lassen, an welcher der eingelaufene Geldbetrag verbucht wurde.

Die Lieferungen der gebührenverrechnenden Behörden sowie der Steuervorgeher etc. sind künftig unmittelbar von den mit der Detaileinhebung betrauten Beamten entgegenzunehmen und zu verbuchen. Die anerkannten Abrechnungen sind vor ihrer Aushändigung an den Liefernden dem mit der Führung der Hauptkasse betrauten Beamten zur Kenntnisnahme vorzulegen und von diesem mit dem Beisatze „K. g." (Kenntnis genommen) zu versehen.

Die Bardepositen sind künftig in der Hauptkasse nicht mehr ausgeschieden von den übrigen Kassebeständen zu verwahren.

Die Zinsscheine der hinterlegten Wertpapiere sind in den Depositenbüchern nicht mehr in Einnahme und Ausgabe durchzuführen.

In den Subjournalen kann bei dem Vortrage der geleisteten Zahlung die Summenspalte an die erste Stelle gesetzt und die Ausscheidung nach den einzelnen Einnahmsgattungen angeschlossen werden. Die Ausscheidung der geleisteten Zahlungen auf die einzelnen Einnahmsgattungen darf einem späteren Zeitpunkte vorbehalten und auch von einem anderen als dem kasseführenden Beamten vorgenommen werden; sie muss jedoch spätestens bis zum Monatsschluss erfolgt sein.

Der Uebertrag aus den Subjournalen in das Kassetagebuch hat — unbeschadet der täglichen Seitenaufaddierung — monatweise, unmittelbar vor dem Abschlusse der Kassebücher, stattzufinden.

Die Abschlagslieferungen und die nach den monatlichen Abrechnungen sich ergebenden Restlieferungen der kasseführenden Beamten sind im Kassetagebuch in einer Summe vorzutragen.

Der Uebertrag in das Hauptbuch hat am Monatsschluss auf Grund der Subjournale stattzufinden. Die Seiten des Hauptbuchs sind lediglich in dem Subjournale vorzumerken. Ebenso ist im Hauptbuch auf die Seite des Subjournals zu verweisen.

Für die Gebühren und Strafen (einschliesslich der rückersetzten Auslagen und durchlaufenden Gelder), die demselben Beamten zur Einhebung zugewiesen sind (gerichtliche, notarielle, bezirksamtliche, rentamtliche Gebühren etc.), darf ein gemeinsames Subjournal geführt werden, in dem je eine Spalte

a) für die Gebühren und Strafen (einschliesslich der Schreib- und Zustellgebühren),
b) für die rückersetzten Auslagen (einschliesslich der Postgebühren),
c) für die durchlaufenden Gelder,
d) für die Mahn-, Zustell- und Vollstreckungsgebühren

zu eröffnen ist. Dagegen kann eine Ausscheidung der Gebühren und Strafen nach Verrechnungstiteln unterbleiben.

Ebenso darf in den Subjournalen

für die Einnahmen aus den besonderen Betrieben des Staates,
für die besonderen Abgaben und
für die Forst-Haupt- und Nebennutzungen

eine Ausscheidung nach den einzelnen Unterabteilungen unterbleiben.

Für die unständigen Einnahmen und Ausgaben, die der mit der Führung des allgemeinen Kassetagebuchs betraute Beamte einzuheben oder auszuzahlen hat, kann ein gemeinsames Hilfstagebuch geführt werden, aus dem der Uebertrag in das Kassetagebuch bei jeder Abrechnung in summarischer Ziffer zu erfolgen hat. Von der Führung mehrerer Hilfstagebücher ist zur Vermeidung einer geschäftsstörenden Zersplitterung der Buchungen tunlichst abzusehen.

Für die Bestände der Hauptkasse genügt die Führung der Kassestrazze, ein Hilfstagebuch erscheint hier entbehrlich, da die Barlieferungen und Vorschüsse von und zur K. Bank und Kreiskasse, die auch durch das allgemeine Kassetagebuch zu führen sind, unschwer aus der Kassestrazze entnommen werden können.

In den vierteljährigen Nachweisungen über die Einnahmen und Ausgaben des ordentlichen Budgets (vgl. die Bekanntmachung vom 31. März 1910, FMBl. S. 88) darf künftig die Ausscheidung der Einnahmen an direkten Steuern sowie an Gebühren und Strafen nach den verschiedenen Einnahmsgattungen, dann der Einnahmen aus den besonderen Betrieben des Staates nach den Unterabteilungen Kapitel 5 und 6 unterbleiben.

Die Kassetagebücher dürfen auch monatweise summiert werden. In diesem Falle ist der Gesamtstand dadurch auszuweisen, dass der Monatssumme jeweilig der Bestand am Schlusse des Vormonats zugezählt wird.

Die Vorstände der Kasseabteilungen haben künftig in der gleichen Weise, wie dies in § 73 der Geschäftsanweisung der Rentämter für die Vorstände der Aemter, bei denen eine Kasseabteilung nicht besteht, vorgeschrieben ist, über die Einnahmen und Ausgaben der Hauptkasse nur mehr eine Kassestrazze zu führen. Das Kassetagebuch hat der mit der Bestreitung der Ausgaben betraute Sekretär zu führen.

Für Stundungen, Forderungspfändungen, Hypothekerwirkungen und alle sonstigen Sicherungs- und Beitreibungsmassnahmen ist an Stelle des verrechnenden Amtes das Rentamt zuständig, in dessen Bezirk der Schuldner wohnt, wenn dies zur Geschäftsvereinfachung oder zur rascheren Sicherung der Forderung dient.

Sämtliche Lieferungen der Rentämter dürfen bei den Kreiskassen während des Jahres für jedes Amt auf ein gemeinsames Konto gebucht werden; die Ausscheidung auf die einzelnen Fonds hat erst bei den Schlussabrechnungen stattzufinden.

(Vgl. FMBek. v. 10. April 1911 FMBl. S. 282.)

B. Vereinfachung des Kassen- und Rechnungswesens (FME. v. 5. Februar 1912 FMBl. S. 11). Bezüglich der Forstämter: FME. v. 19. 7. 1916 (FMBl. S. 99), 1. 9. 1916 (FMBl S. 141).

1. I Zahlungen an Empfänger, die nicht am Sitze der zahlenden Kasse wohnen, sind regelmässig unmittelbar an den Empfangsberechtigten, sohin ohne Inanspruchnahme der Vermittlung anderer staatlicher oder sonstiger Behörden (insbesondere der Gemeindebehörden), zu leisten. Die Zahlung hat tunlichst im Postanweisungsverkehr (FME. vom 15. Februar 1900, FMBl. S. 178 ff., und Ziff. I Abs. 3 der FME. vom 5. Januar 1901, FMBl. S. 2) oder im Giroverkehr oder im Postscheckverkehr zu erfolgen.

II Bei gleichzeitiger Aufgabe von zwei oder mehreren Postanweisungen, durch welche Zahlungen bewirkt werden sollen, die in der gleichen Rechnung oder Nebenrechnung nachzuweisen sind, ist für die Aufgabe der Postanweisungen das mit Finanzministerialentschliessung vom 24. August 1911 (FMBl. S. 521) angeordnete Verzeichnis zu benützen.

III Die Postaufgabescheine und Postaufgabeverzeichnisse (Abs. 2) gelten als vollgültiger Zahlungsnachweis. Die in der Finanzministerialentschliessung vom 15. Februar 1900 vorgeschriebene Erholung von Bestätigungskarten wird hiermit erlassen. Dadurch tritt zugleich die Anordnung in Ziff. I Abs. 2 der Finanzministerialentschliessung vom 5. Januar 1901 ausser Kraft.

IV Für die Besoldungen, Ruhegehalte, Witwen- und Waisengelder, die Bezüge der Geistlichen und Lehrer und alle ähnlichen fortlaufenden Bezüge, die im Postanweisungsverkehr ausbezahlt werden, ist am Jahresschluss eine Hauptquittung auszustellen. Die letzte Monatsrate ist erst auszuzahlen, wenn die Kasse im Besitze dieser Quittung sich befindet. Die Hauptquittung ist zu den Rechnungsbelegen zu nehmen, während die Postaufgabescheine und -verzeichnisse für die in den früheren Monaten bezahlten Beträge als Kassebelege bei der zahlenden Kasse verbleiben. Kann — wie z. B. im Falle des Ablebens des Empfängers — eine Hauptquittung nicht erholt werden, so sind die Postaufgabescheine oder -verzeichnisse zu den Rechnungsbelegen zu nehmen.

2. Vorübergehende Unterstützungen und ähnliche Zahlungen, die gleichzeitig für mehrere Personen angewiesen werden, sind in der Regel ohne Rücksicht auf den Wohnort der einzelnen Empfänger gemeinsam bei einer Kasse (der Kreiskasse usw.) und nicht bei den verschiedenen Kassen (Rentämtern usw.), in deren Bezirken die Empfänger wohnen, zur Zahlung und Verrechnung anzuweisen. Die Auszahlung bemisst sich nach den Anordnungen in Ziff. 1 Abs. 1—3 dieser Entschliessung.

3. I In den Quittungen und in den Rechnungen über Besoldungen, Ruhegehalte und ähnliche fortlaufende Bezüge genügt die Angabe des Familiennamens und des Standes des Berechtigten; die Anführung der Vornamen darf unterbleiben.

II Bei der Erhebung der letzten Rate der Besoldung, des Ruhegehalts oder eines ähnlichen fortlaufenden Bezugs ist die Ausstellung einer Ratenquittung entbehrlich. Es genügt die Ausstellung der Hauptquittung. Der für den Monat Dezember fällige Betrag ist nebst den Abzügen lediglich am Ende der Hauptquittung vorzumerken.

4. Bei Quittungen, die unmittelbar unter die betreffende Rechnung, Liquidation usw. gesetzt werden, genügt, wenn die Summe unverändert geblieben ist, die Bestätigung des Empfanges mit den Worten: „Erhalten am . . . . . N. N.“. Die Wiederholung des Betrags mit Ziffern und Worten und die Angabe der zahlenden Kasse kann unterbleiben.

5. I Fortlaufende Zahlungen, wie Besoldungen, Ruhegehalte u. dgl. können in den hierzu geeigneten Fällen in der Weise bescheinigt werden, dass nicht für jeden Monat von jedem Empfänger eine eigene Quittung ausgestellt, sondern der Empfang in Listen bestätigt wird, die entweder für jeden einzelnen Berechtigten oder für mehrere Berechtigte gemeinsam angelegt werden können.

II In der gleichen Weise können einmalige Zahlungen, bei denen mehrere Empfänger beteiligt sind, bescheinigt werden.

6. I Zur Verminderung des Schreibwerkes sind zu Liquidationen, Anweisungen, Quittungen u. dgl. im weitesten Umfange Druckformulare, zu häufiger vorkommenden Bescheinigungen, Festsetzungen, Vermerken u. dgl. Stempel zu verwenden z. B. „Festgesetzt und zur Zahlung angewiesen mit . . . M. . . Pf.“, „Ohne Erinnerung“; „Betrag erhalten am . . . .“; „Inv. Nr. . . . .“ usw.).

II Bei Vorlagen, die zur Einweisung bestimmt sind, ist der Vordruck für die Einweisung in möglichst kurzer Form tunlichst den Formularen beizufügen. Ausserdem können die Einweisungen, Verfügungen usw. mittels möglichst knapp gehaltenen Stempelaufdrucks hergestellt werden (vgl. Ziff. 5 Abs. 5 der FME. vom 12. April 1911 Nr. 12204).

III Von nicht unbedingt notwendigen Abschriften ist Umgang zu nehmen (Ziff. 5 Abs. 8 der vorbezeichneten Entschliessung). Insbesondere darf von der Beigabe ein r Abschrift von Ministerialentschliessungen zu den Rechnungsbelegen abgesehen werden, wenn der wesentliche Inhalt dieser Entschliessungen in der Entschliessung der Regierung usw. wiedergegeben ist. Die Beigabe einer Abschrift von Entschliessungen oder Verfügungen des Staatsministeriums der Finanzen, durch welche lediglich Kredite eröffnet werden, ist grundsätzlich zu unterlassen. Auf Belege, die bei anderen Rechnungen oder Nebenrechnungen sich befinden, ist lediglich zu verweisen.

7. Kostenvoranschläge sind nur bei der Anschaffung wertvollerer Einrichtungsgegenstände einzufordern. Einer technischen Prüfung bedürfen diese Voranschläge nicht.

8. I Die Rechnungen (Haupt- und Nebenrechnungen) sind künftig nur mehr in e i n e r Ausfertigung herzustellen. Die Anfertigung einer Abschrift (Zweitschrift) wird — und zwar bereits mit Wirkung für die Rechnungsablage für das Jahr 1911 — erlassen.

II Die Rechnung ist nach der Prüfung und Festsetzung dem Rechnungssteller zurückzugeben. Das Hauptbuch und die Belege bleiben bei der Revisionsstelle.

III Beginnend mit der Rechnungsstellung für das Jahr 1912 ist mit jeder Nebenrechnung und Rechnung die vorjährige Nebenrechnung oder Rechnung an die Revisionsstelle gegen Rückgabe einzusenden. Mit Rücksicht hierauf sind die Rechnungen, soweit sie aus Haupt- und Nebenrechnungen bestehen, erst nach Schluss der Rechnungsablage für das nächste Jahr, sohin für das Jahr 1911 erst nach Schluss der Rechnungsablage für das Jahr 1912, binden zu lassen.

IV Für die Staatsschuldenverwaltung verbleibt es in bezug auf die Anfertigung von Rechnungsabschriften zunächst bei dem bisherigen Verfahren; für sie finden daher die Vorschriften in Abs. 1—3 vorläufig keine Anwendung. Auf die Rechnungsstellung für die Brand- und Hagelversicherungsanstalt findet die E. v. 5. II. 1912 (FMBl. 11) Anwendung. E. der VersKamm. v. 25. IX. 1912 Nr. 83 152.

9. I Die Vorträge in den Kassebüchern und Rechnungen sind deutlich, aber möglichst kurz zu fassen. Angaben, die in Ent-

schliessungen, Verzeichnissen usw. enthalten sind, welche bei den Belegen sich befinden, sind, soweit sie nicht für die spätere Verrechnung von Belang sind, in den Rechnungen nicht zu wiederholen. Angaben, wie „laut Rechnung und Quittung" sind überflüssig. Zeitangaben dürfen in den Kassebüchern und Rechnungen in Ziffern gemacht werden, z. B. 1. 2. 12 statt 1. Februar 1912.

II Für die Ueberschriften der Etatstitel darf in den Hauptbüchern und Nebenrechnungen eine abgekürzte Bezeichnung gewählt werden, z. B. für „Besoldungen der Beamten" die Bezeichnung „Besoldungen", für „Kosten für Stellvertretung, Geschäftsaushilfe und besondere Leistungen" die Bezeichnung „Für Stellvertretung usw.". Bei dem Vortrage der sächlichen Ausgaben genügt die Bezeichnung „Sächliche Ausgaben" ohne die Bezeichnung der einzelnen Arten von sächlichen Ausgaben. Soweit die sächlichen Ausgaben in Untertitel sich scheiden, genügt der Vortrag: „Tit. 1. Schreibbedürfnisse usw.", „Tit. 2. Mietzinse", „Tit. 3. Sonstige sächliche Ausgaben" usw. Bei den Ausgaben für Gebäude genügt zu Tit. 1 die Bezeichnung „Brandversicherungsbeiträge usw.".

III Kapitel, Paragraphen und Titel, für die Einnahmen und Ausgaben nicht nachzuweisen sind, brauchen in der Rechnung nicht angegeben zu werden.

IV Zur weiteren Vereinfachung des Rechnungsvortrags ist möglichst von dem summarischen Vortrag der Einnahmen und Ausgaben in den Rechnungen und Nebenrechnungen Gebrauch zu machen. Beispielsweise ist, wenn auf Grund einer Anweisung einmalige Unterstützungen oder sonstige Bezüge an mehrere Empfänger gezahlt wurden, in der Rechnung oder Nebenrechnung nur der Gesamtbetrag unter der Bezeichnung der Empfänger als „A. und Gen." vorzutragen. Ebenso ist in den Fällen, in welchen ein Beleg Ausgaben für verschiedene Anschaffungen, Leistungen oder dgl. enthält, die auf den gleichen Rechnungstitel zu verrechnen sind, nur die Schlusssumme des Belegs in die Rechnung oder Nebenrechnung einzustellen, z. B. „Dem Schreinermeister N. 300 M.". Die Nummern, unter denen die neu angeschafften Gegenstände im Inventar in Zugang gebracht sind, sind lediglich auf dem Belege vorzumerken.

V Bei Ausgaben, die nach Anfall zahlbar sind, kann die Angabe des Inhalts der Verträge usw. und der genehmigenden Entschliessungen in den Nebenrechnungen und Rechnungen unterbleiben, wenn die Verhandlungen als remittierlicher Beleg beigegeben sind. In den Nebenrechnungen oder Rechnungen ist hierauf kurz zu verweisen.

10. In Abänderung der Vorschrift in Ziff. 14 Abs. 5 der Finanzministerialentschliessung vom 25. November 1872 (FMBl. S. 220) wird verfügt, dass die im Rechnungsverfahren ergangenen Revisionsprotokolle und Bescheide schon während der Rechnungsstellung bei Amte belassen und dem Abrechnungskommissär die für die Regierungsakten bestimmten Originale zur Einsicht vorgelegt werden.

11. I Revisionserinnerungen, die einer Aufklärung oder Beantwortung nicht bedürfen, können durch Revisionsvermerk am Schlusse der Nebenrechnung usw. niedergelegt werden.

II Die Erlassung eines förmlichen Bescheids auf die Revisionserinnerungen ist nicht notwendig, wenn sämtliche Erinnerungen erledigt und ausdrückliche Weisungen wegen einer künftigen anderweitigen Behandlung nicht veranlasst sind.

12. Wenn die vorläufige Abrechnung mit der Kasse (die bisherige sog. provisorische Abrechnung nach § 7 der K. Verordnung vom 11. Januar 1826) bereits die volle Erfüllung der Lieferungsschuldigkeit ausweist und eine Zifferänderung infolge der Prüfung der Rechnung nicht eintritt, gilt die vorläufige Abrechnung von selbst als endgültige Abrechnung. Einer nochmaligen Abrechnung bedarf es nur insoweit, als der vorläufigen Abrechnung gegenüber eine Aenderung eintritt. Die nachträgliche Aenderung der vorläufigen Abrechnung ist tunlichst dadurch zu vermeiden, dass die erforderlichen Berichtigungen in die nächstjährige Rechnung verwiesen werden.

13. I Die Rechnungsergebnisse sind künftig nur mehr in den Bescheiden zur Hauptrechnung (den Definitivbeschlüssen im Sinne der §§ 23 ff. der K. Verordnung vom 11. Januar 1826) festzusetzen. Diese Bescheide haben auch die Angaben über die Entlastung der Rechner und die etwa bestehenden Rechnungsvorbehalte entnehmen zu lassen. Die in dem § 25 der K. Verordnung vom 11. Januar 1826 angeordnete Beurkundung der Rechnungsergebnisse in der Rechnung selbst und die Ausfertigung eines besonderen Absolutoriums (§ 27 dieser Verordnung) kommen in Wegfall.

II Ebenso hat der in § 55 der K. Verordnung vom 11. Januar 1826 vorgeschriebene Sturz bei den am Sitze der Abrechnungsstelle befindlichen Kassen künftig zu unterbleiben.

14. Bei der Prüfung der Rechnungen ist ebenso wie bei allen sonstigen Prüfungen das Hauptaugenmerk der materiellen Richtigkeit zuzuwenden und von unwesentlichen und nicht unumgänglich notwendigen Erinnerungen, namentlich in formeller Hinsicht, abzusehen.

15. Wegen der Vereinfachung der Verrechnung der Besoldungen, Ruhegehalte u. dgl. durch Verwendung der Zahlungslisten als Rechnungsnachweisungen und wegen einer Reihe weiterer Erleichterungen werden gesonderte Verfügungen ergehen.

Auch für die Finanzbehörden wertvoll sind folgende auszugsweise wiedergegebenen Bestimmungen der an die Justizbehörden gerichteten JustME. v. 19. Juli 1905 (abgedr. JMBl. 1913 S. 30):

1. Unstatthaft ist, die Anordnungen, welche den Ber. veranlassen, im Ber. selbst zu erwähnen, dafür erfolgt schon die Angabe auf der linken Hälfte der ersten Ber. Seite (§ 5 II Nr. 5 Bek. v. 28. April 1901).

2. Beilagen sind zu numerieren und auf der ersten Seite links summarisch anzugeben und nicht einzeln aufzuzählen.

3. Von den Beilagen darf nur soviel in den Ber. aufgenommen werden als unerlässlich ist, die Beil. müssen ohnehin wieder gelesen werden.

4. Die Behörde, welche den Ber. einer untergeordneten Stelle einer höheren vorlegt, darf nicht den Inhalt dieses Ber. in ihrem eigenen Ber. wiedergeben. Ueberflüssig ist, in Ber. über Anstellungs- und Beförderungsgesuchen Dinge zu erwähnen, die den vorgesetzten Behörden aus den Akten schon bekannt sind, z. B. Prüfungsnoten, Behörden, bei denen der Bewerber in Praxis stand, die bisherige dienstl. Laufbahn, den Inhalt und die Begründung der Qualifikation.

6. Bei Hinweisung auf Gesetze usw. ist nur das Datum und die Stelle des amtl. Bl. anzugeben (z. B. 15. Mai 1874 JMBl. S. 139).

7. Gebräuchliche und verständliche Abkürzungen sind auch in Ber. an höhere Stellen zulässig.

9. Von § 10 Abs. 3 der Bek. v. 28. April 1901 (GVBl. 379) ist häufiger Gebrauch zu machen (Uebersendung einer einfachen Abschrift der Verfügung ohne Begleitschreiben oder Begleitbericht). Es genügt der Vermerk „Vorgelegt“ oder „Zurückgegeben“ und die Beidrückung des Amtssiegels (Ort, Tag, Unterschrift des Beamten und eine innere Adresse sind entbehrlich).

15. Eidesformeln und Verpflichtungen.

Der Beamte ist vor dem Dienstantritt auf die getreue Erfüllung seiner Obliegenheiten eidlich zu verpflichten. Der geleistete Eid verpflichtet auch für alle Aemter, die später übertragen werden.

Ist die eidliche Verpflichtung unterblieben, so ist dies auf die Gültigkeit der Amtshandlungen und auf die Verantwortlichkeit für Pflichtverletzungen ohne Einfluss, soweit nicht durch besondere Gesetze für die Uebernahme gewisser Aemter die Ableistung eines Diensteides ausdrücklich vorgeschrieben ist (§ 23 BG.).

Die Form dieses Diensteides ist durch § 8 der VollzVO. vom 10. Dez. 1908 (GVBl. 1044) geregelt. Derselbe lautet I. für die Beamten im Sinne des BG. einschliesslich der durch Anordnung der Staatsregierung als Beamte erklärten Personen:

a) Wenn sie den Verfassungseid noch nicht geleistet haben:

> Ich schwöre Treue dem Könige, Gehorsam dem Gesetze und Beobachtung der Staatsverfassung; ich schwöre ferner, alle meine Obliegenheiten als Beamter getreu zu erfüllen, so wahr mir Gott helfe.

b) Wenn sie den Verfassungseid geleistet haben:

> Ich schwöre, alle meine Obliegenheiten als Beamter getreu zu erfüllen, so wahr mir Gott helfe.

II. Für die **Staatsdienstaspiranten** und die Personen, die mit den Verrichtungen von Beamten ständig oder vorübergehend betraut sind:

a) Wenn sie den Verfassungseid noch nicht geleistet haben:

> Ich schwöre Treue dem Könige, Gehorsam dem Gesetze und Beobachtung der Staatsverfassung; ich schwöre ferner, alle Obliegenheiten meines Dienstes getreu zu erfüllen, so wahr mir Gott helfe.

b) Wenn sie den Verfassungseid geleistet haben:

> Ich schwöre, alle Obliegenheiten meines Dienstes getreu zu erfüllen, so wahr mir Gott helfe.

Wegen der Staatsdienstaspiranten, die als Beamte im Sinne des Beamtengesetzes erklärt sind, s. den Eid der Beamten.

Beamtengesetz Art. 25; Vollzugsverordnung v. 10. Dezember 1908 § 8 (GVBl. 1044).

Der Abnahme des Eides hat eine Belehrung über die Dienstpflichten und die Bedeutung des Eides vorherzugehen.

Der Verfassungseid — Tit. X § 3 der Verfassungsurkunde — kann geleistet worden sein anlässlich der Beteiligung an den Landtagswahlen, der Verehelichung usw. und lautet:

> Ich schwöre Treue dem Könige, Gehorsam dem Gesetze und Beobachtung der Staatsverfassung; so wahr mir Gott helfe und sein heiliges Evangelium.

Die Rentamtsinzipienten und die Hilfsarbeiterinnen des Rentamts sind beim Diensteintritt durch Handgelübde zu verpflichten, dass sie alle ihre Obliegenheiten getreu erfüllen und über die vermöge des Dienstes bekannt gewordenen Angelegenheiten Verschwiegenheit beobachten, auch nachdem das Dienstverhältnis gelöst ist.

Bei erreichter Volljährigkeit ist den Rentamtsinzipienten, den Hilfsarbeiterinnen und den nicht etatsmässigen Assistentinnen der in § 8 Abs. 3 der AVO. vom 10. Dez. 1908 (GVBl. 1044) vorgeschriebene Eid abzunehmen. Vgl. FMB. vom 12. April 1911 (Ziff. 6) FMBl. 300, 301 und FMB. vom 6. April 1911 (Ziff. 9) FMBl. 281.

Den **Mitgliedern des Steuerausschusses**, dann den zu den Sitzungen beigezogenen **Sachverständigen** ist beim Eintritt in ihre Tätigkeit von dem Vorsitzenden unter dem ausdrücklichen Hinweis auf die Strafbestimmung des Art. 79 (des Einkommensteuergesetzes vom 14. August 1910 GVBl. 527) der nachstehende Eid abzunehmen:

„Ich schwöre bei Gott dem Allmächtigen und Allwissenden, dass ich bei den Ausschussverhandlungen ohne Ansehen der Person nach bestem Wissen und Gewissen verfahren und die Verhandlungen sowie die hierbei zu meiner Kenntnis gelangenden Verhältnisse der Steuerpflichtigen strengstens geheim halten werde, so wahr mir Gott helfe."

Mitgliedern von Religionsgenossenschaften, deren Bekenntnis die Eidesleistung untersagt, ist an Stelle des Eides die dem Bekenntnis entsprechende Beteuerung gestattet.

In gleicher Weise hat die Verpflichtung des Vorsitzenden oder seines Vertreters, wenn sie nicht schon als Staatsbeamte vereidigt sind, durch den Rentamtsvorstand zu erfolgen (Art. 43 EinkStG. GVBl. 515).

Vorstehende Bestimmungen gelten auch für die Beeidigung der **Mitglieder der Steuer-Berufungskommission** (Art. 58 Abs. 1 a. a. O.) und **Oberberufungskommission** (Art. 61 Abs. 6 a. a. O.).

Zu den Steuerausschussmitgliedern zählt auch das nach Art. 41 Abs. 1 a. a. O. eventuell aufgestellte weitere Ausschussmitglied.

Die Abnahme des Eides darf auch in der Weise erfolgen, dass der Vorsitzende die Schwurformel verliest und die Schwörenden (Ausschussmitglieder, Sachverständige etc.) unter Erhebung der rechten Hand lediglich die Worte sprechen: „Ich schwöre, so wahr mir Gott helfe." (§§ 58 Abs. 1, 72 Abs. 3 der VollzugsV. z. EinkStGes. vom 14. Aug. 1910 GVBl. 493.)

16. Qualifikationsvorschriften.

FMB. v. 27. Januar 1914 FMBl. S. 1.

§ 1. Für jeden Beamten (Art. 1 BG.) ist eine eigene Qualifikationsliste nach Formblatt I anzulegen, soweit nicht nach § 6 für einzelne Beamtenklassen etwas anderes bestimmt wird.

§ 2. Wie das Formblatt auszufüllen ist, ergibt sich im allgemeinen aus der Ueberschrift der Spalten. Zur Erläuterung wird noch folgendes bemerkt:

1. Die Angaben auf der Titelseite sollen ein genaues Bild von den persönlichen Verhältnissen des Beamten und von seinem Familienstande geben. Hinsichtlich des Militärverhältnisses ist die Art der Ableistung der Militärdienstpflicht, der militärische Grad sowie eine etwaige Militär- oder Gendarmeriepension anzugeben. Bei den Angaben über die persönlichen Verhältnisse ist auch eine etwaige Ehetrennung oder Ehescheidung zu erwähnen. Bei der Angabe der Zahl der Kinder sind nur die lebenden Kinder einschliesslich der Stief- und Adoptivkinder zu rechnen.

2. Der Vortrag in der Spalte 1 soll in aller Kürze mit möglichster Vollständigkeit insbesondere die Angaben über die besuchten Schulen, die Dauer des Besuchs, den Gang des Vorbereitungsdienstes nach Art und Dauer und über Ort, Zeit und Ergebnis der für die Anstellung massgebenden Prüfungen enthalten.

3. Unter den sonstigen Aenderungen der dienstlichen Stellung in der Spalte 2 sind nicht nur Versetzungen sondern auch Titel- und Rangverleihungen, zeitweise Verwendungen in anderen Verwaltungszweigen, längere Beurlaubungen mit Einzug des Gehalts, zeitweise Ruhestandsversetzungen usw. aufzuführen.

4. Die Spalten 4 bis 15 sind für die Aufnahme der eigentlichen Qualifikation bestimmt. Bei den Einträgen ist mit der grössten Umsicht und Gewissenhaftigkeit zu verfahren, jedes persönliche Interesse, jede persönliche Rücksichtnahme auszuschalten und ein verlässiges Urteil über die Gesamtleistungen, das Verhalten im ganzen abzugeben. Es ist dabei stets im Auge zu behalten, welche grosse Bedeutung dem abgegebenen Urteile für die dienstlichen Interessen und für den qualifizierten Beamten beigemessen werden muss. Im einzelnen ist zu beachten:

a) Das Qualifikationsgutachten ist vorzugsweise nach den Wahrnehmungen in der dermaligen Stellung des Beamten abzugeben. Hierfür sollen vier Noten dienen, die in den Spalten „Anlagen, Kenntnisse, Geschäftsgewandtheit, Fleiss und Diensteifer, mündlicher und schriftlicher Vortrag" mit arabischen, in der Spalte „Hauptnote" mit römischen Ziffern einzutragen sind. Den Ziffern soll folgende allgemeine Bedeutung beigemessen werden:

eins = ausgezeichnet,
zwei = gut,
drei = genügend,
vier = ungenügend.

Die Note eins soll einen hervorragenden Grad,
die Note zwei einen ganz entsprechenden Grad,
die Note drei einen noch zufriedenstellenden, jedoch das Durchschnittsmass nicht ganz erreichenden Grad und

die Note vier einen den unerlässlichen Anforderungen nicht genügenden Grad

bezeichnen.

b) Wenn nach sorgfältiger Erwägung der massgebenden Verhältnisse Zweifel darüber bestehen, ob die bessere Note vollkommen begründet ist, kann die Qualifikation durch Bruchzahlen und zwar 1/2 (I/II), 2/3 (II/III) und 3/4 (III/IV) zum Ausdrucke gebracht werden.

c) Zwischen der Hauptnote und den Einzelnoten wird sich in der Regel von selbst eine gewisse Uebereinstimmung ergeben. Die Hauptnote soll aber nicht lediglich das arithmetische Mittel aus den Einzelnoten darstellen, da für die Festsetzung der Hauptnote die Einträge in sämtlichen Spalten masszugeben haben.

d) Bei der Würdigung des mündlichen und schriftlichen Vortrags (Spalten 8, 9) ist besonders die Fähigkeit zu beachten, bei grösseren Gegenständen alle wesentlichen Gesichtspunkte herauszufinden, sie kurz, bündig und klar sowie in mehr oder weniger guter Form darzustellen und sodann mit Urteilsschärfe die veranlassten Schlussfolgerungen in Form bestimmter Anträge zu stellen.

Soweit ein Gutachten über den Vortrag nicht veranlasst ist, können die Spalten 8, 9 leer durchgeführt werden.

e) In den übrigen Spalten ist das Urteil mit kurzen Worten anzugeben, z. B.:

Spalte 10 Benehmen und Umgangsformen: gewandt, gut, entsprechend, schüchtern, unbeholfen, überhebend, unverträglich, barsch;

Spalte 11 dienstliches Verhalten; entsprechend, taktvoll, umsichtig, energisch, gewissenhaft, verlässig, ruhig, ohne entsprechende Energie, nachlässig, rücksichtslos, kleinlich;

Spalte 12 ausserdienstliches Verhalten: entsprechend, nicht tadelfrei, anstössig, Neigung zum Trunke;

Spalte 13 wirtschaftliche Verhältnisse: sehr günstig, gut, geordnet, beengt aber geordnet, verschuldet (Gehaltspfändung?), zerrüttet und ohne Aussicht auf Besserung;

Spalte 14 Gesundheit: gut, rüstig, von schwacher Konstitution jedoch gesund, kränklich, leidend jedoch ohne erhebliche Störung für den Dienst, schwerhörig, stottert (etwaige sonstige körperliche Gebrechen).

5. [I] In der Spalte 16 sind die besonderen Leistungen, namentlich in ausserordentlichen Verwendungen, auf organisatorischem oder wissenschaftlichem Gebiete u. dgl., ferner durch besondere Entschliessungen erteilte Belobungen kurz anzuführen. Oeffentliche Auszeichnungen (Orden, Medaillen) sind unter Angabe des Zeitpunkts der Verleihung zu erwähnen. Gelegentliche Anerkennungen werden nicht vorgetragen.

[II] Unter den Strafen sind zunächst die Dienststrafen nach Art. 106 ff. BG. zu verstehen; die vor der Wirksamkeit des Beamtengesetzes ausgesprochenen Strafen sind insoweit anzuführen, als sie den Dienststrafen im Sinne des Beamtengesetzes gleich zu achten sind. Die seit der Anstellung des Beamten etwa verhängten gerichtlichen Strafen sind einzutragen, soweit sie für die Gesamtbeurteilung von Belang sind. Hierbei sind die Entschliessungen oder Urteile anzuführen.

6. [I] Bei der Abgabe des Beförderungsgutachtens (Spalte 17) ist mit besonderer Sorgfalt zu prüfen, ob von dem Beamten

nach den bisherigen Wahrnehmungen auch in der höheren Dienstesstufe eine in allen Beziehungen vollkommen befriedigende Dienstleistung unzweifelhaft erwartet werden kann und ob zugleich der Beamte nach seinem Diensteifer und Verhalten der Beförderung in jeder Hinsicht würdig ist.

II Wenn verschiedene Beförderungsmöglichkeiten bestehen, so ist auch zu etwa geäusserten allgemeinen Wünschen des Beamten Stellung zu nehmen, z. B. „Der Beamte strebt in erster Linie die Stelle eines Kasseabteilungsvorstandes an und ist hierfür vorzugsweise geeignet". Dagegen sind besondere Wünsche, z. B. Beförderung oder Versetzung nach bestimmten Orten oder auf bestimmte Stellen, nicht vorzutragen, vielmehr schriftlichen Gesuchen vorzubehalten.

7. Die Spalte 18 soll im allgemeinen zur etwa angezeigten näheren Begründung, Erläuterung und Ergänzung der Einträge in den übrigen Spalten, namentlich aber zur Abgabe einer etwa veranlassten Bemerkung über besondere Verwendbarkeit dienen. Dabei ist zu beachten:

a) Bei der Bedeutung der Kenntnis der Stenographie (nach System Gabelsberger) für tunlichste Geschäftsvereinfachung ist veranlasstenfalls anzugeben, ob und in welchem Masse der Beamte der Stenographie kundig ist. Soweit die Verwendbarkeit für Maschinenschreiben in Frage kommt, ist hierüber gleichfalls Vormerkung zu machen.

b) Anerkennenswerte Leistungen auf dem Gebiete der Fachliteratur sind zu erwähnen.

c) Wenn der Beamte besondere Fähigkeiten besitzt, die ihn hervorragend allgemein oder für besondere Stellen geeignet erscheinen lassen, so ist hierauf von Amts wegen aufmerksam zu machen.

d) Die Erteilung der Hauptnoten I oder IV ist in dieser Spalte zu begründen. Dabei ist anzugeben, ob der mit Note IV gewürdigte Beamte noch in seinem Amte belassen werden kann oder ob andere Massnahmen für angezeigt erachtet werden. Im letzteren Falle ist, sofern der Beamte vom König oder vom Staatsministerium der Finanzen ernannt ist, an dieses alsbald besonderer Bericht zu erstatten.

e) In dieser Spalte ist es auch unter Angabe der Gründe zu vermerken, wenn dem Beamten die regelmässige Vorrückung in den Gehalt der nächsthöheren Dienstaltersstufe vorenthalten oder nur in widerruflicher Weise bewilligt wurde.

§ 3. Die Beamten sind verpflichtet, die erforderlichen Aufschlüsse über ihre persönlichen und Familienverhältnisse sowie über ihren bisherigen Lebenslauf — nötigenfalls unter Vorlage der urkundlichen Nachweise — zu geben und Aenderungen in diesen Verhältnissen ungesäumt anzuzeigen.

§ 4. I Die neuen Qualifikationsvorschriften treten sofort in Wirksamkeit.

II Bei der nächsten Qualifikation ist für jeden Beamten eine neue Qualifikationsliste nach Formblatt I anzulegen.

III Ausfertigungen der Qualifikationslisten sind dem K. Staatsministerium oder den durch besondere Entschliessung hierzu bestimmten Stellen geordnet vorzulegen.

IV In den durch besondere Entschliessung festzusetzenden Zwischenräumen hat eine Revision der Qualifikation stattzufinden. Die auf Grund dieser Revision eingetretenen Aenderungen sind unter Verwendung des Formblattes II anzuzeigen.

V Die Aenderungsanzeigen und neue Qualifikationslisten sind, sofern nicht ein anderes Verfahren angeordnet wird, jeweils nach Abschluss der Qualifikation vorzulegen. In dem Berichte ist die Richtigkeit und Vollständigkeit der Vorlage ausdrücklich zu bestätigen, ferner sind jene Beamten zu benennen, über die eine Qualifikation wegen Todesfalls, Versetzung, Ruhestandsversetzung usw. nicht mehr abzugeben war.

VI Die Qualifikationslisten und Aenderungsanzeigen sind unter Verschluss dem Vorlageberichte beizufügen.

VII Die Anordnung der Vorlage von ausserordentlichen Qualifikationsgutachten bleibt vorbehalten.

§ 5. I Die Qualifikationslisten sind unter Verschluss des qualifizierenden Beamten und jener Stelle, für die sie bestimmt sind, aufzubewahren.

II Ihr Inhalt ist gegenüber Dritten geheim zu halten. Dem qualifizierten Beamten muss jedoch nach Art. 102 Abs. 2 des BG. auf Verlangen der wesentliche Inhalt der Einträge in seiner Qualifikationsliste bekanntgegeben werden. Als wesentlicher Inhalt werden in der Regel die Einträge in den Spalten 4 bis 17 zu gelten haben.

III Wenn in einer der Spalten 5 bis 7 die Note 4 erteilt wird, ist der Beamte unter angemessener Aufmunterung von Amts wegen hiervon in Kenntnis zu setzen.

§ 6. Soweit ausser diesen Vorschriften für einzelne Beamtenklassen wegen der Besonderheit der Dienstesaufgaben noch ergänzende Vorschriften veranlasst sind, wird weitere Entschliessung ergehen.

§ 7. Unbeschadet dieser Vorschriften ist nach wie vor über alle persönlichen Verhältnisse sofort gesondert zu berichten, denen für den Beamten oder den Dienst eine besondere Bedeutung beizumessen ist, z. B. über Gesundheitsverhältnisse, die voraussichtlich bleibende oder länger andauernde Dienstesunfähigkeit zur Folge haben werden, grobe Verfehlungen disziplinärer oder strafrechtlicher Natur, Verhängung von Disziplinar- oder gerichtlichen Strafen usw.

17. Prüfungsvorschriften für den mittleren Finanzdienst.

FMB. vom 13. März 1905, FMBl. S. 105.

Zum Vollzuge der K. Allerhöchsten Verordnung vom 10. Mai 1903, die Vorbedingungen für den höheren und mittleren Finanzdienst betreffend, (GVBl. S. 341) und mit Bezugnahme auf Ziff. 25 Abs. 4 der Finanzministerialbekanntmachung gleichen Betreffs vom 26. Mai 1903 (FMBl. S. 246) werden über die Vornahme der Prüfungen für den mittleren Finanzdienst nachstehende Vorschriften erlassen:

§ 1. Die gemäss der Bestimmungen in §§ 2—4 der K. Allerhöchsten Verordnung vom 10. Mai 1903 vorzunehmenden Prüfungen für die Bewerber um Stellen des mittleren Finanzdienstes werden

für die I. Abteilung alljährlich,
für die II. Abteilung alle 3 Jahre

abgehalten.

§ 2. Die Prüfung I. Abteilung findet nur an dem Sitze einer Kreisregierung und zwar im Jahre 1905 im Monat Mai, vom Jahre 1906 an aber in der Regel im Monat Oktober statt.

Die Regierungsfinanzkammer, welche die Prüfung abzuhalten hat, wird durch das K. Staatsministerium der Finanzen bestimmt.

§ 3. Zur Abhaltung der Prüfung II. Abteilung werden zwei Sprengel gebildet, wovon

der erste die Regierungsbezirke von Oberbayern, Niederbayern, Oberpfalz und von Regensburg und Schwaben und Neuburg,

der zweite die Regierungsbezirke der Pfalz, von Oberfranken, Mittelfranken und Unterfranken und Aschaffenburg umfasst.

Für jeden der beiden Sprengel wird jeweilig vom K. Staatsministerium der Finanzen die Regierungsfinanzkammer bestimmt, welche die Prüfung abzuhalten hat.

Die Kandidaten haben sich der Prüfung bei der Kreisregierung jenes Sprengels zu unterziehen, in welchem sie zur Zeit der Prüfungsausschreibung in dienstlicher Verwendung stehen oder im Falle der Ableistung der aktiven Militärdienstpflicht letztmals im rentamtlichen Dienste gestanden sind.

Die Prüfung II. Abteilung wird im Jahre 1905 im Monat Mai, für die Folge aber in der Regel im Monat Oktober jedes dritten Jahres abgehalten.

§ 4. Der Tag des Beginnes und der Ort der Abhaltung der Prüfungen werden durch Ausschreiben des K. Staatsministeriums der Finanzen im Finanzministerialblatt und in den sämtlichen Kreisamtsblättern bekannt gegeben.

§ 5. Die Gesuche um Zulassung zur Prüfung sind spätestens 4 Wochen vor Beginn der Prüfung bei demjenigen Rentamt einzureichen, bei dem die Kandidaten in dienstlicher Verwendung stehen.

Kandidaten, welche die Bedingungen für die Zulassung zur Prüfung erfüllt haben, aber zur Zeit der Prüfungsausschreibung der aktiven Militärdienstpflicht genügen, haben ihr Gesuch an jenes Rentamt zu richten, dem sie vor ihrem Eintritt in den Militärdienst zugeteilt waren.

Den Gesuchen um Zulassung zur Prüfung I. Abteilung sind von den Kandidaten

a) das Gymnasial-Absolutorium,

b) das Zeugnis des (geschäftsleitenden) Amtsgerichtssekretärs über den Erfolg der Praxis bei der Gerichtsschreiberei eines Amtsgerichts

beizulegen, soferne diese Zeugnisse nicht dem Personalakt einverleibt sind.

Die Rentämter haben die Gesuche um Zulassung zur Prüfung mit den einschlägigen Personalakten spätestens 3 Wochen vor Beginn der Prüfung der vorgesetzten Regierungsfinanzkammer mit einer Aeusserung über die dienstliche Verwendbarkeit, dann das dienstliche und ausserdienstliche Verhalten des Gesuchstellers vorzulegen. Bezüglich der Kandidaten der Prüfung II. Abteilung haben die Amtsvorstände in dem Vorlageberichte insbesondere auch über die Dauer der Verwendung derselben zu wichtigeren Arbeiten des rentamtlichen Dienstes und über Fleiss die erforderlichen Angaben niederzulegen.

§ 6. In Ansehung der Kandidaten für die Prüfung I. Abteilung finden Dispensationen von den in § 3 Abs. 1 der K. Allerhöchsten Verordnung vom 10. Mai 1903 festgesetzten Bedingungen gemäss Ziff. 15 Abs. 2 der Bekanntmachung des K. Staatsministeriums der Finanzen vom 26. Mai 1903 nicht statt.

Die Zeit, während der ein Kandidat infolge Krankheit oder wegen Einberufung zu militärischen Uebungen — Uebungen in der Reserve und Landwehr — dem Vorbereitungsdienste entzogen war, ist auf dessen vorgeschriebene Dauer anzurechnen. Dagegen hat die Zeit der vorübergehenden Ruhestandsversetzung nicht in Anrechnung zu kommen.

§ 7. Nach § 4 Abs. 1 der vorangezogenen Allerhöchsten Verordnung sind zur Prüfung für den mittleren Finanzdienst II. Abteilung jene Rentamtsgehilfen zuzulassen, welche mindestens zehn Jahre bei Rentämtern — darunter jedenfalls die Hälfte dieser Zeit mit wichtigeren Arbeiten des rentamtlichen Dienstes — zur vollen Zufriedenheit beschäftigt waren und im Zeitpunkte der Abhaltung der Prüfung noch im staatlichen Finanzdienst verwendet sind. Gemäss § 4 Abs. 2 der Allerhöchsten Verordnung ist das Staatsministerium der Finanzen ermächtigt, in besonders berücksichtigungswerten Fällen die Teilnahme an dieser Prüfung ausnahmsweise auch bei einer geringeren rentamtlichen Dienstzeit zu gestatten. Diese Voraussetzung erscheint nach Ziff. 17 Abs. 3 der Bekanntmachung vom 26. Mai 1903 namentlich in allen jenen Fällen gegeben, in denen Rentamtsgehilfen die Vorbedingungen für den Einjährig-Freiwilligen-Militärdienst erfüllt haben, indem diese schon nach einer fünfjährigen rentamtlichen Dienstzeit zur Prüfung zugelassen werden können. Die Regierungsfinanzkammern werden ermächtigt, im Falle der Erfüllung dieser Voraussetzung die Zulassung zur Prüfung dann zu genehmigen, wenn die betreffenden Rentamtsgehilfen mindestens $1^1/_2$ Jahre in der Eigenschaft eines Gehilfen vollständig zufriedenstellende Dienste geleistet haben.

Im übrigen behält sich das K. Staatsministerium der Finanzen eine etwaige Dispensation vor, wobei jedoch darauf aufmerksam gemacht wird, dass gemäss Ziff. 17 Abs. 3 obiger Bekanntmachung in allen Fällen, in denen der Besuch der Volksschule und einer Mittelschule die übliche Zeitdauer des allgemein vorgeschriebenen Besuches der Volksschule nicht übersteigt, eine Dispensation grundsätzlich ausgeschlossen ist.

Jenen Rentamtsgehilfen, welche der Dienstpflicht im stehenden Heere nach Massgabe des § 6 Ziff. 3 der Wehrordnung für das Königreich Bayern vom 19. Januar 1889 in der Fassung der Verordnung vom 3. Februar 1894 (GVBl. 1894 S. 110) genügt haben, wird für die Zulassung zur Prüfung für den mittleren Finanzdienst II. Abteilung die Zeit der aktiven Dienstpflicht auf die rentamtliche Dienstzeit in Anrechnung gebracht (Ziff. 14 Abs. 4 der Bekanntmachung vom 26. Mai 1903).

Jenen Amtsgehilfen, welche während ihrer Verwendung im rentamtlichen Dienste der aktiven Dienstpflicht im stehenden Heere als Einjährig-Freiwillige genügt haben, kann diese Dienstzeit auf die fünfjährige rentamtliche Dienstzeit nicht angerechnet werden.

Die Vorschrift in § 6 Abs. 2 findet auch auf die Rentamtsgehilfen — Kandidaten für die Prüfung II. Abteilung — Anwendung.

§ 8. Die Regierungsfinanzkammern haben die Zulassungsgesuche und die sie begründenden Zeugnisse nebst den Vorlageberichten genauer Würdigung zu unterstellen und bei genügendem Befunde den Gesuchstellern die erfolgte Zulassung mitzuteilen.

Spätestens 14 Tage vor Beginn der Prüfung haben die Regierungsfinanzkammern Verzeichnisse über die zur Prüfung zugelassenen Kandidaten nach dem als Beilage I beigegebenen Formular der mit der Abhaltung der Prüfung betrauten Regierungsfinanzkammer zu übersenden und Abschrift dem K. Staatsministerium der Finanzen vorzulegen.

§ 9. Zur Leitung und Durchführung der Prüfung ist bei jeder der mit der Prüfungsvornahme betrauten Regierungsfinanzkammern eine eigene Kommission — Prüfungskommission — zu bestellen, welche aus

dem Regierungsdirektor,

zwei Kollegialmitgliedern und einem Sekretär oder Akzessisten als Protokollführer

zu bestehen hat.

§ 10. Die Prüfung ist schriftlich.

Die einzelnen Aufgaben sind unter Klausur und Aufsicht zu bearbeiten.

Während des Verlaufes der Prüfung sind die Sitzplätze im Wege der Auslosung mehrmals neu zu verteilen.

§ 11. Für die Prüfung I. Abteilung werden die Probeaufgaben aus nachbenannten Finanzverwaltungszweigen gegeben:

1. Buch- und Kassaführung, Etats- und Rechnungswesen einschliesslich des Perzeptions-, Ausstands- und Nachlasswesens . . . . . 3 Aufgaben
2. Steuerwesen . . . . 5 „
3. Erbschaftssteuer-, Gerichtskosten-, Gebühren-, Strafkosten- und Stempelwesen . . . . . 3 „

4. sonstige rentamtliche Verwaltungszweige einschliesslich der Grundgefälle, Staatsdomänen, staatsdienerlichen Verhältnisse, Besoldungen, Pensionen, Umzugskosten, Umlagenkonkurrenzpflicht, Staatsschuldenwesen etc. . . . 5 Aufgaben

Hiezu kommt noch

5. ein praktischer Fall aus der Finanzverwaltung, welcher vier Aufgaben gleichgeachtet wird.

§ 12. Die Prüfung I. Abteilung dauert 5 Tage.

Zur Bearbeitung des praktischen Falles wird eine Zeit von 9 Stunden — 8 Uhr vormittags bis 5 Uhr nachmittags —, für die übrigen Aufgaben eine Zeit von je 2 Stunden gewährt.

§ 13. Für die Prüfung II. Abteilung werden die Probeaufgaben aus nachbenannten Finanzverwaltungszweigen gegeben:

1. Buch- und Kassaführung, Etats- und Rechnungswesen einschliesslich des Perzeptions-, Ausstands- und Nachlasswesens . . . . . 3 Aufgaben
2. Steuerwesen . . . . 5 Aufgaben
3. Erbschaftssteuer-, Gebühren-, Strafkosten und Stempelwesen . . . . 2 „
4. übrige Staats-Einnahmen, sowie Staats- und Verwaltungsausgaben einschliesslich der Grundgefälle, der staatsdienerlichen Unterstützungsvereine, Besoldungen, Pensionen, Umlagen, Umzugskosten etc. . . . . . . 2 „

§ 14. Die Prüfung II. Abteilung dauert 3 Tage. Zur Bearbeitung der Probeaufgaben ist eine Zeitdauer von je 2 Stunden bestimmt.

§ 15. Die mit der Abhaltung der Prüfung betrauten Regierungsfinanzkammern haben nach erfolgter Ausschreibung des Termins für die Prüfungsvornahme binnen längstens 4 Wochen Entwürfe der Prüfungsaufgaben — einschliesslich des praktischen Falles für die I. Abteilung — an das K. Staatsministerium der Finanzen einzusenden.

Bei dem Entwurfe der Aufgaben für die I. Abteilung ist darauf Bedacht zu nehmen, dass den Kandidaten Gelegenheit geboten werde, in erster Linie ihre praktische Ausbildung zu zeigen, dann aber auch Proben ihrer theoretischen Kenntnisse hinsichtlich der verschiedenen Sparten und der einschlägigen zivil-, straf- und staatsrechtlichen und prozessgesetzlichen Bestimmungen, sowie ihrer Beurteilungsfähigkeit und Darstellungsgabe abzulegen.

Die Entwürfe der Aufgaben für die II. Abteilung sind derart zu bemessen, dass die Kandidaten ihre allseitige praktische Ausbildung in den einzelnen Prüfungsgegenständen und ihre genaue Kenntnis der einschlägigen Bestimmungen an den Tag legen und ihre Darstellungsgabe erproben können.

Bei den Prüfungsaufgaben aus dem Steuerwesen ist den Kandidaten beider Abteilungen insbesondere auch Gelegenheit zu geben, ihre Kenntnisse im Kataster-Umschreibwesen zu zeigen.

§ 16. Die Bestimmung der Probeaufgaben für die jeweilige Prüfung erfolgt durch das K. Staatsministerium der Finanzen.

Die ausgewählten Probeaufgaben werden den mit der Abhaltung der Prüfung betrauten Regierungsfinanzkammern in der erforderlichen Anzahl von Abdrücken verschlossen übersendet.

Dieselben sind vom Vorstande der Prüfungskommission unter Verschluss zu nehmen und erst an den vom K. Staatsministerium der Finanzen bestimmten Tagen und Stunden in Gegenwart der Kandidaten zu eröffnen.

Zur Bearbeitung ist jeweils nur eine einzige Aufgabe vorzulegen.

Eine Verlängerung der Arbeitsdauer (§ 12 Abs. 2 und § 14) ist unzulässig. Den Zeitpunkt der Ablieferung der Bearbeitungen zu verschieben, ist nur für den Fall gestattet, dass infolge aussergewöhnlicher Vorkommnisse der Beginn der Zeit für die Bearbeitung einer Aufgabe hinausgerückt werden oder eine Unterbrechung der Arbeitszeit eintreten musste.

Auf den von den Kandidaten übergebenen Bearbeitungen der einzelnen Aufgaben ist von dem die Aufsicht führenden Prüfungskommissionsmitgliede der Zeitpunkt der Uebergabe vorzumerken.

§ 17. Den Kandidaten ist der Gebrauch gedruckter und geschriebener Hilfsquellen gestattet.

Die Benützung amtlicher Rechnungen und Akten oder von anderen gefertigter Bearbeitungen der Aufgaben, sowie das Zusammenarbeiten mehrerer Kandidaten ist verboten.

Den Prüfungskommissären wird die strengste Ueberwachung der Kandidaten während der Bearbeitung zur Pflicht gemacht.

§ 18. Ueber den Gang der Prüfung ist von der Kommission ein fortlaufendes Protokoll zu führen, in welchem das Erforderliche über die Eröffnung der Aufgaben, den Schluss der Prüfungszeit, die Auslosung der Sitzplätze und über etwaige, die Zensur beeinflussende Vorkommnisse niederzulegen ist.

§ 19. Die Zensur der Bearbeitungen wird besonderen, aus dem Regierungsdirektor und zwei Kollegialmitgliedern der Regierungsfinanzkammern bestehenden Kommissionen übertragen.

Die Zahl der Zensurkommissionen und ihre Mitglieder werden durch Finanzministerialentschliessung bestimmt.

§ 20. Bei der Zensur haben die Noten

I = sehr gut
II = gut
III = genügend
IV = ungenügend

sowie die Zwischennoten I½, II½ und III½ zur Anwendung zu kommen.

Für die Bearbeitung jeder einzelnen Aufgabe ist eine besondere Note (ganze oder Zwischennote) zu geben.

§ 21. Stil und Darstellungsgabe der Kandidaten sind durch die Noten

1 = sehr gut
2 = gut
3 = genügend
4 = ungenügend

(Nebennoten) zu würdigen.

Ausserdem ist bei den Kandidaten der Prüfung II. Abteilung noch die Handschrift mit einer Nebennote zu würdigen.

§ 22. Die Zensur der Bearbeitungen ist von den beiden zur Zensurkommission gehörigen Kollegialmitgliedern vorzunehmen und tunlichst zu fördern.

Das Ergebnis der Beurteilung eines jeden derselben ist in eine tabellarische Uebersicht nach dem als Beilage II anliegenden Muster niederzulegen.

Die Feststellung der Noten für die einzelnen Aufgaben erfolgt in kollegialer Beratung der Zensurkommission. Hierüber ist ein fortlaufendes Protokoll zu führen.

§ 23. Hat ein Kandidat bei der Bearbeitung einer Aufgabe der Vorschrift in § 17 Abs. 2 zuwidergehandelt oder seine Bearbeitung ganz oder teilweise einem anderen Kandidaten zur Benützung überlassen, so sind die von diesen Kandidaten gelieferten Bearbeitungen der Aufgabe mit der Note IV zu würdigen. Auch können diese Kandidaten vom K. Staatsministerium der Finanzen zur Wiederholung der Prüfung verwiesen werden.

Zur leichteren Kontrolle in der angedeuteten Richtung ist den Bearbeitungen einer jeden Aufgabe eine Skizze des Prüfungsraumes und der Verteilung der Sitzplätze beizugeben.

§ 24. Nach Vollendung der Zensur haben die Vorsitzenden der Zensurkommissionen die Arbeiten der Kandidaten nebst den erteilten Noten und den Zensurübersichten (§ 22 Abs. 2) dem K. Staatsministerium der Finanzen vorzulegen.

Der Termin für diese Vorlagen wird durch Finanzministerialentschliessung bestimmt.

Das K. Staatsministerium der Finanzen unterzieht die Arbeiten einer weiteren Würdigung und setzt das Ergebnis der Zensur fest.

§ 25. Die Gesamtnote wird durch Zusammenzählen der sämtlichen Einzelnoten und Teilung der Summe durch die Zahl der sämtlichen Einzelnoten festgesetzt, wobei die für die Bearbeitung des praktischen Falles erteilte Note vierfach in Anrechnung gebracht wird.

Bei der Festsetzung der Hauptnote werden Zwischennoten nicht gegeben; die bei der Berechnung der Gesamtnote sich ergebenden Bruchteile, welche drei Viertel eines Ganzen übersteigen, sind als Ganzes zu rechnen.

Nach der Feststellung der Hauptnoten durch das K. Staatsministerium der Finanzen wird das Ergebnis der Prüfung den Kandidaten durch Vermittelung der Kreisregierungen auf Grund des vom Ministerium hergestellten und den Regierungsfinanzkammern zugesendeten Hauptverzeichnisses mittels Ausstellung eines Prüfungszeugnisses nach beiliegendem Muster — Formular III — mitgeteilt.

§ 26. Ein Kandidat, dessen Bearbeitungen von einem Viertel der sämtlichen Aufgaben mit der Note IV oder aus der Hälfte derselben mit der Note III$^1/_2$ gewürdigt wurden, wird zur Wiederholung der Prüfung verwiesen.

Je zwei mit der Note III$^1/_2$ gewürdigte Bearbeitungen werden einer mit der Note IV gewürdigten Bearbeitung gleichgeachtet.

Auch hiebei ist bei der Prüfung I. Abteilung die für die Bearbeitung des praktischen Falles erteilte Note vierfach zu rechnen.

§ 27. Kandidaten, die zur Wiederholung der Prüfung verwiesen wurden, sowie Kandidaten, welche ohne ausreichenden Grund nach Beginn der Prüfung zurücktraten, können nur noch einmal zur Prüfung zugelassen werden.

Die freiwillige Wiederholung der Prüfung ist nur einmal gestattet.

Für Kandidaten, welche die Prüfung freiwillig wiederholt haben, ist für alle Fälle die bei der letzten Prüfung erhaltene Note massgebend.

§ 28. Kandidaten, welche nachweislich durch Krankheit oder andere unverschuldete zwingende Ursachen oder durch Ableistung des aktiven Militärdienstes an der rechtzeitigen Ablegung der Prüfung verhindert waren, können auf Ansuchen durch Finanzministerialentschliessung nach Massgabe ihrer Prüfungsnote in die Reihenfolge der Kandidaten der vorausgegangenen Prüfung eingestellt werden.

Hierauf gerichtete Gesuche sind bei der Regierungsfinanzkammer einzureichen und von dieser mit gutachtlichem Bericht dem K. Staatsministerium der Finanzen vorzulegen.

Vorbereitungsmittel für die Prüfungen.

Das „Fachblatt für rentamtlichen Dienst" — vergleiche Inseratenteil des Finanzkalenders — bringt belehrende Aufsätze und grössere zusammenhängende Abhandlungen über rentamtliche Dienstesaufgaben, sammelt auf den rentamtlichen Dienst bezügliche Verordnungen, Gesetzesänderungen, weniger umfangreiche Gesetze und Vollzugsvorschriften, Entscheidungen der obersten Behörden usw. Es sucht durch Besprechung praktischer Fälle zum selbständigen Denken anzuregen und die Leser über die verschiedensten rentamtlichen Dienstesangelegenheiten auf dem Laufenden zu erhalten. Die an dem einen oder anderen Amte gemachten Erfahrungen sollen durch Mitteilung im Fachblatt verallgemeinert und auch anderen zugänglich gemacht werden. Die Zeitschrift dient also ausschliesslich Aus- und Fortbildungszwecken.

Rentamtssekretär Michael Zimmermann in Eichstätt leitet seit Jahren mit bestem Erfolge einen **Uebungskurs** für alle, die sich auf die Finanzprüfung 2. Abteilung vorbereiten wollen. Der X. Jahrgang dieses Uebungskurses ist ab III. Vierteljahr 1915 in Fortsetzung. Auf die von dem Leiter der Kurse herausgegebenen Lösungen der Prüfungsaufgaben für 1905, 1908 und 1911 wird besonders aufmerksam gemacht. Gute Dienste wird auch das von demselben Verfasser herausgegebene „Alphabetische Register zu den Finanz-Ministerialblättern 1865—1910" leisten. Das Register kostet brosch. 4.— M. (J. Schweitzer Verlag [Arthur Sellier] München).

---

18. Steuergesetze.

Vom Abdruck dieser Gesetze wurde abgesehen, weil ein Text hiervon ohnedies in der Hand jedes Finanzbeamten sein dürfte. Wer eine Gesamt-Textausgabe der Steuergesetze nicht besitzt, dem sei die nachstehende in „Schweitzers (blaue) Textausgaben" erschienene Sammlung empfohlen:

Bayerische Steuergesetze mit den Vollzugsvorschriften und ausführlichem Sachregister. 2. Auflage. 890 S. In blau Ganzleinen dauerhaft gebunden. M 5.—

19. Umlagengesetz.

Hier gilt das bei Beilage 18 Bemerkte.

20. Erbschaftssteuer.

Der Text dieses Gesetzes ist ohnehin in der Hand jedes Finanzbeamten, weshalb vom Abdruck hier abgesehen wird. Vgl. jedoch die folgenden Seiten.

a) Verwandtschaftstafel.

Die Tafel zeigt, in welchem Grade die einzelnen in ihr aufgeführten Verwandtenklassen mit A. verwandt sind.

Grad	A. **Mann, Frau** Fragliche Person (Erblasser etc.)	**Bem.** Die Personen in den Feldern mit a. sind Verwandte der geraden absteigenden Linie, b. sind Verwandte der geraden aufsteigenden Linie. c. sind Verwandte der Seitenlinie.			Grad
I.	**Kinder von A.** (Sohn, Tocht.) a. —%	**Eltern von A.** (Vater, Mutter) b. 4%			I.
II.	**Enkel:** (Enkelin) a. —%	**Geschwister** von A. (Bruder, Schwester) c. 4%	**Grosseltern** von A. (Grossvater, Grossmutter) b. 6%		II.
III.	**Grossenkel** (Grossenkelin) a. —%	deren Kinder. (**Neffe, Nichte**) c. 5%	Geschwister der Eltern **Onkel** (Oheim) **Tante.** c. 8%	**Urgrosseltern von A.** Urgrossvater, Urgrossmutt. b. 6%	III.
IV.	**Urgrossenkel** (Urgrossenkelin) a. —%	deren Enkel: **Grossneffe, Grossnichte.** c. 8%	deren Kinder: **Geschwisterkind** zu A. Vetter, Base. c. 12%	Geschwister der Grosseltern **Grossonkel, Grosstante.** c. 12%	IV.
V.		deren Grossenkel **Urgrossneffe, Urgrossnichte.** c. 12%	deren Enkel **Vetter, Base.** c. 12%	deren Kinder **Vetter, Base.** c. 12%	V.
VI.			deren Grossenkel **Vetter, Base.** c. 12%	deren Enkel **Vetter, Base.** c. 12%	VI.
VII.				deren Grossenkel **Vetter, Base** c. 12%	VII.

Anmerkung: Die % bedeuten den Erbschaftssteuersatz; vgl. RG. vom 3. Juni 1913 (RGBl. 521).

b) Erbfolge-Ordnung

nach BGB. §§ 1924 ff.

Ordnung	1. Verwandtenerbfolge:	2. Ehegattenerbfolge:
	Solange ein Verwandter einer vorhergehenden Ordnung vorhanden, ist ein Verwandter der folgenden Ordnung zur Erbschaft nicht berufen.	Der Ehegatte ist als gesetzlicher Erbe berufen:
I.	Abkömmlinge: ein zur Zeit des Erbfalls lebender Abkömmling schliesst die durch ihn mit dem Erblasser verwandten Abkömmlinge von der Erbfolge aus. An die Stelle eines zur Zeit des Erbfalls nicht mehr lebenden Abkömmlings treten die durch ihn mit dem Erblasser verwandten Abkömmlinge (Erbfolge nach Stämmen). Kinder erben zu gleichen Teilen.	zu $^1/_4$ der Erbschaft neben Verwandten der I. Ordnung.
II.	Eltern des Erblassers und deren Abkömmlinge. Leben beide Eltern, so schliessen sie die Geschwister des Erblassers und deren Abkömmlinge aus. Die Eltern erben zu gleichen Teilen. An die Stelle des verstorbenen Elternteils treten dessen Abkömmlinge in der unter I erwähnten Weise. Sind Abkömmlinge nicht vorhanden, erbt der überlebende Elternteil allein.	Zu $^1/_2$ der Erbschaft neben Verwandten der II. Ordnung u. erhält ausserdem noch den Voraus nach § 1932 BGB.
III.	Grosseltern des Erblassers und deren Abkömmlinge. Wenn väterl. und mütterl. Grosseltern noch leben, erben sie allein und zu gleichen Teilen. An Stelle eines Verstorbenen Grosselternteils (Grossmutter oder Grossvater) treten dessen Abkömmlinge; sind Abkömmlinge nicht vorhanden, so fällt der Anteil des verstorbenen dem anderen Teile des Grosselternpaares und, wenn dieser nicht mehr lebt, dessen Abkömmlingen zu.	Zu $^1/_2$ der Erbschaft neben Grosseltern, ausserdem noch Voraus § 1932 BGB., treffen mit Grosseltern Abkömmlinge von Grosseltern zusammen, so erhält der Ehegatte auch von der anderen Hälfte den Anteil, welcher den Abkömmlingen zu-

Ordnung	1. Verwandtenerbfolge:	2. Ehegattenerbfolge:
	Sind zur Zeit des Erbfalls die väterlichen oder grossmütterlichen Grosseltern nicht mehr am Leben und sind Abkömmlinge der Verstorbenen nicht vorhanden, so erben die anderen Grosseltern oder ihre Abkömmlinge allein. Erbfolge der Abkömmlinge nach den Vorschriften unter I.	fallen würde. — Sind weder Verwandte der I. oder der II. Ordnung, noch Grosseltern vorhanden, so erhält der überlebende Ehegatte die ganze Erbschaft. § 1931 BGB.
IV.	Urgrosseltern und deren Abkömmlinge. Leben zur Zeit des Erbfalls Urgrosseltern, so erben sie allein; mehrere erben zu gleichen Teilen, ohne Unterschied, ob sie derselben Linie oder verschiedenen Linien angehören. Leben zur Zeit des Erbfalls Urgrosseltern nicht mehr, so erbt von ihren Abkömmlingen derjenige, welcher mit dem Erblasser dem Grade nach am nächsten verwandt ist; mehrere gleich nahe Verwandte erben zu gleichen Teilen. Die Grade werden nach der Zahl der inmitteliegenden Geburten berechnet.	Der überlebende Ehegatte erhält statt der nebengenannten Personen die ganze Erbschaft.
V.	Entferntere Voreltern des Erblassers und deren Abkömmlinge — ohne Grenze. Vorschriften ebenso wie unter IV: Vorfahren (also noch ältere als Urgrosseltern) erben allein und zu gleichen Teilen. Im übrigen entscheidet die Nähe der Verwandtschaft; gleich nahe Verwandte erben zu gleichen Teilen.	Der überlebende Ehegatte erhält in diesem Falle die ganze Erbschaft.

21. Reichsstempelgesetz.

RGes. vom 3. Juli 1913 in der Fassung der Bek. vom 2. August 1913 — RGBl. 639 — (in Kraft seit 1. Oktober 1913) AusfBest. v. 15. September 1913 (GVBl. 523) u. 21. November 1914 (GVBl. 654). K. VO. v. 13. März 1914 (GVBl. 81, FMBl. 141); MB. v. 17. April 1914 (FMBl. 143). Frachturkundenstempelges. v. 17. Juni 1916 (RGBl. 555) K. VO. hiezu v. 30. Juli 1916 (GVBl. 247), MB. v 31. Juli 1916 (GVBl. 249). Warenumsatzstempel RG. v. 26. Juni 1916 (RGBl. 639).

I. Reichsstempelabgaben werden erhoben:

1. von Gesellschaftsverträgen;

2. von ausländischen Aktien, inländischen und ausländischen Kuxen, Renten- und Schuldverschreibungen, Gewinnanteilscheinen und Zinsbogen;

3. von Kauf- und sonstigen Anschaffungsgeschäften von Wertpapieren u. dgl.;

4. von Lotterien und Ausspielungen;

5. von Frachturkunden;

6. Personen- und Güterverkehr vgl. jetzt RG. v 8. April 1917 (RGBl. 329),

7. von Erlaubniskarten für Kraftfahrzeuge;

8. **Vergütungen** der von Aktiengesellschaften, Kommanditgesellschaften auf Aktien und Gesellschaften mit beschränkter Haftung zur Ueberwachung der Geschäftsführung bestellten Personen (**Mitglieder des Aufsichtsrats**).

9. von Versicherungen;

10. von Warenumsätzen;

11. Von Grundstücksübertragungen.

Allgemeine Bestimmungen:

§ 109. Der Anspruch auf Zahlung der nach diesem Gesetze zu entrichtenden Abgaben unterliegt der Verjährung.

Auf die Verjährung finden die Vorschriften des Bürgerlichen Gesetzbuchs und des Artikel 169 des Einführungsgesetzes zum Bürgerlichen Gesetzbuch mit folgenden Massgaben Anwendung:

Die Verjährungsfrist beträgt fünf Jahre.

Die Verjährung beginnt, unbeschadet der Vorschrift des § 201 Satz 2 des Bürgerlichen Gesetzbuchs, in dem Falle des § 10 Abs. 1 mit dem Schlusse des Jahres, in dem die Vorlegung der Wertpapiere bei der Steuerstelle erfolgt, in den übrigen Fällen mit dem Schlusse des Jahres, in dem der Anspruch fällig wird.

Die Verjährung wird auch unterbrochen durch eine an den Zahlungspflichtigen erlassene Aufforderung zur Zahlung oder durch die Bewilligung einer von ihm nachgesuchten Stundung. Wird die Verjährung unterbrochen, so beginnt eine neue Verjährung nicht vor dem Schlusse des Jahres, in welchem der für die Beendigung der Unterbrechung massgebende Zeitpunkt eintritt, und im Falle der Bewilligung einer Stundung nicht vor dem Schlusse des Jahres, in welchem die bewilligte Frist abläuft.

§ 110. In Beziehung auf die Verpflichtung zur Entrichtung der in diesem Gesetze festgestellten Abgaben ist, soweit sich aus § 80 — siehe RGBl. 1916 S. 644 — nichts anderes ergibt, der Rechtsweg zulässig. Die Klage ist bei Verlust des Klagerechts binnen sechs Monaten nach erfolgter Beitreibung oder mit Vorbehalt geleisteter Zahlung zu erheben. Für die Berechnung dieser Frist sind die Bestimmungen der Zivilprozessordnung massgebend. Zuständig sind ohne Rücksicht auf den Wert des Streitgegenstandes die Landgerichte. Soweit bei denselben Kammern für Handelssachen bestehen, gehört der Rechtsstreit vor diese. Die Revision sowie die Beschwerde gegen Entscheidungen der Oberlandesgerichte geht an das Reichsgericht.

§ 111. Zuwiderhandlungen gegen die Vorschriften dieses Gesetzes oder gegen die zu dessen Ausführung erlassenen Vorschriften, die im Gesetze mit keiner besonderen Strafe belegt sind, ziehen eine Ordnungsstrafe bis zu einhundertfünfzig Mark nach sich.

Dieselbe Strafe tritt ein, wenn in den Fällen der §§ 9, 11, 31, 39, 49, 57, 70, 75, 83 c, 94 und 103 aus den Umständen sich ergibt, dass eine Steuerhinterziehung nicht hat verübt werden können oder nicht beabsichtigt worden ist.

22. Wechselstempelsteuer.

1. Vorbemerkung.

Das Wechselstempelsteuergesetz wurde in der nunmehr geltenden Fassung als Wechselstempelsteuergesetz vom 15. Juli 1909 veröffentlicht mit Bek. v. 21. Juli 1909 (RGBl. 825). In dieser Fassung gilt es seit 1. August 1909. Ausführungsbestimmungen ergingen mit Bek. v. 26. Juli 1909 (ZBl. 402; GVBl. 636) mit Zusätzen v. 4. Juni 1910 (ZBl. 234, GVBl. 297) und v. 16. Dezember 1912 (ZBl. 897, GVBl. 1296). Besondere Befreiungen aus Anlass des Krieges Bek. v. 22. Mai 1916 (GVBl. 91). Die Höhe der Steuer ergibt sich aus folgender Tabelle:

2. Wechselstempelsteuertabelle.

Aus der Wechselsumme bis einschl. M	Stempel		Aus der Wechselsumme bis einschl. M	Stempel		Aus der Wechselsumme bis einschl. M	Stempel	
	M	Pf.		M	Pf.		M	Pf.
200	—	10	25000	12	50	53000	26	50
400	—	20	26000	13	—	54000	27	—
600	—	30	27000	13	50	55000	27	50
800	—	40	28000	14	—	56000	28	—
1000	—	50	29000	14	50	57000	28	50
2000	1	—	30000	15	—	58000	29	—
3000	1	50	31000	15	50	59000	29	50
4000	2	—	32000	16	—	60000	30	—
5000	2	50	33000	16	50	61000	30	50
6000	3	—	34000	17	—	62000	31	—
7000	3	50	35000	17	50	63000	31	50
8000	4	—	36000	18	—	64000	32	—
9000	4	50	37000	18	50	65000	32	50
10000	5	—	38000	19	—	66000	33	—
11000	5	50	39000	19	50	67000	33	50
12000	6	—	40000	20	—	68000	34	—
13000	6	50	41000	20	50	69000	34	50
14000	7	—	42000	21	—	70000	35	—
15000	7	50	43000	21	50	71000	35	50
16000	8	—	44000	22	—	72000	36	—
17000	8	50	45000	22	50	73000	36	50
18000	9	—	46000	23	—	74000	37	—
19000	9	50	47000	23	50	75000	37	50
20000	10	—	48000	24	—	76000	38	—
21000	10	50	49000	24	50	77000	38	50
22000	11	—	50000	25	—	78000	39	—
23000	11	50	51000	25	50	79000	39	50
24000	12	—	52000	26	—	80000	40	—

und so fort von je angefangenen weiteren 1000 M — 50 Pf. Stempel mehr.

Die nach dieser Tabelle begründete Steuerpflicht kann sich hinsichtlich desselben Wechsels wiederholen nach § 3 Abs. 2 u. 3 des Gesetzes (s. unten unter 3).

3. Die wichtigsten gesetzlichen Bestimmungen.

§ 1. Gezogene und eigene Wechsel unterliegen dem Wechselstempel.

Von der Stempelabgabe befreit bleiben:

1. die vom Ausland auf das Ausland gezogenen und die im Ausland ausgestellten eigenen Wechsel, wenn sie nur im Auslande zahlbar sind;
2. die vom Inland auf das Ausland gezogenen, nur im Ausland, und zwar auf Sicht oder spätestens innerhalb zehn Tagen nach dem Tage der Ausstellung zahlbaren Wechsel, sofern die vom Aussteller unmittelbar in das Ausland versendet werden.

§ 2. Als Wechsel im Sinne dieses Gesetzes ist auch eine Schrift anzusehen, welche nicht die sämtlichen wesentlichen Erfordernisse eines Wechsels enthält, sofern sie einem anderen unter der Vereinbarung übergeben wird, dass dieser berechtigt sein soll, die fehlenden Erfordernisse zu ergänzen. Das Bestehen einer Vereinbarung der bezeichneten Art wird vermutet, wenn die Schrift die Bezeichnung als Wechsel enthält.

§ 3 (Abs. 1 Höhe der Stempelabgabe s. Tabelle unter 2).

Tritt die Verfallzeit eines auf einen bestimmten Zahlungstag oder auf Sicht gestellten Wechsels später als drei Monate nach dem Ausstellungstag ein, so ist auf die Zeit bis zum Verfalltage für die nächsten neun Monate und weiterhin für je fernere sechs Monate oder den angefangenen Teil dieses Zeitraums eine weitere Abgabe in der im Abs. 1 bezeichneten Höhe zu entrichten. Die weitere Abgabepflicht tritt bei Wechseln mit bestimmtem Zahlungstage nicht ein, wenn die dreimonatige Frist um nicht mehr als fünf Tage überschritten wird. Soweit nach ausländischem Rechte Respekttage stattfinden, werden sie der dreimonatigen Frist hinzugerechnet. Die vorstehend für Sichtwechsel getroffene Vorschrift findet auch auf Wechsel Anwendung, welche bestimmte Zeit nach Sicht zahlbar sind, mit der Massgabe, dass der Zeitraum, für den die weitere Abgabe zu entrichten ist, bei trockenen derartigen Wechseln vom Ablaufe von drei Monaten nach dem Ausstellungstage, bei gezogenen derartigen Wechseln vom Ablaufe von drei Monaten nach der Annahme des Wechsels gerechnet wird. Ist der Tag der Annahme aus dem Wechsel nicht ersichtlich, so gilt in Ansehung der Stempelpflicht der fünfzehnte Tag nach dem Ausstellungstag als Tag der Annahme, sofern nicht nachgewiesen wird, dass die Annahme zu einem anderen Zeitpunkt erfolgt ist.

Fehlt in einer Schrift der im § 2 bezeichneten Art die Angabe der zu zahlenden Geldsumme, so ist die Stempelabgabe und die weitere Abgabe von einer Summe von zehntausend Mark zu entrichten; wird später eine andere als diese Summe eingesetzt, so hat die entsprechende Ausgleichung durch Nacherhebung oder Erstattung der Steuer zu erfolgen. Fehlt in der Schrift eine Bestimmung über die Zahlungszeit, so tritt die Verpflichtung zur Entrichtung der weiteren Abgabe mit dem Ablaufe von drei

Monaten nach dem Ausstellungstag ein. Fehlt die Angabe des Ausstellungstags, so gilt der Tag der Uebergabe als Ausstellungstag.

§ 4. Die zum Zwecke der Berechnung der Abgabe vorzunehmende Umrechnung der in einer anderen als der Reichswährung ausgedrückten Summen erfolgt, soweit der Bundesrat nicht für gewisse Währungen allgemein zugrunde zu legende Mittelwerte festsetzt und bekannt macht, nach Massgabe des laufenden Kurses.

§ 5. Für die Entrichtung der Abgabe sind der Reichskasse sämtliche Personen, welche an dem Umlaufe des Wechsels im Inlande teilgenommen haben, als Gesamtschuldner verhaftet. Die Haftung für die weitere Abgabe (§ 3 Abs. 2) ist auf die Personen beschränkt, welche nach Eintritt der weiteren Abgabepflicht am Umlaufe des Wechsels teilgenommen haben.

§ 6. Als Teilnehmer an dem Umlauf eines Wechsels wird hinsichtlich der Steuerpflichtigkeit angesehen: der Aussteller, jeder Unterzeichner oder Mitunterzeichner eines Akzepts, eines Indossaments oder einer anderen Wechselerklärung, und jeder, der für eigene oder fremde Rechnung den Wechsel erwirbt, veräussert, verpfändet oder als Sicherheit annimmt, zur Zahlung präsentiert, Zahlung darauf empfängt oder leistet, oder mangels Zahlung Protest erheben lässt, ohne Unterschied, ob der Name oder die Firma auf den Wechsel gesetzt wird oder nicht.

§ 7. Die Entrichtung der Stempelabgabe (§ 3 Abs. 1) muss erfolgen, ehe ein inländischer Wechsel von dem Aussteller, ein ausländischer Wechsel von dem ersten inländischen Inhaber (§ 6) aus den Händen gegeben wird.

Die Entrichtung der weiteren Abgabe (§ 3 Abs. 2) muss innerhalb der ersten drei Tage des Zeitraums erfolgen, für den sie zu zahlen ist, und wenn sich der Wechsel zu dieser Zeit im Auslande befunden hat, innerhalb der ersten drei Tage nach der Einbringung des Wechsels ins Inland. Die Entrichtung liegt dem Inhaber des Wechsels ob.

Ist der Wechsel von dem nach Abs. 1 Steuerpflichtigen bis zu dem im Abs. 2 bezeichneten Zeitpunkte nicht aus den Händen gegeben, so ist die Stempelabgabe gleichzeitig mit der weiteren Abgabe zu entrichten.

Es ist zulässig, die weitere Abgabe für einen längeren als den neunmonatigen oder sechsmonatigen Zeitraum sowie die gesamte auf die Zeit bis zum Verfalltag entfallende Stempelabgabe im voraus zu entrichten.

§ 14. Die Verpflichtung zur Entrichtung der Stempelabgabe wird erfüllt:

1. durch Ausstellung des Wechsels auf einem mit dem erforderlichen Wechselstempel versehenen Vordruck,
   oder
2. durch Verwendung der erforderlichen Wechselstempelmarke auf dem Wechsel, wenn hierbei die von dem Bundesrat erlassenen und bekannt gemachten Vorschriften über die Art und Weise der Verwendung beobachtet worden sind.

§ 15. Stempelmarken, welche nicht in der vorgeschriebenen Weise verwendet worden sind, werden als nicht verwendet angesehen.

§ 17. In Beziehung auf die Verpflichtung zur Entrichtung des Wechselstempels ist der Rechtsweg zulässig. Die Vorschriften des § 94 des Reichsstempelgesetzes vom 15. Juli 1909 finden Anwendung.

§ 18. Die Nichterfüllung der Verpflichtung zur Entrichtung der Stempelabgabe wird mit einer Geldstrafe bestraft, welche dem fünfzigfachen Betrage der hinterzogenen Abgabe gleichkommt.

Diese Strafe ist besonders und ganz zu entrichten von jedem, welcher der nach den §§ 5 bis 13 ihm obliegenden Verpflichtung zur Entrichtung der Stempelabgabe nicht rechtzeitig genügt hat, imgleichen von inländischen Maklern und Unterhändlern, welche wissentlich unversteuerte Wechsel verhandelt haben.

Kann der Betrag der hinterzogenen Abgabe nicht festgestellt werden, so tritt statt der vorstehend bestimmten Strafe eine Geldstrafe von fünfundzwanzig bis zu zehntausend Mark ein.

§ 19. Der Akzeptant eines gezogenen und der Aussteller eines trockenen Wechsels können daraus, dass der Wechsel zur Zeit der Annahmeerklärung bzw. der Aushändigung mangelhaft gewesen sei, keinen Einwand gegen die gesetzlichen Folgen der Nichtversteuerung desselben entnehmen.

§ 20. Ergibt sich in den Fällen der §§ 18, 19 aus den Umständen, dass eine Hinterziehung der Stempelabgabe nicht hat verübt werden können oder nicht beabsichtigt worden ist, so tritt eine Ordnungsstrafe bis zu 150 M ein.

§ 22. Die Umwandlung einer nicht beizutreibenden Geldstrafe in eine Freiheitsstrafe findet nicht statt. Auch ist, wenn der Verurteilte ein Deutscher ist, die Zwangsversteigerung eines Grundstücks ohne seine Zustimmung nicht zulässig.

§ 23. Verjährungsbestimmungen (§ 18 · 5 Jahre, § 20: 1 Jahr).

§ 24. Die Geldstrafen fallen dem Fiskus desjenigen Staates zu, von dessen Behörden die Strafentscheidung erlassen ist.

§ 26. Ausser den Steuerbehörden haben alle diejenigen Staats- oder Kommunalbehörden und Beamten, denen eine richterliche oder Polizeigewalt anvertraut ist, sowie die Notare, die Postbeamten und andere Beamte, welche Wechselproteste ausfertigen, die Verpflichtung, die Besteuerung der bei ihnen vorkommenden Wechsel und Anweisungen von Amts wegen zu prüfen und die zu ihrer Kenntnis kommenden Zuwiderhandlungen gegen dieses Gesetz bei der nach §§ 24 zuständigen Behörde zur Anzeige zu bringen.

Auf der nach der Wechselordnung zurückzubehaltenden Abschrift des Protestes ist ausdrücklich zu bemerken, mit welchem Wechselstempel die protestierte Urkunde versehen oder dass sie mit einem Wechselstempel nicht versehen ist.

§ 27. Die Vorschriften dieses Gesetzes finden entsprechende Anwendung:

1. auf Verpflichtungsscheine über die Zahlung von Geld, sofern sie durch Indossament übertragen werden können,
2. auf Anweisungen über die Zahlung von Geld, sofern sie durch Indossament übertragen werden können oder auf den Inhaber lauten oder sofern die Zahlung an jeden Inhaber bewirkt werden kann.

Es macht keinen Unterschied, ob die im Abs. 1 bezeichneten Urkunden in Form von Briefen oder in anderer Form ausgestellt werden.

Befreit von der Stempelabgabe sind Schecks mit der im § 29 Abs. 2 des Scheckgesetzes vorgesehenen Ausnahme sowie die statt der Barzahlung dienenden auf Sicht zahlbaren Platzanweisungen, die nicht Schecks sind. Eine auf die Urkunde gesetzte Annahmeerklärung macht den Scheck oder die Platzanweisung steuerpflichtig, sofern der Annahmeerklärung rechtliche Wirkung zukommt. Die Versteuerung muss erfolgen, ehe der Akzeptant den Scheck oder die Platzanweisung aus den Händen gibt.

In welchen Fällen Anweisungen, die an einem Nachbarorte des Ausstellungsorts zahlbar sind, den Platzanweisungen gleichzuachten sind, bestimmt der Bundesrat nach Massgabe der örtlichen Verhältnisse.

§ 28. Urkunden, welche nach diesem Gesetze stempelpflichtig sind oder auf welche die in diesem Gesetze vorgesehenen Stempelbefreiungen Anwendung finden, sind in den einzelnen Bundesstaaten keiner Abgabe unterworfen.

Auch von den auf derartige Urkunden gesetzten Uebertragungsvermerken, Quittungen und sonstigen auf die Leistungen aus diesen Papieren bezüglichen Vermerken dürfen landesgesetzliche Abgaben nicht erhoben werden. Auf Proteste findet diese Vorschrift keine Anwendung.

4. Die Ausführungsbestimmungen des Reichskanzlers am 26. Juli 1909.

Zu § 3 des Gesetzes.

§ 1. Ist bei Wechseln, welche mit dem Ablauf einer bestimmten Frist nach Sicht zahlbar sind, die Frist in Tagen ausgedrückt, so werden 90 Tage einem Zeitraume von drei Monaten gleichgestellt.

Zu § 4 des Gesetzes.
Umrechnung fremder Währungen.

§ 2. Behufs Umrechnung der in einer anderen als der Reichswährung ausgedrückten Summen sind für die nachstehenden Währungen die dabei bemerkten Mittelwerte allgemein zugrunde zu legen:

1 Pfund Sterling	=	20,40 M,
1 Frank, Lira, Peseta (Gold), Lëu, finnische Mark	=	0,80 „
1 österreichischer Gulden (Gold)	=	2,00 „
1 österreichischer Gulden (Währung)	=	1,70 „
1 österreichisch-ungarische Krone	=	0,85 „
1 Gulden holländischer Währung	=	1,70 „
1 skandinavische Krone	=	1,125 „
1 alter Goldrubel	=	3,20 „
1 Rubel	=	2,16 „
1 alter Kreditrubel	=	2,16 „
1 türkischer Piaster	=	0,18 „
1 Peso (Gold)	=	4,00 „
1 Dollar	=	4,20 „
1 alter japanischer Goldyen	=	4,20 „
1 japanischer Yen	=	2,10 „
1 deutsch-ostafrikanische oder indische Rupie	=	1,35 „
1 mexikanischer Golddollar	=	2,10 „

Zu §§ 14 und 15 des Gesetzes.
Art und Vertrieb der Stempelzeichen.

§ 3. Zum Zwecke der Entrichtung der Abgabe und der weiteren Abgabe werden Stempelmarken über 0,10; 0,20; 0,30; 0,40; 0,50; 1; 1,50; 2; 2,50; 3; 3,50; 4; 4,50; 5; 10; 15; 20; 25; 30, 50, 100 u. 500 M, zur Entrichtung der Abgabe auch gestempelte

Wechselvordrucke über 0,10 M ausgegeben. Die Verwendung aus solchen Vordrucken entfernter Stempelzeichen wird als eine Entrichtung der Abgabe oder der weiteren Abgabe nicht angesehen.

Die Marken haben die Form eines liegenden Rechtecks. Im Betrage von 0,10 bis 0,50 M sind sie in grüner, im Betrage von 1 bis 5 M in blauer Farbe hergestellt. In der linken oberen Ecke dieser Marken befindet sich ein Schild mit dem Reichsadler, von welchem sich nach rechts ein in zwei Enden auslaufendes Band mit der Inschrift „Deutscher Wechsel-Stempel" zieht. Die Marken im Betrage von 10 bis 500 M sind in grüner und roter Farbe hergestellt; sie sind mit dem Reichsadler und über dem letzteren sowie mehrfach am Rande mit der erwähnten Inschrift versehen. Ausser der in schwarzer Farbe hergestellten Bezeichnung des Steuerbetrags und der entsprechenden Wechselsumme enthalten sämtliche Marken den Vordruck „den" zur Anbringung des Entwertungsvermerkes gleichfalls in schwarzer Farbe.

Die Wechselvordrucke tragen einen mit Verzierungen umgebenen Stempel in grüner Farbe, welcher, abgesehen von dem fehlenden Vordruck für den Entwertungsvermerk, dem Muster der Wechselstempelmarken entspricht.

§ 4. Der Vertrieb der Wechselstempelmarken und gestempelten Vordrucke erfolgt durch die Postanstalten. Wechselstempelmarken zum Werte von 10, 20 und 30 Pf. werden bei allen Postämtern und bei denjenigen sonstigen Poststellen, bei welchen sich ein Bedürfnis hiefür herausstellt, verkauft. Die Verkaufsstellen für Wechselstempelmarken von höherem Werte und für gestempelte Vordrucke werden nach den örtlichen Verhältnissen bestimmt und zur öffentlichen Kenntnis gebracht.

Entwertung der Marken.

§ 5. Die Marken sind auf der Rückseite der Urkunde, und zwar, wenn diese noch unbeschrieben und mit Wertzeichen noch nicht beklebt ist, unmittelbar an einem Rande dieser Seite, anderenfalls unmittelbar unter dem letzten Vermerk (Indossament usw.) oder, sofern ein solcher nicht vorhanden ist, unmittelbar neben oder unter den bereits angebrachten Marken auf einer mit Buchstaben oder Ziffern nicht beschriebenen oder bedruckten Stelle aufzukleben.

Es ist gestattet, zur Entrichtung der Abgabe oder der weiteren Abgabe mehrere, zusammen den erforderlichen Betrag darstellende, Wechselstempelmarken zu verwenden. Ferner ist es zulässig, bei Ausstellung des Wechsels auf einem gestempelten Vordrucke den an dem vollen gesetzlichen Betrage der Abgabe etwa noch fehlenden Teil durch vorschriftsmässig auf der Rückseite zu verwendende Stempelmarken zu ergänzen.

Kommen zur Entrichtung der Abgabe oder der weiteren Abgabe mehrere Marken zur Verwendung, so sind sie an dem gewählten Rande zunächst nebeneinander aufzukleben; reicht der hiezu zur Verfügung stehende Raum nicht mehr aus, so sind die weiteren Marken unmittelbar unter den bereits angebrachten aufzukleben.

§ 6. In jeder einzelnen der aufgeklebten Marken muss Tag, Monat und Jahr der Verwendung der Marke auf dem Wechsel, und zwar der Tag und das Jahr mit arabischen Ziffern, der Monat mit Buchstaben mittels deutlicher Schriftzeichen ohne jede Auskratzung, Durchstreichung oder Ueberschreibung an der durch den Vordruck bezeichneten Stelle mit Tinte niedergeschrieben werden.

Auch kann der Verwendungsvermerk auf der Marke ganz oder teilweise mittels der Schreibmaschine oder durch Stempelaufdruck hergestellt werden; in diesem Falle braucht der Vermerk nicht an der durch den Vordruck bezeichneten Stelle zu stehen.

Allgemein übliche und verständige Abkürzungen der Monatsbezeichnung mit Buchstaben sowie die Weglassung der beiden ersten Zahlen der Jahresbezeichnung sind zulässig (z. B. 29. Oktbr. 09, 13. Sept. 13). Auch ist es gestattet, dem Verwendungsvermerke die Firma oder den Namen des Verwendenden ganz oder teilweise hinzuzufügen.

Bei Verwendung eines gestempelten Wechselvordrucks bedürfen nur die etwa aufgeklebten Ergänzungsmarken, nicht auch der eingedruckte Wertstempel der Entwertung.

§ 7. Das erste inländische Indossament, welches auf die Rückseite eines Wechsels gesetzt wird, oder der erste sonstige inländische Vermerk ist — abgesehen von dem Falle der Steuerentrichtung durch Verwendung eines den ganzen gesetzlich fälligen Betrag darstellenden Wechselvordrucks — unterhalb der zur Entrichtung der Abgabe oder der weiteren Abgabe entwerteten Wechselstempelmarke niederzuschreiben, widrigenfalls die letztere dem Niederschreiber dieses Indossaments oder Vermerkes und dessen Nachmännern gegenüber als nicht verwendet gilt. Es dürfen jedoch die Vermerke „ohne Protest“, „ohne Kosten“ neben der Marke niedergeschrieben werden.

Die Bestimmung des Abs. 1 Satz 1 findet keine Anwendung, wenn vom Ausland auf das Inland gezogene Wechsel, nachdem sie mit einer ordnungsmässig verwendeten Wechselstempelmarke im gesetzlichen Betrage versehen worden waren, im Auslande weiterbegeben und die ausländischen Indossamente nicht unterhalb der deutschen Wechselstempelmarke niedergeschrieben worden sind.

Dem inländischen Inhaber, welcher aus Versehen sein Indossament auf den Wechsel gesetzt hat, bevor er eine Marke aufgeklebt hatte, ist gestattet, vor der Weitergabe des Wechsels unter Durchstreichung dieses Indossaments die erforderlichen Marken unter dem letzteren aufzukleben.

§ 8. Die Bestimmung des § 15 des Gesetzes, wonach nicht in der vorgeschriebenen Weise verwendete Stempelmarken als nicht verwendet anzusehen sind, soll nicht eine Doppelversteuerung zur Folge haben, sondern es soll dadurch nur der Tatbestand einer nach den §§ 18, 20 zu ahndenden Zuwiderhandlung festgestellt werden. Abgesehen von der etwa erforderlich werdenden Einleitung des Strafverfahrens bedarf es daher nur einer nachträglichen Entwertung der Stempelmarke durch Aufdruck des Amtsstempels der Steuerbehörde, falls der Wechsel vorliegt oder ohne weiteres zu erlangen ist. Dasselbe gilt für den Fall, dass die Marke an unrichtiger Stelle aufgeklebt ist. Die Beibringung neuer Stempelmarken ist nur dann zu fordern, wenn eine Entwertung überhaupt unterblieben und der Wechsel nicht ohne weiteres zu erlangen ist, oder wenn aus der unrichtigen Art der Entwertung der Stempelmarken, z. B. aus der unrichtigen Zeitangabe, die Möglichkeit sich ergibt, dass die Marken schon früher zu einem anderen Wechsel gebraucht worden sind. Doch steht es in jedem Falle der unrichtigen Entwertung einer Marke dem späteren Inhaber des Wechsels frei, um sich und seine Nachmänner vor den Folgen dieser Entwertung zu schützen, eine neue Marke vorschriftsmässig zu verwenden.

Zu § 17 und § 30 Abs. 2 des Gesetzes. Abgabenerstattung.

§ 9. Die Klage wegen Zurückzahlung zu Unrecht entrichteten Wechselstempels ist gegen den Fiskus des Bundesstaats zu richten, von dessen Steuerbehörde die Abgabe oder die weitere Abgabe beigetrieben oder gegenüber dessen Steuerbehörde der Vorbehalt bei der Zahlung erklärt worden ist.

Zur Vertretung des Fiskus im Rechtsstreit ist, soweit landesgesetzlich nichts anderes bestimmt ist, die Steuerdirektivbehörde berufen.

§ 10. Die Erstattung der weiteren Abgabe auf Grund des § 3 Abs. 3 des Gesetzes erfolgt auf Antrag durch die für den Wohnort des Antragstellers zuständige Steuerbehörde. Dem Erstattungsantrag ist nur stattzugeben, wenn er innerhalb eines Jahres vom Zeitpunkte der Eintragung der Geldsumme ab gestellt worden ist.

Ueber Anträge auf Erstattung zu Unrecht entrichteten Wechselstempels im Verwaltungsweg entscheidet die Steuerdirektivbehörde. Dem Erstattungsantrag ist nur stattzugeben, wenn er innerhalb eines Jahres vom Zeitpunkte der Stempelverwendung oder der Zahlung oder Beitreibung der Abgabe oder der weiteren Abgabe ab gestellt worden ist.

§ 11. Den Bundesregierungen werden die auf Grund des § 3 Abs. 3 des Gesetzes erfolgten Herauszahlungen sowie die Herauszahlungen für zu Unrecht entrichteten Wechselstempel aus der Reichskasse erstattet.

§ 12. Für verdorbene Stempelmarken oder Vordrucke und für Marken, mit welchen demnächst verdorbene Schriftstücke versehen sind, kann Erstattung beansprucht werden, wenn der Schaden mindestens eine Mark beträgt und wenn von den Stempelzeichen oder den Schriftstücken, zu welchen sie verwendet sind, noch kein oder doch kein solcher Gebrauch gemacht worden ist, demgegenüber durch die Erstattung das Steuerinteresse gefährdet erscheint. Es genügt, wenn der Wert der gleichzeitig zur Erstattung vorgelegten Stempelzeichen zusammen eine Mark beträgt, und es kommt nicht darauf an, ob die Beschädigung der einzelnen Stempelzeichen durch ein und dasselbe Ereignis veranlasst oder auf verschiedene, voneinander unabhängige Versehen oder Zufälle zurückzuführen ist.

§ 13. Der Erstattungsanspruch ist bei der Postanstalt des Bezirkes innerhalb eines Monats, nachdem der Schaden dem Berechtigten bekannt geworden ist, unter Beifügung der verdorbenen Stempelzeichen und Schriftstücke anzumelden. Ueber die Anträge entscheidet, falls sie einem Postamt erster oder zweiter Klasse unterbreitet sind, der Postamtsvorsteher. In zweifelhaften Fällen sowie allgemein seitens der übrigen Postanstalten ist die Entscheidung der der Postanstalt vorgesetzten Behörde (im Reichs-Postgebiet und in Bayern der Ober-Postdirektionen, in Württemberg der Generaldirektion der Posten und Telegraphen) einzuholen.

Die Frist zur Geltendmachung des Erstattungsanspruchs ist auch dann als gewahrt anzusehen, wenn die Erstattung bei einer nicht zuständigen Postanstalt oder einer Steuerstelle beantragt worden ist. Die Amtsstellen haben in diesem Falle den Antrag der zuständigen Behörde (Abs. 1 Satz 1) zur Entscheidung vorzulegen.

§ 14. Eine bare Zurückzahlung der entrichteten Abgabe findet in den Fällen des § 12 nicht statt; die Erstattung erfolgt vielmehr im Wege des Umtausches, und zwar werden in der Regel für verdorbene Vordrucke Vordrucke, für verdorbene Marken Marken abgabefrei verabfolgt. Den Wünschen des Antragstellers hinsichtlich des Betrags der einzelnen Stücke ist tunlichst Rechnung zu tragen.

Die verdorbenen Stempelzeichen sind in Gegenwart von zwei Beamten zu vernichten.

Zu § 27 des Gesetzes.

Steuerfreiheit der Platzanweisungen.

§ 15. Als ein Platz im Sinne des § 27 Abs. 3, 4 des Gesetzes gelten:

1. diejenigen Orte, die nach Bestimmung des Bundesrats als benachbart im Sinne der Vorschriften des Artikel 91 a Abs. 1 der Wechselordnung sowie des § 16 Abs. 2 und des § 30 Abs. 2 des Scheckgesetzes anzusehen sind,*)
2. ausserdem folgende Nachbarorte:
   Berlin und die im Postverkehr als dessen Nachbarorte geltenden Ortschaften, auch soweit sie nicht zu den in Ziffer 1 bezeichneten Orten gehören;
   Holzminden, Altendorf, Allersheim;
   Mannheim, Ludwigshafen, Rheinau;
   Wolfenbüttel, Thiede, Wittmar, Hedwigsburg.

Schlussbestimmungen.

§ 16. Diese Bestimmungen treten mit dem 1. August 1909 in Kraft.

Eine zur Entrichtung der weiteren Abgabe verwendete Wechselstempelmarke gilt nicht deshalb als nicht verwendet, weil die Verwendung vor dem 1. August 1909 erfolgt ist.

§ 17. Der Reichskanzler ist ermächtigt, wegen der Anfertigung und des Vertriebs der Stempelmarken und gestempelten Vordrucke sowie wegen der Bedingungen, unter welchen für verdorbene Stempelzeichen Erstattung zulässig ist, anderweite Anordnungen zu erlassen.

5. Sonstige Bestimmungen zum Vollzug des Gesetzes.

Die Zuständigkeit und das Verfahren in Strafsachen bei Wechselstempelhinterziehungen bemessen sich nach Gerichtsverfassungsgesetz § 27 Nr. 1 u. 2, § 73 Nr. 1, § 75 Nr. 15; Strafprozessordnung §§ 459—469; bayerisches Ausführungsgesetz zu letzterer Art. 98—101.

Die Verpflichtungen der Justizbeamten hinsichtlich der Wahrnehmung der richtigen Steuerentrichtung und ihr Verhalten, wenn sie Wechselstempelhinterziehungen wahrnehmen (vgl. oben § 26 des Ges.), sind näher geregelt in JMB. v. 6. Juni 1871 (JMBl. 111).

*) Vgl. z. Z. Bek. v. 9. Januar 1909 (RGBl. 249 ff, ergänzt RGBl. 1913 S. 250, 1914 S. 108).

23. Gebühren für Zeugen und Sachverständige.

Reichsgesetz vom 30. Juni 1878, 11. Juni 1890 und 17. Mai 1898; neuer Text vom 20. Mai 1898 (RGBl. 689), wieder geändert durch Ges. v. 10. Juni 1914 (RGBl. 214).

§ 1. In den vor die ordentlichen Gerichte gehörigen Rechtssachen, auf welche die Zivilprozessordnung, die Strafprozessordnung oder die Konkursordnung Anwendung findet, erhalten die Zeugen und Sachverständigen Gebühren nach Massgabe der folgenden Bestimmungen.

Für die Gebühren der Zeugen und Sachverständigen in anderen als den oben bezeichneten Rechtssachen und in Gegenständen der Verwaltung und der Verwaltungsrechtspflege gilt zufolge des Art. 5 des Kostengesetzes vom 21. Aug. 1914 die VO. vom 22. Sept. 1879 (GVBl. S. 1283).

§ 2. Der Zeuge erhält eine Entschädigung für die erforderliche Zeitversäumnis im Betrage von zwanzig Pfennige bis zu einer Mark fünfzig Pfennige auf jede angefangene Stunde.

Die Entschädigung ist unter Berücksichtigung des von dem Zeugen versäumten Erwerbes zu bemessen und für jeden Tag auf nicht mehr als zehn Stunden zu gewähren. Ob eine Erwerbsversäumnis stattgefunden hat, ist nach freiem Ermessen unter Berücksichtigung der Lebensverhältnisse und der regelmäßigen Erwerbstätigkeit des Zeugen zu bemessen.

Personen, welche durch einfache Handarbeit, Handwerksarbeit oder geringeren Gewerbebetrieb ihren Unterhalt suchen, oder sich in gleichen Verhältnissen mit solchen Personen befinden, erhalten die nach dem geringsten Satze zu bemessende Entschädigung auch dann, wenn die Versäumnis eines Erwerbes nicht stattgefunden hat.

Wegen des Einflusses des § 616 Abs. 1 BGB. auf die festzusetzende Entschädigung s. JMB. v. 4. März 1904 (JMBl. 50). Entschädigung ist auch zu gewähren, wenn der Zeuge für die versäumte Geschäftszeit nacharbeiten muss (ObLGMSt. 11, 221). Der Zeuge braucht nicht die letzte Reiseverbindung zu benützen; er hat deshalb auch Anspruch auf Gebühr, wenn er deshalb nicht mehr abgeladen werden kann (OLG. 31, 252).

§ 3. Der Sachverständige erhält für seine Leistung eine Vergütung nach Massgabe der erforderlichen Zeitversäumnis im Betrage bis zu drei Mark für jede angefangene Stunde. Ist die Leistung besonders schwierig, so darf der Betrag bis zu sechs Mark für jede angefangene Stunde erhöht werden.

Die Vergütung ist unter Berücksichtigung der Erwerbsverhältnisse des Sachverständigen zu bemessen.

Ausserdem sind dem Sachverständigen die auf die Vorbereitung des Gutachtens verwendeten Kosten, sowie die für eine Untersuchung verbrauchten Stoffe und Werkzeuge zu vergüten.

Entschädigung ist auch für Sonntage zulässig (ObLGMSt. 10, 66). Wegen des Einflusses des § 616 Abs. 1 BGB. auf die festzusetzende Entschädigung s. JMB. v. 5. März 1904 (JMBl. 50). Für Tierärzte in Bayern ist 1 Mark für die Stunde angemessen (ObLGMSt. 9, 310). Keine Vergütung erhält ein Volksschullehrer für die versäumte Unterrichtszeit (ObLGMSt. 9, 45). Sachverständige, die einen öffentlichen Gehalt beziehen, können ausser der Entlohnung für die Vorbereitung und die schriftliche Erstattung des Gutachtens eine besondere Entschädigung für die durch den Termin entstehende Zeitversäumnis nicht beanspruchen, wenn sie nicht infolge der Terminswahrnehmung einen wirtschaftlichen Nachteil erlitten haben (ObLGMSt. 11, 415); hierbei genügt die blosse allgemeine Möglichkeit eines wirtschaftlichen Nachteils nicht (ObLGMSt. 12, 290); eine Einschränkung dieses Standpunktes enthält wieder ObLGMSt. 13, 154; grundsätzlich anders OLG. 31, 254. Für die Frage, ob Zeugen- oder Sachverständigengebühren angefallen sind, entscheidet der Inhalt der Vernehmung, nicht der der Ladung (ObLGMSt. 7, 66).

§ 4. Besteht für die aufgetragene Leistung ein üblicher Preis, so ist dem Sachverständigen auf Verlangen dieser und für die außerdem stattfindende Teilnahme an Terminen die im § 3 Abs. 1 Satz 1 und Abs. 2 geregelte Vergütung zu gewähren.

Beschränkt sich die Tätigkeit des Sachverständigen auf die Teilnahme an Terminen, so erhält er lediglich die im § 3 bestimmte Vergütung.

§ 4 a. Haben in bürgerlichen Rechtsstreitigkeiten die Parteien sich dem Gerichte gegenüber mit einer bestimmten Vergütung für die Leistung des Sachverständigen einverstanden erklärt, so ist diese Vergütung zu gewähren, sofern ein zu ihrer Deckung ausreichender Betrag an die Staatskasse gezahlt ist.

§ 5. Als versäumt gilt für den Zeugen oder Sachverständigen auch die Zeit, während welcher er seine gewöhnliche Beschäftigung nicht wieder aufnehmen kann.

§ 6. Musste der Zeuge oder Sachverständige ausserhalb seines Aufenthaltsortes einen Weg bis zur Entfernung von mehr als zwei Kilometer zurücklegen, so ist ihm ausser den nach §§ 2 bis 5 zu bestimmenden Beträgen eine Entschädigung für die Reise und für den durch die Abwesenheit von dem Aufenthaltsorte verursachten Aufwand nach Massgabe der folgenden Bestimmungen zu gewähren.

Jedes angefangene Kilometer des Hin- und Rückwegs ist gesondert anzusetzen; JMBl. v. 3. Juli 1880 (JMBl. 277).

§ 7. Soweit nach den persönlichen Verhältnissen des Zeugen oder Sachverständigen oder nach äusseren Umständen die Benutzung von Transportmitteln für angemessen zu erachten ist, sind als Reiseentschädigung die nach billigem Ermessen in dem einzelnen Falle erforderlichen Kosten zu gewähren. In anderen Fällen beträgt die Reiseentschädigung für jedes angefangene Kilometer des Hinweges und des Rückweges zehn Pfennige.

Tierärzte erhalten bei Benützung eines Kraftwagens, eines eigenen oder eines gemieteten, 0,40 Mark für den km des Hin- und Rückwegs (OLG. 31, 255); wegen den Gendarmeriemannschaften s. bei § 14.

§ 8. Die Entschädigung für den durch Abwesenheit von dem Aufenthaltsorte verursachten Aufwand ist nach den persönlichen Verhältnissen des Zeugen oder Sachverständigen zu bemessen, soll jedoch den Betrag von $7^1/_2$ Mark für jeden Tag, an welchem der Zeuge oder Sachverständige abwesend gewesen ist, und von $4^1/_2$ Mark für jedes ausserhalb genommene Nachtquartier nicht überschreiten.

Die Sätze von $7^1/_2$ Mark und $4^1/_2$ Mark sind trotz des Wortes „soll" unüberschreitbare Höchstsätze (ObLGMSt. in BayZfR. 1913, 51).

§ 9. Musste der Zeuge oder Sachverständige innerhalb seines Aufenthaltsortes einen Weg bis zu einer Entfernung von mehr als zwei Kilometer zurücklegen, so ist ihm für den ganzen zurückgelegten Weg eine Reiseentschädigung nach den Vorschriften des § 7 zu gewähren.

§ 10. Konnte der Zeuge oder Sachverständige den erforderlichen Weg ohne Benützung von Transportmitteln nicht zurücklegen, so sind die nach billigem Ermessen erforderlichen Kosten auch ausser den in den §§ 6, 9 bestimmten Fällen zu gewähren.

§ 11. Abgaben für die erforderliche Benutzung eines Weges sind in jedem Falle zu erstatten.

§ 12. Bedarf der Zeuge wegen jugendlichen Alters oder wegen Gebrechen eines Begleiters, so sind die Entschädigungen für beide zu gewähren.

§ 12 a. Notwendige bare Auslagen, soweit sie nicht den durch den Aufenthalt ausserhalb der Wohnung verursachten Aufwand betreffen, können dem Zeugen oder Sachverständigen nach billigem Ermessen erstattet werden. Dies gilt namentlich von den Kosten für eine notwendige Vertretung.

§ 13. Soweit für gewisse Arten von Sachverständigen besondere Taxvorschriften bestehen, welche an dem Orte des Gerichts, vor welches die Ladung erfolgt, und an dem Aufenthaltsorte des Sachverständigen gelten, kommen lediglich diese Vorschriften in Anwendung. Gelten solche Taxvorschriften nur an einem dieser Orte, oder gelten an demselben verschiedene Taxvorschriften, so kann der Sachverständige die Anwendung der ihm günstigeren Bestimmungen verlangen.

In den Fällen des Abs. 1 kann der Sachverständige, wenn er nicht öffentlicher Beamter ist, an Stelle der Gesamtvergütung nach den Taxvorschriften die Berechnung der Gesamtvergütung nach den Vorschriften dieses Gesetzes beanspruchen.

Dolmetscher erhalten Entschädigung als Sachverständige nach den Vorschriften dieses Gesetzes, sofern nicht ihre Leistungen zu den Pflichten eines von ihnen versehenen Amtes gehören.

Für Bayern kommen als staatliche Taxvorschriften in Betracht: VO. v. 29. Sept. 1878, betr. die Vornahme chemischer und mikroskopischer Untersuchun-

gen; die VO. v. 17. Nov. 1902, betr. die Gebühren für ärztliche Dienstleistungen bei Behörden (ObLGMSt. 9, 310), praktische Ärzte können aber statt dieser Gebühren die Gebühren nach §§ 3 ff. verlangen (BayOLG. in BayFinBl. 1916, 55); die Bek. v. 18. Febr. 1907 (FMBl. 117) hinsichtlich der Messungs- und Abmarkungsgebühren (OLGM. in BayZfR. 1911, 207). Nur obrigkeitliche Tarife fallen hierher, nicht solche privater Verbände (Hamburger Norm des Vereins deutscher Architekten und Ingenieure) (ObLGMSt. 10, 41). Liegt ein Fall des § 13 vor, so kommt § 14 nicht zur Anwendung (ObLGMSt. 5, 167).

§ 14. Oeffentliche Beamte erhalten Tagegelder und Reisekosten nach Massgabe der für Dienstreisen geltenden Vorschriften, falls sie zugezogen werden:

1. als Zeugen über Umstände, von denen sie in Ausübung ihres Amtes Kenntnis erhalten haben;
2. als Sachverständige, wenn sie aus Veranlassung ihres Amtes zugezogen werden und die Ausübung der Wissenschaft, der Kunst oder des Gewerbes, deren Kenntnis Voraussetzung der Begutachtung ist, zu den Pflichten des von ihnen versehenen Amtes gehört.

Soweit allgemeine Vorschriften für Dienstreisen nicht erlassen sind, kann die oberste Verwaltungsbehörde über die Gewährung der den öffentlichen Beamten in den Fällen des Abs. 1 den Gerichten gegenüber zustehenden Tagegelder und Reisekosten besondere Vorschriften erlassen.

Werden nach den Vorschriften dieses Paragraphen Tagegelder und Reisekosten gewährt, so findet eine weitere Vergütung an den Zeugen oder Sachverständigen nicht statt.

Die vorstehenden Bestimmungen finden auf Personen des Soldatenstandes entsprechende Anwendung.

Auf Beamte der Gemeinden (Gemeindeverbände) finden die allgemeinen Vorschriften für Dienstreisen insoweit keine Anwendung, als die oberste Verwaltungsbehörde Bestimmungen über die Höhe der ihnen den Gerichten gegenüber zustehenden Tagegelder und Reisekosten erlassen hat.

Die oberste Verwaltungsbehörde kann die ihr durch Abs. 2 und Abs. 5 gegebene Befugnis zum Erlasse der bezeichneten Bestimmungen auf andere Behörden übertragen.

Vgl. hiezu wegen der Gendarmeriemannschaften JMBl. 1906, 325; 1899, 332; 1915, 56; BayZfR. 1914, 155; ferner wegen der Gebühren der Bezirkstierärzte BayOLG. in BayZfR. 1915, 111.

§ 15. Ist ein Sachverständiger für die Erstattung von Gutachten im allgemeinen beeidigt, so können die Gebühren für die bei bestimmten Gerichten vorkommenden Geschäfte durch Uebereinkommen bestimmt werden.

§ 16. Die Gebühren der Zeugen und Sachverständigen werden nur auf Verlangen derselben gewährt. Der Anspruch erlischt, wenn das Verlangen binnen drei Monaten nach Beendigung der Zuziehung oder Abgabe des Gutachtens bei dem zuständigen Gerichte nicht angebracht wird.

§ 17. Die einem Zeugen oder Sachverständigen zu gewährenden Beträge werden durch gerichtlichen Beschluss festgesetzt.

wenn der Zeuge oder Sachverständige oder die Staatskasse eine richterliche Festsetzung beantragt oder das Gericht sie für angemessen hält. Der Ansatz kann von Amts wegen berichtigt werden, wenn die Beträge aus der Staatskasse gezahlt und dieser nicht erstattet sind. Für die Festsetzung und die Berichtigung ist das Gericht oder der Richter zuständig, vor welchem die Verhandlung stattgefunden hat, und für die Berichtigung auch das Gericht der höheren Instanz.

Gegen die richterliche Entscheidung findet Beschwerde nach Massgabe des § 567 Abs. 2, der §§ 568 bis 575 der Zivilprozessordnung sowie des § 4 Abs. 3 des Gerichtskostengesetzes, in Strafsachen nach Massgabe der §§ 346 bis 352 der Strafprozeßordnung statt.

In den in Abs. 1 Satz 1 nicht bezeichneten Fällen erfolgt die Festsetzung durch den Gerichtsschreiber (BayZfR. 1915, 348). Wegen der Festsetzung durch die Staatsanwälte bei Aerzten s. ObLGMSt. 7, 417. Zur Prüfung der Ansprüche eines Zeugen auf Ersatz der Kosten eines Zeugnisses, dessen er zu seiner Entschuldigung wegen Nichterscheinens bedarf, sind nicht die Gerichte, sondern es ist die Regierungsfinanzkammer zuständig (ObLGMSt. 12, 57).

Wegen der Anweisung der Sachverständigengebühren bei Vernehmung von Sachverständigen in anderen Bundesstaaten s. OLG. Darmstadt in DJZ. 1916, 1177.

24. Gebühren
der Amtsärzte u. anderen Aerzte einschliesslich der Zahnärzte als Sachverständige.

I. Vergütungen für ärztliche Dienstleistungen bei Behörden.

(VO. vom 17. November 1902, GVBl. 715; geändert durch VO. vom 4. August 1910, GVBl. 415.)

(s. Eibecker in BayZfR. 1907, 342; Neumiller in Blätter für das bayerische Finanzwesen 1908, 129; Lehmer in Blätter für Rechtsanwendung 1909, 504).

Wir haben Uns bewogen gefunden, die Bestimmungen der Kgl. Verordnung vom 20. Dez. 1875, die Vergütung für ärztliche Amtsgeschäfte betr. (GVBl. 859), einer Revision unterstellen zu lassen, und verordnen demgemäss, was folgt:

§ 1. Für ärztliche Dienstleistungen bei Behörden werden unter den in gegenwärtiger Verordnung bestimmten Voraussetzungen Vergütungen gewährt. Hiebei können in Betracht kommen eine Gebühr für die Verrichtung, Entschädigung für Zeitaufwand, Gewährung von Tagegeldern, Ersatz der Reisekosten und der besonderen Auslagen.

§ 2. Die Amtsärzte erhalten für amtsärztliche Dienstleistungen, soferne die Kosten vom Staate, einer Gemeinde oder einer Wohltätigkeitsstiftung zu tragen sind, Tagegelder und Ersatz der Reisekosten nach den Bestimmungen über die Aufrechnung von Tagegeldern und Reisekosten bei auswärtigen Dienstgeschäften der Beamten des Zivilstaatsdienstes. Eine Gebühr für die Verrichtung selbst wird nicht gewährt.

Die beteiligten Ministerien sind ermächtigt, im Benehmen mit dem Staatsministerium der Finanzen in Ausnahmefällen eine Vergütung für die Verrichtung selbst zu bewilligen, ferner für besondere Fälle bezüglich der Voraussetzungen zur Gewährung von Tagegeldern und Reisekosten, sowie bezüglich der Höhe der Tagegelder abweichende Bestimmungen zu treffen.

Wegen Gewährung eines Taggeldes von 20 M an Amtsärzte bei Uebernachten ausserhalb des Wohnsitzes oder bei Leichenöffnungen vgl. JMBl. vom 22. Febr. 1904 (JMBl. 49) mit § 18 der Tagegelder VO. vom 17. Juli 1915 (GVBl. 563). Dieses erhöhte Taggeld kann auch für mehrere Tage gewährt werden (OLGMSt. 5, 259). Wegen Anwendung des § 2 beim Vollzug des Kapitalabfindungsgesetzes s. Bek. v. 3. Febr. 1917 (AInnMBl. 53).

§ 3. Bei amtsärztlichen Dienstleistungen, für welche die Kosten nicht vom Staate, einer Gemeinde oder Wohltätigkeitsstiftung zu tragen sind, kommt den Amtsärzten für die Verrichtung eine Gebühr zu, wie sie in der beifolgenden Gebührenordnung und, soferne diese eine Bestimmung nicht enthält, in der mit der Kgl. Verordnung vom 17. Okt. 1901, ärztliche Gebühren betr. (GVBl. 629), erlassenen Gebührenordnung bestimmt ist.

Falls die Dienstleistung die Entfernung des Arztes von seiner Wohnung erfordert und der Ort der Dienstleistung nicht unter zwei Kilometer von der Wohnung entfernt ist, erhält er Entschädigung für den durch den Hin- und Rückweg veranlassten

Zeitaufwand mit 1,50 M bis 3 M für jede angefangene halbe Stunde. Dabei wird die notwendige Wartezeit am Orte der Dienstleistung bis zu deren Vornahme, sowie die Wartezeit von der Beendigung der Dienstleistung bis zum Abgange des Beförderungsmittels, mit Ausnahme jedoch der Zeit von 8 Uhr abends bis 8 Uhr morgens, eingerechnet. Ferner erhält der Arzt Ersatz der Auslagen für Benützung von Beförderungsmitteln. Bei Benützung eigener Beförderungsmittel ist der Ersatz nach den ortsüblichen Preisen zu berechnen. Muss er auswärts übernachten, so werden die notwendigen Auslagen für Nachtquartier erstattet.

Ist der Ort der amtsärztlichen Dienstleistung weniger als zwei Kilometer von der Wohnung des Arztes entfernt, so wird er nur für die notwendige Wartezeit am Orte der Dienstleistung bis zu deren Vornahme mit 1,50 M bis 3 M für jede angefangene halbe Stunde entschädigt.

Die Reisezeit ist auch insoweit zu entschädigen, als sie in die Zeit von 8 Uhr abends bis 8 Uhr morgens fällt (BayOLG. in BayZ. 1917, 27). Die Vorschrift des Abs. 2 Satz 2 über die Nichteinrechnung der nächtlichen Wartezeit darf nicht dadurch umgangen werden, dass der Sachverständige nicht am Ort der Vernehmung sondern an einem Zwischenort übernachtet (OLGMSt. 14, 326).

§ 4. Das Staatsministerium des Innern ist ermächtigt, im Benehmen mit dem Staatsministerium der Finanzen und den anderen beteiligten Ministerien über die Höhe der Entschädigung bei Benützung des eigenen Fahrrads oder Motors besondere Bestimmungen zu treffen.

§ 5. Besondere Auslagen für Chemikalien, Instrumente, Gehilfen, Einbalsamierungsmittel und ähnliches sind in jedem Falle nach dem wirklichen Aufwande zu ersetzen. Für die gewöhnliche Abnützung von Instrumenten wird eine Entschädigung nicht gewährt.

Hierunter fallen auch die Auslagen für Zuziehung eines Gehilfen (OLGMSt. 9, 272).

§ 6. Sind die Kosten der amtsärztlichen Dienstleistung aus der Staatskasse einstweilen auszulegen, so erhält der Amtsarzt zunächst nur die Vergütung nach den §§ 2, 4 und 5. Den nach § 3 sich berechnenden Mehrbetrag erhält er erst dann, wenn dieser Betrag von dem Zahlungspflichtigen erlegt ist.

§ 7. Amtsärzte im Sinne dieser Verordnung sind die Landgerichtsärzte und Bezirksärzte. Inwieweit Assistenten derselben als Amtsärzte zu gelten haben, wird vom Staatsministerium des Innern im Benehmen mit dem Staatsministerium der Finanzen und den übrigen beteiligten Ministerien bestimmt.

Amtsärztliche Dienstleistungen im Sinne gegenwärtiger Verordnung sind lediglich diejenigen, welche zur Geschäftsaufgabe der im vorstehenden Absatz bezeichneten Amtsärzte gehören. Die Erstattung von Berichten oder Gutachten für Organe der Arbeiterversicherung ist als eine amtsärztliche Dienstleistung nicht anzusehen.

§ 8. Andere Aerzte, beamtete oder nicht beamtete, welche zu einer amtsärztlichen Dienstleistung berufen werden, erhalten hiefür, gleichviel von wem die Kosten zu tragen sind, die in den §§ 3, 4, 5 bezeichneten Vergütungen.

Dasselbe gilt, wenn solche Aerzte neben einem Amtsarzte zu einer amtsärztlichen Dienstleistung berufen werden, sofern nicht besondere Bestimmungen getroffen sind.

Die Vorschriften in Abs. 1 und 2 finden auch Anwendung auf die nach den §§ 7, 8 der Kgl. Verordn. vom 3. Sept. 1879, den ärztlichen Dienst bei den Gerichts- und Verwaltungsbehörden betr., (GVBl. 1081), aufgestellten bezirksärztlichen Stellvertreter. Für die den remunerierten bezirksärztlichen Stellvertretern nach § 8 Abs. 2 jener Verordnung besonders auferlegten amtsärztlichen Dienstleistungen gelten die Vorschriften in den §§ 2 bis 5 und im § 6.

Unter § 8, nicht unter § 7 fallen auch die Hausärzte der Strafanstalten (OLGMSt. 11, 62). Die VO. vom 3. September 1879 ist ersetzt durch die VO. vom 9. Januar 1912 (GVBl. 7).

§ 9. Die Vorschriften in § 8 Abs. 1 finden auch dann Anwendung, wenn Amtsärzte oder andere Aerzte auf Veranlassung einer Behörde über Vorkommnisse in ihrer Privatpraxis Berichte oder Gutachten erstatten. Dieselben Vorschriften gelten, wenn Amtsärzte oder andere Aerzte Berichte oder Gutachten für Organe der Arbeiterversicherung erstatten.

Satz 1 findet auch Anwendung, wenn der Amtsarzt über allgemeine Erfahrungen in seiner Privatpraxis sich äussert (OLGMSt. 10, 295).

§ 10. Wird ein anderer Arzt als ein Amtsarzt zum Verweser der erledigten Stelle eines Landgerichtsarztes oder Bezirksarztes bestellt, so erhält er aus der Staatskasse Ersatz der Reisekosten für die Reise von seinem Wohnorte an den Amtssitz zur Uebernahme der Funktion und für die Rückreise nach beendigter Funktion gemäss den Bestimmungen im § 3 Abs. 2 und im § 4, ferner auf die Dauer der Verwesung ein Tagegeld von sechs Mark. Die Bewilligung eines höheren Tagegeldes unterliegt der Genehmigung der Staatsministerien des Innern und der Finanzen. Im übrigen finden auf den Verweser die Bestimmungen in den §§ 2 bis 6 Anwendung. Letztere Bestimmungen gelten auch dann, wenn der Verweser die Stelle von seinem Wohnort aus versieht, sei es, dass die verweste Stelle sich am gleichen Orte befindet oder nicht.

Vorstehende Bestimmungen finden auch dann Anwendung, wenn für einen beurlaubten oder erkrankten Amtsarzt ein Verweser von der Aufsichtsbehörde bestellt wird.

§ 11. Wird ein anderer Arzt als ein Amtsarzt im öffentlichen Interesse, wie im Falle einer Epidemie, vorübergehend von seinem Wohnort an einen anderen Ort abgeordnet, so erhält er Ersatz der Reisekosten.

Ausserdem hat er, wenn die Abordnung zwei Tage nicht übersteigt und bei der Abordnung besondere Bestimmungen nicht getroffen werden, eine Entschädigung für Zeitaufwand bis zum Meistbetrage von 30 M für den Tag zu beanspruchen.

Dauert die Abordnung länger als zwei Tage, so ist die Entschädigung besonders zu bestimmen.

Dem abgeordneten Arzt bleibt es unbenommen, von Zahlungsfähigen, welche seine Hilfe in Anspruch nehmen, Vergütung zu verlangen.

§ 12. Soweit ein Spielraum zwischen einem niedrigsten und einem höchsten Satze gelassen ist, wird die Höhe der Vergütung nach den besonderen Umständen des Falles, namentlich nach den örtlichen Verhältnissen, der Vermögenslage des Zahlungspflichtigen sowie der Mühewaltung und dem Zeitaufwande bemessen.

Haben in den Fällen der §§ 8 und 9 Kassen des Staates, der Gemeinden oder Wohltätigkeitsstiftungen die Kosten zu tragen, so ist der niedrigste Betrag anzusetzen, soweit nicht in besonderen Fällen wegen Schwierigkeit der Leistung oder nach dem Masse des Zeitaufwands ein höherer Satz gerechtfertigt erscheint. Die beteiligten Ministerien sind ermächtigt, im Benehmen mit dem Staatsministerium der Finanzen in besonderen Fällen einen höheren Betrag zu bewilligen.*)

Sind in den Fällen der §§ 8 und 9 die Kosten aus der Staatskasse einstweilen auszulegen, so erhält der Arzt zunächst nur den niedrigsten Betrag. Den sich nach Abs. 1 berechnenden Mehrbetrag erhält er erst dann, wenn dieser Betrag von dem Zahlungspflichtigen erlegt ist. Die Bestimmung im Abs. 2 Satz 2 findet auch hier Anwendung.

§ 13. Insoweit für die Entschädigung von Amtsgeschäften besondere Vorschriften bestehen, wie bezüglich der öffentlichen Impfung, der Leichenschau, oder für ärztliche Dienstleistungen eine besondere amtliche Regelung vorgesehen ist, wie bezüglich der Bahnärzte, der Postvertrauensärzte, der Gefängnisärzte, finden die Bestimmungen dieser Verordnung keine Anwendung.

§ 14. Die Festsetzung der für eine Dienstleistung zu gewährenden Beträge erfolgt durch die mit der Angelegenheit befasste Behörde.

Gegen die von einem Ministerium, dem Obersten Landesgerichte oder dem Verwaltungsgerichtshofe vorgenommene Festsetzung findet nur Gegenvorstellung statt. Im übrigen ist gegen die Festsetzung Beschwerde zu der im Instanzenzuge vorgesetzten Behörde zulässig.

Gegenvorstellung ist unzulässig, wenn das Oberst. Landgericht als Beschwerdegericht entschied (OLGMS. 4, 147).

§ 15. Die Bestimmungen in den §§ 3, 4, 5, 12 gelten für beamtete und nicht beamtete Aerzte als Taxvorschriften im Sinne des § 13 der RGO. für Zeugen und Sachverständige in der Fassung der Bekanntmachung vom 20. Mai 1898, gleichviel ob die Aerzte aus Anlass einer amtsärztlichen Dienstleistung oder aus einem anderen Anlasse zu Sachverständigen ernannt worden sind.

Werden Amtsärzte zu Sachverständigen ernannt, so kommen auch die Bestimmungen in den §§ 2, 6 zur Anwendung. Das Gleiche gilt für remunerierte bezirksärztliche Stellvertreter, wenn sie aus Anlass einer im § 8 Abs. 3 Satz 2 bezeichneten amtsärztlichen Dienstleistung als Sachverständige ernannt worden sind.

Abs. 2 bedeutet, dass die Amtsärzte nur Reisekosten und Taggelder erhalten (OLGMSt. 8, 417); dies auch dann, wenn der Anlass zur Ernennung als Sachverständiger nicht eine amtsärztliche Handlung war (OLGMSt. 4, 85).

§ 16. Die beteiligten Ministerien sind ermächtigt, die erforderlichen Ausführungsbestimmungen zu erlassen und insbesondere die Form und das Verfahren bei Aufstellung und Einreichung der Berechnung der Vergütung zu regeln.

---

*) Satz 2 des Abs. 2 scheint durch Ziff. 1 der VO. v. 4. Aug. 1910 (GVBl. 415) nur versehentlich mitaufgehoben zu sein und wurde demnach abgedruckt.

§ 17. Gegenwärtige Verordnung, durch welche alle entgegenstehenden Bestimmungen und namentlich die K. Verordnung vom 20. Dez. 1875, die Vergütung für ärztliche Amtsgeschäfte betr., und der § 12 Abs. 2 der K. Verordnung vom 17. Oktober 1901, ärztliche Gebühren betreffend, aufgehoben werden, tritt am 1. Januar 1903 in Kraft.

Gebührenordnung für amtsärztliche Dienstleistungen.

1. Besichtigung einer Leiche oder von Leichenteilen mit Befundbericht und vorläufigem Gutachten . . . . . 5—10 M,
2. Vornahme einer Sektion von Leichenteilen mit Befundbericht und vorläufigem Gutachten . . . . 10—30 M,
3. Vornahme einer Leichenöffnung mit Befundbericht und vorläufigem Gutachten . . . . 20—30 M,
4. Assistenz bei Vornahme einer Leichenöffnung . . 5—20 M,
5. Mikroskopische, physikalische Untersuchung mit Befundbericht und vorläufigem Gutachten bei einfachen Untersuch. 5—10 M,
   bei zeitraubenden Untersuchungen . . . . 10—30 M,
6. bakteriologische, chemische Untersuchung mit Befundbericht und vorläufigem Gutachten bei einfach. Untersuch. 15—30 M,
   bei zeitraubenden Untersuchungen . . . . 30—75 M,
7. Wundbeschau oder sonstige ärztliche Untersuchungen und Beobachtungen mit Befundbericht und vorläufigem Gutachten — soferne nicht ein Fall der Ziffer 9 vorliegt — bei einfachen Untersuchungen und Beobachtungen . . . . . 5—20 M,
   bei zeitraubenden Untersuchg. u. Beobachtungen . 10—30 M,
8. a) Untersuchungen und Beobachtungen zum Zwecke der Erstattung eines Gutachtens . . . . 5—50 M,
   b) Studium von Akten zum Zwecke der Erstattung eines Gutachtens . . . . 5—50 M,
   c) Wissenschaftlich begründetes Gutachten über Personen oder Sachen . . . . 10—50 M,
   bei Gutachten über den Geisteszustand einer Person . . . . 10—100 M,
9. Ausstellung von Zeugnissen über Gesundheit oder Krankheit, Diensttauglichkeit, Aufsichts-, Arbeits- oder Erwerbsfähigkeit mit Untersuchung . . . . 3—20 M,
10. Beglaubigung von Zeugnissen, Ausstellung eines Befundscheines, Erteilung einer schriftlichen Auskunft ohne nähere gutachtliche Ausführung . . . . 1—3 M,
11. Gutachten in bezug auf Beerdigung, Ausgrabung, Beförderung, Verbrennung von Leichen . . . . 5—20 M,
12. Untersuchung einer Apotheke, einer Drogerie, einer Gifthandlung . . . . 10—30 M,
13. Gutachten in polizeilichen Angelegenheiten über Einrichtungen oder gewerbliche Anlagen . . . . 5—20 M,
14. Abwartung eines gerichtlichen Termins als Sachverständiger einschliesslich der während des Termins ausgeführten Untersuchungen und des erstatteten mündlichen Gutachtens bis zu zwei Stunden . . . . 6 M,
    für jede angefangene Stunde mehr . . . . 2 M.

Als Anfang des Termins gilt die Zeit, zu welcher geladen ist, als Endpunkt die Zeit der Entlassung.

Unterbrechungen der Verhandlungen und Beurlaubungen des Arztes werden in die Terminsdauer eingerechnet; dies gilt jedoch bei einer Unterbrechung oder Beurlaubung, welche auf mehr als zwei Stunden bestimmt wird, dann nicht, wenn der Arzt an seinem Wohnorte vernommen wird.

Die Gebühr ist für jeden Verhandlungstag besonders zu berechnen.

Ist der Arzt in mehreren Terminen an demselben Tage beschäftigt, so darf dieselbe Zeit nicht mehrfach berechnet werden.

Zusatzbestimmungen:

1. Für die Gebühren der den Landgerichtsärzten oder den Bezirksärzten beigegebenen „Hilfsärzte" ist die VO. vom 17. November 1902 insoweit massgebend, als nicht in der Entschliessung über deren Anstellung oder in deren Dienstordnung ein anderes vorgeschrieben ist. Die Amtsärzte und ihre Hilfsärzte erhalten für ihre Verrichtungen, auch wenn die Kosten nicht vom Staate, einer Gemeinde oder einer Wohltätigkeitsstiftung zu tragen sind, dann keine Gebühr, wenn es sich im Bereich der Dienstesaufgaben der Bezirksärzte um die selbständige Erledigung von Verwaltungsgeschäften handelt oder um die Beratung und Unterstützung der Distriktsverwaltungs- und Gemeindebehörden auf dem Gebiete des Gesundheitswesens, insbesondere bei der Ueberwachung der einschlägigen Vorschriften; § 8 Abs. 1 der VO. vom 17. November 1902 kommt, soweit nicht eine besondere Regelung erfolgt ist, auch dann zur Anwendung, wenn bei Amtsgerichten, an deren Sitz weder ein Landgerichtsarzt noch ein Bezirksarzt aufgestellt ist, für die nach der Hausordnung für die Gerichtsgefängnisse dem Gefängnisarzt obliegenden Dienstgeschäfte ein anderer Arzt widerruflich bestellt ist und auch dann, wenn diesem Arzt die Besorgung des amtsärztlichen Dienstes bei der Distriktsverwaltungsbehörde widerruflich übertragen ist, vgl. § 14 VO. vom 9. Januar 1912 (GVBl. 7). JMB. vom 25. November 1903 (JMBl. 453).

2. Hinsichtlich der Gebühren der Amtsärzte in Angelegenheiten der Reichsversicherungsordnung s. InnMB. v. 23. März 1914 (AInnMBl. S. 129).

2. Gebühren für die Dienstleistungen der Aerzte und Zahnärzte in der Privatpraxis:

VO. v. 17. Oktober 1901 (GVBl. 629).

§ 1. Die Bestimmung der Vergütung für Dienstleistungen der nach § 29 der Reichsgewerbe-Ordnung approbierten Aerzte und Zahnärzte in der Privatpraxis ist zunächst dem Uebereinkommen der Beteiligten überlassen. In Ermangelung einer solchen Vereinbarung ist für streitige Fälle die gegenwärtige Verordnung und die dazu angefügte Gebührenordnung massgebend.

Aerztliche Verrichtungen, für welche die Gebührenordnung keinen Ansatz enthält, sind unter Zugrundelegung derjenigen Sätze, welche für ähnliche Verrichtungen gewährt werden, zu vergüten.

§ 2. Soweit die Gebührenordnung einen Spielraum zwischen niedrigsten und höchsten Ansätzen gestattet, ist die Höhe der festzusetzenden Gebühr nach den besonderen Umständen des Einzelfalles und namentlich nach den örtlichen Verhältnissen, der Vermögenslage des Zahlungspflichtigen, sowie der Mühewaltung und dem Zeitaufwande zu bemessen.

Wenn die Zahlung der Gebühr aus Kassen des Staates, der Gemeinden- oder Wohltätigkeitsstiftungen, aus Arbeiterkrankenkassen oder von nachweisbar Unbemittelten zu leisten ist, kommt der niedrigste Satz zur Anwendung, soweit nicht in besonderen Fällen wegen Schwierigkeiten der ärztlichen Leistung oder nach dem Masse des Zeitaufwandes ein höherer Satz gerechtfertigt erscheint.

§ 3. Bei der Vergütung für ärztliche Dienstleistungen kommen nach Massgabe der weiteren Bestimmungen darüber in Betracht der Besuch oder die Beratung, die besondere ärztliche Verrichtung, der Zeitaufwand, die Fahrtkosten und besondere Auslagen.

§ 4. Werden bei Besuchen oder Beratungen ärztliche Verrichtungen vorgenommen, für welche ein Mindestansatz von 10 M in der Gebührenordnung vorgesehen ist, oder eine Gebühr von mehr als 10 M angesetzt wird, so darf eine Gebühr für den Besuch oder die Beratung bei Tage nicht berechnet werden.

§ 5. Bei ärztlichen Dienstleistungen innerhalb des Wohnortes des Arztes steht diesem neben der Gebühr für den Besuch oder die Verrichtung eine besondere Entschädigung für Fahrtkosten und für den durch den Hin- und Rückweg verursachten Zeitaufwand nicht zu.

Jedoch kann auch innerhalb des Wohnortes des Arztes, wenn die Wohnung des Kranken nicht unter 2 Kilometer von der des Arztes entfernt ist, für Besuche bei Nacht, für mündliche Beratschlagungen zweier oder mehrerer Aerzte bei Tag oder bei Nacht, für Besuche, welche am Tage auf Verlangen sofort oder zu einer bestimmten Stunde gemacht werden, sowie für Beistandleistung eines Arztes bei einer ärztlichen Verrichtung bei Tag oder bei Nacht neben der Gebühr für den Besuch eine Entschädigung für Zeitaufwand in der Höhe von 1,50 M bis 3 M auf jede angefangene halbe Stunde und Ersatz der Fahrtkosten berechnet werden.

§ 6. Befindet sich der Kranke ausserhalb des Wohnortes des Arztes und zwar nicht unter 1 Kilometer von der Grenze desselben und nicht unter 2 Kilometer von der Wohnung des Arztes entfernt, so erhält der Arzt neben der Gebühr für den Besuch eine Entschädigung für den durch den Hin- und Rückweg verursachten Zeitaufwand und zwar 1,50 M bis 3 M für jede angefangene halbe Stunde, wobei die etwa notwendige Wartezeit bis zum Abgange der Eisenbahn, des Dampfschiffes oder Fuhrwerkes eingerechnet wird. Hiezu kommt noch eine Entschädigung der Reisekosten; dieselbe besteht in der Vergütung der gehabten Auslagen für Benützung der Eisenbahn, des Dampfschiffes, der Post, eines Gefährtes oder sonstigen Beförderungsmittels. Bei Benützung eigenen Fuhrwerks oder Beförderungsmittels ist die Entschädigung nach den ortsüblichen Preisen zu berechnen. Ist der Ort der Dienstleistung zwar zwei Kilometer von der Wohnung des Arztes aber unter einem Kilometer von der Grenze entfernt, so findet die Bestimmung des § 5 Absatz 2 dieser Verordnung unter den dortselbst angeführten Voraussetzungen Anwendung.

Dem K. Staatsministerium des Innern ist vorbehalten, über die Entschädigung bei Benützung eigenen Fahrrades oder Motors besondere Bestimmung zu treffen.

Diese Bestimmungen sind erfolgt mit InnMB. vom 17. Dezember 1902 (GVBl. 737).

§ 7. Besorgt der Arzt auf demselben Wege mehrere Dienstleistungen an verschiedenen Stellen, so darf er die nach dem § 5 Absatz 2 und § 6 ihm zustehende Entschädigung für Zeitaufwand und Fahrt- oder Reisekosten nur einfach in Aufrechnung bringen. Die Entschädigung ist entsprechend zu verteilen.

§ 8. Sind in derselben Wohnung gleichzeitig mehrere Angehörige der gleichen Familie zu behandeln, so kommt für die zweite und die folgenden Personen je die Hälfte der Gebühr in Ansatz.

§ 9. Bei öfteren Wiederholungen einer und derselben mechanischen Hilfeleistung (Anlegung des Katheters, der Bougies, Einspritzungen oder ähnlicher Verrichtungen) kann für die drei ersten Male die volle Gebühr, für die folgenden dagegen nur die Hälfte derselben berechnet werden.

§ 10. Mehr als zwei Besuche an einem Tage können nur dann berechnet werden, wenn dieselben im Einverständnis mit dem Kranken oder dessen Angehörigen erstattet werden oder nach der Beschaffenheit des Falles geboten sind.

§ 11. Die Kosten für die vom Arzte beschafften Medikamente und Verbandmittel, ferner Kosten für Neubeschaffung oder Reparatur von Instrumenten, welche infolge der Benützung im einzelnen Falle unbrauchbar werden oder aus besonderen Gründen (z. B. Ansteckungsgefahr) vernichtet werden müssen, oder welche der Kranke zur ferneren Verwendung für sich behält, sind dem Arzte zu vergüten. Für die gewöhnliche Abnützung von Instrumenten und Apparaten wird eine besondere Entschädigung nicht gewährt.

§ 12. Gegenwärtige Verordnung, durch welche alle entgegenstehenden Bestimmungen und namentlich die Verordnung vom 18. Dezember 1875, die Gebühren für ärztliche Dienstleistungen in der Privatpraxis betreffend, aufgehoben werden, tritt mit dem 1. November 1901 für den ganzen Umfang des Königreichs in Kraft.

Insoweit die Verordnung vom 20. Dezember 1875, die Vergütung für ärztliche Amtsgeschäfte betreffend, auf Bestimmungen der Verordnung vom 18. Dezember 1875 Bezug nimmt, bleiben dieselben bis auf weiteres noch in Geltung (siehe aber obige Verordnung § 17).

Anlage zu § 1 der Verordnung.

Gebührenordnung für ärztliche Dienstleistungen in der Privatpraxis.

A. Gebühren für Besuche und Beratungen (Zeugnisse, Berichte, Gutachten, Briefe).

1. Besuch in der Wohnung des Kranken:
   - a) für den ersten Besuch bei Tag . . . . . 2—10 M,
   - b) für jeden folgenden Besuch bei Tag im Verlaufe derselben Krankheit . . . . 1—6 M,
   - c) für Besuche bei Tag, welche auf Verlangen des Kranken oder seiner Angehörigen sofort oder zu einer bestimmten Stunde gemacht werden, und zwar für den ersten . . . . 4—20 M, für jeden folgenden . . . . 2—12 M,
   - d) für jeden Besuch bei Nacht (von 9 Uhr abends bis 7 Uhr morgens) . . . . . . 4—20 M.
2. Beratung eines Kranken in der Wohnung des Arztes sowie auch telephonische Beratung:
   - a) für erste Beratung bei Tag . . . . 1—6 M,
   - b) für jede folgende Beratung bei Tag im Verlaufe derselben Krankheit . . . . . 1—3 M,
   - c) für jede Beratung bei Nacht . . . . 2—20 M.
3. Die Gebühr für den Besuch und die Beratung schliesst die Untersuchung des Kranken und die Verordnung mit ein.

   Für eine besonders zeitraubende Untersuchung unter Anwendung des Augen-, Ohren-, Kehlkopf-, Scheidenspiegels oder des Mikroskopes kann eine Gebühr von 2—5 M besonders berechnet werden.
4. Muss der Arzt nach der Beschaffenheit des Falles oder auf Verlangen des Kranken oder seiner Angehörigen länger als eine halbe Stunde verweilen, so stehen ihm für jede weitere angefangene halbe Stunde 1,50 M bis 3 M, bei Nacht das Doppelte zu. Die nötige Zeit zur Vorbereitung des Geschäftes, zur Erholung, zum Mittagessen, zum Uebernachten kann eingerechnet werden.
5. Mündliche Beratung zweier oder mehrerer Aerzte jedem derselben (einschliesslich des Besuches):
   - a) für erste bei Tag . . . . 5—25 M,
   - b) für jede folgende bei Tag während derselben Krankheit . . . . 3—15 M,
   - c) zur Nachtzeit . . . . das Doppelte.
6. Schriftliche Beratung (Zeugnisse, Berichte, Gutachten, Briefe):
   - a) für eine kurze Bescheinigung, worunter auch ganz einfache Berichte oder Gutachten fallen, über Gesundheit oder Krankheit eines Menschen 1—5 M (die einfache Unterschrift unter dem gewöhnlichen Scheine einer Krankenkasse gilt nicht als ärztliches Zeugnis),
   - b) für ausführlichen Krankenbericht . . . 3—10 M,
   - c) für begründetes Gutachten . . . . . 9—30 M,
   - d) für einen Brief im Interesse des Kranken . 2—10 M,
   - e) für schriftlichen Sektionsbericht . . . . 3—10 M.

B. Gebühren für ärztliche Verrichtungen.

I. Allgemeine Verrichtungen.

1. Durchleuchtung mittels Röntgen-Strahlen . . 10—30 M,
2. Photographie mittels Röntgen-Strahlen je nach der Grösse . . . . 20—50 M,
3. Mikroskopische, chemische oder bakteriologische Untersuchung von Sekreten, Exkreten
   a) einfache . . . . 2—5 M,
   b) zeitraubende . . . . 3—20 M,
4. Beistand bei einer ärztlichen Verrichtung (Operation) für jeden hiezu beigezogenen Arzt . . . . . . 5—20 M,
   bei Nacht . . . . 10—40 M,
5. Ausführung einer Narkose . . . . 5—15 M,
   welche Gebühr in Wegfall kommt, wenn der die Narkose ausführende Arzt für die Operation selbst nicht unter 10 M beanspruchen kann.
6. Anwendung der Infiltrations-Anästhesie . . . 3—10 M,
7. Wiederbelebungsversuche bei Verunglückten oder Scheintoten . . . . 4—20 M,
8. Besichtigung oder äussere Untersuchung einer Leiche mit Ausstellung einer kurzen Bescheinigung . . . 3—6 M,
9. Vornahme einer Leichenöffnung mit Ausstellung einer kurzen Bescheinigung . . . . 10—30 M,
10. Assistenz bei Vornahme einer Leichenöffnung . 5—20 M,
11. verlangte Anwesenheit bei Vornahme einer Leichenöffnung 5—15 M,
12. eine Bluttransfusion . . . . 20—50 M,
13. eine subkutane oder venöse Infusion . . . . 10—30 M,
14. Impfung der Schutzpocken einschl. der Nachschau und der Ausstellung des Impfscheines . . . . . 3—6 M,
15. Leitung eines Bades . . . . 2—10 M,
16. eine hydrotherapeutische Einwicklung . . . 2—5 M,
17. Massage . . . . 2—5 M,
18. Anwendung der Elektrizität zu Heilzwecken 2—10 M,
19. eine subkutane Einspritzung . . . . . . 1—3 M,
20. Einspritzung in die Harnröhre oder den Mastdarm 2—5 M,
21. Einführung des Katheters, einer Bougie, eines Mastdarmrohres (mit oder ohne Eingiessung), Anwendung der Magensonde oder des Schlundrohres, Magenausspülung . . 3—10 M,
22. ein Aderlass, Setzen von Schröpfköpfen, Ansetzen mehrerer Blutegel, ausser dem Betrage derselben . . . 2—6 M.

II. Wundärztliche Verrichtungen.
III. Geburtshilfliche und gynäkologische Verrichtungen.
IV. Augenärztliche Verrichtungen.
V. Aerztliche Verrichtungen bei Nasen-, Rachen-, Kehlkopf- und Ohren-Krankheiten.
VI. Zahnärztliche Verrichtungen.

(II—VI. s. GVBl. 1901, 635 ff.)

Anmerkung zu Z. 1 und 2:

Gebühren für die Gutachten der Medizinalkomitee:

a) Gebühren für die Vornahme chemischer Untersuchungen: 20—100 M;

b) Gebühren für die Vornahme mikroskopischer Unters. 20—50 M (§ 7 VO. v. 29. Sept. 1878 GVBl. 435).
[Diese Gebühren fallen an für jedes untersuchte Einzelobjekt, die Anzahl der Untersuchungen beeinflusst lediglich die Höhe innerhalb des Rahmens, BayOLGStr 15, 3]

c) Schriftliche Gutachten, VO. v. 3. Mai 1859 (RegBl. 489) wenn eine Partei die Kosten zu tragen hat, 50—100 M.

---

25. Gebührenordnung für die Dienstleistungen der Bader.

VO. v. 31. März 1899 (GVBl. 111), geändert durch InnMB. v. 12. Febr. 1908 (GVBl. 64).

1. Gebührentabelle.

a) Verrichtungen, welche der Bader ohne ärztlichen Auftrag in selbständiger Befugnis vornehmen darf.

1.	Für den ersten Verband einer einfachen Wunde, desgleichen für die Eröffnung eines einfachen Abszesses	1—2,20 M,
2.	für jeden ferneren Verband	0,50—1 M,
3.	für das Ausziehen eines Zahnes . . .	1—2 M,
4.	für das Reinigen der Zähne	1—2 M,
5.	für das Setzen eines Klystiers	0,50—1 M,
6.	für die unblutige Ausrottung eines Leichdornes bei mehreren die Hälfte,	0,50—2 M,
7.	für das unblutige Beschneiden eingewachsener Nägel	0,50—2 M,
8.	für die Anwendung eines trockenen Schröpfkopfes	0,10—0,15 M,
9.	für die Anwendung eines blutigen Schröpfkopfes	0,20—0,40 M,
10.	für das Legen eines Senfteiges oder Blasenpflasters	0,20—0,50 M,
11.	für Anwendung eines Höllensteines als Aetzmittel . . . . . :	0,20—0,50 M

b) Verrichtungen, welche der Bader nur in ärztlichem Auftrag vornehmen darf:

1.	Für Einspritzungen	0,50—1 M,
2.	für Ansetzen des Katheters	0,50—1 M,
3.	für einen Aderlass	1—2 M,
4.	für das Setzen von Blutegeln, für das Stück	0,15—0,25 M,
5.	für die Anwendung eines anderen Aetzmittels als Höllenstein	0,20—0,50 M,
6.	für Hilfeleistung bei einer Leichenöffnung .	2—6 M,
7.	für Teilmassage . . . . :	1 M,
	für Massage des ganzen Körpers	2 M,
8.	für Hilfeleistung bei ärztlichen Operationen für jede Viertelstunde	0,50 M.

2. Allgemeine Bestimmungen.

1. Soweit die Gebührenordnung einen Spielraum zwischen niedrigsten und höchsten Ansätzen gestattet, ist auf die Verschiedenheit der örtlichen Verhältnisse, auf die grössere oder geringere Wohlhabenheit, den Erwerbs- und Familienstand des Zahlungspflichtigen, sowie auf besondere Mühewaltung und Zeitversäumnis des Baders Rücksicht zu nehmen.

Haben Kassen des Staates, der Gemeinden oder der Wohltätigkeitsstiftungen Badergebühren zu bezahlen, so darf die Gebühr den Durchschnittssatz keinesfalls übersteigen.

2. Erfordert eine Verrichtung des Baders die Entfernung desselben von seiner Wohnung, so hat derselbe neben der in der Tabelle bezeichneten Gebühr a) bei Tag 40 Pf. bis 80 Pf., b) bei Nacht 80 Pf. bis 1,20 M zu beanspruchen.

Ausserdem gebührt demselben, wenn die Entfernung von der Wohnung mehr als 2 Kilometer beträgt, für je 1 Kilometer des Hin- und Rückweges eine Reiseentschädigung von 20 Pf. bis 40 Pf.

Die in Abs. 2 bezeichnete Reiseentschädigung darf, wenn der Bader mehrere Besuche in einem Gange vereinigt, nur einfach in Aufrechnung gebracht werden.

3. Für sonstige besondere Auslagen kann Entschädigung nach dem wirklichen Aufwande in Anspruch genommen werden.

Für Arzneimittel, deren Abgabe und Verwendung den Badern gestattet ist, desgleichen für Blutegel kommt die Arzneitaxe in Ansatz.

Die antiseptischen Verbandmittel dürfen mit ihrem Anschaffungspreise nebst 20 Pf. Zuschlag in Aufrechnung gebracht werden.

26. Vergütung

an a) Geschworene, Schöffen und Vertrauensmänner.

GVG. §§ 55 a, 96. — RG. vom 29. Juli 1913 (RGBl. 617) Bek. vom 2. August 1913 (RGBl. 618). — Bek. vom 18. August 1913 (FMBl. 405). — VO. vom 18. August 1913 (GVBl. 497).

1. Schöffen und Geschworene erhalten für jeden Tag der Dienstleistung ein Tagegeld von fünf Mark. Als Tag der Dienstleistung gilt jeder Tag, an dem der Schöffe oder Geschworene mit Rücksicht auf sein Amt am Sitzungsort anwesend sein muß.

   Schöffen und Geschworene erhalten außerdem für jedes durch die Dienstleistung notwendig gewordene Nachtquartier eine Zulage von drei Mark.

   Die Tagegelder dürfen nicht zurückgewiesen werden.

2. Schöffen und Geschworene, die ausserhalb ihres Wohnorts einen Weg von mehr als zwei Kilometer zurückzulegen haben, erhalten als Reiseentschädigung für jedes angefangene Kilometer des Hinwegs und des Rückwegs:
   1. bei Wegen, die auf Eisenbahnen, Kleinbahnen oder Schiffen zurückgelegt werden können, sechs Pfennig,
   2. bei Wegen, die nicht in dieser Art zurückgelegt werden können, zwanzig Pfennig.

   Soweit ausnahmsweise aus besonderen Gründen die Benutzung von Beförderungsmitteln, die höhere Auslagen erfordern, notwendig ist, sind die erforderlichen höheren Auslagen zu ersetzen.

3. Die Reiseentschädigung wird auch für die Reisen gewährt, die der Schöffe oder Geschworene während der Tagung nach seinem Wohnort und zurück macht. Sie darf jedoch die Höhe der Bezüge nicht übersteigen, die der Schöffe oder Geschworene erhalten haben würde, wenn er am Sitzungsorte hätte anwesend sein müssen.

4. Der Schöffe oder Geschworene soll, wenn ihm der Dienst die Rückreise nach seinem Wohnort ermöglicht, nach seinem Wohnorte zurückkehren, es sei denn, dass die Reisekosten höher sind als das Tagegeld und die Zulage für das Nachtquartier, wenn er am Sitzungsorte bleibt. Ob dem Schöffen oder Geschworenen die Rückkehr nach dem Wohnorte möglich ist, ist unter Berücksichtigung der Persönlichkeit, der Verkehrsverhältnisse und sonstiger Umstände nach billigem Ermessen zu beurteilen.

5. Die Vertrauensmänner des nach § 40 des Gerichtsverfassungsgesetzes gebildeten Ausschusses, die ausserhalb ihres Wohnorts einen Weg von mehr als zwei Kilometer zurückzulegen haben, erhalten als Reisekosten

für jedes angefangene Kilometer des Hinwegs und des Rückwegs:

a) bei Wegen, die auf Eisenbahnen, Kleinbahnen oder Schiffen zurückgelegt werden können, sechs Pfennig,

b) bei Wegen, die nicht in dieser Art zurückgelegt werden können, zwanzig Pfennig.

Soweit ausnahmsweise aus besonderen Gründen die Benutzung von Beförderungsmitteln, die höhere Auslagen erfordern, notwendig ist, sind die erforderlichen höheren Auslagen zu ersetzen.

6. Die Entschädigungen werden vom Vorsitzenden des Schöffen-, Schwurgerichts bzw. Ausschusses regelmässig angewiesen und vom Gerichtsschreiber ausbezahlt und am Monatsschlusse dem Rentamte aufgerechnet. Das Rentamt legt Verzeichnis und Belege mit den monatlichen Untersuchungskosten der Regierungs-Finanzkammer zur Einweisung vor.

b) Waisenräte.

MB. v. 22. Dez. 1899 (JMBl. 1900, 553) u. MB. v. 23. Aug. 1900 (JMBl. 1134).

1. Reisekosten und Aufwand werden nur vergütet, wenn der Aufenthaltsort mehr als 2 Kilometer vom Versammlungsort entfernt ist.
2. a) Ist möglich: Benützung von Eisenbahn — Preis der II. Klasse, Benützung des Dampfboots — Preis der I. Klasse, Benützung der Post — Fahrpreis vergütet. Kann eine Rückfahrkarte verwendet werden, so wird nur der Preis der Rückfahrkarte vergütet.

   b) Wenn Benützung der Eisenbahn, Dampfboot oder Post nicht möglich, 10 Pf. für jedes angefangene Kilometer des Hinwegs und des Rückwegs.
3. Entschädigung für Aufwand, wenn Versammlung, Hin- und Rückweg mehr als 4 Stunden erfordern 3 M, andernfalls 2 M.
4. Festsetzung der Gebühr durch den Richter, der die Versammlung leitet, und Anweisung nach Formular.
5. Auszahlung durch den Gerichtsschreiber, auswärts durch Postanweisung; Postporto trägt die Staatskasse.

c) Mitglieder der Steuerausschüsse und Berufungskommissionen, Auskunftspersonen, Zeugen und Sachverständige bei der Veranlagung der Einkommen-, Gewerbe- und Kapitalrentensteuer etc.

(FMB. vom 29. Juli 1911 FMBl. 504, 505).

§ 1. I Den Mitgliedern der Steuerausschüsse und den nicht vom Finanzministerium ernannten Mitgliedern der Berufungskommissionen werden, wenn ihr Wohnsitz weiter als zwei Kilometer vom Orte der Sitzung entfernt ist, Reisekosten vergütet.

VI Die Vergütung besteht, wenn Eisenbahn, Dampfboot oder Postomnibus benützt werden kann, in der Bezahlung der Fahrtaxe und zwar für die Benützung der II. Wagenklasse auf der Eisenbahn oder des I. Platzes auf dem Dampfboote. Können Beförderungsmittel der bezeichneten Art nicht benützt werden, so werden als Reisekostenentschädigung für jedes angefangene Kilometer des Hin- und Rückwegs zehn Pfennige vergütet. Wenn nach besonderen Umständen ausnahmsweise die Benützung von Beförderungsmitteln, welche höhere Auslagen erfordern, für angemessen zu erachten ist, kann das Mitglied den Ersatz dieser Auslagen beanspruchen.

III Die Reisekosten für den Hin- und Rückweg werden, auch wenn sich die Sitzungen auf mehrere Tage erstrecken, nur einmal vergütet.

§ 2. I Die in § 1 bezeichneten Mitglieder erhalten ferner Entschädigung für Zeitverlust. Die Reisezeit sowie die Zeit, während der die gewöhnliche Beschäftigung nicht wieder aufgenommen werden kann, wird als verlorene Zeit gerechnet.

II Die Entschädigung für Zeitverlust ist unter Berücksichtigung der Sitzungsdauer, eines etwaigen Verdienstentganges, des Umfanges etwaiger Aufwendungen für Verköstigung usw. zu bemessen. Sie beträgt

a) für die Mitglieder der Steuerausschüsse bis zu 2 M. für jede angefangene Stunde, in keinem Falle aber mehr als 12 M. für den Tag und, wenn das Mitglied auswärts übernachten muss, 15 M. für den Tag;

b) für die nicht vom Finanzministerium ernannten Mitglieder der Berufungskommissionen bis zu 3 M. für jede angefangene Stunde, in keinem Falle aber mehr als 15 M. für den Tag und, wenn das Mitglied auswärts übernachten muss, 19 M. für den Tag.

§ 3. I Auskunftspersonen, Zeugen und Sachverständigen sind auf Verlangen Entschädigungen für Reisekosten und Zeitverlust in der gleichen Höhe anzuweisen wie den Mitgliedern der Steuerausschüsse. Die Entschädigungen sind vorbehaltlich der Revision in den Fällen der §§ 43 Abs. VIII, 50 Abs. VIII, 56 Abs. VI, 62 Abs. III, 85 Abs. VIII der Vollzugsvorschriften zum Einkommensteuergesetze vom Rentamt, im Falle des § 71 Abs. IV der Vollzugsvorschriften zum Einkommensteuergesetze durch die Distriktsverwaltungsbehörde gegen Wiederersatz durch das Rentamt festzusetzen und sofort auszubezahlen.

II Die Regierungsfinanzkammern sind ermächtigt, Sachverständigen, die ein umfangreicheres schriftliches Gutachten abzugeben haben (vgl. § 71 Abs. II der Vollzugsvorschriften zum Einkommensteuergesetz) höhere Entschädigungen für Zeitverlust zu bewilligen.

§ 4. Die im Laufe eines Rechtsmittelverfahrens festgesetzten Entschädigungen der Auskunftspersonen, Zeugen und Sachverständigen sind Kosten im Sinne des Art. 86 des Einkommensteuergesetzes.

§ 5. Ueber Beschwerden der Empfangsberechtigten, die die Festsetzung der Entschädigungen nach §§ 1 bis 3 betreffen, entscheiden die Regierungsfinanzkammern.

d) Haussteuertaxatoren etc.

(FMB. vom 27. Februar 1911 FMBl. 235).

§ 1. Die Taxatoren, die zum Zwecke der Veranlagung oder Revision der Mietsteuer in einer Schätzungskommission oder einem Kompromissgerichte mitwirken, erhalten aus der Staatskasse eine Entschädigung für Zeitverlust und für Fahrtauslagen. Vergütungen von den Steuerpflichtigen anzunehmen ist ihnen verboten.

§ 2. I Der Entschädigung für Zeitverlust ist die Zeitdauer zugrunde zu legen, für welche der Taxator durch die Dienstleistung in Anspruch genommen wird. Hiebei ist die Zeit einzurechnen, die der Taxator auf den Weg von und zu seiner Wohnung verwendet hat.

II Die Entschädigung für Zeitverlust beträgt bis zu 2 M. für jede angefangene Stunde, für einen Tag aber höchstens 15 M. Bei der Bemessung der Entschädigung ist auf den Ort der Dienstleistung und auf die Erwerbsverhältnisse des Taxators Rücksicht zu nehmen.

§ 3. Als Fahrtauslagen dürfen die Barauslagen aufgerechnet werden, die dem Taxator aus Anlass seiner Dienstleistung für die Benützung einer regelmässigen Fahrgelegenheit (Strassenbahn, Eisenbahn usw.) erwachsen. Die Barauslagen für die Benützung eines besonderen Gefährtes dürfen nur aufgerechnet werden, wenn Entfernung von mehr als drei Kilometer zurückzulegen sind, ohne dass die Benützung einer regelmässigen Fahrgelegenheit möglich ist.

§ 4. Die für die Taxatoren getroffenen Bestimmungen (§§ 1 bis 3) gelten vorbehaltlich besonderer Anordnung auch für jene Obertaxatoren der Schätzungskommissionen und Kompromissgerichte, die **nicht** als aktive Beamte im Staatsdienste stehen.

§ 5. Die als aktive Beamte im Staatsdienste stehenden Haussteuer-Obertaxatoren und -Kommissäre werden für auswärtige Dienstgeschäfte nach den geltenden Vorschriften entschädigt. Ist die Tätigkeit kein auswärtiges Dienstgeschäft im Sinne jener Vorschriften, so dürfen, soweit nicht vom Staatsministerium der Finanzen mit Rücksicht auf besondere Verhältnisse anderweitige Verfügung getroffen wird, nur die im § 3 bezeichneten Fahrtauslagen aufgerechnet werden.

§ 6. I Die nach §§ 1 bis 5 liquidierten Entschädigungen sind von den Rentämtern nach Prüfung und Festsetzung seitens der Regierungsfinanzkammer auszubezahlen. Die Einweisung der Entschädigung ist zu beschleunigen.

II In der Anzeige, die nach Ziff. 5 der Bekanntmachung vom 18. November 1910 (FMBl. S. 355) für das Jahr 1911 zu erstatten ist, sind die aus Anlass der Mietsteuerrevision vorschussweise verausgabten Entschädigungen nach Rentämtern vorzutragen.

27. Gebührenmarken.

Königl. Allerh. Verordnung, die Verwendung von Gebührenmarken betr., v. 15. Sept. 1879.

(GVBl. 1171.)

Vgl. bayer. Kosten- u. Stempelges. v. 21. VIII. 1914 (GVBl. S. 437).

---

28. Abgaben bei Anstellungen und besonderen Verleihungen.

Bayer. Kosten- und Stempelges. vom 21. VIII. 1914 (GVBl. S. 437). FMB vom 7. II. 1909 (JMBl. S. 119).

I. Die als Beamte im Sinne des Beamtengesetzes in Dienstesaktivität stehenden Mitglieder des Allgemeinen Unterstützungsvereins und der damit verbundenen Töchterkasse haben von jeder Diensteinkommensmehrung je eine fünfprozentige Abgabe an diese beiden Vereine zu entrichten. Diese „Diensteinkommensmehrungsabgabe" ist bei allen Gehaltsvorrückungen, Beförderungen oder Verleihungen von Nebenbezügen zu leisten. Unständige auf nicht länger als ein Jahr gewährte Funktionsremunerationen, Dienstwohnungen, für die eine Miete nicht zu entrichten ist, und Nebenbezüge, die ganz oder teilweise zur Bestreitung eines Dienstaufwands bestimmt oder nach örtlichen Verhältnissen bemessen sind, bleiben ausser Ansatz. Abgaben von 20 M und darunter sind sofort ganz zu entrichten. Beträge zwischen 20 und 50 M (ausschliesslich) können nach Wahl des Pflichtigen entweder sofort ganz oder in Fristen, die drei Monate nicht übersteigen dürfen, gezahlt werden. Bei höheren Beträgen erfolgt die Erhebung in zehn gleich grossen Monatsraten; die Abgabe kann auch auf einmal oder in kürzeren Fristen entrichtet werden. Hinsichtlich der Entrichtung der Abgabe bei Gehaltsvorrückungen während der Beurlaubungen mit Gehaltsabzug s. FMB. v. 1. Juni 1916 (FMBl. 84).

Die Zuschläge und die Ausschreibgebühren, die zu der früheren Unterstützungsfondsabgabe hinzutreten, und die frühere einprozentige Anstellungs-Staatsgebühr sind aufgehoben.

II. Hoftitel: K. VO. v. 20. Januar 1915 (GVBl. 13).

29. Strafanteile.

Die Reichsstrafprozessordnung trifft keine Bestimmung über die Verwendung der erkannten Geldstrafen. Für Bayern bestimmt Art. 29 des Ausführungsgesetzes zur Strafprozessordnung vom 18. August 1879, dass „sämtliche Geldstrafen“ (einschl. der Ordnungs-, Zwangs- und Disziplinarstrafen) „in die Staatskasse fliessen, und jede Ausnahme von dieser Regel auf einem Gesetze beruhen muss“. Diese gesetzlichen Ausnahmsfälle, kurzweg Strafanteile genannt, sind im Nachstehenden zusammengestellt. Die hier nicht angebenen Anteile gebühren der Staatskasse. (AK. = Armenkasse; ÜO. = Übertretungsort).

Der Ausnahmsgesetze				Von der erkannten Geldstrafe gebührt:
Titel	Strafgebot	Verwend.-Gebot	Fälle	
I. Verf. Beil. IX. Edikt über die Verhältnisse der Staatsdiener vom 26. Mai 1818; gültig für Beamte, die nicht unt. d. Beamtenges. fallen.	§ 12.	Gen. v. 31. März 1819. FME. v. 27. November 1857. (Geret. FVS. Bd. 9, 760, Bd. 30, 110).	Ordnungsstrafen gegen Staatsdiener.	1/1 dem subalternen Dienerpersonal.
II. Vertrag mit Oesterreich über die Bestrafung d. Forst-, Jagd-, Fisch- und Feldfrevel (ÄMB. vom 16. April 1844, RegBl. 308).	Alle Zuwiderhandlungen gegen Forst-, Jagd-, Fischerei- u. Feldgesetze, die von bayerischen Staatsangehörigen in Oesterreich begangen werden.	Ziff. 4 des unter Nr. 1 genannten Vertrags.	s. Spalte 2.	1/1 Des Schadensersatzes und der Pfandgebühren an den österreichischen Staat.

Der Ausnahmsgesetze				Von der erkannten Geldstrafe gebührt:
Titel	Strafgebot	Verwend.-Gebot	Fälle	
III. Ges. vom 25. Juli 1850, die Einrichtung des die Kunststrassen in Bayern befahrenden Fuhrwerkes betr.	Art. 17.	Art. 17.	Uebertretung des Gesetzes.	1/2 der AK. des ÜO. 1/2 dem Unterstützungsfonde f. d. Baupersonal.
IV. Gemeindeordnung für die Landesteile rechts des Rheins v. 29. April 1869.	Art. 41 Abs. 3.	Art. 41 Abs. 3.	Defrauden örtlicher Gefälle.	1/1 der Gemeindekasse.
	Art. 100 Abs. 2, Art. 144 Abs. 2.	Art. 100 Abs. 2, Art. 144 Abs. 2.	Nichtbeachtung der Ladung des Vermittlungsamts.	1/1 der Gemeindekasse.
„ „	Art. 165 Abs. 1, Art. 167 Abs. 3.	Art. 165 Abs. 1, Art. 167 Abs. 3.	Ordnungs- u. Disziplinarstrafen.	1/1 der Armenkasse.
V. Gemeindeordnung für die Pfalz vom 29. April 1869.	Art. 31 Abs. 3.	Art. 31 Abs. 3.	Defrauden örtlicher Gefälle.	1/1 der Gemeindekasse.
	Art. 97 Abs. 3	Art. 97 Abs. 3.	Disziplinarstrafen gegen Gemeindebedienstete.	1/1 der Armenkasse.
VI. Reichsstrafgesetzb. vom 15. Mai 1871.	§ 366 Nr. 9.	PStGB. Art. 91.	Zuwiderhandlungen in bezug auf Staats- und Distriktsstrassen.	1/1 dem Unterstützungsfond f. d. Strassen-Unterpersonal.
			Sonstige Zuwiderhandlungen.	2/3 der AK. des ÜO.
„ „	§ 368 Nr. 1.	PStGB. Art. 124.	Schliessung der Weinberge.	1/1 entweder: der Gemeindekasse oder in Orten mit eigenem Ortschafts-Flurwächter der Ortschaftskasse.
„ „	§ 368 Nr. 2.	„	Abraupen.	
„ „	§ 368 Nr. 9.	„	Betreten v. landwirtschaftlichen Grundstücken oder Privatwegen.	

VI. Reichsstrafgesetzb. vom 15. Mai 1871.	§ 370 Nr. 1.	„	Abgraben fremder Grundstücke oder Wege.	Wie vor.
„ „	§ 370 Nr. 2.	„	Wegnahme von Steinen, Erde, Mineralien etc.	
VII. Postgesetz vom 28. Oktober 1871 mit dem Gesetz, betr. d. Aenderungen von Bestimmungen über d. Postwesen, vom 20. Dezember 1899 (RGBl. 715).	§§ 27, 28, 29 des Postgesetzes; Art. 2 des Ges. v. 20. Dezember 1899.	§ 33 des Postgesetzes; Art. 2 des Gesetzes v. 20. Dezember 1899.	Post- u. Porto-Defrauden.	$^{1}/_{1}$ der Postarmen- und Unterstützungskasse.
VIII. Polizeistrafgesetzb. v. 26. Dezember 1871.	Art. 21.	Art. 21 Abs. 6.	Die von einer Gemeindebehörde verfügten Ungehorsamstrafen.	$^{1}/_{1}$ der Gemeindekasse.
„ „	Art. 73.	Art. 73 Abs. 4.	Anlage von Abtritten etc. Verletzung der Vorschriften über die Wohnungspolizei.	$^{2}/_{3}$ der AK. des ÜO.
„ „	Art. 74.	Art. 74 Abs. 2.	Fleisch- u. Viktualienbeschau.	Wie vor.
„ „	Art. 75.	Art. 77.	Gesundheitsgefährdung mit Nahrungsmitteln, Reinlichkeit etc.	$^{2}/_{3}$ Geldstrafe u. Erlös der AK. des ÜO.
„ „	Art. 76.	Art. 77.	Gesundheitsgefährdung mit Tabak, Geräten etc.	Wie vor.
„ „	Art. 83.	Art. 83 Abs. 5.	Hundeordnung.	$^{2}/_{3}$ der AK. des ÜO.
„ „	Art. 89, 90.	Art. 91.	Zuwiderhandlungen in bezug auf die Staats- und Distriktsstrassen.	$^{1}/_{1}$ dem Unterstütz.-Fond f. d. Strassenunterpersonal.

Der Ausnahmsgesetze				Von der erkannten Geldstrafe gebührt:
Titel	Strafgebot	Verwend.-Gebot	Fälle	
VIII. Polizeistrafgesetzb. v. 26. Dezember 1871.			Die sonstigen Zuwiderhandlungen gegen Art. 89 und 90.	$^2/_3$ der AK. des ÜO.
" "	Art. 92.	Art. 96.	Verunreinigung v. Brunnen, Quellen und Bächen.	Wie vor.
" "	Art. 93.	"	Abladen von Unrat etc.	Wie vor.
" "	Art. 94.	"	Reinlichkeit in Ortschaften.	Wie vor.
" "	Art. 95.	"	Besudelung öff. Gegenstände.	Wie vor.
" "	Art. 97.	Art. 97 Abs. 2, 6.	Kanalordnungen.	$^1/_1$ der Unterstützungskasse des Kanalunterpersonals.
" "	Art. 106—109	Art. 110.	Dienstbotenwesen.	$^2/_3$ der AK. des ÜO.
" "	Art. 112, 113, 115—122.	Art. 124.	Feldpolizei.	$^1/_1$ entweder der Gemeindekasse des ÜO. oder in Orten mit eigenem Ortschaftsflurwächter der Ortschaftskasse des ÜO.
" "	Art. 125 Abs. 1.	Art. 125 Abs. 3.	Jagdausübung.	$^1/_1$ Erlös des eingezogenen Wildes der AK. des ÜO.
" "	Art. 142.	Art. 147 Abs. 2.	Lebensmittelgewicht.	$^1/_1$ eingezogene Lebensmittel der AK. des ÜO.
" "	Art. 145.	Art. 147 Abs. 1.	Behandlung von Brot und Schlachtvieh.	$^2/_3$ der AK. des ÜO.
" "	Art. 146.	"	Marktverkehr	Wie vor.

IX. RG. vom 6. Februar 1875, betr. die Beurkundung d. Personenstandes etc. in den hier einschlägigen Artikeln geändert durch Art. 46 EGBGB.	§§ 67—69.	§ 70.	Verfehlungen gegen das Gesetz.	1/1 der Kasse der Gemeinde, die nach §§ 8, 9 die sächlich. Standesamtskosten zu tragen hat.
X. BrandversicherG. v. 3. April 1875 mit dem Ausdehnungsgesetz für die Pfalz vom 5. Mai 1890.	Art. 96 Abs. 1, 2.	Art. 96 Abs. 3.	Verfehlungen gegen Art. 2 und 61 des Gesetzes.	1/1 dem Vorschussfonds der Brandversicherungs-Anstalt.
XI. Rechtsanwaltsordnung vom 1. Juli 1878.	§ 58. § 63.	§ 97 Abs. 1.	Zwangsstrafen. Ehrengerichtliche Strafen.	1/1 der Kasse der Anwaltskammer.
XII. RG. vom 14. Mai 1879, den Verkehr mit Nahrungsmittel etc. betr.	§§ 8, 9, 10, 11, 14.	§ 17.	Zuwiderhandlungen gegen das Gesetz. Das Verwendungsgebot des § 17 ist im Verwaltungsweg ausgedehnt auf Geldstrafen, die im Gnadenweg an die Stelle einer Freiheitsstrafe traten. MB. v. 9. Dez. 1892 (Oberpf. Kreisamtsblatt S. 215).	1/1 ev. der Kasse, welche die Kosten der Unterhaltung einer für den Ort der Tat etwa bestehenden öffentl. Anstalt zur technischen Untersuchung von Nahrungsmitteln etc. trägt. (Die Geldstr. sind an die Universitätsrentämter für die betr. Untersuchungsanst. abzuliefern. Vgl. GVBl. 1884 S. 46, FMBl. 1884 S. 33, 1885 S. 685.)
XIII. Ges. vom 26. März 1881, d. Körordng. betr.	Art. 5 Abs. 1 u. 2.	Art. 5 Abs. 3.	Uebertretungen dieses Gesetzes.	1/1 der AK. des Wohnortes des Verurteilten.
XIV. Ges. v. 25. Juni 1887 betr. den Verkehr mit blei- u. zinkhaltigen Gegenständen.	§§ 4 und 5.	§ 7.	Uebertretungen dieses Gesetzes.	1/1 Wie beim Nahrungsmittelges. v. 14. Mai 1879.

Der Ausnahmsgesetze				
Titel	Strafgebot	Verwend.-Gebot	Fälle	Von der erkannten Geldstrafe gebührt:
XV. RG., betr. die Verwendung schädlicher Farben etc. vom 5. Juli 1887.	§ 12.	§ 14 (bzw. § 17 Nahrungsmittelgesetz).	Zuwiderhandlungen gegen das Gesetz.	Wie beim Nahrungsmittelgesetz v. 14. Mai 1879.
XVI. Ges., betr. den Verkehr mit Butter, Käse, Schmalz und deren Ersatzmitteln vom 15. Juni 1897 (Margarinegesetz.)	§§ 14—18.	§ 20 des Gesetzes v. 15. Juni 1897 mit § 17 des Nahrungsmittelsgesetzes.	Zuwiderhandlungen gegen das Gesetz.	Wie beim Nahrungsmittelgesetz v. 14. Mai 1879.
XVII. Ges. vom 23. Dezember 1897, die Besteuerung des Gewerbebetriebes im Umherziehen betr.	Art. 16, 17 Abs. 1.	Art. 21.	Zuwiderhandlungen gegen d. Art. 16 u. 17 Abs. 1.	1/1 der Geldstrafe, soferne sie i. vollen Betrage erhoben wird, bei Wanderlagern und Wanderauktionen d. Armenfond des Betriebsorts, bei sonstg. Gewerbebetriebe, wenn d. Gewerbebetreibende s. Wohnsitz in Bayern hat, dem Armenfonds d. Wohnorts.
XVIII. Notariatsgesetz vom 9. Juni 1899.	Art. 64, 67 ff.	Art. 128; VO. vom 5. August 1900 (GVBl. 1017, JMBl. 1117) u. 1. Februar 1902 (GVBl. 27; JMBl. 253).	Zwangsstrafen, Ordnungsstrafen od. Disziplinarstrafen gegen Notare und Notariatsverweser.	1/1 dem Pensionsvereine für Witwen und Waisen der Notare.

XIX. Gewerbeordnung in der Fassung vom 26. Juli 1900 (RGBl. 871) mit der hier einschlägig. Aenderung v. 28. Dezember 1908 (RGBl. 667).	§§ 56 Ziff. 6, 111 Abs. 3, 113 Abs. 3, 114 a Abs. 3, 115, 135, 136, 137, 137 a Abs. 1, 139, 139 a, 139 c je mit § 146 Abs. 1.	§ 146 Abs. 2.	Zuwiderhandlungen gegen die in Spalte 2 bezeichneten Bestimmungen.	1/1 der Hilfskasse (d. i. die Zwangskrankenkasse nach dem Krankenversicherungsgesetz ev. die eingeschriebene oder landesrechtliche Hilfskasse), der der Arbeiter angehört, in Ermangelung einer solchen einer anderen zum Besten der Arbeiter an dem Orte bestehenden, von der Gemeindebehörde zu bestimmenden Kasse und in deren Ermangelung der Ortsarmenkasse.
XX. Kirchensteuerges. v. 15. August 1908.	Art. 12 Abs. 1—4.	Art. 12 Abs. 9.	Hinterziehungs- und Ordnungsstrafen nach Massgabe d. Gesetzes.	1/1 der Allgemeinen Kirchenkasse.
XXI. Beamtengesetz vom 15. August 1908 (GVBl. 581).	Art. 104 Abs. 1, Art. 107 Abs. 1, Art. 109 Abs. 2, Art. 164, 165, 166, 167, 168.	Art. 104 Abs. 3, Art. 107 Abs. 3, Art. 164, 165, 166, 167, 168.	Dienstaufsichtl. Zwangsstrafen; Ordnungsstrafen.	1/1 den bei den einzelnen Ministerien gebildeten Unterstützungsfonds, die verwaltet werden: Im allgemeinen von der Zentralstaatskasse, bei den Beamten der Verkehrsverwaltung jedoch von der Eisenbahndirektionskasse München, bei den Beamten der Post- und Telegraphenverwaltung von d. Postbezirkskasse

Der Ausnahmsgesetze				Von der erkannten Geldstrafe gebührt:
Tite	Strafgebot	Verwend.-Gebot	Fälle	
				München, bei den Beamten der Polizeidirektion u. der Schutzmannschaft München von der Polizeidirektion, bei den Beamten im Bereich der Versicherungskammer von der Versicherungskammer (VO. v. 22. Okt. 1909, GVBl. 737 § 3).
XXII. Disziplinarges. für richterliche Beamte v. 5. Dezember 1908 (GVBl. 1008).	Art. 1 u. 7 Abs. 1.	Art. 7 Abs. 2.	Disziplinarstrafen wegen Dienstvergehen.	1/1 den Wohlfahrtseinrichtungen für die Beamten.
XXIII. Weingesetz v. 7. April 1909.	§§ 26—31.	§ 32.	Zuwiderhandlungen gegen das Gesetz.	Wie beim Nahrungsmittelgesetz v. 14. Mai 1879.
XXIV. Branntweinsteuergesetz v. 15. Juli 1909 (RGBl. 661). a	§§ 118, 143.	§§ 139, 143.	Vorenthaltungen der Abgabe, bei denen der Betrag der vorenthaltenen Abgabe nicht festgestellt werden kann.	1/5 der Reichskasse.
„ „ b	§§ 111—139 und 141, 142.	§§ 140, 143.	Zuwiderhandlungen gegen die in Spalte 2 bezeichneten Bestimmungen.	Die im Strafverfahren eingegangenen Geldbeträge sind zunächst auf die Verbrauchsabgabe und sodann auf d. Betriebsauflage zu verrechnen.

XXV. Leuchtmittelsteuergesetz vom 15. Juli 1909 (RGBl. 880).	a	§ 19 Abs. 2.	§ 32 Abs. 2.	Hinterziehungen d. Steuer, bei denen der Betrag der Steuer nicht festgestellt werden kann.	$^1/_5$ der Reichskasse.
„ „	b	§§ 17—32.	§ 33.	Zuwiderhandlungen gegen die in Spalte 2 angeführten Bestimmungen.	Die im Strafverfahren eingegangenen Geldbeträge sind zunächst auf die Steuer zu verrechnen.
XXVI. Zündwarensteuergesetz vom 15. Juli 1909 (RGBl. 814).	a	§ 27 Abs. 2.	§ 37 Abs. 2, § 38.	Hinterziehungen, bei denen der Betrag der Steuer nicht festgestellt werden kann.	$^1/_5$ der Reichskasse.
„ „	b	§§ 23—36.	§ 38.	Zuwiderhandlungen gegen die in Spalte 2 angeführten Bestimmungen.	Ein im Strafverfahren eingegangener Betrag ist zunächst auf die Steuer zu verrechnen.
XXVII. Ges., die Aufbringung der Mittel für die Versorgungseinrichtungen des Notariats betr. v. 4. Jan. 1910.		Art. 6 Abs. 1 u. 2, mit Art. 68 ff. des Einkommensteuergesetzes vom 9. Juni 1899.	Art. 6 Abs. 3.	Bestrafungen der Hinterziehungen der durch das Gesetz eingeführten Abgaben.	$^1/_1$ dem Pensionsvereine für die Witwen und Waisen der Notare.
XXVIII. Malzaufschlaggesetz v. 18. März 1910.		Art. 70, 71.	Art. 71 Abs. 2.	Strafbestimmngn. z. Schutz d. Lokalmalzaufschlags.	$^1/_1$ der Gemeindekasse.
XXIX. Einkommensteuergesetz vom 14. August 1910.		Zuwiderhandl. gegen Art. 74 Abs. 1—3, Art. 75 Nr. 1 u. 2.	Art. 84.	Zuwiderhandlungen gegen die unter Spalte 2 bezeichneten Strafbestimmungen.	$^1/_2$ der Gemeinde des Ortes der Steuerveranlagung.
XXX. Gewerbesteuergesetz v. 14. Aug. 1910.		Zuwiderhandl. gegen Art. 28 mit Art. 74 Abs. 1—3, Art. 75 Nr. 1 u. 2 d. EinkStG.	Art. 28 des Ges. mit Art. 84 des EinkStG.	Wie beim Einkommensteuergesetz.	Wie beim Einkommensteuergesetz.

Der Ausnahmsgesetze				Von der erkannten Geldstrafe gebührt:
Titel	Strafgebot	Verwend.-Gebot	Fälle	
XXXI. Kapitalrentensteuergesetz vom 14. August 1910.	Zuwiderhandl. gegen Art. 21 Abs. 3 d. Ges. mit Art. 74 Abs. 1—3 u. Art. 75 Nr. 1 u. 2 des EinkStG.	Art. 21 Abs. 3 des Ges. mit Art. 84 des EinkStG.	Wie beim Einkommensteuergesetz.	Wie beim Einkommensteuergesetz.
XXXII. Hundeabgabengesetz v. 14. Aug. 1910	Art. 13.	Art. 15.	Zuwiderhandlungen gegen die gemäss Art. 13 des Ges. zur Sicherung und Ueberwachung der Abgabe erlassenen polizeilichen Vorschriften.	1/1 der Gemeindekasse, der die Abgabe zufliesst.
XXXIII. Warenhaussteuergesetz vom 14. August 1910.	Art. 17.	Art. 19.	Zuwiderhandlungen gegen die Strafbestimmungen des Gesetzes.	1/1 der Gemeindekasse, der die Steuer zufliesst.
XXXIV. Berggesetz v. 1. September 1910.	Sämtliche Strafbestimmungen d. Gesetzes.	Art. 274.	Zuwiderhandlungen gegen das Gesetz.	1/1 der betreffenden Knappschaftskasse.
XXXV. Haussteuerges. v. 4. November 1910.	§ 13.	§ 13.	Verschweigung der wahren Mietrente.	1/1 dem Lokalarmenfond.

XXXVI. Reichsversicherungsordnung v. 19. Juli 1911.	Vgl. deren § 146 Abs. 1.	Vgl. deren § 146 Abs. 1.	Vgl. deren § 146 Abs. 1.	Vgl. deren § 146 Abs. 1.
XXXVII. Versicherungsgesetz für Angestellte v. 20. Dez. 1911.	§§ 339, 340, 343, 344, 347.	§ 359.	Die nach dem Gesetze erkannten Geldstrafen mit Ausnahme der gerichtlich erkannten.	1/1 der Kasse der Reichsversicherungsanstalt.
XXXVIII. Gesetz, betr. den Ausbau der deutschen Wasserstrassen u. die Erhebung von Schiffahrtsabgaben v. 24. Dez. 1911.	Art. IV §§ 1, 2 u. 3.	Art. IV § 5.	Die nach den in Spalte 2 bezeichneten Strafbestimmungen erkannten Strafen.	1/1 der beteiligten Stromkasse, sofern es sich um die Hinterziehung oder Ueberhebung von Abgaben handelt, die für Rechnung eines Strombauverbandes zu erheben sind, oder um Zuwiderhandlungen gegen Tarife und Ausführungsbestimmungen eines solchen Verbands.
XXXIX. RG. betr. Beseitigung des Branntweinkontingents vom 14. Juni 1912 (RGBl. 378).	§§ 24, 25, 26	§ 27 Abs. 2 mit § 17 RG. vom 14. Mai 1879 (RGBl. 145).	Zuwiderhandlungen gegen die in Spalte 2 genannten Bestimmungen.	1/1 ev. der Kasse, welche die Kosten der Unterhaltung einer für den Ort der Tat bestehenden öffentl. Anstalt zur techn. Untersuchung von Nahrungs- und Genussmitteln trägt.

Der Ausnahmsgesetze				Von der erkannten Geldstrafe gebührt:
Titel	Strafgebot	Verwend.-Gebot	Fälle	
XXXX. Kirchengemeindeordnung v. 24. Sept. 1912 mit § 20 der KMB. v. 19. Okt. 1912 (KMBl. 746).	Art. 76 Abs. 1.	Art. 76 Abs. 1.	Eigenmächtige Verfügung über Denkmale.	1/1 auf katholischer Seite in die Kassen d. Diözesanemeritenanstalten, auf protestantischer Seite in Bayern r. d. Rh. in den ausserordentlich. Hilfsfonds für Pfarrerswitwen u. unversorgte Pfarrerswaisen.
XXXXI. Personen- und Güterbesteuerungsgesetz v. 8. April 1917 (RGBl. 329).	Die sämtlichen Strafbestimm. d. Gesetzes	§ 27.	s. Spalte 2.	1/5 der Reichskasse, wenn die hinterzogene oder vorenthaltene Abg. nicht ermittelt ist.
XXXXII. Kohlensteuerg. v. 8. April 1917 (RGBl. 340).	§ 23 mit §§ 21 u. 22.	§ 30 Abs. 2.	Steuerhinterziehung.	1/5 der Reichskasse, wenn der Betrag der Steuer nicht feststellbar ist.

30. Gerichtskosten.

Gerichtskostengesetz vom 18. Juni 1878, nach mehrfacher Aenderung in neuer Fassung veröffentlicht mit Bek. vom 20. Mai 1898 (RGBl. 659) und wiederum geändert durch Gesetze v. 1. Juni 1909 (RGBl. 475) und v. 22. Mai 1910 (RGBl. 767) Art. VIII. Kostengesetz v. 21. August 1914 (GVBl. 439). Allg. Vollzugsbek. v. 20. Juni 1915 (GVBl. 156).

Siehe Jahrgang 1916 Seite 132.

---

31. Staatsgebühren

für die Tätigkeit der Gerichtsvollzieher.

Vgl. bayer. Kosten- u. Stempelges. v. 21. VIII. 1914 (GVBl. 439.)

32. Gerichtsvollzieher-Gebühren.

Die Gebühren der Gerichtsvollzieher bestimmen sich nach der Reichs-Gebührenordnung für Gerichtsvollzieher vom 20. Mai 1898 (RGBl. 683) und, soweit sie hier nicht geregelt sind, nach der Bayer. VO. vom 16. Dez. 1899, die Vorschriften über die Gebühren der Gerichtsvollzieher betr. (JMBl. 533), geändert durch VO. vom 26. Juni 1908 (JMBl. 151), AVO. v. 10. Sept. 1915 (GVBl. 675). Vgl. ferner JFMB. vom 18. Febr. 1902 (JMBl. 383) und JMB. v. 18. Febr. 1902 (JMBl. 384), vgl. auch bayer. Kosten- u. Stempelges. v. 21. Aug. 1914 (GVBl. 439) u. K. VO. v. 17. Juli 1915 § 18 Abs. 5 (GVBl. 569).

I. Die Reichsgebührenordnung.

§ 1. In den vor die ordentlichen Gerichte gehörigen Rechtssachen, auf welche die Zivilprozessordnung, die Strafprozessordnung oder die Konkursordnung Anwendung findet, werden Gebühren und Auslagen des Gerichtsvollziehers nur nach Massgabe der folgenden Bestimmungen erhoben.

§ 2. Die Gebühr für jede Zustellung beträgt . . . 80 Pf.,
in den amtsgerichtlichen und den schöffengerichtlichen Sachen, soweit diese Sachen nicht durch Einlegung eines Rechtsmittels an ein höheres Gericht gebracht sind, . . . 50 Pf.,
für die Zustellung durch Aufgabe zur Post (Zivilprozessordnung § 175), für das an die Post gerichtete Ersuchen um Bewirkung einer Zustellung (Zivilprozessordnung § 194), sowie für die im Auftrag eines Anwalts an den Gegenanwalt bewirkte Zustellung die Hälfte jener Sätze.

Die Zustellung an den Zustellungsbevollmächtigten mehrerer Beteiligter (Zivilprozessordnung § 189 Abs. 2) gilt als Eine Zustellung.

§ 3. Ist eine Zustellung durch den Gerichtsvollzieher bewirkt, obgleich sie mit geringeren Kosten durch die Post hätte erfolgen können, so erhält derselbe die Mehrkosten nur, wenn er zur Vornahme der Zustellung ohne Benutzung der Post ausdrücklich ermächtigt worden ist.

§ 4. Die Gebühr für die Pfändung von beweglichen körperlichen Sachen (Zivilprozessordnung §§ 808, 809), von Früchten, welche von dem Boden noch nicht getrennt sind (Zivilprozessordnung § 810), sowie von Forderungen aus Wechseln oder anderen Papieren, welche durch Indossament übertragen werden können (ZPO. § 831), beträgt nach der Höhe der beizutreibenden Forderung:

bei	einem	Betrage	bis	50	M	einschliesslich	1 M,
„	„	„	„	100	M	„	2 M,
„	„	„	„	300	M	„	3 M,
„	„	„	„	1000	M	„	4 M,
„	„	„	„	5000	M	„	5 M,
„	„	„	über	5000	M	„	6 M.

Erfolgt die Pfändung zur Vollziehung eines Arrestes, so ist der in dem Arrestbefehle nach § 923 der Zivilprozessordnung festgestellte Geldbetrag massgebend. Bei der Pfändung eines im

Schiffsregister eingetragenen Schiffes (Zivilprozessordnung § 931) ist der Mindestbetrag der Gebühr 3 M.

Nimmt die Pfändung einen Zeitaufwand von mehr als zwei Stunden in Anspruch, so erhöht sich die Gebühr für jede angefangene weitere Stunde um ein Viertel.

Ist eine versuchte Pfändung ohne Erfolg geblieben, weil nach Inhalt des Protokolls pfändbare Gegenstände nicht vorhanden waren oder die Pfändung nach § 803 Abs. 2, § 812 der Zivilprozessordnung zu unterbleiben hatte, so erhält der Gerichtsvollzieher die Hälfte der Gebühr.

§ 5. Für die Uebernahme beweglicher Sachen zum Zwecke der Verwertung in den Fällen der §§ 790, 847, 854 der Zivilprozessordnung, sowie im Falle des Ausscheidens des Gerichtsvollziehers, welcher die Pfändung vorgenommen hat, und für die Pfändung bereits gepfändeter Sachen (Zivilprozessordnung § 826) erhält der Gerichtsvollzieher die Hälfte der in § 4 bestimmten Gebühr.

§ 6. Der Gerichtsvollzieher erhält für die Wegnahme beweglicher Sachen einschliesslich der Uebergabe derselben (Zivilprozessordnung § 883) eine Gebühr von 3 M.

Nimmt das Geschäft einen Zeitaufwand von mehr als zwei Stunden in Anspruch, so erhöht sich die Gebühr für jede angefangene weitere Stunde um 1 M.

Ist eine versuchte Wegnahme ohne Erfolg geblieben, weil nach Inhalt des Protokolls die herauszugebenden Sachen nicht aufzufinden waren, so erhält der Gerichtsvollzieher die Hälfte der Gebühr, jedoch nicht unter 2 M.

§ 7. Für die Versteigerung oder den Verkauf aus freier Hand von beweglichen Sachen, Früchten, welche von dem Boden noch nicht getrennt sind, Forderungen oder anderen Vermögensrechten erhält der Gerichtsvollzieher

von dem Betrage des erzielten Erlöses bis zu 100 M	5 v. H.,
von dem Betrage über 100 M bis 300 M	3 v. H.,
von dem Betrage über 300 M bis 1000 M	2 v. H.,
von dem Betrage über 1000 M bis 5000 M	1 v. H.,
von dem Betrage über 5000 M	$^1/_2$ v. H.,

jedoch nicht unter 2 M.

§ 8. Der Gerichtsvollzieher erhält

1. für die Entsetzung aus dem Besitz unbeweglicher Sachen oder bewohnter Schiffe und die Einweisung in denselben (Zivilprozessordnung § 885),
2. im Falle der Zuziehung zur Beseitigung des Widerstandes des Schuldners gegen die Vornahme einer Handlung (Zivilprozessordnung § 892)

eine Gebühr von 3 M für jede angefangene Stunde von dem Erscheinen an Ort und Stelle bis zur Beendigung seiner Tätigkeit.

In die Dauer der unter Nr. 1 erwähnten Vollstreckungshandlungen ist auch die Zeit einzurechnen, welche der Gerichtsvollzieher zu verwenden hat, um bewegliche Sachen, welche nicht Gegenstand der Zwangsvollstreckung sind, wegzuschaffen, zu übergeben oder in Verwahrung zu bringen.

§ 9. Der Gerichtsvollzieher erhält für die Verhaftung einer Person, einschliesslich der Ablieferung derselben zur Haft, und für die zwangsweise Vorführung einer Person eine Gebühr von 15 M, für die Nachverhaftung einer bereits verhafteten Person 2 M.

Konnte eine unternommene Verhaftung nicht ausgeführt werden, weil nach Inhalt des Protokolls sich bei derselben das Vorhandensein eines der in den §§ 904, 906 der Zivilprozessordnung aufgeführten Gründe herausgestellt hat, so erhält der Gerichtsvollzieher eine Gebühr von 5 M.

§ 10. Hat eine Vollstreckungshandlung, nachdem der Gerichtsvollzieher sich an Ort und Stelle begeben hatte, zufolge der Vorschrift des § 775 der Zivilprozessordnung oder infolge der Zurücknahme des Auftrags nicht stattgefunden, so erhält derselbe

in den Fällen der §§ 4, 5 die Hälfte der im § 4 Abs. 1, 2 bestimmten Gebühr, im Falle des § 4 Abs. 2 Satz 2 jedoch nicht unter 2 M,

im Falle des § 6 die daselbst Abs. 3 bestimmte Gebühr,

im Falle des § 7 eine Gebühr von 2 M,

im Falle des § 8 eine Gebühr von 3 M,

im Falle des § 9 eine Gebühr von 5 M.

§ 11. Wird der Auftrag zur Zwangsvollstreckung durch Leistung an den Gerichtsvollzieher erledigt, so erhält derselbe

bei Zahlungen die in § 4 bestimmte, nach dem gezahlten Betrage zu berechnende Gebühr, jedoch wenn eine Pfändung vorausgegangen war, nicht unter 2 M,

bei Herausgabe von Sachen die in § 6 bestimmte Gebühr.

§ 12. Die in den §§ 4 bis 11 bestimmten Gebühren umfassen die gesamte Tätigkeit des Gerichtsvollziehers bei der Zwangsvollstreckung, insbesondere:

1. die Nachsuchung der Unterstützung der polizeilichen Vollzugsorgane und die Zuziehung der Zeugen und Sachverständigen (Zivilprozessordnung §§ 758, 759, 813, 814);
2. die zu den Vollstreckungshandlungen gehörenden Mitteilungen, Aufforderungen, Zustellungen und Postsendungen;
3. die Umschreibung eines auf den Namen lautenden Wertpapiers auf den Namen des Käufers und die Wiederinkurssetzung eines gepfändeten Inhaberpapiers (Zivilprozessordnung §§ 822, 823);
4. die Annahme und Quittierung, Ablieferung oder Hinterlegung der schuldigen Leistungen, sowie des gepfändeten oder erlösten Geldes und die Zurückgabe gepfändeter Gegenstände;
5. die Bekanntmachung der Versteigerung.

§ 13. An baren Auslagen werden dem Gerichtsvollzieher vergütet:

1. die Schreibgebühren;
2. die Post- und Telegraphengebühren einschliesslich der mit diesen Gebühren auf Grund des Ges. v. 21. Juni 1916 (RGBl. S. 577) zu erhebenden Reichsabgabe; der einzuziehende Betrag ist nötigenfalls auf volle Pfennig aufwärts abzurunden.
3. die durch öffentliche Bekanntmachungen, insbesondere durch Einrückung in öffentliche Blätter entstandenen Kosten;
4. die an Zeugen und Sachverständige zu zahlenden Beträge;
5. die Entschädigung der zum Oeffnen von Türen und Behältnissen zugezogenen Personen;

6. die für Umschreibung eines auf Namen lautenden Wertpapiers oder für Wiederinkurssetzung eines Inhaberpapiers zu zahlenden Beträge;
7. die Kosten eines Transports von Personen oder Sachen, die Kosten der Verwahrung und Beaufsichtigung von Gegenständen, die Kosten der Aberntung von Früchten, sowie der Erhaltung von Tieren;
8. die Reisekosten.

§ 14. Schreibgebühren werden dem Gerichtsvollzieher nach nach Massgabe des § 80 des Gerichtskostengesetzes vergütet:
1. für alle nach gesetzlicher Vorschrift oder aut Antrag erteilten Abschriften der von demselben aufgenommenen Urkunden und Protokolle, mit Ausnahme der nach gesetzlicher Vorschrift zu erteilenden Abschrift der Zustellungsurkunde; im Falle des § 2 Abs. 2 wird ihm jedoch für jede Abschrift der Zustellungsurkunde die Schreibgebühr vergütet;
2. für die bei einer Hinterlegung zu erstattenden Anzeige an das Vollstreckungsgericht (Zivilprozessordnung §§ 827, 854);
3. für die Aufnahme der von dem Drittschuldner nach Zustellung eines Pfändungsbeschlusses abgegebenen Erklärungen (Zivilprozessordnung § 840).
4. für die vor der Verhaftung erforderliche Anzeige an die vorgesetzte Dienstbehörde des zu Verhaftenden (Zivilprozessordnung § 910).

§ 15. Den zu einer Vollstreckungshandlung in Gemässheit der Vorschrift des § 759 der Zivilprozessordnung zugezogenen Zeugen kann eine Entschädigung bis zum Betrage von je 1 M gewährt werden.

§ 16. Dem in den Fällen der §§ 813, 81 der Zivilprozessordnung zugezogenen Sachverständigen kann eine Vergütung nach dem ortsüblichen Preise einer solchen Leistung gewährt werden.

§ 17. Muss der Gerichtsvollzieher behufs Vornahme einer Amtshandlung ausserhalb seines dienstlichen Wohnsitzes einen Weg bis zur Entfernung von mehr als 2 km zurücklegen, so erhält er an Reisekosten für jedes angefangene Kilometer des Hinweges und des Rückweges eine Entschädigung von 10 Pf.

Nimmt der Gerichtsvollzieher mehrere Geschäfte auf derselben Reise vor, so erhält er für jedes derselben die volle, nach der Entfernung des Ortes von seinem Amtssitz zu berechnende Entschädigung; dabei gelten jedoch mehrere Geschäfte, welche für denselben Auftraggeber an demselben Orte wahrgenommen werden und welche sich auf dieselbe Rechtsangelegenheit beziehen, als Ein Geschäft.

1. Die Gebühr erhöht der Gerichtsvollzieher auch, wenn er mit Genehmigung des Amtsvorstands ein Fuhrwerk benützt; Auslagen für Fahrkarten bei Eisenbahn- oder Postomnibusbenützung dürfen aber neben der Gebühr des § 17 nicht berechnet werden (JMB. vom 17. Okt. 1905 Nr. 7510).

2. Tagegelder erhält der Gerichtsvollzieher nicht; JMB. vom 25. Mai 1904 (JMBl. 110).

§ 18. Der Gerichtsvollzieher kann die Uebernahme eines Geschäfts von der Zahlung eines zur Deckung der baren Auslagen und des vermutlichen Betrags der Gebühren hinreichenden Vorschusses abhängig machen, sofern nicht das Geschäft von Amts wegen angeordnet oder für eine zum Armenrecht zugelassene Person auszuführen ist.

§ 19. Schuldner der Gebühren und Auslagen des Gerichtsvollziehers ist bei Geschäften, welche von Amts wegen angeordnet werden, die Staatskasse, bei sonstigen Geschäften der Auftraggeber.

§ 20. Die Gebühren und Ausgaben sind, unbeschadet der Bestimmung des § 788 der Zivilprozessordnung, fällig, so bald der Auftrag erledigt ist. Der Gerichtsvollzieher ist berechtigt, dieselben von dem Auftraggeber durch Postvorschuss zu erheben.

§ 21. Im Falle der Bewilligung des Armenrechts werden dem für die arme Partei bestellten Gerichtsvollzieher die baren Auslagen von der Staatskasse ersetzt, falls nicht dieselben von dem Ersatzpflichtigen beigetrieben werden können (Zivilprozessordnung §§ 124, 788).

Die Erstattung erfolgt von dem Bundesstaat, dessen Gericht das Armenrecht bewilligt hat (JMB. v. 26. August 1916, JMBl. 41).

§ 22. Bei Erinnerungen gegen den Ansatz von Gebühren oder Auslagen des Gerichtsvollziehers findet, soweit nicht § 766 Abs. 2 der Zivilprozessordnung Platz greift, § 4 des Gerichtskostengesetzes entsprechende Anwendung.

§ 23. Die Gerichtsvollzieher sind verpflichtet, unter den Urschriften und Abschriften ihrer Akte eine Berechnung der Gebühren und Auslagen aufzustellen, und bei Geschäften, welche nach Verhältnis der verwendeten Zeit vergütet werden, in dem Protokolle die Dauer der letzteren anzugeben. Ist die Zeitangabe unterblieben, so darf nur die für die geringste Zeitdauer bestimmte Gebühr berechnet werden.

§ 24. Den einzelnen Bundesstaaten bleibt vorbehalten:

1. für Zustellungen, für deren Nachweis auf Grund des § 39 der Strafprozessordnung einfachere Formen zugelassen sind, abweichend von den Vorschriften dieses Gesetzes geringere Gebühren zu bestimmen;
2. an Stelle von Gebühren und Auslagen, welche die Gerichtsvollzieher auf Grund dieses Gesetzes zu beanspruchen haben, denselben eine anderweite Vergütung zu gewähren.

Für die von den ersatzpflichtigen Personen zu erhebenden Beträge bleiben im Falle der Nr. 2 die Bestimmungen dieses Gesetzes massgebend.

§ 25. Den einzelnen Bundesstaaten bleibt die Feststellung der Vergütung überlassen, wenn den Gerichtsvollziehern in Sachen, auf welche die Zivilprozessordnung, die Strafprozessordnung oder die Konkursordnung Anwendung findet, Geschäfte übertragen werden, welche denselben in jenen Gesetzen nicht ausdrücklich zugewiesen sind.

II. Die Landesgebührenordnung.

§ 1. Die Vergütung für die Verrichtungen der Gerichtsvollzieher bestimmt sich, soweit sie nicht durch die Gebührenordnung für Gerichtsvollzieher in der Fassung der Bekanntmachung vom 20. Mai 1898 (RGBl. S. 683) geregelt ist, ausschliesslich nach den nachstehenden Vorschriften.

§ 2. Die Bestimmungen der Gebührenordnung für Gerichtsvollzieher finden auch auf die nach den Vorschriften der Prozessordnungen auszuführenden Zwangsvollstreckungen und Zustellungen in denjenigen Angelegenheiten Anwendung, die vor besondere Gerichte gehören oder durch die Prozessordnungen nicht betroffen werden.

§ 3. Für die Verrichtungen einer Urkundsperson bei der Aufzeichnung der zur Konkursmasse gehörigen Gegenstände (§ 123 der Konkursordnung) erhält der Gerichtsvollzieher die im § 4 der Gebührenordnung für Gerichtsvollzieher bestimmte Gebühr. Die Gebühr wird nach dem Werte der aufgezeichneten Gegenstände berechnet.

Für die Vornahme einer Siegelung oder Entsiegelung nach dem § 122 der Konkursordnung erhält der Gerichtsvollzieher die Hälfte dieser Gebühr. Eine besondere Gebühr für die Siegelung oder Entsiegelung findet nicht statt, wenn das Geschäft mit der Aufzeichnung der zur Konkursmasse gehörigen Gegenstände verbunden wird, bei welcher der Gerichtsvollzieher als Urkundsperson beigezogen ist.

§ 4. Für die Vornahme einer öffentlichen Versteigerung oder die Bewirkung eines Verkaufs aus freier Hand, sowie für die Versteigerung beweglicher Sachen auf Anordnung des Vollstreckungsgerichts erhält der Gerichtsvollzieher die im § 7 der Gebührenordnung für Gerichtsvollzieher bestimmte Gebühr.

Die nämliche Gebühr erhält er für die Vornahme einer Versteigerung in Verlassenschaftssachen, sowie für die Vornahme einer freiwilligen Versteigerung.

§ 5. Für die Uebergabe eines oder mehrerer Grundstücke an den Verwalter nach dem § 150 des Gesetzes über die Zwangsversteigerung und die Zwangsverwaltung erhält der Gerichtsvollzieher nach der Zeitdauer, die das Geschäft erfordert, für jede angefangene Stunde eine Gebühr von 0,50 M, jedoch nicht unter 2 M.

Die Gebühr für Ermittlungen zur Feststellung der Mieter und Pächter eines Grundstücks im Zwangsversteigerungsverfahren beträgt 1 M für jedes Miet- oder Pachtverhältnis, auf das sich die Ermittlungen erstrecken.

§ 6. Die Gebühr für die Ausführung von Zwangsmassregeln in den Angelegenheiten der freiwilligen Gerichtsbarkeit auf Grund des Art. 130 des Ausführungsgesetzes zum Bürgerlichen Gesetzbuch, insbesondere für die Vorführung oder Inhaftnahme einer Person beträgt 3 M.

§ 7. Die Gebühr für ein durch den Gerichtsvollzieher zu bewerkstelligendes Angebot nach den §§ 293, 294 des Bürgerlichen Gesetzbuches beträgt 2,50 M.

Ist der Gegenstand eines tatsächlichen Angebots Geld, so erhält der Gerichtsvollzieher

von dem Betrage bis zu 1000 M 1 vom Hundert,
von dem Betrage über 1000 M bis zu 2000 M $^1/_2$ vom Hundert,
von dem Betrage über 2000 M $^1/_8$ vom Hundert, jedoch nicht unter 2,50 M.

In dem Falle des § 756 der Zivilprozessordnung findet eine besondere Gebühr für das Angebot nur statt, wenn der Gerichtsvollzieher Zwangsvollstreckungshandlungen nicht vorzunehmen hat.

Die bei einem Angebote zu machenden Zustellungen gelten bezüglich der Gebühren und Auslagen als Bestandteile des Angebots.

§ 8. Die Gebühr für die Aufnahme eines Wechselprotestes beträgt bei einem Nennwerte des Wechsels bis zu 100 M einschliesslich 1 M,

bis zu 300 M einschliesslich 2 M,
bis zu 1000 M einschliesslich 3 M,
bis zu 5000 M einschliesslich 4 M,
über 5000 M einschliesslich 5 M.

berechnet sich die Gebühr nach dem Nennwert jedes einzelnen
Werden mehrere Wechsel in einer Urkunde protestiert, so
Wechsels.

Die Protestgebühr ist auch dann zu erheben, wenn nach dem Beginne des Protestaktes der Schuldner freiwillig Zahlung leistet oder eine Quittung über die erfolgte Zahlung der Wechselsumme vorlegt.

Für die Aufnahme einer Interventionserklärung ist die im Abs. 1 bezeichnete Gebühr besonders zu erheben, wenn die Erklärung nicht bei Gelegenheit des Protestaktes erfolgt.

Wird der Auftrag zur Protestaufnahme zurückgezogen, bevor eine Protesturkunde errichtet ist, so erhält der Gerichtsvollzieher 3 Zehnteile der Protestgebühr. War der Weg zur Aufnahme des Protestes schon angetreten, so erhält der Gerichtsvollzieher in den Fällen, in denen die Verrechnung einer Reiseentschädigung nach dem § 17 der Gebührenordnung für Gerichtsvollzieher zulässig ist, auch diese Reiseentschädigung.

Die vorstehenden Bestimmungen finden auf die Scheckproteste entsprechende Anwendung.

§ 9. Die Gebühr für die Empfangnahme der Wechselsumme einschliesslich deren Uebersendung an den Gläubiger beträgt

bei einer Summe bis zu 200 M 0,50 M,

bei einer Summe von 200 M bis 1000 M $^1/_4$ vom Hundert und von dem weiteren Betrage 1 vom Tausend.

Dasselbe gilt für die Scheckproteste.

§ 10. Für einen Mahnbrief erhält der Gerichtsvollzieher 0,30 M.

§ 11. Die Gebühr für die Erwirkung eines Zahlungs- oder eines Vollstreckungsbefehles sowie für die Erwirkung der Terminsfestsetzung für den Fall, dass der Schuldner gegen einen Zahlungsbefehl Widerspruch erhoben hat, beträgt 0,50 M.

§ 12. Für die Verwahrung und die Beaufsichtigung der von dem Gerichtsvollzieher in Zwangsvollstreckungssachen in eine Pfandkammer, die vom Staate eingerichtet ist, eingeschafften oder sonst zu Gerichtshanden gebrachten Gegenstände, sowie der ihm zu den im § 4 bezeichneten Zwecken übergebenen Gegenstände werden Lagerkosten erhoben. Diese Kosten betragen für die ersten drei Wochen der Lagerung

1 vom Hundert,

für die folgenden zehn Wochen

$^1/_2$ vom Hundert und

für die dann folgende Zeit

$^1/_4$ vom Hundert.

Der Berechnung wird der bei der Versteigerung oder dem Verkaufe erzielte Erlös und in den Fällen, in denen es zu einer Versteigerung oder einem Verkaufe nicht kommt, der Schätzungswert der Gegenstände zugrunde gelegt.

Die Staatsministerien der Justiz und der Finanzen sind ermächtigt, diese Lagerkosten im Bedarfsfalle zu erhöhen oder zu mindern.

„Auf Grund des Abs. 3 wurde durch Bek. vom 18. Febr. 1902 (JMBl. 383) bestimmt: In Fällen, in denen von einem Gerichtsvollzieher in eine vom Staat eingerichtete Pfandkammer Gegenstände eingeschafft werden, die bei verhältnismässig hohem Werte nur geringen Raum beanspruchen, steht dem Amtsgerichtsvorstande das Recht zu, die in § 12 der Landes-Gebührenordnung für Gerichtsvollzieher bestimmte Gebühr bis zur Hälfte herabzusetzen.

Für die Verwahrung von Geldern, von Wertpapieren einschliesslich von Wechseln oder von Kostbarkeiten, die aus Anlass des Dienstes der Gerichtsvollzieher in Gewahrsam genommen sind, wird die in § 3 der VO. vom 25. Dez. 1899 die Erhebung von Hinterlegungsgebühren betr. (GVBl. 1235) bestimmte Gebühr erhoben“.

§ 13. Auf die in den §§ 3 bis 11 bezeichneten Geschäfte finden die Bestimmungen der §§ 12 bis 21, 23 der Gebührenordnung für Gerichtsvollzieher entsprechende Anwendung.

§ 14. Für die Fertigung eines Mahnbriefes darf eine Schreibgebühr nicht verrechnet werden.

§ 15. Auf Erinnerungen, welche der Zahlungspflichtige oder die Staatskasse gegen den Ansatz von Gebühren oder Auslagen des Gerichtsvollziehers erheben, finden die Art. 44 bis 46, 48 bis 50, 52 des Gesetzes über das Gebührenwesen Anwendung.

Der Gerichtsvollzieher ist zur Einlegung der Beschwerde nicht berechtigt.

§ 16. Die K. Verordnung vom 6. September 1879, die Gebühren der Gerichtsvollzieher betreffend, wird aufgehoben.

Die Verschriften der §§ 5 bis 8, 10 dieser Verordnung bleiben jedoch für die nach den bisherigen Vorschriften über die Zwangsvollstreckung in das unbewegliche Vermögen zu erledigenden Geschäfte in Kraft.

---

33. Staatsgebühren für Notariatsgeschäfte, Notariats-Gebühren.

1. Kostengesetz v. 21. Aug. 1914 (GVBl. 439) Art. 143—151 u. Stempelges. v. gl. Tage (GVBl. 488) Tarif.
2. VollzugsVO. zum GKG. u. zum Kostenges. v. 28. Dez. 1914 (GVBl. 677); VollzugsVO. zum Stempelges. v. 28. Dez 1914 (GVBl. 684).
3. Vollzugsbek. zum Kostenges. u. zum Stempelges. v. 23. Dez. 1914 (GVBl. 663).
4. Vollzugsbek. zum Reichsgerichtskostenges. u. zum Kostenges. v. 20. Juni 1915 (GVBl. 156).
5. Vollzugsbek. zum Stempelges. v. 20. Juni 1915 (GVBl. 317).
6. Bek., die rechnerische Behandlung der Vergütung der Notare für die Besorgung des Kosten- und Stempelwesens betr. v. 20. Juni 1915 (GVBl. 407).
7. Die Notariatsgebührenordnung v. 20. Juni 1915 (GVBl. 127), geänd. d. VO. v. 22. Mai 1917 (GVBl. 150).

---

34. Gebühren der Rechtsanwälte in Strafsachen.

1. *Verteidigung in der Hauptverhandlung* I. Instanz
   a) vor dem Schöffengericht . . . . . 12 M
   b) vor der Strafkammer . . . . . . 20 M
   c) vor dem Schwurgericht oder dem Reichsgericht 40 M
2. *Verteidigung in der Hauptverhandlung* II. Instanz sowie in der Revisionsinstanz — dieselben Gebühren wie sub Z. 1, wobei sich die Stufe nach der Ordnung des Gerichts bestimmt, welches in I. Instz. erkannt hat.
3. *Wenn in den Fällen 1 und 2 die Verteidigung sich auf mehrere Tage erstreckt,* Erhöhung der Gebühr um $^5/_{10}$ für jeden weiteren Tag.
4. *Verteidigung im Vorverfahren:*
   a) in den zur Zuständigkeit der Schöffengerichte gehörigen Sachen . . . . 6 M
   b) in den zur Zust. der Strafkammer geh. Sachen 10 M
   c) in den zur Zust. des Schwurger. oder d. Reichsgerichts gehörigen Sachen . . . . . . 20 M
5. *Rechtfertigung einer Berufung* (einschliessl. Einlegung der Berufung) $^5/_{10}$ der in Ziff. 1 bezeichn. Gebühr.
6. *Begründung einer Revision* (einschl. der Einlegung der Revision) $^5/_{10}$ der in Z. 1 bezeichn. Gebühr.
7. *Antrag auf Wiederaufnahme des Verfahrens* $^5/_{10}$ der in Z. 1 bezeichn. Gebühr.
8. *Einlegung eines Rechtsmittels* (ohne Begründung oder Rechtfertigung), sowie Anfertigung anderer Anträge, Gesuche und Erklärungen . . . . . 2 M
   (wenn nicht bei Rechtsmitteln die Gebühren nach Z. 5 u. 6 oder überhaupt die Gebühren nach Z. 1, 2 u. 4 in derselben Instanz zustehen).
9. *Verteidigung mehrerer Beschuldigter* durch einen gemeinschaftl. Verteidiger — Erhöhung d. Gebühr um $^5/_{10}$.

35. Postwesen. Telegraph. Telephon.

A. Postwesen — Allgemeines.

1. Reichsgesetze und Reichsverordnungen. Gültig im Gebiete des Deutschen Reichs, nicht nur im Reichspostgebiet.

a) **Verfassung des Deutschen Reichs** vom 16. April 1871 Abschnitt VIII Post- und Telegraphenwesen. — Art. 52 Sonderrecht Bayerns: Postreservatrecht.

b) **Gesetz über das Postwesen d. Deutschen Reichs** v. 28. Okt. 1871. Hiezu Aenderungen: α) Gesetz betr. Abänderung des § 4 des Ges. über das Postwesen des Deutschen Reichs vom 28. Okt. 1875. Eisenbahn-Postgesetz — gilt nicht in Bayern. β) Gesetz betr. einige Aenderungen von Bestimmungen über das Postwesen vom 20. Dezember 1899.

c) **Gesetz, die Portofreiheiten im Gebiete des Norddeutschen Bundes betr.** vom 5. Juni 1869 (BGBl. S. 141), gilt nicht im inneren bayer. Verkehr, aber im Wechselverkehr Bayerns mit der württembergischen und Reichspostverwaltung. S. weiteres unter J.

d) **Gesetz über das Posttaxwesen im Gebiete des Deutschen Reichs** v. 28. Okt. 1871. Abänderungen v. 17. Mai 1873, 3. Nov. 1874, 20. Dez. 1899, 11. März 1901 u. 22. Mai 1910.

e) **Postscheckgesetz** v. 26. März 1914 RGBl. S. 85. Aenderung Gesetz v. 30. Mai 1917 RGBl. S. 469.

f) **Gesetz** betr. Erhebung einer ausserordentlichen Reichsabgabe neben den Post- und Telegraphengebühren vom 21. Juni 1916 RGBl. S. 577. Inkrafttreten des Gesetzes am 1. August 1916 V. v. 21. Juni RGBl. S. 580. — Bek. v. 12. Juli 1916 S. 740 u. v. 12. Juli 1916 S. 741. — Abänderungsgesetz v. 18. Juni 1917 S. 551. Zusammenstellung der Reichsabgaben RGBl. 1916 S. 578.

g) **Postordnung für das Deutsche Reich** v. 28. Juli 1917. Mit Gültigkeit ab 1. Oktober 1917 für den Verkehr Bayerns mit Württemberg und dem Reichspostgebiet. Amtsblatt des Reichspostamts Nr. 53 S. 287 GVBl. 1917 S. 357.

h) **Postscheckordnung für das Deutsche Reich** v. 22. Mai 1914 RGBl. S. 131. Aenderung Bek. v. 31. Okt. 1916 RGBl. S. 1231.

i) **Anweisung über das Verfahren betr. die postamtl. Bestellung von Briefen mit Zustellungsurkunde,** Verkehrs-MinBl., Postd. Teil 1914 S. 79.

k) **Postzollordnung** vom 28. Jan. 1909/1. April 1909 Zentralbl. für das Deutsche Reich S. 39, Verkehrsministerialbl. (Post) 1909 S. 161. Aenderung v. 28. April 1910 (Bundesratsbeschluss).

2. Bayerische Gesetze und Verordnungen.

a) **Postordnung für das Königreich Bayern** v. 24. März 1917 Inkrafttreten ab 1. Mai 1917 GVBl. S. 79. Änderungen v. 29. Aug. und 20. Sept. 1917.

b) **Postscheckordnung für d. Königreich Bayern** v. 7. Juni 1914 GVBl. S. 160. Aenderung: Bek. v. 8. Nov. 1916 GVBl. S. 485, 5. Juni u. 29. August 1917 S. 170 u. 355.

c) **Bedingungen für die Beförderung von Personen und Gütern mit den Motorwagen der K. B. Post v. 23. Mai 1905. Aenderung vom 5. Mai 1913.** Bekanntmachung, die Verkehrsordnung der Motorpostlinien für Personenbeförderung v. 30. April 1913 GVBl. 1913 S. 172, Ergänzung und Aenderung v. 9. Mai 1914 GVBl. S. 114.

d) **Verkehrsordnung der Pferdeposten** v. 31. März 1917 GVBl. S. 80.

e) **Briefposttarif, Paketposttarif, Zeitungspreisverzeichnisse.** (An den Postschaltern zum Dienstgebrauch).

f) **Uebersicht** der vom 1. August 1916 ab im Post-, Telegraphen- und Telephonverkehr geltenden Gebührensätze. Verkehrsministerialblatt, Postdienstlicher Teil 1916 S. 258—264.

3. Verträge und Uebereinkommen.

a) **Weltpostvertrag,** Postpaketvertrag, ferner die Uebereinkommen betr. den Austausch von Briefen und Kästchen mit Wertangabe, den Postanweisungsdienst, den Postauftragsdienst, den Postbezug von Zeitungen und Zeitschriften, sämtliche abgeschlossen zu Rom am 26. Mai 1906.

b) **Postverträge mit Oesterreich, Ungarn und Bosnien-Herzegowina:** Deutsch-österreichisches Postabkommen v. 16., 18., 20., 22. Sept. 1916; Deutsch-ungarisches Postabkommen v. 18., 30. Sept. 1916; Deutsch-bosnisch-herzegowinisches Postabkommen v. 24., 29. Sept. 1916; Bayerisch-österreichisches Postübereinkommen v. 24., 26. Sept. 1916; Protokoll über die Beratung in Wien am 6. Juli 1916 zum bayrisch-österreichischen Postabkommen. Vollzugsordnung zum deutsch-österreichischen, deutsch-ungarischen u. deutsch-bosnisch-herzegowinischen Postabkommen.

Gebührensätze ab 1. Okt. 1916 GVBl. S. 421. Briefe bis 20 g 15 Pf., für jede weiteren 20 g 5 Pf. (kein Meistgewicht). — Postkarten, einfache oder jeder Teil einer Postkarte mit Antwort $7^1/_2$ Pf. — Drucksachen bis 50 g 3 Pf., über 50—100 g 5 Pf., für jede weiteren 100 g 5 Pf. — Warenproben je 50 g 5 Pf., mindestens 10 Pf. — Geschäftspapiere je 50 g 5 Pf., mindestens 20 Pf. Meistgewicht 2 kg. — Postanweisungen 20 Pf. für je 40 M oder einen Teil davon.

c) **Uebereinkommen zwischen den drei deutschen Postverwaltungen und der schweizerischen Postverwaltung v. 12. August 1900 (Bregenz).**

4. Organisation.

a) K. Verordnung, die Formation der Staatsministerien betr. v. 29. April 1917 GVBl. S. 89.

b) K Verordnung, das Staatsministerium für Verkehrsangelegenheiten betr. v. 29. April 1917 GVBl. S. 91.

c) Bekanntmachung des Textes der K. Verordnung v. 14. Dez. 1903, die Errichtung eines Staatsministeriums für Verkehrsangelegenheiten betr., in der v. 1. Mai 1917 an geltenden Fassung. 30. April 1917 GVBl. S. 94.

d) K. Verordnung, die Errichtung eines Staatsministeriums für Verkehrsangelegenheiten betr. GVBl. 1917 S. 95.

e) **Verwaltungsordnung für** die **Verkehrsanstalten** K. A. V. vom 18. Dez. 1906. Aenderung vom 3. Dez. 1908, 18. Okt. 1909, 17. Okt. 1910, 31. Dez. 1912.

f) **Zuständigkeitsordnung** für die **Verkehrsverwaltung.** Neue Fassung vom 16. Febr. 1909. GVBl. Nr. 8 vom 20. Febr. 1909, 175 ff., 19. Okt. 1910 S. 998. Ergänzung v. 19. Juni 1917 VerkehrsminBlatt Postd. Teil S. 159.

B. Telegraphenwesen.

Internationaler **Telegraphenvertrag,** abgeschl. zu St. **Petersburg** am 10./22. Juli 1875; hiezu Ausführungs-Uebereinkunft (Budapester Revision) vom 22. Juli 1896, in Kraft getreten am 1. Juli 1897 u. Aenderungen: Londoner Telegraphen-Konferenz vom Jahre 1903; **Lissaboner Telegraphen-Konferenz** 1908. — Internationaler **Funkentelegraphenvertrag** vom 3. Nov. 1906. In Kraft getreten am 1. Juli 1908. — Gesetz über das Telegraphenwesen des Deutschen Reichs vom 6. April 1892. — Telegraphenwege-Gesetz vom 18. Dez. 1899. Bek. vom 11. April 1900, den Vollzug des Telegraphenwege-Gesetzes betr. — Die Errichtung und den Betrieb von Privattelegraphen, Nebentelegraphen und besonderen Telegraphen. Bek. vom 3. August 1906 GVBl. 1906 S. 504; 1914 S. 130. — Telegraphenordnung für das Deutsche Reich v. 16. Juni 1904 GVBl. 1904 S. 202, 1909 S. 389, 1913 S. 395, 1916 S. 152, 1917 S. 191.

Telegraphenordnung für das Königreich Bayern v. 29. Juni 1904 GVBl. 1904 S. 179, 1909 S. 401, 1913 S. 398, 1916 S. 153, 1917 S. 192.

Gebühren und Reichsabgabe für gewöhnliche Telegramme: 1. Für das **gewöhnliche Telegramm** wird auf alle Entfernungen eine Gebühr von 5 Pf. für jedes Wort, mindestens jedoch der Betrag von 50 Pf. erhoben. Daneben sind als Reichsabgabe 2 Pf. von jedem Wort, mindestens 10 Pf. von jedem Telegramm zu entrichten. 2. Für **gewöhnliche Stadttelegramme** (Telegramme an Empfänger im Orts- oder Landbestellbezirke des Aufgabeorts) wird eine Gebühr von 3 Pf. für jedes Wort, mindestens jedoch der Betrag von 30 Pf. erhoben. Daneben sind als Reichsabgabe 2 Pf. von jedem Wort, mindestens 10 Pf. von jedem Telegramm zu entrichten. Für Stadttelegramme nach dem Landbestellbezirke tritt hierzu noch der wirklich erwachsende Botenlohn. 3. Ein bei der Berechnung der Telegrammgebühr sich ergebender, durch 5 nicht teilbarer Pfennigbetrag wird bis zu einem solchen aufwärts abgerundet. Die Reichsabgabe wird erforderlichenfalls auf die dem Gesamtbetrage der Abgabe zunächstliegende, durch 5 teilbare Zahl nach oben oder unten abgerundet.

Dringende Telegramme. Der Absender eines Privattelegramms kann für dieses den Vorrang bei der Beförderung und der Bestellung vor den gewöhnlichen Privattelegrammen erlangen, wenn er das Wort „dringend" oder abgekürzt die Bezeichnung D vor die Adresse setzt und die dreifache Gebühr eines gewöhnlichen Telegramms von gleicher Länge zuzüglich der Reichsabgabe erlegt. Für dringende Telegramme wird demnach eine Gebühr von 15 Pf., bei Stadttelegrammen eine Gebühr von 9 Pf. für das Wort, mindestens jedoch der Betrag von 1,50 M bzw. von 90 Pf. erhoben. Die Telegrammgebühr und die Reichsabgabe werden nötigenfalls in gleicher Weise abgerundet wie bei gewöhnlichen Telegrammen. —

Die Gebühr für Vergleichung eines Telegramms ist gleich einem Viertel der Gebühr für ein gewöhnliches Telegramm von gleicher Länge ohne die Reichsabgabe.

Im Telegrammverkehr nach Oesterreich und Luxemburg sind dieselben Telegrammgebühren wie für den innerdeutschen Telegrammverkehr zu erheben (Telegrammgebühren einschliesslich der Reichsabgabe). Im Telegrammverkehr nach Ungarn und Bosnien-Herzegowina beträgt die Wortgebühr für gewöhnliche Telegramme 6 Pf. für das Wort, mindestens 60 Pf. für das Telegramm. Wortgebühr für dringende Telegramme 18 Pf. für das Wort, mindestens 1,80 M für das Telegramm. Reichsabgabe bei gewöhnlichen und dringenden Telegrammen 2 Pf. für das Wort, mindestens 10 Pf. für das Telegramm. Telegrammgebühr und Reichsabgabe sind in gleicher Weise abzurunden wie im innerdeutschen Verkehr.

Telegrammgebühren und Reichsabgabe in Pfennigen.

Wortzahl	Stadttelegramme		Ferntelegramme	
	gewöhnliche	dringende	gewöhnliche	dringende
bis 6	40	90	60	160
7	45	90	65	165
8	45	90	65	165
9	50	90	70	170
10	50	90	70	170
11	55	100	75	185
12	65	110	85	205
13	65	120	90	220
14	75	130	100	240
15	75	135	105	255
16	80	145	110	270
17	90	155	120	290
18	90	165	125	305
19	100	175	135	325
20	100	180	140	340

C. Telephonwesen.

1. Telephonverkehr von Bayern mit dem Reichstelegraphengebiete und mit Württemberg: Fernsprechgebührenordnung vom 20. Dezember 1899 und die hiezu erlassenen Ausführungsbestimmungen vom 26. März 1900.

2. Innerbayerischer Telephonverkehr:

Bekanntmachung, den Telephongebührentarif für das Königreich Bayern, die Bedingungen für die Teilnahme an einem staatlichen Ortstelephonnetz und die Bestimmungen über Nebentelegraphen und besondere Telegraphen betreffend v. 15. Juli 1916 GVBl. S. 157.

Telephongebührentarif für das Königreich Bayern. Gültig v. 1. August 1916 an GVBl. S. 158.

Bedingungen für die Teilnahme an einem staatlichen Ortstelephonnetz. Gültig v. 1. Aug. 1916 an GVBl. S. 165. Aenderung: Bek. v. 27. Mai 1917 GVBl. S. 153. Neu aufgelegte Sonderabdrücke der Bedingungen sind bei den Materialverwaltungen der Oberpostdirektionen erhältlich.

Bestimmungen über Nebentelegraphen und besondere Telegraphen. Gültig vom 1. August 1916 GVBl. S. 171.

3. Die amtlichen Verzeichnisse der Teilnehmer an den Ortstelephonnetzen einzelner Bezirkstelephonnetze enthalten Vorbemerkungen und Anweisungen zur Benutzung der Telephoneinrichtungen, deren Unterschiedlichkeit durch verschiedenartige technische Systeme bedingt ist.

4. Bestimmungen über xP, V und N Gespräche VerkMinBl. Postd. Teil 1913 S. 343.

D. Zusammenstellung der Reichsabgaben im Post- und Telegraphenverkehre.

Gegenstand	Für jedes Stück
1. Briefe im Orts- und Nachbarortsverkehre	$2^1/_2$ Pf.
im sonstigen Verkehr	5 „
2. Rohrpostbriefe und Rohrpostkarten	5 „
3. Briefe mit Wertangabe auf Entfernungen bis 75 km einschl.	5 „
alle weiteren Entfernungen	10 „
4. Postauftragsbriefe	5 „
5. Postkarten	$2^1/_2$ „
6. Pakete bis zum Gewicht von 5 kg	
a) auf Entfernungen bis 75 km einschl.	5 „
b) auf alle weiteren Entfernungen	10 „
Pakete beim Gewicht über 5 kg	
a) auf Entfernungen bis 75 km einschl.	10 „
b) auf alle weiteren Entfernungen	20 „

7. Telegramme	von jedem Wort 2 Pf., mindestens 10 Pf. von jedem Telegramm
8. Anschlüsse an ein Orts-, Vororts- oder Bezirksfernsprechnetz . . .	von jeder Pausch- oder Grundgebühr 10 v. H.
9. Ortsgespräche von Teilnehmeranschlüssen gegen Grundgebühr, Gespräche im Vororts-, Bezirks- und Fernverkehr	von der Gebühr für jedes Gespräch 10 v. H.
10. Fernsprech-Nebenanschlüsse . . .	von der Gebühr für jeden Nebenanschluss 10 v. H.

E. Portofreiheit, Gebührenfreiheit, Portoablösung, Dienstwertzeichen, portopflichtige Dienstsache.

1. Gesetz vom 5. Juni 1869 (BGBl. 141) betr. die Portofreiheiten im Gebiete des Norddeutschen Bundes.

2. Gesetz vom 29. Mai 1872 (RGBl. 167) Ausdehnung des Norddeutschen Bundes-Gesetzes auf den Verkehr zwischen Bayern und Württemberg einerseits und den übrigen Teilen des Deutschen Reiches andererseits, sowie auf den Verkehr zwischen Bayern einerseits und Württemberg andererseits.

3. Kaiserliche Verordnung vom 2. Juli 1877 (RGBl. 524) die gebührenfreie Beförderung von Telegrammen betreffend, Gültigkeit im deutschen Wechselverkehr.

4. Gesetz vom 22. Dez. 1907 (GVBl. 1081) Aufhebung der auf bayerischen Gesetzen beruhenden Postportofreiheiten.

5. K. Allerh. Verordnung vom 22. Dez. 1907 (GVBl. 1082) Ausdehnung der hauptsächlichsten Bestimmungen des Gesetzes vom 5. Juni 1869 und des Regulativs hiezu auf den innerbayerischen Postverkehr. Ausdehnung der Kaiserl. Verordnung vom 2. Juni 1877 auf den innerbayerischen Telegrammverkehr. Anderweitige grundlegende Bestimmungen über Gebührenfreiheiten im Post- und Telegraphenverkehr und Vergünstigungen im Telegraphen- und Telephonverkehr. Ausserkraftsetzung aller in dieser Verordnung nicht aufrecht erhaltenen Portofreiheiten und Vergünstigungen, die für den innerbayerischen Post-, Telegramm- und Telephonverkehr bisher zugestanden waren, Ermächtigung der Staatsregierung, zu bestimmen: 1. inwieweit und in welcher Weise das Porto und die sonstigen Gebühren für die Postsendungen, Telegramme und Telephongespräche der nicht unmittelbaren Stellen auf die Staatskasse übernommen werden; 2. dass an Stelle der dem Staate zur Last fallenden Portobeträge und sonstigen Postgebühren für die einzelnen Sendungen Bauschsummen auf die Kgl. Post- und Telegraphenverwaltung bezahlt werden.

6. Bekanntmachung sämtlicher bayerischen Ministerien vom 25. Dez. 1907, den Vollzug des Gesetzes über die Postportofreiheit und die Vergünstigungen im Telegramm- und Telephonverkehr vom gleichen Tage betreffend. GVBl. 1085.

7. Ministerialbekanntmachung, die Einführung von Dienstwertzeichen betr. v. 15. Juli 1916 GVBl. S. 108. Ministerial-

bekanntmachung, die Einführung von Dienstwertzeichen für den amtlichen Verkehr betr. (zum Vollzug der MinBek. v. 15. Juli 1916), vom 25. Juli 1916 GVBl. S. 179—216.

8. Für abgehende und für ankommende Sendungen geniessen Portofreiheit im innerbayerischen Verkehr: 1. die regierenden Fürsten des Deutschen Reichs, ihre Gemahlinnen und Witwen, und die Mitglieder des Kgl. Hauses; 2. die Reichsbehörden in reinen Reichsdienstangelegenheiten; 3. die Militär-, die Reichs- und die unmittelbaren und mittelbaren Staatsbehörden (einschl. der Gemeindebehörden, Gendarmen und städtischen Garnisonsverwaltungen) in Militär- und Marineangelegenheiten; 4. die Kgl. bayer. Postbehörden und -Anstalten und die Kgl. bayer. Telegraphenbehörden und -Anstalten in Post- und Telegraphen-Dienstangelegenheiten. Hiezu Bekanntmachung vom 30. März 1908 und 22. Juni 1908 (GVBl. 252 u. 325).

9. Vom 1. Aug. 1916 ab traten die Bestimmungen über die Portoablösung in Ziff. II der MinBekanntmachung vom 25. Dez. 1907, den Vollzug des Gesetzes über die Portofreiheiten vom 22. Dez. 1907 usw. betr. ausser Kraft. Die bisher zur Anwendung des Vermerkes „Frei durch Ablösung" berechtigten bayerischen öffentlichen Stellen, Behörden und Organe (Dienststellen) haben von dem bezeichneten Tage ab diejenigen nach Orten im Deutschen Reich gerichteten dienstlichen Postsendungen, auf denen seither der Portoablösungsvermerk anzubringen war, nach Massgabe der allgemein gültigen Posttarife mit Dienstwertzeichen zu frankieren. Die Dienststellen der K. B. Staatseisenbahnverwaltung haben für ihre portopflichtigen dienstlichen Postsendungen nach Orten im Deutschen Reich ebenfalls die allgemeinen Dienstwertzeichen zu verwenden.

Verzeichnisse der Dienststellen, die Dienstwertzeichen verwenden usw. GVBl. 1916 S. 186—204.

Die mit der Briefpost zu befördernden dienstlichen Schreiben der auf österreichischem Gebiet exponierten bayerischen Zoll-, Eisenbahn- und Polizeiorgane an bayerische Behörden sowie die mit der Briefpost zu befördernden dienstlichen Schreiben bayerischer Behörden an diese exponierten Organe sind vom 1. Aug. 1916 ab gleichfalls mit Dienstwertzeichen zu frankieren. Von der Postverwaltung werden Dienstmarken in den Werten zu 3, 5, $7^1/_2$, 10, 15, 20, 25, 30 u. 60 Pf. sowie zu 1 M ausgegeben, auch Postkarten mit dem Dienstwertzeichenstempel zu $7^1/_2$ Pf.

Die Verwendung von Dienstwertzeichen soll nicht dazu führen, dass alle von den Dienststellen ausgehenden Postsendungen nach deutschen Orten zu Lasten der Staatskasse mit solchen Wertzeichen frankiert werden und hiedurch Private auf Kosten des Staates von Portoauslagen befreit werden. Es sind vielmehr für Sendungen in Angelegenheiten, die ausschliesslich die Interessen von Privatpersonen betreffen, diesen die Postgebühren aufzurechnen. Handelt es sich hiebei um eine einmalige Sendung, so ist diese nicht mit Dienstwertzeichen zu frankieren, sondern als „Portopflichtige Dienstsache" abzufertigen. Im übrigen sind Postsendungen in reinen Parteisachen und in Privatangelegenheiten der Empfänger zwar mit Dienstmarken zu frankieren, die Postgebühren jedoch für alle Sendungen insgesamt von der absendenden Stelle zusammen mit den in der Sache erwachsenen sonstigen Gebühren und Auslagen von dem hiefür Zahlungspflichtigen einzuheben. Kommt lediglich die Einziehung von Postgebühren in Frage und würde diese mit unverhältnismässigen Weiterungen verbunden sein, so ist von der Einhebung abzusehen. Die nicht zu den unmittelbaren Staatsbehörden zählenden Absender sind zur Ablieferung der rückvereinnahmten Postgebühren an die Staatskasse nicht verpflichtet.

10. Sendungen von Staats-, Gemeinde- und kirchlichen Behörden oder von alleinstehenden Beamten, die eine solche Behörde vertreten, in portopflichtigen Dienstsachen, für die das Porto bei der Abgabe vom Empfänger zu bezahlen ist, werden nur mit dem bei frankierter Absendung zu erhebenden Porto belegt, wenn sie mit dem amtlichen Siegel oder Stempel oder mit einer amtlichen Siegelmarke versehen sind und in der Aufschrift die Bezeichnung „Portopflichtige Dienstsache" tragen. In Ermangelung eines Dienstsiegels oder Dienststempels oder einer amtlichen Siegelmarke ist eine entsprechende Bemerkung mit der Unterschrift des Namens und der Amtseigenschaft des absendenden Beamten beizufügen. Zur Anwendung der im inneren Verkehre von Bayern und ebenso im deutschen Wechselverkehre zulässigen Bezeichnung „Portopflichtige Dienstsache" sind auch berechtigt die Geistlichen und öffentlichen Lehrer in Ausübung ihrer dienstlichen Funktionen, die Handelskammern, die Handwerkskammern, die Vorstände der Anwaltskammern und der Invalidenversicherungsanstalten, die Reichsbankanstalten und die Gerichtsvollzieher (auch bei Briefen, welche die Vornahme freiwilliger Versteigerungen betreffen), sowie diejenigen Personen, welche die Pflicht haben Anzeigen über Fälle von ansteckenden Krankheiten an die zuständige Polizeibehörde zu erstatten, zu diesen Meldungen auf Postkartenformular.

F. Postverkehr der bayer. Dienststellen innerhalb des Deutschen Reiches.

Gültig ab 1. August 1916.

I. Gewöhnliche Briefe.

Meistgewicht eines Briefes . . . . 250 g

Die Gebühr für den gewöhnlichen Brief beträgt:

a) im **Orts- und Nachbarortsverkehr:** *)
bis 250 g . . . . $7^1/_2$ Pf.

b) im **Fernverkehr:**
bis 20 g . . . . 15 Pf.
über 20 bis 250 g . . . . 25 „

c) für dienstliche, als Briefe im inneren bayerischen Verkehr aufgegebenen Aktenpakete im Gewicht von über 250 g bis 500 g . . . . 35 Pf.

---

*) Als Ortsverkehr gilt der Verkehr innerhalb des Aufgabepostorts nach dem zugehörigen Landzustellbezirk und zwischen den zu diesem Bezirk gehörenden Ortschaften;

als Nachbarortsverkehr der Verkehr innerhalb der von der Postverwaltung aus benachbarten Postorten sowie deren Landzustellbezirke gebildeten besonderen Verkehrsbezirke.

II. Postkarten.

Die Gebühr für die einfache Postkarte oder für jeden der beiden Teile der Postkarte mit Antwort beträgt im Orts-, Nachbarorts- und Fernverkehr . . . . $7^1/_2$ Pf.

III. Drucksachen.

Meistgewicht 1 kg.

Drucksachen müssen frankiert sein. Die Gebühr beträgt:

bis 50 g einschl.	3 Pf.
über 50 bis 100 g einschl.	5 „
über 100 bis 250 g einschl.	10 „
über 250 bis 500 g einschl.	20 „
über 500 g bis 1 kg einschl.	30 „

Unter den für Drucksachen geltenden Versendungsbedingungen werden auch die zum Gebrauche der Blinden bestimmten Papiere mit erhabenen Punkten oder Buchstaben (Blindenschriftsendungen) bis zum Meistgewicht von 3 kg gegen folgende Gebühr befördert:

bis 50 g einschl.	3 Pf.
über 50 bis 100 g einschl.	5 „
über 100 g bis 1 kg einschl.	10 „
über 1 bis 2 kg einschl.	20 „
über 2 bis 3 kg einschl.	30 „

IV. Warenproben.

Meistgewicht 500 g.

Die Sendungen müssen frankiert sein. Die Gebühr beträgt:

bis 250 g einschl.	10 Pf.
über 250 bis 500 g einschl.	20 „

Geschäftspapiere.

Meistgewicht 1 kg.

Geschäftspapiere müssen frankiert sein. Die Gebühr beträgt:

bis 250 g einschl.	10 Pf.
über 250 bis 500 g einschl.	20 „
über 500 g bis 1 kg einschl.	30 „

Zusammengepackte Drucksachen, Geschäftspapiere und Warenproben.

Meistgewicht 1 kg.

Die Sendungen müssen frankiert sein. Die Gebühr beträgt:

bis 250 g einschl.	10 Pf.
über 250 bis 500 g einschl.	20 „
über 500 g bis 1 kg einschl.	30 „

V. Einschreibsendungen.

Es können Briefsendungen und Pakete ausschl. der Briefe mit Postzustellungsurkunde (XI) und der dringenden Pakete (XIII) eingeschrieben versendet werden.

Für eine Einschreibsendung ist ausser dem Porto eine Einschreibgebühr von 20 Pf., ohne Rücksicht auf Entfernung und Gewicht, zu entrichten.

VI. Sendungen gegen Rückschein.

Sendungen gegen Rückschein müssen freigemacht werden. Für die Beschaffung des Rückscheins ist eine Gebühr von 20 Pf. im voraus zu entrichten.

Der Absender kann auch später, als bei der Einlieferung der Sendung, gegen die im voraus zu entrichtende Gebühr einen Rückschein verlangen.

VII. Postanweisungen.

Postanweisungen müssen frankiert sein. Die Gebühr beträgt auf alle Entfernungen

für eine Postanweisung	bis 5 M	10 Pf.
	über 5 bis 100 M	20 „
	über 100 bis 200 „	30 „
	über 200 bis 400 „	40 „
	über 400 bis 600 „	50 „
	über 600 bis 800 „	60 „

Telegraphische Postanweisungen.

Der Aufgeber hat zu entrichten:

1. die Postanweisungsgebühr;
2. die Telegrammgebühr;

ausserdem wird zutreffendenfalls erhoben.

a) das Porto und die Einschreibgebühr für die Beförderung des Telegramms zur nächsten Telegraphenanstalt;
b) das Porto und die Einschreibgebühr für die Beförderung des Telegramms von der letzten Telegraphenanstalt bis zur Bestimmungs-Postanstalt;
c) die Eilzustellgebühr für die Zustellung an den Empfänger.

Die Gebühren unter a sind stets vom Absender vorauszubezahlen, die Gebühren unter b und c nur dann, wenn er die Bezahlung nicht dem Empfänger überlassen will.

VIII. Postnachnahmesendungen.

Postnachnahme ist zulässig bis 800 M einschl. bei gewöhnlichen und eingeschriebenen Briefen, Postkarten, Drucksachen, Geschäftspapieren, Warenproben und Paketen, sowie bei Sendungen mit Wertangabe — mit Ausnahme der Briefe mit Postzustellungsurkunde.

Für Nachnahmesendungen ist zu entrichten.

a) die Gebühr für gleichartige Sendungen ohne Nachnahme, bei Einschreibsendungen und Sendungen mit Wertangabe auch die Einschreib- oder die Versicherungsgebühr;
b) eine Vorzeigegebühr von 10 Pf., die gleichzeitig mit dem Franko auf dem Briefe usw. oder der Paketkarte durch Marken zu verrechnen ist.

IX. Postaufträge und Postprotestaufträge.

Die Sendungen müssen frankiert werden. Die Gebühr für jede Sendung beträgt 35 Pf.

X. Briefe mit Wertangabe.

Meistgewicht 250 g.

Gebühren für Briefe mit Wertangabe:

1. Beförderungsgebühr ohne Unterschied des Gewichts auf eine Entfernung bis 75 km (Zone 1) . . . . . 25 Pf.
   auf alle weiteren Entfernungen . . . . . . 50 „
2. Versicherungsgebühr für je 300 M oder einen Teil von 300 M 5 Pf., mindestens jedoch 10 Pf. (siehe nachstehende Tafel XV).

XI. Briefe mit Postzustellungsurkunde.

Für Briefe mit Postzustellungsurkunde ist zu entrichten:

1. Die gewöhnliche Briefgebühr (I),
2. eine Zustellgebühr von 20 Pf.,
3. die Gebühr von 15 Pf. für die Rücksendung der Postzustellungsurkunde (im Ortsverkehr wird hiefür keine Gebühr, im Nachbarortsverkehr eine solche von $7^1/_2$ Pf. erhoben).

Die Gebühren sind ungeteilt zu entrichten, entweder sogleich vom Absender oder bei der Aushändigung vom Empfänger.

Einschreibung (V), Wertangabe (X), Nachnahme (VIII), das Verlangen der Zustellung durch Eilboten (XII) sind bei Briefen mit Postzustellungsurkunde **unzulässig.**

XII. Eilsendungen.

Für die Zustellung durch Eilboten sind ausser dem Porto zu entrichten:

A. Im Falle der Vorausbezahlung durch den Absender

1. für die Zustellung von gewöhnlichen und eingeschriebenen Briefen, Postkarten, Drucksachen, Geschäftspapieren und Warenproben ohne und mit Nachnahme, Postanweisungen, Briefen mit Wertangabe, Ablieferungsscheinen und Paketkarten (ohne die zugehörigen Sendungen)
   im **Ortszustellbezirk** . . . . 25 Pf.,
   im **Landzustellbezirk** . . . . 60 „
   für jeden Gegenstand,
   bei Sendungen an Empfänger im **Landzustellbezirk des Aufgabepostortes** jedoch die wirklich erwachsenden Botenkosten, zu deren Deckung der Absender auf Verlangen einen angemessenen Betrag zu hinterlegen hat, mindestens aber 25 Pf.;

2. für die Zustellung von Paketen
   im **Orts**zustellbezirk . . . . 40 Pf.,
   im **Land**zustellbezirk . . . . 90 „
   für jedes Paket.

B. **Im Falle der Zahlung durch den Empfänger**
bei allen Sendungen die wirklich erwachsenden Botenkosten, mindestens jedoch 25 Pf. für einen der Gegenstände zu **A 1** und 40 Pf. für **ein** Paket.

Wegen der dringenden Pakete siehe unter XIII.

XIII. Pakete.

Höchstgewicht 50 kg.

Die Gebühr beträgt

1. bis zum Gewichte von 5 kg

a) auf Entfernungen bis 75 km einschl. (1. Zone) . 30 Pf.,
b) auf alle weiteren Entfernungen . . . . . . 60 „

2. bei einem Gewichte von mehr als 5 kg
je nach der Entfernung (Zone) die in der nachstehenden Tafel XVI ausgerechneten Sätze.

Für **dringende Pakete** (nur bei gewöhnlichen Sendungen zulässig) ist ausser der tarifmässigen Gebühr (siehe nebenstehende Tafel) eine besondere Gebühr von 1 M für jedes Stück sowie die tarifmässige Eilzustellgebühr (XII) zu entrichten.

Die Gebühr für die **Einlieferungsbescheinigung** über ein **gewöhnliches** Paket beträgt 10 Pf.

Für **Pakete mit Wertangabe** wird neben dem Paketporto eine Versicherungsgebühr nach nebenstehender Tafel erhoben, die 5 Pf. für je 300 M oder einen Teil von 300 M, mindestens jedoch 10 Pf. beträgt.

Für die als **Sperrgut** zu behandelnden Pakete wird im Verkehr mit dem Reichspostgebiete und Württemberg das Porto (nicht aber Portozuschlag, Einschreib- und Versicherungsgebühr) um die Hälfte erhöht. Als Sperrgut gelten alle Pakete, die in irgendeiner Ausdehnung $1^1/_2$ m überschreiten, oder die in einer Ausdehnung 1 m, in einer anderen $^1/_2$ m überschreiten und dabei weniger als 10 kg wiegen, ferner diejenigen Pakete, die bei der Verladung einen unverhältnismässig grossen Raum oder eine besonders sorgsame Behandlung erfordern, z. B. Körbe mit Pflanzen, Käfige (leer oder mit lebenden Tieren), leere Zigarrenkisten in grossen Bunden, Hutschachteln oder Kartons in Holzgestellen, Möbel, Korbgeflechte, Fahrräder u. dgl.

Pakete bis 105 cm Länge, deren Breite und Dicke zusammengenommen nicht mehr als 40 cm beträgt, gelten nur dann als Sperrgut, wenn sie lebende Tiere enthalten.

XIV. Zustellgebühren.

Für frankierte Sendungen kann die Zustellgebühr vom Absender vorausbezahlt werden.

Die Zustellgebühren betragen im **innern bayer.** Verkehr:

I. Für die Zustellung von **Postanweisungen und Zahlungsanweisungen mit den Geldbeträgen**

a) im **Ortszustellbezirk**
für jede Postanweisung oder Zahlungsanweisung bis 800 M . . . . 5 Pf.
für jede Zahlungsanweisung im Betrage von mehr als 800 M bis 2000 M . . . . 10 „
für jede Zahlungsanweisung im Betrage von mehr als 2000 M . . . . 20 „

b) im **Landzustellbezirk**
für jede Postanweisung oder Zahlungsanweisung bis zum Betrage von 5 M . . . . 5 „
im Betrage von mehr als 5 M bis 800 M . . . 10 „

II. Für die Zustellung von **Wertbriefen und Paketen**

1. bei der Zustellung **im Orte der Bestimmungs-Postanstalt**
a) für jede Paketpostsendung bis zum Gewichte von 10 kg und bis zum Werte von 2000 M einschl. . 10 Pf.
b) bei grösserem Gewicht oder höherer Wertangabe 20 Pf.

2. bei der Zustellung **im Landzustellbezirk** der Bestimmungs-Postanstalt:

a) für jedes gewöhnliche oder eingeschriebene Paket sowie für jedes Paket mit Wertangabe bis 800 M einschl.
bis zum Gewichte von 1 kg einschl. . . . 10 Pf.
über 1 bis 5 kg einschl. . . . . . . 20 „
über 5 kg . . . . 30 „

b) für jeden Brief mit Wertangabe bis 800 M einschl. 10 „

c) für jedes Paket oder jeden Brief mit Wertangabe von mehr als 800 M ohne Rücksicht auf das Gewicht 30 „

Ueber die Höhe der Zustellgebühren für Sendungen nach dem Reichs-Postgebiet und Württemberg geben die Postanstalten Aufschluss.

XV. Versicherungsgebühr für Pakete und Briefe mit Wertangabe nach Orten im Deutschen Reich.

Angegebener Wert bis	Versicherungsgebühr		Angegebener Wert bis	Versicherungsgebühr	
M	M	Pf.	M	M	Pf.
600	—	10	11 100	1	85
900	—	15	11 400	1	90
1 200	—	20	11 700	1	95
1 500	—	25	12 000	2	—
1 800	—	30	12 300	2	05
2 100	—	35	12 600	2	10
2 400	—	40	12 900	2	15
2 700	—	45	13 200	2	20
3 000	—	50	13 500	2	25
3 300	—	55	13 800	2	30
3 600	—	60	14 100	2	35
3 900	—	65	14 400	2	40
4 200	—	70	14 700	2	45
4 500	—	75	15 000	2	50
4 800	—	80	15 300	2	55
5 100	—	85	15 600	2	60
5 400	—	90	15 900	2	65
5 700	—	95	16 200	2	70
6 000	1	—	16 500	2	75
6 300	1	05	16 800	2	80
6 600	1	10	17 100	2	85
6 900	1	15	17 400	2	90
7 200	1	20	17 700	2	95
7 500	1	25	18 000	3	—
7 800	1	30	18 300	3	05
8 100	1	35	18 600	3	10
8 400	1	40	18 900	3	15
8 700	1	45	19 200	3	20
9 000	1	50	19 500	3	25
9 300	1	55	19 800	3	30
9 600	1	60	20 100	3	35
9 900	1	65	20 400	3	40
10 200	1	70	20 700	3	45
10 500	1	75	21 000	3	50
10 800	1	80	21 300	3	55

Angegebener Wert bis	Versicherungsgebühr		Angegebener Wert bis	Versicherungsgebühr	
M	M	Pf.	M	M	Pf.
21 600	3	60	26 400	4	40
21 900	3	65	26 700	4	45
22 200	3	70	27 000	4	50
22 500	3	75	27 300	4	55
22 800	3	80	27 600	4	60
23 100	3	85	27 900	4	65
23 400	3	90	28 200	4	70
23 700	3	95	28 500	4	75
24 000	4	—	28 800	4	80
24 300	4	05	29 100	4	85
24 600	4	10	29 400	4	90
24 900	4	15	29 700	4	95
25 200	4	20	30 000	5	—
25 500	4	25	für je 300 M mehr	—	05
25 800	4	30			
26 100	4	35			

XVI. Gewichtsporto für Pakete ohne und mit Wertangabe nach Orten im Deutschen Reich.

Gewicht bis Kilogramm	1. Zone		2. Zone		3. Zone		4. Zone		5. Zone		6. Zone	
	M	Pf	M	Pf	M	Pf	M	Pf	M	Pf	M	Pf
5	—	30	—	60	—	60	—	60	—	60	—	60
6	—	40	—	80	—	90	1	—	1	10	1	20
7	—	45	—	90	1	10	1	30	1	50	1	70
8	—	50	1	—	1	30	1	60	1	90	2	20
9	—	55	1	10	1	50	1	90	2	30	2	70
10	—	60	1	20	1	70	2	20	2	70	3	20
11	—	65	1	30	1	90	2	50	3	10	3	70
12	—	70	1	40	2	10	2	80	3	50	4	20
13	—	75	1	50	2	30	3	10	3	90	4	70
14	—	80	1	60	2	50	3	40	4	30	5	20
15	—	85	1	70	2	70	3	70	4	70	5	70

Gewicht bis Kilogramm	1. Zone		2. Zone		3. Zone		4. Zone		5. Zone		6. Zone	
	M	Pf	M	Pf	M	Pf	M	Pf	M	Pf	M	Pf
16	—	90	1	80	2	90	4	—	5	10	6	20
17	—	95	1	90	3	10	4	30	5	50	6	70
18	1	—	2	—	3	30	4	60	5	90	7	20
19	1	05	2	10	3	50	4	90	6	30	7	70
20	1	10	2	20	3	70	5	20	6	70	8	20
21	1	15	2	30	3	90	5	50	7	10	8	70
22	1	20	2	40	4	10	5	80	7	50	9	20
23	1	25	2	50	4	30	6	10	7	90	9	70
24	1	30	2	60	4	50	6	40	8	30	10	20
25	1	35	2	70	4	70	6	70	8	70	10	70
26	1	40	2	80	4	90	7	—	9	10	11	20
27	1	45	2	90	5	10	7	30	9	50	11	70
28	1	50	3	—	5	30	7	60	9	90	12	20
29	1	55	3	10	5	50	7	90	10	30	12	70
30	1	60	3	20	5	70	8	20	10	70	13	20
31	1	65	3	30	5	90	8	50	11	10	13	70
32	1	70	3	40	6	10	8	80	11	50	14	20
33	1	75	3	50	6	30	9	10	11	90	14	70
34	1	80	3	60	6	50	9	40	12	30	15	20
35	1	85	3	70	6	70	9	70	12	70	15	70
36	1	90	3	80	6	90	10	—	13	10	16	20
37	1	95	3	90	7	10	10	30	13	50	16	70
38	2	—	4	—	7	30	10	60	13	90	17	20
39	2	05	4	10	7	50	10	90	14	30	17	70
40	2	10	4	20	7	70	11	20	14	70	18	20
41	2	15	4	30	7	90	11	50	15	10	18	70
42	2	20	4	40	8	10	11	80	15	50	19	20
43	2	25	4	50	8	30	12	10	15	90	19	70
44	2	30	4	60	8	50	12	40	16	30	20	20
45	2	35	4	70	8	70	12	70	16	70	20	70
46	2	40	4	80	8	90	13	—	17	10	21	20
47	2	45	4	90	9	10	13	30	17	50	21	70
48	2	50	5	—	9	30	13	60	17	90	22	20
49	2	55	5	10	9	50	13	90	18	30	22	70
50	2	60	5	20	9	70	14	20	18	70	23	20

Zur Beachtung: 1. Für sperrige Pakete (XIII) wird im Verkehr mit ausserbayerischen Orten das eigentliche Gewichtsporto (die oben angegebenen Beträge nach Abzug der Reichsabgabe) um die Hälfte erhöht und sodann erst die Reichsabgabe zugeschlagen. Der Gesamtbetrag wird nötigenfalls auf eine durch 5 teilbare Pfennigsumme nach unten abgerundet. Die Reichsabgabe beträgt

für Pakete bis 5 kg in der ersten Zone . . . . 5 Pf.,
auf alle weiteren Entfernungen . . . . . . 10 „
für Pakete über 5 kg in der ersten Zone . . . 10 „
auf alle weiteren Entfernungen . . . . . . 20 „

2. Zu den obigen Beträgen treten zutreffendenfalls noch hinzu: die Versicherungsgebühr, die Nachnahmegebühr (VIII), die Einschreibegebühr (V), die besondere Gebühr für dringende Pakete (XIII), die Eilzustellgebühr (XII), die Rückscheingebühr (VI).

---

36. Giro- und Scheckverkehr.

A. Giroverkehr der Rentämter.

I. Den am Sitze einer K. Bankanstalt befindlichen Rentämtern Amberg, Ansbach, Aschaffenburg, Augsburg, Bamberg, Bayreuth, Erlangen, Fürth, Hof, Ingolstadt, Kaiserslautern, Kempten, Landshut, Ludwigshafen, München, Nürnberg, Passau, Pirmasens, Regensburg, Rosenheim, Schweinfurt, Straubing und Würzburg sind Girokonten bei der K. Bankanstalt ihres Dienstsitzes eröffnet.

Vgl. FMB. vom 25. März 1909, FMBl. 345, FME. vom 15. Juli 1905 Nr. 17062 (Dienstanweisung), FMB. vom 11. März 1909 Nr. 1103 Abs. 3.

II. Uebersicht über die Einteilung, nach welcher den nicht am Sitze einer K. Bankanstalt befindlichen Rentämtern bei den einzelnen K. Bankanstalten Girokonten eröffnet sind.

Nr.	Bankanstalten	Rentämter
1	K. Hauptbank Nürnberg	Altdorf, Beilngries, Greding, Hersbruck, Hilpoltstein, Neumarkt, Schwabach, Spalt, Weissenburg.
2	K. Filialbank Amberg	Cham, Kastl, Nabburg, Neunburg v. W., Sulzbach, Vohenstrauss, Waldmünchen, Weiden.
3	K. Filialbank Ansbach	Dinkelsbühl, Feuchtwangen, Gunzenhausen, Heidenheim, Heilsbronn, Herrieden, Rothenburg, Uffenheim, Wassertrüdingen.
4	K. Filialbank Aschaffenburg	Amorbach, Klingenberg, Lengfurt.
5	K. Filialbank Augsburg	Buchloe, Burgau, Dillingen, Donauwörth, Günzburg, Höchstädt, Krumbach, Lauingen, Monheim, Neu-Ulm, Nördlingen, Oettingen, Schwabmünchen, Wertingen, Zusmarshausen.
6	K. Filialbank Bamberg	Burgwindheim, Ebermannstadt, Ebern, Forchheim, Höchstadt a. Aisch, Kronach, Lichtenfels, Rothenkirchen, Schesslitz, Staffelstein, Weismain, Zeil.
7	K. Filialbank Bayreuth	Auerbach, Eschenbach, Kemnath, Kulmbach, Pegnitz, Pottenstein, Marktschorgast, Stadtsteinach, Thurnau, Waischenfeld.
8	K. Filialbank Erlangen	Herzogenaurach, Neunkirchen.

Nr.	Bank-anstalten	Rentämter
9	K. Filialbank Fürth	Cadolzburg, Markt-Bibart, Markt-Erlbach, Neustadt a. Aisch, Windsheim.
10	K. Filialbank Hof	Lichtenberg, Münchberg, Selb, Tirschenreuth, Waldsassen, Wunsiedel.
11	K. Filialbank Ingolstadt	Eichstätt, Kipfenberg, Neuburg a. D., Neustadt a. D., Pfaffenhofen, Rain, Riedenburg, Schrobenhausen.
12	K. Filialbank Kaiserslautern	Blieskastel, Homburg, St. Ingbert, Kirchheimbolanden, Kusel, Landstuhl, Lauterecken, Obermoschel, Winnweiler, Zweibrücken.
13	K. Filialbank Kempten	Füssen, Illertissen, Immenstadt, Kaufbeuren, Lindau, Memmingen, Mindelheim, Markt Oberdorf, Ottobeuren, Türkheim, Weissenhorn.
14	K. Filialbank Landshut	Dingolfing, Eggenfelden, Landau a. I., Moosburg, Mühldorf, Vilsbiburg.
15	K. Filialbank Ludwigshafen a. Rh	Dürkheim, Edenkoben, Frankenthal, Germersheim, Grünstadt, Landau, Neustadt a. H., Speyer.
16	K. Filialbank München	Aichach, Bruck, Dachau, Ebersberg, Erding, Freising, Friedberg, Garmisch, Landsberg, Miesbach, Schongau, Starnberg, Tölz, Weilheim, Wolfratshausen.
17	K. Filialbank Passau	Freyung, Griesbach, Obernzell, Pfarrkirchen, Schönberg, Simbach, Vilshofen.
18	K. Filialbank Pirmasens	Annweiler, Bergzabern, Dahn, Kandel.
19	K. Filialbank Regensburg	Burglengenfeld, Hemau, Kelheim, Velburg, Walderbach.
20	K. Filialbank Rosenheim	Aibling, Berchtesgaden, Burghausen, Laufen, Traunstein, Trostberg, Wasserburg.
21	K. Filialbank Schweinfurt	Gerolzhofen, Hofheim, Bad Kissingen, Königshofen i. Gr., Mellrichstadt, Münnerstadt, Neustadt a. S., Werneck.
22	K. Filialbank Straubing	Deggendorf, Kötzting, Mallersdorf, Mitterfels, Viechtach, Zwiesel.
23	K. Filialbank Würzburg	Arnstein, Brückenau, Dettelbach, Gemünden, Hammelburg, Karlstadt, Kitzingen, Lohr, Ochsenfurt, Röttingen, Volkach.

Vgl. FMB. vom 25. März 1909 FMBl. 345, FME. vom 11. März 1909 Nr. 1103 (Dienstanweisung). FMB. vom 12. Nov. 1911 S. 615.

III. Bareinzahlungen der Ämter auf ihr Bankkonto und Übertragung vom Postscheckkonto auf das Bankkonto — FME. vom 17. Januar 1917 FMBl. 13.

B. Giroverkehr der Strafanstalten.

Den am Sitze einer K. Bankanstalt befindlichen Straf-Gefangen-Anstalten Amberg, Nürnberg, Straubing sind Girokonten bei der Bankanstalt ihres Dienstsitzes eröffnet, den übrigen bei den zugehörigen Bankanstalten: Aichach-München, Ebrach-Bamberg, St. Georgen-Bayreuth, Kaisheim-Augsburg, Landsberg-München, Laufen-Rosenheim, Lichtenau-Ansbach, Niederschönenfeld-Ingolstadt, Zweibrücken-Kaiserlautern.

C. Post-Ueberweisungs- und Scheckverkehr der staatlichen Behörden.

(PostscheckO. v. 7. Juni 1914 GVBl. S. 160.)

I. Die Zentralstaatskassa, das Katasterbureau, das Hauptmünzamt, die Bergwerkshauptkassa, die Kreiskassen, die Rentämter, das Hofbräuamt und die Berg-, Hütten- und Salinenämter — FMB. vom 17. August 1909 FMBl. 1909 S. 561.

II. Die Gerichte und Strafanstalten — JFMB. vom 11. Aug. 1910 FMBl. 1910 S. 240.

III. Die den Ministerien des Aeusseren und des Innern unterstehenden Stellen und Behörden — AeInnMB. vom 21. Febr. 1910 FMBl. 1910 S. 43 — (soweit für das einzelne Amt ein Bedürfnis besteht) sind dem Post-Ueberweisungs- und -Scheckverkehr angeschlossen. (Die unter Ziff. III erwähnten Stellen können sich auch an den Giroverkehr mit den K. Bankanstalten anschliessen.)

Die Aemter der Finanzverwaltung (Ziff. I) und die Gerichte und Strafanstalten (Ziff. II), welche ihren Sitz in den Regierungsbezirken Oberbayern, Niederbayern und Schwaben haben, gehören zum Postscheckamt München, die Finanzämter, Gerichte und Strafanstalten der Pfalz zum Postscheckamt Ludwigshafen, alle übrigen Finanzämter, Gerichte und Strafanstalten zum Postscheckamt Nürnberg. — Die unter Ziff. III erwähnten Behörden haben sich bei demjenigen Postscheckamt (K. Bankanstalt) anzuschliessen, welches für sie die günstigste Verkehrsverbindung besitzt.

Zahlkarten bayerischer Staatskassen über höhere Beträge als 10 000 M. zulässig: FMBl. 1910 S. 170. Abgabe von Formularien zu Zahlungsanweisungen (Sammelschecks): FMBl. 1910 S. 106.

Die Steuereinnehmereien Ludwigshafen I, II, III und IV sind bei dem Postscheckamt Ludwigshafen an den Postscheckverkehr angeschlossen. (FME. vom 17. August 1909 Nr. 24 317/V und E. der Reg. d. Pfalz vom 8. April 1911 Nr. 24 824/V.)

D. Anschluss der Sparkassen an den Giroscheckverkehr der Reichsbank.

InnMBek. v. 6. Juni 1916 (InnMABl. 79).

E. Anschluss der Stellen, Behörden, Anstalten, Stiftungen usw. die ihre Kassen- und Rechnungsgeschäfte selbst wahrnehmen an den Giroverkehr.

ME. v. 9. Febr. 1917 (KultMBl. 19).
ME. v. 2. März 1917 (KultMBl. 45).

F. Auszahlung von Bezügen der Beamten und Militärpersonen sowie ihrer Hinterbliebenen im Wege der Ueberweisung auf eine Bank oder Postscheckkonto und Einhebung von Steuern etc. durch Vermittlung der Bank.

FMBek. v. 20. Juli 1913 (FMBl. 371).

G. Auflieferung von Postanweisungsbeträgen im Postgiroverkehr.

FME. v. 25. Sept. 1914 (FMBl. 275).

H. Zahlungen im Wege des Postscheckverkehrs.

FME. v. 14. Okt. 1916 (FMBl. 1664).

I. Erhebung von Steuern usw. durch Vermittlung der bayer. Postscheckämter.

FMB. v. 27. Juni 1917 (FMBl. 111).

37. Vergleichende Uebersicht der Münzen, Masse und Gewichte.

1. Münz-Umrechnungs-Tabelle.

a) der alten südd. Währung in die Reichswährung.

Stück	Mark Pfennig u. $^1/_7$ Pf	Stück	Mark Pfennig u. $^1/_7$ Pf.	Stück	Mark Pfennig u. $^1/_7$ Pf.
Heller		**Kreuzer**		**Kreuzer**	
1	$0,00_2{}^1/_2$	24	$0,68_4$	55	$1,57_1$
2	$0,00_5$	25	$0,71_3$	56	$1,60_0$
3	$0,01^1/_2$	26	$0,74_2$	57	$1,62_6$
4	$0,01_3$	27	$0,77_1$	58	$1,65_5$
5	$0,01_5{}^1/_2$	28	$0,80_0$	59	$1,68_4$
6	$0,02_1$	29	$0,82_6$		
7	$0,02_3{}^1/_2$	30	$0,85_5$	**Gulden**	
Kreuzer		31	$0,88_4$	1	$1,71_3$
1	$0,02_6$	32	$0,91_3$	2	$3,42_6$
2	$0,05_5$	33	$0,94_2$	3	$5,14_2$
3	$0,08_4$	34	$0,97_1$	4	$6,85_5$
4	$0,11_3$	35	$1,00_0$	5	$8,57_1$
5	$0,14_2$	36	$1,02_6$	6	$10,28_4$
6	$0,17_1$	37	$1,03_5$	7	$12,00_0$
7	$0,20_0$	38	$1,08_4$	8	$13,71_3$
8	$0,22_6$	39	$1,11_3$	9	$15,42_6$
9	$0,25_5$	40	$1,14_2$	10	$17,14_2$
10	$0,28_4$	41	$1,17_1$	11	$18,85_5$
11	$0,31_3$	42	$1,20_0$	12	$20,57_1$
12	$0,34_2$	43	$1,22_6$	13	$22,28_4$
13	$0,37_1$	44	$1,25_5$	14	$24,00_0$
14	$0,40_0$	45	$1,28_4$	15	$25,71_3$
15	$0,42_6$	46	$1,31_3$	16	$27,42_6$
16	$0,45_5$	47	$1,34_2$	17	$29,14_2$
17	$0,48_4$	48	$1,37_1$	18	$30,85_5$
18	$0,51_3$	49	$1,40_0$	19	$32,57_1$
19	$0,54_2$	50	$1,42_6$	20	$34,28_4$
20	$0,57_1$	51	$1,45_5$	21	$36,00_0$
21	$0,60_0$	52	$1,48_4$	22	$37,71_3$
22	$0,62_6$	53	$1,51_3$	23	$39,42_6$
23	$0,65_5$	54	$1,54_2$	24	$41,14_2$

Stück	Mark, Pfennig u. 1/7 Pf.	Stück	Mark, Pfennig u. 1/7 Pf.	Stück	Mark, Pfennig u. 1/7 Pf.
Gulden		**Gulden**		**Gulden**	
25	42,85$_5$	51	87,42$_6$	77	132,00$_0$
26	44,57$_2$	52	89,14$_2$	78	133,71$_8$
27	46,28$_5$	53	90,85$_5$	79	135,42$_6$
28	48,00$_1$	54	92,57$_2$	80	137,14$_2$
29	49,71$_4$	55	94,28$_4$	81	138,85$_5$
30	51,42$_0$	56	96,00$_0$	82	140,57$_1$
31	53,14$_6$	57	97,71$_8$	83	142,28$_4$
32	54,85$_5$	58	99,42$_6$	84	144,00$_0$
33	56,57$_1$	59	01,14$_2$	85	145,71$_8$
34	58,28$_4$	60	02,85$_5$	86	147,72$_6$
35	60,00$_0$	61	04,57$_1$	87	149,14$_2$
36	61,71$_0$	62	06,28$_4$	88	150,85$_5$
37	63,42$_8$	63	08,00$_0$	89	152,57$_1$
38	65,14$_6$	64	09,71$_8$	90	154,28$_4$
39	66,85$_8$	65	11,42$_6$	91	156,00$_0$
40	68,57$_1$	66	13,14$_2$	92	157,71$_8$
41	70,28$_6$	67	14,85$_5$	93	159,42$_6$
42	72,00$_4$	68	16,57$_1$	94	161,14$_2$
43	73,21$_2$	69	18,28$_4$	95	162,85$_5$
44	75,42$_6$	70	20,00$_0$	96	164,57$_1$
45	77,14$_2$	71	21,71$_2$	97	166,28$_4$
46	78,85$_5$	72	23,42$_6$	98	168,00$_0$
47	80,57$_1$	73	25,14$_2$	99	169,71$_8$
48	82,28$_8$	74	26,85$_5$	100	171,42$_6$
49	84,00$_0$	75	28,57$_1$		
50	85,71$_8$	76	30,28$_4$		

b) ausländischer Währungen in Mark und Pfg.

Argentinien 1 Peso Gold zu 100 Centavos = 4,07 M. **Belgien, Frankreich, Luxemburg, Schweiz** 1 Frank zu 100 Cent. = 80 Pf. **Bolivia** 1 Boliviano zu 100 Centavos = 4,05 M. **Brasilien** 1 Milreis = 1000 Reis = 2,29 M. **Bulgarien** 1 Lew = 100 Stotinki = 1 Frank = 0,80 Mk. **Chile** 1 Peso zu 100 Centavos = 1,53 M. **China** 1 Tael = 6,41 M. **Columbia** 1 Peso zu 100 Centavos = 4,05 M. **Deutsch-Ostafrika** 1 Rupie = 1,35 M. **Dänemark, Norwegen, Schweden** 1 Krone zu 100 Oere = 1 M 12,5 Pf. **Ecuador** 1 Sucré zu 100 Centavos = 2,04 M. **Finnland** 1 Mark = 80 Pf. **Griechenland** 1 Drachme zu 100 Lepta = 1 Frank = 80 Pf. **Grossbritannien u. Irland** 1 Pfd. Sterling zu 20 Schilling zu 12 Pence = 20,40 M. **Guatemala** 1 Peso zu 100 Cents = 4,05 M. **Indien** 1 Rupie = 1,35 M. **Italien** 1 Lira zu 100 Centesimi = 80 Pf. **Japan** 1 Yen zu 100 Senn = 2,10 M, 1 alter Goldyen = 4,20 M. **Mexiko** 1 Golddollar = 2,10 M. **Niederlande** 1 Gulden zu 100 Cents = 1,70 M. **Oesterreich u. Liechtenstein** 1 Gulden = 100 Kreuzer = 2 Kr. = 1,70 M (Währung) und 2 M (Gold); 1 Krone = 100 Heller = 85 Pf.

Peru 1 Sol de Plata = 2,05 M. **Portugal** 1 Milreis zu 1000 Reis = 4,50 M. **Rumänien** 1 Piaster = 30 Pf., 1 Leu zu 100 Bann-Para = 80 Pf. **Russland** 1 Silberrubel zu 100 Kopeken = 2,16 M, 1 Goldrubel = 3,20 M. **Serbien** 1 Dinar = 100 Para = 81 Pf. **Spanien** 1 Peseta zu 100 Centimos = 80 Pf., 1 Duro zu 20 Reales = 4,14 M, 1 Piaster zu 100 Cents = 4 M, 100 span. Realen = 21 M. **Türkei** seit 15. April 1916 Goldwährung; Münzeinheit der Piaster = 40 Para; geprägt werden in Nickel Stücke zu 5, 10, 20, 40 Para; in Silber Stücke zu 2, 5, 10, 20 Piaster; in Gold Stücke zu 25, 50, 100, 250, 500 Piaster. 25 Piaster = 1,80414 g Gold mit einem Feingehalt v. $916^2/_3$; 100 Piaster = 21,50 M. **Uruguay** 1 Peso = 4,40 M. **Ver. Staaten v. Nordamerika** 1 Dollar zu 100 Cents = 4,25 M.

---

2. Masse und Gewichte.

Nach der am 1. April 1912 in Kraft getretenen Mass- und Gewichtsordnung vom 30. Mai 1908 (RGBl. 349) und dem RG. vom 1. Juni 1898 (RGBl. 905).

a) Die Grundlagen des Masses und des Gewichts.

Diese bilden das Meter und das Kilogramm. Das Meter ist der Abstand zwischen den Endstrichen des internationalen Meterprototyps bei der Temperatur des schmelzenden Eises. Das Kilogramm ist die Masse des internationalen Kilogrammprototyps. Als deutsches Urmass gilt derjenige mit dem Prototyp für das Meter verglichene Massstab aus Platin-Iridium, welcher durch die Internationale Generalkonferenz für Mass und Gewicht dem Deutschen Reiche als nationales Prototyp überwiesen worden ist. Er wird von der Kaiserlichen Normal-Eichungskommission aufbewahrt. Als deutsches Urgewicht gilt dasjenige mit dem Prototyp für das Kilogramm verglichene Gewichtsstück aus Platin-Iridium, welches durch die Internationale Generalkonferenz für Mass und Gewicht dem Deutschen Reiche als nationales Prototyp überwiesen worden ist; es wird von der Kaiserlichen Normal-Eichungskommission aufbewahrt.

b) Die Längenmasse.

Das Meter; das Dezimeter = der zehnte Teil des Meters; das Zentimeter = der hundertste Teil des Meters; das Millimeter = der tausendste Teil des Meters; das Kilometer = 1000 Meter.

c) Die Flächenmasse.

Das Quadratmeter, d. i. die aus dem Meter gebildete Einheit des Flächenmasses; das Quadratdezimeter = der hundertste Teil des Quadratmeters; das Quadratzentimeter = der hundertste Teil des Quadratdezimeters; das Quadratmillimeter = der hundertste Teil des Quadratzentimeters; das Ar = 100 Quadratmeter; das Hektar = 100 Ar; das Quadratkilometer = 100 Hektar.

d) Die Körpermasse.

Das Kubikmeter, d. i. aus dem Meter gebildete Einheit des Körpermasses; das Kubikdezimeter = der tausendste Teil des Kubikmeters; das Kubikzentimeter = der tausendste Teil des Kubikdezimeters; das Kubikmillimeter = der tausendste Teil des Kubikzentimeters das Liter, d. i. der von einem Kilogramm reinen Wassers bei seiner grössten Dichte unter dem Druck einer Atmosphäre eingenommene Raum; das Milliliter = der tausendste Teil eines Liters; das Hektoliter = 100 Liter.

e) Die Gewichte.

Das Kilogramm s. oben a; das Gramm = der tausendste Teil des Kilogramms; das Milligramm = der tausendste Teil des Grammes; das Hektogramm = 100 Gramm; der Doppelzentner = 100 Kilogramm; die Tonne = 1000 Kilogramm.

f) Die elektrischen Masseinheiten.

Das Ohm, d. i. der Widerstand einer Quecksilbersäule von der Temperatur des schmelzenden Eises, deren Länge bei durchweg gleichem, einem Quadratmillimeter gleich zu achtenden Querschnitt 106,3 cm und deren Masse 14,4521 g beträgt. Das Ampere, d. i. der unveränderliche elektrische Strom, der bei dem Durchgange durch eine wässerige Lösung von Silbernitrat in einer Sekunde 0,001 118 g Silber niederschlägt. Das Volt, d. i. die elektromotorische Kraft, die in einem Leiter, dessen Widerstand ein Ohm beträgt, einen elektrischen Strom von einem Ampere erzeugt.

g) Sonstige im Verkehr übliche Masse.

1. Der Festmeter (fm) = 1 cbm fester Holzmasse, im Gegensatz zum Raummeter (rm), der 1 cbm geschichtetes Holz, also Holz mit Zwischenräumen bedeutet.
2. Der Ster = 1 cbm.

h) Die Schiffsvermessung.

Die Schiffsmasse werden in Deutschland in Körpermassen (cbm) ausgedrückt. Man unterscheidet a) den Bruttoraumgehalt, d. i. das Ergebnis der Vermessung der unter dem obersten Deck befindlichen Räume und der auf und über dem obersten Deck angebrachten Aufbauten; b) den Nettoraumgehalt, d. i. der unter a) bezeichnete Raum nach Abzug der Räume zum Gebrauch der Schiffsmannschaft und zur Navigierung des Schiffs und bei Schiffen, die durch eine künstliche Kraft bewegt werden, auch der von der Triebkraft eingenommenen Räume. Die deutschen Messbriefe enthalten auch die entsprechende Anzahl britischer Registertons; 1 cbm = 0,353 brit. Registertons; 1 brit. Registerton demnach 2,832 cbm = 100 engl. Kubikfuss.

3. Abkürzungen der Masse und Gewichte.

Anzuwenden im amtlichen Verkehr (Bek. v. 18. April 1912 [GVBl. 364]).

a) Längenmasse: Kilometer = km; Meter = m; Dezimeter = dm; Zentimeter = cm; Millimeter = mm.

b) Flächenmasse: Quadratkilometer = qkm oder km^2; Hektar = ha; Ar = a; Quadratmeter = qm oder m^2; Quadratdezimeter = qdm oder dm^2; Quadratzentimeter = qcm oder cm^2; Quadratmillimeter = qmm oder mm^2.

c) Körpermasse: Kubikmeter = cbm oder m^3; Kubikdezimeter = cdm oder dm^3; Kubikzentimeter = ccm oder cm^3; Kubikmillimeter = cmm oder mm^3; Hektoliter = hl; Liter = l; Milliliter = ml.

d) Gewichte: Tonne = t; Doppelzentner = dz; Kilogramm = kg; Hektogramm = hg; Gramm = g; Milligramm = mg.

Schlusspunkte werden den Buchstaben nicht beigefügt. Zur Trennung der Einer- und der Dezimalstellen dient das Komma; zur Abteilung mehrstelliger Zahlenausdrücke darf das Komma nicht verwendet werden.

4. Tabelle für die Umrechnung der älteren bayerischen Masse in die der Mass- u. Gewichtsordnung.

a) Längenmasse.

1 bayerischer Fuss zu 12 Zoll oder zu 144 Linien = 0,2 918 592 Meter: 1 Zoll = 2,43 216 Zentimeter; 1 Linie = 2,0268 Millimeter; 1 bayer. Klafter zu 6 Fuss = 1,751 155 Meter; 1 geometrische Rute zu 10 Fuss = 2,918 592 Meter; 1 bayer. Elle zu 2 Fuss 10¹/₄ Zoll = 0,833 015 Meter; 1 geometrische Stunde, Post- oder Wegstunde = 12 703 Fuss = 3,70 749 Kilometer.

b) Flächenmasse.

1 bayer. Quadratfuss zu 144 Quadratzollen = 0,085 182 Quadratmeter; 1 Quadratzoll = 5,9154 Quadratzentimeter; 1 Quadratlinie = 4,1079 Quadratmillimeter; 1 Quadratklafter zu 36 Quadratfuss = 3,0665 Quadratmeter; 1 Quadratrute zu 100 Quadratfuss = 8,5182 Quadratmeter; 1 Tagwerk oder Morgen zu 400 Quadratruten = 34,07 272 Ar: 1 Tagwerk = 100 Dezimalen = 40 000 Quadratfuss; 1 Dezimale = 34,07 272 qm.

c) Körpermasse.

1 Kubikfuss = 0,24 861 Kubikmeter; 1 Kubikzoll = 14,38 721 Kubikzentimeter.

d) Getreidemasse.

1 bayer. Metzen zu 34²/₃ Masskannen = 37,0596 Liter; ¹/₂ bayer. Metzen (Viertel genannt) = 18,5298 Liter; ¹/₄ bayer. Metzen (halbes Viertel) genannt = 9,2649 Liter; ¹/₈ bayer. Metzen (Massl genannt) = 4,6325 Liter; ¹/₁₆ bayer. Metzen (halbes Massl genannt) = 2,3162

Liter; 1/32 bayer. Metzen (Dreissiger genannt) = 1,1581 Liter; 6 Metzen Mass (Schäffel genannt) = 2,22 358 Hektoliter.

e) Sonstige Hohlmasse.

1 Eimer = 60 Mass = 64,14 Liter; 1 Mass = 4 Schoppen = 1,069 Liter.

f) Handelsgewicht.

1 bayer. Pfund zu 32 Lot = 560 Gramm; 1 Lot à 4 Quentchen = 17,5 Gramm; 1 Quentchen (oder Quintl) = 4,375 Gramm; 1 Zentner zu 100 Pfunden = 56 Kilogramm; 1 Vierling = 8 Lot = 140 Gramm.

g) Holzmass.

1 bayer. Normalklafter = 3,13 250 Ster (cbm); 1 Pfälzer Klafter = 3,58 Ster (cbm).

h) Bergmasse.

1 Lachter (preuss.) = 2,0924 m; ein Quadratlachter (preuss.) = 4,3780 qm; ein Lachter (bayr.) = 1,9425 m; ein Quadratlachter (bayr.) = 3,7733 qm.

5. Längemasse anderer Länder.

England: 1 Fuss = 0,3047 m; 1 Yard = 3 englische Fuss = 0,914 m; 1 Seemeile = 1855 m; 1 Faden = 2 Yard = 1,828 m. Frankreich: 1 Toise = 6 Pariser Fuss = 1,949 m. Italien: 1 Piede = 0,30 m. Japan: 1 Ri = 3,927 km. Russland: 1 Werst = 500 Saschen = 1,0668 km; 1 Meile = 10 Werst.

6. Flächenmasse anderer Länder.

England: 1 Acre = 4 Roods = 40,468 a; Russland: 1 Dessjätine = 1,09 ha.

38. Zinsen-

a) nach dem

Kapital	Zu 3 %					Zu 3½ %					Zu 4 %				
	1 Tag	1 Monat		1 Jahr		1 Tag	1 Monat		1 Jahr		1 Tag	1 Monat		1 Jahr	
M	₰	M	₰	M	₰	₰	M	₰	M	₰	₰	M	₰	M	₰
1	—		—		3	—		—		3	—		—		4
2	—		—		6	—		1		7	—		1		8
3	—		1		9	—		1		10	—		1		12
4	—		1		12	—		1		14	—		1		16
5	—		1		15	—		1		17	—		2		20
6	—		1		18	—		2		21	—		2		24
7	—		2		21	—		2		24	—		2		28
8	—		2		24	—		2		28	—		3		32
9	—		2		27	—		3		31	—		3		36
10	—		2		30	—		3		35	—		3		40
20	—		5		60	—		6		70	—		7		80
30	—		7		90	—		9	1	05	—		10	1	20
40	—		10	1	20	—		12	1	40	—		13	1	60
50	—		12	1	50	—		14	1	75	—		17	2	—
60	—		15	1	80	—		17	2	10	1		20	2	40
70	—		17	2	10	1		20	2	45	1		23	2	80
80	—		20	2	40	1		23	2	80	1		27	3	20
90	1		22	2	70	1		26	3	15	1		30	3	60
100	1		25	3	—	1		29	3	50	1		33	4	—
200	2		50	6	—	2		58	7	—	2		67	8	—
300	3		75	9	—	3		87	10	50	3	1	—	12	—
400	3	1	—	12	—	4	1	17	14	—	4	1	33	16	—
500	4	1	25	15	—	5	1	46	17	50	5	1	67	20	—
600	5	1	50	18	—	6	1	75	21	—	7	2	—	24	—
700	6	1	75	21	—	7	2	04	24	50	8	2	33	28	—
800	7	2	—	24	—	8	2	33	28	—	9	2	67	32	—
900	7	2	25	7	—	9	2	62	31	50	10	3	—	36	—
1000	8	2	50	30	—	10	2	92	35	—	11	3	33	40	—
2000	17	5	—	60	—	19	5	83	70	—	22	6	67	80	—
3000	25	7	50	90	—	29	8	75	105	—	33	10	—	120	—
4000	33	10	—	120	—	39	11	67	140	—	44	13	33	160	—
5000	42	12	50	150	—	49	14	58	175	—	55	16	67	200	—
10000	83	25	—	300	—	97	29	11	350	—	111	33	33	400	—

Tabelle.

Kapital.

Zu 4 1/2 %					Zu 5 %					Zu 6 %					Kapital
1 Tag	1 Monat		1 Jahr		1 Tag	1 Monat		1 Jahr		1 Tag	1 Monat		1 Jahr		Kapital
₰	M	₰	M	₰	₰	M	₰	M	₰	₰	M	₰	M	₰	M
—		—		4	—		—		5	—		—		6	1
—		1		9	—		1		10	—		1		12	2
—		1		13	—		1		15	—		1		18	3
—		1		18	—		2		20	—		2		24	4
—		2		22	—		2		25	—		2		30	5
—		2		27	—		3		30	—		3		36	6
—		3		31	—		3		35	—		3		42	7
—		3		36	—		3		40	—		4		48	8
—		3		40	—		4		45	—		4		54	9
—		4		45	—		4		50	—		5		60	10
—		8		90	—		8	1	—	—		10	1	20	20
—		11	1	35	—		13	1	50	—		15	1	80	30
—		15	1	80	—		27	2	—	1		20	2	40	40
1		19	2	25	1		21	2	50	1		25	3	—	50
1		23	2	70	1		25	3	—	1		30	3	60	60
1		26	3	15	1		29	3	50	1		35	4	20	70
1		30	3	60	1		33	4	—	1		40	4	80	80
1		34	4	05	1		37	4	50	1		45	5	40	90
1		38	4	50	1		42	5	—	2		50	6	—	100
2		75	9	—	3		83	10	—	3	1	—	12	—	200
4	1	12	13	50	4	1	25	15	—	5	1	50	18	—	300
5	1	50	18	—	6	1	67	20	—	7	2	—	24	—	400
6	1	87	22	50	7	2	08	25	—	8	2	50	30	—	500
7	2	25	27	—	8	2	50	30	—	10	3	—	36	-	600
9	2	62	31	50	10	2	92	35	—	12	3	50	42	—	700
10	3	—	36	—	11	3	33	40	—	13	4	—	48	—	800
11	3	38	40	50	12	3	75	45	-	15	4	50	54	—	900
12	3	75	45	—	14	4	17	50	—	17	5	—	60	—	1000
25	7	50	90	—	28	8	33	100	—	33	10	—	120	—	2000
37	11	25	135	—	42	12	50	150	—	50	15	—	180	—	3000
50	15	—	180	—	56	16	67	200	—	67	20	—	240	—	4000
62	18	75	225	—	69	20	83	250	—	83	25	—	300	-	5000
125	37	50	450	—	139	41	67	500	—	167	50	—	600	—	10000

b) nach dem

Bei Berechnung eines Stückzinses(-lohnes) vermehre man den
zahl steht und setze das Komma so, dass hinter demselben so viele
beträgt der Stückzins auf 154 Tage bei 12 M Jahreszins?

Tage		Tage		Tage		Tage		Tage	
1	00274	38	104	75	2055	112	3067	149	4082
2	00548	39	1067	76	2082	113	3095	150	411
3	00822	40	1095	77	211	114	3122	151	4137
4	011	41	1122	78	2137	115	315	152	4164
5	0137	42	115	79	2164	116	3178	153	419
6	0164	43	1178	80	2192	117	3205	154	4222
7	0192	44	1205	81	222	118	3233	155	4247
8	022	45	1233	82	2247	119	326	156	4274
9	0247	46	126	83	2274	120	3287	157	4302
10	0274	47	1287	84	2302	121	3315	158	433
11	0302	48	1315	85	233	122	3342	159	4357
12	033	49	1342	86	2357	123	337	160	4384
13	0357	50	137	87	2384	124	3398	161	4411
14	0384	51	1398	88	2411	125	3425	162	4439
15	0411	52	1425	89	2439	126	3452	163	4466
16	0439	53	1452	90	2466	127	348	164	4493
17	0466	54	148	91	2493	128	3506	165	452
18	0493	55	1506	92	252	129	3534	166	4548
19	052	56	1534	93	2548	130	3562	167	4576
20	0548	57	1562	94	2576	131	359	168	4603
21	0576	58	159	95	2603	132	3616	169	463
22	0603	59	1616	96	263	133	3643	170	4657
23	063	60	1643	97	2657	134	3671	171	4685
24	0657	61	1671	98	2685	135	37	172	4712
25	0685	62	17	99	2712	136	3726	173	474
26	0712	63	1726	100	274	137	3753	174	4767
27	074	64	1753	101	2767	138	378	175	4795
28	0767	65	178	102	2795	139	3808	176	4822
29	0795	66	1808	103	2822	140	3836	177	485
30	0822	67	1836	104	285	141	3863	178	4877
31	085	68	1863	105	2877	142	389	179	4905
32	0877	69	189	106	2905	143	3918	180	4932
33	0905	70	1918	107	2932	144	3945	181	496
34	0932	71	1945	108	296	145	3972	182	4987
35	096	72	1972	109	2987	146	4	183	5014
36	0987	73	2	110	3014	147	4027	184	504
37	1014	74	2027	111	304	148	4055	185	5067

Nach *J. Richtsfeld* in Schaufling
(Nachdruck verboten).

Jahreszins.

Jahreszins(-lohn) mit der Zahl, welche bei der gesuchten Tagan- Ziffern sind, als die Zahl der Tabelle Ziffern hat; z. B. wie viel = 422 × 12 = 5,064 Mk.

Tage		Tage		Tage		Tage		Tage	
186	5095	223	611	260	7122	297	8137	334	915
187	5122	224	6137	261	715	298	8164	335	9178
188	515	225	6164	262	7178	299	8192	336	9205
189	5178	226	6192	263	7205	300	822	337	9233
190	5205	227	622	264	7233	301	8247	338	926
191	5233	228	6247	265	726	302	8274	339	9287
192	526	229	6274	266	7287	303	8302	340	9315
193	5287	230	6302	267	7315	304	833	341	9342
194	5315	231	633	268	7342	305	8357	342	937
195	5342	232	6357	269	737	306	8384	343	9398
196	537	233	6384	270	7398	307	8411	344	9425
197	5398	234	6411	271	7425	308	8439	345	9452
198	5425	235	6439	272	7452	309	8466	346	948
199	5452	236	6466	273	748	310	8493	347	9506
200	548	237	6493	274	7506	311	852	348	9534
201	5506	238	652	275	7534	312	8548	349	9562
202	5534	239	6548	276	7562	313	8576	350	959
203	5562	240	6576	277	759	314	8603	351	9616
204	559	241	6603	278	7616	315	863	352	9643
205	5616	242	663	279	7643	316	8657	353	9671
206	5643	243	6657	280	7671	317	8685	354	97
207	5671	244	6685	281	77	318	8712	355	9726
208	57	245	6712	282	7726	319	874	356	9753
209	5726	246	674	283	7753	320	8767	357	978
210	5753	247	6767	284	778	321	8795	358	9808
211	578	248	6795	285	7808	322	8822	359	9836
212	5808	249	6822	286	7836	323	885	360	9863
213	5836	250	685	287	7863	324	8877	361	989
214	5863	251	6877	288	789	325	8905	362	9918
215	589	252	6905	289	7918	326	8932	363	9945
216	5918	253	6932	290	7945	327	896	364	9972
217	5945	254	696	291	7972	328	8987	365	
218	5972	255	6987	292	8	329	9014		
219	6	256	7014	293	8027	330	904		
220	6027	257	704	294	8055	331	9067		
221	6055	258	7067	295	8082	332	9095		
222	6082	259	7095	296	811	333	9122		

c) Zinsberechnung im kaufmännischen Verkehr.

Der kaufmännische Verkehr in Deutschland berechnet den Zins, wenn er für Tage (nicht für Wochen, Monate, Jahre) zu berechnen ist, unter Verwendung der sog. Zinszahlen und Zinsteiler, nach der Formel Zins $= \frac{\text{Zinszahl}}{\text{Zinsteiler}}$; dabei wird ungenau das Jahr mit 360 Tagen angesetzt. Die Zinszahl wird gefunden, indem das Kapital (K) mit der Zahl der Tage (d) multipliziert und das Produkt durch 100 geteilt wird, also: Zinszahl $= \frac{K \cdot d}{100}$. Der Zinsteiler ist eine feste Zahl, die nach der Höhe der Prozente verschieden ist: bei $1\% = 360$; bei $1\frac{1}{2}\% = 240$; bei $2\% = 180$; bei $2\frac{1}{2}\% = 144$; bei $3\% = 120$; bei $3\frac{3}{4}\% = 96$; bei $4\% = 90$; bei $4\frac{1}{2}\% = 80$; bei $5\% = 72$; bei $6\% = 60$; bei $7\frac{1}{2}\% = 48$; bei $8\% = 45$. — Bei $3\frac{1}{2}\%$ rechnet man $3\% + \frac{1}{6}$ des Ergebnisses; bei $5\frac{1}{2}\% = 5\% + \frac{1}{10}$ des Ergebnisses; bei $6\frac{1}{2}\% = 6\% + \frac{1}{12}$ des Ergebnisses; bei $7\% = 6\% + \frac{1}{6}$ des Ergebnisses. Sind verschiedene Kapitalien verschiedene Zeit zu gleichem Zinsfuss ausgeliehen, so wird zuerst die Summe der Zinszahlen addiert und diese erst mit dem Zinsteiler geteilt.

Diese Berechnung erklärt sich in folgender Weise. Angenommen sei: Kapitel $= K$; Tage $= d$; Prozent $= pr$. Der Zins berechnet sich nach folgender, aus einer einfachen Schlussrechnung sich ergebenden Formel: Zins $= \frac{pr \cdot K \cdot d}{100 \cdot 360} = \frac{K \cdot d}{100} \cdot \frac{pr}{360}$. Der erste Faktor dieses Produkts ist die Zinszahl, der zweite der Zinsteiler. Die Berechnung der Zinsen mehrerer zu gleichem Zinsfuss ausgeliehenen Kapitalien erklärt sich in folgender Weise: Zins aus dem Kapitel K^1, das d^1 Tage aussteht $= \frac{pr \cdot K^1 \cdot d^1}{100 \cdot 360}$; Zins aus dem Kapital K^2, das d^2 Tage aussteht $= \frac{pr \cdot K^2 \cdot d^2}{100 \cdot 360}$; Zins aus dem Kapital K^3, das d^3 Tage aussteht $= \frac{pr \cdot K^3 \cdot d^3}{100 \cdot 360}$. Summe der Zinsen $= \frac{pr \cdot K^1 \cdot d^1}{100 \cdot 360} + \frac{pr \cdot K^2 \cdot d^2}{100 \cdot 360} + \frac{pr \cdot K^3 \cdot d^3}{100 \cdot 360} = \left(\frac{K^1 \cdot d^1}{100} + \frac{K^2 \cdot d^2}{100} + \frac{K^3 \cdot d^3}{100}\right) \cdot \frac{pr}{360}$; der erste Faktor ist die Summe der Zinszahlen, der zweite der Zinsteiler.

Durch Teilung der Prozente mit 360 lässt sich ohne weiteres der Zinsteiler für jeden Prozentsatz ermitteln.

39. Uebersicht der die Verhältnisse der bayerischen Beamten regelnden Gesetze, Verordnungen und sonstiger Erlasse.

I. **Beamtengesetz** vom 18. August 1908 (GVBl. 581); geändert durch Art. 53 und 54 AG. zur Reichsversicherungsordnung vom 2. November 1912 (GVBl. 1135) u. Art. 100 des Armenges. v. 21. Aug. 1914 (GVBl. 551).

II. **Vollzugsbestimmungen allgemeiner Art:**
Allgemeine Vollzugsverordnung vom 10. Dezember 1908 (GVBl. 1041) mit Ausführungsbek. zu § 3 Abs. 2 hinsichtlich der Aufrechnung der Militärdienstzeit auf die Dauer der Widerruflichkeit der etatsmässigen Dienstzeit vom 29. Oktober 1909 (JMBl. 506).
Die Einrichtung d. Behörden u. d. Benennung d. Beamten d. Zivilstaatsverwaltung v. 10. Dez. 1908 (GVBl. 1051).
Rangordnung v. 23. Dez. 1908 (GVBl. 1211).

III. **Vollzugsbestimmungen zu einzelnen Artikeln des Gesetzes:**
Zu Art. 1: Erklärung weiterer, nicht in der Gehaltsordnung aufgeführter, im Staatsdienst verwendeter Personen zu Beamten: MB. vom 8. Juni 1909 (GVBl. 386).
Zu Art. 5 Abs. 3: Bezeichnung des für die amtliche Ausschreibung der Ernennung, Versetzung, Wiederanstellung und Beförderung bestimmten Blattes für den Bereich der Justizverwaltung: JMB. v. 21. Dezember 1908 (JMBl. 337).
Zu Art. 8, 9, 27, 52, 188: Vergütung der Umzugskosten: VO. v. 20. Nov. 1902 (GVBl. 709); geändert durch § 4 der Allg. Vollzugsverordnung zum Beamtengesetz.
Zu Art. 18: Die Ausübung von Nebenämtern oder Nebengeschäfte durch Beamte: MB. v. 4. April 1912 (GVBl. 393; JMBl. 77). Hiezu Zusatzbestimmungen hinsichtlich der Gerichtsvollzieher JMB. v. 30. April 1912 (JMBl. 88); für den Bereich der Heeresverwaltung KrMB. v. 7. Mai 1912 (KrMBl. 410).
Zu Art. 22: Sonntagsruhe und Urlaub: MB. v. 14. Juli 1909 (JMBl. 326), geändert durch Bek. v. 9. Mai 1913 (GVBl. 187); Uebergangsbestimmungen für das Justizpersonal: JMB. v. 20. Juli 1909 (JMBl. 334). Urlaub der Notare und Notariatsverweser §§ 23 ff. der GeschO. v. 30. Okt. 1913 (JMBl. 231).
Wegen der Urlaubsbestimmungen für die Beamten der Militärverwaltung, die Offiziere, die Sanitäts- und die Veterinäroffiziere s. KrMB. v. 20. Nov. 1912 (KrMBl. 819).
Zu Art. 26: Gehaltsordnung v. 6. Septbr. 1908; hiezu wegen vorzeitiger Gehaltszahlung mit Rücksicht auf den Erholungsurlaub: FMB. v. 9. Juli 1909 (JMBl. 300). Auszahlung der Gehälter und Pensionen im Wege der

Noch III.

Ueberweisung auf ein Bank- oder Postscheckkonto; Einhebung von Steuern und sonstigen regelmässig wiederkehrenden Leistungen durch Vermittlung der Banken FMB. v. 20. Juli 1913 (JMBl. 156).

Zu Art. 27 Abs. 4: Reiseauslagen und Tagegelder.

Zu Art. 28 Abs. 5 u. Art. 211 Abs. 1: Anrechnung der Militärdienstzeit auf das Besoldungsdienstalter: VO. v. 28. Dezember 1910 (GVBl. 1199) u. Bek. vom gl. Tage (GVBl. 1202).

Zu Art. 37: Festsetzung und Erhebung der Mietentschädigungen und Mietzinse für Wohnungen und Zimmer, dann der Pachtentschädigungen für Gärten und sonstige Grundstücke, die Beamten vom Staate eingeräumt sind: MB. v. 28. Juni 1909 (JMBl. 266), ergänzt durch Bek. v. 22. Aug. 1913 (FMBl. 412).

Zu Art. 38—88: Versetzung der etatsmässigen Beamten in den Ruhestand, Fürsorge für die Hinterbliebenen der etatsmässigen Beamten: MB. v. 22. Oktober 1909 (GVBl. 781) und vom 24. März 1909 (JMBl. 172). Festsetzung von Hinterbliebenenbezügen bei widerruflichen etatsm. Beamten: JMB. v. 12. Dez. 1914 (JMBl. 238).

Zu Art. 44 Nr. 3 u. Art. 66 Nr. 2: Anzeigen bei Wiederverwendung von pensionierten Beamten, Bediensteten und Gendarmeriepensionisten: FMB. v. 16. Febr. 1912 (FMBl. 35).

Zu Art. 103—107: Dienstaufsicht und Dienststrafrecht für nicht richterl. Beamte: MB. v. 22. Oktober 1909 (GVBl. 737).

Die Dienst- und Besoldungsverhältnisse der zum Kriegsdienst eingerückten Staats- u. Gemeindebeamten, Fürsorge für deren Hinterbliebene: Bek. v. 18. Juni 1915 (GVBl. 65).

---

40. Uebersicht der bayerischen Beamten.

1. Beamte im Sinne des bayerischen Beamtengesetzes sind die Personen, die entweder einer in der Gehaltsordnung aufgeführten Beamtenklasse angehören oder durch Anordnung der Staatsregierung als Beamte im Sinne des Beamtengesetzes erklärt sind (s. Art. 1 des Beamtengesetzes).

2. Die Gehaltsordnung s. unten Nr. 43.

3. Die Beamten der zweiten Art (die Beamten ausserhalb der Gehaltsordnung) wurden durch die MB. v. 8. Juni 1909 (GVBl. 386), geändert mit MB. v. 8. Aug. 1916 (GVBl. 254), ergänzt durch MB. v. 12. März 1913 (FMBl. 293), v. 7. Okt. 1914 (FMBl. 299), v. 13. Jan. 1915 (FMBl. 100) bestimmt. Die Bek. verfügen:

Auf Grund des § 1 der K. Verordnung vom 10. Dezember 1908, den Vollzug des Beamtengesetzes betreffend (GVBl. 1041) werden mit sofortiger Wirksamkeit als Beamte im Sinne des Artikel 1 des Beamtengesetzes erklärt:

I. Im Geschäftskreise des Staatsministeriums des Königlichen Hauses und des Aeussern:

1. die im Ministerium verwendeten geprüften Rechtspraktikanten und Akzessisten, 2. die besoldeten Attachés der Gesandtschaften, 3. die geprüften Archivpraktikanten des Geheimen Haus- und Staatsarchivs, 4. die geprüften Praktikanten der Bergbehörden, 5. die geprüften Praktikanten des Gewerbeaufsichtsdienstes;

II. im Geschäftskreise des Staatsministeriums der Justiz:

6. die juristisch vorgebildeten bezahlten Hilfsarbeiter im Geschäftskreise dieses Ministeriums, 7. die Grundbuchkommissäre, 8. die Grundbuchanlegungskommissäre, 9. die volljährigen Gerichtsschreibergehilfen, 10. die funktionierenden Hausärzte, Hauslehrer und Hauslehrerinnen der Strafanstalten;

III. im Geschäftskreise des Staatsministeriums des Innern:

11. die bei den Staatsbehörden der inneren Verwaltung verwendeten geprüften Rechtspraktikanten und Akzessisten, 12. die bei den Behörden der Staatsbauverwaltung, bei dem Wasserversorgungsbureau sowie die im kulturtechnischen Staatsdienste verwendeten Regierungsbaumeister, 13. die geprüften Archivpraktikanten der Landesarchive und die Reichsarchivakzessisten, 14. die Physikatsassistenten der Amtsärzte, 15. die Polizeiärzte bei der Polizeidirektion München, 16. die remunerierten bezirksärztlichen Stellvertreter, 17. die Grenztierärzte im Hauptamt, 18. die Assistenten der Zentralimpfanstalt, 19. die Assistenten der Untersuchungsanstalten für Nahrungs- und Genussmittel, 20. die Assistenten der Moorkulturanstalt, 21. die Assistenten der Agrikulturbotanischen Anstalt, 22. die bei der Flurbereinigungskommission verwendeten geprüften Geometer, 23. vgl. B. v. 8. Aug. 1916 (GVBl. 254), 24. die im kulturtechnischen Staatsdienste verwendeten Kulturaufseher, 25. die technischen Gehilfen der Brandversicherungsinspektoren;

IV. im Geschäftskreise des Staatsministeriums des Innern für Kirchen- und Schulangelegenheiten:

26. die Privatdozenten und die nicht etatsmässig angestellten Lektoren der Hochschulen, 27. die wissenschaftlich oder künstlerisch vorgebildeten, nicht etatsmässig angestellten Assistenten der Hochschulen, der Akademien sowie der Kunst- und wissenschaftlichen Sammlungen und Anstalten des Staates, 28. die Gymnasial- und Realschulassistenten, die Assistenten des Technikums in Nürnberg, der Baugewerkschule mit Gewerbelehrerinstitut in München sowie der landwirtschaftlichen Mittelschulen und der Kreisackerbauschulen, soferne ihre Verwendung im Lehramte nicht von vorneherein zeitlich beschränkt ist, 29. die Lehrer, Assistenzärzte und Repetitoren der Hebammenschulen, 30. die Seminarassistenten sowie die Seminar- und Präparandenhilfslehrer mit der in Ziff. 28 gemachten Einschränkung, 30 a. die an den K. landwirtschaftlichen Winterschulen mit staatlichen landwirtschaftlichen Wanderlehrern aufgestellten Assistenten mit der in Ziff. 28 gemachten Einschränkung, 30 b. die geprüften Bibliothekpraktikanten;

V. im Geschäftskreise des Staatsministeriums der Finanzen:

31. die bei den Staatsbehörden der allgemeinen Finanzverwaltung und der Verwaltung der Zölle und indirekten Steuern verwendeten geprüften Rechtspraktikanten und Akzessisten, 32. die

geprüften Kameralpraktikanten, 33. die geprüften Zollpraktikanten, 34. die geprüften Forstpraktikanten und geprüften Forstschutzaspiranten, 35. die bei dem Katasterbureau und den Messungsämtern verwendeten geprüften Geometer, 36. die geprüften Praktikanten der Verwaltung der Berg-, Hütten- und Salzwerke, 36a. die Bankassistenten;

VI. im Geschäftskreise des Staatsministeriums für Verkehrsangelegenheiten:

37. die bezahlten geprüften Anwärter des höheren Dienstes (geprüfte Rechtspraktikanten, Regierungsbaumeister, geprüfte Geometer), 38. die bezahlten geprüften Anwärter des mittleren Dienstes (geprüfte Aspiranten des mittleren Betriebs- und Verwaltungsdienstes, geprüfte Aspiranten des mittleren technischen Dienstes), 39. die bezahlten geprüften Postgehilfen, 40. die bezahlten auf festen Stellen ständig verwendeten nicht etatsmässig angestellten Telephonistinnen.

4. Wegen der ausserhalb der Gehaltsordnung stehenden Beamten im Dienste der Militärverwaltung s. KrMB. v. 5. März 1909 (KrMBl. 83) u. v. 27. Mai 1910 (KrMBl. 216).

---

41. Uebernahme von Nebengeschäften und Nebenämtern durch die Beamten.

(Beamtengesetz Art. 18 und 19.)

I. Art. 18. 1. Der Beamte darf ein Nebenamt oder ein Nebengeschäft nur übernehmen, soweit dies mit der gewissenhaften Erfüllung seiner Pflichten und mit der Achtung, die sein Beruf erfordert, vereinbar ist.

2. Ein Beamter, der

1. ein nicht mit einer Entlohnung verbundenes Nebenamt im Dienste des Reichs oder eines anderen Bundesstaats oder

2. eine ehrenamtliche Stellung in den Verwaltungsorganen einer Gemeinde, Anstalt, Stiftung, Kasse, Religions- oder Kirchengesellschaft, Erwerbsgesellschaft oder Genossenschaft oder

3. das Amt eines Schiedsrichters, Testamentsvollstreckers, Vormundes, Pflegers, Beistandes oder eine andere Verwaltung fremder Angelegenheiten übernimmt,

hat dies der vorgesetzten Dienstbehörde anzuzeigen.

3. Die Erlaubnis der zuständigen Dienstbehörde ist erforderlich:

1. zum Betrieb eines Gewerbes im Sinne der Reichsgewerbeordnung und zwar auch dann, wenn es von der Ehefrau oder von einer anderen dem Hausstande des Beamten angehörenden Person betrieben wird;

2. zur Uebernahme eines Nebenamts oder Nebengeschäfts, womit eine Entlohnung verbunden ist;

3. zur Beteiligung an der Errichtung einer auf Gewinn gerichteten Gesellschaft als Gründer oder zum Eintritt in den Vorstand, Aufsichtsrat oder Verwaltungsrat einer solchen Gesellschaft. Als eine auf Gewinn gerichtete Gesellschaft gilt eine Genossenschaft nicht, deren Tätigkeit auf den Kreis ihrer Mitglieder beschränkt ist.

Die Erlaubnis kann jederzeit zurückgenommen werden.

4. In den Fällen des Abs. 3 Ziffer 3 darf die Erlaubnis nur erteilt werden, wenn mit der Tätigkeit weder unmittelbar noch mittelbar ein Gewinn oder eine Entlohnung verbunden ist.

Art. 19. Die Uebernahme von Nebenämtern oder Nebengeschäften im staatlichen Dienste kann der Beamte nicht verweigern, wenn sie seiner Berufsbildung und dienstlichen Stellung entsprechen.

II. Gemäss Art. 25 des Beamtengesetzes finden die Vorschriften des Art. 18 Abs. 1 auch auf die Staatsdienstaspiranten Anwendung, die nicht als Beamte im Sinne des Beamtengesetzes erklärt sind.

III. Wissenschaftliche oder künstlerische Nebenbeschäftigung, wie die literarische Betätigung, fallen nicht unter Abs. 2 und 3 des Art. 18. Dagegen steht der vorgesetzten Behörde das Recht zu, auf Grund des Art. 18 Abs. 1 auch eine derartige Nebenbeschäftigung ganz oder teilweise zu untersagen, wenn hierunter die entsprechende Erfüllung der Dienstesaufgabe leidet (Mot. zu Art. 18 des Beamtenges. KdAbg. Beil. 3, 60).

IV. Vollzugsbekanntmachung zu Art. 18 vom 4. April 1912 (GVBl. 343; JMBl. 77) mit Zusatzbestimmung hinsichtlich der Gerichtsvollzieher v. 30. April 1912 (JMBl. 88).

---

42. Die Verehelichung der Beamten.

I. Beamtengesetz Art. 17.

I. Art. 17. 1. Ein Beamter, der eine Ehe einzugehen beabsichtigt, hat dies rechtzeitig der zuständigen Dienstbehörde anzuzeigen.

2. Durch Verordnung kann bestimmt werden, dass gewisse Klassen von Beamten zur Eingehung einer Ehe der Erlaubnis der zuständigen Dienstbehörde bedürfen.

3. Die Erlaubnis darf nur verweigert werden, wenn der Eingehung der Ehe dienstliche Bedenken entgegenstehen.

II. Die Vorschriften des Art. 17 finden gemäss Art. 25 des Beamtengesetzes auch auf die Staatsdienstaspiranten Anwendung, die nicht Beamte im Sinne des Art. 1 des Beamtengesetzes sind, ferner gemäss Art. 24 Abs. 1 auch auf die einstweilen oder zeitlich in den Ruhestand versetzten Beamten.

II. Allgemeine Vollzugsverordnung zum Beamtengesetz v. 10. Dezember 1908 (GVBl. 1041) § 6.

1. Nachstehende Klassen von Beamten bedürfen zur Eingehung einer Ehe der Erlaubnis der zuständigen Dienstbehörde:
   1. Die weiblichen Beamten,
   2. Die Aufseher der Strafanstalten und der Gerichtsgefängnisse,
   3. Die Aufseher der Arbeitshäuser und der Staatserziehungsanstalten,
   4. Die Forstassistenten,
   5. Die Grenzaufseher.
2. Für die Gendarmerie und die Schutzmannschaft München sind in bezug auf die Eingehung einer Ehe die besonderen Vorschriften massgebend.

III. Von jeder einer Dienstbehörde zugehenden Verehelichungsanzeige eines dem Allgemeinen Staatsdienerunterstützungsverein angehörenden in Dienstesaktivität oder im einstweiligen oder zeitigen Ruhestand befindlichen etatsmässigen Beamten (Art. 17 des Beamtenges.) ist der mit Auszahlung des Gehalts, des Wartegeldes oder des Ruhegehalts betrauten Kasse Mitteilung zu machen, sofern die Dienstbehörde nicht Kenntnis davon hat, dass die Voraussetzungen des § 13 Abs. 2 lit. b der Satzungen des Allg. Staatsdienerunterstützungsvereins nicht eintreten: JMB. v. 15. März 1912 (JMBl. S. 55); FMB. v. 29. Mai 1912 (FMBl. S. 127).

IV. Wegen der Verehelichung der Rechtspraktikanten vgl. ausser dem unter I. Bemerkten hinsichtlich der ungepr. Rechtspraktikanten § 93 der Bek. v. 25. Okt. 1910 (JMBl. 791); hinsichtlich der gepr. Rechtspraktikanten, zu denen auch die Notariatspraktikanten zu rechnen sind, § 30 der Bek. v. 7. Jan. 1901 (JMBl. 54), der jedoch nur mehr mit der Massgabe gilt, die sich aus dem unter I. Bemerkten ergeben.

---

43. Gehaltsordnung.

für die etatsmässigen Staatsbeamten vom 6. September 1908 (GVBl. 685).

Diese Beilage wurde, um dem Kalender seine Handlichkeit nicht zu nehmen, in die dem Kalender für 1912 gesondert beigegebene Anlage aufgenommen.

Wir bitten diese Beilage aufzubewahren und jeweils in den neuen Kalender einzulegen.

Die Gehaltsordnung hat unterdessen durch folgende in der Beilage noch nicht berücksichtigte Erlasse Aenderungen erfahren: VO. v. 2. Dez. 1912 (GVBl. 1237), v. 7. Febr. 1913 (GVBl. 73), v. 19. Mai 1913 (GVBl. 197), v. 24. Dez. 1914 (GVBl. 693), v. 25. März 1917 (GVBl. 65).

---

44. Rangordnung der Beamten

nach der VO. v. 23. 1908 (GVBl. 1211).

Vgl. die Bemerkung zu Beil. 43.

Die Rangordnung hat unterdessen durch folgende in der Anlage noch nicht berücksichtigte Erlasse Aenderungen erfahren: VO. v. 2. Dez. 1912 (GVBl. 1237); v. 19. Mai 1913; v. 12. Febr. 1914 (GVBl. 57); v. 24. Dez. 1914 (GVBl. 693) Nr. III.

45. Ruhegehalt der Beamten, Sterbegehalt, Witwen- und Waisengeld.

Vgl. die Bemerkung zu Beil. 43 u. Art. 100, 102 des Armenges. v. 21. Aug. 1914 (GVBl. 551).

46. K. Verordnung über die Entschädigung der Beamten bei Vornahme auswärtiger Dienstgeschäfte v. 17. Juli 1915 (GVBl. 563).

Bekanntmachung hiezu v. 20. Juli 1915 (GVBl. 574).

Der vollständige Abdruck der VO. und der Bek. ist im Jahrgange 1917 enthalten. Bemerkt wird, daß bezüglich der Entschädigung für Geschäftsaushilfen und Stellvertretungen während des Krieges neben den Bek. v. 3. Aug. 1914 (GVBl. 340) u. 10. Jan. 1915 (GVBl. 9) nunmehr die Bek. v. 18. Dez. 1916 (GVBl. 673) Maß zu geben hat. Aufwandsentschädigung (Taggeld u. Übernachtungsgeld) für die Zeit der Beurlaubung oder Dienstbefreiung (Ziff. 9 Abs. 5 a. a. O.) wird nicht gewährt. Die 14tägige Frist des § 11 a. a. O. wird durch Urlaub oder Dienstbefreiung nicht unterbrochen, sie ruht nur während dieser Zeit und läuft nach Wiederantritt des Geschäftes weiter; die Tage der Erkrankung während eines auswärtigen Dienstgeschäftes sind auf die Frist anzurechnen, soweit für die Krankheitszeit eine Entschädigung (Ziff. 9 Abs. 3) gewährt wird. Wird das ordentliche Dienstgeschäft durch eine am gleichen Dienstorte vorzunehmende Stellvertretung, für welche nicht die volle Aufwandsentschädigung gewährt wird, unterbrochen, so ruht während dieser Zeit nur der 14tägige Fristenlauf; ist die Stellvertretung nicht am gleichen Dienstorte vorzunehmen, so findet § 11 Abs. 3 Anwendung, der Lauf der Frist beginnt daher von neuem. Der in § 11 Abs. 4 festgesetzte Mindestsatz von 2 Mk. hat einen ganzen Tag zur Voraussetzung, für den halben Tag ist daher Mindestsatz 1 Mk.

47. Der Ersatz der Umzugskosten.

Vgl. die Bemerkung zu Beil. 43.

48.

A. Bekanntmachung der sämtlichen K. Staatsministerien vom 14. Juli 1909, die Sonntagsruhe und den Urlaub der Staatsbeamten betr.

(GVBl. 1909 S. 427 ff., JMBl. 1909 S. 326 ff. Bek. v. 9. 5. 1913, GVBl. 187.)

I. Sonntagsruhe der Staatsbeamten.

§ 1. I Die Heranziehung von Beamten zum Dienste an Sonn- und Feiertagen [1]) einschließlich der politischen [2]) Feiertage ist nur insoweit zulässig, als dies zur Erledigung unverschieblicher Geschäfte geboten ist.

II Lässt sich aus diesem Grunde ein Offenhalten von Geschäftsräumen an Sonn- und Feiertagen nicht umgehen, so ist nur das zur Erledigung der unverschieblichen Geschäfte notwendige Personal zum Dienste heranzuziehen und hiebei insbesondere auf die Freihaltung der Zeit des Hauptgottesdienstes Bedacht zu nehmen.

III An Orten mit überwiegend protestantischer Bevölkerung sind an den besonderen katholischen Feiertagen und an Orten mit überwiegend katholischer Bevölkerung an den besonderen protestantischen Feiertagen die Geschäftsräume zwar offen zu halten, jedoch zum Dienste tunlichst nur die Beamten des Bekenntnisses heranzuziehen, für das dieser Tag nicht als Feiertag gilt.

II. Urlaub der etatsmässigen Staatsbeamten.

§ 2. Jedem etatsmässigen Beamten wird alljährlich auf sein Ansuchen ein angemessener Urlaub bewilligt, soweit nicht aussergewöhnliche Verhältnisse entgegenstehen (Art. 22 Abs. 2 Satz 1 des Beamtengesetzes).

§ 3. I Unter der im § 2 bezeichneten Voraussetzung haben Anspruch auf einen alljährlichen Urlaub (Erholungsurlaub):

a) die Beamten der Klassen 2 mit 7 der Gehaltsordnung in der Dauer von sechs Wochen;

---

[1]) a) In ganz Bayern: die Sonntage, Neujahr, die beiden Oster-, Pfingst- u. Weihnachtstage, Christi Himmelfahrt. b) Im rechtsrh. Bayern: an Orten mit überwiegend kath. Bevölkerung: Hl. drei König, Fronleichnam, Peter und Paul, Mariä Himmelfahrt, Allerheiligen, Mariä Empfängnis. — An Orten mit überwiegend prot. Bevölkerung: Karfreitag. c) In der Pfalz: an Orten mit überwiegend kath. Bevölkerung: Fronleichnam, Mariä Himmelfahrt, Allerheiligen. — An Orten mit überwiegend prot. Bevölkerung: Karfreitag.

[2]) Die Geburtsfeste Sr. Maj. des Königs und Ihrer Maj. der Königin (7. Jan. u. 2. Juli). [An den Namensfesten (25. Aug. u. 15. Okt.) ist den Beamten die erforderliche Zeit zum Besuche der Gottesdienste freizugeben.] FMBl. 1913 S. 533. — Am Geburtsfeste Sr. Maj. des Kaisers wird die Zeit des Kirchenbesuches freigegeben.

b) die Beamten der Klassen 8 und 9, dann die der Rangklasse VII zugeteilten Beamten der Klassen 10 und 12 der Gehaltsordnung in der Dauer eines Monats,
nach vollendetem 50. Lebensjahr in der Dauer von fünf Wochen;

c) die übrigen Beamten der Klassen 10 und 12, dann die Beamten der Klassen 11 und 13 der Gehaltsordnung in der Dauer eines Monats;

d) die Beamten der Klassen 14 und 15 der Gehaltsordnung in der Dauer von drei Wochen,
nach vollendetem 50. Lebensjahr in der Dauer von vier Wochen;

e) die Beamten der Klassen 16 und 17 der Gehaltsordnung in der Dauer von zwei Wochen,
nach vollendetem 40. Lebensjahr in der Dauer von drei Wochen;

f) die Beamten der Klassen 18 mit 21 der Gehaltsordnung in der Dauer von zwei Wochen,
nach vollendetem 45. Lebensjahr in der Dauer von drei Wochen;

g) die Beamten der Klassen 22 mit 24 der Gehaltsordnung in der Dauer von zehn Tagen,
nach vollendetem 45. Lebensjahr in der Dauer von zwei Wochen;

h) die Beamten der Klassen 25 mit 28 der Gehaltsordnung, dann die Kanzlei-, Bureau- und Rechnungsassistentinnen sowie die Aufseherinnen der Strafanstalten, der Gerichtsgefängnisse, der Arbeitshäuser und der Staatserziehungsanstalten in der Dauer einer Woche,
nach vollendetem 50. Lebensjahr in der Dauer von zehn Tagen;

i) die Beamten der Klassen 29 und 30 der Gehaltsordnung in der Dauer von fünf Tagen,
nach vollendetem 50. Lebensjahr in der Dauer einer Woche.

II Den mit dem Titel und dem Range einer höheren Klasse bekleideten Beamten gebührt der gleiche Erholungsurlaub wie den Angehörigen dieser höheren Klasse.

III Ein Beamter, dem auf Grund des Artikel 27 Abs. 2 des Beamtengesetzes vorläufig der Gehalt einer niedrigeren Klasse der Gehaltsordnung eingeräumt oder zunächst ohne Aenderung seines Gehalts oder lediglich unter vorläufiger Gewährung einer Zulage die Versehung einer einer höheren Klasse der Gehaltsordnung zugeteilten Amtsstelle übertragen ist, hat nur Anspruch auf den Erholungsurlaub, der den Beamten derjenigen Klasse zusteht, deren Gehalt er bezieht.

IV Soweit die Dauer des Erholungsurlaubes nach dem Lebensalter abgestuft ist, gebührt dem Beamten der längere Erholungsurlaub von dem Kalenderjahr ab, in dem der Beamte das höhere Lebensalter erreicht.

V Für Beamte, die im Laufe des Jahres aus einer Klasse in eine andere übergeführt werden, bemisst sich von dem Zeitpunkte der Ueberführung an die Dauer des Erholungsurlaubs nach der für die neue Klasse geltenden Bestimmung.

VI Wird nach dem Genusse des Erholungsurlaubs ein Dienstgrad oder ein Lebensalter erreicht, die zu einer längeren Urlaubsdauer berechtigen, so kann für dieses Jahr der Urlaub dementsprechend ergänzt werden.

§ 4. I Ausser dem im § 3 bestimmten Erholungsurlaub kann den etatsmässigen Beamten in besonders wichtigen persönlichen Angelegenheiten oder beim Vorliegen sonstiger dringender Gründe Dienstbefreiung bis zur Dauer einer Woche im Jahre ohne Anrechnung auf den Erholungsurlaub bewilligt werden.

II Uebersteigt die aus diesem Anlasse bewilligte Dienstbefreiung die Dauer einer Woche, so wird die weitere Zeit auf den Erholungsurlaub des gleichen Jahres und, wenn dieser bereits eingebracht ist, auf den Erholungsurlaub des folgenden Jahres angerechnet.

§ 5. I In bezug auf den Zeitpunkt des Urlaubsantritts ist auf die dienstlichen Verhältnisse gebührende Rücksicht zu nehmen.

II Die Dienstgeschäfte des beurlaubten Beamten sind tunlichst von den übrigen Beamten mitzuerledigen, damit der Staatskasse besondere Kosten für Stellvertretung in der Regel nicht erwachsen.

III Der Erholungsurlaub der Beamten der Gerichte und Staatsanwaltschaften soll möglichst in die Gerichtsferien fallen.

§ 6. Jede Beurlaubung kann zurückgenommen werden, wenn aussergewöhnliche Verhältnisse dies notwendig machen.

§ 7. Der Feriengenuss wird dem Urlaube gleichgeachtet (Artikel 22 Abs. 2 Satz 2 des Beamtengesetzes).

§ 8. I Eines Urlaubs bedarf der Beamte nicht, wenn er durch Krankheit an der Verrichtung seines Dienstes verhindert ist. Er hat jedoch von seiner Erkrankung dem Vorstande der Behörde, der er angehört, oder, wenn er selbst der Vorstand ist, der unmittelbar vorgesetzten Behörde alsbald und tunlichst so rechtzeitig Anzeige zu erstatten, dass veranlasstenfalls für die anderweitige Wahrnehmung seines Dienstes gesorgt werden kann. In gleicher Weise ist die Beendigung der Krankheit anzuzeigen.

II Auf Verlangen hat der erkrankte Beamte ein ärztliches Zeugnis vorzulegen. Soweit veranlasst, kann ein amtsärztliches Gutachten erholt werden. Die besonderen Bestimmungen über das Meldeverfahren im Bereiche der Staatseisenbahnverwaltung werden hiedurch nicht berührt.

III Die Genehmigung ist erforderlich, wenn der Beamte beabsichtigt, zum Zwecke der Wiederherstellung seiner Gesundheit vom Amts- oder Wohnsitze sich zu entfernen oder nach eingetretener Genesung zum Zwecke der vollständigen Erholung von der überstandenen Krankheit noch für einige Zeit von der Dienstverrichtung sich fernzuhalten. Die Genehmigung ist jederzeit widerruflich.

IV Ob und wieweit dem Beamten die Zeit der durch die Krankheit bedingten Dienstbehinderung (Abs. 1 mit 3) auf den Erholungsurlaub anzurechnen ist, hat die seiner Dienstbehörde unmittelbar vorgesetzte Behörde zu bestimmen.

§ 9. I Eines Urlaubs bedarf der Beamte nicht, wenn er zu einer militärischen Pflichtübung einberufen wird. Er hat jedoch die Einberufung oder die Inaussichtstellung einer solchen dem Vorstande der Behörde, der er angehört, oder, wenn er selbst der Vorstand ist, der ihm unmittelbar vorgesetzten Behörde so rechtzeitig anzuzeigen, dass er erforderlichenfalls veranlasst werden kann, die Befreiung von der Uebung oder ihre zeitliche Verlegung nach Massgabe des § 116 Ziff. 10 der Wehrordnung (Beilage zu Nr. 55 des Gesetz- und Verordnungsblattes vom 26. Oktober 1904 S. 131) nachzusuchen.

II Die Einberufung zu einer militärischen Pflichtübung schliesst den Anspruch auf die Gewährung des Erholungsurlaubs nicht aus. Dies gilt auch von der Ableistung von Uebungen zur Darlegung der Beförderungsfähigkeit.

III Beabsichtigt ein Beamter sich zu einer freiwilligen militärischen Uebung einberufen zu lassen, so hat er hiezu vor der Einreichung des Gesuchs die Genehmigung der zuständigen Dienstbehörde zu erwirken. Die Genehmigung soll nicht versagt werden, wenn dienstliche Rücksichten nicht entgegenstehen. In diesem Falle wird die Dauer der militärischen Uebung auf den Erholungsurlaub des betreffenden Jahres angerechnet.

§ 10. I Zum Eintritt in den Reichstag bedürfen Beamte nach Artikel 21 Abs. 1 der Reichsverfassung vom 16. April 1871 eines Urlaubs nicht.

II Beamten, die als Landtagsabgeordnete gewählt sind, darf nach Artikel 35 des Landtagswahlgesetzes vom 9. April 1906 der Urlaub zum Zwecke der Teilnahme an den Verhandlungen des Landtags nicht verweigert werden.

III Dienstbefreiung zur Wahrnehmung von Gemeindeämtern, soweit diese mit dem Staatsdienstverhältnis überhaupt vereinbar sind, kann nur gewährt werden, wenn die volle Erfüllung der den Beamten zugewiesenen staatlichen Amtsgeschäfte dadurch nicht beeinträchtigt wird.

§ 11. I Zur Bewilligung des Erholungsurlaubs, soweit diese nicht durch Allerhöchste Entschliessung erfolgt, sowie zur Bewilligung der Dienstbefreiung (§ 4) sind zuständig:

a) für die den Ministerien untergeordneten Vorstände der Zentralstellen, die Vorstände der Mittelstellen und die Vorstände der äusseren Behörden sowie für Einzelbeamte die ihrer Dienstbehörde unmittelbar vorgesetzte Behörde,

b) für die Beamten, die bei einer Zentralstelle, einer Mittelstelle oder einer äusseren Behörde verwendet sind, die Vorstände dieser Behörden.

II Soweit für die unter b bezeichneten Beamten ausnahmsweise ein die regelmässige Dauer übersteigender Erholungsurlaub bewilligt werden soll, bedarf es hiezu der Genehmigung der ihrer Dienstbehörde unmittelbar vorgesetzten Behörde.

III Zur Gewährung eines die Dauer von sechs Wochen übersteigenden Erholungsurlaubs bedarf es in allen Fällen der Genehmigung des Ministeriums.

IV Zur Erteilung der nach § 8 Abs. 3 erforderlichen Genehmigung ist hinsichtlich der Vorstände der Zentral- und Mittelstellen das Ministerium, hinsichtlich der weiteren Beamten der Zentral- und Mittelstellen der Vorstand dieser Stelle, hinsichtlich der übrigen Beamten die ihrer Dienstbehörde unmittelbar vorgesetzte Behörde zuständig.

§ 12. I Für die Dauer des regelmässigen Urlaubs — des Erholungsurlaubs (§ 3) und der Dienstbefreiung (§ 4 Abs. 1) —

sowie für die Zeit der Abwesenheit, für die der Beamte eines Urlaubs nicht bedarf oder der Urlaub nicht verweigert werden kann, findet ein Abzug am Gehalte nicht statt; die etwa erwachsenden Stellvertretungskosten fallen der Staatskasse zur Last. Ob und wieweit bei der Erteilung eines die regelmäßige Dauer übersteigenden Urlaubs der Gehalt einzuziehen ist, wird von der zu dieser Beurlaubung zuständigen Stelle bestimmt (Artikel 35 Abs. 1, 3 des Beamtengesetzes).

II Bleibt ein Beamter ohne den erforderlichen Urlaub vom Dienste weg oder überschreitet er den erteilten Urlaub, ohne dass ihm ausreichende Entschuldigungsgründe zur Seite stehen, so ist er für die Zeit des unerlaubten Fernbleibens vom Dienste seines Diensteinkommens verlustig (Artikel 22 Abs. 3 des Beamtengesetzes).

III Die Einziehung des Diensteinkommens ist lediglich die Rechtsfolge der Unterlassung der schuldigen Dienstleistung. Die Einziehung ist von der Behörde oder dem Beamten zu verfügen, die zur Bewilligung des Urlaubs zuständig sind (Art. 22 Abs. 4 Satz 1 des Beamtengesetzes). Die Einziehung erfolgt durch unmittelbare Mitteilung an die Kasse, die das Diensteinkommen des Beamten auszahlt. Dem Beamten ist hievon schriftliche Mitteilung zu machen. Gleichzeitig ist von der Einziehung der der Kasse vorgesetzten Dienstesstelle Kenntnis zu geben.

IV Gegen die Einziehung des Diensteinkommens steht dem Beamten die Beschwerde im Instanzenzuge frei. Die Frist zur Einlegung der Beschwerde beträgt zwei Wochen, vom Tage der Eröffnung der Verfügung an gerechnet (Artikel 22 Abs. 4 Satz 2 und 3 des Beamtengesetzes).

Neben der Einziehung des Diensteinkommens ist die Einleitung des Dienststrafverfahrens gegen den Beamten zulässig (Artikel 22 Abs. 3 des Beamtengesetzes).

VI Die Stellvertretungskosten, die allenfalls infolge des unerlaubten Fernbleibens des Beamten vom Dienste erwachsen, fallen der Staatskasse zur Last.

VII Für die Verabfolgung des Gehalts und die Bestreitung der Stellvertretungskosten während der Krankheit eines Beamten sind die Vorschriften des Artikels 35 Abs. 2 des Beamtengesetzes massgebend.

VIII Für die Richter, die Mitglieder des Verwaltungsgerichtshofs und die Mitglieder des Obersten Rechnungshofs gelten für die Einziehung des Diensteinkommens die besonderen Vorschriften der Artikel 9, 63 des Richterdisziplinargesetzes und des Artikels 183 Abs. 2 Ziff. 5 sowie des Artikels 184 des Beamtengesetzes.

III. Urlaub der nichtetatsmässigen Staatsbeamten.

§ 13. I Auch den nichtetatsmässigen Beamten wird alljährlich ein angemessener Urlaub gewährt, dessen Höhe für die einzelnen Dienstzweige besonders bestimmt wird.

II Die Vorschriften der §§ 5 mit 12 finden auf die nichtetatsmässigen Beamten entsprechende Anwendung.

IV. Uebergangs- und Schlussbestimmungen.

§ 14. Beamten, denen in der Vergangenheit ein längerer Urlaub eingeräumt war, kann dieser Urlaub mit Genehmigung des Ministeriums für ihre Person gewahrt werden.

§ 15. I Für die Beamten der Verkehrsverwaltung verbleibt es in Ansehung des Urlaubs vorläufig bei den besonderen Vorschriften.

II Ebenso bleibt für die Mannschaften der Gendarmerie und der Schutzmannschaft München besondere Regelung vorbehalten.

III Auf die Beamten der Militärverwaltung finden hinsichtlich des Urlaubs die §§ 2, 6, 7, 9, 10, 12 Abs. 2 mit 6 entsprechende Anwendung; im übrigen gelten die besonderen Vorschriften.

§ 16. I Hinsichtlich des Verfahrens, das zu beobachten ist, wenn Beamte in Zivil-, Straf-, Verwaltungs- oder Verwaltungsrechtssachen vernommen werden sollen, sind auch fernerhin die Vorschriften der K. Verordnung vom 25. September 1879 (Ges. u. VOBl. S. 1293) und der Ministerialbekanntmachung vom 7. Januar 1882 (Ges. u. VOBl. S. 37) massgebend.

II Diese Vorschriften gelten auch für die Vernehmung von Beamten in Dienststrafsachen.

Anmerkung. Im Sinne des § 1 der vorst. Bek. kommen in Betracht allgemein die Sonntage, das Neujahrsfest, die beiden Oster-, Pfingst- und Weihnachtstage, Christi Himmelfahrt, an überwiegend kath. Orten ausserdem: Fronleichnam, Maria Himmelfahrt, Allerheiligen, im rechtsrh. Bayern auch noch hl. 3 König, — an überwiegend prot. Orten der Karfreitag vgl. MB. v. 12. Mai 1912 (GVBl. 627, MB. v. 30. April 1895 (GVBl. 253), Allerh. VO. v. 21. Mai 1897 (GVBl. 197). — Das Geburtsfest Sr. Majestät des Königs und Ihrer Majestät der Königin (7. Jan. und 2. Juli) sind politische Feiertage. MB. v. 21. Dez. 1913 (FMBl. 433).

B. Urlaub und Dienstbefreiung der nichtetatsmässigen Staatsbeamten und Staatsbediensteten im Geschäftskreise des Staatsministeriums der Finanzen.

(FME. v. 12. Juli 1910 Nr. 22715).

Auf Grund des § 13 der Ministerialbekanntmachung vom 14. Juli 1909 (Ges. u. VOBl. S. 433) wird genehmigt, dass — soweit nicht aussergewöhnliche Verhältnisse entgegenstehen — auf Ansuchen

a) den geprüften Rechtspraktikanten und Akzessisten im Geschäftskreise des Staatsministeriums der Finanzen, den geprüften Forstpraktikanten, den geprüften Geometern sowie den geprüften Praktikanten und Regierungsbaumeistern der Verwaltung der Berg-, Hütten- und Salzwerke ein jährlicher Urlaub von drei Wochen,

b) den geprüften Zollpraktikanten und den geprüften Kameralpraktikanten ein jährlicher Urlaub von zwei Wochen bewilligt wird.

Ferner wird genehmigt, dass unter der gleichen Voraussetzung

c) den ungeprüften Forstpraktikanten, den Geometerpraktikanten sowie den ungeprüften Praktikanten der Verwaltung der Berg-, Hütten- und Salzwerke ein jährlicher Urlaub von zwei Wochen und

d) den ungeprüften Zollpraktikanten sowie den ungeprüften Kameralpraktikanten ein jährlicher Urlaub von einer Woche bewilligt wird.

Beim Vorliegen triftiger Gründe kann den unter a bis d bezeichneten Staatsdienstaspiranten ausserdem Dienstbefreiung bis zur Dauer einer Woche im Jahre ohne Anrechnung auf den Urlaub bewilligt werden. Uebersteigt die Dienstbefreiung die Dauer einer Woche, so wird die weitere Zeit auf den Urlaub des gleichen Jahres und, wenn dieser bereits eingebracht ist, auf den Urlaub des folgenden Jahres angerechnet.

e) Den nicht etatsmässig angestellten Assistenten und Assistentinnen und ähnlichen weiblichen Hilfskräften, den ständigen Hilfsarbeitern des Katasterbureaus, den auf Probe angestellten Rentamtsdienern, den Zolldienstaspiranten, den Forstschutzdienstaspiranten, den Rentamtsinzipienten sowie den Anwärtern für den Zeichnungsdienst des Katasterbureaus und der Messungsämter kann Dienstbefreiung bis zur Dauer einer Woche im Jahre,

f) den nichtetatsmässigen Messungsgehilfen des Katasterbureaus und der Messungsämter, den Anwärtern für den Messungsgehilfendienst sowie den nichtetatsmässigen Waldwärtern Dienstbefreiung bis zur Dauer von fünf Tagen im Jahre bewilligt werden.

Im übrigen finden auf die vorbezeichneten Personen, soweit sie nicht ohnehin unter die nichtetatsmässigen Beamten im Sinne des § 13 der Bekanntmachung vom 14. Juli 1909 in Verbindung mit dem Artikel 1 des Beamtengesetzes fallen, die Bestimmungen in § 5 Abs. 1, 2, §§ 6, 7, § 8 Abs. 1, Abs. 2 Satz 1 und 2, Abs. 3, 4, in §§ 9, 10 und 11, dann in § 12 Abs. 1, 2, 3 und 7 der Bekanntmachung vom 14. Juli 1909 entsprechende Anwendung.

C. Vergleiche auch § 57 der Geschäftsanweisung der Rentämter und § 11 der FMB. vom 10. April 1911 — FMBl. S. 293 —, wonach die Bureaustunden nach Bedarf über die festgesetzte Zeit hinaus verlängert werden können, dagegen aber auch während der minder arbeitsreichen Zeit die Bureauzeit abgekürzt oder der eine oder andere Nachmittag freigegeben werden kann.

Dienstbefreiung zum Besuche von Versammlungen von Privatvereinen des Personals wird nicht gewährt, es kann nur, wenn die dienstlichen Verhältnisse es gestatten, Urlaub erteilt werden.

D. Die Zeit, während welcher ein Beamter zu einer militärischen Pflichtübung einberufen ist, wird auf den Erholungsurlaub nicht angerechnet, schliesst sich aber an die Pflichtübung eine freiwillige an, so wird die Zeit der freiwilligen Uebung auf den Erholungsurlaub angerechnet.

Zusammenstellung der Uebungen der Offiziersaspiranten und Offiziere des Beurlaubtenstandes.

I. Als **Pflicht**übungen sind anzusehen:

1. Bei den Reserve- (Landwehr-) Offiziersaspiranten und den ehemaligen Einjährig-Freiwilligen, die sich das Befähigungszeugnis z. Reserveoffiziersaspiranten nachträgl. erwerben wollen:	sämtliche der Beförderung zum Offizier vorausgehenden achtwöchigen Uebungen (auch Wiederholungen).
2. Bei den Reserveoffizieren:	die 3 Uebungen (bis zu 8 Wochen) im Reserveverhältnis; die Uebungen (bis zu 8 Wochen) zur Darlegung der Beförderungsfähigkeit, auch im Wiederholungsfalle; die Uebungen (bis zu 8 Wochen zur weiteren Ausbildung, die Uebungen (bis zu 8 Wochen) zur Darlegung der Beförderungsfähigkeit auch im Wiederholungsfalle; } bei freiwilligem Verbleiben in der Reserve.
3. Bei d. Landwehroffizieren:	die der Zahl nach nicht beschränkten 14tägigen Landwehrübungen, auch bei freiwilligem Verbleiben im Landwehrverhältnisse; die Uebungen (bis zu 8 Wochen) zur Darlegung der Beförderungsfähigkeit, auch im Wiederholungsfalle.

II. Als freiwillige Uebungen sind anzusehen:

1. Bei den Reserveoffizieren: 2. „ „ Landwehroffizieren:	alle Uebungen, die ohne militärdienstliche Aufforderung nur auf Grund freiwilliger Meldung abgeleistet werden.

Anm. 1. Zur Ableistung von 3 Uebungen (bis zu 8 Wochen) sind wie die Reserveoffiziere auch jene Offiziere der Landwehr 1. Aufgeb. verpflichtet, die erst als Offiziersaspiranten der Landwehr 1. Aufgeb. zu Landwehroffizieren befördert worden sind.

Anm. 2. Freiwillige Uebungen der Offiziere der Landwehr 2. Aufgeb. in der Dauer von 4—8 Wochen dürfen militärseits genehmigt werden. Uebungen dieser Offiziere zur Darlegung der Beförderungsfähigkeit sind Pflichtübungen — s. oben unter Ziff. I[3].

Anm. 3. Uebungen, deren Dauer auf Grund freiwilliger Bereiterklärung über die von den militärischen Dienststellen festgesetzte Zeit hinaus verlängert wird, gelten nur hinsichtlich der nicht freiwillig übernommenen Uebungsdauer als Pflichtübungen.

Vgl. FME. vom 14. Januar 1910 Nr. 14991.

49. Beflaggung u. Schmückung d. Staatsgebäude.

Die näheren Bestimmungen sind enthalten in der MinBek. v. 31. Juli 1900 — FMBl. 346 —; die Arbeit gehört zur ordentlichen Dienstesaufgabe der Boten und Diener. MinBek. v. 9. Mai 1906 — FMBl. 162 —; die Kosten für die Schmückung der Gebäude bei festlichen Gelegenheiten einschließlich des Aufwandes für die nötigen Gegenstände sind nach Anfall zahlbare Bauausgaben. MinBek. v. 29. Dezember 1909 — FMBl. 723 —. Geburts- und Namenstag Sr. Maj. des Königs und Ihrer Majestät der Königin: MB. v. 21. Dezember 1913 (FMBl. 533).

---

50. Allgemeiner Unterstützungsverein für die Hinterlassenen der k. b. Staatsdiener- und und Töchterkasse.

Neue Satzungen vom 29. Dez. 1908 (GVBl. 1253; FMBl. 1909, 58), geändert lt. Bek. v. 30. März 1912 (GVBl. 340, FMBl. 93) und v. 8. August 1912 (GVBl. 720; JMBl. 258). Erhebung und Verrechnung der Diensteinkommensmehrungsabgabe, FMB. vom 7. Febr. 1909 (FMBl. 108); Anzeigen zur Sicherung des Vollzugs des § 13 Abs. 2 der Satzungen JMB. v. 15. März 1912 (JMBl. 55). FMB. v. 29. Mai 1912 (FMBl. 127).

a) Allgemeiner Unterstützungsverein.

1. Zum Eintritt in den Verein war jeder vom 6. April 1888 an neu zur pragmatischen Anstellung gelangende Beamte verpflichtet; mit dem Zeitpunkte der Wirksamkeit der Anstellung war ohne weitere Willenserklärung des Pflichtigen die Eigenschaft eines ordentlichen Mitgliedes und dessen Rechte erworben; vom 1. Januar 1909 an ist der Verein für den Beitritt neuer ordentlicher Mitglieder gesperrt.

2. Jährliche Beiträge derselben in der

I. Kl.	(Gehalt mehr als 6000 M)	90 M,
II. Kl.	(Gehalt mehr als 3000 M bis 6000 M) .	54 M,
III. Kl.	(Gehalt von 3000 M und darunter) . .	24 M

mit 25% Erhöhung für jene, welche

a) am Tage des Erwerbes der Vereinsmitgliedschaft das 50. Lebensjahr bereits überschritten hatten und dabei entweder verheiratet oder Witwer mit einem oder mehreren Kindern waren, welche das 20. Lebensjahr noch nicht vollendet hatten,

b) nach vollendetem 50. Lebensjahr sich mit einer um mehr als 10 Jahre jüngeren Frau verehelicht haben oder verehelichen, sofern sie nicht bereits den erhöhten Beitrag nach lit. a zu entrichten haben.

Wegen der Entrichtung von Beiträgen bei Beurlaubungen unter Gehaltsabzug s. FME. v. 1. Juni 1916 (FMBl. 84).

3. Die jährliche Pension der Witwe beträgt nach dem am 24. Mai 1893, 5. Juli 1893 und 30. Oktober 1902 abgeänderten § 17 Abs. 1 und nach den neuen Satzungen in der

I. Kl. 675 M, II. Kl. 450 M, III. Kl. 225 M.

4. Die hinterbliebenen Kinder erhalten bis zum vollendeten 20. Lebensjahr oder bis zur früheren Verheiratung: einfache Waisen je $^1/_5$, Doppelwaisen je $^3/_{10}$ der Witwenpension. Kinder, die eine Stiefmutter haben, gelten als einfache Waisen. Die Waisenpension bleibt auch bei Wiederverehelichung der Mutter oder Stiefmutter.

Vermögensstand Ende 1915: 35 391 066,89 M.

Mitgliederzahl 31. Dezember 1915: 11 093.

b) Töchterkasse.

Der Beitritt war wie oben Pflicht und wurde die Mitgliedschaft w. o. erworben; seit 1. Januar 1909 gesperrt.

Jährlicher Beitrag für jedes ordentliche Mitglied 36 M.

Jährliche Präbende für jede doppeltverwaiste, unversorgte (nicht verehelichte) und über 20 Jahre alte Tochter der Mitglieder 255 M, monatliche Vorausbezahlung, Zahlung für den Sterbemonat (FMB. vom 4. Juli 1905 JMBl. 805 und neue Satzungen).

Vermögensstand Ende 1915: 13 770 161,37 M.

Mitgliederzahl 31. Dezember 1915: 10 154.

Zu a u. b. Bezugsberechtigte Witwen und Töchter erhalten im Falle der Verehelichung auf Anmelden als Abfertigung den fünf- bis zehnfachen Betrag der bisherigen jährlichen Pension bzw. Präbende.

Bezüglich der Präbenden aus dem Schulerschen Erbvermögen siehe JMBl. 1897, 34; 1900, 1206; 1901, 566; 1903, 317 und 463; 1907, 119; 1908, 29; 1909, 326; 1915 Beil. S. 346 u. 458; 1916 Beil. S. 313.

---

51. Wohlfahrtseinrichtungen u. Beamtenvereine.

A. Wohlfahrtseinrichtungen.

a) Das Beamtentöchterstift Neuberghausen.

Grundbestimmungen vom 3. Januar 1911 (GVBl. 3).

Das Stift hat die Bestimmung, Töchtern verstorbener Beamten des Hof- und Staatsdienstes eine Zufluchtsstätte und eine Existenz zu bieten. Das Stift gewährt den Aufgenommenen Obdach, Verpflegung und soweit möglich Gelegenheit zu Erwerb durch Arbeiten.

Aufgenommen können werden eheliche unverheiratete Töchter von früheren pragmatischen Zivilstaatsdienern und von etatsmässigen Beamten des Zivilstaatsdienstes der Klassen I bis VIII der Rangordnung v. 23. Dezember 1908, soferne die Väter in Dienstesaktivität oder im ehrenvollen Ruhestand gestorben sind, ein Unterschied zwischen einfachen und Doppelwaisen besteht nicht; ausserdem die Töchter gewisser Hofbeamten.

Die Aufzunehmenden müssen das 18. Lebensjahr zurückgelegt haben, einer öffentlichen christlichen Kirchengesellschaft angehören, einen ungetrübten Leumund besitzen, nicht über 70 Jahre alt und nach amtsärztlichem Zeugnis körperlich und geistig soweit gesund sein, dass sie am gemeinsamen Leben im Stift teilnehmen können, und endlich zum standesgemässen Leben einer Beihilfe bedürftig sein.

Die Aufnahme erfolgt durch den König, die Gesuche sind beim Ministerium des Innern einzureichen.

b) Das Maximilians-Waisenstift.

Neue Satzungen vom 22. Juli 1911 (GVBl. 1005).

Zweck: Es soll doppelt verwaisten Töchtern von Staatsbeamten einen sorgenfreien Aufenthalts- und Zufluchtsort bieten.

Voraussetzungen der Aufnahme: Aufnahmefähig sind nur eheliche unverheiratete Töchter früherer pragmatischer Zivilstaatsdiener oder etatsmässiger Beamter des Zivilstaatsdienstes der Klassen I bis VIII der Rangordnung. Weitere Voraussetzungen: Zurücklegung des 18. Lebensjahrs, Zugehörigkeit zu einer christlichen öffentlichen Kirchengesellschaft, guter Leumund, Alter nicht über 70 Jahre, körperliche und geistige Gesundheit, Vermögenslosigkeit oder beschränkte Vermögensverhältnisse. Die Aufnahme erfolgt durch den König auf Antrag des Ministeriums des Innern. Die „oberste Vorsteherin" hat ein Vorschlagsrecht.

Leistungen: Freie Wohnung und Verpflegung; unter Umständen auch eine Geldrente.

c) Die Freih. v. Mettinghsche Stiftung für Erziehung von Knaben in München.

Statut vom 31. Juli 1909 (KMBl. 414. FMBl. 584) geändert nach Bek. vom 5. Juni 1910 (KMBl. 251, FMBl. 161).

Die Stiftung ist bestimmt zur Gewährung von Erziehungsbeiträgen für Söhne von bayerischen königlichen Beamten, prot. Geistlichen und Volksschullehrern. Als königliche Beamte gelten die früheren pragmatischen Staatsdiener, die etatsmässigen Beamten der Klassen 1 mit 13 der Gehaltsordnung, die vom König ernannten Beamten der Militärverwaltung und die Notare. Es werden Erziehungsbeiträge im Jahresbetrage von je 100 M gewährt für die Regel auf 3 Jahre.

Für die Verleihung kommen in Betracht würdige und bedürftige, in Bayern wohnhafte Knaben im Alter von 10—16 Jahren; vorzugsweise berücksichtigt werden solche, die beide Eltern oder den Vater verloren haben. In München wohnhafte werden bevorzugt.

Die Gesuche werden auf Ausschreiben alljährlich bei den Regierungen Kammern des Innern eingereicht. Ueber die Verteilung entscheidet der Stiftungsrat, dessen Vorsitzender vom Kultusministerium bestimmt wird.

d) Die Baron James u. Baronin Zenaide v. Hirschsche Stipendienstiftung für Studierende der Landwirtschaft.

KMB. vom 15. September 1913 (KMBl. 313); geänd. d. Bek. v. 13. Febr. 1917 (KMBl. 28).

Sie ist bestimmt zur Gewährung von Studienbeiträgen zum Besuche höherer landwirtschaftlicher Schulen, sowie sonstiger landwirtschaftlicher oder forstwirtschaftlicher Lehranstalten und Unterrichtsveranstaltungen in Bayern, dann von Zuschüssen zu Reisen, die landwirtschaftlichen Studien dienen. Verliehen werden 4—5 Jahresbeiträge zu je 1500—1800 M.

Für die Verleihung kommen in Betracht nur bayerische Staatsangehörige, in erster Linie Söhne gering bemittelter adeliger Familien aus Bayern.

Die Verleihung erfolgt durch das Kultusministerium; alljährliche Aufforderung zur Bewerbung durch Ausschreiben.

e) Die Staatsrat von Kirchbaumsche Stipendienstiftung.

Der Zweck der Stiftung ist die Unterstützung lediger Töchter bayer. „pragmatischer" Zivil-, oder Militärbeamten und bayer. Offiziere mit einem Gehalt oder Ruhegehalt bis zu 4800 M und ohne sonstiges Vermögen; den pragmatischen Beamten sind gleichzustellen die etatsmäßigen Beamten der Verzeichnisse A u. B der Anlage I zum Beamtengesetz.

Erforderlich ist guter Lebenswandel, katholische Konfession, Erreichung des 30. Lebensjahres, Erwerb des Lebensunterhalts durch Handarbeit.

Die Gesuche werden bei der Kammer des Innern der Regierung von Oberbayern eingereicht.

f) Pensionsverein der Rentamtsgehilfen. E. V.

Neue Satzungen vom 3. September 1908 (FMBl. S. 181).

Zweck des Vereins ist, seinen ordentlichen Mitgliedern und ihren Hinterbliebenen Pensionen zu gewähren.

Gründung: 1. VII. 1879. **Sitz:** München. **Zugang** gesperrt seit 1. I. 1909. **Mitgliederstand:** 890 ordentliche Mitglieder. **1. Vorsitzender:** Hans Zimmerer, K. Sekretär beim Stadtrentamt München III.

B. Vereine zur Vertretung von Standesinteressen.

a) Verein bayerischer Finanzverwaltungsbeamter.

Zweck: Wahrung und Förderung der ideellen und materiellen Standesinteressen seiner Mitglieder, sowie Austausch und Nutzbarmachung praktischer Erfahrungen auf dem gesamten dienstlichen Gebiete.

Gründung: 17. XI. 1907. Der Verein ist nicht eingetragen. **Sitz:** Regensburg. **Mitgliederstand:** 190. **Beitrittsberechtigt:** Jeder Vorstand eines Rentamts oder einer Kassa-Abteilung, sowie jeder Rentamtsassessor.

b) Verein bayer. kameralistischer Finanzbeamter. E. V.

Zweck: Wahrung und Förderung der Standesinteressen, Hebung und Pflege der Kollegialität. **Beitrittsberechtigt:** Jeder Kameralist nach Bestehen der Dienstprüfung und Juristen die nach der Anstellungsverordnung analog den Kameralisten behandelt werden. **Mitgliederzahl:** 234. **Sitz:** München. **Jahresbeitrag:** 4 Mk., Aufnahmegebühr 2 Mk.

c) Verein der K. bayer. Beamten des mittleren Rentamts- und Kassadienstes. E. V.

Zweck: Vertretung, Förderung und Pflege der geistigen und materiellen Interessen seiner Mitglieder und Hebung der Kollegialität. Jede politische und religiöse Betätigung innerhalb des Vereins ist ausgeschlossen. **Gründung:** 1. VII. 1885. **Sitz:** München. **Beitrittsberechtigt:** Beamte und Anwärter, die nach den Grundsätzen der am 13. März 1910 (Zeitpunkt der Annahme der Satzungen) geltenden Vorschriften Anstellung oder Aufnahme im Finanzdienst II. Abteilung gefunden haben. Mitgliederzahl 1000. **Jahresbeitrag:** 1 Mk. ohne Aufnahmegebühr.

Im Verlag des Vereins erscheint 3 mal monatlich eine Fach-Zeitschrift unter dem Titel „Fachblatt für rentamtlichen Dienst". Leitung: Bayerl, K. Rentamts-Sekretär, Nürnberg, Jahres-Abonnement 5 Mk. Auflage 1800 Exempl.

d) Landesverband der Einjährig-Berechtigten im mittleren bayerischen Finanzdienst.

Zweck: Förderung und Vertretung der Standesinteressen der Einjährig-Berechtigten im mittleren bayerischen Finanzdienst, Unterstützung der Mitglieder in ihrem Berufsstudium und Pflege der Kollegialität. **Beitrittsberechtigt:** Jeder Beamte und Anwärter des mittleren bayerischen Finanzdienstes mit Einjährig-Freiwilligen-Vorbildung. **Organisation:** Der Landesverband setzt sich aus 8 Kreisverbänden (gleich den Regierungs-Bezirken zusammen. Mitgliederzahl: 600 **Jahresbeitrag:** Für Sekretäre und Assistenten 3 Mk., für Inzipienten 2 Mk. ohne Aufnahmegebühr. Die Kreisverbände erheben Beitragszuschläge bis zu 2 Mk. Verbandsorgan: „Mitteilungen".

e) Verein der mittleren Beamten bei den Rentämtern Bayerns.

f) Verein der Rentamtsdiener Bayerns.

Zweck: Vertretung und Förderung der Standesinteressen, Pflege der Kollegialität. Politische Bestrebungen ausgeschlossen. **Gründung:** 13. VIII. 1904. **Sitz:** Nürnberg. Verein ist nicht eingetragen. **Beitrittsberechtigt:** Jeder Rentamtsdiener und Hilfsbote in Bayern. **Mitgliederbeitrag:** Monatlich 10 Pf., Aufnahmegebühr 1 Mk. — Der Verein gewährt hilfsbedürftigen Mitgliedern, insbesondere deren Hinterbliebenen auf Ansuchen einmalige Unterstützungen bis zu 50 Mk.

---

52. Rentämterbeschreibung.

(Siehe Finanzkalender 1916 Seite 213—252.)

---

53. Personallisten.

Stand vom 1. Januar 1918.

A. Die sieben Königlichen Staatsministerien.

I. Staatsministerium des K. Hauses und des Aeussern.

Se. Exzellenz Georg Ritter von Dandl, Staatsrat i. o. D., Vors. im Ministerrate (K2b — MGK — PLmK1 — EEK — SEH2b m.St. — BZL 1 — BrsL 1 a — MG2a — OeFJ1 — OeK1 — PRA 2 — SA 1 — SpJ2b - PK2a — WF1 — HP1). StMin. 10. November 1917

II. Staatsministerium der Justiz.

Se. Exzellenz Heinrich Ritter von Thelemann, Staatsrat i. o. D., Lebenslänglicher Reichsrat (K2a — MGK — MVK1 Kr. — MV1 — KLKr — LK — PLb — J — KrDM — PEK 2 — PK1). StMin. 11. Februar 1912

III. Staatsministerium des Innern.

Se. Exzellenz Dr. Friedrich Ritter von Brettreich, Staatsrat i. o. D. (K1 — MGK — KLKr — LM1B — PRKr3 — V† — PK1 — RumK). StMin. 7. Dez. 1916

IV. Staatsministerium des Innern für Kirchen- und Schulangelegenheiten.

Se. Exzellenz Dr. Eugen Ritter von Knilling, Staatsrat i. o. D. (K3 — MGK — KLKr — PLb — HP1 — OEK1 — PEK 2 — RA1). StMin. 11. Februar 1912

V. Staatsministerium der Finanzen.

Se. Exzellenz Georg Ritter von Breunig, Staatsrat i. o. D. (K3 — MGK — KLKr — PLb — PK1 — PEK2 — OEK1). StMin. 11. Februar 1912

VI. Staatsministerium für Verkehrsangelegenheiten.

Se. Exzellenz Lorenz Ritter von Seidlein, Staatsrat i. o. D. (K3 — MI — OEK1 — PK1). StMin. 11. Februar 1912

VII. Kriegsministerium.

Se. Exzellenz Philipp von Hellingrath, K. Kämmerer, Staatsrat i. o. D. (MJ4 — MV 2 a Kr. — PEK 1 u. 2 — BulgMVO. 1 — OEMVKr2Kr — OEK3 — PRA3 — SEH2b — WK3 — WF2a — BulgMVO 1.) Kriegsmin. 11. Dezember 1916

B. Finanzbeamte des Königreichs Bayern.

I. Liste.

Staatsministerium der Finanzen.

a) Staatsminister.

1 Breunig Georg Ritt. v., Exzellenz (K3 — MGK — KLKr — PLb — PK1 — PEK2 — OEK 1), RegR. 1. XI. 1895; Rat a. VerwGH. 16. XII. 1901; MR. u. Kronanwalt 16. X. 1903; Staatsrat i. o. D. 14. VII. 1909; Staatsminister 11. II. 1912.

b) Staatsräte i. o. D.

1 Günder Karl Dr. Ritter v., Exzellenz, (K2b — MII — KLKr — PLb), RegR. 1. I. 1896, ORegR. u. Kronanwalt 1. I. 1903; MR. 1. XI. 1904; Staatsrat i. o. D. 26. II. 1912; Minist.-Direktor 1. V. 1913.

2 Merkel Paul (ME — KLKr — PLb — OEK2), RegR. 1. IX. 1902; ORegR. 1. VII. 1907; T. u. R. e. MR. 14. VIII. 1910; MR. 1. III. 1912; Staatsrat i. o. D. 6. VIII. 17.

c) Staatsrat i. a. o. D.

1 Kohl Philipp Ritter v., Exzellenz (K2b — MII — KLKr — PLb — PK2 — SA2a — SEH1 — SWwF2a — OEFJ1), OberzR. 1. VII. 1897; ORegR. 1. I. 1903; stellv. Bev. z. BR. 1. X. 1904; MR. 1. XI. 1904; T. u. R. e. MinDir. 23. X. 1909; T. u. R. e. Staatsrats i. a. o. D. 1. X. 1912; MinDir. 1. VIII. 1916.

d) Ministerialräte.

1 Wolf Wilhelm Dr. Ritter v., MinDir. (K3 — ME — KLKr — PLb — PK2b — PEK2 — SA2a — SEH2a — SMEKr — HP2b m. Kr. — WWKr), RegR. 1. IX. 1902: ORegR 1. VII. 1907; stellvertr. Bev. z. Bundesrate 1. X. 1909; MR. 1. IX. 1910; T. u. R. e. MinDir. 1. VIII. 1916.

2 Schmidt Hermann Ritter v., GehRat; (K3 — ME — KLKr — PLb — OEFJ4), RegR. 1. XI. 1900; ORegR. 1. I. 1906; MR. 1. XII. 1908; T. u. R. e. GehRates 29. XII. 1916.

3 Deybeck Karl Dr. Ritter v., (K3 — ME — KLKr — PLb), RegR. 1. XI. 1900; ORegR. 1. I. 1906; T. u. R. e. MR. 1. XII. 1908; MR. 1. VIII. 1909.

4 Stenglein Albert (ME — KLKr — PLb — PK2b — SEH2a) RegR. 1. XI. 1904; ORegR. 1. X. 1909; T. u. R. e. MR. 16. XI. 1912; MR. 1. V. 13.

5 Krapf Franz Dr. (ME — KLKr — PLb), RegR. 1. II. 1906; ORegR. 1. IX. 1910; T. u. R. e. MR. 1. V. 1913; MR. 1. II. 1915.

6 Neumaier Karl Dr. (ME — KLKr — PLb) RegR. 16. XI. 1906; ORegR. 1. I. 1911; Kronanwalt 1. III. 1912; T. u. R. e. MR. 1. II. 1915, MR. 1. X. 1915.

7 Schmauser Georg Dr. (ME — KLKr — PRA4 — LEK3), Oberz-Insp. 1. IV. 1903; OberzR. 1. IX. 1904; ORegR. 1. III. 1912; T. u. R. e. MR. 1. II. 1915; MR. 1. XII. 1915.

8 Berdel Adolf (MIII — KLKr), Reg.- u. StR. 1. 1. 1909; ORegR. 1. III. 1912, T. u. R. e. MR. 1. II. 1915; MR. 1. VIII. 1916.

9 Pfaffinger Joseph (ME — KLKr) RegR. 16. VII. 1900; ORegR. 16. XI. 1912; T. u. R. e. MR. 1. VI. 1915; MR. 1. VII. 1917.

e) Oberregierungsräte.

1 Stepperger Benedikt (MIII—KLKr) RegR. 1. V. 1908; ORegR. 1. X. 15.
2 Gaschott Friedrich (MIII—KLKr), RegR. 1. IV. 1905; ORegR. 1. V. 16.

f) Regierungsräte.

1 Bracker Friedrich (MIV—KLKr) (1. IX. 1908) 1. VII. 13
2 Sterner Konrad (KLKr) (16. X. 1912) 1. IV. 16
3 Hammer Paul Dr. (MV 4bKr—PL2—PEK2) (1. V. 13) 1. I. 18

g) Regierungsassessoren.

1 Schnabl Gustav (KLKr) (1. VIII. 09) 1. X. 13
2 Legat August (PL2—MV4bKr—PEK1u.2) (1. XII. 10) 1. XI. 13
3 Emnet Eugen (KLKr) (1. VII. 11) 1. VIII. 14
4 Piehler Max Dr. (KLKr) (1. VII. 11) 1. IV. 16
5 Süss Georg Dr. (MV 4bKr—PL2—PEK2) (1. XI. 13) 1. II. 17
6 Viernstein Karl (KLKr) (16 XI. 12) 1. II. 17

h) Finanzassessoren.

1 Kronenberger Adam Dr. (KLKr) 1. VII. 13
2 Hergt Raimund Dr. 1. II. 14

i) Geheimer Rechnungskommissär, Geheime Sekretäre und Geheime Registratoren.

1 Raab Johann, Rat, Geh. R.-Komm. (MIVa—KLKr) 1. IX. 08
2 Herrmann Anton, Rat, Geh. Registr. (MIVa—KLKr) 1. XI. 00
3 Hagen Friedrich, Rat, Geh. Sekr. (KLKr) 1. VI. 13
4 Rössler Gustav, Rat, Geh. Sekr. (KLKr) 1. IX. 15

k) Sekretäre und Registratoren.

1 Härpfer Friedrich, Rat (KLKr) 1. XI. 00
2 Ruhland Joseph, Geh. Sekr. (KLKr) 1. XI. 00
3 Hojer Georg, Geh. Reg. (KLKr) 1. V. 14
4 Tanner Johann, Geh. Reg. (KLKr—RM) 1. IV. 02
5 Griener Christoph, Geh. Sekr. (KLKr) 1. IX. 06
6 Gebhardt Johann, Sekretär (KLKr) 1. I. 09
7 Schad Otto „ (KLKr) 1. IX. 10
8 Boden Ludwig, Registrator (KLKr) 1. IV. 12
9 Baum Michael, Sekretär (KLKr) 1. V. 15
10 Chmiel Ewald, Registrator (KLKr) 1. I. 17
11 Imhof Kaspar, RegSekretär (MVK3aKr.) 1. I. 17

l) Inspektor der Druckerei.

1 Möck Matthäus, Oberinsp. (Ma—KLKr) 1. V. 06

m) Assistenten.

1 Härtl Karl, RegSekr. (KLKr—J) 16. II. 12
2 Baur Adolf (KLKr) 1. V. 14
3 Hahn Georg Friedrich 1. V. 14

Das eingeklammerte Datum bezeichnet jeweils die Zeit der Anstellung in der vorhergehenden Diensteseigenschaft.

n) Assistentinnen.

1 Hofweber Betty (KLKr) 1.I.16
2 Würdinger Berta (KLKr) 1.I.16
3 Ertl Wilhelmine (KLKr) 1.I.16
4 Vogel Kunigunde 1.I.17

o) Boten und Diener.

1 Hussendörfer David (K5—Me1—KLKr—LK) 1.III.88
2 Beck Jakob (K5—Me1—KLKr—LK) 1.IV.90
3 Micelli Dominikus (K5—KLKr—LK) 1.X.92
4 Schmidlechner Thaddäus (K5—KLKr) 1.I.00
5 Stöckl Alois (K5—KLKr—LK) 16.VIII.00
6 Seyferth Johann (K5-KLKr) 1.VI.06
7 Schwarz Johann (KLKr) 1.V.10
8 Brand Jakob (MVK2bKr) 1.I.14
9 Wiedensohler August (KLKr—PEK2) 1.VI.16
10 Ringelmann Johann 1.XI.17

p) Steindrucker.

1 Didusch Johann (Me1—KLKr) 1.IX.85
2 Dietrich Jakob (Me1—KLKr) 16.VII.89
3 Strauss Johann 1.IV.91
4 Winterle Alois (KLKr) 1.IV.91
5 Kraus Friedrich (KLKr) 1.IV.91
6 Fuchs Anton (KLKr) 1.VIII.93
7 Kragl Georg (KLKr) 1.II.96
8 Graf Theodor (KLKr) 1.VIII.96
9 Ferch Franz (KLKr) 16.V.98
10 Söllinger Johann 1.X.00
11 Dichtl Adalbert 1.XII.02
12 Ehrenwirth Franz 1.VIII.03
13 Fleiss Leonhard 1.VIII.06
14 Pfaffel Michael 1.VIII.08
15 Ragaller Franz 1.X.08
16 Lang Georg 1.VII.09
17 Schuster Michael 1.VII.16
18 Kainz Michael 1.I.17

II. Liste.

Oberster Rechnungshof.

a) Präsident.

1 Stöckle Andreas Ritter v. (K3—MII—KLKr—PLb—PG2a), RegR. 1. VII. 1897; ORegR. im FinMin. 1. XII. 1904; MinR. 1.VII.1907; Präsident 1.XII.1915.

b) Oberregierungsräte.

1 Haertl Franz, RegDirektor (ME—KLKr—LK) (1.II.92) 1.IV.05
2 Fuchs Anton (MIII—KLKr—LK) (1.III.94) 1.VII.07
3 Eckhard Heinrich (MIII—KLKr) (16.I.98) 1.IX.09
4 Berthold Georg (MIV—PLb—KLKr) (16.VII.98) 1.VI.14
5 Schuster Joseph (MIV—KLKr) (1.VI.99) 1.III.15
6 Jordan Friedrich (MIV—KLKr) (16.VII.00) 1.X.15
7 Degmair Karl (MIV—KLKr) (1.IV.01) 1.V.16
8 Simon Franz (MIV—KLKr—J) (1.IX.02) 1.IV.17

c) **Rechnungskommissär**
(Kl. 9 d. GehO.).

1 Schupp Karl, Rentamtmann (KLKr) (16.III.03) 1.V.12

d) **Rechnungskommissär**
(Kl. 14 d. GehO.).

1 Raab Joseph (KLKr) 1.IX.15

e) **Sekretäre und Registratoren.**

1 Bauer Friedrich, Registrator (KLKr) 1.VIII.03

f) **Kanzlei- und Registraturassistent.**

1 Hermann Heinrich, RegSekretär (KLKr) 1.VI.13

g) **Boten und Diener.**

1 Eckl Michael (Me1—KLKr) 1.IV.96
2 Mittelmeier Philipp (Me1—KLKr) 1.VI.06

III. Liste.

Rechnungskammer.

a) **Regierungsdirektor.**

1 Schuster Christian (ME—KLKr) RegR. 16.XII.97, RegR. im FinMin. 1.VII.98; Rat a. VerwGH. 1.XI.03; RegDirektor 1 XI.13

b) **Regierungsräte.**

1 König Eduard, T. u. R. e. ORegR. (MIII) (16.V.91) 16.XI.96
2 Lichtenstädter Siegfried Dr. (1.I.11) 1.IV.14

c) **Finanzassessoren.**

1 Malaisé Ernst v., T. u. R. e. RegR. 1.IX.02
2 Liel Franz v., T. u. R. e. RegA. 1.I.00
3 Stock Franz 1.VII.03
4 Schneidt Ernst 1.IV.04
5 Beck Heinrich 1.II.10

d) **Rechnungskommissäre.**

1 Schroen Philipp (bei der K. Hofrechnungsstelle verwendet), T. u. R. e. Rentamtmanns (MIVa—J1) 1.VII.03
2 Ral Jakob, T. u. R. e. Rentamtmanns (J) 16.XI.03
3 Huber Georg (KLKr) 1.VIII.04
4 Scharff Julius 1.IV.08
5 Kuhn Adam 1.I.09
6 Prunner Max 1.I.09
7 Hirschauer Joseph 1.VII.11

e) **Sekretär.**

1 Schneider Richard 1.II.12

f) **Registratoren.**

1 Strömsdörfer Georg 1.I.09
2 Raithel Gottlieb 1.VIII.09

g) **Kanzleiassistenten.**

1 Gössl Franz 1.IX.12
2 Raithel Ludwig 1.I.13

h) Boten und Diener.

1 Messner Karl (Mel—KLKr) 1. IX. 12
2 Wurzlbauer Georg 1. V. 14

IV. Liste.

Staatshauptkasse.

a) Direktor.

1 Vornkeller Joseph, RegDirektor (ME—KLKr—LK); RegR. 1. VI. 92; Direktor 1. I. 06

b) Kontrolleur.

1 Hefele Matthias (J—KLKr) (1. XI. 02) Renttm. 1. V. 09 / Kontr. 1. V. 12

c) Zahlmeister.

1 Schwab Heinrich (M—KLKr) 1. VII. 02

d) Buchhalter.

1 Maul Jakob (Ma—KLKr—LK) 1. VII. 02
2 Leuthold Friedrich (Ma—KLKr—LK) 1. VII. 02

e) Offizianten.

1 Weiss Joseph, Obersekretär (KLKr) 1. II. 00
2 Huss Georg, „ 1. II. 00
3 Thomas Wilhelm, „ (LK) 16. VII. 01
4 Leonhardt Hans, „ (KLKr) 1. VII. 02

f) Sekretäre.

1 Hohlweg Karl (KLKr) 1. IX. 97
2 Steger Christian 1. VI. 01
3 Lehr Friedrich 1. XI. 05

g) Geldzähler und Kassediener.

1 Ehrentreich Johann (KLKr) 1. VII. 03
2 Ehrentreich Friedrich 1. IX. 16

V. Liste.

Staatsschuldenverwaltung.

Direktion.

a) Präsident.

1 Sendel Lorenz Ritter von, (K3 — MII — KLKr — PL b), RegR. 16. VII. 1900; OReg. 16. VIII. 1904; MR. 1. IX. 1906; GehR. 1. XII. 1915; Präsident 1. VIII. 16

b) Regierungsräte.

1 Krauss Nikolaus (MIV—KLKr) 16. I. 06
2 Sepp Johann (KLKr) 1. VIII. 14

c) Rechnungskommissäre.

1 Hackl Andreas, T. u. R. e. Oberbuchh. (LK) 1. IV. 01
2 Schelbert Alois 1. I. 96
3 Bussinger Gottfried (LK—KLKr) 1. I. 09

4	Klee Leonhard	1. I. 09
5	Winkler Anton (KLKr)	1. I. 09
6	Bauer Johann Paul	1. IV. 10
7	Grimm Franz Xaver	1. VI. 12
8	Schäffler Alois	1. XII. 12
9	Niehage Johann Gg.	1. I. 15
10	Lankes Anton	1. XI. 17

d) Buchhalter.

1 Huppmann Georg — 1. IX. 04

e) Registrator.

1 Schuster Joseph — 1. X. 97

f) Kanzlist.

1 Wutschka Lorenz (MVK1Kr) — 1. IX. 04

g) Bureauassistentin.

1 Berkmann Therese — 1. VII. 13

h) Diener.

1	Schlee Johann Georg (KLKr)	15. II. 01
2	Staudt Johann (MVK1Kr—PEK2)	1. VI. 04

Hauptkasse.

i) Hauptkassier.

1 Rahn Franz Xaver (MIV — KLKr — LK) — 1. VI. 99

k) Kontrolleur.

1 Grombach Georg (KLKr—LK) — 1. I. 15

l) Oberbuchhalter.

1	Hoffmann Friedrich (Ma—KLKr)	1. IX. 14
2	Dicenta Johann	1. I. 15
3	Sprügel Friedrich (KLKr)	1. VII. 17

m) Rechnungskommissär.

1 Dillmann Franz Xaver — 1. IX. 14

n) Buchhalter.

1	Weichselberger Karl (LK—M—KLKr)	1. III. 83
2	Enser Martin (LK—M)	1. V. 92
3	Sindel Wilhelm (Ma—LK)	1. VIII. 97
4	Müller Heinrich	16. V. 98
5	Pregler Georg (LK)	1. VI. 99
6	Roscher Ferdinand	1. VII. 03
7	Krettner Alois	1. I. 04
8	Wachter Joseph	1. XI. 04
9	Rosenbusch Christian	1. IV. 05
10	Simon Friedrich (LK)	16. VII. 05
11	Bauer Heinrich	1. IX. 06
12	Ament Lorenz	16. XI. 06
13	Dauner Christoph	1. III. 08
14	Brühschwein Nikolaus	1. XII. 08

o) Sekretäre.

1 Jegg Joseph 1.I.04
2 Zeitler Alois 1.V.04
3 Fembacher Joseph 1.XI.04
4 Gruber August, gepr. KPr. 1.I.09
5 Volkert Stephan 1.I.09
6 Rudel Karl, gepr. KPr. 1.I.09
7 Blödl Johann 1.XI.14

p) Bureauassistentinnen.

1 Dillmann Marie 1.IV.11
2 Guppenberger Mathilde 1.IV.11
3 Ibel Marianne 1.IV.11
4 Gerstner Rosa 1.IV.11
5 Schwaabe Julie 1.IV.11
6 Mayer Helene 1.IV.11
7 Trautmann Paula 1.IV.11
8 Fischer Anna 1.IV.11
9 Ziegler Johanna 1.IV.11
10 Schwab Lina 1.V.11
11 Raum Franziska 1.V.11
12 Sprügel Babette 1.XI.11
13 Gruber Helene 1.XI.11
14 Bill Josephine 1.XI.11
15 Fürstenhöfer Marie 1.XI.11
16 Pöllein Karoline 1.XI.11
17 Rieger Else 1.XI.11
18 Haugg Babette 1.XI.11
19 Engelhardt Frieda 1.XI.11
20 Paul Gertrud 1.XII.11
21 Neumayer Hilaria 1.XII.11
22 Niederfellner Henriette 1.XII.11
23 Schmitt Margarete 1.XII.11
24 Deml Frieda 1.XII.11
25 Liersch Alma 1.XII.11
26 Schabel Else 1.XII.11
27 Messner Elisabeth 1.XII.11
28 Burkei Kreszenz 1.XII.11
29 Kaiser Kreszenz 1.II.13
30 Neumayer Julie 16.III.13
31 Hermann Elvira 1.IV.13
32 Huss Emma 1.IV.13
33 Bernardy Barbara 1.IV.13
34 Pfau Rosa 1.VII.12
35 Dussmann Anna 1.XI.14
36 Zoellner Elisabeth 1.I.15
37 Wender Mathilde 1.II.15
38 Strohmeier Elise 1.VI.15
39 Berchtold Josephine 16.VII.16

q) Geldzähler und Kassediener.

1 Deutinger Lampert (PLc—KLKr) 1.II.96
2 Schlicht Jakob (S. u. LEZ—KLKr) 15.II.01

r) Diener.

1 Andrè Anton (PL.) 16.VII.03

VI. Liste.
Hauptmünzamt.

a) Direktor.

1 Munkert Anton Dr. (M IV — KLKr — PLb — PRA5 — BrsL3 — OEFJ3) 1. XII. 13

b) Münzwardein.

1 Köll Joseph (KLKr) 1. XII. 13

c) Techn. Assessor.

1 Keller Hugo Dr. (KLKr—PEK2) 1. XI. 14

d) Kassier.

1 Niederfellner Joseph (M—KLKr) 1. II. 14

e) Kassekontrolleur.

1 Reithmeier Matthäus (Ma—KLKr) 1. II. 14

f) Medailleur.

1 Börsch Alois (M — Ldw.-Med. — KLKr—LK) 1. V. 98

g) Sekretäre.

1 Spitzl Max (KLKr) 1. XI. 02
2 Zeidler Adolf 1. IV. 09

VII. Liste.
Landesvermessungsamt.

a) Direktor.

1 Bigler Joseph, Ministerialrat (ME — KLKr — J— SEH2a), RegR. im FinMin. 1. VI. 03; ORegR. 1. IX. 08; MinR. 16. XI. 12; Direktor d. LVA. mit bish. Titel 1. VIII. 17

b) Regierungs- und Steuerräte.

2 Vara Felix, m. T. u. R. e. Obersteuerrates (M IV — KLKr — LK — J — KrDM — KaisWilhEM 1. IV. 02
1. I. 13
3 Ibel Adolf (M IV — KLKr — SEH3a — SW3a) 1. IX. 06
4 Amann Joseph (M IV — KLKr — LK) 1. I. 12
5 Oberbauer Johann (KLKr) 1. VII. 17
6 Stappel Julius (KLKr) 1. I. 12
1. XII. 16

c) Sekretariat.

1 Söldner Joh. Baptist, Obersekretär (Ma—KLKr) 16. V. 09
1. I. 14
2 Schwainberger Otto, Katastersekretär 1. I. 09
3 Härpfer Friedrich, Assistent 1. II. 16

d) Kasse.

1 Schwarzott Konrad, Kassier (Ma—KLKr) 1. V. 11
2 Rathgeber Xaver, Kassenkontrolleur (KLKr) 1. IV. 14

e) Registratur.

1	Heiderscheid Franz, Registrator	1. XI. 09
2	Hegele Georg, Assistent	1. IX. 09
3	Knoller Otto, Assistent	1. IV. 14

f) Katastersparte.

1	Hess Andreas, Kataster-Kommissär (KLKr)		1. X. 09
2	Baumann Otto,	Revisor	1. I. 09
3	Glaser Karl (LK)	"	1. I. 09
4	Hopfensberger Joseph	"	1. I. 09
5	Zimmermann Albrecht	"	1. I. 09
6	Blank Alois (RM)	"	1. I. 09
7	Altkofer Karl	"	1. V. 11
8	Gschrei Michael	"	1. XI. 14
9	Wiedmann Adolf (LK)	Sekretär	1. I. 09
10	Wörfel Leonhard	"	1. I. 09
11	Griessbach Johann	"	1. I. 09
12	Reiss Adam	"	1. I. 09
13	Nützel Georg	"	1. I. 09
14	Hueber Eduard	"	1. I. 09
15	Spannheimer Konrad	"	1. I. 09
16	Reicheneder Karl	"	1. I. 09
17	Schriml Otto (MVK 1 KrV)	"	1. I. 09
18	Radmüller August	"	1. I. 09
19	Reith Michael	"	1. I. 09
20	Neber Anton	"	1. I. 09
21	Reuter Nikolaus	"	1. I. 09
22	Egger Wilh. (MVK 1 KrV)	"	1. I. 09
23	Ederer Joseph	"	1. I. 09
24	Weidmüller Joseph	"	1. I. 09
25	Bodensteiner Georg	"	1. XI. 14
26	Hackl Heinrich	"	1. II. 16
27	Hösch Michael	"	1. II. 16
28	Herzgsell Georg	"	1. X. 17
29	Beck Karl	Assistent	1. I. 09
30	Dex Karl	"	1. I. 09
31	Börlein Georg	"	1. I. 09
32	Simmerlein Adam	"	1. I. 10
33	Scholian Joseph	"	1. XII. 10
34	Bäuerlein Thomas	"	1. I. 12
35	Herrmann Joseph	"	1. VIII. 12
36	Höhenberger Friedrich	"	1. XI. 12
37	Christ Johann	"	1. II. 16

g) Boten und Diener.

1	Stöffler Michael (KLKr—LK—Me 1)	16. X. 08
2	Donhauser Joseph	1. I. 11
3	Wagner Wolfgang	1. II. 12

VIII. Liste.
Hofbrauamt München.

a) Direktor.

1 Zilcher Ferdinand (MIVa—KLKr—LII—MVK II) 1. X. 00

b) Inspektor.

1 Dittlein Georg (M) 1. I. 09

c) **Flaschenfüllerei-Verwalter.**

1 Grassinger Georg 1. I. 09

d) **Sekretäre.**

1 Lang Georg 1. V. 01
2 Eisele Karl 1. VII. 03
3 Hack Xaver 1. III. 06
4 Schwarz Konrad 1. X. 06
5 Engelbrecht Ludwig 1. IX. 10
6 Holzer Martin 1. XI. 17

e) **Oekonomie-Verwalter.**

1 Elsen Kilian 1. II. 09

f) **Material-Verwalter.**

1 Schroll Adalbert 1. II. 09

g) **Amtsdiener.**

1 Schmid Xaver 1. XII. 96

IX. Liste.

Generaldirektion der Berg-, Hütten- u. Salzwerke.

a) **Generaldirektor.**

1 Klaiber Hans (MIII—KLKr) München, RegR. 16. XII. 01; Generaldirektor 1. IV. 13.

b) **Oberbergräte, Regierungsräte.**

1 Kofler Karl Gustav (MIV—KLKr) München, RegR. 1. VII. 03.
2 Mader August (MIV — KLKr) München, RegR. 16. XI. 03; OberbergR. 16. XII. 07.
3 Meinel Wilhelm (MIV—MV4a—KLKr) München, Bergmeister 1. I. 04; OberbergR. 1. VIII. 06.
4 Ziegimeier Mich. (MIV—KLKr) München, Bergmeister 1. V. 07; OberbergR. 1. IX. 08.
5 Bäuml Alois (MIV — KLKr — PLb) München, Bauamtmann 1. VIII. 08; OberbergR. 1. VII. 11.

c) **Bergmeister, Salineninspektor, Oberingenieur.**

1	Fischer Max, T. u. R. e. Bergrats (KLKr—MIV—PLb—BL4)	Berchtesgaden	1. X. 00
2	Rottacker Karl, T. u. R. e. Bergrats, Generaldirektion (MIV—KLKr)	München	1. X. 00
3	Feuchter Max, T. u. R. e. Bergrats (MIVa)	St. Ingbert	1. V. 07
4	Stöger Joseph, T. u. R. e. Bergrats (MIV—KLKr)	Bodenwöhr	1. V. 07
5	Prinz Fr., Obering. (MIVa—KLKr)	Amberg	1. IX. 08
6	Hornung Joseph, T. u. R. e. Bergrats (KLKr)	Weiherhammer	1. III. 05
7	Gress Jakob, Bergmeister	Rosenheim	1. V. 07 / 1. X. 09
8	Selgrad Ludwig, T. u. R. e. Bergrats	Sonthofen	1. V. 07
9	Hörburger Joseph, T. u. R. e. Bergrats (MIV—KLKr)	Amberg	1. I. 09
10	Heissbauer Eugen, Bergmeister (KLKr)	Mittelbexbach	1. I. 09

11	Umhau Heinrich, Bergm. (J—M—PL2)	Obereichstätt	1.I.09
12	Kaufmann Emil (MIVa), Bergmeister	Peissenberg	1.I.09
13	Maurer August, Bergmeister (KLKr)	Bergen	1.VIII.09
14	Greinwald Aug., Bergmeister (KLKr)	Bodenmais	1.IV.14

d) **Hauptkassier.**

1	Agricola Friedrich, T. u. R. e. FinR.	München	1.V.09

e) **Hauptkassenkontrolleur.**

1	Heindl Joseph (PL2)	München	1.V.09

f) **Assessoren.**

1	Putz Anton	Rosenheim	1.II.08
2	Haf Heinrich (KLKr)	Amberg	1.I.10
3	Pröschel Georg (KLKr)	"	1.I.10
4	Schnepff Heinrich	Peissenberg	1.I.11
5	Mang Ernst	St. Ingbert	1.I.11
6	Jodl Hermann (KLKr)	Amberg	1.I.11
7	Pinsl Hans (KLKr)	"	1.I.11

g) **Rechnungskommissäre, Direktorialsekretär, Kassiere und Materialverwalter.**

K. = Kassier, MV. = Materialverwalter, RK. = Rechnungskommissär.

1	Schiller Johann, K. (Ma)	Rosenheim	16.XI.89
2	Graf Johann, MV. (Ma)	Berchtesgaden	1.XI.92
3	Schöpf Friedrich, Rat, RK. (KLKr)	München	16.I.97 / 1.III.03
4	Barthel Karl, Hauptsalzamts-Kassier (KLKr)	Reichenhall	16.VII.98 / 1.IV.06
5	Stoll Friedrich, K. (KLKr)	Sonthofen	16.VII.98
6	Dirmann Heinrich, T. u. R. e. Oberrechnungskommissärs (KLKr)	München	1.VIII.00 / 1.II.08
7	Christophel Fr., RK. Handelsbureau, T. u. R. e. Oberrechnungskomm. (KLKr)	"	16.VI.01
8	Ruyter Wilhelm (MV)	Rosenheim	16.X.01
9	Bayerlein Friedrich, RK. (KLKr)	München	1.IX.02 / 1.II.04
10	Müller Adam, K. (KLKr)	St. Ingbert	1.III.03
11	Schmoll Johann, K. (KLKr)	Berchtesgaden	1.VIII.03
12	Uhl Joseph, K. (KLKr)	Mittelbexbach	1.IX.03
13	Burkard Michael, MV. (KLKr)	St. Ingbert	1.II.04 / 1.VII.05
14	Petritsch Ernst, MV. (KLKr)	Peissenberg	1.VII.05 / 1.V.07
15	Beck Martin, MV.	Reichenhall	1.IV.06
16	Weiss Ludwig, RK.	München	1.V.07 / 1.IX.08
17	Meyer Bernhard, K.	Bodenwöhr	1.II.08
18	Beck Karl, RK. (KLKr)	München	1.IX.08
19	Koerber Johann, MV. (KLKr)	Obereichstätt	1.IX.08 / 1.I.09

20	Herold Karl, K.	Bodenmais	1. XI. 08
21	Feulner Ludwig, MV. (KLKr)	Amberg	1. I. 09
22	Jopp Michael, RK.	München	1. II. 09
23	Waldmann Albert, K.	Weiherhammer	1. VII. 09
24	Saitner Engelbert, MV.	Sonthofen	1. II. 10
25	Deininger Johann, Direktorialsekretär	München	1. IX. 10
26	Sonntag Eduard, RK.	München	1. III. 12
27	Feil Peter, K. (KLKr)	Amberg	1. IV. 13
28	Dittrich Karl, MV.	Bodenwöhr	1. III. 15
29	Barth Heinrich, K.	Peissenberg	1. IV. 15

b) Sekretäre und Registratoren.

Sekretäre.

1	Schmitt Jakob	Mittelbexbach	1. V. 84 / 29. I. 82
2	Dietrich Benedikt	Weiherhammer	1. VII. 02
3	Beck Adam	Rosenheim	1. III. 03
4	Preu Johann	Sonthofen	2. III. 03
5	Albrecht Ernst	Peissenberg	1. VII. 03
6	Suiter Anton (KLKr)	"	1. VII. 03
7	Albert Adam	St. Ingbert	3. VII. 03
8	Bittermann Karl	Sonthofen	1. VIII. 03
9	Widerspick Ludwig, Bergwerkshauptkasse	München	1. VIII. 03
10	Ascherl Johann, Handelsbureau	"	22. IX. 98 / 1. IX. 03
11	Dorsch Joseph (KLKr)	Weiherhammer	1. XII. 03
12	Steinel Andreas	Bergen	6. III. 00 / 16. XII. 03
13	Herrmann Franz, Handelsbureau	München	1. II. 01 / 4. II. 04
14	Botzenhard Eugen	Amberg	1. VIII. 05
15	Eyermann August (KLKr)	Berchtesgaden	16. IV. 06
16	Riedl Friedrich	St. Ingbert	1. XII. 06
17	Schweiger Martin (KLKr)	Peissenberg	1. VI. 07
18	Böheim Karl	St. Ingbert	1. XI. 07
19	Eckart Lorenz	Amberg	2. III. 08
20	Königsbauer Sigmund	Bodenwöhr	5. III. 08
21	Pfänder Joseph	Sonthofen	1. VI. 08
22	Andreä Georg	Amberg	1. VII. 08
23	Schwarz Martin	Mittelbexbach	1. VII. 08
24	Peter Franz Seraph	Reichenhall	1. III. 09
25	Aures Franz	Bodenwöhr	1. I. 10 / 1. VII 13
26	Eder Joseph, Generaldirektion (KLKr)	München	1. IV. 12
27	Witt Friedrich	Weiherhammer	1. X. 12
28	Baur Franz Xaver, Bergwerkshauptkasse	München	16. XI. 12 / 1. V. 13
29	Golder Johann	Peissenberg	1. I. 14
30	Keller August (PRAM)	Bergen	1. V. 14
31	Maier Franz Xaver	Bodenwöhr	1. V. 14
32	Groll Johann	St. Ingbert	1. IV. 15

33	Stierstorfer Johann	Sonthofen	1. IV. 15
34	Michler Friedrich, Hauptsalzamtsschreiber	Reichenhall	9. VI. 96 / 1. XII. 03

Registratoren.

35	Grube Johann, T. u. R. e. Oberregistr. (KLKr)	München	16. III. 03 / 1. IX. 08
36	Speth Joseph	München	1. IX. 08

i) Kanzleiassistenten.

1	Hohenthaner Joseph	Peissenberg	1. XI. 08
2	Käfferlein Friedrich	St. Ingbert	16. II. 09
3	Huber Joseph, Generaldirektion	München	16. II. 09
4	Appel Heinrich, Handelsbureau	„	16. X. 09
5	Bössl Michael	Rosenheim	1. II. 10
6	Rothhaar Karl	Mittelbexbach	1. III. 11
7	Romig Johann	Bodenwöhr	1. X. 11
8	Kreitinger Franz Xaver	Sonthofen	1. I. 12
9	Buchbauer Leopold, Generaldirektion	München	16. II. 12
10	Meier Johann, Handelsbureau	München	16. V. 13
11	Meier Andreas, Generaldirektion	„	1. VI. 13
12	Saam Andreas, „	„	1. VI. 13
13	Schübel Karl	Peissenberg	1. XII. 13
	auf Probe		
14	Huss Hans, Generaldirektion	München	1. V. 14
15	Hülsenbeck Ludwig	Amberg	16. V. 14

k) Diener.

1	Hofweber Matthias (LK—Me 1), Geldzähler u. Kassendiener bei der Bergwerkshauptkasse	München	15. III. 99
2	Wittig Hermann, Hausmeister bei der Generaldirektion	„	1. VI. 08

l) Diener der Berg-, Hütten- und Salinenämter.

1	Starklauf Michael	Sonthofen	30. V. 91
2	Forster Johann	Amberg	1. XII. 93
3	Hirschmann Johann	Reichenhall	4. VIII. 04
4	Krennleitner Joseph	Berchtesgaden	1. V. 10

X. Liste.

Regierungen, Kammern der Finanzen.

a) Regierungspräsidenten.

1. von Oberbayern (München):

Kahr Gustav Dr. Ritter v. Exz., Staatsrat i. ao. D. (K2b — MII — KLKr — OEFJ1 — PRA3 — PEK2 — PRK3) 1. Juli 17

2. von Niederbayern (Landshut):

Pracher Ferd. Ritter v., Exz. (K2b — MII — KLKr — PLb — LJM2 — PRK3 — OEK2 — WF2b) 1. April 14

3. von der Pfalz (Speyer):
Neuffer Adolf Ritt. v., Exz. (K2a—MIImSt—KLKr—LK—PLb—V† - PRK3—LJM2—BZL1—OEFJ1—SpJ1) 1. Nov. 02

4. von der Oberpfalz und von Regensburg (Regensburg).

— — — —

5. von Oberfranken (Bayreuth):
Strößenreuther Otto Ritter v., Exz., Staatrat i. ao. D. (K2b - MII—KLKr - PK1—PEK2—PRK3 —SEH1—SA2a—WF2a—LH2 m.E.) 1. Oktbr. 16

6. von Mittelfranken (Ansbach):
Blaul Jul. Dr. Ritt. v., Exz. (K2b — MII m. St.—KLKr—LK - MV2b—PLb—LJM2—PK2b - TRHMb) 1. April 09

7. von Unterfranken und Aschaffenburg (Würzburg):
Henle Julius Ritter v. (K3 —MII—J—MV4a Kr—PEK 1 u. 2 — ChDDII3 — SW2a) 1. Jan. 17

8. von Schwaben und Neuburg (Augsburg):
Praun Paul Ritt. v., Exz. (K2a—MIImSt -KLKr—PLmK1—V†— —LJM2 — PK3 — PRK3 —BL3—SA2b—SpJ2a—OEFJ1) 1. Juni 06

b) Regierungsdirektoren.

1 Hauer Eugen Ritter von (K3—ME—KLKr—LK) in Augsburg, RegR. 16. XI. 84; ORegR. 1. V. 00; RegDirektor 1. XI. 07.
2 Krug Georg, Ritter von (K3—ME—MVKlKr—KLKr—LK—J) in Würzburg, RegR. 1. XI. 88; ORegR. (T. u. R.) 1. II. 03; RegDirektor 1. XI. 08.
3 Feder Hans (ME —KLKr — LK) in Ansbach, RegR. 16. I. 89; Rat a. VerwGH. 16. VII. 00; RegDirektor 1 IV. 12.
4 Hofmeister Matthäus (ME —KLKr — J1) in Regensburg, RegR. 1. XI. 95; ORegR. 1. XI. 07; RegDirektor 1. VI. 12.
5 Schuler Hubert (ME - KLKr —PKrVKr) in Landshut, RegR. 1. XI. 95; ORegR. 1. VII. 08; RegDirektor 1. III. 15.
6 Fischer Joseph (MIII—KLKr) in Bayreuth, RegR. 16. I. 98; ORegR. 1. XI. 10; RegDirektor 1. X. 15.
7 Morgens Max (MIV - KLKr) in Speyer, RegR. 1. VII. 1900; T. u. R. e. ORegR. 1. I. 14; RegDirektor 1. X. 16.
8 Frommel Otto (MIII - KLKr) in München, RegR. 1. VII. 97; T. u. R. e. ORegR. 16. II. 11; RegDirektor 1. IV. 17.

c) Regierungsräte.

(ORegR. = Titel und Rang eines Oberregierungsrats; R. u. FR. = Regierungs- und Fiskalrat.)

1	Schamberg August, ORegR. (MIV—LK) (1. X. 86)	München	1. VI. 92
2	Schmidt Andreas, ORegR. (MIV—KLKr) (1. XI. 88)	Ansbach	1. X. 95
3	Winter Franz, ORegR. (MIV— KLKr) (1. VI. 99)	München	1. IX. 02
4	Wochinger Friedrich, R. u. FR. (MIV—KLKr) (1. VI. 99)	Regensburg	1. I. 03
5	Heydrich Wilhelm Dr. (MIV—KLKr) R. u. FR. (1. VIII. 00)	Würzburg	1. IX. 04
6	Dumler Gg. Dr. (MIV—KLKr) (1. VI. 01)	Bayreuth	1. XII. 04

7	Meier Franz Jos., R. u. FR. (MIV—J) (1.IV.01)	München	1.IV.05
8	Eggelkraut zu Wildengarten August, Edler v. (MIV—KLKr) (1.IX.01)	München	1.IV.06
9	Gerbel Heinrich (MIV—J) (1.IX.02)	Würzburg	1.IX.06
10	Schmidinger Anton (MIV—J) (1.IX.02)	München	1.X.06
11	Stenglein Friedrich (MIV—J) (1.IX.02)	Würzburg	1.X.06
12	Michel Andreas Dr. (KLKr) (1.II.03)	Ansbach	1.VII.07
13	Geissendörfer Joh. (PEK) (1.VII.03)	Regensburg	1.VII.07
14	Beck Gg., R.u.FR. (MIV—KLKr) (1.VII.03)	München	1.X.07
15	Moser Hugo (KLKr—J) (1.IX.04)	Augsburg	1.XI.07
16	Bogner Joh. Karl (KLKr) (1.IX.04)	Landshut	1.II.08
17	Sedlmaier Thomas (KLKr) (16.XI.03)	Augsburg	1.III.08
18	Kaiser Rudolf (KLKr) (1.IV.05)	Speyer	1.IX.08
19	Stegmüller Johann (KLKr) (1.XII.04)	Würzburg	1.XI.08
20	Schimpf Georg (KLKr) (1.IV.05)	Augsburg	1.XII.08
21	Glaser Friedrich (KLKr) (1.I.05)	Regensburg	1.V.09
22	Held Otto (KLKr) (1.IV.05)	München	1.X.09
23	Urban Willibald (KLKr) (1.VI.03)	Ansbach	1.XI.10
24	Ulmer Karl (KLKr) (1.I.06)	Bayreuth	1.XI.10
25	Kastner Ludwig Dr. (MV4bKr—J—PEK2) (16.I.06)	Augsburg	1.XI.10
26	Schamberg Karl (KLKr) (1.IV.06)	Würzburg	1.XII.10
27	Pausch Karl, R. u. FR. (J—PEK 1 u. 2) (1.IX.06)	München	1.VII.11
28	Scheiner Richard (1.IX.06)	Ansbach	1.VII.11
29	Schrankenmüller Karl (J) (1.X.06)	Speyer	1.VII.11
30	Rücker Alfred v. (MIV—MV4bKr—J—PEK 2) (1.VII.07)	München	1.VII.11
31	Schnetzer Hugo, R. u. FR. (J) (1.X.06)	Augsburg	1.V.12
32	Kammermeier Ferdinand, R. u. FR. (MV4bKr—PEK2—J) (1.XII.06)	Bayreuth	1.VI.12
33	Boschen Karl (KLKr) (1.VII.07)	„	1.VI.12
34	Tumma August (KLKr) (1.XI.07)	Regensburg	1.V.13
35	Lettenbauer Ludwig (KLKr) (1.XI.07)	Augsburg	1.V.13
36	Krausneck Wilh. Dr., R. u. FR. (KLKr) (1.I.08)	Ansbach	1.VII.13
37	Hundemer Wilh. Dr., R. u. FR. (1.II.08)	Landshut	1.IX.13
38	Wagner Ludwig (KLKr) (1.V.08)	München	1.XI.13
39	Marc Ludwig (PEK2) (1.IX.08)	Ansbach	1.I.14
40	Rambour Karl (KLKr) (1.XII.08)	Regensburg	1.VI.14
41	Schlecht Anton Dr. (1.II.09)	Regensburg	1.VI.14
42	Himmelhan Anton (KLKr) (1.XI.10.)	Speyer	1.V.15
43	Engelhardt Otto Dr. (J—KLKr—PRA5) (1.III.12)	München	1.IV.16
44	Bäuerlin Friedrich (KLKr) (1.XII.10)	Bayreuth	1.II.17
45	Spälter Friedrich (1.I.11)	Würzburg	1.IV.17
46	Leupoldt Paul (1.VII.11)	Landshut	1.X.17
47	Durner Max Dr. R. u. FR. (1.VII.11)	Augsburg	1.X.17
48	Harzmann Johann (KLKr) (1.V.12)	Regensburg	1.I.18

d) Regierungsassessoren.

(R. u. FA. = Regierungs- u. Fiskalassessor.)

1	Müller Robert, R. u. FA. (1.VII.07)	Regensburg	1.VI.12
2	Rötzer Joseph (PL2—MV4bKr—PEK2) (1.IV.08)	Würzburg	1.VI.12

3	Harzmann Anton **(KLKr)** (1. V. 08)	München	16. XI. 12
4	Fuchs Johann Andr. (J) (1. VIII. 08)	Würzburg	1. VII. 13
5	Reichenberger Erwin (1. IX. 08)	Speyer	1. VII. 13
6	Selzle Ludwig **(KLKr)** (1. X. 08)	Landshut	1. VII. 13
7	Heyden Karl Dr. (KLKr—PKrVKr) (1. I. 09)	München	1. VIII. 13
8	Schnepff Christoph (1. III. 09)	„	1. VIII. 13
9	Rogister Ludwig Dr. Ritter u. Edler von (KLKr—PJ3) (1. XII. 07)	Augsburg	1. IX. 13
10	Beck Karl (KLKr) (1. V. 10)	München	1. I. 14
11	Bauer Wilh., R. u. FA. (KLKr) (1. V. 10)	Bayreuth	1. V. 14
12	Probst Ernst (MV4bKr—PEK2) (1. I. 11)	Ansbach	1. VI. 14
13	Nusser Joseph **(KLKr)** (16. IV. 11)	München	1. VIII. 14
14	Stengel Emil (1. VI. 11)	beurlaubt	1. XI. 14
15	Brandl Hermann (1. XI. 07)	Augsburg	1. XII. 14
16	Deninger Ludwig **(KLKr)** (16. IV. 11)	Landshut	1. III. 15
17	Streit Michael (1. VII. 11)	Speyer	1. V. 15
18	Mergner Gustav (1. VII. 11)	Würzburg	1. VII. 15
19	Schumann Ignaz, R. u. FA. (PEK2) (1. VIII. 11)	Ansbach	1. VII. 15
20	Cammerer Friedrich (MV4bKr) (1. VII. 11)	Landshut	1. XI. 15
21	Tillmann Friedrich (1. VII. 11)	Speyer	1. IV. 16
22	Mühlfeld Robert Dr. **(KLKr)** (1. VII. 11)	Ansbach	1. IV. 16
23	Weisensee Christian (1. VII. 11)	Speyer	1. IV. 16
24	Büttner Albert, R. u. FA. (1. X. 11)	„	1. IV. 16
25	Kennerknecht Alb. (MVK2aKr—PEK 2) (1. VIII. 12)	Landshut	1. V. 16
26	Wölfle Johann (1. IX. 12)	Speyer	1. X. 16
27	Wolfbauer Joseph Dr. (1. XI. 11)	Landshut	1. II. 17
28	Winkler Hans (KLKr) (1. XI. 11)	Bayreuth	1. VIII. 17

e) Finanzassessoren.

1	Schmausser Theodor Dr.	Ansbach	16. III. 97
2	Lehr Heinrich (PEK2)	„	1. XII. 04
3	Hoch Joseph Dr.	München	1. III. 10
4	Müller Gustav **(KLKr)**	Ansbach	1. I. 11
5	Buck Hermann (KLKr)	Regensburg	1. I. 11
6	Berolzheimer Hans Dr.	München	16. IV. 11
7	Vierling Richard (PL2) T. u. R. e. Rentamtmannes	Regensburg	1. VII. 11
8	Spitzer Engelbert (MV4bKr—PEK2)	„	1. VII. 11
9	Krautbauer Michael	München	1. VII. 11
10	Görlich Richard Dr.	Würzburg	1. VII. 11
11	Hailer Hermann	Landshut	1. VII. 11
12	Hirsch Friedrich	München	1. VII. 11
13	Görner Otto **(KLKr)**	Augsburg	RA. 1. VII. 11 / FA. 1. IX. 13
14	Costa Paul	Augsburg	1. VII. 11
15	Gebhard Karl	Bayreuth	1. VII. 11
16	Heinzlmair Peter	Landshut	1. VII. 11
17	Krauss Friedrich	Würzburg	1. VII. 11
18	Hörner Emil	„	1. VII. 11
19	Goetz Joseph	Landshut	1. IX. 11

20	Knogler Ludwig	Landshut	1. V. 12
21	Schneider Wilhelm	München	1. V 12
22	Kuhn Georg	"	1. V. 12
23	Dörner Hans Dr.	"	1. VI. 12
24	Abert Friedrich	Würzburg	1. VI. 12
25	Baumann Otto	München	1. VI. 12
26	Liebhardt Walter (PEK2)	Augsburg	1. X. 12
27	Müller Karl	Augsburg	16. XI. 12
28	Freistätt Wilhelm Dr.	München	16. XI. 12
29	Miltner Joseph (KLKr)	Regensburg	16. XI. 12
30	Findt Max (KLKr)	Ansbach	16. XI. 12
31	Baumann Gustav Dr.	München	16. XI. 12
32	Zahn Wilhelm	Bayreuth	16. XI. 12
33	Grohmann Gottfried	Regensburg	16. XI. 12
34	Uhl Adolf (MVK2aKr—PEK2)	Augsburg	16. XI. 12
35	Miller Ernst	"	16. XI. 12
36	Pfaffenzeller Karl	Würzburg	16. XI. 12
37	Döll August (KLKr)	Speyer	16. XI. 12
38	Laible Eduard	"	16. XI. 12
39	Höfling Friedrich (MV4b Kr—PEK2)	Landshut	16. XI. 12
40	Blum Viktor (KLKr)	Speyer	16. XI. 12
41	Salzgeber Karl	Landshut	1. II. 13
42	Tröltsch Walfried, Frhr. von	Augsburg	1. II. 13
43	Girisch Eugen	Bayreuth	1. II. 13
44	Hübsch Albert Dr.	Augsburg	1. III. 13
45	Plecher Vinzenz	Würzburg	1. IV. 13
46	Daschner Friedrich	München	1. V. 13
47	Walbrun Michael	Würzburg	1. V. 13
48	Fischer Karl	Würzburg	1. VII. 13
49	Rieth Joseph Dr.	München	1. VIII. 13
50	Foohs Ludwig (PEK2)	Speyer	1. IX. 13
51	Merz Karl	"	1. X. 13
52	Klein Emil Dr.	Bayreuth	1. I. 14
53	Hörmann Eugen	Landshut	1. VII. 13
		wiederangest.	1. I. 15
54	Rörig Hugo (PEK2)	Speyer	1. II. 14
55	Grassinger Joseph Dr.	München	1. II. 14
56	Schwarzmaier Franz (PEK2)	"	1 II. 14
57	Trassl Joseph Dr. (MV4b Kr—PEK1u.2)	Landshut	1. II. 14
58	Haberstumpf Oskar	Augsburg	1. II. 14
59	Müller Hans (PEK2)	Würzburg	1. II. 14
60	Mend Friedrich	Ansbach	1. II. 14
61	Haberstumpf Robert	Regensburg	1. II. 14
62	Nützel Karl Dr.	München	1. II. 14
63	Gorter Albert (PEK2)	"	1. II. 14
64	Schwarzmaier Rudolf	Augsburg	1. II. 14
65	Rock Kurt Dr.	Würzburg	1. VI. 14
66	Reuss Joseph (MV4bKr—PEK2)	Speyer	1. VI. 14
67	Berzl Otto Dr. (PEK2)	Landshut	1. VI. 14
68	Solbrig August Dr. (KLKr)	München	1. VIII. 14
69	Mohler Karl Dr. (WF3b m. Schw)	"	1. VIII. 14
70	Hefner Georg	Landshut	1. IX. 14
71	Schenk Ignaz	Würzburg	1. XI. 14
72	Pissel Ludwig Dr.	Speyer	1. XI. 14
73	Sitterer Franz (PEK2)	"	1. XI. 14
74	Streitel Oskar (KLKr)	Augsburg	1. XI. 14

75	Keim Georg (PEK2)	Augsburg	1. XI. 14
76	Schultes Karl	Bayreuth	1. XII. 14
77	Ritter Georg (MV 4 b Kr—PEK2)	Würzburg	1. XII. 14
78	Kranz Franz Dr. (PEK 1 u. 2)	München	1. III. 15
79	Pfab Eugen (PEK2)	Bayreuth	1. III. 15
80	Beckenkamp Otto Dr.	Würzburg	1. V. 15
81	Enzensberger Erwin Dr.	Augsburg	1. V. 15
82	Schneider Franz Dr.	Würzburg	1. V. 15
83	Heitzer Joseph (MV4bK—PEK2)	Regensburg	1. V. 15
84	Wagner Gottfried	Ansbach	1. VI. 16
85	Nieberl Albert Dr.	„	1. VI. 16
86	Maiholzer Klemens Dr.	„	1. VI. 16
87	Todt Albrecht	Speyer	1. X. 16
88	Hörmann Karl	Ansbach	1. X. 16
89	Walter Eduard	Landshut	1. X. 16
90	Klimmer August Dr.	Bayreuth	1. X. 16
91	Präuner Philipp	„	1. X. 16
92	Schneider Oskar	Speyer	1. X. 16
93	Keil Johann Bapt.	Augsburg	1. XI. 16
94	Probst Hermann Dr.	Ansbach	1. XI. 16
95	Grimm Ludwig	Bayreuth	1. XII. 16
96	Lengauer Heinrich (PEK2)	Speyer	1. I. 17
97	Amann Johann	Regensburg	1. II. 17
98	Wiesend Georg	Ansbach	1. II. 17
99	Probst Alfons Dr.	Würzburg	1. II. 17
100	Imhof Alfons (PEK2)	Speyer	1. II. 17
101	Schilling Emil Dr.	München	1. IV. 17
102	Meyer Oswald (MVK2a KrV)	Ansbach	1. IV. 17
103	Aign Theodor	Regensburg	1. IV. 17
104	Sölch Otto	München	1. IV. 17
105	Fuchs Theodor Dr.	„	1. IV. 17
106	Meyer Erwin Dr.	Würzburg	1. VIII. 17
107	Gebhardt Joseph (MV4b Kr)	Bayreuth	1. VIII. 17
108	Bracker Karl	„	1. VIII. 17
109	Veh Robert	München	1. IX. 17
110	Schmid Anton Dr.	Regensburg	1. IX. 17

f) Finanz-Rechnungskommissäre.

Mit Titel, Rang und Gehalt eines Rechnungskommissärs am Obersten Rechnungshof.

1	Hellmuth Wilhelm, Rat (MIV—KLKr — LK—OEFJ5) (1. V. 87)	München	15. VI. 92
2	Naegerl Joseph, Rat (KLKr) (1. II. 98)	Nürnberg	1. III. 03
3	Weisbrod Michael, Rat (1. V. 00)	München	1. IX. 04

Nach Klasse 12 der Gehaltsordnung.

4	Ziegler Michael	Würzburg	1. IX. 02
5	Islinger Franz T. u. R. e. Rentamtmanns	Landshut	1. VII. 03
6	Aecker Heinrich	Würzburg	1. VII. 03
7	Häusler August, T. u. R. e. Rentamtmanns	„	1. V. 04
8	Hartig Joseph, T. u. R. e. Rentamtmanns	Landshut	1. I. 05
9	Seiz Heinrich	„	1. XI. 05
10	Schnitzler Anton, Rat	München	16. IX. 06
11	Zimmermann Wilhelm	Ansbach	1. VII. 07
12	Plötz Theodor (KLKr)	München	1. IX. 08

13 Negrioli Philipp	Ansbach	1. X. 08
14 Wochinger Karl	Nürnberg	1. X. 08
15 Busch Otto Jakob	München	1. I. 09
16 Lanz Karl (KLKr)	Ansbach	1. I. 09
17 Kollmannsberger Sebastian (KLKr)	Landshut	1. I. 09
18 Schott Karl	"	1. I. 09
19 Michl Otto	"	1. I. 09
20 Bruggaier Karl	Augsburg	1. I. 09
21 Martin Titus (KLKr)	Ansbach	1. I. 09
22 Maier Joseph	Würzburg	1. I. 09
23 Krug Joseph (KLKr)	beurlaubt	1. I. 09
24 Rebele August (KLKr)	Augsburg	1. I. 09
25 Eitzinger Matthias	München	1. I. 09
26 Stegmaier Joseph	Augsburg	1. I. 09
27 Scheitinger Johann	München	1. I. 09
28 Rabus Alfred	Ansbach	1. I. 09
29 Schrödinger Georg (KLKr)	Regensburg	1. I. 09
30 Ritter Ludwig	Speyer	1. I. 09
31 Schnatterer Engelbert	Landshut	1. I. 09
32 Linnhuber Johann (KLKr)	Ansbach	1. I. 09
33 Friedel Hugo	Würzburg	1. I. 09
34 Fritsch Philipp	Augsburg	1. I. 09
35 Kroyer Friedrich (KLKr)	"	1. I. 09
36 Schönberger Max	Würzburg	1. I. 09
37 Vestner Otto (KLKr)	Regensburg	1. I. 09
38 Hopfner Heinrich	"	1. I. 09
39 Gerhard Philipp	Speyer	1. I. 09
40 Schmidt Georg	Bayreuth	1. I. 09
41 Hofmann Andreas	Regensburg	1. I. 09
42 Langenstein Nikolaus	Speyer	1. I. 09
43 Dietz Amandus (KLKr)	Bayreuth	1. I. 09
44 Schultheis Klemens (MV4bKr)	Würzburg	1. I. 09
45 Dressendörfer Friedrich (KLKr)	Ansbach	1. I. 09
46 Kimmel Georg	München	1. X. 09
47 Nissl Franz	Augsburg	1. X. 09
48 Schreiber Anton	Ansbach	1. XII. 09
49 Dennerlein Max (KLKr)	Bayreuth	1. III. 10
50 Ostermayr Bruno	"	1. III. 10
51 Kayser Otto	Regensburg	1. V. 10
52 Stolber Otto	Augsburg	1. XII. 10
53 Gehring Max	"	1. I. 11
54 Stempfle Adalbert	Würzburg	1. I. 11
55 Müller Franz	"	1. I. 11
56 Lang Johann	München	1. III. 11
57 Kohler Karl (KLKr)	Speyer	16. IV. 11
58 Zimmerer Ludwig	Ansbach	16. IV. 11
59 Schneider Alfons (KLKr)	"	16. IV. 11
60 Camerer Karl	München	1. VII. 11
61 Hannamann Richard	Regensburg	1. VII. 11
62 Grassegger Paul	"	1. VII. 11
63 Frank Anton	Augsburg	1. VII. 11
64 Schad Chlodwig	Ansbach	1. VII. 11
65 Scholz Richard	Bayreuth	1. VII. 11
66 Pummerer Felix	München	1. VII. 11
67 Spreti Theodor, Graf v.	"	1. VII. 11
68 Strobl Franz	Bayreuth	1. VII. 11

69	Hofmann Eugen (KLKr)	Ansbach	1. VII. 11
70	Eigner Jakob	„	1. VII. 11
71	Koch Johann	Bayreuth	1. VII. 11
72	Nadler Karl	Ansbach	1. VII. 11
73	Back Eugen	Bayreuth	1. VII. 11
74	Peter Franz X.	Regensburg	1. VII. 11
75	Dejon Joseph	Speyer	1. VII. 11
76	Sittl Franz X.	Regensburg	1. VII. 11
77	Thiel Albert	Bayreuth	1. VII. 11
78	Emmerling Edmund	Ansbach	1. VII. 11
79	Harzenetter Joseph	München	1. IX. 11
80	Feistle Joseph	Speyer	1. IX. 11
81	Kink Hermann	Augsburg	1. IX. 11
82	Frommeld Joseph	Landshut	1. XII. 11
83	Späth Alfred	„	16. II. 12
84	Fellner Alois	Bayreuth	1. VII. 12
85	Lang Georg	Speyer	1. VIII. 12
86	Goß Hermann	Augsburg	1. X. 12
87	Greßer Joseph	Speyer	1. X. 12
88	Bernhart Joseph (MV 4b Kr—PEK 2)	Landshut	16. XI. 12
89	Demolet Eduard	Ansbach	1. VIII. 13
90	Greis Robert	München	1. VIII. 13
91	Beer Johann	„	1. XI. 13
92	Linsmayer Heinrich	Würzburg	1. XII. 13
93	Kühlmann Otto	Ansbach	1. II. 14
94	Knappich Georg	Bayreuth	1. X. 15
95	Thaller Joseph	„	1. X. 15
96	Fichtner Joseph	Speyer	1. VI. 17
97	Schlamp Michael	München	1. X. 17

g) Gebührenrechnungskommissäre.

1	Jakob Joseph	Augsburg	1. VIII. 11
2	Kaufmann Georg (KLKr)	Speyer	1. VIII. 11
3	Steller Karl	Speyer	1. VIII. 11
4	Raith Johann	Augsburg	1. III. 13

h) Steuerrechnungskommissäre

der Regierung der Pfalz, K. d. F.

1	Pfleger Emil (KLKr)	Speyer	1. VII. 11
2	Schneider Karl (KLKr)	„	1. IX. 13
3	Schmitt Heinrich	„	16. VII. 14
4	Lenhard Franz Felix	„	16. VII. 14

i) Akzessisten.

1	Altinger Georg	Landshut
2	Arendts Karl Dr.	Ansbach
3	Benz Ludwig	Augsburg
4	Cejka Alois	Regensburg
5	Deppisch Friedrich	„
6	Diepold Hugo	„
7	Zehentbauer Max	Augsburg

k) Präsidialsekretäre, Sekretäre, Registratoren, (Kanzlisten), Kanzlei- und Registraturassistenten, Kanzleiassistentinnen, Boten und Steindrucker.

(Diese Stellen jedoch nur insoweit, als das Staatsministerium der Finanzen zur Besetzung zuständig ist.)

α) **Präsidialsekretäre.**

1	Schwarz Joseph, Rat (MIVa—KLKr—PLc—V†—PRK2,3)	Regensburg	1. I. 09
2	Hammer Alois, Rat (KLKr—LK)	Landshut	1. I. 09
3	Danhauser Joh., PräsObersekr. (KLKr)	Ansbach	1. I. 09
4	Mayr Andreas (KLKr)	Augsburg	1. X. 15

β) **Sekretäre.**

1	Schwandner Franz (T. e. Obersekr.) (KLKr)	Augsburg	16. VIII. 98
2	Wenk Hans	Ansbach	1. V. 04
3	Simon Karl, Obersekr. (KLKr)	Landshut	1. VII. 07
4	Storch Franz Emil, Obersekr. (KLKr)	Würzburg	1. I. 08
5	Haberkorn Wilhelm (KLKr)	Speyer	24. XII. 08
6	Schmucker Max	Landshut	1. I. 09 / 1. XII. 16
7	Körger Georg	München	1. I. 09
8	Diem Johann	Ansbach	1. I. 09
9	Trammer Johann	Regensburg	1. I. 09
10	Stettberger Andreas (PL2)	München	1. I. 09
11	Schwarz Max	Augsburg	16. XII. 09
12	Rock Peter	"	16. XII. 09
13	Ertl Johann	Bayreuth	16. XII. 09
14	Wissmeyer August (KLKr—LK)	Würzburg	1. I. 10
15	Braun Wolfgang (KLKr)	"	1. V. 10
16	Keil Karl (KLKr)	Ansbach	1. VIII. 10
17	Hader Johann (KLKr)	Regensburg	21. XII. 10
18	Keimig Ludwig	München	16. XI. 12
19	Schott Johann (KLKr)	Bayreuth	1. I. 13
20	Jobst Karl	Landshut	1. XII. 13
21	Grebner Anton (KLKr)	Speyer	1. IV. 14
22	Illing Georg	Regensburg	1. XII. 14
23	Rödel Gottlieb	München	1. XII. 14
24	Krämer Stephan	Würzburg	1. XII. 14
25	Stoll Johann	Speyer	1. IV. 16
26	Felseis Konrad	Ansbach	1. IV. 16
27	Rösch Gustav (KLKr)	Augsburg	1. IV. 17
28	Rechel Hermann	Bayreuth	1. VIII. 17

γ) **Registratoren.**

1	Meyer Theodor, Rat (MIVa—LK)	München	15. II. 82
2	Schenk Johann Adam, Oberreg. (KLKr)	Würzburg	1. I. 91
3	Fahr Friedrich, Oberreg.	Ansbach	1. XII. 96
4	Ganzmann Eugen	Würzburg	1. II. 97

5	Frey August, Oberreg. (LK)	Ansbach	1. X. 98
6	Wangemann Lorenz, Oberreg. (KLKr)	Bayreuth	1. V. 99
7	Täuber Leonhard (KLKr)	Regensburg	1. IX. 02
8	Schneebauer Joseph	Landshut	16. III. 03
9	Sanner Johann	München	1. V. 03
10	Schenk Heinrich	Landshut	1. II. 07
11	Schepp Michael	München	1. IX. 08
12	Münzer Roderich	"	1. I. 09
13	Frank Georg	"	1. I. 09
14	Baierl Alois	Landshut	1. I. 09
15	Wolf Georg (MVKlbKr)	Regensburg	1. I. 09
16	Grübel Georg	Bayreuth	1. I. 09
17	Horn Heinrich (KLKr)	"	1. I. 09
18	Beigel Leonhard	Ansbach	1. I. 09
19	Liedtke Wilhelm	Würzburg	1. I. 09
20	Flechtner Johann	"	1. I. 09
21	Kracker Joseph (KLKr)	Augsburg	1. VII. 09
22	Moser Joseph	Würzburg	1. IX. 10
23	Früchtel Nikolaus	Ansbach	1. IX. 11
24	Reiss Adolf	Augsburg	1. VI. 13
25	Jüngling Johann (KLKr)	Regensburg	1. IX. 13
26	Löw Jakob (KLKr)	Speyer	1. IX. 13
27	Fischer Karl	Ansbach	1. I. 14
28	Bauer Georg	Bayreuth	1. II. 14
29	Mahler Joseph	München	1. XII. 14
30	Jochum Karl	Augsburg	1. XII. 14
31	Posch Michael	Speyer	1. XII. 15
32	Rohr Joseph	Regensburg	1. II. 16
33	Höpfner Paul (KLKr)	Speyer	1. II. 16
34	Schneider Rudolf	Landshut	1. VIII. 16
35	Schumacher Eugen Friedrich	Speyer	1. XII. 16

δ) Kanzlist.

1	Ebenhöch Klemens	Regensburg	1. IV. 08

ε) Kanzlei- und Registraturassistenten.

1	Kirchner Heinrich, RegSekretär (KLKr)	Regensburg	16. III. 95
2	Burger Joseph, RegSekretär	Landshut	1. VII. 98
3	Popp Andreas	München	1. VI. 04
4	Hergst Heinrich	Bayreuth	1. X. 04
5	Masson Johann	Augsburg	16. VI. 05
6	Gack Adalbert	"	16. X. 06
7	Strobel Michael	"	22. V. 07
8	Burkert Heinrich	Regensburg	1. VII. 08
9	Baur Joseph	Augsburg	1. IX. 08
10	Höhn Leopold	Bayreuth	1. XII. 08
11	Diem Richard	München	1. XII. 08
12	Hader Georg	Regensburg	16. XII. 08
13	Rosshirt August	Augsburg	1. VIII. 09
14	Wiest Engelbert	Würzburg	1. II. 10
15	Hafner Joseph	Bayreuth	1. IV. 10
16	Vogl Franz	München	1. IX. 10
17	Körner Andreas	Bayreuth	1. IX. 10

18	Moser Joseph	Würzburg	1.IX.10
19	Hofmann Friedrich (KLKr)	„	1.VI.11
20	Vogl Karl	Landshut	1.VII.11
21	Schnappauf Michael	Regensburg	1.IV.12
22	Freiesleben Franz	Ansbach	1.X.12
23	Fuchs Robert	Regensburg	1.I.13
24	Michaelis Karl	Speyer	1.I.13
25	Kühnlein Kaspar	Bayreuth	1.I.13
26	Müller Konrad	Ansbach	1.I.13
27	Eichleitner Valentin	München	1.II.13
28	Stingl Kaspar	Nürnberg	16.III.13
29	Österreicher Joseph	Ansbach	16.IV.13
30	Kainz Ludwig	München	1.VII.13
31	Kreis Joseph	Regensburg	1.IX.13
32	Wolf Anton	Speyer	1.X.13
33	Reil Johann	Regensburg	1.XI.13
34	Bux Joseph Karl	München	1.V.14
35	Meissner Lothar	Ansbach	16.VII.14
36	Würstle Artur	Augsburg	1.VII.17

ζ) Kanzleiassistentinnen.

1	Schmer Therese	Regensburg	1.XII.14
2	Wagner Kunigunde	Ansbach	1.V.16
3	Kormann Fanny	Landshut	1.VIII.16
4	Schey Hildegard	Speyer	1.X.16
5	Kraus Ernestine	München	1.IV.17
6	Wimmer Anna	„	1.IV.17
7	Fritzsche Wilhelmine	Speyer	1.IV.17
8	Fuss Anna	Würzburg	1.VI.17
9	Lübeck Elise	Ansbach	1.XII.17
10	Schmidt Rosa	Augsburg	1.I.18
11	Barnickel Maria	Bayreuth	1.I.18

η) Boten.

1	Daniel Jakob (Me1—KLKr—LK)	Landshut	1.I.88
2	Rabenstein Georg (Me 1—KLKr))	Bayreuth	15.II.92
3	Reichert Franz (Me 1 - KLKr)	Würzburg	1.XI.93
4	Schwarz Nikolaus (Me 1)	Regensburg	16.X.94
5	Pöverlein Philipp (Me 1 - KLKr—LK)	Landshut	1.VI.96
6	Fischer Peter (Me 1—KLKr)	Augsburg	1.V.98
7	Heilmann Johann (Me 1—KLKr)	Würzburg	1.II.99
8	Zick Leopold	Augsburg	1.V.99
9	Braun Johann	Speyer	1.I.00
10	Volk Otto	Würzburg	16.VII.00
11	Ködel Wilhelm	Ansbach	16.IX.00
12	Ehrt Moritz (KLKr)	Speyer	1.IV.01
13	Jungbauer Albert	München	16.VI.01
14	Thoma Georg	Ansbach	1.IX.02
15	Stippler Leonhard (KLKr)	Augsburg	1.X.02
16	Sattelberger Franz X.	Landshut	1.V.03
17	Haunschild Hubert	Ansbach	1.II.04
18	Köber Philipp	Würzburg	15.IX.04
19	Brater Johann (KLKr)	Speyer	1.III.05
20	Ambos Friedrich	„	1.III.06
21	Schartner Sebastian	München	1.VIII.06

22	Winzenhöhler Matthäus	Würzburg	1. X. 06
23	Laube Julius	Regensburg	16. I. 07
24	Karl Christian	Bayreuth	1. III. 07
25	Obermeier Joseph	Augsburg	1. XI. 08
26	Fromm Johann	"	1. IV. 09
27	Liebl Johann	München	1. I. 10
28	Sontheimer Max	"	1. IX. 10
29	Scharf Philipp	Bayreuth	1. II. 11
30	Sossau Georg	München	1. III. 11
31	Schmidbauer Franz	"	1. VI. 11
32	Lurz Hubert	"	16. IV. 13
33	Stein Karl	"	16. I. 14
34	Hollmann Georg	Speyer	1. VIII. 14
35	Baier Joseph	Regensburg	1. VIII. 17

ϑ) **Steindrucker.**

1	Stumpf Wendelin (KLKr)	Würzburg	1. V. 96
2	Muth Adam	Augsburg	16. XI. 98
3	Kramer Christoph	Bayreuth	1. IX. 02
4	Berghammer Sebastian	Landshut	16. IV. 05
5	Schall Joseph (KLKr)	Speyer	18. X. 06
6	Kragl Georg	München	1. III. 07
7	Kellerer Michael	"	1. XII. 08

XI. Liste.

Kreiskassen.

a) **Kreiskassiere.**

1	Miesbach August, RegR. (MIV—KLKr—LK)	Würzburg	Renttm.	1. I. 82
			KrK.	1. XI. 96
2	Plenagl Matth., RegR. (MIV—KLKr)	München	Renttm.	1. VI. 88
			KrK.	1. VIII. 10
3	Frank Karl, FinR. (MIVa—KLKr)	Augsburg	Renttm.	16. X. 90
			KrK.	16. XII. 03
4	Meyer Gustav Ad. (MIVa—KLKr)	Ansbach	Rentm.	1. VI. 97
			KrK.	1. IV. 02
5	Stahl Georg	Speyer		1. V. 08

b) **Kontrolleure.**

1	Grosser Friedrich (M)	München	1. II. 00
2	Diem Albert (LK)	Speyer	16. VII. 01
3	Bauer Friedrich (M)	Augsburg	1. VII. 02
4	Megele Emil (1. VII. 03 RechgsK.)	Ansbach	1. II. 06
5	Haeckel Karl (1. VII. 03 RechgsK.)	Landshut	1. V. 08

c) **Zahlmeister.**

1	Fikenscher Karl (KLKr)	München	1. VII. 99
2	Schmäling Martin (Ma)	Würzburg	16. VII. 00
3	Vogelhuber Wilhelm (KLKr)	Bayreuth	16. VII. 01

d) Offizianten.

1	Schneider Ludwig, Obersekr. (Ma)	München	1. VII. 99
2	Müller Otto Rupprecht, Obersekr.	Landshut	1. II. 00
3	Kratzer Joseph	Ansbach	1. VII. 02
4	Rohr Martin, Obersekr.	Würzburg	1. I. 04
5	Trey Otto	Augsburg	1. VI. 07

e) Sekretäre.

1	Krebs Erhard	Augsburg	RS. 1. VII. 03 1. IV. 09
2	Hagen Sebastian	Bayreuth	RS. 1. VII. 03 1. VII. 11
3	Väth Andreas	Würzburg	RS. 1. VII. 03 1. III. 13
4	Spörlein Heinrich	Landshut	1. IV. 00
5	Ammer Franz X.	München	1. II. 03
6	Schiffmann Ludwig	"	1. VII. 03
7	Eberlein Leonhard	Ansbach	1. VII. 03
8	Eckstein Johann	München	1. VIII. 03
9	Klein Max	Augsburg	1. VIII. 03
10	Sauter Heinrich, gepr. KPr.	Speyer	16. I. 04
11	Guttenberger Peter	Bayreuth	16. VIII. 05
12	Braun Erich, gepr. KPr.	Regensburg	1. VII. 07
13	Jöckel Adolf, gepr. KPr.	Speyer	RS. 1. I. 09 1. XI. 10
14	Steinberger Adolf	Landshut	RS. 1. I. 09 1. I. 11
15	Klotz Joseph	Speyer	RS. 1. I. 09 1. X. 13
16	Baumgartner Johann (KLKr)	Regensburg	RS. 1. I. 09 1. XI. 15
17	Hacker Ludwig	Regensburg	RS. 1. IV. 10 1. XI. 17

f) Kasseassistentinnen.

1	Schwaiger Berta	München	1. X. 13
2	Schröder Babetta	"	1. XII. 15

g) Diener.

1	Hussendörfer Michael	München	1. II. 94
2	Stöckl Michael (Me1—L2)	Augsburg	1. II. 94
3	Österreicher Wenzel (LK)	Ansbach	1. VIII. 06
4	Schellenberger Michael	München	16. X. 08
5	Schleicher Johann	Speyer	1. VII. 11
6	Remberger August	Regensburg	1. IV. 12
7	Bäumler Johann	Landshut	1. III. 16

XII. Rentämter.

a) Regierungsräte.

(Vorstände der Rentämter mit Kasseabteilung.)

1	Gimmi Otto von (MIV—KLKr) (16. VII. 00)	München St. III.	1. II. 03 RVorst. 1. XI. 08

2	Burckhardt Heinrich (MIV—KLKr—LK) (1. XI. 84)	Nürnberg III	1. VII. 03
3	Stöcklein Gottfried (MIV—KLKr) (1.X.87)	München St. I	1. VII. 03
4	Zernott Karl (MIV—KLKr) (16. I. 95)	Augsburg I	1. XII. 05
5	Linsmayer Christian (MIV—KLKr—LK) (16. VI. 86)	Würzburg St.	1. IX. 08
6	Schmid Anton (MIV—KLKr) (1. VII. 92)	München II	1. VII. 11
7	Conrath Peter (MIVa—KLKr—LK) (1. XII. 92)	Aschaffenburg I	1. VII. 11
8	Ullrich Alexander (MIV—KLKr) (15. II. 94)	Passau	1. VII. 11
9	Fischer August (MIV—KLKr) (16. VII. 94)	Fürth	1. VII. 11
10	Letz Ferdinand (MIV—KLKr) (1. VI. 96)	Regensburg I	1. VII. 11
11	Abendroth Ed. (MIV—J—KLKr) (1. II. 98)	Hof	1. VIII. 11
12	Benker Gustav (MIV—KLKr) (1. XII. 99)	Kaiserslautern	1. IX. 13
13	Schmidt Anton (KLKr) (1. VIII. 98)	Nürnberg II	1. VIII. 14
14	Limbacher Richard (KLKr—J) (1. X. 03)	Ludwigshafen a. Rh.	1. IV. 17
15	Hartmuth Ludwig (KLKr) (1. XII 05)	Pirmasens	1. IV. 17
16	Rubner Karl (KLKr) (1. XII. 98)	Nürnberg I	1. IX. 17

b) Rentamtmänner

einschliesslich der Kasseabteilungsvorstände.

Mit dem Titel und Rang eines Regierungsrats.

1	Morneburg Jak., (MIV—KLKr) (1.XI.84)	München St. IV	1. X. 87 / 15. XII. 02
2	Dumas Casimir von (MIV—PLb) (16. V. 88)	Füssen	1. I. 93 / 8. VIII 08
3	Kathan Edm. (MIV—KLKr) (16. XII. 86)	Kempten	1. VII. 91 / 16. II. 11
4	Burckhardt Johann (1. X. 87)	Traunstein	16. VII. 92 / 16. II 11
5	Müller Eugen (MIV—KLKr) (16. III. 91)	Neu-Ulm	1. VI. 95 / 23. XII. 12
6	Fries Hugo, Kasseabt.-Vorst. (KLKr) (1. III. 94)	München St. II	1. V. 97 / 1. I. 14
7	Müller Paul (J) (1. I. 05)	Wolfratshausen	1. X. 09 / 1. V. 15
8	Plöbst Hermann (KLKr) (16. VII. 06)	Lindau	1. VII. 11 / 1. IV. 16
9	Muckenschnabl Ignaz (KLKr) (16. XII. 95)	Burghausen	1. VI. 99 / 16. XI. 16
10	Frank Ludwig (KLKr) (16. X. 97)	Erlangen	1. III. 02 / 16. XI. 16
11	Degen Johann, Kasseabt.-Vorst. (KLKr) (1. VIII. 01)	Fürth	1. XI. 04 / 16. XII. 17
12	Heil Karl Dr. (16. I. 04)	Berchtesgaden	1. XII. 08 / 16. XII. 17

Mit dem Titel Finanzrat
und dem Range der Beamten der Klasse VI, 2 der RO.

13	Zellner Heinr. (MIV—KLKr) (16. XII. 86)	Freising	1. V. 91 / 1. I. 14
14	Schwab Hermann (KLKr) (1. V. 89)	Trostberg	16. XII. 93 / 1. I. 14
15	Wunder Franz (MIV - KLKr) (1. VIII. 95)	Bayreuth	1. V. 98 / 1. I. 14
16	Bedall Alfred (KLKr —PRA5—PKrVKr—PRK3) (1. V. 93)	Miesbach	1. I. 99 / 1. I. 14
17	Högel Joh. Bapt. (MIVa) (16. V. 84)	Höchstädt a. D.	1. IX. 88 / 23. XI. 15
18	Hartmann Heinrich (MIVa) (1. XI. 85)	Augsburg II	1. II. 90 / 23. XI. 15
19	Pessl Andreas Ritter und Edler von, (1. V. 86)	Pottenstein	1. VII. 90 / 23. XI. 15
20	Arnold Constantin (KLKr) (1. X. 86)	Kitzingen	1. V. 91 / 23. XI. 15
21	Bayer Georg (MIV—KLKr) (1. X. 87)	Ingolstadt	16. I. 92 / 23. XI. 15
22	Beck Johann (MIVa—KLKr) (1. IV. 90)	Weiden	16. V. 94 / 23. XI. 15
23	Zeissner Friedrich, Kasseabt.-Vorst. (MIVa—KLKr) (16. VI. 90)	München St. I	1. VII. 94 / 23. XI. 15
24	Veh Paul (MIV—KLKr) (1. V. 91)	Rosenheim	16. IV. 95 / 23. XI. 15
25	Collorio Adam, Kasseabt.-Vorst. (KLKr) (1. IX. 91)	München St. III.	1. X. 95 / 23. XI. 15
26	Leschhorn Ludwig (KLKr) (16. IV. 95)	Landau i. Pf.	16. X. 97 / 23. XI. 15
27	Foohs Ludwig (KLKr —LK) (16. XI. 79)	Dahn	1. VI. 83 / 7. III. 16
28	Arras Ludwig (KLKr) (16. IX. 83)	Bergzabern	1. X. 87 / 7. III. 16
29	Dietl Eduard (MIV — KLKr — LK) (16. XI. 84)	Aibling	1. V. 89 / 7. III. 16
30	Dittmar Friedrich (MIVa — KLKr) (16. V. 88)	Lichtenfels	16. IV. 93 / 16. XI. 16
31	Rohr Georg (MIVa—KLKr—LKr) (1. XI. 88)	Aschaffenburg II	1. V. 93 / 16. XI. 16
32	Yblagger Ludw. (KLKr) (1. XII. 92)	Eichstätt	16. VII. 96 / 16. XI. 16
33	Wimmer Johann, Kasseabt.-Vorst. (KLKr) (16. VII. 93)	Augsburg I	16. I. 97 / 16. XI. 16
34	Schaffner Max (MIVa—KLKr) (1. III. 94)	Amberg	16. IV. 97 / 16. XI. 16
35	Acker Theodor (KLKr) (16. IV. 95)	Speyer	16. III. 98 / 16. XI. 16

36	Hörmann Ignaz (KLKr) (1.XI.95)	Deggendorf	1.IV.99	16.XI.16
37	Rippel Ludwig (1.I.96)	Frankenthal	1.VIII.99	16.XI.16
38	Gerner Johann (KLKr) (16.VII.96)	Schwabach	1.V.00	16.XI.16
39	Liepert Karl (KLKr) (1.IV.97)	Straubing	16.V.01	16.XI.16
40	Auer Anton (J) (1.VII.97)	Tirschenreuth	1.I.02	16.XI.16
41	Weninger Otto (KLKr) (16.XII.93)	Schrobenhausen	1.IV.97	16.XII.17
42	Effert Hermann, Kasseabt.-Vorst. (KLKr) (16.I.95)	Nürnberg II	16.X.97	16.XII.17
43	Scheuten Franz (16.IV.95)	Moosburg	1.II.98	16.XII.17
44	Kern Georg (1.X.95)	Weilheim	1.VIII.99	16.XII.17
45	Braunhofer Franz (KLKr) (16.III.97)	Bamberg Ld.	1.I.01	16.XII.17
46	Kleist Wilhelm (KLKr) (1.II.98)	Mühldorf	1.VIII.02	16.XII.17
47	Walter Johann (KLKr) (1.XII.99)	Regensburg II	1.VII.03	16.XII.17
48	Knorr Ludwig (KLKr) (16.I.01)	Schweinfurt	16.VI.04	16.XII.17
49	Schilbach Georg (KLKr) (1.IX.02)	München-Ld.	1.IV.07	16.XII.17

Rentamtmänner.

50	Forster Johann Nep. (MIVa — KLKr) (1.II.89)	Würzburg Ld.	1.VI.93
51	Weinmayer Georg (16.I.89)	Schwabmünchen	16.XII.93
52	Ehard Joseph (16.I.89)	Nördlingen	16.XII.93
53	Thaler Johann Gg. (KLKr) (1.XI.89)	Neustadt a. A.	1.V.94
54	Wüst Gustav, Kasseabt.-Vorst. (1.III.90)	Nürnberg I	1.XII.94
55	Will Martin (1.V.91)	Arnstein	16.VII.95
56	Arnold Theodor (KLKr) (1.VII.90)	Cadolzburg	1.VIII.95
57	Dörr Heinrich (1.VII.91)	Eschenbach	1.XI.95
58	Zorn Eugen (MIVa—KLKr) (1.II.92)	Wertingen	1.VI.96
59	Then Joseph (KLKr) (16.VII.93)	Röttingen	16.I.97
60	Rabe Sigmund (16.XII.93)	Stadtsteinach	16.III.97
61	Fügenschuh Joseph (KLKr) (1.V.94)	Wasserburg	1.V.97
62	Albrecht Wendelin (1.XII.94)	Türkheim	1.II.98
63	Feineis Hermann (KLKr) (1.VI.95)	Kissingen	1.IV.98
64	Baron Joseph (KLKr) (1.VIII.95)	Marktbibart	1.VIII.98
65	Danhauser Franz, Kasseabt.-Vorst. (KLKr) (16.IX.95)	Passau	16.IX.98
66	Weber Johann (KLKr) (16.XII.95)	Altdorf	1.XII.98
67	Ragner Alfred (KLKr) (1.VI.96)	Dachau	1.XII.99

68	Höhne Joseph (1. VII. 97)	Karlstadt	1. X. 00
69	Stockar v. Neuforn Karl (KLKr) (1. VI. 95)	Donauwörth	16. XII. 00
70	Fraunholz Joseph (16. III. 97)	Kastl	1. I. 01
71	Gromeder Johann (16. I. 97)	Öttingen	1. IV. 01
72	Mauter Karl (16. I. 95)	Rothenkirchen	1. VII. 01
73	Richter Hermann (KLKr) (1. VI. 97)	Herzogenaurach	1. I. 02
74	Kitzing Richard (1. IX. 97)	Dillingen	1. IV. 02
75	Rettig Hermann (KLKr) (16. XII. 97)	Dürkheim	1. V. 02
76	Rockenstein Anton (KLKr) (16. X. 97)	Simbach a. I.	1. V. 02
77	Koos Christoph (KLKr) (1. I. 98)	Neustadt a. S.	1. V. 02
78	Zeiss Karl (KLKr) (1. IV. 98)	Wunsiedel	1. XI. 02
79	Grähl Ludwig (KLKr - J) (1. IV. 98)	Immenstadt	1. II. 03
80	Birner Joseph (KLKr) (1. II. 98)	Greding	1. III. 03
81	Schmaus Lorenz (KLKr) (1. IV 98)	Bamberg-St.	1. III. 03
82	Kolb Max (KLKr) (1. VIII. 98)	Klingenberg	16. III. 03
83	Bayer Karl (KLKr) (16. VII. 98)	Memmingen	1. V. 03
84	Derleth Matthias (MIVa — KLKr) (1. VIII. 99)	Kelheim	1. VI. 03
85	Bassler Moritz (KLKr) (1. V. 98)	Herrieden	1. VII. 03
86	Beyerlein Gustav (KLK —PKrVKr) (16. VII. 98)	Vilshofen	1. VII. 03
87	Sondermann Hermann (KLKr) (1. VIII. 98)	Wassertrüdingen	1. VII. 03
88	Limbacher Franz (KLKr - J) (1. XI. 98)	Neumarkt i. O.	1. VII. 03
89	Hartmann Karl Anton (1. I. 99)	Dettelbach	1. VII. 03
90	Hierl Johann (1. IV. 99)	Günzburg	1. VII. 0
91	Linhardt Richard (KLKr) (1. VI. 99)	Ansbach	1. VII. 03
92	Hans Eugen, Kasseabt.-Vorst. (1. VI. 99)	Würzburg-St.	1. VII. 03
93	Volkert Karl (1. VIII. 99)	Schongau	1. VII. 03
94	Knözinger Anton (J) (1. XII. 99)	Starnberg	1. X. 03
95	Knauber Friedrich (KLKr) (1. VII. 00)	Hilpoltstein	16. XI. 03
96	Meyer Sigmund (16. VII. 00)	Neunkirchen a. Br.	16. XI. 03
97	Stümpfler Joseph (16. VII. 00)	Beilngries	16. XI. 03
98	Führer Rudolf (KLKr) (16. VII. 00)	Kaufbeuren	16. XI. 03
99	Sonderschefer Max (J) (16. VII. 00)	Kulmbach	16. XII. 03
100	Spatny Adolf (KLKr) (16. VII. 00)	Münchberg	16. I. 04
101	Hagemann Karl, Kasseabt-Vorst. (16. VII. 00)	Ludwigshafen a. Rh.	16. I. 04
102	Rennert Julius (KLKr PKrVKr) (16. VII. 00)	Mitterfels	1. II. 04
103	Dürr Wilhelm (KLKr) (1. I. 01)	Fürstenfeldbruck	1. III. 04
104	Weis Theodor (KLKr) (1. VIII. 01)	Kirchheimbolanden	1. III. 04
105	Sellner Wilhelm (16. XII. 04)	Neuburg a. D.	1. IV. 04
106	Schwab Karl (KLKr) (1. VIII. 00)	Thurnau	1. V. 04
107	Bertram Gustav, Kasseabt.-Vorst. (KLKr — J) (16. V. 01)	Regensburg I	16. VI. 04
108	Gmach Max (MV4bKr—J—PEK2) (16. I. 01)	Lauingen	1. VII. 04
109	Henke Karl (KLKr) (1. X. 00)	Sulzbach	1. VIII. 04
110	Wismüller Karl (1. IV. 01)	Riedenburg	16. VIII. 04
111	Rockstroh Ludwig (KLKr) (1. VI. 01)	Tölz	1. X. 04
112	Schleich Georg (J) (16. IX. 01)	Grünstadt	1. XI. 04
113	Pischinger August (1. IX. 01)	Friedberg	1. XII. 04
114	Fleckenstein Anton (KLKr) (16. VIII. 01)	Pfarrkirchen	1. I. 05
115	Scherer Heinrich (KLKr) (16. XI. 01)	Forchheim	1. I. 05

116	Kolb Christoph Dr. (KLKr) (1.I.02)	Lohr	1.IV.05
117	Mehrwald Melchior (KLKr) (16.V.01)	Ottobeuren	16.V.05
118	Agne Wilhelm (1.IX.02)	Kusel	1.VII.05
119	Eymann Jakob (1.III.02)	Landstuhl	1.X.05
120	Finger Johann (1.V.02)	Winnweiler	1.I.06
121	Siebenlist Alois (MV 4b Kr—J—PEK2) (1.VI.02)	Amorbach	1.II.06
122	Zahn Paul (KLKr) (1.VIII.02)	Burgau	1.II.06
123	Voment August (1.IX.02)	Waldsassen	1.I.07
124	Aldinger Ludwig (KLKr) (1.IX.02)	Rothenburg o. T.	1.XI.07
125	Nenning Benevenutus (KLKr) (1.IX.02)	Viechtach	1.XII.07
126	Zink Joseph (1.IX.02)	Aichach	1.I.08
127	Braun Karl (1.IX.02)	Weissenhorn	1.IV.08
128	Streit Ludwig (1.IX.02)	Volkach	1.VIII.08
129	Wolf August (1.IX.02)	Weismain	1.VIII.08
130	Bergmaier Adalbert (KLKr) (1.IX.02)	Gerolzhofen	1.IX.08
131	Matheis Jakob (1.IX.02)	Obermoschel	1.IV 09
132	Hess Valentin (KLKr) (1.IX.02)	Kandel	1.IV.09
133	Abendroth Karl (1.IX.02)	Gemünden	1.V.09
134	Flury Theobald (J—KLKr) (1.V.03)	Landshut	1.VI.09
135	Lauterbach Karl (1.III.03)	Hofheim	1.VII.09
136	Beer Joseph (1.III.03)	Mellrichstadt	1.X.09
137	Cuno Friedrich (KLKr) (1.II.03)	Schönberg	1.X.09
138	Lucas Karl (KLKr) (1.VII.03)	Ebersberg	1.X.09
139	Zimmerer Heinrich (J) (1.VII.03)	Obernzell	1.XII.09
140	Standhardinger Friedrich (KLKr) (1.VII.03)	Lichtenberg	1.I.10
141	Bähr Johannes (KLKr) (1.VII.03)	Kronach	1.II.10
142	Niggl Michael (1.VII.03)	Zusmarshausen	1.II.10
143	Pfadtisch Joseph (1.VII.03)	Buchloe	1.III.10
144	Kiefer Andreas (1.VII.03)	Marktschorgast	1.III.10
145	Heusser Richard (1.VII.03)	Annweiler	1.IV.10
146	Wagner Georg (KLKr) (1.VII.03)	Spalt	1.V.10
147	Vollnhals Georg (1.VII.03)	Auerbach	1.V.10
148	Geyer Adalbert (KLKr) (1.VII.03)	Waldmünchen	1.VI.10
149	Ladenberger Friedrich (KLKr) (1.VII.03)	Markt Oberdorf	1.VIII.10
150	Bergdolt Philipp (1.VII.03)	Waischenfeld	1.IX.10
151	Friedl Otmar (KLKr) (1.XII.04)	Erding Rgs.-A.	1.XII.10
		R.	1.VIII.14
152	Wadlinger Nikolaus (J) (1.VII.03)	Blieskastel	1.XII.10
153	Häglsperger Dionys (1.VII.03)	Zeil	1.XII.10
154	Fetzer Emil (1.VII.03)	Walderbach	1.I.11
155	Hellenthal Georg (1.VII.03)	Werneck	1.V.11
156	Dilg Adalbert (1.III.05)	Edenkoben Rgs.-A.	1.VII.11
		R.	1.VII.13
157	Baer Ludwig (KLKr) (1 V.05)	Garmisch Rgs.-A.	1.VII.11
		R.	I.VI.14
158	Herbert Otto (1.V.06)	Vilsbiburg Rgs.-A.	1.VII.11
		R.	1.VIII.17
159	Sixt Michael, Kasseabt.-Vorst. (16.XI.03)	Kaiserslautern	1.VII.11
160	Obich Max (16.I.04)	Neustadt a.D.	1.VII.11
161	Hübsch Bruno (KLKr) (1.X.05)	Dinkelsbühl	1.VII.11
162	Mayr Eduard (1.VII.03)	Cham	1.VII.11
163	Zimmermann Nikolaus (16.VII.03)	Ochsenfurt	1.VIII.11

164	Falkner von Sonnenburg Franz (KLKr) (16.11.03)	Eggenfelden	1. VIII. 11
165	Fritz Karl (1. X. 05)	Neustadt a. H.	1. VIII. 11
166	Weisenseel Andreas (1. VI. 03)	Landau a. I.	1. IX. 11
167	Brügel Max (KLKr) (1. XI. 04)	Hersbruck	1. IX. 11
168	Schuhmann Xaver (KLKr) (16. XI. 03)	Kemnath	1. IX. 11
169	Schellhaass Ludwig (16. I. 04)	Lauterecken	1. IX. 11
170	Moritz Karl (1. X. 06)	Laufen Rgs.-A.	1. X. 11
		R.	1. IV. 15
171	Geyer Franz (1. II. 04)	Ebermannstadt	1. X. 11
172	Scholl Heinrich (16. VI. 04)	Mindelheim	1. XII. 11
173	Bally Eugen (16. I. 04)	Zweibrücken	16. II. 12
174	Vogel Karl (KLKr) (1. VII. 03)	Pfaffenhofen	1. V. 12
175	Killinger Heinrich (1. IX. 06)	Schesslitz	1. VIII. 12
176	Meyer Johann (PEK2) (1. X. 06)	Markt Erlbach	1. X. 12
177	Kerth Philipp (KLKr) (1. VII. 04)	Selb	1. X. 12
178	Jacob Ludwig (1. I. 07)	Pegnitz	16. X. 12
179	Baur Andreas (PKrVKr) (1. IX. 04)	Münnerstadt	16. XI. 12
180	Schmidt Johann (16. VIII. 04)	Nabburg	1. I. 13
181	Kölbel Johann (16. V. 05)	Landsberg	1. II. 13
182	Ehrlich Konrad (KLKr) (1. IV. 07)	Hemau	1. II. 13
183	Heussler Ludwig (J) (16. VIII. 04)	Hammelburg	16. III. 13
184	Scheibenbogen Max (1. I. 05)	Kötzting	1. IV. 13
185	König Benedikt (KLKr) (1. II. 05)	Kipfenberg	1. IV. 13
186	Heindl Anton (1. X. 06)	Brückenau	1. VII. 13
187	Ossenbrunner Karl (KLKr) (16. XII. 08)	Heidenheim	1. XI. 13
188	Prenitzer Theodor (KLKr) (1. V. 05)	Uffenheim	1. XII. 13
189	Leitenbauer Hugo (KLKr) (16. III. 04)	Zwiesel	1. I. 14
190	Tewes Alfons (1. IV. 09)	Griesbach	1. I. 14
191	Legat Ludwig, Kasseab.-Vorst. (1. II. 10) (PEK2)	Aschaffenburg I	16. VII. 14
192	Knaus Anton, Kasseabt.-Vorst. (KLKr —PEK2) (1. X. 06)	Nürnberg III	1. VIII. 14
193	Dehn Walter (1. VII. 05)	Monheim	1. IX. 14
194	Dexel Johann (KLKr) (1. IV. 09)	Heilsbronn	1. XI. 14
195	Rothenanger Albert (KLKr) (1. VIII. 05)	Vohenstrauss	1. XI. 14
196	Deininger Joh., Kasseabt.-Vorst. (KLKr) (1. VI. 10)	Hof	1. XII. 14
197	Ertl Max (KLKr) (1. XII. 10)	Weißenburg i. B.	1. VI. 15
198	Trütschel Georg, Kasseabt.-Vorst. (1. II. 06)	Pirmasens	1. IX. 15
199	Hertel Wilhelm (KLKr —PKrVKr) (1. V. 09)	Windsheim	1. X. 15
200	Steinle Johann Bapt. (1. V. 06)	Rain	1. X. 15
201	Stubenrauch Christoph (MV4bKr—J—PEK2) (1. V. 06)	Lengfurt	1. XI. 15
202	Ament Michael (1.9.06)	Freyung	1. IV. 16
203	Bauer Friedrich (1.5.09)	Höchstadt a. A.	1. V. 16
204	Füssl Anton (1.9.06)	Germersheim	1. V. 16
205	Niessen Otto (KLKr) (1.9.06)	Burglengenfeld	1. VI. 16
206	Griesbauer Hugo (1. IX. 06)	Neunburg v. W.	1. II. 17
207	Höchstetter Karl (KLKr) (1. VII. 11)	St. Ingbert	1. IV. 17
208	Schenk Hermann (1. VII. 11)	Staffelstein	1. IV. 17
209	Hürner Johann (1. V. 09)	Dingolfing	1. IV. 17
210	Hartung Wolfgang Dr. (1. VI. 09)	Burgwindheim	1. IV. 17
211	Wenninger Anton (1. VII. 09)	Ebern	1. IV. 17
212	Schwaiger Karl (KLKr) (1. X. 06)	Velburg	1. IV. 17

213	Krafft Ludwig (KLKr) (1. X. 09)	Mallersdorf		1. VII. 17
214	Bauer Alfons (1. II. 06)	Königshofen		1. VII. 17
215	Dentler Max (1. XI. 09)	Feuchtwangen		1. X. 17
216	Schleis von Löwenfeld Max (1. XII. 09)	Illertissen		1. X. 17
217	Eggelkraut zu Wildengarten Paul, Edler von (1. I. 10)	Krumbach		1. XI. 17

c) Rentamtsassessoren.

1	Lechner Johann (T. u. R. e. Rentamtmannes)	München St. II		1. IX. 06
2	Mayer Anton (MV4bKr — PEK 2)	Miesbach	RK.	1. X. 06
			RA.	16. XI. 12
3	Batteiger Otto	Ludwigshafen a. Rh.	RK.	1. X. 06
			RA.	1. III. 10
4	Hefele Anton (MV4bKr—PEK2)	Augsburg I		1. X. 06
5	Rohrmoser Georg	Kaufbeuren	RK.	16. XI. 06
			RA.	1. VII. 11
6	Stark Leopold	Deggendorf	RK.	1. XII. 06
			RA.	1. I. 10
7	Schoentag Theodor (T. u. R. e. Rentamtmanns)	München St. I	FA.	1. I. 07
			RA.	16. IV. 11
8	Faulhaber Nikolaus	Schweinfurt	RK.	1. IX. 07
			RA.	16. XI. 12
9	Hingkeldey Karl	München St. II	RK.	1. IX. 07
			RA.	1. VII. 11
10	Öchslein Karl	München St. I	RK.	1. XI. 07
			RA.	1. IX. 10
11	Mohr Georg (MV4bKr—PEK1 u. 2)	Neustadt a. H.	RK.	1. I. 08
			RA.	1. XI. 11
12	Eckert Georg (KLKr)	Erlangen		1. II. 08
13	Bihler Ulrich (KLKr)	Dillingen	RK.	1. VII. 08
			RA.	1. VII. 11
14	Wüst Joseph (KLKr)	Augsburg I	RK.	1. X. 08
			RA.	16. IV. 11
15	Holl Wilhelm (KLKr)	Ansbach	RK.	1. I. 09
			RA.	1. II. 10
16	Obeltshauser Joseph (KLKr)	Neuburg a. D.	RK.	1. I. 09
			RA.	1. IX. 10
17	Tritschler August	München-Ld.	RK.	1. I. 09
			RA.	1. XII. 10
18	Wagner Franz	Markt Oberdorf	RK.	1. I. 09
			RA.	1. VII. 11
19	Winkler Hugo	Kissingen	RK.	1. I. 09
			RA.	1. IV. 13
20	Häusler Franz X.	Wasserburg	RK.	1. I. 09
			RA.	1. VII. 11
21	Preuss Johann	Lohr	RK.	1. I. 09
			RA.	1. VII. 11

22	Eisfelder Anton (KLKr)	Bamberg Ld.	RK. 1.I.11 RA. 1.X.11
23	Full Otto (MV4bKr—PEK2)	Würzburg St.	RK. 1.I.09 RA. 1.I.11
24	Nepf Heinrich	München St. IV	RK. 1.I.09 RA. 1.XI.09
25	Eisenmüller Johann (KLKr — PKrVKr)	Kitzingen	RK. 1.I.09 RA. 1.VII.11
26	Kerler Johann	Memmingen	RK. 1.I.09 RA. 1.I.11
27	Ponnath Georg (MV4bKr—PL2—PEK 1 u. 2)	Bayreuth	RK. 1.I.09 RA. 16.XI.12
28	Bockmeyer Jakob	Frankenthal	RK. 1.I.09 RA. 1.V.10
29	Weiss Engelbert	München St. III	RK. 1.I.09 RA. 1.VII.11
30	Rauch Kaspar (MVK3aKr—PEK2-SFAM)	Würzburg St.	RK. 1.I.09 RA. 1.VII.13
31	Landthaler Ludwig	Weilheim	RK. 1.I.09 RA. 16.XI.12
32	Lins Johann (KLKr)	Kempten	RK. 1.I.09 RA. 16.XI.12
33	Weickert Franz	Neustadt a. S.	RK. 1.I.09 RA. 1.VII.11
34	Wütscher Karl	München St. II	RK. 1.I.09 RA. 1.IX.13
35	Balthasar Jakob	Forchheim	RK. 1.I.09 RA. 1.VII.11
36	Jäger Karl	Bamberg St.	RK. 1.I.09 RA. 1.VII.12
37	Tyroller Anton	München Ld.	RK. 1.I.09 RA. 1.IX.13
38	Weigel Theodor	München St. III	RK. 1.I.09 RA. 1.VII.11
39	Eckmüller Robert	Fürth	RK. 1.I.09 RA. 1.VII.11
40	Cloeter Karl (MV4bKr—PEK2)	Vilshofen	RK. 1.I.09 RA. 1.VII.11
41	Micheler Julius	Sulzbach	RK. 1.I.09 RA. 1.VII.11
42	Scheider Friedrich (KLKr)	Schwabach	RK. 1.I.09 RA. 1.VII.11
43	Nunn Ferdinand	Würzburg Ld.	RK. 1.I.09 RA. 1.IX.11
44	Cuno Max	Homburg	RK. 1.I.09 RA. 1.VII.11

45	Höning Johann	Landshut	RK. 1.I.09	RA. 1.VII.11
46	(Während der Drucklegung geändert.)			
47	Schmidt Karl	Kaiserslautern	RK. 1.I.09	RA. 1.VI.11
48	Steinbacher Georg	Amberg	RK. 1.I.09	RA. 1.XI.11
49	Kraus Johann Gg.	Freising	RK. 1.I.09	RA. 1.VI.16
50	Kast Franz	Burghausen	RK. 1.I.09	RA. 1.VII.11
51	Klensch Ludwig	Kaiserslautern	RK. 1.I.09	RA. 1.VII.11
52	Dörr Eugen (KLKr)	Aschaffenburg I	RK. 1.I.09	RA. 1.VII.16
53	Eckel Franz	Ludwigshafen a. Rh.	RK. 1.I.09	RA. 16.IV.11
54	Voeller Gustav	Rothenburg o.T.	RK. 1.I.09	RA. 1.VII.11
55	Breu Karl	Nürnberg I	RK. 1.I.09	RA. 1.IX.14
56	Wank Georg (PEK2)	Nürnberg I	RK. 1.I.09	RA. 16.IV.11
57	Ochs Karl	Gunzenhausen	RK. 1.I.09	RA. 1.VII.11
58	Hausmann Johann	Straubing	RK. 1.I.09	RA. 1.VII.11
59	Steinert Wilhelm	Schweinfurt	RK. 1.I.09	RA 1.IX.11
60	Riedelbauch Hermann	Weissenburg	RK. 1.I.09	RA. 1.VII.11
61	Woerner Georg (KLKr)	Regensburg I	FA. 1.II.10	RA. 1.V.13
62	Büschel Alfred (MV4aKr—PEK2)	Lindau	FA. 1.IX.10	RA. 1.III.13
63	Spengel Ernst (KLKr)	Augsburg I	FA. 16.IV.11	RA. 1.II.13
64	Löcherer Georg	Ansbach	FA. 1.VII.11	RA. 16.XI.12
65	Lizius Max Dr. (MV4bKr—PEK2 —OEMVKr3Kr.)	Landsberg	FA. 1.VII.11	RA. 1.V.13
66	Feuerlein Ludwig (KLKr)	Nürnberg III	1.VII.11	
67	Müller Michael	München St. III	FA. 1.VII.11	RA. 1.I.14
68	Uschold Adolf Dr.	München St. II	FA. 1.VII.11	RA. 1.IX.13

69	Dicknether Karl Dr.	Traunstein	FA. 1. VII. 11 RA. 1. VIII. 13
70	Neuner Richard	Regensburg I	FA. 1. VII. 11 RA. 1. VI. 12
71	Geul Karl	Neustadt a. H.	FA. 1. VII. 11 RA. 1. XI. 13
72	Hagen Adolf (KLKr)	Kulmbach	1. VII. 11
73	Müller Wilhelm	Nürnberg II	RK. 1. VII. 11 RA. 16. II. 12
74	Trauschel Joseph	Aschaffenburg II	RK. 1. VII. 11 RA. 1. IX. 12
75	Schreiner Albert	Landau Pf.	RK. 1. VII. 11 RA. 1. X. 12
76	Fischer Hermann (PEK2)	Wunsiedel	1. VII. 11
77	Haberl Johann B.	Günzburg	1. VII. 11
78	Weiss Otto	Eichstätt	1. VII. 11
79	Baer Friedrich	Hersbruck	1. VII. 11
80	Kunstmann Georg	Lichtenfels	1. VII. 11
81	Hauss Oskar (PEK2)	Ludwigshafen a. Rh.	1. VII. 11
82	Fahmüller Max	Kronach	RK. 1. VII. 11 RA. 1. I. 14
83	Gossner Johann	Augsburg II	1. VII. 11
84	Mohr Georg	Berchtesgaden	RK. 1. VII. 11 RA. 16. XI. 12
85	Reiss Christian (PEK2)	St. Ingbert	1. VII. 11
86	Lottenburger Wilhelm	Burglengenfeld	1. VII. 11
87	Gröhling Heinrich	Kempten	1. VII. 11
88	Ritter Ludwig	Pirmasens	RK. 1. VII. 11 RA. 1. IX. 11
89	Irber Franz	Mallersdorf	RK. 1. VII. 11 RA. 1. III. 15
90	Ungemach Eugen	Weiden	1. VII. 11
91	Schätzl Stephan	Pfaffenhofen	RK. 1. VII. 11 RA. 16. XI. 12
92	Engelbrecht Jakob	Fürth	1. VII. 11
93	Koehler Philipp (MV4bKr—PEK1 u. 2)	Speyer	FA. 1. VIII. 11 RA. 1. II. 17
94	Winderl Georg (KLKr)	Nördlingen	RK. 1. IX. 11 RA. 1. VII. 11
95	Schmidhofer Martin	Ingolstadt	RK. 1. XI. 12 RA. 1. VI. 14
96	Gold Emil	München St. I (wiederangest.)	FA. 1. II. 09 RA. 1. IV. 16
97	Hartmann Friedrich	Rosenheim	FA. 16. XI. 11 RA. 1. IV. 17
98	Mack Gottfried (KLKr)	München St. III	FA. 16. XI. 12 RA. 1. IV. 17
99	Meyer Franz	Hof	FA. 16. XI. 12 RA. 1. XII. 16
100	Blasy Karl	Immenstadt	RK. 16. XI. 12 RA. 1. VIII. 17

101	Kitz Hugo	Würzburg St.	RK. 16. XI. 12 / RA. 1. VI. 16
102	Meier Georg	Fürth	RK. 16. XI. 12 / RA. 1. X. 15
103	Donderer Karl	Passau	RK. 16. XI. 12 / RA. 1. XI. 14
104	Pöverlein Ludwig (MVK3aKr—PEK2)	Landshut	RK. 16. XI. 12 / RA. 1. X. 15
105	Lautenschlager Friedr. (MV4bKr—PEK2)	Regensburg I	1. V. 13
106	Seidl Ludwig (MV4bKr—PEK2)	Augsburg I	1. XI. 13
107	Lenz Konrad	Nürnberg III	FA. 1. II. 14 / RA. 1. VI. 16
108	Franz Joseph	Pirmasens	RK. 1. II. 14 / RA. 1. IV. 16
109	Schuster Joseph	Amberg	FA. 1. VIII. 14 / RA. 1. III. 15
110	Steinheimer Michael (PEK2)	Dürkheim	1. XI. 14
111	Rossmüller Georg	Neustadt a. D.	1. XI. 14
112	Faltermaier Hugo Dr.	Nürnberg III	1. V. 15
113	Fischer Anton	Mühldorf	1. IX. 15
114	Schröder Robert	Nürnberg II	1. IX. 15
115	Mangold Karl	Neunburg v. W.	1. XI. 15
116	Nunn Rudolf	Erding	1. II. 17
117	Häfner Wilhelm	Zweibrücken	1. VI. 17

Übriges Verwaltungspersonal.

d) Rentamtssekretäre.

Mit dem Titel Obersekretär
und dem Range der Beamten der Klasse IX der RO.

1	Rummel Joh. (Buchh. d. StSchV. 1.III.02)	München St. III	1. VIII. 97 / Obers. 1. I. 14
2	Thiem Johann (Ma—KLKr)	Zwiesel	1. IV. 98 / 1. I. 14
3	Baier Franz (Ma—KLKr—LK)	Würzburg St.	1. VII. 03 / 1. I. 14
4	Möckel Gustav (Ma)	München St. IV	1. VII. 03 / 1. I. 14
5	Schrenk Ant. Lorenz (KLKr)	Schwabach	1. VII. 03 / 1. I. 14
6	Seiler Adam (Ma)	München St. II	1. VII. 03 / 1. I. 14
7	Wohlfromm Joseph (KLKr)	Lohr	1. VII. 03 / 1. I. 14
8	Schöpf Karl (KLKr)	Nürnberg I	1. VII. 03 / 1. I. 14

9	Zimmermann Michael (KLKr)	Eichstätt	1. VII. 03	1. I. 14
10	Potzel Johann (Ma—KLKr)	Kemnath	1. VII. 03	1. I. 14
11	Wolff Friedrich (Ma—KLKr)	Regensburg I	1. VII. 03	1. I. 14
12	Kolb Joseph (KLKr)	Würzburg Ld.	1. VII. 03	1. I. 14
13	Wagner Georg (Ma—KLKr)	Passau	1. VII. 03	1. I. 14
14	Dinkel Johann Bapt. (KLKr)	Augsburg I	1. IX. 06	1. I. 14
15	Metz Martin	Traunstein	1. VII. 03	23. XI. 15
16	Zinser Karl (KLKr)	Würzburg St.	1. VII. 03	23. XI. 15
17	Jessberger Willibald (KLKr)	Lengfurt	1. VII. 03	23. XI. 15
18	Groh Johann Chr. (Ma)	Kandel	1. VII. 03	23. XI. 15
19	Wolfbauer Emanuel	München St. II	1. VII. 03	23. XI. 15
20	Bühling Georg (Ma)	München St. IV	1. VII. 03	23. XI. 15
21	Amos Johann (KLKr)	Weissenburg i. B.	1. VII. 03	23. XI. 15
22	Hartmann Adam (KLKr)	Laufen	1. VII. 03	23. XI. 15
23	Metz Franz (KLKr)	Nürnberg II	1. VII. 03	23. XI. 15
24	Reiss Emil (KLKr)	Würzburg Ld.	1. VII. 03	23. XI. 15
25	Weigel Xaver (Ma)	Landau i. Pf.	1. VII. 03	23. 11. 15
26	Huber Max	Pfarrkirchen	1. I. 09	23. XI. 15
27	Nothhaft Christian	München St. II	1. VII. 03	16. XI. 16
28	Beinhardt Philipp (Ma—KLKr)	Straubing	1. VII. 03	16. XI. 16
29	Holzer Sebastian	Rosenheim	1. VII. 03	16. XI. 16
30	Herterich Franz	München St. II	1. VII. 03	61. XI. 16
31	Müller Hugo	München St. IV	1. VII. 03	16. XI. 16
32	Mayer Johann Georg (KLKr)	Nürnberg II	1. VII. 03	16. XI. 16

33	Lierheimer Georg	Regensburg II	1. VII. 03	16. XI. 16
34	Uhl Michael	Friedberg	1. VII. 03	16. XI. 16
35	Hain Max (KLKr)	Regensburg I	1. VII. 03	16. XI. 16
36	Helmschrott Michael	München St. I	1. VII. 03	16. XI. 16
37	Wick Konrad (KLKr)	Hersbruck	1. VII. 03	16. XI. 16
38	Rackl Georg (KLKr)	Ingolstadt	1. VII. 03	16. XI. 16
39	Kapp Georg (KLKr)	Nürnberg III	1. VII. 03	16. XI. 16
40	Scherbel Georg (KLKr)	Vilshofen	1. VII. 03	16. XI. 16
41	Schmidt Heinrich (KLKr)	Rothenburg o. T.	1. VII. 03	16. XI. 16
42	Wagner Bernhard (Ma—KLKr)	Landshut	1. VII. 03	16. XI. 16
43	Bock Hans	Lindau	1. VII. 03	16. XII. 17
44	Schubert Wolfgang	München St. II	1. VII. 03	16. XII. 17
45	Breitenbach Georg (KLKr)	Bamberg Ld.	1. VII. 03	16. XII. 17
46	Lägel Max	Fürth	1. VII. 03	16. XII. 17
47	Detzer Ludwig	München St. III	1. VII. 03	16. XII. 17
48	Dieterich Kaspar (KLKr)	Nürnberg III	1. VII. 03	16. XII. 17
49	Gurdan Johann (KLKr)	Bamberg St.	1. VII. 03	16. XII. 17
50	Tristl Anton (KLKr)	Pfaffenhofen	1. VII. 03	16. XII. 17
51	Lang Heinrich (KLKr)	Regensburg I	1. VII. 03	16. XII. 17
52	Hessdorfer Karl (KLKr)	Schongau	1. VII. 03	16. XII. 17
53	Schultheiss Leonhard (KLKr)	Erlangen	1. VII. 03	16. XII. 17
54	Bayerlein Konrad (KLKr)	Vilsbiburg	1 VII. 03	16. XI 17
55	Frohn Karl	Ludwigshafen a. Rh.	1. VII. 17	16. XII. 17

56	Otto Robert	Kempten	1.I.05 / 16.XII.17
57	Keipert Johannes (KLKr)	Pirmasens	1.III.05 / 16.XII.17
58	Münz Georg	Eichstätt	16.VII.05 / 16.XII.17
59	Neber Matthias	Immenstadt	16.XII.05 / 16.XII.17
60	Högel Max (KLKr)	Augsburg I	1.IX.06 / 16.XII.17
61	Schad Lorenz (MVK1KrV)	beurlaubt	1.IX.06 / 16.XII.17
62	Ledermann Erasmus (KLKr)	Mellrichstadt	1.I.09 / 16.XII.17

Geprüfte Kameralpraktikanten.

63	Müller Max	Bergzabern	1.I.09
64	Holzinger Ernst	Walderbach	1.I.09
65	Kern Anton	Klingenberg	1.I.09
66	Widerspick Gustav	München St. III	1.I.09
67	Falcke Friedrich (MV4bKr—PEK2)	Nürnberg III	1.I.09
68	Reinhartinger Johann	Regensburg II	1.I.09
69	Sesselmann Andreas	Bamberg Ld.	1.I.09
70	Rotter Georg	Nürnberg II	1.I.09
71	Müller Karl	Illertissen	1.I.09
72	Utz Hans	Erding	1.VI.09
73	Berger Johann	München St. II	1.XII.09
74	Zrenner Simon	Vilshofen	1.VIII.10
75	Gring Karl	Schwabach	16.IV.11
76	Lamhofer Johann	Burgwindheim	16.IV.11
77	Koch Wolfgang	Selb	16.IV.11
78	Pütterich Heinrich	Bayreuth	1.VII.11
79	Gölkel Eberhard	Miesbach	1.VII.11
80	Blum Robert	Kissingen	1.VII.12
81	Engl Michael	Berchtesgaden	1.X.12
82	Müller Johannes	Schweinfurt	16.XI.12
83	Seyfried Heinrich	Fürth	16.XI.12
84	Kainz Friedrich	Landstuhl	16.XI.12
85	Diflo Karl (PEK2)	Zeil	16.XI.12
86	Eder Karl	Schongau	16.XI.12
87	Schaumberger Andreas	München Ld.	16.XI.12
88	Mayer Friedrich (PEK2)	Neustadt a.d.H.	1.II.13
89	Hofmann Heinrich	Weiden	1.II.13
90	Büchold Eugen	Uffenheim	1.II.13
91	Lindl Anton	Würzburg St.	1.VII.13
92	Kast Theodor (PEK2)	Augsburg I	1.X.13
93	Schwarz Joseph (MVK1KrV)	beurlaubt	1.X.13
94	Emmersleben Ludwig	München St. II	1.XII.13
95	Steidle Karl	München St. II	1.II.14
96	Keller Ludwig (MV4bKr—PEK2)	Lindau	1.II.14
97	Sturm Johann	Nürnberg III	1.II.14
98	Bauer Eduard	Cham	1.II.14

99	Krebs Philipp (PEK2)	Würzburg St.	1.II.14
100	Zeitler Joseph	Schweinfurt	1.II.14
101	Unger Hermann	München St.III	1.II.14
102	Schmidt Anton (MVK3aKr—PEK2)	Ottobeuren	1.IV.14
103	Gabelmann Karl	Frankenthal	1.V 14
104	Schmitt August	Neustadt a. H.	1 VI.14
105	Scherrer Joseph	Obernzell	1.II.15
106	Dummler Franz X.	Landsberg	1.V.16
107	Baumann Franz (MV4bKr—PEK 1 u. 2)	Hof	1.IV.17

Rentamtssekretäre.

108	Zach Michael	Neuburg a. D.	1. VII.03
109	Hofmann Franz	Freising	1. VII.03
110	Eichmeier Heinrich	Neunburg v.W.	1. VII.03
111	Hönig Michael (MVK1KrV)	beurlaubt	1. VII.03
112	Leibrecht Johann Georg	Ingolstadt	1. VII.03
			reakt. 16.IX.08
113	Eichhorn Friedrich (Ma)	Bamberg St.	1. VII.03
114	Wunschel Georg	München St. II	1. VII.03
115	Groh Andreas	München St. III	1. VII.03
116	Schmidt Martin	Fürstenfeldbruck	1. VII.03
117	Grimm Michael (KLKr)	Forchheim	1. VII.03
118	Seiling Matthäus	Mühldorf	1. VII.03
119	Dassler Johann	München Ld.	1. VII.03
120	Halder Otto	Memmingen	1. VII.03
121	Geyer Georg	Ebersberg	1. VII.03
122	Fabri Karl (MVK1KrV)	beurlaubt	1. VII.03
123	Kornbrust Friedrich	Würzburg Ld.	1. VII.03
124	Rossmann Michael	Lichtenfels	1. VII.03
125	Lang Martin (KLKr)	Kulmbach	1. VII.03
126	Lipp Jakob	Zusmarshausen	1. VII.03
127	Schmück Valentin (KLKr)	Burghausen	1. VII.03
128	Grottenmüller Friedrich (KLKr)	Ansbach	1. VII.03
129	Pröbstl Karl	Freising	1. VII.03
130	Hess Adam (KLKr)	Bayreuth	1. VII.03
131	Zirker Franz	Speyer	1. VII.03
132	König Valentin	München St. II	1. VIII.03
133	Schmuck Max	Passau	1. I.04
134	Stautner Heinrich	Kempten	1. VIII.04
135	Lutz Leonhard	Rosenheim	KS. 1. IV.05
			RS. 16. IV. 11
136	Bernlochner Andr. (MVK1KrV)	beurlaubt	KS. 16. VII.05
			RS. 16. IV. 11
137	Goller Johann	München St. III	KS. 1. I.06
			RS. 1. VII. 11
138	Grimps Martin	Nürnberg III	15. II.06
139	Denzler Friedrich	Nördlingen	1. V.06
140	Harter Michael (KLKr)	Kronach	1. VI.06
141	Küstner Christoph	München St. I	1. VII.06
142	Renner Karl	Kastl	1. VIII.06
143	Schneider Johann	München St. IV	1. IX.06
144	Stark Adolf	München St. I	1. IX.06

145	Hagen Friedrich	Nürnberg I		1.IX.06
146	(Während der Drucklegung geändert).			
147	Michenfelder Georg	beurlaubt	KS.	1.IX.06
			RS.	1.III.11
148	Kühnlein Karl (MVKlKrV)	beurlaubt	KS.	16.XI.06
			RS.	1.IV.11
149	Hohn Konrad	München St. I	KS.	1.IV.07
			RS.	1.IV.11
150	Wildt Joh. Aug. (KLKr)	Bayreuth		1.VII.07
151	Zieglmaier Franz X.	München Ld.	KS.	1.III.08
			RS.	1.VII.11
152	Zimmerer Johann	beurlaubt		1.VII.08
153	Dichtl Peter (KLKr)	Ludwigshafen a. Rh.		1.VII.08
154	Übeleisen Friedrich	Aichach		1.IX.08
155	Dietz Joseph	Kissingen		1.IX.08
156	Mayer Joseph (KLKr)	Regensburg I		1.IX.08
157	Knöchel Adam (KLKr)	Ludwigshafen a. Rh.		1.IX.08
158	Mayer Paul	Herzogenaurach		1.IX.08
159	Stader Franz	München St. II		1.IX.08
160	Lutter Georg	Bamberg Ld.		1.IX.08
161	Neber Johann	München Ld.		1.IX.08
162	Wilde August (KLKr)	Kandel		1.IX.08
163	Aurnhammer Franz (KLKr)	Rothenkirchen		1.IX.08
164	Mayer Eugen (KLKr)	Kaiserslautern		1.IX.08
165	Weiskopf Franz X. (KLKr)	Regensburg I	KS.	1.XII.08
			RS.	1.VII.11
166	Hunebald Heinrich (KLKr)	Thurnau		1.I.09
167	Habisreitinger Hans (Ma)	Weissenhorn		1.I.09
168	Hiller Joseph	Lauingen		1.I.09
169	Engert Heinrich	Würzburg St.		1.I.09
170	Rosenberger August	Ochsenfurt		1.I.09
171	Bayerl Hans (KLKr)	Nürnberg III		1.I.09
172	Nusser Ludwig	Augsburg I		1.I.09
173	Rupp Ludwig	München St. I		1.I.09
174	Dietz Anton	Staffelstein		1.I.09
175	Hartmann Wilhelm	Pfaffenhofen		1.I.09
176	Baier Vinzenz	Augsburg II		1.I.09
177	Fritsch Christian (KLKr)	Bayreuth		1.I.09
178	Welker Matthäus	Erlangen		1.I.09
179	Reng Michael (KLKr)	Riedenburg		1.I.09
180	Seitz Gerhard	Gemünden		1.I.09
181	Rauh Johann (PL2)	Würzburg Ld.		1.I.09
182	Kaffer Joseph (KLKr)	Bamberg St.		1.I.09
183	Hager Johann	Ebern		1.I.09
184	Langohr Heinrich	Weissenburg i. B.		1.I.09
185	Lautenschlager Georg	Passau		1.I.09
186	Cramer Joh. Adam	Nürnberg III		1.I.09
187	Riedner Joh. Heinrich	Altdorf		1.I.09
188	Sylge Konrad	Kaufbeuren		1.I.09
189	Taig Georg	Schrobenhausen		1.I.09
190	Müller Ludwig	Eichstätt		1.I.09
191	Popp Joh. Heinr.	Ingolstadt		1.I.09
192	Sturm Johann	Burglengenfeld		1.I.09
193	Geier Johann Friedr.	Neustadt a. A.		1.I.09

194	Meier Hans	Hersbruck	1.I.09
195	Saul Peter	Bamberg St.	1.I.09
196	Tratz Friedrich	Aschaffenburg I	1.I.09
197	Rissmann Friedrich	Schwabach	1.I.09
198	Friedmann Pankraz	Nürnberg II	1.I.09
199	Kessler Roman	Füssen	1.I.09
200	Lehnert Johann	Öttingen	1.I.09
201	Probst Hans	Bamberg Ld.	1.I.09
202	Schwenck Johann	Nürnberg I	1.I.09
203	Hüttel Bernhard	Amberg	1.I.09
204	Krügl Johann Bapt. (PL2—MVK2aKrV)	Kemnath	1.I.09
205	Mayr Johann	Nürnberg II	1.I.09
206	Schmidt Bernhard (MVK1Kr—PEK2)	Garmisch	1.I.09
207	Steinhübel Karl (KLKr)	Ludwigshafen a. Rh.	1.I.09
208	Zederer Georg	Würzburg St.	1.I.09
209	Seiss Leonhard	Nürnberg II	1.I.09
210	Forster Eduard	Landshut	1.I.09
211	Franz Wilhelm (KLKr)	Miesbach	1.I.09
212	Fürbringer Georg	Heidenheim	1.I.09
213	Grün Heinrich (KLKr)	Grünstadt	1.I.09
214	Hahn Paul	Nürnberg I	1.I.09
215	Huber Joseph	Regensburg I	1.I.09
216	Krügel Karl	München St. II	1.I.09
217	Ottinger Johannes (KLKr)	Bergzabern	1.I.09
218	Schweiger Max	Rosenheim	1.I.09
219	Wagner Franz Xaver	Hilpoltstein	1.I.09
220	Unterburger Paul	Ebersberg	1.I.09
221	Ferstl Georg	München St. I	1.I.09
222	Hofmeier Otto	Waischenfeld	1.I.09
223	Krauss Paul	Nürnberg II	1.I.09
224	Lehr Karl (MVK3aKr—PEK2)	Nürnberg I	1.I.09
225	Noë Emil	Dürkheim	1.I.09
226	Pfänder Joseph	Krumbach	1.I.09
227	Thor Andreas	Klingenberg	1.I.09
228	Schmausser Johann	Nürnberg I	1.I.09
229	Kissler Wolfgang	Donauwörth	1.I.09
230	Deubler Sebastian	Schwabmünchen	1.I.09
231	Diem Joh. Maxim.	München St. III	1.I.09
232	Helferich Anton	beurlaubt	1.I.09
233	Flach Alois (KLKr)	Griesbach	1.I.09
234	Hösl Anton	Nabburg	1.I.09
235	Hummel Georg (KLKr)	Kötzting	1.I.09
236	Legat Paul (KLKr)	Regensburg I	1.I.09
237	Rüth Georg	Waldsassen	1.I.09
238	Wittauer Adam	Traunstein	1.I.09
239	Ahles Andreas	Kitzingen	1.I.09
240	Bernard Konrad	Bamberg St.	1.I.09
241	Dassler August	Herzogenaurach	1.I.09
242	Gleixner Joseph	Deggendorf	1.I.09
243	Lautenbacher Joseph	Sulzbach	1.I.09
244	Stark Friedrich (KLKr)	Wassertrüdingen	1.I.09
245	Kurz Alfred	Straubing	1.I.09
246	Eismann Johann	Krumbach	1.I.09
247	Steger Joseph	Immenstadt	1.I.09

248	Woitscheck Heinrich	Nürnberg I		1.I.09
249	Buchka Karl	Markt Oberdorf		1.I.09
250	Bucher Joseph	Cham		1.I.09
251	Hertling Joh. Franz	Münnerstadt		1 I.09
252	Kapp Leonhard	Lohr		1.I.09
253	Ries Johann (KLKr)	Wunsiedel		1.I.09
254	Schuhbauer Georg	Amberg		1.I.09
255	Dietz Adalbert	München St. I		1.I.09
256	Hauth Joseph	Erding		1.I.09
257	Witzgall Johann	München St. II		1.I.09
258	Schmitt Andreas	München St. I		1.I.09
259	Schuster Hans	Walderbach		1.I.09
260	Pröhuber Georg	Mallersdorf		1.I.09
261	Lindinger Telesphorus	Illertissen		1.I.09
262	Wallner Sebastian	Weilheim		1.I.09
263	Kroiss Simon	Vilshofen		1.I.09
264	Weingart Ludwig (KLKr)	Blieskastel		1.I.09
265	Burkhardt Ludwig	Landsberg		1.I.09
266	Emmerich Ludwig	Aschaffenburg I		1.I.09
267	Horn Christoph	Augsburg II		1.I.09
268	Fischer Friedrich	Würzburg St.		1.I.09
269	Popp Friedrich	Wunsiedel		1.I.09
270	Stegmaier Georg	Ingolstadt		1.I.09
271	Stimmelmayr Hermann	Cham		1.I.09
272	Rochholz Friedrich	Kronach		1.I.09
273	Böheim Joseph (MVK3aKr)	Donauwörth	KS.	1.I.09
			RS.	1.I.11
274	Gundermann Franz	Bayreuth	KS.	1.I.09
			RS.	1.V.10
275	Krebs Karl	Dinkelsbühl		1.I.09
276	Langheinrich Georg (KLKr)	Hof		1.I.09
277	Merkel Johann	München St. III	KS.	1.I.09
			RS.	1.VI.10
278	Nützel Thomas	„		1.I.09
279	Winklhofer Joseph	Dingolfing		1.I.09
280	Geggerle Adolf	Nördlingen		1.I.09
281	Sauer Julius Friedr.	Weiden		1.I.09
282	Brandl Joseph	beurlaubt		1.I.09
283	Dratz Georg (KLKr)	München St. I	KS.	1.I.09
			RS.	16.IV.11
284	Lankes Johann	Viechtach		1.I.09
285	Meixl Eberhard	Beilngries		1.I.09
286	Nagel David	Landsberg		1.I.09
287	Weber Karl	München St. II		1.I.09
288	Sedlmaier Xaver	München St. I		1.I.09
289	Bäuml Georg (MVK2aKr)	Kelheim		1.I.09
290	Hiller August	Burghausen		1.I.09
291	Lieberum Adolf	Markt Oberdorf		1.I.09
292	Zöllner Hans	Selb		1.I.09
293	Rasp Joh. Christian (MVK2aKrV)	Ochsenfurt		1.I.09
294	Eis Joh. Christoph	Fürth		1.I.09
295	Goller Georg	Aibling		1.I.09
296	Leiser Hermann	Röttingen		1.I.09
297	Schlicht Christian	Forchheim		1.I.09
298	Schätzler Johann	Aschaffenburg I		1.I.09

299	Amslinger Karl	Werneck	1.I.09
300	Renz Jakob	Fürth	1.I.09
301	Eberle Martin	Starnberg	1.I.09
302	Henz Andreas	Marktbibart	1.I.09
303	Kliese Albert	Weilheim	1.I.09
304	Raithel Friedrich (MVK3aKr)	Passau	1.I.09
305	Ruppert Georg	München St. III	1.I.09
306	Steitz Philipp	Kirchheimbolanden	1.I.09
307	Hauss August	Landstuhl	1.I.09
308	Wendel Eustachius	Würzburg St.	1.I.09
309	Hess Philipp (MVK2bKr)	Neustadt a. H.	1.I.09
310	Fürst Joseph	München St. IV	1.I.09
311	Hämmel Georg	München Ld.	1.I.09
312	Sauer Friedrich	Weissenburg i. B.	1.I.09
313	Schneider Franz	Burgau	1.I.09
314	Nicol Nikolaus	Neunburg v. W.	1.I.09
315	Baltheiser Lorenz	Rosenheim	1.I.09
316	Balzer Georg	Fürth	1.I.09
317	Heinz Heinrich	Gunzenhausen	1.I.09
318	Krennrich Georg	Edenkoben	1.I.09
319	Seitz Karl	Mitterfels	1.I.09
320	Weithmann Joseph	Günzburg	1.I.09
321	Metschel Karl	Augsburg I	1.I.09
322	Doll Hans (PEK2)	Wertingen	1.I.09
323	Hofreuther Friedrich	Windsheim	1.I.09
324	Uhlein Gottfried	Ebern	1.I.09
325	Orwitz Johann	Herrieden	1.I.09
326	Wiedemann Leo	Deggendorf	1.I.09
327	Binner Hermann	Starnberg	1.I.09
328	Früh Johann	Weiden	1.I.09
329	Peez Karl	Mühldorf	1.I.09
330	Breun Julius	Mellrichstadt	1.I.09
331	Hebentanz Joh. Max	Stadtsteinach	1.I.09
332	Pfeufer Johann	Fürstenfeldbruck	1.I.09
333	Dilling Johann	Laufen	1.I.09
334	Barthel Georg	Hofheim	1.I.09
335	Escher Friedrich	Hof	1.I.09
336	Schwarzmeier Joseph	München Ld.	1.I.09
337	Lohr Johann	München St. II	1.I.09
338	Gruber Paul	München St. II	1.I.09
339	Stömmer Engelbert	München St. I	1.I.09
340	Ackermann Hermann	Marktschorgast	1.I.09
341	Stiegler Franz	Tirschenreuth	1.I.09
342	Brandl Franz X.	München St. III	1.I.09
343	Haider Ludwig	Freyung	1.I.09
344	Mühllehner Georg	Schönberg	1.I.09
345	Vierlinger Ludwig (KLKr)	Hilpoltstein	1.I.09
346	Grimm Emil	Lichtenberg	1.I.09
347	Brandhuber David	beurlaubt	1.I.09
348	Döring Max	Neuburg a. D.	1.I.09
349	Schatz Heinrich	Kempten	1.I.09
350	Fischer Jakob	Kaiserslautern	1.I.09
351	Engel Leonhard (MVK3aKr—PEK2)	Dinkelsbühl	1.I.09
352	Benker Heinrich	Trostberg	1.I.09

Nr.	Name	Ort		Datum
353	Körner Christoph (MVK2bKr—PEK2)	Nürnberg I		1.I.09
354	Striegl Ludwig (MVK1KrV)	beurlaubt		1.I.09
355	Steindl Wilhelm (MVK1KrV)	„		1.I.09
356	Brinnel Karl	Landau i. Pf.		1.I.09
357	Reder Isidor	Neunkirchen a. Br.		1.I.09
358	Spörlein Wolfgang	Kulmbach		1.I.09
359	Hamberger Joseph	Tölz		1.I.09
360	Gürtler Karl	München St. III		1.I.09
361	Pittrof Anton	Wunsiedel		1.I.09
362	Schmitt Sebastian	Brückenau		1.I.09
363	Fischer Joseph	Vilsbiburg	KS.	1.I.09
			RS.	1.III.09
364	Schmiedel Heinrich	Nördlingen		1.I.09
365	Karl Georg	Aschaffenburg II		1.I.09
366	Madel Engelbert	Regensburg I		1.I.09
367	Stein Johann	Amberg		1.I.09
368	Mittelberger Georg	Hofheim		1.I.09
369	Doll Jakob	Landau i. Pf.		1.I.09
370	Schödel Friedrich	Bayreuth		1.I.09
371	Laufer Ernst (MVK2bKr)	Ansbach		1.I.09
372	Holzinger Anton	Aschaffenburg I		1.I.09
373	Ness Joseph	München St. III		1.I.09
374	Vongries Adam	Forchheim		1.I.09
375	Mechler August	Neuburg a. D.		1.I.09
376	Paulus Johann (MVK2bKr)	Rothenburg o. T.		1.I.09
377	Himer Ludwig (MVK3aKr)	Dettelbach		1.I.09
378	Übelein Georg (MVK3aKr—PEK2)	Fürth		1.I.09
379	Fruth Joseph	Amberg		1.I.09
380	Zink Michael	Gunzenhausen		1.I.09
381	Höfer Georg	Hof		1.I.09
382	Fick Georg	München St. III		1.I.09
383	Becker Johann	München St. II		1.I.09
384	Munz Max	Kaufbeuren		1.I.09
385	Stoll Jean	Dahn		1.I.09
386	Bertl Joseph	Landshut		1.I.09
387	Tremmel Georg	München St. IV		1.I.09
388	Pfändner Georg	Ochsenfurt	KS.	1.I.09
			RS.	16.XI.12
389	Welker Adolf	Speyer		1.I.09
390	Lieb Heinrich	Staffelstein		1.I.09
391	Raupp Simon	Arnstein		1.I.09
392	Landgraf Wilhelm	Weilheim		1.I.09
393	Teufel Joseph	Windsheim		1.I.09
394	Schleifer Richard	München St. III		1.I.09
395	Paur Hermann	Augsburg I		1.I.09
396	Meixl Jakob	Karlstadt		1.I.09
397	Bauer Joseph	Rosenheim		1.I.09
398	Hirschlach Andreas	Greding		1.I.09
399	Beicht August	Frankenthal		1.I.09
400	Polster Andr. (Sächs.TapferkM.)	Karlstadt		1.I.09
401	Schlenk Georg (MVK3aKr—PEK 2)	Altdorf		1.I.09
402	Lawaldt Otto	Kirchheimbolanden		1.I.09
403	Fassnacht Johann	Brückenau		1.I.09

404	Dürrbeck Bernhard	Lengfurt	1.I.09
405	Liebermeister Joseph	Regensburg II	1.III.09
406	Diethmayr Franz X.	Füssen	1.VI.09
407	Blümlein Johann	München St. II	1.VI.09
408	Stohr Georg	Lindau	1.VI.09
409	Frosch Friedrich	Hersbruck	1.VII.09
410	Gewinner Julius	Uffenheim	1.VII.09
411	Wüst Michael	Edenkoben	1.VIII.09
412	Weidner Friedrich	Schweinfurt	1.VIII.09
413	Leibrock Michael	Lauterecken	1.VIII.09
			1.IX.10
414	Stähr Joseph	Neustadt a. D.	1.IX.09
415	Ködel Joseph	Zeil	1.IX.09
416	Seitz Franz (MVK2bKr)	Memmingen	1.I.10
417	Müller Max	Mallersdorf	1.I.10
418	Pfahler Paul	Nürnberg II	1.I.10
419	Krammel Alois	Friedberg	1.I.10
420	Ackermann Heinrich	Bergzabern	1.I.10
421	Stoll Georg	Feuchtwangen	1.I.10
422	Hofmann Martin	Burglengenfeld	1.I.10
423	Kroiss Otto (PEK2)	Landshut	1.I.10
424	Reissmann August	Ansbach	1.I.10
425	Weber Friedrich	Cadolzburg	1.I.10
426	Rügamer Valentin	Velburg	1.I.10
427	Schmidt Karl	Marktschorgast	1.I.10
428	Pfeiffer Georg (MVK3bKr—PEK2)	Frankenthal	1.I.10
429	Bicherl Emil	Türkheim	1.I.10
430	Nocker Friedrich	Höchstädt a. D.	1.I.10
431	Höfler Paul	Würzburg Ld.	1.I.10
432	Schmausser Joseph	Velburg	1.I.10
433	Markert Georg	Lauingen	1.I.10
434	Landsherr Franz (MVK1KrV)	beurlaubt	1.I.10
435	Lenhard Jakob	Kaiserslautern	1.II.10
			1.II.11
436	Stenzel Friedrich	München Ld.	1.II.10
437	Welker Albert	Ludwigshafen a. Rh.	1.II.10
438	Buchwieser Friedrich	München St. II	1.III.10
439	Lankes Max	Freyung	1.III.10
440	Herderich Philipp	Bamberg St.	1.III.10
441	Loy Georg	München St. III	1.IV.10
442	Baumann Emil	Aschaffenburg II	1.IV.10
443	Amschler Heinrich	Kronach	1.V.10
444	(Während der Drucklegung geändert).		
445	Detter Joseph	Neunburg v.W.	1.VI.10
446	Fritsch Anton	Günzburg	1.VIII.10
447	Brunner Paul (KLKr)	Wunsiedel	1.IX.10
448	Grötsch Georg	München St. IV	1.IX.10
449	Böhm Otto	Kirchheimbolanden	1.IX.10
450	Spitzer Michael	Weismain	1.XII.10
451	Fuchs Georg	Neustadt a. A.	1.XII.10
452	Schnackig Johann	Schweinfurt	1.I.11
453	Blaumeier Joseph	Neu-Ulm	1.I.11
454	Kellner Michael	Nabburg	1.II.11
455	Schott Moritz	Landsberg	1.III.11

456 Behr Michael	Kempten	16. IV. 11
457 Eberhart Friedrich (MVK 3a Kr)	"	16. IV. 11
458 Kerler Karl	Memmingen	16. IV. 11
459 Seefelder Albert	Augsburg I	16. IV. 11
460 Hofmann Johann	Wasserburg	16. IV. 11
461 Hener Ferdinand	Ansbach	16. IV. 11
462 Kraus Andreas	Lichtenfels	16. IV. 11
463 Maier Georg	Grünstadt	16. IV. 11
464 Abel Joh. Friedrich	Pegnitz	16. IV. 11
465 Müller Tobias	München St. III	16. IV. 11
466 Eckert Joseph	Passau	1. VI. 11
467 Fackler Anton	Monheim	1. VI. 11
468 Heinrich Wolfgang	Waldmünchen	1. VII. 11
469 Gäbisch Philipp	Hammelburg	1. VII. 11
470 Gipser Eugen (MV4bKr)	Hof	1. VII. 11
471 Graf Joseph	Neu-Ulm	1. VII. 11
472 Menninger Theodor	Gerolzhofen	1. VII. 11
473 Rauschmayr Otto	Augsburg II	1. VII. 11
474 Fischer Johann (PEK2)	Nürnberg I	1. VII. 11
475 Altmann Max	Straubing	1. VII. 11
476 Lienhardt Andreas	Heilsbronn	1. VII. 11
477 Reinwand Gregor	Amorbach	1. VII. 11
478 Schmelmer Joseph	Fürstenfeldbruck	1. VII. 11
479 Schmidt Andreas	Fürth	1. VII. 11
480 Wittman Joseph (MVK3aKr—PEK2)	Freyung	1. VII. 11
481 Schottenhaml Joseph	Wolfratshausen	1. VII. 11
482 Wissing Gustav	Kandel	1. VII. 11
483 Antretter Joseph	St. Ingbert	1. VII. 11
484 Kayser Wilhelm	Kaiserslautern	1. VII. 11
485 Ottilinger Eugen (MVK1KrV)	beurlaubt	1. VII. 11
486 Tempel Adam (MVK 2a Kr—PEK2)	Schesslitz	1. VII. 11
487 Rupp Alfons	Rosenheim	1. VII. 11
488 Meyer Hans	Hersbruck	1. VII. 11
489 Bögle Georg	Schwabmünchen	1. VII. 11
490 Bitter Jakob	Nürnberg III	1. VII. 11
491 Bachmann Friedrich	Zweibrücken	1. VII. 11
492 Führlbeck August	Aichach	1. VII. 11
493 Scharl Paul	Sulzbach	1. VII. 11
494 Raab Johann	Hemau	1. VII. 11
495 Reiter Anton	Regensburg I	1. VII. 11
496 Kraus Georg	Kronach	1. VII. 11
497 Haider Gg. Gustav	Nürnberg III	1. VII. 11
498 Müller Otto	Kaiserslautern	1. VII. 11
499 Schneider Georg	Neustadt a. H.	1. VII. 11
500 Lautersack Ferdinand	Landau i. Pf.	1. VII. 11
501 Holzheu Joseph (MV4b Kr—PEK2)	München St. III	1. VII. 11
502 Mangold Wilhelm	Münnerstadt	1. VII. 11
503 Schmidtlein Wilhelm (MVK3aKr—PEK2)	Fürth	1. VII. 11
504 Wittmann Ludwig	Griesbach	1. VII. 11
505 Schliermann Johann	Mallersdorf	1. VII. 11
506 Brunner Konstantin (MVK1KrV)	beurlaubt	1. VII. 11
507 Irl Michael	Speyer	1. VII. 11
508 Vogel Johann	Lichtenfels	1. VII. 11
509 Busch Christian (PEK 2)	Nürnberg II	1. VII. 11

510	Kellermann Johann (MVK2aKrV—PEK2)	Starnberg	1. VII. 11
511	Schramm Valentin	Münchberg	1. VII. 11
512	Ermer Karl	Burghausen	1. VII. 11
513	Knauer Robert	Volkach	1. VII. 11
514	Henkel Eduard	Neustadt a. S.	1. VII. 11
515	Mösl Joseph	Riedenburg	1. VII. 11
516	Tyroller Joseph	München St. III	1. VII. 11
517	Weber Hermann	Pirmasens	1. VII. 11
518	Fleischmann Simon	München St. II	1. VII. 11
519	Englert Joseph	Würzburg St.	1. VII. 11
520	Lehmaier Ludwig	München St. III	1. VII. 11
521	Schäfer Joseph	Hammelburg	1. VII. 11
522	Schwarzbeck Johann	München St. II	1. VII. 11
523	Zugschwert Karl	Nürnberg III	1. VII. 11
524	Wiesmann Ferdinand	München St. III	1. VII. 11
525	Feuerlein Kaspar	Burgwindheim	1. VII. 11
526	Neufeld August	Ludwigshafen a. Rh.	1. VII. 11
527	Schnelle Joseph	Kempten	1. VII. 11
528	Scherer Nikolaus	Nürnberg III	1. VII. 11
529	Welker Heinrich	Nürnberg II	1. VII. 11
530	Krieg Heinrich (MVK1KrV)	beurlaubt	1. VII. 11
531	Kremp Heinrich (MVK3a Kr)	Kaiserslautern	1. VII. 11
532	Plöderl Max	Deggendorf	1. VII. 11
533	Wittmann Karl (MVK1KrV)	beurlaubt	1. VII. 11
534	Eckle Friedrich	Augsburg I	1. VII. 11
535	Schwind Karl	Obermoschel	1. VII. 11
536	Löw Anton	Augsburg I	1. VII. 11
537	Patutschnick Stephan	Schwabach	1. VII. 11
538	Herrmann Ludwig	Landau i. Pf.	1. VII. 11
539	Joas Karl	Münchberg	1. VII. 11
540	Ningelgen Karl	Kusel	1. VII. 11
541	Heibler Martin (MVK2aKr)	Pirmasens	1. VII. 11
542	Forster Ambros	München St. III	1. VII. 11
543	Raithel Bernhard	Markterlbach	1. VII. 11
544	Lautenschlager Hans	Weiden	1. VII. 11
545	Herr Heinrich	Ludwigshafen a. Rh.	1. VII. 11
546	Liebler Adolf	Königshofen	1. VII. 11
547	Margraf Johann	München St. II	1. VII. 11
548	Tremel Andreas	Rothenkirchen	1. VII. 11
549	Frauendorfer Karl	Amberg	1. VII. 11
550	Jahreis Stephan	Hof	1. VII. 11
551	Stamer Johannes	Neustadt a. H.	1. VII. 11
552	Windorfer Alois	Ottobeuren	1. VII. 11
553	Zirngibl Max	Passau	1. VII. 11
554	Roider Ferdinand	München St. II	1. VII. 11
555	Hammer Michael	Frankenthal	1. VII. 11
556	Hoffmann Ludwig	Ludwigshafen a. Rh.	1. VII. 11
557	Büttner Johann	München St. II	1. VII. 11
558	Brunn Georg Chr.	"	1. VII. 11
559	Kurz Johannes	Homburg	1. VII. 11
560	Gegler Joseph Anton	Neuburg a. D.	1. VIII. 11
561	Zellner Franz	München St. IV	1. VIII. 11
562	Sagstetter Ludwig	Höchstadt a. A.	1. VIII. 11
563	Deiler Joseph	Landshut	1. IX. 11
564	Weingärtner Martin	Zwiesel	1. IX. 11

565	Holzhammer Wilhelm	Tölz	1.IX.11
566	Hussendörfer Georg	Passau	1.X.11
567	Gries Christian	Münchberg	1.X.11
568	Beck Johann	Höchstadt a. A.	1.X.11
569	Lutz Georg	Kelheim	1.X.11
570	Schramm Adolf	Viechtach	1.X.11
571	Schmid Karl	Eschenbach	1.X.11
572	Schramm Otto	Obernzell	1.X.11
573	Walbrunn Johann	Deggendorf	1.X.11
574	Nonnenmacher Heinrich	Nürnberg III	1.XI.11
575	Franz August	Kötzting	1.XI.11
576	Müller Hermann	Eggenfelden	1.XI.11
577	Stäblein Johann	Neustadt a. S.	1.XI.11
578	Durchschein Anton	Simbach	1.XI.11
579	Bastl Georg	München St. I	1.XI.11
580	Lutzenberger Martin	München St. III	1.XI.11
581	Mark Martin	Spalt	1.XII.11
582	Engert Karl	Weiden	1.XII.11
583	Simmeth Franz	Schrobenhausen	1.I.12
584	Birk Simon	Eggenfelden	1.I.12
585	Heldmann Karl	Grünstadt	1.I.12
586	Ermann Karl	Neustadt a. D.	16.II.12
587	Rössler Friedrich	Nürnberg III	16.II.12
588	Hoch Anton	Erlangen	1.III.12
589	Wenz Friedrich	Markt-Bibart	1.III.12
590	Zambelli Franz	Pottenstein	1.III.12
591	Seit Valentin	Königshofen	1.III.12
592	Huber Joseph	Dillingen	1.III.12
593	Mayer Anton	Mühldorf	1.III.12
594	Kellner Johann	Lindau	1.IV.12
595	Pütz Johann	Ebermannstadt	1.VI.12
596	Wittmann August	Annweiler	1.VI.12
597	Burghart Joseph	Neumarkt i. O.	1.VII.12
598	Schmitt Johann	Eggenfelden	1.VII.12
599	Hofer Ludwig	München St. II	1.VII.12
600	Gschrei Joseph	Aschaffenburg I	1.VII.12
601	Pfeuffer Georg	„	1.VIII.12
602	Schlemmer Johann	Kaiserslautern	1.VIII.12
603	Städele Adolf	Buchloe	1.IX.12
604	Gigler Franz	München St. III.	16.IX.12
605	Wieland Anton	Türkheim	1.X.12
606	Dirscherl Heinr. (MV4bKr—PEK 1 u. 2)	Berchtesgaden	1.X.12
607	Lochner August	Nürnberg II	16.XI.12
608	Gerblinger Friedrich	Wertingen	16.XI.12
609	Weiss Joseph	Wolfratshausen	16.XI.12
610	Aubele Joseph	Miesbach	16.XI.12
611	Stark Rudolf	Augsburg II	16.XI.12
612	Kusterer Eduard	Neustadt a. D.	16.XI.12
613	Stubhan Georg	Laufen	16.XI.12
614	Häffner Georg	Münchberg	16.XI.12
615	Banner August	Augsburg I	16.XI.12
616	Gnam Sebald	Dachau	16.XI.12
617	Meyer Karl	München St. IV	16.XI.12
618	Sixt Karl	Ebersberg	16.XI.12
619	Altmann Johann	Mitterfels	16.XI.12

620	Stimmelmayer Alex. (MVK1KrV)	beurlaubt	16. XI. 12
621	Niedermaier Xaver (PEK2)	München St. II	16. XI. 12
622	Fischer Karl	Hammelburg	16. XI. 12
623	Wernthaler Joseph	München St. II	16. XI. 12
624	Sack Karl	Hof	16. XI. 12
625	Ostertag Konrad	Augsburg II	16. XI. 12
626	Hausladen Max	Wasserburg	16. XI. 12
627	Röckl Anton (PEK 2)	Kissingen	16. XI. 12
628	Dömling Anton	Neu-Ulm	16. XI. 12
629	Kasenbacher Anton	München St. II	16. XI. 12
630	Langfritz Hans	Erlangen	16. XI. 12
631	Gollwitzer Georg	Rothenkirchen	16. XI. 12
632	Koch Ludwig (MVK 2bKr)	Augsburg I	16. XI. 12
633	Knobloch Friedrich	Grünstadt	16. XI. 12
634	Metz Jakob	Dürkheim	16. XI. 12
635	Weidinger Joseph (MVK2bKr)	Klingenberg	16. XI. 12
636	Ebner Max	München St. II	16. XI. 12
637	Eberle Ludwig (PEK2)	Neustadt a. D.	16. XI. 12
638	Ahr Martin	Mindelheim	16. XI. 12
639	Dörfler Johann	Lichtenberg	16. XI. 12
640	Schussmann Max	Nürnberg II	16. XI. 12
641	Kinader Karl	Landau a. I.	16. XI. 12
642	Schmaderer Joseph	München St. II	16. XI. 12
643	Loibl Karl	Deggendorf	16. XI. 12
644	Heinlein Johann	München St. II	16. XI. 12
645	Dillinger Franz	Nürnberg II	16. XI. 12
646	Schuster Norbert	Kötzting	16. XI. 12
647	Kulzer Michael (KLKr)	beurlaubt	16. XI. 12
648	Brunnthaler Johann	b. d. Reg. v. Oberb.	16. XI. 12
649	Nusser Johann	München St. III	16. XI. 12
650	Zöller Rudolf	Zweibrücken	16. XI. 12
651	Heigl Wolfgang (PEK2)	Dachau	16. XI. 12
652	Bischoff Heinrich	Ludwigshafen a. Rh.	16. XI. 12
653	Vischer Adolf	Schesslitz	16. XI. 12
654	Zimmermann Joseph	Fürstenfeldbruck	16. XI. 12
655	Breitinger Ernst (PEK2)	Kitzingen	16. XI. 12
656	Weissert Peter	München St. II	16. XI. 12
657	Weissler Georg	Kaiserslautern	16. XI. 12
658	Strössner Max	Kulmbach	16. XI. 12
659	Thein Otto	Erding	16. XI. 12
660	Herbach Otto (MVK2aKr—PEK2)	Kaiserslautern	16. XI. 12
661	Daffner Karl	Schwabmünchen	16. XI. 12
662	Beyer Gerhard	München St. II	16. XI. 12
663	Peter Otto	Moosburg	16. XI. 12
664	Hubert Eduard	Lengfurt	16. XI. 12
665	Hornung Wilhelm	Nürnberg I	16. XI. 12
666	Dietl Johann	München St. III	16. XI. 12
667	Chase Emil	Dachau	16. XI. 12
668	Lauster Alfred	beurlaubt	16. XI. 12
669	Schwesinger Lorenz (MVK 2aKrV —PEK2)	Höchstädt a. D.	16. XI. 12
670	Hugo Xaver	Dillingen	16. XI. 12
671	Grötsch Joseph	Vohenstrauss	16. XI. 12
672	Sandmeier Joseph	Aibling	16. XI. 12
673	Mark Johann	Garmisch	16. XI. 12
674	Nattermüller Xaver	Straubing	16. XI. 12

675	Harländer Joseph	München St. II	16. XI. 12
676	Potzel Ferdinand	Nürnberg III	16. XI. 12
677	Glaser Wilhelm	Pirmasens	16. XI. 12
678	Ullrich Adam (MVK3aKr—PEK2)	Lengfurt	16. XI. 12
679	Weidinger Ludwig	Burglengenfeld	16. XI. 12
680	Weiss Alois	Zusmarshausen	16. XI. 12
681	Allwang Michael	Mitterfels	16. XI. 12
682	Pätzold Johann (PEK2)	Hersbruck	16. XI. 12
683	Daut Johann (MVK2aKr—PEK2)	Ebern	16. XI. 12
684	Klemm Anton	Würzburg St.	16. XI. 12
685	Sperl Joseph	München Ld.	16. XI. 12
686	Wegert Georg (PEK2)	Nürnberg II	16. XI. 12
687	Zimmermann Peter	Blieskastel	16. XI. 12
688	Wahl Heinrich	Regensburg I	16. XI. 12
689	Sagstetter Alois	Hemau	16. XI. 12
690	Baumgärtner Heinrich	Nürnberg II	16. XI. 12
691	Saller Joseph (MVK2bKr—PEK2)	Vilsbiburg	16. XI. 12
692	Müller Oskar	Kaiserslautern	16. XI. 12
693	Dauer Johann (PEK2)	Vilshofen	16. XI. 12
694	Pretz Max	Selb	16. XI. 12
695	Kerth Georg Jakob	Annweiler	16. XI. 12
696	Schneider Friedrich	Homburg	1. XII. 12
697	Schmitt Alois	Kaufbeuren	1. XII. 12
698	Rieger Ferdinand	München St. II	1. XII. 12
699	Knoll Friedrich	Berchtesgaden	1. XII. 12
700	Sälzle Johann	München St. III	1. XII. 12
701	Bechmann Emil	Ansbach	1. XII. 12
702	Göring Wilhelm	Ludwigshafen a. Rh.	1. XII. 12
703	Brandstetter Wilhelm	Aschaffenburg I	1. I. 13
704	Egermeier Friedrich	Nürnberg II	1. II. 13
705	Kleinschnitz Ludwig	Karlstadt	1. II. 13
706	Kreuzer Heinrich (PEK2)	Würzburg St.	1. II. 12
707	Seidel Hermann	Weissenburg i. B.	1. II. 13
708	Maier Georg	Eschenbach	1. II. 13
709	Bauer Johann	Aschaffenburg II	1. II. 13
710	Schilling Johann	Obermoschel	1. III. 13
711	König Adolf	München St. III	1. V. 13
712	Nickles Heinrich (PEK2)	Rosenheim	1. VII. 13
713	Pfeffer Karl	Auerbach	1. VII. 13
714	Rothe August	Miesbach	1. VIII. 13
715	Kergl Peter (MVK2aKrV—PEK2)	Hersbruck	1. VIII. 13
716	Glück Klemens	Immenstadt	1. VIII. 13
717	Meier Georg	Nürnberg III	1. X. 13
718	Landauer Johann (PEK2)	Nürnberg III	1. X. 13
719	Hertle Xaver	Rain	1. X. 13
720	Rauscher Johann	Ludwigshafen a. Rh.	1. X. 13
721	Sturm Ludwig	Eggenfelden	1. XI. 13
722	Schmidt Karl	Garmisch	1. XI. 13
723	Klotz Johannes	Germersheim	1. XII. 13
724	Dauscher Alois	Homburg	1. XII. 13
725	Pretzl Johann	Lindau	1. XII. 13
726	Hofmann Johann	Nürnberg III	1. II. 14
727	Völkel Philipp	Laufen	1. II. 14
728	Müller Karl	Ludwigshafen a. Rh.	16. V. 14
729	Dechant Jakob	Ludwigshafen a. Rh.	16. VII. 14
730	Winkler Anton	Markt Oberdorf	1. V. 16

731	Lotter Franz Xav. (MVK2aKr—PEK2)	Mallersdorf	1. V. 16
732	Fleischmann Georg (MVK3aKr)	Aibling	1. V. 16
733	Forstner Johann	München St. III	1. VI. 16
734	Zahlauer Leopold	München St. I	1. VI. 16
735	Kaiser August	Beilngries	1. XI. 16
736	Trissl Ludwig	Tirschenreuth	1. XI. 16
737	Schmidt Hans	Neumarkt i. O.	1. XI. 16
738	Rupp Karl	Markt Bibert	1. XI. 16
739	Grillmaier Andreas	Waldsassen	1. XII 16
740	Küffner Joseph (MVK3aKr)	Amorbach	1. III. 17
741	Zick Alfons	Mindelheim	1. III. 17
742	Betz Georg	Kipfenberg	1. III. 17
743	Stephan Franz	Speyer	1. III. 17
744	Holzbauer Ludwig	Griesbach	1. IV. 17
745	Jackel Friedrich	Germersheim	1. V. 17
746	Walther Wilhelm	Pirmasens	1. V. 17
747	Alexander Wilhelm	"	1. V. 17
748	Ebelt Max	Wasserburg	1. V. 17
749	Schramm Joh. Konrad (MVK2bKr)	Lichtenberg	1. V. 17
750	Brahmann Max	Greding	1. V. 17
751	Keller Hippolyt	München St. II	1. V. 17
752	Schirmer Wilhelm	Kipfenberg	1. V 17
753	Rosenberger Hugo	Zeil	1. V. 17
754	Denk Max	Augsburg I	1. V. 17
755	Reschauer Johann	Landau a. I.	1. V. 17
756	Haarländer Georg	München St. III	1. V. 17
757	Gegenfurtner Kasimir (MVK3bKr)	Schönberg	1. V. 17
758	Meyer Heribert (PEK2)	Spalt	1. V. 17
759	Hahn Fritz	Frankenthal	1. V. 17
760	Neumann Christoph	Nabburg	1. VII. 17
761	Kieser Joseph	Lindau	1. VII. 17
762	Cunz Reinhard	Kempten	1. VII. 17
763	Turgetto Jakob	Germersheim	1. VII. 17
764	Föttinger Christian	Heilsbronn	1. VII. 17
765	Waldherr Karl	Miesbach	1. VII. 17
766	Lochner Michael	München St. III	1. VII. 17
767	Löffler Ferdinand	Friedberg	1. VII. 17
768	Flasser Joseph	Regensburg I	1. VIII. 17
769	Pfefferlein Robert (MVK3aKr—PEK2)	Sulzbach	1. VIII. 17
770	Weigel Heinrich	Herrieden	1. VIII. 17
771	Bräuhäuser Christian	Amberg	1. VIII. 17
772	Lindner Franz	München St. III	1. VIII. 17
773	Winkelmann Emil	Winnweiler	1. VIII. 17
774	Luy Johann (MVK2bKr—PEK2)	Höchstädt a. D.	1. X. 17
775	Renz Anton	Dinkelsbühl	1. X. 17
776	Hornung Matthäus	Weissenhorn	1. X. 17
777	Kessler Karl (MVK3aKr)	Ebern	1. X. 17
778	Schindlbeck Richard	Freising	1. X. 17
779	Knäulein Georg	Hersbruck	1. X. 17
780	Stich August (MV4bKr—PEK2)	Volkach	1. X. 17
781	Rosenberger Heinrich	Bamberg St.	1. X. 17
782	Dirian Gottlob	beurlaubt	1. X. 17
783	Wirth Johann	Hammelburg	1. X. 17

784	Scheuering Heinrich (MVK3aKr)	Uffenheim	1.X.17
785	Ackermann Christian (MVK2bKr—PEK2)	Weismain	1.X.17
786	Lohmann Konrad (MVK3aKr—PEK2)	Gerolzhofen	1.X.17
787	Meyer Andr. (MVK2KrV—PEK2)	Hilpoltstein	1.X.17
788	Feulner Andreas	Kronach	1.X.17
789	Kaiser Friedrich (MV4bKr—PEK2)	Dinkelsbühl	1.XI.17
790	Maisel Friedrich (MVK3aKr)	Schesslitz	1.XI.17
791	Speidel Georg	Röttingen	1.XI.17
792	Fichtner Eduard	München St. I	1.XI.17
793	Fertig Wilhelm	Gerolzhofen	1.XI.17
794	Himl Johann	Werneck	1.XII.17
795	Bodensteiner Karl	Vohenstrauss	1.XII.17
796	Oberndorfer Anton	Kastl	1.XII.17
797	Filgis Rupert	Krumbach	1.XII.17
798	Racher Johann	Heidenheim	1.I.18
799	Zöller Ludwig	Speyer	1.I.18
800	Flierl Wilhelm	Regensburg II	1.I.18

e) Rentamtsassistenten.

1	Trenkle Eugen, Offiziant	München St. II	1.VII.03
2	Schäfer Wilhelm, Offiziant	Amorbach	1.VI.04
3	Ferstl Johann	Riedenburg	1.VII.03
4	Wörle Georg	Würzburg St.	1.VII.03
5	Kappeller Xaver	Neuburg a.D.	1.VII.03
6	Fröhlich Engelbert	Dillingen	1.VII.03
7	Zugschwert Joseph (KLKr)	Regensburg II	1.VII.03
8	Hofmann David	Karlstadt	1.VII.03
9	Pfrenger Friedrich	Ochsenfurt	1.VII.03
10	Haas Albin	Neustadt a.S.	1.VII.03
11	Detzer Martin	München St. III	1.VII.03
12	Dinies Johann	Kandel	1.VII.03
13	Riedl Joseph	Cham	1.VII.03
14	Röckenschuss Johann	Griesbach	1.VII.03
15	Schorn Joseph	Fürth	1.VII.03
16	Lay Johann	Lichtenberg	1.VII.03
17	Kraus Leop. Georg	Nürnberg III	1.VII.03
18	Schneider Nikolaus	Markterlbach	1.VII.03
19	Fett Michael	München Ld.	1.VII.03
20	Löw August	Nürnberg II	1.VII.03
21	Nagel Matthias	Heidenheim	1.VII.03
22	Schubert Konrad (PKrVKr)	Rothenkirchen	1.VII.03
23	Hofmann August	Kitzingen	1.VII.03
24	Auer Artur	Straubing	1.VII.03
25	Löbisch Andreas	Vohenstrauss	1.VII.03
26	Schottenloher Karl	Regensburg I	1.VII.03
27	Fischer Robert	Fürth	1.VII.03
28	Schaumlöffel Karl	Kaiserslautern	1.VII.03
29	Hinterleitner Stephan	Kitzingen	1.VII.03
30	Schwarz Matthäus	Nürnberg II	1.VII.03
31	Riedner Joh. Leonhard	Altdorf	1.VII.03
32	Buchka Friedrich	Kitzingen	1.VIII.03
33	Scheller Martin	Feuchtwangen	16.VIII.03

34	Hiendlmayer Franz X.	Fürstenfeldbruck	16. VIII. 03
35	Fischer Alois	Burgau	1. IX. 03
36	Bickel Joh. Leonhard	Nürnberg I	1. XI. 03
37	Raithel Georg	Augsburg I	1. XII. 03
38	Saffer Matthäus	Ebermannstadt	16. XII. 03
39	Pröscholdt Hugo	Ochsenfurt	1. I. 04
40	Jäger Ludwig	Mallersdorf	1. I. 04
41	Huber Joseph	Eggenfelden	1. I. 04
42	Scheuchengraber Ferdinand	Kötzting	1. II. 04
43	Scheckenbach August	München St. II	1. II. 04
44	Vogelhuber Robert (KLKr)	Nürnberg I	15. II. 04
45	Hasselbacher Johann	Laufen	1. III. 04
46	Baumgärtner Georg	Stadtsteinach	1. V. 04
47	Stark Johann	Traunstein	13. V. 04
48	Stiegler Georg	Kemnath	1. VII. 04
49	Diemer Michael	Amorbach	1. VII. 04
50	Schüll Ernst	Lengfurt	1. VIII. 04
51	Ludwig Christoph	Schweinfurt	1. IX. 04
52	Bartelme Julius	München. St. I	16. IX. 04
53	Kalkum Max	München St. II	16. X. 04
54	Wagner Nikolaus	München St. III	16. X. 04
55	Opel Georg	Marktschorgast	16. X. 04
56	Bauer Joh. Adam	Mühldorf	1. XI. 04
57	Krapfenbauer Johann	Mallersdorf	1. XI. 04
58	Keim Gregor	München St. II	1. XI. 04
59	Schäfer Franz (PEK2)	Hersbruck	16. XI. 04
60	Deiler Johann	München St. II	16. XI. 04
61	Sebald Johann	Staffelstein	1. XII. 04
62	Blöth Otto	München St. III	1. I. 05
63	Meier Johann (MVK3b Kr)	Cham	1. II. 05
64	Zenter Joseph	Aschaffenburg II	1. II. 05
65	Müller Jakob	Altdorf reakt.	16. VI. 13 / 1. III. 05
66	Jung Theodor	Winnweiler	16. III. 05
67	Wörfel Leonhard	Kronach	1. V. 05
68	Bayerl Anton	Augsburg I	22. V. 05
69	Daumann Karl	Aibling	29. V. 05
70	Ziegler Gustav	Kissingen	15. VI. 05
71	Kroll Johann	Krumbach	20. VI. 05
72	Hess Jakob	Marktbibart	16. VII. 05
73	Aichinger Johann	Aschaffenburg I	1. X. 05
74	Roth Johann Heinrich	Wassertrüdingen	1. X. 05
75	Senftinger Max	Ansbach	1. XI. 05
76	Rummel Johann (MVK2bKr—PEK2)	Rosenheim	1. XII. 05
77	Kammermayer Max (MVK3aKr)	Pfarrkirchen	16. XII. 05
78	Schrüfer Johann (MVK2bKr—PEK2)	Kulmbach	16. XII. 05
79	Kessler Heinrich	Nördlingen	16. XII. 05
80	Hutzler Michael	Günzburg	16. XII. 05
81	Kirchdorfer Emil	Uffenheim	1. VIII. 05 / 1. II. 06
82	Weissmann Johann	Neunkirchen a. Br.	1. II. 06
83	Witzgall Johann	Kulmbach	1. II. 06
84	Andreae Wilhelm	Feuchtwangen	1. III. 06
85	Sieber Wilhelm	Ebern	1. III. 06
86	Mauerer Sigmund	Kemnath	1. III. 06

87	Mehltretter Georg	Freising	1. IV. 06
88	Rupprecht Leonhard (MVK3bKr)	Hersbruck	16. V. 06
89	Geier Johann	Dingolfing	19. V. 06
90	Steigelmann Heinrich	Kusel	1. VI. 06
91	Steigelmann Karl	Neustadt a. H.	1. VI. 06
92	Adlhoch Franz (MVK3a Kr—PEK2)	Aibling	30. VI. 06
93	Linhardt Karl	Hof	1. VII. 06
94	Schunck Hermann	Ludwigshafen a. Rh.	1. VII. 06
95	Mächerle Jakob	Speyer	14. VII. 06
96	Riedle Joseph	Aichach	1. VIII. 06
97	Kefferlein Leonhard	Nürnberg III	1. VIII. 06
98	Sesselmann Andreas	Passau	1. XI. 06
99	Bauhuber Georg	Passau	1. XI. 06
100	Edelmann Sebastian	Moosburg	1. XI. 06
101	Scholter Anton	Ebersberg	1. XI. 06
102	Beck Karl (PEK2)	Edenkoben	1. XI. 06
103	Horn Emil	Augsburg I	10. XII. 06
104	Rosenberger Heinrich	Marktschorgast	1. I. 07
105	Hegmann Eugen (MVK3Kr)	Klingenberg	1. II. 07
106	Loos Heinrich	Aschaffenburg I	1. IV. 07
107	Dotzel Eduard	Klingenberg	1. IV. 07
108	Hochrein Franz (PEK2)	Kelheim	1. IV. 07
109	Raab Michael	Donauwörth	1. V. 07
110	Berger Johann	Landsberg	4. VI. 07
111	Beurer Anton	Schwabmünchen	16. VI. 07
112	Bauernfeind Xaver	Regensburg I	26. VI. 07
113	Stöckl Max (MVK3aKr)	Burgau	1. VII. 07
114	Orthofer Anton	Neustadt a. D.	1. VII. 07
115	Thomas Georg	Hemau	16. VII. 07
116	Fischer Martin	Wasserburg	16. VII. 07
117	Hornung Hermann	Forchheim	1. VIII. 07
118	Weber Karl	Schwabmünchen	1. VIII. 07
119	Herpich Martin	Selb	16. VIII. 07
120	Reitz Georg	München St. I	16. VIII. 07
121	Schneider Johann (PEK2)	Thurnau	1. X. 07
122	Lachermeier Vitus	München St. IV	1. X. 07
123	Seeliger August, gepr. KPr.	München St. II	16. X. 07
124	Bauer Johann Wolfg.	Nürnberg II	1. XI. 07
125	Lutz Eduard	Karlstadt	1. XI. 07
126	Lingg Ludwig	Weissenhorn	1. XI. 07
127	Popp Karl	Lauingen	16. XI. 07
128	Rüger Georg	Nürnberg I	1. XII. 07
129	Federl Michael (MVK2bKr—PEK2)	Würzburg St.	1. XII. 07
130	Specht Wilhelm	Nürnberg I	1. I. 08
131	Peez Gustav (MVK2bKrV)	beurlaubt	1. III. 08
132	Bernardy August (PEK2)	Tölz	1. VII. 08
133	Kolb Karl	Mindelheim	6. VII. 08
134	Neufeld August	Dürkheim	1. IX. 08
135	Schmitt Georg	Volkach	16. IX. 08
136	Reuther Johann (MVK3bKr)	Würzburg St.	1. X. 08
137	Fischer Joseph	Deggendorf	1. X. 08
138	Klimm Adam	Hammelburg	1. X. 08
139	Aidlspurger Johann	Schongau	1. X. 08
140	Hitzler Markus	München St. I	1. X. 08
141	Fuchs Julius (MVK3bKr—PEK2)	Feuchtwangen	16. X. 08

142	Stegmüller Georg	Burghausen	1. XI.
143	Karl Johann (PEK2)	Regensburg I	16. XI.
144	Rothmeier Georg	Weilheim	1. XII.
145	Müller Heinrich	Herrieden	1. I.
146	Soller Joseph	Dingolfing	1. I.
147	Hofmann Eduard	Neunburg v. W.	1. I.
148	Bürkmann Ludwig	Speyer	1. I.
149	Baierlein Franz	Gemünden	1. I.
150	Völker Joseph (MVK3bKr—PEK2)	Königshofen	1. I.
151	Wolf Bernhard	Amorbach	1. I.
152	Spies Michael	Annweiler	1. I.
153	Eitel Georg	Windsheim	1. I.
154	Goller Georg	Simbach	1. I.
155	Klimm Franz	Mellrichstadt	1. I.
156	König Joseph	Deggendorf	1. I.
157	Heil Eduard	Hofheim	1. I.
158	Schleicher Hans	Auerbach	1. I.
159	Haas Georg	Waischenfeld	1. I.
160	Stark Andreas	Ochsenfurt	1. I.
161	Bernhart Anton	Türkheim	1. I.
162	Illert Karl	Aschaffenburg II	1. I.
163	Seitz Wilhelm	Nürnberg III	1. I.
164	Ziegler Kilian	Karlstadt	1. I.
165	Kiessling Andreas	Herzogenaurach	1. I.
166	Seuferling Franz	Klingenberg	1. I.
167	Baur Ludwig	Markt Oberdorf	1. I.
168	Klötzer Richard	Ebermannstadt	1. I.
169	Wirth Martin	Eichstätt	1. I.
170	Rheude Georg	Germersheim	1. I.
171	Gottschall Justin	Velburg	1. I.
172	Schatz Georg	Kemnath	1. I.
173	Strauss Ludwig (PEK2)	Beilngries	1. I.
174	Amberger Karl	Landshut	1. I.
175	Lindner Peter	Rothenburg o. T.	1. I.
176	Wedl Georg	Eschenbach	1. I.
177	Seyfert Georg	Neustadt a. A.	1. I.
178	Leykauff Friedrich	Heilsbronn	1. I.
179	Beutz Jakob	Landstuhl	1. I.
180	Jakob Leonhard (MVK3aKr—PEK2)	Lichtenfels	1. I.
181	Pfeffer Georg	Fürth	1. I.
182	Kefferstein Max	Bamberg St.	1. I.
183	Nicklas Friedrich	Lichtenberg	1. I.
184	Stangl Alois	Weiden	1. I.
185	Söllinger Georg	München St. II	1. I.
186	Kobes Friedrich	Markterlbach	1. I.
187	Deinlein Johann	Cadolzburg	1. I.
188	Specht Franz	München Ld.	1. I.
189	Brennich Daniel	Öttingen	1. I.
190	Weitmeier Joseph	Marktbibart	1. I.
191	Kerz Ludwig	Kirchheimbolanden	1. I.
192	Kammerer Otto	München St. II	1. I.
193	Reichl Karl	München St. III	1. I.
194	Hofmann Georg	Ludwigshafen a. Rh.	1. I.
195	Scheuenstuhl Georg	Höchstadt a. A.	1. I.
196	Hunsicker Heinrich	Zweibrücken	1. I.

197	Kopp Johann	Wasserburg	1. I. 09
198	Moser Anton	München St. III	1. I. 09
199	Weiss Heinrich	Schrobenhausen	1. I. 09
200	Lorenz Franz X.	Schönberg	1. I. 09
201	Welker Ludwig	Wunsiedel	1. I. 09
202	Krauss Ferdinand (PEK2)	Wertingen	1. I. 09
203	Rössler Gustav	München Ld.	1. I. 09
204	Gröhling Otto	Dettelbach	1. I. 09
205	Müller Gg. Leonhard	Nürnberg I	1. I. 09
206	Limpert Lambert	Neustadt a. S.	1. I. 09
207	Roth Karl	Kandel	1. I. 09
208	Rühl August	Schwabach	1. I. 09
209	Hüttner Heinrich	Augsburg II	1. I. 09
210	Adam Karl	Grünstadt	1. I. 09
211	Bohn Friedrich	Aschaffenburg I	1. I. 09
212	Keiditsch Hermann	Garmisch	1. I. 09
213	Mergenthaler Ludwig	Landshut	1. I. 09
214	Schnug Leo	München St. II	1. I. 09
215	Gollinger Joseph	Dingolfing	1. I. 09
216	Satzinger Adam	Nürnberg II	1. I. 09
217	Stauffert Wilhelm	Landau Pf.	1. I. 09
218	Heilmayr Anton	Passau	1. I. 09
219	Königstein Jakob	Homburg	1. I. 09
220	Singer Franz	München St. I	1. I. 09
221	Schröfl Waldemar	Trostberg	1. I. 09
222	Dörfler Konrad	München St. IV	1. I. 09
223	Meyer Christian	Garmisch	1. I. 09
224	Luckner Friedrich	Neustadt a. D.	1. I. 09
225	Hofmann Ludwig	Landshut	1. I. 09
226	Prinz Ferdinand	Krumbach	1. I. 09
227	Wimmer Franz	Vilshofen	1. I. 09
228	Klerner Heinrich	München-Ld.	1. I. 09
		wiederangest.	1. I. 16
229	Mayer Karl	Schongau	1. I. 09
230	Endres Erhard	Schweinfurt	1. I. 09
231	Pfister August (PEK2)	Aschaffenburg II	1. I. 09
232	Mathes Matthias	Königshofen	1. I. 09
233	Eckert Johann	Landau a. I.	1. I. 09
234	Nebmaier Georg	München St. III	
		wiederangest.	1. X. 17
235	Zink Joseph (PEK2)	Illertissen	1. II. 09
236	Lautenschlager Alois	Nürnberg I	1. I. 09
			1. III. 09
237	Höllmüller Franz X.	Laufen	1. V. 09
238	Schmid Karl	Nördlingen	1. VI. 09
239	Johannes Joh. Bapt.	Eichstätt	1. VI. 09
240	Günther Johann	Röttingen	1. VI. 09
241	Reischer Michael	Cham	1. VI. 09
242	Fuchs Hermann	Immenstadt	1. VI. 09
243	Baumann Wilhelm (MVK3aKr)	Eggenfelden	1. VI. 09
244	Schneider Karl	München St. IV	1. VI. 09
245	Losgar Georg	Staffelstein	1. VII. 09
246	Köhnlein Friedrich	Donauwörth	1. VII. 09
247	Urgibl Franz	Ottobeuren	1. VII. 09
248	Köll Hermann (MVK3bKr)	Miesbach	1. VIII. 09

249	Markreither Franz (PEK2)	Regensburg I	1. VIII. 09
250	Welter Ludwig (MVK3bKr—PEK2)	Pirmasens	1. VIII. 09
251	Müller Joseph	Neumarkt	1. VIII. 09
252	Plätzer Johann	Forchheim	1. VIII. 09
253	Dummer Johann	Thurnau	1. VIII. 09
254	Benker Friedr. Wilh.	Forchheim	1. VIII. 09
255	Zeidler Johann Bapt.	München St. II	1. VIII. 09
256	Grimm Johann Ev.	Straubing	1. VIII. 09
257	Legat Valentin	Mellrichstadt	1. VIII. 09
258	Beck Wilhelm (PEK2)	Wunsiedel	1. VIII. 09
259	Neumüller Philipp	Rosenheim	1. VIII. 09
260	Schmidbauer Hermann	Waldsassen	1. VIII. 09
261	Bauer Joseph	München St. I	1. IX. 09
262	Stark Rudolf	Gemünden	1. IX. 09
263	Auer Johann	Traunstein	1. IX. 09
264	Löffler Andreas	Staffelstein	1. IX. 09
265	Weindl Franz Xaver	Würzburg St.	1. IX. 09
266	Möst Alois	Füssen	1. IX. 09
267	Steinmassl Joseph	Berchtesgaden	1. IX. 09
268	Geiger Konrad	München-St. III	1. IX. 09
269	Corressel Eugen	Kaiserslautern	1. IX. 09
270	Stöcker Andreas	Pottenstein	1. X. 09
271	Lechner Heinrich	Obernzell	1. XI. 09
272	Mathes Johann	Deggendorf	1. I. 10
273	Sorg Johann gen. Rothmund	Weissenburg i. B.	1. I. 10
274	Rosskopf Joseph	Riedenburg	1. I. 10
275	Schätzl Johann	München St. IV	1. I. 10
276	Ehrenreiter Artur	Augsburg I	1. I. 10
277	Bauer Leopold (PEK 2)	Nürnberg I	1. I. 10
278	Graf Heinrich	Neustadt a. H.	1. II. 10
			1. X. 05
279	Schreiber Friedrich	Kirchheimbolanden	1. III. 10
280	Grebner Anton	Kronach	1. III. 10
281	Hammermeier Bernhard (PEK2)	Ebersberg	1. III. 10
282	Zitzlsperger Oswald (PEK2)	Kötzting	1. IV. 10
			1. VII. 04
283	Kellermann Georg	Waischenfeld	1. IV. 10
			16. IX. 08
284	Härtle Max	Friedberg	1. IV. 10
			1. XI. 06
285	Klein Peter	Erlangen	1. IV. 10
286	Herbert Philipp	Hofheim	1. IV. 10
287	Bauer Andreas (MVK3bKr – PEK2)	Neu-Ulm	1. IV. 10
288	Zimmerer Engelbert (PEK2)	Ingolstadt	1. IV. 10
289	Rampf Ludwig	München St. III	1. IV. 10
290	Zeyss Eugen	Tölz	1. IV. 10
291	Werner Julius	Lauterecken	1. V. 10
292	Hans Ludwig	Kandel	1. V. 10
293	Ferstl Friedrich	Regensburg I	1. V. 10
294	Recheis Ludwig	München St. I	1. V. 10
295	Mohrmann Max	Schwabach	1. V. 10
296	Mathieu Johann Adam	Kipfenberg	1. VI. 10
297	Schinharl Michael	Miesbach	1. VI. 10
298	Ruhland Wolfgang	Moosburg	1. VII. 10

299	Schöpf Joseph	Zeil	1. IX. 09
			1. VIII. 10
300	Müller Johann Bapt (PEK2)	Windsheim	1. VIII. 10
301	Schabmaier Joseph	Ebersberg	1. VIII. 10
302	Goldinger Hermann (PEK2)	Edenkoben	1. VIII. 10
303	Gmeinwieser Karl	Pfarrkirchen	1. VIII. 10
304	Fleischmann Anton	Augsburg II	1. IX. 10
305	Meisinger Max	Erding	1. IX. 10
306	Maul Johann Georg	Sulzbach	1. IX. 10
307	Heigl Alois	Trostberg	1. IX. 10
308	Reisinger Heinrich	Mallersdorf	1. IX. 10
309	Bengl Karl	Burghausen	1. IX. 10
310	Elbinger Georg	Nabburg	1. XII. 10
311	Seiberth Felix	Nürnberg I	1. I. 11
312	Hauch Joseph	München St. II	1. I. 11
313	Höcht Andreas	Waldmünchen	1. II. 11
			16. IV. 04
314	Erhard Johann (MVK3aKr—PEK2)	Selb	1. II. 11
315	Guillon Karl	Gunzenhausen	1. III. 11
316	Eibl Max	Amberg	1. III. 11
317	Russhardt Jakob (KLKr)	Homburg	1. III. 11
318	Fränzl Georg (MVK3bKr)	Eschenbach	1. IV. 11
319	Göb Andreas	Gerolzhofen	1. VI. 11
320	Troll Georg	Würzburg Ld.	1. IV. 11
321	Donaubauer Karl (PEK2)	Auerbach	1. IV. 11
322	Heidenreich Konrad	Regensburg I	1. IV. 11
323	Beck Friedrich	München St. II	1. IV. 11
324	Fischer Otto	Erlangen	16. IV 11
325	Rummel Karl	Passau	16. IV. 11
326	Schneider Eduard	Cadolzburg	16. IV. 11
327	Baumann Joh. (MVK2bKr— PEK2)	Nürnberg I	16. IV. 11
328	Autsch Bernhard	Zweibrücken	16. IV. 11
329	Goller Johann	Zwiesel	16. IV. 11
330	Roos Anton	Neustadt a. H.	16. IV. 11
331	Träger Georg	Amberg	16. IV. 11
332	Reuther Konrad (PEK2)	Türkheim	16. IV. 11
333	Ernstberger Joseph	Monheim	16. IV. 11
334	Röhl Alois	Aschaffenburg II	16. IV. 11
335	Marsch Wilhelm	Bergzabern	16. IV. 11
336	Utz Johann	Bayreuth	16. IV. 11
337	Steinle Joseph	München-Ld.	16. IV. 11
338	Kainzbauer Guido	Straubing	16. IV. 11
339	Sirch Stephan (PEK2)	Rosenheim	16. IV. 11
340	Mössmer Anselm	Traunstein	16. IV. 11
341	Ranner Albert	Eggenfelden	1. VI. 11
342	Schichtl Max	Regensburg II	1. VI. 11
343	Wambach Joseph	Brückenau	1. VII. 11
344	Zahn Georg	Aschaffenburg II	1. VII. 11
345	Pfändner August	Stadtsteinach	1. VII. 11
346	Heigl Heinrich	München Ld.	1. VII. 11
347	Wimmer Johann (MVK3aKr)	Miesbach	1. VII. 11
348	Niederfellner Johann	Erding	1. VII. 11
349	Luy Heinrich	München St. II	1. VII. 11
350	Wagenpfeil Karl	Annweiler	1. VII. 11
351	Frosch Johann	Wassertrüdingen	1. VII. 11

352	Hacker Thomas (PEK2)	Eschenbach	1. VII. 11
353	Schramm Adolf	Burgwindheim	1. VII. 11
354	Leichtlein Friedrich	Schweinfurt	1. VII. 11
355	Holler Johann	Bayreuth	1. VII. 11
356	Hannusch Franz Xaver	Auerbach	1. VII. 11
357	Tröger Karl	Weismain	1. VII. 11
358	Martin Anton	Lindau	1. VII. 11
359	Pfeiffenberger Ludwig	Pegnitz	1. VII. 11
360	Merdan Karl	Kaufbeuren	1. VII. 11
361	Graf August	München St. I	1. VII. 11
362	Schelbert Alois	Nabburg	1. VII. 11
363	Meister Johann	Altdorf	1. VII. 11
364	Hellwig August	München St. III	1. VII. 11
365	Vierbach Adolf (PEK2)	Füssen	1. VII. 11
366	Vogelhuber Karl	Ansbach	1. VII. 11
367	Dorrer Anton Ludwig	Kipfenberg	1. VII. 11
368	Mennig Anton	Königshofen	1. VII. 11
369	Frank Georg (PEK2)	Bamberg Ld.	1. VII. 11
370	Wiedemann Robert	Immenstadt	1. VII. 11
371	Bogner Oskar	Spalt	1. VII. 11
372	Grassl Max (PEK2—MVK3aKr)	Lauingen	1. VII. 11
373	König Anton	Marktbibart	1. VII. 11
374	Trageser Andreas	Kissingen	1. VII. 11
375	Seidl Ferdinand (PEK2)	Freyung	1. VII. 11
376	Dietrich Adolf	Oettingen	1. VII. 11
377	Sendner Johann (PEK2)	Neunkirchen a. Br.	1. VII. 11
378	Nack Karl	St. Ingbert	1. VII. 11
379	Hübner Johann (MV4bKr—PEK2)	Hof	1. VII. 11
380	Lauterbach Heinrich	Münchberg	1. VII. 11
381	Schneid Johann	Krumbach	1. VII. 11
382	Didusch Johann	Vilsbiburg	1. VII. 11
383	Kerscher Georg	Straubing	1. VII. 11
384	Aigner Franz Xaver	St. Ingbert	1. VII. 11
385	Schrödel Rudolf (MV4bKr)	Werneck	1. VII. 11
386	Steinbacher Johann	Türkheim	1. VII. 11
387	Pichler Joseph (MVK3aKr)	Kempten	1. VII. 11
388	Höss Joseph	Trostberg	1. VIII. 11
389	Lickleder Martin	München St. II	1. VIII. 11
390	Schraid Johann	Schrobenhausen	1. VIII. 11
391	Tomm Friedrich	München St. II	1. VIII. 11
392	Schmittlein Konrad	„	1. VIII. 11
393	Bögler Georg (KLKr)	Nürnberg II	1. VIII. 11
394	Nagengast Max	Bamberg Ld.	1. VIII. 11
395	Keller Christian	München St. II	1. VIII. 11
396	Pfanzelt Max	Landsberg	1. IX. 11
397	Schröpfer Martin	Landshut	1. IX. 11
398	Kripp Benedikt	Ludwigshafen a. Rh.	1. IX. 11
399	Hartmann Franz	Neunburg v. W.	1. IX. 11
400	Büchl Georg	Obernzell	1. IX. 11
401	Pöppel Joseph	Bamberg Ld.	1. X. 11
402	Hager Karl	Pegnitz	1. X. 11
403	Eberle Luitpold (PEK2)	beurlaubt	1. X. 11
404	Wambsganss Eduard	Dürkheim	1. X. 11
405	Rieder Hermann	Kempten	1. X. 11
406	Kopp Anton	Aichach	1. X. 11
407	Scholl Joseph	Ingolstadt	1. X. 11

408	Hoffmann Ludwig	Homburg	1.X.11
409	Eichner Andreas	Günzburg	1.X.11
410	Maling Ludwig	Weilheim	1.X.11
411	Dillmann Georg	Höchstadt a. A.	1.X.11
412	Eberhardt Jakob	Blieskastel	1.XI.11
413	Strobel Christian	Landau a. I.	1.XI.11
414	Brandl Franz	Greding	1.XI.11
415	Hoffmann Heinrich	Landau Pf.	1.XI.11
416	Prückl Xaver	Mitterfels	1.XI.11
417	Haberkorn August (PEK2)	München Ld.	1.XI.11
418	Kern Adolf	Neumarkt i. O.	1.XI.11
419	Fischer Max	Neustadt a. S.	1.XI.11
420	Siegmund Karl	Hilpoltstein	1.XI.11
421	Beck Friedrich (PEK2)	Bamberg St.	1.XI.11
422	Oppel Joseph (PEK2)	Donauwörth	1.XI.11
423	Denterlein Friedrich	Lohr	1.XI.11
424	Schmid Joseph	Neustadt a. D.	1.XI.11
425	Wiedemann Friedrich	Lengfurt	1.XI.11
426	Lauterbach Nikolaus	Burgwindheim	16.XI.11
427	Bobinger Joseph	Burgau	16.XI.11
428	Netzer Joseph	Berchtesgaden	16.XI.11
429	Faustmann Franz	Röttingen	16.XI.11
430	Baier Max (PEK2)	Nürnberg I	1.XII.11
431	Meier Sixtus	Neustadt a. A.	1.XII.11
432	Stümpfler Joseph	Vohenstrauss	1.XII.11
433	Maugg Alfons	Mindelheim	1.XII.11
434	Schnurrer Georg	München St. II	1.XII.11
435	Lauterbach Heinrich	Riedenburg	1.XII.11
436	Baur Johann	Beilngries	1.I.12
437	Wöhrle Adolf	Zeil	1.I.12
438	Wörfel Martin	Marktschorgast	1.I.12
439	Fraundorfer August	Regensburg II	1.I.12
440	Schleupner Georg	Hammelburg	1.I.12
441	Wachter Joseph	Lindau	1.I.12
442	Gleifenstein Otto	Starnberg	16.I.12
443	Hirschauer Matthias	Tirschenreuth	1.II.12
444	Funk Johann (MVK3bKr— PEK2)	Kelheim	1.II.12
445	Bögl Wolfgang	München St. III.	1.II.12
446	Maier Franz	Waldmünchen	1.II.12
447	Zech Ludwig	Kempten	1.II.12
448	Konrath Eugen	Pirmasens	1.II.12
449	Michael Heinrich	Greding	1.II.12
450	Krammer Lorenz	Traunstein	1.II.12
451	Wallner Alois	Rothenburg o. T.	16.II.12
452	Fleischmann Gustav	Heilsbronn	1.VI.11 1.III.12
453	Mayer Otto (PEK2)	Günzburg	1.VII.11 1.III.12
454	Lindacher Joseph	Tölz	1.III.12
455	Anthofer Georg	Vilshofen	1.III.12
456	Wiederhut Joseph	Kaufbeuren	1.III.12
457	Leonhard Joseph (KLKr)	Illertissen	1.III.12
458	Schreyer Hans	Windsheim	1.IV.12
459	Bauer Matthias	Gemünden	1.V.12
460	Hammer Johannes	Ludwigshafen a. Rh.	1.V.12

461	Schultz Rudolf	Augsburg I	1. V. 12
462	Schmitt Andreas	Schweinfurt	1. VI. 12
463	Lang Georg	Spalt	1. VI. 12
464	Höck Rudolf	Zusmarshausen	1. VI. 12
465	Drausnick Ludwig	Wolfratshausen	1. VII. 12
466	Schäffer Jakob	Mitterfels	1. VII. 12
467	Koch Franz X.	Edenkoben	1. VII. 12
468	Müller Albert	Fürth	1. VII. 12
469	Leonhard Heinrich	Wolfratshausen	1. VII. 12
470	Kempf Julius	Winnweiler	1. VII. 12
471	Brand Eugen	Kissingen	1. VII. 12
472	Hammerschmidt Max	Bayreuth	1. VII. 12
473	Ferner Johann	Hersbruck	1. VII. 12
474	Heckel Albert	Pfarrkirchen	1. VII. 12
475	Gerst Johann	Fürstenfeldbruck	1. VIII. 12
476	Dück Andreas (MVK3bKr)	Weismain	1. VIII. 12
477	Lindner Nikolaus	Rothenkirchen	1. VIII. 12
478	Persau Johann	Werneck	1. VIII. 12
479	Wagner Joseph	Schrobenhausen	1. VIII. 12
480	Walter Otto	Rain	1. VIII. 12
481	Kerzdörfer Wilhelm	Gunzenhausen	1. VIII. 12
482	Beer Gust. (MVK2aKrV – PEK2)	Kastl	1. VIII. 12
483	Neumüller Wilhelm	Landau a. I.	1. VIII. 12
484	König Hermann	Arnstein	1. VIII. 12
485	Martin Otto	Ottobeuren	1. VIII. 12
486	Sutor Robert	Greding	1. VIII. 12
487	Appoldt Friedrich	Dettelbach	1. VIII. 12
488	Schirmer Johann	Hof	1. IX. 12
489	Liebl Adolf	Regensburg II	1. IX. 12
490	Benkert Konrad	Memmingen	1. IX. 12
491	Roos Georg	Lohr	1. IX. 12
492	Stückner Gordian	Laufen	16. IX. 12
493	Kern Joseph	Neustadt a. H.	1. X. 12
494	Willax Alfons	Kötzting	1. X. 12
495	Eder Joseph (MVK3bKr - PEK2)	Freyung	1. XI. 12
496	Zeder Joseph	Aschaffenburg I	1. XI. 12
497	Rieger Joseph	Bamberg St.	16. XI. 12
498	Reusch Eugen	Aschaffenburg I	16. XI. 12
499	Schweier Georg	Augsburg I	16. XI. 12
500	Uhl Johann	Hemau	16 XI. 12
501	Penzl Ludwig	München St. III	16. XI. 12
502	Maier Otto	"	16 XI. 12
503	Diethmann Otmar	Grünstadt	16. XI. 12
504	Günther Joh. Mich.	Rothenkirchen	16. XI. 12
505	Stammberger Luitpold	Lichtenfels	16. XI. 12
506	Scholz Franz	Kipfenberg	16. XI. 12
507	Döbler Friedrich	Nördlingen	16. XI. 12
508	Härtl Jakob	Straubing	16. XI. 12
509	Wunderlich Moritz	Rosenheim	16. XI. 12
510	Bogner Heinrich	Weiden	16. XI. 12
511	Sommer Wilhelm	Walderbach	16. XI. 12
512	Seelmann Andreas (MVK3bKr)	Wertingen	16. XI. 12
513	Frosch Gustav	Tölz	16. XI. 12
514	Hafner Jakob	Memmingen	16. XI. 12
515	Schoppe Heinrich	Ingolstadt	16. XI. 12
516	Dassler Konrad	Herzogenaurach	16. XI. 12

517	Gösswein Johann	Kastl	16. XI. 12
518	Lindermayer Peter	Kempten	16. XI. 12
519	Köhler Karl (MVK3b)	Münchberg	16. XI. 12
520	Hofmann Johann	München St. IV	16. XI. 12
521	Angermeier Michael	"	16. XI. 12
522	Künneth Karl	Selb	16. XI. 12
523	Catoir Emil (MVK3bKr)	Grünstadt	16. XI 12
524	Burger Johann	Würzburg St.	16. XI. 12
525	Fauster Wilhelm	Zweibrücken	16. XI. 12
526	Diel Joseph	Pirmasens	16. XI. 12
527	Brettle Christian (MVK3bKr)	Augsburg I	16. XI. 12
528	Neudecker Joseph	München St. III	16. XI. 12
529	Schricker Eduard	Erlangen	16. XI. 12
530	Körner Adam	Neuburg a. D.	16. XI. 12
531	Kumeth Heinrich	Münchberg	16. XI. 12
532	Fröschl Otto	Kelheim	1. XII. 12
533	Eder Johann	München St. III	1. XII. 12
534	Ziegler Jakob	Neu-Ulm	1. XII. 12
535	Meier Otto (PEK2)	Weissenhorn	1. I. 13
536	Berger Eugen	Eggenfelden	16. I. 13
537	Schricker Georg	Walderbach	1. II. 13
538	Richter Friedrich	Nürnberg III	1. II. 13
539	Schauppmeier Karl	Schwabach	1. II. 13
540	Seefried Friedrich	Cadolzburg	1. II. 13
541	Pflaum Johann (MVK3aKr)	Nürnberg I	1. II. 13
542	Wundling Ludwig	Würzburg Ld.	1. II. 13
543	Beichhold Rudolf (MVK2aKrV—PEK2)	Nürnberg II	1. II. 13
544	Andritzky Franz (PEK2)	Weiden	1. II. 13
545	Gsell Georg (MVK3aKr—PEK2)	Buchloe	1. II. 13
546	Löwel Hans (MVK3aKr—PEK2)	Pottenstein	1. II. 13
547	Schweiger Joseph	Sulzbach	1. II. 13
548	Steiner Philipp	Ludwigshafen a. Rh.	1. III. 13
549	Tischler Heinrich	Münnerstadt	1. III. 13
550	Iffland Alois	Uffenheim	1. IV. 13
551	Bruckner Johann	Viechtach	16. IV. 13
552	Laubender Konrad	Wolfratshausen	16. IV. 13
553	Helele Johann (MVK2bKr—PEK2)	Augsburg I	1. V. 13
554	Lorenz Joseph	Moosburg	1. VI. 13
555	Eisenschmid Sebastian (MVK3aKr)	Höchstädt a. D.	1. VI. 13
556	Nusser Ludwig	Augsburg I	1. VII. 13
557	Ertl Johann	Rosenheim	1. VII. 13
558	Demuth Johann	Kaiserslautern	1. VII. 13
559	Lutz Joseph	Pfaffenhofen	1. VII. 13
560	Koch Hans	Ansbach	1. VII. 13
561	Hauer Hermann	München St. III	1. VII. 13
562	Schöpf Albert	Neunburg v. W.	1. VII. 13
563	Geis Johann Chrys.	Augsburg I	1. VII. 13
564	Heiss Johann (PEK2)	Wertingen	1. VII. 13
565	Off Andreas	Neu-Ulm	1. VII. 13
566	Hagnbuchner Karl	Nürnberg II	1. VII. 13
567	Starklauf Georg	Schwabach	16. VII. 13
568	Stüber Karl	Ludwigshafen a. Rh.	1. VIII. 13
569	Weiss Joseph	Volkach	1. VIII. 13
570	Jäger Alfred	Immenstadt	1. VIII. 13
571	Lampert Joseph (PEK2)	Zusmarshausen	1. VIII. 13

572	Dressel Max	Wunsiedel	1. VIII. 13
573	Hartig Georg	Trostberg	1. VIII. 13
574	Fischer Joseph	Schönberg	1. VIII. 13
575	Kronschnabel Joseph	Deggendorf	1. VIII. 13
576	Eggerdinger Anton	Landshut	1. IX. 13
577	Glück Martin	München St. II	1. IX. 13
578	Kollmaier Franz (MVK3bKr)	Freyung	1. X. 13
579	Keck Max	Fürstenfeldbruck	1. X. 13
580	Loibl Gottfried	Starnberg	1. X. 13
581	Schricker Johann	München St. II	1. X. 13
582	Rhein Oskar	Donauwörth	16. X. 13
583	Herzing Wilhelm (MVK3aKr)	Burghausen	1. XI. 13
584	Neff Joseph	Starnberg	1. XI. 13
585	Wünstel Edmund (MVK3aKr—PEK2)	Frankenthal	1. XI. 13
586	Heibler Rudolf (MVK3bKr)	Markt Oberdorf	1. XI. 13
587	Wissnet Joseph (MVK2bKr—PEK2)	Pfaffenhofen	1. XI. 13
588	Schunk Otto	Schweinfurt	1. XII. 13
589	Ritter Georg (MVK3aKr- PEK2)	Dürkheim	1. XII. 13
590	Fleischmann Willibald (MVK3aKr — PEK2)	Memmingen	1. XII. 13
591	Wey Heinrich	Aichach	1. I. 14
592	Höller Max	Amberg	1. I. 14
593	Winkelmeier Eduard	Garmisch	1. I. 14
594	Keller Karl (MV4bKr—PEK2)	Buchloe	1. I. 14
595	Mitznegg Friedrich	Vilsbiburg	16. I. 14
596	Niederlöhner Georg Joh.	Erlangen	16. I. 14
597	Zeder Johann (PEK2)	Nürnberg III	1. II. 14
598	Schuster Joseph	Hilpoltstein	1. II. 14
599	Körber Johann	Pegnitz	1. II. 14
600	Ilg Johann	Dillingen	1. II. 14
601	Bauer Anton	Griesbach	1. II. 14
602	Gröschel Christoph (PEK2)	Dahn	1. II. 14
603	Zierer Otto	Pfarrkirchen	1. II. 14
604	Junginger Roman	Memmingen	1. II. 14
605	Zipperer Alexander (MVK3aKr—PEK2)	Dahn	1. II. 14
606	Ehbauer August	München St. III	1. II. 14
607	Hauber Georg	Neuburg a. D.	1. II. 14
608	Scheidler Wilhelm	Eichstätt	1. II. 14
609	Luy Max	Mühldorf	1. II. 14
610	Lindenmayer Franz (PEK2)	Monheim	1. II. 14
611	Sedlmeier Albert	Nürnberg III	1. II. 14
612	Dickert Karl (PEK2)	Frankenthal	1. II. 14
613	Adrian Joseph (PEK2)	Aschaffenburg I	1. II. 14
614	Stengl Joseph	Vilshofen	1. II. 14
615	Coressel Johann	Kaiserslautern	1. II. 14
616	Baumgartner Andreas	Waldsassen	1. II. 14
617	Stuhlfauth Georg	Nürnberg II	1. II. 14
618	Prucker Georg (PEK2)	Immenstadt	1. II. 14
619	Schirmer Friedrich (PEK2)	Nürnberg II	1. III. 14
620	Paulsteiner Ludwig	Lindau	1. III. 14
621	Illing Ferdinand Adam	Feuchtwangen	1. IV. 14
622	Hasenöder Wilhelm	Obermoschel	1. IV. 14
623	Conrad Adolf	Zweibrücken	1. IV. 14

624	Dürmeier Joseph	Zwiesel	1. VI. 14
625	Bach Friedrich (MVK2aKr)	Dinkelsbühl	1. VII. 14
626	EinsiedlerAlbert(MVK1bKr – PEK2)	Freising	1. VII. 14
627	Messbacher Lorenz	Germersheim	1. VII. 14
628	Weber Tobias	Pirmasens	1. VII. 14
629	Bambauer Julius	Lauterecken	1. VII. 14
630	Edinger Otto	Kusel	1. VII. 14
631	Donhauser Georg	Amberg	1. VII. 14
632	Link Wilhelm	Fürth	1. VII. 14
633	Rittler Max	Pirmasens	1. VII. 14
634	Schubert Gottfried	Arnstein	1. VII. 14
635	Cehak Anton	Tirschenreuth	1. VII. 14
636	Rosenberger August	Aschaffenburg II	1. VII. 14
637	Wagner Johann	Lauterecken	1. VII. 14
638	Strubel Karl	Kaiserslautern	1. VII. 14
639	Eichhorn Xaver	Ingolstadt	1. VII. 14
640	Scholian Valentin	Freising	1. VII. 14
641	Kübler Jakob	Fürth	1. VIII. 14
642	Kormann Max	München St. I	1. VIII. 14
643	Giersen Albert	Blieskastel	1. VIII. 14
644	Thiery Joseph	St. Ingbert	1. VIII. 14
645	Weiß Karl (PEK2)	Wunsiedel	1. VIII. 14
646	Karl Johann	München-Ld.	1. VIII. 14
647	Kibele Andreas	Kaufbeuren	1. VIII. 14
648	Greim Eduard	Stadtsteinach	1. VIII. 14
649	Baumer Bernhard	Kronach	1. VIII. 14
650	Baier Max	Schweinfurt	1. VIII. 14
651	Eckart Georg	Ludwigshafen a. Rh.	1. VIII 14
652	Leissl Johann	München St. II	1. VIII. 14
653	Molitor Franz X.	Altdorf	1 VIII. 14
654	Knott Wilhelm	Passau	1. VIII. 14
655	Hartleb Georg	Ludwigshafen a. Rh.	1. VIII. 14
656	Dauberschmidt Wilhelm	Markt Erlbach	1. IX. 14
657	Gradl Joseph	Regensburg I	1. IX. 14
658	Härtl Johannes	Nürnberg III	1. IX. 14
659	Geis Joseph	Höchstadt a. A.	1. IX. 14
660	Höss Otto	München St. IV	1. X. 14
661	Witzel Kilian	Dachau	1. X. 14
662	Schuster Georg	München St. IV	1. X. 14
663	Wartbiegler Johann	Lindau	1. X. 14
664	Grundl Johann	Dingolfing	1. X. 14
665	Meixl Wilhelm (MVK3bKr)	Waldmünchen	1. X. 14
666	Falkenberg Hugo	Ingolstadt	1. XI. 14
667	Neudorfer Wilhelm	Markt Oberdorf	1. XI. 14
668	Hofmann Karl	Erding	1. XII. 14
669	Danner Ludwig (MVK3aKr)	Nürnberg III	1. XII. 14
670	Bohrer Joseph	Dettelbach	1. XII. 14
671	Lackner Georg KPr.	beurlaubt	16. XII. 14
672	Strack Friedrich	Kirchheimbolanden	16. I. 15
673	Stemmler Ludwig (PEK2)	Landstuhl	1. II. 15
674	(Während der Drucklegung geändert)		
675	Bauer Johann	Waldsassen	1. II. 15
676	Traut Johann	Kempten	1. II. 15
677	Eckerlein Karl	Neunkirchen a. Br.	1. II. 15
678	Kolb Max	Frankenthal	1. III. 15
679	Weißenborn Johann	Dachau	1. V. 15

680	Hofmann Michael	Aichach	1. VI. 15
681	Adam Friedrich	München St. II	1. IX. 15
682	Höss Johann	Mühldorf	1. IX. 15
683	Gsänger Georg	Wassertrüdingen	1. IX. 15
684	Geiger Karl (PEK2)	Weissenburg i. B.	1. IX. 15
685	Lüttich Franz (MVK2aKr—PEK1 u. 2)	Rain	1. IX. 15
686	Limmer Valentin	Eggenfelden	1. IX. 15
687	Albrecht Karl (PEK2)	Weissenburg	1. IX. 15
688	Klotz Georg (MVK3bKr)	Zusmarshausen	1. IX. 15
689	Burkhard Karl (PEK2)	Dahn	1. X. 15
690	Brust Martin	Pirmasens	1. X. 15
691	Ader Heinrich	Kirchheimbolanden	1. X. 15
692	Weller Heinrich	Obermoschel	1. X. 15
693	Cronebach Karl	"	1. X. 15
694	Schnitzer Joseph (PEK2)	Augsburg II	1. X. 15
695	Münzer Georg	München St. II	1. X. 15
696	Hassloch Heinrich (PEK2)	Nürnberg III	1. X. 15
697	Habisreitinger Alois (MVK3bKr—PEK2)	Weissenhorn	1. X. 15
698	Lochner Johann (PEK2)	Fürth	1. X. 15
699	Dengler Johann	Burglengenfeld	1. X. 15
700	Kletter Karl	Öttingen	1. X. 15
701	Ziegler Johann	Brückenau	1. X. 15
702	Kreitmeier Alfons	München St. III	1. X. 15
703	Weis Franz (MVK3bKr)	Gerolzhofen	1. X. 15
704	Wirth Nikolaus (PEK2)	Nürnberg I	1. X. 15
705	Sicherer Max von	Regensburg I	1. X. 15
706	Grünberger Karl	Cham	1. X. 15
707	(Während der Drucklegung geändert)		
708	Graf Maximilian	Lauingen	1. XI. 15
709	Wolf Joseph	Aschaffenburg I	1. XI. 15
710	Dresel Johann	Waischenfeld	1. XI. 15
711	Mais Alfred	Kaiserslautern	1. XI. 15
712	Heider Albert (PEK2)	Vilshofen	1. XII. 15
713	Gerstetter Christian	Schongau	1. XII. 15
714	Wagner Joseph	Augsburg I	1. XII. 15
715	Breitsameter Joseph	Mitterfels	1. I. 16
716	Huber Joseph	Rain	1. I. 16
717	Tischler Georg	Vohenstrauss	1. I. 16
718	Schmidt Konrad	Würzburg Ld.	1. III. 16
719	Münzel Kaspar (PEK2)	Bamberg St.	1. III. 16
720	Reuter Michael	Windsheim	1. III. 16
721	Pflaum Heinrich	Kipfenberg	1. IV. 16
722	Reichart Joseph	Augsburg II	1. IV. 16
723	Geyer Georg	Kulmbach	1. V. 16
724	Löser Hermann	Mellrichstadt	1. V. 16
725	Dauth Peter (MVK3bKr—PEK2)	Frankenthal	1. V. 16
726	Baier Simon (MVK3aKr—PEK2)	Staffelstein	1. V. 16
727	Scheckenbach Albert	Blieskastel	1. V. 16
728	Rudhart Friedrich	Wertingen	1. V. 16
729	Heldmann Amadeus	Tirschenreuth	1. V. 16
730	Kastner Eugen	Walderbach	1. V. 16
731	Pritzl Max	Simbach	1. V. 16
732	Fey Heinrich (PEK2)	Landstuhl	1. V. 16
733	Winklhofer Johann (PEK2)	Obernzell	1. V. 16

734	Tischler Georg	Burglengenfeld	1. V. 16
735	Lottes Georg (MVK3bKr)	Nürnberg III	1. V. 16
736	Kothbauer Albert (MVK3bKr)	München St. III	1. V. 16
737	Wittmann Kaspar	Herrieden	1. V. 16
738	Löffler Philipp (MV4bKr—PEK2)	Arnstein	1. V. 16
739	Vogl Max (MV4bKr—PEK1 u. 2)	Griesbach	1. V. 16
740	Gottinger Alfred (PEK2)	Passau	1. V. 16
741	Zapp Erwin	Homburg	1. V. 16
742	Brand Ludwig	Weilheim	1. V. 16
743	Koch Johann	Wunsiedel	1. V. 16
744	Steiger Ludwig	Kusel	1. VI. 16
745	Seuss Wilhelm	Germersheim	1. VI. 16
746	Bieber Friedrich (PEK2)	Vilsbiburg	1. VI. 16
747	Schmitt Joseph	Weiden	1. VI. 16
748	Strauss Michael	Velburg	1. VII. 16
749	Kellner Anton	Hemau	1. VIII. 16
750	Reinmann Georg (PEK2)	Herzogenaurach	1. IX. 16
751	Lauterbach Eduard	Berchtesgaden	1. IX. 16
752	Mühlich Leonhard	Bamberg Ld.	1. IX. 16
753	Herzog Heinrich	Nürnberg III	1. IX. 16
754	Reiser Johann B.	München St. II	1. IX. 16
755	Fischer Andreas	Nürnberg III	1. X. 16
756	Scherer Otto	Neumarkt i. O.	1. X. 16
757	Wolf Johann	Zweibrücken	1. XI. 16
758	Michel Adam	Anweiler	1. XI. 16
759	Feil Johann	Amberg	1. XI. 16
760	Leicht Heinrich	Landau Pf.	1. XI. 16
761	Hofmeister Franz X.	Erding	1. XI. 16
762	Pimpl Bernhard	Pottenstein	1. XI. 16
763	Flieger Joseph	Günzburg	1. XII. 16
764	Lorenz Joseph (PEK2)	Simbach	1. XII. 16
765	Eck Karl	Wasserburg	1. II. 17
766	Heufelder Anton (PEK2)	Landsberg	1. II. 17
767	Burkard Karl	Beilngries	1. II. 17
768	Leibrock Ernst	Obermoschel	1. III. 17
769	Eckart Fritz	Gunzenhausen	1. III. 17
770	Mirsberger Johann (PEK2)	Heidenheim	1. IV. 17
771	Bossert Karl (PEK2)	Kandel	1. IV. 17
772	Hempfling Michael	Zeil	1. IV. 17
773	Rausch Otto	Aibling	1. IV. 17
774	Engelskircher Heinrich	Lauterecken	1. IV. 17
775	Hörath Max, geprKPr.	Bayreuth	1. V. 17
776	Scheu Wilhelm	Spalt	1. V. 17
777	Sporn Rudolf	Zwiesel	1. V. 17
778	Mager Wilhelm	Ebermannstadt	1. V. 17
779	Melber Ludwig	Bergzabern	1. V. 17
780	Kernstock Johann	Würzburg Ld.	1. VII. 17
781	Pill Franz	Freyung	1. VII. 17
782	Schmid Joseph	Friedberg	1. VII. 17
783	Mährlein Emil (PEK2)	Fürth	1. VII. 17
784	Wurmsee Paul	Landau Pf.	1. VII. 17
785	Reiter Karl	Münnerstadt	1. VIII. 17
786	Gasteiger Karl	Deggendorf	1. VIII. 17
787	Deisenrieder Rudolf	Eggenfelden	1. VIII. 17
788	Schnitzler Alfred	beurlaubt	1. VIII. 17
789	Beigel Hermann (PEK2)	Nürnberg I	1. VIII. 17

790	Hirn Georg (MVK3aKr—PEK2)	Memmingen	1. XI. 17
791	Finsterwalder Joseph	Landsberg	1. XI. 17
792	Müller Reinhold	Landshut	1. XII. 17
793	Perger Johann	Neustadt a. D.	1. XII. 17
794	Nelkel Michael	Lichtenberg	1. I. 18
795	Wörle Georg	Obernzell	1. I. 18
796	Zehmeister Friedrich	Weissenhorn	1. I. 18
797	Heimer August	Wertingen	1. I. 18
798	Weber Johann	Rothenburg o. T.	1. I. 18

(Nichtetatsmässig.)

799	Breu Anton, III. AG.	Kronach	1. VII. 03
800	Daniel Otto	b. Militär	16. XI. 12
801	Kormann Ludwig	Dachau	1. III. 13
802	Scheid Karl	b. Militär	1. V. 13
803	Weber Anton	Landshut	1. XII. 13
804	Hofmann Georg	Nürnberg III	1. II. 14
805	Wolf Otto	b. Militär	1. II. 14
806	Seeberger Max	Laufen	1. VIII. 17
807	Hornfischer Friedrich	Dürkheim	1. XII. 17

Mit der Verwesung von Assistentenstellen betraut:

808	Niedermayer Anton	München Land	1. XI. 14
809	Roppelt August	Arnstein	1. XII. 14
810	Büttner Alfred	Zeil	1. XII. 14
811	Fassnacht Johann	Brückenau	1. XII. 14
812	Schmidt Franz Xav.	b. Militär	16. XII. 14
813	Linzenkircher Andreas	„	16. XII. 14
814	Drexler Karl	„	16. XII. 14
815	Seufert Franz	Pfaffenhofen	16. XII. 14
816	Bayer Peter	b. Militär	16. XII. 14
817	Stark Karl	„	1. I. 15
818	Lindacher Joseph	„	16. X. 15

f) Rentamtsinzipienten.

Mit Einjährigen-Berechtigung.

1	Roas Karl	Herrieden	28. IX. 99
2	Beer Michael	b. Militär	27. XII. 11
3	Zech Philipp	„	4. IV. 12
4	Christoph Georg (MVK3aKr)	Kissingen	17. X. 12
5	Hedler Karl	b. Militär	19. XI. 12
6	Heinlein Wilhelm	„	19. XI. 12
7	Krumm Albert	„	19. XI. 12
8	Stautner Ludwig (MVM1—PEK2)	„	19. XI. 12
9	Schreiner Georg	„	20. XI. 12
10	Merz Gustav	„	20. XI. 12
11	Weiss Adolf	„	20. XI. 12
12	Fick Georg	„	20. XI. 12
13	Hohenester Max	„	21. XI. 12
14	Greger Wilhelm	„	21. XI. 12
15	Betz Johann	„	21. XI. 12
16	Ungemach Gottfried	„	21. XI. 12
17	Pfanzeder Joseph	„	22. XI. 12

18	Steinbrückner Leopold	Kirchheimbolanden	22. XI. 12
19	Schumacher Jakob (PEK2)	Sulzbach	22. XI. 12
20	Rosenberger Gg. (MV4bKr – PEK2)	b. Militär	22. XI. 12
21	Günther Franz (PEK2)	Schweinfurt	22. XI. 12
22	Pritzl Anton (PEK2)	b. Militär	23. XI. 12
23	Orttenburger Friedrich (MVK3bKr)	„	23. XI. 12
24	Steigenberger Joseph (PEK2)	Rosenheim	23. XI. 12
25	Guppenberger Max	b. Militär	23. XI. 12
26	Steinbichler Michael	Krumbach	23. XI. 12
27	Fesl Alois	b. Militär	25. XI. 12
28	Weiss Eugen (PEK2)	„	25. XI. 12
29	Walther Richard	Neustadt a. H.	25. XI. 12
30	Zirkelbach Otto	b. Militär	25. XI. 12
31	Hofknecht Michael	Kitzingen	25. XI. 12
32	Schultheiss August	b. Militär	25. XI. 12
33	Refle Eduard	„	26. XI. 12
34	Bräu Alfons	„	30. XI. 12
35	Erner Konrad	„	2. XII. 12
36	Forster Joseph	„	3. XII. 12
37	Hackl Wilhelm	„	3. XII. 12
38	Mautner Benedikt (MVK2aKr — PEK2)	„	3. XII. 12
39	Haunschild Heinrich	„	3. XII. 12
40	Schneid Franz	„	3. XII. 12
41	Lommer Franz	„	4. XII. 12
42	Reitberger Joseph (PEK2)	„	5. XII. 12
43	Trescher Karl	„	5. XII. 12
44	Egelseer Wolfgang (MV4bKr — PEK2)	„	6. XII. 12
45	März Johann	„	6. XII. 12
46	Brandner Karl	„	14. XII 12
47	Fischer Joseph	Bamberg Ld.	19. XII. 12
48	Neumeier Alfons	b. Militär	23. XII. 12
49	Seubert Alfons	„	30. XII. 12
50	Peter Wolfgang	„	2. I. 13
51	Hölzle Ludwig	„	3. I. 13
52	Fritz Joseph	„	16. I. 13
53	Weltin Joseph	„	18. I. 13
54	Karg Johann	München St. I	27. I. 13
55	Moser Xaver	b. Militär	28. I. 13
56	Müller Hans	Landshut	31. I. 13
57	Markl Georg	Lindau	1. II. 13
58	Bäumel Friedrich	Schesslitz	11. II. 13
59	Rittler Heinrich	Fürth	17. II. 13
60	Waller Joseph	b. Militär	19. II. 13
61	Heinrich Joseph	Aibling	1. III. 13
62	Barnickel Elias (MVK3bKr)	b. Militär	1. III. 13
63	Lösch Johann	Regensburg I	7. IV. 13
64	Schickofer Joseph	b. Militär	9. IV. 13
65	Linti Wilhelm (PEK2)	„	10. IV. 13
66	Kaiser Georg	„	25. IV. 13
67	König Joseph (MVK3aKr)	„	26. IV. 13
68	Wagner Anton	„	9. VI. 13
69	Biederer Fr. X. (MVK3aKr — PEK2)	Deggendorf	25. VI. 13
70	Weiger Eberhard (MVK3bKr)	b. Militär	8. VII. 13
71	Frisch Hans	„	11. VIII. 13
72	Schwarz Gustav	„	30. IX. 13
73	Sieber Heinrich	Freising	1. X. 13

74	Keller Hermann	b. Militär	1. X. 13
75	Tröger Hans (MVK3aKr)	"	1. X. 13
76	Lex Max	"	1. X. 13
77	Höhnes Georg	"	1. X. 13
78	Eder Robert	Kötzting	1. X. 13
79	Beckenbauer Anton (MVK3aKr—PEK2)	Landshut	1. X. 13
80	Schoppe Jakob (PEK2)	b. Militär	1. X. 13
81	Lippert Alois (PEK2)	"	1. X. 13
82	Bauhuber Karl	"	1. X. 13
83	Grohmann Albert	Pirmasens	1. X. 13
84	Schmittwolf Georg	b. Militär	1. X. 13
85	Winter Max	Feuchtwangen	1. X. 13
86	Kellner Fritz	b. Militär	1. X. 13
87	Gloning Wilhelm	"	1. X. 13
88	Ostertag Georg	Augsburg I	1. X. 13
89	Zott Johann	Zusmarshausen	1. X. 13
90	Scharschinger Joseph	b. Militär	1. X. 13
91	Lott Robert	Pirmasens	2. X. 13
92	Hofmann Richard	b. Militär	2. X. 13
93	Vestner Georg	"	2. X. 13
94	Heidecker Karl	Nürnberg II	2. X. 13
95	Brand Valentin	b. Militär	2. X. 13
96	Müller Franz	Landstuhl	4. X. 13
97	Herbolzheimer Karl	Nürnberg III	4. X. 13
98	Brunner Ludwig	b. Militär	6. X. 13
99	Sesselmann Heinrich	"	6. X. 13
100	Brehm Johann (PEK2)	"	6. X. 13
101	Kugelmann Joseph	Schwabmünchen	6. X. 13
102	Krämer Eduard	b. Militär	9. X. 13
103	Gottsmann Karl	Bayreuth	10. X. 13
104	Zink Johann	b. Militär	14. X. 13
105	Zauss Wilhelm	"	15. X. 13
106	Kopp Joseph (MVK3bKr-PEK2)	Rosenheim	16. X. 13
107	Reindl Anton	b. Militär	21. X. 13
108	Körner Joseph	"	29. X. 13
109	Wunsch Max	"	30. X. 13
110	Stark Karl	"	31. X. 13
111	Bölch Robert	Weissenburg	1. XI. 13
112	Schwimmer Hermann	Simbach	3. XI. 13
113	Müller Johann	b. Militär	3. XI. 13
114	Schaller Karl	"	3. XI. 13
115	Steinl Anton	"	3. XI. 13
116	Konz Rupert	"	7. XI. 13
117	Olb Karl	Germersheim	13. XI. 13
118	Fiedler Andreas	Nürnberg III	14. XI. 13
119	Gerlach Ferdinand	b. Militär	17. XI. 13
120	Bissle Joseph	Höchstädt a. D.	27. XI. 13
121	Wagner Johann	b. Militär	29. XI. 13
122	Seil Hugo (PEK2)	"	1. XII. 13
123	Dittmar Ernst	Uffenheim	1. XII. 13
124	Waegele Joh. (MVK3bKr-PEK2)	Immenstadt	1. XII. 13
125	Brenner Wilhelm	Füssen	1. XII. 13
126	Kraus Johann	b. Militär	4. XII. 13
127	Hauf Wilhelm	"	15. XII. 13
128	Eckert Friedrich	"	30. XII. 13

129	Bauer Karl	Neumarkt i. O.	31. XII. 13
130	Leibl Johann	München Ld.	2. I. 14
131	Schießl Albert (MVK2bKr—PEK2)	b. Militär	2. I. 14
132	Reichert Karl	"	2. I. 14
133	Vogl Franz	"	5. I. 14
134	Pusl Heinrich	"	12. I. 14
135	Kellermann Karl	"	14. I. 14
136	Drechsel Wilhelm	"	14. I. 14
137	Volland Joseph	Günzburg	15. I. 14
138	Dullinger Georg	b. Militär	16. I. 14
139	Roth Anton	Memmingen	16. I. 14
140	Ströbel Richard	b. Militär	17. I. 14
141	Appel Johann	"	1. II. 14
142	Schöner Ludwig	"	2. II. 14
143	Born Wilhelm (MVM2—PEK2)	"	2. II. 14
144	Schäffer Richard	Ludwigshafen a. Rh.	2. II. 14
145	Eckl Joseph	Regensburg I	2. II. 14
146	Rödel Georg (MVK3bKr— PEK2)	b. Militär	2. II. 14
147	Hießleitner Ludwig	"	2. II. 14
148	Wambach Ludwig	"	2. II. 14
149	Weiß Franz (PEK2)	"	2. II. 14
150	Etzkorn Karl	"	2. II. 14
151	Donhauser Franz	"	3. II. 14
152	Hagelstein Ludwig	"	3. II. 14
153	Kanofsky Erhard	"	3. II. 14
154	Mork Christoph	b. Militär	4. II. 14
155	Dauer Georg	"	4. II. 14
156	Rabis Franz (PEK2)	"	4. II. 14
157	Brem Otto	"	6. II. 14
158	Dollinger Georg	"	9. II. 14
159	Frohmader Karl	"	9. II. 14
160	Lipp Joseph	"	10. II. 14
161	Wolfring Karl	"	11. II. 14
162	Schönborn Otto (MVK2aKr—PEK2 --Bulg. TapfkKr. IV. Kl. i. S.)	"	14. II. 14
163	Roth Johannes	"	16. II. 14
164	Rebstock Adolf	"	16. II. 14
165	Heindl Michael	"	23. II. 14
166	Bischofsberger Anton	Dillingen	5. III. 14
167	Schweikl Joseph (PEK2)	b. Militär	22. IV. 14
168	Maderlehner Joseph	"	4. V. 14
169	Wagner Heinrich	Aschaffenburg II	12. VI. 14
170	Winter Albert	b. Militär	16. VI. 14
171	Zrenner Gustav	"	22. VI. 14
172	Schuster Hugo	Nürnberg III	27. VI. 14
173	Sieber Ludwig	Auerbach	3. VII. 14
174	Schmitt Andreas	b. Militär	13. VII. 14
175	Seiderer Johann	Gunzenhausen	28. IX. 14
176	Lautner Michael	b. Militär	1. X 14
177	Steinmetz Georg	"	1. X. 14
178	Seffert Friedrich	"	5. X. 14
179	Dirsch Joseph (PEK2)	Hilpoltstein	7. X. 14
180	Wilhelm Otto	Obermoschel	8. X. 14
181	Wiest Hubert	b. Militär	28. X. 14
182	Geimann Ludwig	Winnweiler	31. X. 14
183	Kimmel Ludwig	Landau i. Pf.	2. XI. 14

184	Kitzlinger Fritz	b. Militär	2. XI. 14
185	Ostermeier Johann	„	3. XI. 14
186	Gschwendt Paul	Eggenfelden	4. XI. 14
187	Köppel Eberhard	Neunkirchen a. Br.	4. XI. 14
188	Friedrich Georg	Rothenburg o. T.	4. XI. 14
189	Falter Johann	b. Militär	5. XI. 14
190	Ehrnsperger Karl	„	5. XI. 14
191	Vogl Adam	„	5. XI. 14
192	Atzkern Karl	„	6. XI. 14
193	Kropf Johann	„	7. XI. 14
194	Führlbeck Albert	„	7. XI. 14
195	Meyer Peter	„	9. XI. 14
196	Vogenauer Andreas	München St. II	9. XI. 14
197	Lacher Eduard	b. Militär	9. XI. 14
198	Franziszi Michael (MVK3bKr)	Mallersdorf	9. XI. 14
199	Huber Anton	b. Militär	9. XI. 14
200	Helmberger Otto	„	9. XI. 14
201	Fersch Joseph	Nabburg	9. XI. 14
202	Schiller Xaver	Kaufbeuren	9. XI. 14
203	Singer Ludwig	b. Militär	10. XI. 14
204	Wallner Anton	„	10. XI. 14
205	Lausser Gustav (PEK2)	„	11. XI. 14
206	Miller Anton	„	11. XI. 14
207	Schöller Gustav	„	13. XI. 14
208	Malo Philipp	„	13. XI. 14
209	Staudigl Georg	„	14. XI. 14
210	Platz Johann (PEK2)	„	16. XI. 14
211	Modery Karl	„	16. XI. 14
212	Dengler Joseph	„	18. XI. 14
213	Rundler Ernst (PEK2)	„	18. XI. 14
214	Wanderer Johann	„	18. XI. 14
215	Glatt Friedrich	„	19. XI. 14
216	Skladanowsky Julius	Landshut	28. XI. 14
217	Stemmler Rudolf	Blieskastel	1. XII. 14
218	Müller Karl	b. Militär	1. XII. 14
219	Stiel Martin	„	3. XII. 14
220	Thomas Heinrich	„	5. XII. 14
221	Daum Georg	„	5. XII. 14
222	Thaler Anton	„	7. XII. 14
223	Fendt Franz	„	7. XII. 14
224	Zilbauer Anton	Neunburg v. W.	7. XII. 14
225	Schertel Georg	Selb	7. XII. 14
226	Wartbiegler Max	b. Militär	7. XII. 14
227	Wiedemann Johann	Augsburg I	7. XII. 14
228	Wiesend Johann	„	7. XII. 14
229	Bock Hans	Lindau	8. XII. 14
230	Niebler Rudolf	b. Militär	15. XII. 14
231	Brunner Sigmund	„	17. XII. 14
232	Böhmer Martin	„	21. XII. 14
233	Brechtelsbauer Heinrich	Fürth	22. XII. 14
234	Schaller Leo	Donauwörth	22. XII. 14
235	Rachl Joseph	b. Militär	23. XII. 14
236	Bolte Joseph	„	28. XII. 14
237	Stahl Max	„	28. XII. 14
238	Hedler Erhard	„	28. XII. 14
239	Stelzer Johann	„	29. XII. 14

240	Geuder Georg	Schweinfurt	29. XII. 14
241	Kohl Karl	b. Militär	29. XII. 14
242	Heissler Joseph	„	1. I. 15
243	Baudrexl Max	Nördlingen	20. I. 15
244	Pflügl Joseph	b. Militär	23. I. 15
245	Heider Franz	„	2. II. 15
246	Golling Joseph	Garmisch	8. II. 15
247	Leinberger Georg	b. Militär	4. III. 15
248	Scheppach Alois	Wolfratshausen	5. III. 15
249	Kapfberger Max	b. Militär	5. III. 15
250	Balzer August	„	8. III. 15
251	Ebert Franz	„	6. IV. 15
252	Kolb Johann (PEK2)	Nürnberg I	26. IV. 15
253	Hofmann Wilhelm	Cadolzburg	6. V. 15
254	Schrott Karl	Bamberg St.	2. VI. 15
255	Meier Eugen	b. Militär	5. VI. 15
256	Karg Nikolaus	„	26. VIII. 15
257	Roid Ludwig	„	29. VIII. 15
258	Burger Alfons	Landsberg	30. VIII. 15
259	Krehbiel Ernst	Deggendorf	30. VIII. 15
260	König Peter	b. Militär	30. VIII. 15
261	Stöhr Karl	Augsburg II	30. VIII. 15
262	Michel Martin	Kempten	30. VIII. 15
263	Kundmüller Franz	b. Militär	31. VIII. 15
264	Köhler Sebastian	Regensburg II	1. IX. 15
265	Weiss Hans	b. Militär	1. IX. 15
266	Gottsmann Friedrich	Erlangen	1 IX. 15
267	Eck Franz	b. Militär	1. IX. 15
268	Hafenmeier Michael	Markt Oberdorf	1. IX. 15
269	Hölzlein Ernst	Bamberg St.	2. IX. 15
270	Münz Anton	b. Militär	2. IX. 15
271	Birle Ludwig	„	2. IX. 15
272	Abele Eugen	Neuulm	2. IX. 15
273	Köppel Johann	b. Militär	3. IX. 15
274	Urbach Karl	Wunsiedel	3. IX. 15
275	Hacker Hans	Staffelstein	6. IX. 15
276	Alleze Ludwig	b. Militär	11. X. 15
277	Lell Johann .	München Ld.	11. X. 15
278	Petermeier Karl	b. Militär	12. X. 15
279	Stiegler Johann	Weiden	15. X. 15
280	Düsel Johann Bapt.	Bamberg Ld.	15. X. 15
281	Hofmann Leonhard	b. Militär	15. X. 15
282	Schlelein Georg	Hersbruck	15. X. 15
283	Witt Kurt	Weiden	18. X. 15
284	Ottmann Joseph	b. Militär	18. X. 15
285	Nagengast Wilhelm	„	18. X. 15
286	Netter Martin	Greding	23. X. 15
287	Killermann Johann	b. Militär	25. X. 15
288	Hofmann Hans	„	26. X. 15
289	Schlee Konrad	Augsburg I	28. X. 15
290	Baumberger Klemens	Krumbach	28. X. 15
291	Geier Wilhelm	b. Militär	29. X. 15
292	Lindner Johann	„	30. X. 15
293	Vogel Max	Erlangen	1. XI. 15
294	Habel Hans	b. Militär	1. XI. 15
295	Knöpfle Michael	„	2. XI. 15

296	Eder Philipp	b. Militär	6. XI. 15
297	Herbst Johann	"	6. XI. 15
298	Helldörfer Karl	"	8. XI. 15
299	Stahl Paul	Nürnberg III	10. XI. 15
300	Schmidt Wilhelm	b. Militär	26. XI. 15
301	Troidl Franz	"	1. XII. 15
302	Lutz Hermann	"	27. XII. 15
303	Essel Hermann	"	27. XII. 15
304	Ley Georg	Monheim	5. I. 16

Mit Volksschulbildung.

305	Langguth Paul	b. Militär	10. II. 09
306	Bruckmayer Johann	"	21. III. 11
307	Wolf Alfred	Lichtenberg	1. VII. 11
308	Sigmund Friedrich	b. Militär	23. VII. 11
309	Stegmann Joseph	München St. III	1. VIII. 11
310	Meier Johann	Kelheim	21. VIII. 11
311	Schnurrer Friedrich	b. Militär	25. VIII. 11
312	Heinkel Johann	"	7. IX. 11
313	Schwarz Friedrich	"	8. IX. 11
314	Schlicht Gottfried (MVK3bKr—PEK2)	"	16. IX. 11
315	Vogt Joseph	b. Militär	19. IX. 11
316	Fuchs Friedrich (MVK3bKr—PEK2)	"	1. X. 11
317	Degen Sebastian (PEK2)	"	1. X. 11
318	Dörrzapf Andreas	"	2. X. 11
319	Förtsch Friedrich	"	2. X. 11
320	Hilz Franz (PEK2)	"	2. XI. 11
321	Reichling Leonhard	Landau Pf.	2. XI. 11
322	Sahmann Christian	b. Militär	2. XI. 11
323	Hübsch Albert	"	3. XI. 11
324	Beyer Richard	Kandel	4. XI. 11
325	Weber Jakob (PEK2)	b. Militär	6. XI. 11
326	Krieger Heinrich	"	6. XI. 11
327	Frohnwieser August	"	8. XI. 11
328	Schmid Friedrich	"	13. XI. 11
329	Fischer Emil	"	14. XI. 11
330	Pfeiffer Wolfgang (KLKr)	"	25. XI. 11
331	Martin Franz Xaver	Illertissen	25. XI. 11
332	Grimm Wilhelm	b. Militär	4. XII. 11
333	Kaiser Georg	"	5. XII. 11
334	Würth August	"	23. XII. 11
335	Sitzberger Franz	"	16. I. 12
336	Behr Joseph	"	5. II. 12
337	Sälzle Georg	"	7. II. 12
338	Winterstein Karl	"	8. II. 12
339	Prock Richard	"	17. II. 12
340	Seefried Karl	"	17. II. 12
341	Vogt Friedrich	Illertissen	1. III. 12
342	Mühlfeld Alfred	b. Militär	6. IV. 12
343	Bauer Georg	Ochsenfurt	1. V. 12
344	Rupprecht Johann (MVK3bKr—PEK2)	b. Militär	1. VI. 12
345	Seibold Georg	"	10. VI. 12
346	Schmid Johann	"	17. VI. 12

347	Benker Hermann	b. Militär	15. VII. 12
348	Friedl Otto	„	1. VIII. 12
349	Merkel Franz	„	18. IX. 12
350	Schätzel Joseph	„	30. IX. 12
351	Hohner Johann	„	7. X. 12
352	Brodwolf Johann (MVK3bKr)	„	18. XI. 12
353	Wagner Franz	St. Ingbert	21. XI. 12
354	Marx Jakob	b. Militär	21. XI. 12
355	Kling Otto	Landstuhl	21. XI. 12
356	Lauterbach Ernst	b. Militär	21. XI. 12
357	Kohn Otto	Türkheim	21. XI. 12
358	Zilch Michael	b. Militär	22. XI. 12
359	Eckl Ludwig	„	23. XI. 12
360	Schäffler Heinrich	„	7. XII. 12
361	Zeuch Johann	Ludwigshafen a. Rh.	11. XII. 12
362	Münch Karl	Grünstadt	30. XII. 12
363	Meyer August (PEK2)	b. Militär	2. I. 13
364	Tess Johann (PEK2)	„	20. I. 13
365	Altvater Ernst	Obermoschel	3. II. 13
366	Danner Anton	b. Militär	10. II. 13
367	Seitz Hans	„	23. IV. 13
368	Meier Joseph	„	28. IV. 13
369	Lindner Hans	„	2. V. 13
370	Niebergall Friedrich	„	5. V. 13
371	Gall Wolfgang	Burglengenfeld	17. V. 13
372	Heckenberger Konstantin	Weissenhorn	2. VI. 13
373	Markhauser Karl	b. Militär	28. VI. 13
374	Amann Franz Xaver	„	16. VII. 13
375	Meissner Joseph	„	2. X. 13
376	Weber Otto	Lauterecken	11. X. 13
377	Weiss Johann	b. Militär	30. X. 13
378	Puppele Alfons	Tirschenreuth	3. XI. 13
379	Fenzl Heinrich	b. Militär	27. XII. 13
380	Lembach Lor. (MVK3bKr—PEK2)	„	9. I. 14
381	Ulrich Georg	Moosburg	2. II. 14
382	Stier Ernst	Winnweiler	2. II. 14
383	Schuller Joseph	b. Militär	2. II. 14
384	Schedl Otto	Sulzbach	2. II. 14
385	Dietl Karl	b. Militär	2. II. 14
386	Strobl Joseph (MVK3bKr—PEK2)	Lindau	4. II. 14
387	Bondick Hermann	Pegnitz	16. IX. 14
388	Rupp Ludwig	b. Militär	9. XI. 14
389	Deckert Valentin	Klingenberg	7. XII. 14
390	Augustin Johann	Rain	11. XII. 14
391	Baur Johann	Donauwörth	12. XII. 14
392	Bauer Wilhelm	Kaiserslautern	17. XII. 14
393	Bruckmayer Georg	München-St. III	21. XII. 14
394	Klein Ernst	Bergzabern	23. XII. 14
395	Doyscher Karl	Tirschenreuth	23. XII. 14
396	Schwab Friedrich	Kaiserslautern	28. XII. 14
397	Lang Wilhelm	Weißenburg i. B.	25. I. 15
398	Walther Friedrich	Hofheim	25. I. 15
399	Bauer Johann	Dettelbach	1. II. 15
400	Franz Joseph	Lohr	1. II. 15
401	Herpich Andreas	b. Militär	1. II. 15
402	Weckert Alfred	Werneck	5. II. 15

403	Amann Otto	Kelheim	27. II. 15
404	Ziegler Lorenz	b. Militär	6. IV. 15
405	Penn Ignaz	Vilshofen	17. IV. 15
406	Weimer Konstantin	Riedenburg	20. IV. 15
407	Spiegel Max	Freyung	20. IV. 15
408	Leißner Georg	Kemnath	29. V. 15
409	Franz Friedrich	b. Militär	10. VII. 15
410	Haas Max	Lichtenberg	19. VII. 15
411	Grillenberger Karl	Heidenheim	19. VII. 15
412	Schwarz Karl	b. Militär	23. VIII. 15
413	Berlein Joseph	Höchstadt a. A.	31. VIII. 15
414	Bitter Georg	Herzogenaurach	15. XI. 15
415	Staudter Alfons	Ebersberg	16. XI. 15
416	Schäfer Ludwig	Pirmasens	29. XI. 15
417	Hüttinger Karl Jak.	Forchheim	14. XII. 15
418	Dauth Paul	b. Militär	21. XII. 15
419	Haberzett Max	Nürnberg III	27. XII. 15

g) Rentamtsassistentinnen.

(Etatsmässig.)

1	Biersack Anna	München Ld.	1. VI. 13
2	Hastrich Maria	Annweiler	1. XII. 14
3	Gschrei Ludowika	München St. II	„
4	Probst Maria	Vilshofen	1. XII. 14
5	Jung Karolina	Kaiserslautern	„
6	Scharmann Emilie	„	„
7	Hitschler Maria	Annweiler	„
8	Gass Elisabeth	Kirchheimbolanden	„
9	Fickeisen Hedwig	Ludwigshafen a. Rh.	„
10	Hammer Elisabetha	„	„
11	Klein Anna	Zweibrücken	„
12	Lex Karolina	Kemnath	„
13	Brunner Viktoria	Regensburg I	„
14	Otter Anna	Kissingen	„
15	Pfeuffer Hilda	Königshofen	„
16	Bamann Maria	München St. IV	„
17	Regula Frida	St. Ingbert	„
18	Göhringer Elisabetha	Landau Pf.	„
19	Gerhard Berta	Aschaffenburg I	„
20	Hubert Maria	„	„
21	Schleippmann Anna	„	„
22	Albert Elisabetha	Klingenberg	„
23	Huller Angelika	Lengfurt	„
24	Gebhardt Margareta	Würzburg St.	„
25	Böhm Maria	„	„
26	Otto Veronika	„	„
27	Schmitt Babette	„	„
28	Kissler Rosa	Würzburg Ld.	„
29	Enzinger Anna	Kaufbeuren	„
30	Zehetmaier Antonie	Aibling	„
31	Dellinger Aloisia	München St. IV	„
32	Bierl Anna	Amberg	„
33	Penzkofer Betty	Regensburg I	„
34	Berchtold Irma	Amberg	„
35	Troll Rosa	Erlangen	„
36	Sailer Rosina	Weiden	„

37	Barth Elise	Ansbach	1. XII. 14
38	Ulrich Maria	"	"
39	Thomä Frida	"	"
40	Habenstein Anna	Nürnberg III	"
41	Strauch Margareta	Fürth	"
42	Buchta Mathilde	Nürnberg I	"
43	Westerholz Frida	Nürnberg II	"
44	Reiss Elise	Rothenburg o. T.	"
45	Frank Philomena	Augsburg I	"
46	Spachert Josephine	Kempten	"
47	Dolpp Viktoria	Mindelheim	"
48	Eckert Sophie	Neuburg a. D.	"
49	Froschmaier Antonie	"	"
50	Ritthaler Maria	Miesbach	"
51	Biermaier Christine	Straubing	"
52	Schneider Maria	Edenkoben	"
53	Heldmann Henriette	Sulzbach	"
54	Scheibenbogen Therese	Weiden	"
55	Börner Johanna	Nürnberg I	"
56	Weinig Emilie	Aschaffenburg II	"
57	Stotz Maria	Donauwörth	"
58	Faubel Berta	Kempten	"
59	Niedermeier Margareta	Freising	"
60	Kothbauer Klara	Kötzting	"
61	Fürst Maria	Rothenburg o. T.	"
62	Römer Frida	Nürnberg I	"
63	Kaufmann Cäcilie	Rosenheim	"
64	Schustetter Katharina	"	"
65	Bauer Kreszenz	Deggendorf	"
66	Frühholz Josephine	Kelheim	"
67	Kolbinger Anna	Landshut	"
68	Knittlmayer Martina	Passau	"
69	Schwiwagner Karoline	"	"
70	Bauer Therese	Vilshofen	"
71	Völk Ella	Bayreuth	"
72	Trautmann Wilhelmine	Lichtenfels	"
73	Heischmann Anna	Bayreuth	"
74	Porzelt Dorothea	Staffelstein	"
75	Dendorfer Margareta	Eichstätt	"
76	Reiner Kreszenz	"	"
77	Leitner Angelina	München-St. III	"
78	Krämer Margareta	Nürnberg I	"
79	Kartini Elisabeth	Nürnberg II	"
80	Ströhlein Margareta	"	"
81	Auer Katharina	Illertissen	"
82	Häberlin Anna	Lindau	"
83	Förstl Babette	Augsburg I	"
84	Dütsch Kunigunde	Bamberg St.	"
85	Glock Margareta	"	"
86	Müller Johanna	Hof	"
87	Trebes Barbara	Aschaffenburg II	"
88	Uebeleisen Maria	Aichach	"
89	Winkler Julie	München St. II	"
90	Goss Elisabetha	München St. II	"
91	Brand Maria	Nürnberg III	"
92	Oppel Margareta	Augsburg II	"

93	Lampert Emma	Schrobenhausen	1. XII. 14
94	Schmidt Anna	München St. II	"
95	Wagner Katharina	Passau	"
96	Dillitzer Pauline	Erding	"
97	Neuner Anna	München Ld.	"
98	Schmeckenbecher Antonie	Traunstein	"
99	Bergmann Elisabetha	Bamberg Ld.	"
100	Schorn Martha	"	"
101	Holzer Sophie	Bayreuth	"
102	Frank Elise	Kulmbach	"
103	Hauguth Katharina	Rothenkirchen	"
104	Fischer Maria	Nürnberg III	"
105	Hofmann Barbara	Lohr	"
106	Aul Maria	Schweinfurt	"
107	Sauter Viktoria	Augsburg I	"
108	Straub Jona	Schweinfurt	"
109	Neidhardt Katharina	München St. III	"
110	Wittmann Mechtilde	München St. II	"
111	Lutz Aloisia	München St. III	"
112	Reithmayr Anna	"	"
113	Lampert Lina	Lichtenberg	"
114	Salomon Maria	Augsburg II	"
115	Kroiss Anna	München St. III	"
116	Gleixner Maria	Deggendorf	"
117	Wagner Sophie	Landshut	"
118	Albrecht Franziska	Nürnberg III	"
119	Herzgsell Barbara	Dillingen	"
120	Deller Philomena	Wertingen	"
121	Wurzer Maria	Selb	"
122	Rädler Elisabetha	Immenstadt	"
123	Russ Franziska	Karlstadt	"
124	Böhm Therese	Traunstein	"
125	Eid Katharina	Viechtach	"
126	Scheininger Anna	Mitterfels	1. I. 15
127	Detzer Erna	München St. I	1. II. 15
128	Fleckenstein Margareta	Würzburg Ld.	1. III. 15
129	Hinderer Rosa	Rosenheim	"
130	Ferstl Anna	Cham	"
131	Litz Anna	Bamberg St.	"
132	Sterr Rosa	Dingolfing	"
133	Schätz Berta	Freyung	"
134	Eigl Walburga	Burglengenfeld	1. IV. 15
135	Brein Luise	Weiden	"
136	Engelhardt Maria	Landshut	"
137	Preckwiz Maria	Immenstadt	"
138	Laubmann Anna	Augsburg I	"
139	Ruhland Anna	München St. III	"
140	Schumacher Maria	Kaufbeuren	"
141	Trisl Kreszenz	Straubing	1. V. 15
142	Höbel Anna	Lindau	"
143	Kronast Anna	Wasserburg	"
144	Podrouschek Anna	München St. II	"
145	Schmid Afra	Friedberg	"
146	Riedmiller Mathilde	Ludwigshafen a. Rh.	"
147	Raffler Frida	Speyer	"
148	Zenker Hedwig	Fürth	1. VI. 15

149	Zöller Anna	Homburg	1. VI. 15
150	Daiminger Emma	Amberg	"
151	Höfl Karolina	Garmisch	"
152	Hötzler Emilie	München St. III	"
153	Bruckschlögl Amalie	München Ld.	1. VII. 15
154	Schneider Maria Lina	Germersheim	"
155	Reith Frida	Amorbach	"
156	Schuster Anna	Dachau	1. VIII. 15
157	Gundelsheimer Luise	Schwabach	"
158	Behr Maria	Neustadt a. D.	"
159	Mösch Babette	Wunsiedel	"
160	Steidl Maria	München St. I	"
161	Fuchs Wally	Starnberg	"
162	Brunner Pauline	Ingolstadt	1. IX. 15
163	Kemnitzer Therese	Augsburg I	"
164	Rott Viktoria	Straubing	"
165	Kolb Berta	München Ld.	"
166	Fadinger Johanna	München St. II	"
167	Schiffer Doris	Bergzabern	"
168	Rauch Anna	Neumarkt	1. X. 15
169	Zottmaier Therese	Hof	"
170	Lutz Rosa	Günzburg	"
171	Hager Helene	Hof	1. X. 15
172	Frank Emma	Kaiserslautern	"
173	Wurster Berta	Berchtesgaden	"
174	Saule Therese	Ingolstadt	1. XI. 15
175	Reiß Emma	Grünstadt	"
176	Braun Elsa	Weissenburg	"
177	Hager Auguste	"	"
178	Gruber Maria	Laufen	"
179	Neber Rosa	Immenstadt	1. XII. 15
180	Köhler Hedwig	Schweinfurt	"
181	Kennerknecht Euphemie	Weilheim	"
182	Schlederer Eugenie	München St. III	"
183	Kalb Therese	Erlangen	"
184	Kropp Luise	Fürstenfeldbruck	"
185	Kollmaier Maria	Freyung	"
186	Zabuesnig Maria von	Augsburg I	"
187	Heinlein Johanna	Weilheim	"
188	Will Therese	Starnberg	"
189	Berst Pauline	München St. II	"
190	Hörberg Sophie	Krumbach	"
191	Holzner Anna	Rosenheim	"
192	Wagner Maria	Simbach	"
193	Thomas Margareta	Landau Pf.	"
194	Sattel Margareta	Ludwigshafen a. Rh.	"
195	Friedl Therese	Regensburg II	"
196	Rössert Elisabeth	Burgwindheim	"
197	Lierheimer Kunigunde	Nürnberg III	"
198	Böhme Christine	München St. IV	"
199	Schmidt Maria	München Ld.	"
200	Waibl Maria	Mühldorf	"
201	Schierlitz Karolina	Würzburg St.	"
202	Pfannenstiel Maria	Regensburg I	"
203	Kollros Maria	Schönberg	"
204	Betz Therese	Waldmünchen	"

205 Ledermann Maria — Mellrichstadt — 1.XII.15
206 Schweigart Josepha — Memmingen — „
207 Lechner Emma — Moosburg — „
208 Ertl Charlotte — München St. II — „
209 Müllhofer Berta — „ — „
210 Miller Tharsilla — Dingolfing — „
211 Baumann Josephine — Landstuhl — „
212 Kratz Maria — Lichtenfels — „
213 Pistor Anna — Wunsiedel — „
214 Gmeiner Albine — München St. II — „
215 Müller Maria — Windsheim — „
216 Lachenmeyer Karolina — Kempten — „
217 Zelenka Luise — Rosenheim — „
218 Thoma Johanna — Waldsassen — „
219 Hastreiter Berta — Volkach — „
220 Uihlein Luise — Freising — „
221 Enzensperger Theresé — Augsburg I — „
222 Hofmiller Anna — Illertissen — „
223 Berthold Babette — Nürnberg III — „
224 Geiger Elise — Gerolzhofen — „
225 Buchka Seraphine — Markt Oberdorf — 1.I.16
226 Franz Maria — Nürnberg I — „
227 Will Anna — Nördlingen — „
228 Biersack Elisabeth — Vilsbiburg — „
229 Schöpfl Hedwig — Schwabmünchen — „
230 Müller Maria — Hersbruck — 1.III.16
231 Raum Elise — „ — „
232 Franck Adelheid — Pirmasens — „
233 Feuersteiner Agnes — Neunburg v.W. — „
234 Vorsatz Maria — Memmingen — „
235 Günthner Maria — Aichach — „
236 Strauch Elisabeth — Fürth — „
237 Schinabeck Thekla — Landshut — „
238 Gumppenberg Babette — Burghausen — „
239 Strasser Franziska — München Ld. — „
240 Salcher Franziska — München St. III — „
241 Hurler Sophie — Augsburg II — „
242 Greff Maria — Blieskastel — „
243 Lang Anna — Tölz — „
244 Reich Maria — Nürnberg III — „
245 Dürrbeck Luise — München St. II — „
246 Mühe Antonie — „ — „
247 Gruber Therese — München St. III — „
248 Schott Rosina — Griesbach — „
249 Ulrich Babette — Velburg — „
250 Schödel Anna — Lichtenberg — „
251 Schotthöfer Maria — Neustadt a.H. — 1.V.16
252 Neckerauer Elisabeth — „ — „
253 Sefrin Katharina — Zweibrücken — „
254 Krieger Paula — Bayreuth — „
255 Klug Maria — Gerolzhofen — „
256 Strössenreuther Dorothea — Münchberg — „
257 Fickeisen Anna — Dürkheim — 1.VI.16
258 Schowalter Helene — Ludwigshafen a.Rh. — „
259 Marschall Margareta — Forchheim — „
260 Redlich Agnes — Lohr — „

261	Bauer Emma	München St. II	1. VII. 16
262	Renner Franziska	Landsberg	„
263	Schultz Elisabeth	Speyer	„
264	Kohlbauer Charlotte	Schwabach	„
265	Läufer Josepha	Frankenthal	„
266	Inzenhofer Babette	Neumarkt i. O.	„
267	Hinterneder Therese	München St. III	„
268	Bockhorni Laura	Wolfratshausen	1. VIII. 16
269	Guntner Wilhelmine	Schwabmünchen	1. X. 16
270	Trieb Therese	Augsburg I	„
271	Dischler Hilda	Griesbach	„
272	Knies Babette	Berchtesgaden	„
273	Burger Rosa	Kronach	„
274	Fuchs Katharina	Hofheim	„
275	Schwesinger Maria	Fürstenfeldbruck	„
276	Caelius Johanna	Kitzingen	1. XI. 16
277	Weiss Klara	Spalt	„
278	Barnickel Anna	Nördlingen	„
279	Gerbes Elisabeth	Zweibrücken	„
280	Stritter Auguste	München St. III	„
281	Rheinwald Hildegard	Regensburg II	„
282	Stolz Gerda	Dürkheim	„
283	Kurz Maria	Amberg	1. XI. 16
284	Cornet Hermine	München St. III	1. XII. 16
285	Tschaffon Kreszenz	Höchstädt a. D.	1. I. 17
286	Knauber Maria	Pirmasens	„
287	Dressel Berta	Zeil	1. II. 17
288	Schaff Berta	München Ld.	„
289	Kleinhenz Olga	Kissingen	1. III. 17
290	Kittel Wilhelmine	Gemünden	„
291	Ursprung Aloisia	München Ld.	1. IV. 17
292	Cramer Magdalena	Nürnberg I	„
293	Heinlein Emilie	Pirmasens	„
294	Compter Karolina	Homburg	„
295	Berngruber Lisette	Nürnberg III	„
296	Franz Walburga	„	„
297	Schirmer Walburga	München St. III	„
298	Wechsler Amalie	Spalt	„
299	Sturm Anna	Fürth	1. V. 17
300	Schwertschlag Therese	Nürnberg II	„
301	Feulner Betty	Nürnberg III	„
302	Sommersberger Magdalena	Passau	1. VI. 17
303	Fleischmann Maria	Straubing	„
304	Bögner Hermine	Memmingen	„
305	Christl Margarete	Hersbruck	„
306	Bögl Anna	Mallersdorf	1. VII. 17
307	Hoffmann Maria	Regensburg I	„
308	Kagerer Philomena	Rosenheim	„
309	Halla Maria	Straubing	„
310	Lechner Philomena	Nördlingen	„
311	Bittel Gertraud	Landau a. I.	„
312	Höss Maria	Augsburg I	1. VIII. 17
313	Bocksberger Sophie	Miesbach	„
314	Ehrbar Berta	München St. III	„
315	Mork Philippine	Neustadt a. H.	„
316	Hammer Antonie	Bamberg St.	„

317	Salzmann Maria	Lohr	1. VIII. 17
318	Dötterl Berta	Kemnath	1. IX. 17
319	Egerer Elisabeth	Wunsiedel	"
320	Brod Johanna	Werneck	"
321	Faltermaier Maria	Erding	"
322	Bosch Anna	Würzburg St.	"
323	Städtner Katharina	Neustadt a. H.	"
324	Wagmann Philomena	Griesbach	"
325	Uhl Katharina	Friedberg	"
326	Greil Magdalena	Pfaffenhofen	"
327	Kalhammer Karolina	Erding	"
328	Vogl Babette	Eggenfelden	"
329	Bayerer Frida	Freising	"
330	Völkl Christine	Zwiesel	"
331	Pfau Maria	München St. III	1. X. 17
332	Stock Adelheid	Obermoschel	"
333	Matt Wilhelmine	Germersheim	"
334	Bodensteiner Katharina	Nürnberg I	"
335	Weinig Elisabeth	Aschaffenburg II	1. XI. 17
336	Klüh Frida	Ochsenfurt	"
337	Hauser Anna	Erlangen	"
338	Grimm Therese	Mallersdorf	"
339	Gross Berta	Kitzingen	1. XII. 17
340	Schweigart Ida	Augsburg I	"
341	Bodensteiner Franziska	Vohenstrauß	"
342	Hartmann Kreszenz	München I	"
343	Thurn Anna	Kemnath	1. I. 18
344	Roßkopf Elsa	München St. IV	"

(Nichtetatsmässig.)

345	Creutz Karolina	Kusel	25. VII. 13
346	Steiger Elise	Dahn	28. XI. 13
347	Jungmann Sophie	Landau i. Pf.	21. I. 14
348	Eberle Wilhelmine	Augsburg II	1. II. 14
349	Schiermaier Therese	Rosenheim	1. II. 14
350	Schmitt Helena	Neustadt a. S.	1. II. 14
351	Blum Emma	Pirmasens	2. II. 14
352	Lackerbauer Elisabeth	Deggendorf	5. II. 14
353	Kirchberger Maria	Eggenfelden	30. VI. 14
354	Zeitler Josephine	Hilpoltstein	10. VII. 14
355	Hüttlinger Elisabeth	Dachau	12. VII. 14
356	Zirkelbach Anna	Kissingen	13. VII. 14
357	Oberhuber Berta	Pfarrkirchen	23. VII. 14
358	Schmid Kreszenz	Ebersberg	1. VIII. 14
359	Klein Walburga	München St. III	1. VIII. 14
360	Müller Julie	"	1. VIII. 14
361	Grün Lina	Markt Bibart	4. IX. 14
362	Müller Anna	Schongau	8. IX. 14
363	Mangold Emilie	München St. II	15. IX. 14
364	Brill Maria	Zweibrücken	31. X. 14
365	Stangl Babette	Zwiesel	1. XI. 14
366	Becker Lydia	Kaiserslautern	2. XI. 14
367	Karch Therese	Frankenthal	3. XI. 14
368	Schwaegele Antonie	Ottobeuren	4. XI. 14
369	Trump Else	Grünstadt	5. XI. 14
370	Geiger Anna	Neustadt a. D.	7. XI. 14

371	Schweighofer Johanna	Ingolstadt	8. XI. 14
372	Merxmüller Maria	Traunstein	10. XI. 14
373	Drollmann Rosa	Mühldorf	11. XI. 14
374	Cornet Christine	Wolfratshausen	12. XI. 14
375	Bergmann Franziska	Schongau	4. XII. 14
376	Handick Ida	Vilshofen	4. XII. 14
377	Vogl Elisabeth	Wunsiedel	22. XII. 14
378	Wohlrab Sophie	Waldsassen	2. I. 15
379	Landherr Julie	Bergzabern	25. I. 15
380	Zollner Kreszenz	Vilshofen	28. I 15
381	Lang Kreszenz	Schönberg	1. II. 15
382	Steinl Maria	Kipfenberg	10. II. 15
383	Röttinger Rosa	Neu-Ulm	15. II. 15
384	Stempfle Josepha	"	22. II. 15
385	Janzer Anna	Lauterecken	9. III. 15
386	Aurich Josephine	Nürnberg III	15. III. 15
387	Vervier Anna	Würzburg St.	19. III. 15
388	Schick Rosa	Ebersberg	1. IV. 15
389	Brend'amur Karolina	Riedenburg	19. IV. 15
390	Froschmaier Maria	Aibling	22. IV. 15
391	Herrmann Margareta	Hersbruck	28. IV. 15
392	Blumschein Anna	Landau a. I.	3. V. 15
393	Wörndle Rosa	Wasserburg	28. V. 15
394	Seibert Mathilde	Vohenstrauß	24. VI. 15
395	Grimm Anna	Weißenburg	1. VII. 15
396	Hörberg Kreszenz	Krumbach	16. VII. 15
397	Werlin Maria	Altdorf	5. VIII. 15
398	Lutz Anna	München St. IV	14. X. 15
399	Pflaum Elisabeth	München St. II	25. X. 15
400	Hiller Anna	Lauingen	25. X. 15
401	Azesdorfer Anna	München St. II	26. X. 15
402	Kraus Maria	Nürnberg II	30. X. 15
403	Dittmann Viktoria	München St. II	2. XI. 15
404	Heiß Hildegard	"	2. XI. 15
405	Itzstein Amalie	München St. III	2. XI. 15
406	Nothhaft Sophie	"	2. XI. 15
407	Griener Elsa	"	2. XI. 15
408	Stingl Erna	München St. II	16. XI. 15
409	Stein Elisabeth	Pirmasens	1. XII. 15
410	Huber Elise	Regensburg I	1. XII. 15
411	Birmelin Amalie	München St. I	20. III. 16

Beitreibungspersonal.

h) Rentamtsdiener und Steuerboten.

1	Bruckmayer Johann (Me1—KLKr—LK)	München St. III	1. I. 80
2	Kögler Georg (Me1—LK)	Würzburg St.	1. XII. 94
3	Klug Andreas	Brückenau	16. XII. 95
4	Brandl Johann (Me 1—LK)	Regensburg II	16. XII. 95
5	Stahl Joh. Michael (LK)	Rothenburg o. T.	1. X. 97
6	Fischer Friedrich (LK)	Dinkelsbühl	1. II. 98
7	Schinn Friedrich (LK)	Rosenheim	1. V. 98
8	Schmidt Christian (LK)	Eichstätt	16. VIII. 98

9	Günther Adam (Mel—LK)	Bamberg Ld.	1. X. 98
10	Maul Johann (Mel—PLc—KLKr)	Weiden	16. III. 99
11	Sammer Georg	Herrieden	16. XII. 99
12	Munack Wilhelm (LK)	München St. III	16. VII. 00
13	Oelschlegel Christoph (Mel—LK)	Kulmbach	16. VIII. 00
14	Hübner Anton	Würzburg Ld.	16. X. 00
15	Wohlfart Martin	Nürnberg III	16. XI. 00
16	Limmer Martin (LK)	Eggenfelden	16. XI. 00
17	Schmid Johann Bapt. (Mel—LK)	Augsburg I	1. XII. 00
18	Pfefferlein Robert (LK)	Nürnberg III	16. XII. 00
19	Ott Karl (Me1)	Bamberg St.	16. I. 01
20	Göb Valentin (Me1—KLKr)	Würzburg St.	15. II. 01
21	Schubert Johann (KLKr)	Kissingen	1. V. 01
22	Ziegler Kilian	Werneck	1. IX. 01
23	Fritz Franz	Weilheim	16. IX. 01
24	Betz Franz	Greding	1. XI. 01
25	Zeder Heinrich	Kronach	16. XII. 01
26	Barthelmes Anton	Münnerstadt	1. II. 02
27	Oberpriller Johann (KLKr—LK)	Griesbach	1. III. 02
28	Knirlberger Heinrich (Mel—KLKr—LK)	Neustadt a. D.	1. III. 02
29	Stürmer Aquilin	München St. I	16. IV. 02
30	Bauer Michael (KLKr)	Passau	16. VI. 02
31	Richter Johann	Wassertrüdingen	1. IX. 02
32	Wittlinger Georg (Mel—KLKr)	Regensburg II	16. IX. 02
33	Künzel Friedrich (KLKr)	Bayreuth	16. X. 02
34	Bleicher Joseph (KLKr)	Gemünden	1. XII. 02
35	Dietrich Joseph (KLKr)	Kötzting	1. I. 03
36	Träger Heinrich (Me1)	Waldsassen	1. II. 03
37	Seuss Martin (KLKr)	Vilshofen	1. III. 03
38	Knüpfer Heinrich (LK)	Feuchtwangen	1. IV. 03
39	Burkhart Max	Weissenhorn	16. IV. 03
40	Hastreiter Anton (PEK2—MVK1bKr)	Obernzell	16. IV. 03
41	Geyer August	Walderbach	1. V. 03
42	Krauss Christoph	München St. II	16. V. 03
43	Brodwolf Johann	Tölz	16. VI. 03
44	Selk Eduard (KLKr—L 2)	Ludwigshafen a.Rh.	1. VII. 03
45	Löffler Adam (KLKr—LK)	Pirmasens	1. VII. 03
46	Strehle Joseph (LK)	München St. I	1. VII. 03
47	Strasser Michael (LK)	"	1. VII. 03
48	Hackl Max (LK)	München St. I	1. VII. 03
49	Mündel Konrad (LK)	München Ld.	1. VII. 03
50	Geib Friedrich	Pirmasens	1. VII. 03
51	Setzepfand Traugott	München St. III	1. VII. 03
52	Reichrath Ludwig (KLKr)	Kaiserslautern	1. VII. 03
53	Dentelsbeck Andreas (KLKr)	Regensburg I	1. VII. 03
54	Vetter Franz (LK)	Homburg	1. VII. 03
55	Huber Johann (LK)	Nürnberg III	1. VII. 03
56	Steinhilber Ludwig (LK)	München St. II	1. VII. 03
57	Sommerauer Joseph (LK)	"	1. VII. 03
58	Kramer Georg	München St. IV	1. VII. 03
59	Appel Joseph	München St. II	1. VII. 03
60	Schramm Joseph	Burghausen	1. VII. 03
61	Maul Johann (PLc—LK)	München St. I	1. VII. 03
62	Rohrhirsch Franz X.	München St. II	1. VII. 03

63	Luy Johann	München St. II	1. VII. 03
64	Walling Friedrich (KLKr)	Annweiler	1. VII. 03
65	Bruckner Johann	Amberg	1. VII. 03
66	Meissner Gregor	Ingolstadt	1. VII. 03
67	Moser Franz X.	München St. I	1. VII. 03
68	Götz Friedrich (MVK1Kr—PEK2)	Frankenthal	1. VII. 03
69	Huber Anton (Mel—PLc)	Mühldorf	1. VII. 03
70	Lohrer Adam	München St. II	1. VII. 03
71	Nickl Johann	Moosburg	1. VII. 03
72	Stadler Sylvester	Wertingen	1. VII. 03
73	Bühling Johann	München St. IV	1. VII. 03
74	Küspert Andreas (KLKr)	Augsburg I	1. VII. 03
75	Breunig Friedrich	Lohr	1. VII. 03
76	Oberwallner Georg	München St. IV	1. VII. 03
77	Spangler Joseph	München St. III	1. VII. 03
78	Guck Georg	München St. II	1. VII. 03
79	Hölzle August	München St. III	1. VII. 03
80	Reiss Jakob	Germersheim	1. VII. 03
81	Pötzinger Johann	Schesslitz	1. VII. 03
82	Stöhr Karl	Augsburg I	1. VII. 03
83	Franke August	Beilngries	1. VII. 03
84	Zeh Franz	München St. III	1. VII. 03
85	Flühr Georg	Hersbruck	1. VII. 03
86	Schlemmer Joseph	München St. II	1. VII. 03
87	Neff Joseph	Wolfratshausen	1. VII. 03
88	Sieber Kaspar	Freising	1. VII. 03
89	Faller Friedrich	"	1. VII. 03
90	Schreitmüller Johann	Schwabmünchen	1. VII. 03
91	Schäfer Friedrich	München St. IV	1. VII. 03
92	Gürtler Johann	Berchtesgaden	1. VII. 03
93	Jörg Franz X. (PL2)	München St. III	1. VII. 03
94	Schollerer Heinrich (KLKr)	Mitterfels	1. VII. 03
95	Lindner Georg	Nürnberg I	1. VII. 03
96	Dorsch Joh. Georg	Nürnberg II	1. VII. 03
97	Bollinger Georg (KLKr)	Kempten	1. VII. 03
98	Piele Theodor	Spalt	1. VII. 03
99	Schedel Johann	Nürnberg II	1. VII. 03
100	Strauss Friedrich	Regensburg I	1. VII. 03
101	Potzler Ulrich	Bayreuth	1. VII. 03
102	Pöhner Karl	München Ld.	1. VII. 03
103	Hübner Chr. Joh.	St. Ingbert	1. VII. 03
104	Uebel Konrad	Ansbach	1. VII. 03
105	Weth Joseph	Würzburg Ld.	1. VII. 03
106	Heinrich Gustav (PL2)	München Ld.	1. VII. 03
107	Fischer Joseph	München St. II	1. VII. 03
108	Seefried Georg	Nürnberg II	1. VII. 03
109	Wolf Franz	München St. II	1. VII. 03
110	Graf Joseph	Fürstenfeldbruck	1. VII. 03
111	Schmid Franz X. (KLKr)	Donauwörth	1. VII. 03
112	Schmidt Georg	Rosenheim	1. VII. 03
113	Werner Friedrich	München St. II	1. VII. 03
114	Hopper Georg	Augsburg I	1. VII. 03
115	Prechsl Xaver	München I	1. VII. 03
116	Faltermeier Martin	München St. III	1. VII. 03
117	Ullrich Johann	Dettelbach	1. VII. 03
118	Linsenmeier Wilh.	Würzburg St.	1. VII. 03

119	Hofmann Andreas	Erding	1. VII. 03
120	Helbig Gabriel	Fürth	1. VII. 03
121	Stritter Karl	München St. II	1. VII. 03
122	Rudolf Wilhelm	Amberg	1. VII. 03
123	Müller Johann	Neuburg a. D.	1. VII. 03
124	Mager Georg Adam	Neustadt a. S.	1. VII. 03
125	Zech Philipp	Erlangen	1. VII. 03
126	Rosenbauer Leonhard	Landsberg	1. VII. 03
127	Jäger Johann	Aschaffenburg I	1. VII. 03
128	Geyer Georg	Kulmbach	1. VII. 03
129	Seidenspinner Gregor	Nürnberg II	1. VII. 03
130	Dörrzapf Franz	Ebermannstadt	1. VII. 03
131	Backert Pankraz	Nürnberg I	1. VII. 03
132	Sperl Karl (KLKr)	Regensburg I	1. VII. 03
133	Paulus Johann	Kitzingen	1. VII. 03
134	Dennerlein Adam (MVK2aKr—PLc—PEK2—PKM)	Bamberg St.	1. VII. 03
135	Rucker Willibald	Pfaffenhofen	1. VII. 03
136	Dötschel Johann (MVK1Kr—PEK2)	Bayreuth	1. VII. 03
137	Bähr Georg	Nürnberg II	1. VII. 03
138	Arneth Johann (MVK1Kr)	Ebermannstadt	1. VII. 03
139	Scheuer Adrian	München St. I	1. VII. 03
140	Albrecht Georg	Schwabmünchen	1. VII. 03
141	Derks Heinrich	Kronach	1. VII. 03
142	Merz Joh. Heinrich	Nürnberg II	1. VII. 03
143	Förtsch Johann	Ebern	1. VII. 03
144	Glöckl Wolfgang	Weilheim	1. VII. 03
145	Kerler Ottmar	München St. III	1. VII. 03
146	Lieb Valentin	Königshofen	1. VII. 03
147	Dengler Christoph	Waldsassen	1. VII. 03
148	Schlamp Xaver	Eichstätt	1. VII. 03
149	Zankl Ludwig (KLKr)	Dingolfing	1. VII. 03
150	Fenn Johann	Nürnberg II	1. VII. 03
151	Wenger Johann	Kempten	1. VII. 03
152	Welzel Georg (MVK1Kr—PEK2)	Bayreuth	1. VII. 03
153	Hofmann Georg	Nürnberg II	1. VII. 03
154	Lohmeier Otto (PEK2)	Beilngries	1. VII. 03
155	Kuhn Johann	Nürnberg II	1. VII. 03
156	Drexler Friedrich	München St. II	1. VII. 03
157	Hauck Johann	Kaufbeuren	1. VII. 03
158	Hertrich Adam	Münchberg	1. VII. 03
159	Schuhmann Johann	Wunsiedel	1. VII. 03
160	Bauer Karl	München St. IV	1. VII. 03
161	Abersfelder Karl (MVK1Kr)	Würzburg St.	1. VII. 03
162	Meckler Wilhelm (PEK2)	Landshut	1. VII. 03
163	Lutz Martin	München St. I	1. VII. 03
164	Kohlpaintner Anton (KLKr)	Vilsbiburg	1. VII. 03
165	Körber Martin	Mindelheim	1. VII. 03
166	Kreil Eberhard	Hof	1. VII. 03
167	Eder Karl	Simbach	1. VII. 03
168	Glas Johann (KLKr)	Deggendorf	1. VII. 03
169	Mahr Karl	Bamberg St.	1. VII. 03
170	Höfler Joseph	Passau	1. VII. 03
171	Rothlauf Ludwig	Weismain	1. VII. 03
172	Marchl Joseph	Simbach	1. VII. 03
173	Grünwald Joseph	Rosenheim	1. VII. 03

174	Schöller Karl	Aschaffenburg I	1. VII. 03
175	Brechtelsbauer Matthias	Nürnberg II	1. VII. 03
176	Staudter Adam	Ebersberg	1. VII. 03
177	Schuster Georg	Waischenfeld	1. VII. 03
178	Welker Georg	Markt Erlbach	1. VII. 03
179	Berger Karl	Ingolstadt	1. VII. 03
180	Sturm Joseph	Lindau	1. VII. 03
181	Pradl Franz X.	Kelheim	1. VII. 03
182	Steinbruckner Michael	Kemnath	1. VII. 03
183	Danner Anton	Schrobenhausen	1. VII. 03
184	Winkelmann August	Neustadt a. H.	1. VII. 03
185	Wager Gabriel	Donauwörth	1. VII. 03
186	Endrass Joseph	Markt Oberdorf	1. VII. 03
187	Wiesner Adam	Starnberg	1. VII. 03
188	Vetter Michael	Eschenbach	1. VII. 03
189	Wagner August	Aichach	1. VII. 03
190	Kress Adam	Bamberg Ld.	1. VII. 03
191	Rieger Joseph (KLKr)	Regensburg I	1. VII. 03
192	Neumeister Joh. Georg	Würzburg St.	1. VII. 03
193	Heeg Georg	Aschaffenburg I	1. VII. 03
194	Hildner Nikolaus	Lengfurt	1. VII. 03
195	Fischer Johann (KLKr)	Würzburg St.	1. VII. 03
196	Kleebauer Joseph	Füssen	1. VII. 03
197	Jungkunst Georg	Vohenstrauss	1. VII. 03
198	Jehle Johann	Neu-Ulm	1. VII. 03
199	Kobold Joseph	Neuburg a. D.	1. VII. 03
200	Zitzmann Jakob	Kitzingen	1. VII. 03
201	Deyerling Friedrich	Speyer	1. VII. 03
202	Hefferle Georg	Fürstenfeldbruck	1. VII. 03
203	Weiss Johann	München Ld.	1. VII. 03
204	Parr Andreas	Neustadt a. D.	1. VII. 03
205	Umfahrer Ludwig	Nördlingen	1. VII. 03
206	Steigner Valentin	Zweibrücken	1. VII. 03
207	Weiss Martin	Kastl	1. VII. 03
208	Gärtner Karl	Altdorf	1. VII. 03
209	Klingler Wilhelm	Rothenburg o. T.	1. VII. 03
210	Angerer Heinrich	Hof	1. VII. 03
211	Hiemer Heinrich	Traunstein	1. VII. 03
212	Maisch Peter	Homburg	1. VII. 03
213	Hesel Johann	Pottenstein	1. VII. 03
214	Plechschmidt Jakob	Selb	1. VII. 03
215	Eigl Johann	Burglengenfeld	1. VII. 03
216	Goderbauer Sebastian (KLKr)	Landshut	1. VII. 03
217	Grob Eusebius	Brückenau	1. VII. 03
218	Huber Joseph	München St. II	1. VII. 03
219	Weller Heinrich	Kaiserslautern	1. VII. 03
220	Frank Michael	Hersbruck	1. VII. 03
221	Müller Johann	Stadtsteinach	1. VII. 03
222	Scheithe Friedrich	Kaiserslautern	1. VII. 03
223	Klampfer Christoph	Fürth	1. VII. 03
224	Mayr Joseph	Neuburg a. D.	1. VII. 03
225	Simon Heinrich	Bayreuth	1. VII. 03
226	Domke Hermann	Heilsbronn	1. VII. 03
227	Linow Wilhelm	Landstuhl	1. VII. 03
228	Eichhorn Pankraz	Rothenkirchen	1. VII. 03
229	Schrödel Lorenz	Neunkirchen a. Br.	1. VII. 03

230	Trostdorf Bernhard	Nördlingen	1. VII. 03
231	Ebert Wilhelm	Forchheim	1. VII. 03
232	Höhn Johann	München St. IV	16. VII. 03
233	Döbler Alois	München St. II	16. VII. 03
234	Kronzucker Max	Trostberg	1. VIII. 03
235	Fuchs Georg	Pegnitz	1. VIII. 03
236	Kammerl August	Straubing	16. VIII. 03
237	Wirtheim Franz	München St. IV	16. VIII. 03
238	Ziegler Wilhelm	Ansbach	1. IX. 03
239	Haid Franz X.	Friedberg	1. IX. 03
240	Peppel Joseph (MVK2b)	Starnberg	16. IX. 03
241	Fastl Andreas	München St. IV	1. XII. 03
242	Hartung Franz	München St. II	1. XII. 03
243	Schuler Adalbert	München St. II	1. XII. 03
244	Hausdörfer Louis	Immenstadt	1. XII. 03
245	Kubeile Hermann	Spalt	1. XII. 03
246	Kraus Alois	Würzburg St.	1. XII. 03
247	Jochum Ludwig	Dillingen	1. XII. 03
248	Hofmann Joseph	Vohenstrauss	1. I. 04
249	Hollederer Friedrich (KLKr)	Nürnberg III	1. I. 04
250	Vogtmann Wolfgang	Arnstein	15. II. 04
251	Meyer Karl	Hammelburg	15. II. 04
252	Scheuerlein Joh. Martin	Augsburg I	1. III. 04
253	Engelhard Ferdinand	Günzburg	1. V. 04
254	Brey Joseph	Burglengenfeld	16. V. 04
255	Wolf Albert	Forchheim	1. VII. 03 1. VI. 04
256	Sennebogen Michael	München St. II	1. VII. 03 1. VII. 04
257	Ament Karl	Bamberg St.	1. VI. 04
258	Fichtl Franz	Aibling	16. VII. 04
259	Fischer Peter	Memmingen	1. VII. 04
260	Kirch Jakob	Kaiserslautern	1. VII. 04
261	Steiger Ludwig	Dahn	1. VII. 04
262	Hahn Kaspar	Neumarkt	1. X. 04
263	Michel Klemens	Nürnberg II	1. X. 04
264	Haberzett Johann (KLKr)	Nürnberg III	16. VIII. 04
265	Kügle Joseph	Eschenbach	1. IX. 04
266	Mayer Franz (LK)	Ludwigshafen a. Rh.	16. IX. 04
267	Maier Joseph	Vilsbiburg	1. X. 04
268	Zahlhaas Adolf	Straubing	1. X. 04
269	Gattermann Friedrich	Vilshofen	1. X. 04
270	Krug Dominikus	Zwiesel	1. X. 04
271	Boreiter Peter	Neustadt a. S.	1. X. 04
272	Wetzel Kornelius	Selb	16. X. 04
273	Hammer Anton	Landsberg	16. X. 04
274	Bechtold Joseph	Kandel	1. XI. 04
275	Weindler Andreas	Obernzell	1. XI. 04
276	Bergkammer Xaver	Klingenberg	1. II. 05
277	Zimmermann Philipp	Neustadt a. H.	1. III. 05
278	Kössinger Ulrich	Ludwigshafen a. Rh.	1. IV. 05
279	Haas Ludwig	Karlstadt	16. IV. 05
280	Hassold Friedrich (MVK1Kr — PEK2)	Hersbruck	1. V. 05
281	Fink Karl	Burgau	1. VI. 05

282	Weinheimer Jakob	Ludwigshafen a.Rh.	1. VI. 05
283	Riemer Otto	Nürnberg I	16. VI. 05
284	Gräf Gustav	„	1. VII. 05
285	Achmüller Heinrich	Schongau	1. VIII. 05
286	Weber Johann	Riedenburg	1. IX. 05
287	Lucht Hermann	Würzburg Ld.	1. IX. 05
288	Förster Konrad	Kronach	1. IX. 05
289	Müller Nikolaus	Edenkoben	16. IX. 05
290	Schömig Ludwig	Amorbach	1. VIII. 05
		wiederangest.	1. II. 17
291	Blecher Michael	Königshofen	1. XI. 05
292	Bachmeier Karl	Regensburg I	1. XI. 05
293	Müller Anton (MVK1Kr)	Ochsenfurt	1. II. 06
294	Augustin Johann	Rain	1. II. 06
295	Neumüller Johann	Gunzenhausen	15. II. 06
296	Liebscher Michael	Schesslitz	1. III. 06
297	Limmer Gustav	Münchberg	1. III. 06
298	Essigkrug Joseph	Blieskastel	1. III. 06
299	Postler Joseph	Bamberg Ld.	1. III. 06
300	Schuirer Joseph	Dillingen	1. IV. 06
301	Watz Ludwig	Aschaffenburg I	1. VI. 06
302	Weyh Dominikus	Karlstadt	1. VI. 06
303	Langhirt Ignaz	Germersheim	1. VI. 06
304	Hund Franz	Landau i. Pf.	16. VI. 06
305	Mayer Peter	München St. II	16. VI. 06
306	Rath Wilhelm (MVK2b Kr)	Höchstädt a. D.	16. VI. 06
307	Ohlinger Georg	Landau i. Pf.	16. VI. 06
308	Haunold Joseph	Pfaffenhofen	1. VII. 06
309	Hillenbrand Georg	Herzogenaurach	1. VIII. 06
310	Müller Michael	Nürnberg III	1. IX. 06
311	Schickert Michael	Neustadt a. A.	1. IX. 06
312	Brückner August	Dachau	1. IX. 06
313	Hertlein Georg	Augsburg I	1. X. 06
314	Faeth Georg	Sulzbach	1. X. 06
315	Wenning Johann	Weiden	1. XI. 06
316	Baier Johann	Fürth	1. XI. 06
317	Nelz Peter	Edenkoben	1. XI. 06
318	Gehring Johann (PEK2)	München Ld.	1. XI. 06
319	Meier Lorenz	Fürth	1. XI. 06
320	Knott Sebastian	Pirmasens	1. XI. 06
321	Herrmann Konrad	Bamberg St.	1. XI. 06
322	Puppele Johann	Tirschenreuth	16. XI. 06
323	Donner Paul	Neumarkt	16. XI. 06
324	Nuber Johann	Pfarrkirchen	1. XII. 06
325	Geyer Franz	München Ld.	1. I. 07
326	Sailer Martin	Monheim	16. I. 07
327	Schwarz Georg	Cadolzburg	16. I. 07
328	Zacher Joseph	Vilshofen	1. II. 07
329	Bindsack Martin	Homburg	1. II. 07
330	Seibert Michael	Lichtenfels	1. II. 07
331	Schröttenbrunner Peter	Moosburg	1. II. 07
332	Neidlein Michael	Fürth	16. III. 07
333	Beger Franz	Amorbach	1. IV. 07
334	Günthert Georg	Neustadt a. H.	1. IV. 07
335	Kränzlein Georg	Laufen	1. IV. 07
336	Rachinger Johann	Nürnberg III	1. V. 07

337	Schmid Georg	München St. II	16. V. 07
338	Gerstmaier Johann	Buchloe	16. V. 07
339	Dorn Joseph	Ebern	1. VI. 07
340	Wunderlich Christoph	Windsheim	1. VII. 07
341	Raum Peter	Straubing	1. VII. 07
342	Winzer Georg	Augsburg I	1. VII. 07
343	Baumgärtner Friedrich	Marktschorgast	1. VII. 07
344	Pfannenmüller Thomas	Schwabach	1. VII. 07
345	Ferber Karl	Dürkheim	1. VII. 07
346	Schrüfer Johann	Markt Oberdorf	1. VIII. 07
347	Fischer Wilhelm	Augsburg I	1. VIII. 07
348	Kölbel Heinrich	Weissenburg i. B.	1. VIII. 07
349	Häussner Karl	Staffelstein	1. IX. 07
350	Gunzelmann Pankraz	Neunburg v. W.	1. X. 07
351	Bachmaier Johann (MVK1Kr—PEK2)	Wasserburg	1. X. 07
352	Bscheidmeier Rupert	München St. III	16. X. 07
353	Kühne Eduard	Nürnberg I	16. X. 07
354	Bürger Georg	Klingenberg	1. XI. 07
355	Braun Christian	Nabburg	1. I. 08
356	Wolf Anton	Neunburg v. W.	1. V. 08
357	Amann Johann	Amberg	1. V. 08
358	Ganss Heinrich	Kempten	1. VI. 08
359	Schober Matthias (MVK1Kr—PEK2)	Grünstadt	1. VII. 08
360	Braun Aquilin	Ottobeuren	1. IX. 08
361	Will Christoph	Herzogenaurach	1. IX. 08
362	Schieder Franz	Nürnberg I	1. IX. 08
363	Schäfer Joseph	Aibling	1. IX. 08
364	Armbruster Wilhelm	Friedberg	1. IX. 08
365	Walther Georg	Dachau	1. IX. 08
366	Scherm Michael (MVK1Kr)	St. Ingbert	1. IX. 08
367	Erk Johann	München St. I	1. IX. 08
368	Bayer Balthasar	München St. II	1. IX. 08
369	Wieber Georg	"	1. IX. 08
370	Spichtinger Joseph	Cham	16. X. 08
371	Schuster Joseph	Krumbach	16. X. 08
372	Denisch Markus	Marktbibart	1. XI. 08
373	Lutzenberger Michael	Augsburg II	1. XI. 08
374	Kuhnle Anton	Türkheim	1. II. 09
375	Kittler Paul	Erlangen	1. II. 09
376	Schneider Heinrich	Kusel	1. II. 09
377	Voggeser Leo	Zusmarshausen	1. II. 09
378	Schuck Nikolaus	Lichtenfels	1. II. 09
379	König Christian	Marktbibart	1. II. 09
380	Schwarz Andreas	Günzburg	1. III. 09
381	Bauer Michael	Pottenstein	1. III. 09
382	Schnödt Karl	Cham	1. III. 09
383	Fischöder Georg	Weissenburg i. B.	1. III. 09
384	Weiss Ottmar	Berchtesgaden	1. III. 09
385	Fuchs Johann	Röttingen	1. III. 09
386	Kippes Ambros	Mellrichstadt	1. IV. 09
387	Hagenmüller Markus	Schongau	1. V. 09
388	Habelt Christian	Sulzbach	1. V. 09
389	Walther Friedrich	Memmingen	1. V. 09
390	Hergenröder Valentin	Burgwindheim	1. V. 09

391	Gregor Karl	München St. II	1. VI. 09
392	Gruber Rudolf	Ingolstadt	1. VI. 09
393	Bondick Hermann	Pegnitz	1. VII. 09
394	Heichele Michael (PEK2)	Illertissen	1. VII. 09
395	Lindenmaier Joseph	Augsburg I	1. VII. 09
396	Engelhardt Georg	Neustadt a. H.	1. VIII. 09
397	Schmölzl Johann	München St. II	1. VIII. 09
398	Kalleder Joseph	Garmisch	1. VIII. 09
399	Gollwitzer Adolf	Winnweiler	1. IX. 09
400	Marterstock Joseph	Dürkheim	1. IX. 09
401	Remlein Joseph	Hemau	1. IX. 09
402	Vollrath Georg (KLKr—PEK2)	Nürnberg I	1. IX. 09
403	Kumpf Karl	Viechtach	1. X. 09
404	Barth Albin	Regensburg I	1. X. 09
405	Poll Joseph	Kelheim	1. X. 09
406	Miesel Philipp	Erlangen	1. X. 09
407	Stern Johann	Laufen	1. X. 09
408	Beetz Georg	Fürth	1. X. 09
409	Seifert Christoph	Hof	1. X. 09
410	Bindl Ludwig	München St. III	1. XI. 09
411	Förtsch Joseph	Neunburg v. W.	1. XI. 09
412	Ludwig Andreas	Augsburg II	1. XI. 09
413	Pfaff Nikolaus (MVK2aKr—PEK2)	Gerolzhofen	1. XI. 09
414	Schweser Karl	Weissenburg i. B.	1. XII. 09
415	Heydt Johannes	Walderbach	1. I. 10
416	Schatz Christian	München St. III	1. II. 10
417	Schreyer August	München St. II	1. II. 10
418	Rödel Adam (MVK1Kr—PEK2)	Kaiserslautern	1. III. 10
419	Klempf Johann	Kissingen	1. IV. 10
420	Kerl Johann Bapt. (PEK2)	Tölz	1. V. 10
421	Fürsattel Leonhard	Nürnberg III	1. VI. 10
422	Rath Johann	Lohr	1. VI. 10
423	Maier Jakob (MVK1Kr)	Nürnberg I	1. VI. 10
424	Schaller Leo (MVK1Kr—PEK2)	Nabburg	1. VI. 10
425	Prechtl Johann	Türkheim	1. VI. 10
426	Bleisteiner Georg	Heidenheim	1. VIII. 10
427	Baur Eugen (MVK1Kr—PEK2)	Mindelheim	1. VIII. 10
428	Fischer Johann (MVK1Kr—PEK2)	Eggenfelden	1. VIII. 10
429	Trapp Oskar (MVK1Kr—PEK2)	Kaiserslautern	1. VIII. 10
430	Holzberger Matthias (KLKr)	Uffenheim	1. VIII. 10
431	Stammel Ludwig	Augsburg II	1. VIII. 10
432	Hanger Valentin (PEK2)	Augsburg I	1. IX. 10
433	Schmid Martin	"	1. IX. 10
434	Hallermeier Johann	Neustadt a. D.	1. IX. 10
435	Trautner Johann Bapt.	Weiden	1. IX. 10
436	Gleich Michael (MVK1Kr—PEK2)	Illertissen	1. IX. 10
437	Holzapfel Stephan	Miesbach	1. IX. 10
438	Lingl Johann Ev.	Gunzenhausen	1. IX. 10
439	Fritzl Joseph	Passau	1. IX. 10
440	Rausch Joh. Konrad	Thurnau	1. IX. 10
441	Weiser Heinrich	Landau Pf.	1. X. 10
442	Wölfel Karl	Waldmünchen	1. X. 10
443	Donderer Joh. Bapt.	Lindau	1. XII. 10
444	Göckler Joseph (MVK1Kr—PEK2)	Landau a. I.	1. XII. 10
445	Speigl Michael (MVK1Kr)	Mallersdorf	1. XII. 10
446	Fuchs Michael	Grünstadt	1. I. 11

447	Holzwart Georg	Schwabach	1. II. 11
448	Krill Karl	Speyer	1. II. 11
449	Dürre Albert	Hemau	1. II. 11
450	Fleischmann Philipp Peter	Ansbach	1. II. 11
451	Spörlein Georg (PEK2)	Nürnberg I	15. II. 11
452	Rothhaupt Adalbert	Aichach	1. III. 11
453	Mayer Richard	Frankenthal	1. III. 11
454	Kissel Christoph (PEK2)	Freyung	1. III. 11
455	Finzel Joseph	Zeil	1. IV. 11
456	Klein Jakob	Kirchheimbolanden	1. IV. 11
457	Mareis Franz	Schönberg	1. IV. 11
458	Ruckriegel Martin (MVK1Kr)	Wunsiedel	1. V. 11
459	Valnion Peter	Ludwigshafen a. Rh.	1. V. 11
460	Deiser Joseph	Wolfratshausen	1. VII. 11
461	Böck Georg	Landshut	1. VII. 11
462	Zechmann Joseph (MVK1Kr — PEK2)	Passau	1. VII. 11
463	Berthele Benedikt	Immenstadt	1. VII. 11
464	Spindler Heinrich (PEK2)	Annweiler	1. VII. 11
465	Dauth Wilhelm	Bergzabern	1. VII. 11
466	Huber Michael	Blieskastel	1. VII. 11
467	Feuchtmann Friedrich	Dahn	1. VII. 11
468	Groitzsch Max	Kusel	1. VII. 11
469	Schanuel Ludwig	Landstuhl	1. VII. 11
470	Martin Heinrich	Ludwigshafen a. Rh.	1. VII. 11
471	Häring Kurt	Obermoschel	1. VII. 11
472	Kolb Johann (MVK1Kr)	Pirmasens	1. VII. 11
473	Küspert Friedrich	Zweibrücken	1. VII. 11
474	Huber Max	Auerbach	1. VII. 11
475	Grasser Johann	Bamberg	1. VII. 11
476	Sommer Johann	Hof	1. VII. 11
477	Rauh Philipp	Marktschorgast	1. VII. 11
478	Rath Christian	Neunkirchen a. Br.	1. VII. 11
479	Friedrich Johann	Altdorf	1. VII. 11
480	Eckhof Leonhard	Neustadt a. A.	1. VII. 11
481	Jessberger Karl	Mellrichstadt	1. VII. 11
482	Hafenmaier Leonhard	Oettingen	1. VII. 11
483	Mittermaier Xav. (MVK1Kr—PEK2)	Burghausen	1. VII. 11
484	Schweiger Joseph	Pfarrkirchen	1. VII. 11
485	Zolnhofer Johann	Frankenthal	1. VII. 11
486	Nicol Christian	Höchstadt a. A.	1. VII. 11
487	Baumgartner Georg (MVK1Kr)	Deggendorf	1. VII. 11
488	Mirsberger Konrad (MVK1Kr—PEK2)	Kaiserslautern	1. VII. 11
489	Stelzer Lorenz	Kempten	1. VII. 11
490	Koch Johann	Hilpoltstein	1. VII. 11
491	Centmayer Adolf	Zwiesel	1. VIII. 11
492	Hartmann Andreas	Lauterecken	1. VIII. 11
493	Herberich Karl	Tirschenreuth	1. VIII. 11
494	Werner Richard Paul	Pirmasens	1. IX. 11
495	Leikheim Michael	Ludwigshafen a. Rh.	1. IX. 11
496	Kolbeck Johann Bapt. (PEK2)	Kötzting	1. IX. 11
497	Haid Joseph	Freyung	1. XI. 11
498	Holzbock Georg (MVK1Kr—PEK2)	Weismain	1. XI. 11
499	Schöpplein Andreas	Nürnberg III	1. XI. 11
500	Windsauer Andreas	München St. III	16. XI. 11

501	Graf Joh. Bapt.	Nürnberg III	1. XII. 11
502	Kraus Johann (PEK2)	Deggendorf	1. XII. 11
503	Sittenauer Theodor	München St. II	16. XII. 11
504	Feldbauer Alois	Ludwigshafen a. Rh.	1. IV. 12
505	Strohmayer Leonhard Georg	Lichtenberg	1. IV. 12
506	Grimminger Joseph	Lauingen	1. IV. 12
507	Sauer Sebastian	Winnweiler	16. V. 12
508	Pollinger Michael (MVK1Kr)	Deggendorf	1. VII. 12
509	Zeitschel Otto	Bergzabern	1. VIII. 12
510	Schmidt August	Lengfurt	1. IX. 12
511	Betz Joseph	Waldmünchen	1. X. 12
512	Hagel Erhard	Aschaffenburg II	1. XI. 12
513	Hermann Gustav (PEK2)	Landau a. I.	1. XI. 12
514	Brückner Johann (MVK2aKr)	Ebersberg	16. XI. 12
515	Bayersdorfer Valentin	Miesbach	16. XI. 12
516	Bader Karl	München St. II	16. XI. 12
517	Gerstner Sebastian	"	16. XI. 12
518	Leikam Georg	"	16. XI. 12
519	Benker Georg	München St. III	16. XI. 12
520	Schlander Martin	"	16. XI. 12
521	Hertel Karl Gg.	"	16. XI. 12
522	Pfeufer Valentin	"	16. XI. 12
523	Reuter Johann	"	16. XI. 12
524	Weber Karl Joh.	"	16. XI. 12
525	Herl Georg	Wasserburg	16. XI. 12
526	Schotterer Joh. Heinr.	Riedenburg	16. XI. 12
257	Kugler Max	Schönberg	16. XI. 12
528	Bug Jakob (PEK2)	Kirchheimbolanden	16. XI. 12
529	Lauterbach Friedrich (MVK1Kr—PEK2)	Rothenkirchen	16. XI. 12
530	Thun Karl	Waischenfeld	16. XI. 12
531	Fiedler Theodor	Monheim	16. XI. 12
532	Rick Georg	Wertingen	16. XI. 12
533	Werzinger Jakob	München St. III	16. XI. 12
534	Gress Albert (MVK1Kr—PEK2)	Wasserburg	16. XI. 12
535	Geyer Konrad	Türkheim	1. XII. 12
536	Medick Johann (MVK1Kr)	Wunsiedel	16. XII. 12
537	Dick Georg	Traunstein	1. I. 13
538	Meier Georg Wilh.	Schweinfurt	1. I. 13
539	Pühler Joseph	Krumbach	16. I. 13
540	Brugger Anton	Kaufbeuren	16. IV. 13
541	Schnödt Johann	Kemnath	16. IV. 13
542	Werner Johann	Ochsenfurt	16. IV. 13
543	Weig August	Mallersdorf	1. V. 13
544	Klein Ludwig (MVK1Kr—PEK2)	Velburg	1. VI. 13
545	Lindner Alois	Berchtesgaden	1. VII. 13
546	Spörlein Johann (PEK2)	Höchstadt a. A.	1. VII. 13
547	Lackner Martin	Augsburg I	1. VIII. 13
548	Raithel Johann	Zeil	16. IX. 13
549	Mildenberger Franz	Erding	1. X. 13
550	Schreiner Joseph	Miesbach	1. X. 13
551	Lesewa Karl	München St. III	1. X. 13
552	Lampel Christian	Obermoschel	1. X. 13
553	Sternecker Michael	München St. III	1. XI. 13
554	Köninger Franz	"	1. XI. 13
555	Weckerle Bernhard (MVK2bKr)	Dingolfing	1. XI. 13

556	Kastner Leo	Burglengenfeld	1. XI. 13
557	Schön Johann (MVK 2b Kr)	Kaiserslautern	1. XII. 13
558	Pfeifroth Johann	Gerolzhofen	1. XII. 13
559	Rupprecht Michael	Greding	1. XII. 13
560	Kunzelmann Johann (MVK2bKr)	Neustadt a. D.	16. XII. 13
561	Heidner Johann	Schwabach	1. II. 14
562	Schuhmann August (MVK 1Kr — PEK 2)	Hofheim	1. II. 14
563	Scholl Heinrich	Velburg	1. III. 14
564	Nützel Andreas (PEK2)	Schweinfurt	1. III. 14
565	Eber Johann	Ludwigshafen a. Rh.	1. III. 14
566	Beyer Jakob	Staffelstein	1. IV. 14
567	Seifarth Rudolf	Lauterecken	1. IV. 14
568	Zistl Joseph	Garmisch	1. V. 14
569	Neumüller Joseph	Lichtenberg	1. VI. 14
570	Hartmeyer Jakob	Kandel	1. VI. 14
571	Bräu Otto	Mitterfels	1. VII. 14
572	Rink Franz (MVK 1 Kr — PEK 2)	Pirmasens	1. VII. 14
573	Kraus Michael	Viechtach	1. VII. 14

XIII. Liste.

Uebersicht über die Besetzung der Rentämter.

Abkürzungen:

RegR = Regierungsrat, FinR = Finanzrat, R = Rentamtmann, (KAV) Kasseabteilungsvorstand, RA = Rentamtsassessor, Obers = Obersekretär, S = Sekretär, O = Offiziant, A = Assistent, V = Verweser einer Sekretär- bzw. Assistentenstelle, AG = Amtsgehilfe, KPr = Kameralpraktikant, J = Inzipient, An = Assistentin, D = Diener, * = Mit Einjährigen-Berechtigung.

1. **Aibling.** R Dietl Ed., FinR.; S Goller Gg., *Sandmeier Jos., *Fleischmann Gg.; A Daumann Karl, Adlhoch Frz., *Rausch Otto; J *Heinrich Jos.; An Zehetmaier Antonie, Froschmaier Marie; D Fichtl Frz., Schäfer Jos.

2. **Aichach.** R Zink Jos.; S Uebeleisen Friedr., *Führlbeck Aug.; A Riedle Jos., *Kopp Ant., Weyh Heinr., Hofmann Mich.; An Uebeleisen Maria, Günthner Maria; D Wagner Aug., Rothhaupt Adalbert.

3. **Altdorf.** R Weber Joh.; S Riedner Joh. Heinr., Schlenk Gg.; A Riedner Leonh., Müller Jak., *Meister Joh., *Molitor Franz X.; An Werlin Maria; D Gärtner Karl, Friedrich Joh.

4. **Amberg.** R Schaffner Max, FinR.; RA Steinbacher Gg., Schuster Jos.; S Hüttel Bernh., Schuhbauer Gg., Stein Joh., Fruth Jos., *Frauendorfer Karl, *Bräuhäuser Chr.; A Eibl Max, Träger Gg., *Höller Max, Donhauser Gg., Feil Joh.; An Bierl Anna, Berchtold Irma, Daiminger Emma, Kurz Maria; D Bruckner Johann, Rudolf Wilh., Amann Joh.

5. **Amorbach.** R Siebenlist Alois; S Reinwand Gregor, Küffner Jos.; O Schäfer Wilh.; A Diemer Mich., Wolf Bernh.; An Reith Frida; D Schömig Ludw., Beger Franz.

6. Annweiler. R Heusser Rich.; S *Wittmann Aug., *Kerth Georg Jakob; A Spies Mich., Wagenpfeil Karl, Michel Adam; An Hastrich Maria, Hitschler Maria; D Walling Friedr., Spindler Heinr.

7. Ansbach. R Linhardt Richard; RA Holl Wilh., Löcherer Gg.; S Grottenmüller Friedr., Laufer Ernst, Reissmann August, *Hener Ferd., *Bechmann Emil; A Senftinger Max, *Vogelhuber Karl, *Koch Hans; An Barth Elise, Ilfrich Maria, Thomä Frida; D Uebel Konrad, Ziegler Wilhelm, Fleischmann Philipp Pet.

8. Arnstein. R Will Mart.; S Raupp Simon; A *König Hermann, *Schubert Gottfr., *Löffler Philipp; AV Roppelt August; D Vogtmann Wolfg.

9. Aschaffenburg I. RegR Conrath Peter; R Legat Ludw. (KAV); RA Dörr Eugen; S Tratz Friedr., Emmerich Ludw., Schätzler Johann, Holzinger Anton, Gschrei Jos., Pfeuffer Georg, Brandstetter Wilh., A Aichinger Johann, Loos Heinrich, Bohn Friedr., *Zeder Joseph, Reusch Eugen, *Adrian Jos., *Wolf Joseph; An Gerhard Berta, Hubert Maria, Schleippmann Anna; D Jäger Joh., Schöller Karl, Heeg Gg., Watz Ludw.

10. Aschaffenburg II. R Rohr Gg., FinR.; RA Trauschel Jos.; S Karl Gg., Baumann Emil, Bauer Joh.; A Zenter Jos., Illert Karl, *Pfister Aug., Röhl Alois, Zahn Gg., *Rosenberger Aug.; J *Wagner Heinr.; An Weinig Emilie, Trebes Barbara, Weinig Elisabeth; D Hagel Erhard..

11. Auerbach. R Vollnhals Gg.; S *Pfeffer Karl; A Schleicher Hans, Donaubauer Karl, *Hannusch Frz. X.; J *Sieber Ludw.; D Huber Max.

12. Augsburg I. RegR Zernott Karl; R Wimmer Joh., FinR. (KAV); RA Hefele Ant., Wüst Jos., Spengel Ernst, Seidl Ludw.; S Dinkel Joh. Bapt., Obers., Högel Max, Obers., Nusser Ludwig, *Metschel Karl, Paur Herm., *Seefelder Albert, Eckle Friedr., Löw Ant., Banner Aug., *Koch Ludw., Kast Theod., gepr. KPr., *Denk Max; A Raithel Gg., Bayerl Ant., Horn Emil, Ehrenreiter Artur, *Schultz Rud., *Schweier Gg., *Brettle Christian, *Hefele Joh., Nusser Ludw., *Geis Joh. Chrysostom., *Wagner Jos.; J *Ostertag Gg., *Wiedemann Joh., *Wiesend Joh., *Schlee Konrad; An Frank Philomena, Förstl Babette, Sauter Viktoria, Laubmann Anna, Kemnitzer Therese, v. Zabuesnig Maria, Enzensperger Therese, Trieb Therese, Höss Maria, Schweigart Ida; D Schmidt Johann Bapt., Küspert Andr., Stöhr Karl, Hopper Gg., Scheuerlein Joh. Mart., Hertlein Gg., Winzer Gg., Fischer Wilh., Lindenmaier Jos., Hanger Val., Schmid Mart., Lackner Mart.

13. Augsburg II. R Hartmann Heinr., FinR.; RA Gossner Johann; S Baier Vinzenz, Horn Christoph, Rauschmayr Otto, *Stark Rud., *Ostertag Konr.; A Hüttner Heinr., Fleischmann Ant., Schnitzer Jos., *Reichart Joseph; J *Stöhr Karl; An Oppel Margareta, Salomon Maria, Hurler Sophie, Eberle Wilhelmine; D Lutzenberger Michael, Stammel Ludwig, Ludwig Andr.

14. Bamberg-Stadt. R Schmaus Lor.; RA Jäger Karl; S Gurdan Joh., Obers., Eichhorn Friedr., Kaffer Jos., Saul Pet., Bernard Konr., Herderich Philipp, *Rosenberger Heinr.; A Kefferstein Max, *Beck Friedr., *Rieger Jos., *Münzel Kaspar; J *Schrott Karl, Hölzlein Ernst; An Dütsch Kunigunde, Glock Margareta, Litz Anna, Hammer Antonie; D Ott Karl, Dennerlein Adam, Mahr Karl, Ament Karl, Herrmann Konrad.

15. **Bamberg-Land.** R Braunhofer Frz., FinR.; RA Eisfelder Ant.; S Breitenbach Gg., Obers., Lutter Gg., Sesselmann Andr., gepr. KPr, Probst Hans; A *Frank Gg., *Nagengast Max, Pöppel Jos., *Mühlich Leonh.; J *Fischer Jos., *Düsel Joh. Bapt.; An Bergmann Elis., Schorn Martha; D Günther Adam, Kress Adam, Postler Jos., Grasser Joh.

16. **Bayreuth.** R Wunder Frz., FinR.; RA Ponnath Gg.; S Hess Adam, Wildt Joh. Aug., Fritsch Christ., Gundermann Frz., Schödel Friedr., Pütterich Heinr., gepr. KPr; A *Utz Joh., *Holler Johann, *Hammerschmidt Max, Hörath Max, gepr. KPr. J *Gottsmann Karl; An Völk Ella, Heischmann Anna, Holzer Sophie, Krieger Paula; D Künzel Friedr., Potzler Ulrich, Dötschel Joh., Welzel Gg., Simon Heinr.

17. **Beilngries.** R Stümpfler Jos.; S Meixl Eberh., Kaiser August; A Strauss Ludw., Baur Joh., *Burkard Karl; D Franke Aug., Lohmeier Otto.

18. **Berchtesgaden.** R Heil Karl Dr., RegR.; RA Mohr Georg; S Engl Mich., gepr. KPr, *Dirscherl Heinrich, *Knoll Friedr. A Steinmassl Joseph, *Netzer Jos., *Lauterbach Eduard; An Wurster Berta, Knies Bab.; D Gürtler Joh., Weiss Ottm., Lindner Alois.

19. **Bergzabern.** R Arras Ludw., FinR.; S Müller Max, gepr. KPr., Ottinger Joh., Ackermann Heinr.; A *Marsch Wilh., *Melber Ludwig; J Klein Ernst; An Schiffer Doris, Landherr Julie; D Dauth Wilhelm, Zeitschel Otto.

20. **Blieskastel.** R Wadlinger Nik.; S Weingart Ludw., *Zimmermann Peter; A Eberhardt Jakob, Giersen Albert, Scheckenbach Albert; J *Stemmler Rud.; An Greff Maria; D Essigkrug Jos., Huber Mich.

21. **Brückenau.** R Heindl Ant.; S Schmitt Sebast., Fassnacht Joh.; A Wambach Joseph, *Ziegler Joh.; AV Fassnacht Joh. D Klug Andr., Grob Euseb.

22. **Buchloe.** R Pfadtisch Jos.; S *Städele Adolf; A *Gsell Georg, *Keller Karl; D Gerstmaier Joh.

23. **Burgau.** R Zahn Paul; S Schneider Frz.; A Fischer Alois, Stöckl Max, *Bobinger Jos.; D Fink Karl.

24. **Burghausen.** R Muckenschnabl Ignaz, RegR; RA Kast Franz; S Schmück Valent., Hiller Aug., Ermer Karl; A *Stegmüller Gg., *Bengl Karl, Herzing Wilh.; An Gumppenberg Bab.; D Schramm Jos., Mittermaier Xaver.

25. **Burglengenfeld.** R Niessen Otto; RA Lottenburger Wilhelm; S Sturm Johann, Hofmann Martin, Weidinger Ludw.; A Dengler Johann, Tischler Georg; J Gall Wolfgang; An Eigl Walb.; D Eigl Joh., Brey Jos., Kastner Leo.

26. **Burgwindheim.** R Hartung Wolfgang Dr.; S Lamhofer Joh., gepr. KPr., Feuerlein Kasp.; A *Schramm Adolf, *Lauterbach Nik.; An Rössert Elisabeth; D Hergenröder Valentin.

27. **Cadolzburg.** R Arnold Theod.; S Weber Friedr.; A Schneider Eduard, Seefried Friedr., Deinlein Johann; J *Hofmann Wilh.; D Schwarz Gg.

28. Cham. R Mayr Eduard; S Bucher Jos., Stimmelmayr Herm., Bauer Eduard, gepr. KPr.; A Riedl Jos., Meier Joh., Reischer Michael, *Grünberger Karl; An Ferstl Anna; D Spichtinger Jos., Schnödt Karl.

29. Dachau. R Ragner Alfr.; S Gnam Sebald, Heigl Wolfg., *Chase Emil; A *Witzel Kilian, *Weissenborn Joh., Kormann Ludw.; An Schuster Anna, Hüttlinger Elisab.; D Brückner Aug., Walther Georg.

30. Dahn. R Foohs Ludw., FinR.; S Stoll Jean; A *Gröschel Christ., *Zipperer Alexander, Burkhard Karl; An Steiger Elise; D Steiger Ludw., Feuchtmann Friedr.

31. Deggendorf. R Hörmann Ignaz, FinR.; RA Stark Leopold; S Gleixner Joseph, Wiedemann Leo, *Plöderl Max, *Walbrunn Johann, *Loibl Karl; A Fischer Jos., König Jos., Mathes Joh., *Kronschnabel Jos., *Gasteiger Karl; J *Biederer Frz. X., *Krehbiel Ernst; An Bauer Kresz., Gleixner Maria, Lackerbauer Elisabeth; D Glas Joh., Baumgartner Gg., Kraus Joh., Pollinger Mich.

32. Dettelbach. R Hartmann Karl Ant.; S Himer Ludw.; A Gröhling Otto, *Appoldt Friedr., *Bohrer Jos.; J Bauer Johann; D Ulrich Joh.

33. Dillingen. R Kitzing Rich.; RA Bihler Ulr.; S Huber Joseph, *Hugo Xav.; A Fröhlich Engelb., Ilg Joh.; J *Bischofsberger Anton; An Herzgsell Barbara; D Jochum Ludw., Schuirer Jos.

34. Dingolfing. R Hürner Johann; S Winklhofer Jos.; A Geier Joh., Soller Jos., Gollinger Jos., *Grundl Joh.; An Sterr Rosa, Miller Tharsilla; D Zankl Ludw., Weckerle Bernhard.

35. Dinkelsbühl. R Hübsch Bruno; S Krebs Karl, Engel Leonh., *Renz Anton, *Kaiser Friedrich; A Bach Friedrich; D Fischer Friedr.

36. Donauwörth. R Stockar v. Neuforn Karl; S Kissler Wolfg., Böheim Jos.; A Raab Michael, Köhnlein Friedrich, *Oppel Jos., Rhein Oskar; J Baur Joh., *Schaller Leo; An Stotz Maria; D Schmid Frz. X., Wager Gabr.

37. Dürkheim. R Rettig Herm.; RA Steinheimer Michael; S Noë Emil, Metz Jak.; A *Neufeld Aug., *Wambsganss Eduard, *Ritter Gg., Hornfischer Friedr.; An Fickeisen Anna, Stolz Gerda; D Ferber Karl, Marterstock Jos.

38. Ebermannstadt. R Geyer Frz.; S Pütz Joh.; A Saffer Matth., Klötzer Rich., *Mager Wilhelm; D Dörrzapf Franz, Arneth Johann.

39. Ebern. R Wenninger Anton; S Hager Joh., Uehlein Gottf., Daut Joh., *Kessler Karl; A Sieber Wilh.; D Förtsch Joh., Dorn Jos.

40. Ebersberg. R Lucas Karl; S Geyer Gg., Unterburger Paul, Sixt Karl; A Scholter Ant., *Hammermeier Bernh., Schabmair Jos.; J Staudter Alfons; An Schmid Kreszenz, Schick Rosa; D Staudter Adam, Brückner Joh.

41. Edenkoben. R Dilg Adalb.; S Krennrich Georg, Wüst Mich.; A Beck Karl, Goldinger Herm., *Koch Franz Xav.; An Schneider Maria; D Müller Nik., Nelz Pet.

42. Eggenfelden. R Falkner v. Sonnenburg Frz.; S Müller Herm., Birk Sim., Schmitt Joh., Sturm Ludw.; A Huber Jos., Baumann Wilh., Ranner Alb., Berger Eugen, *Limmer Val.,

Deisenrieder Rudolf; **J** *Gschwendt Paul; **An** Vogl Bab., Kirchberger Maria; **D** Limmer Mart., Fischer Joh.

43. Eichstätt. **R** Yblagger Ludwig, FinR.; **RA** Weiss Otto; **S** Zimmermann Mich., Obers., Münz Gg., Obers., Müller Ludw.; **A** Wirth Mart., Johannes Joh. Bapt., *Scheidler Wilh.; **An** Dendorfer Marg., Reiner Kresz.; **D** Schmidt Christian, Schlamp Xaver.

44. Erding. **R** Friedl Otmar; **RA** Nunn Rudolf; **S** Hauth Jos., Utz Hans, gepr. KPr, Thein Otto; **A** Meisinger Max, Niederfellner Johann, Hofmann Karl, Hofmeister Franz X.; **An** Dillitzer Pauline, Faltermaier Maria, Kalhammer Karolina; **D** Hofmann Andr., Mildenberger Franz.

45. Erlangen. **R** Frank Ludw., RegR.; **RA** Eckert Gg.; **S** *Schultheiss Leonh., Obers., Welker Matth., Hoch Ant., *Langfritz Hans; **A** Klein Pet., Fischer Otto, *Schricker Eduard, *Niederlöhner Gg. Joh.; **J** *Gottsmann Friedrich, *Vogel Max; **An** Troll Rosa, Kalb Therese, Hauser Anna; **D** Zech Philipp, Kittler Paul, Miesel Philipp.

46. Eschenbach. **R** Dörr Heinr.; **S** Schmid Karl, Maier Gg.; **A** Wedl Gg., Fränzl Gg., *Hacker Thom.; **D** Vetter Mich., Kügle Jos.

47. Feuchtwangen. **R** Dentler Max; **S** Stoll Gg.; **A** Scheller Mart., Andreae Wilh., Fuchs Julius, Illing Ferd. Ad.; **J** *Winter Max; **D** Knüpfer Heinr.

48. Forchheim. **R** Scherer Heinr.; **RA** Balthasar Jakob; **S** Grimm Michael, Schlicht Christian, Vongries Adam; **A** Hornung Herm., Plätzer Johann, Benker Friedr. Wilh.; **J** Hüttinger Karl Jak.; **An** Marschall Marg.; **D** Ebert Wilh., Wolf Alb.

49. Frankenthal. **R** Rippel Ludw., FinR.; **RA** Bockmeyer Jak.; **S** Beicht Aug., Pfeiffer Gg., Hammer Mich., Gabelmann Karl, gepr. KPr., *Hahn Fritz; **A** Wünstel Edm., *Dickert Karl, *Kolb Max, Dauth Peter; **An** Läufer Josepha, Karch Therese; **D** Götz Friedr., Mayer Rich., Zolnhofer Joh.

50. Freising. **R** Zellner Heinr., FinR.; **RA** Kraus Joh. Gg.; **S** Hofmann Franz, Pröbstl Karl, *Schindlbeck Rich.; **A** Mehltretter Gg., Einsiedler Alb., *Scholian Valentin; **J** *Sieber Heinrich; **An** Niedermeier Marg., Uihlein Luise, Bayerer Frida; **D** Sieber Kasp., Faller Friedr.

51. Freyung. **R** Ament Mich.; **S** Haider Ludw., Lankes Max, Wittmann Jos.; **A** *Seidl Ferd., Eder Jos., Kollmaier Franz, *Pill Franz; **J** Spiegel Max; **An** Schätz Berta, Kollmaier Maria; **D** Kissel Christoph, Haid Jos.

52. Friedberg. **R** Pischinger August; **S** Uhl Mich., Obers., Krammel Alois, *Löffler Ferd.; **A** Härtle Max, *Schmid Jos.; **An** Schmid Afra, Uhl Katharina; **D** Haid Fr. X., Armbruster Wilhelm.

53. Fürstenfeldbruck. **R** Dürr Wilh.; **S** Schmidt Martin, Pfeufer Joh., Schmelmer Jos., *Zimmermann Jos.; **A** Hiendlmayer Franz Xav., Gerst Joh., *Keck Max; **An** Schwesinger Marie, Kropp Luise, **D** Graf Josef, Hefferle Georg.

54. Fürth. **RegR** Fischer Aug.; **R** Degen Joh., RegR (KAV); **RA** Eckmüller Rob., Engelbrecht Jak., Meier Georg; **S** Lägel Max, Obers., Eis Joh. Christoph, Renz Jak., Balzer Gg., Uebelein Gg., Schmidt Andr., *Schmidtlein Wilhelm, Seyfried Heinr., gepr. KPr.; **A** Schorn Jos., Fischer Rob., Pfeffer Gg., Müller Albert, Link Wilh., Kübler Jak., Lochner Joh., *Mährline Emil; **J** *Rittler Heinr.; **An** Strauch Marg., Zenker Hedwig,

Strauch Elisabeth, Sturm Anna; D Helbig Gabr., Klampfer Chr., Baier Joh., Meier Lorenz, Neidlein Mich., Beetz Gg.

55. **Füssen.** R Dumas Casimir von, RegR; S Kessler Roman, Diethmayr Franz Xaver; A Möst Alois, *Vierbach Adolf; J *Brenner Wilh.; D Kleebauer Jos.

56. **Garmisch.** R Baer Ludwig; S Schmidt Bernh., *Mark Johann Alfons, *Schmidt Karl; A Keiditsch Hermann, *Meyer Christian, *Winkelmeier Ed.; J *Golling Jos.; An Höfl Karolina; D Kalleder Jos., Zistl Joseph.

57. **Gemünden.** R Abendroth Karl; S Seitz Gerhard; A Baierlein Franz, Stark Rud., Bauer Matth.; An Kittel Wilhelmine; D Bleicher Joseph.

58. **Germersheim.** R Füssl Anton; S *Klotz Johannes, *Jackel Friedr., *Turgetto Jak.; A Rheude Gg., Messbacher Lor., *Seuss Wilhelm; J *Olb Karl; An Schneider Maria Lina, Matt Wilh.; D Reiss Jak., Langhirt Ignaz.

59. **Gerolzhofen.** R Bergmaier Adalb.; S Menninger Theod., Fertig Wilhelm, Lohmann Konr.; A Göb Andreas, *Weis Franz; An Geiger Elise, Klug Maria; D Pfaff Nik., Pfeifroth Joh.

60. **Greding.** R Birner Jos.; S Hirschlach Andr., *Brahmann Max; A Brandl Frz., *Michael Heinrich, *Sutor Rob.; J *Netter Martin; D Betz Frz., Rupprecht Mich.

61. **Griesbach.** R Tewes Alfons; S Flach Alois, Wittmann Ludw., *Holzbauer Ludw.; A Röckenschuss Joh., Bauer Anton, *Vogl Max; An Schott Rosina, Dischler Hilda, Wagmann Philom.; D Oberpriller Joh.

62. **Grünstadt.** R Schleich Georg.; S Grün Heinrich, Maier Georg, Heldmann Karl, *Knobloch Friedr.; A Adam Karl, *Diethmann Otmar, *Catoir Emil; J Münch Karl; An Reiss Emma, Trump Else; D Schober Matth., Fuchs Mich.

63. **Günzburg.** R Hierl Johann; RA Haberl Joh. B.; S Weithmann Jos., Fritsch Ant.; A Hutzler Mich., *Eichner Andr. *Mayer Otto, Flieger Joseph; J *Volland Jos.; An Lutz Rosa; D Engelhard Ferd., Schwarz Andr.

64. **Gunzenhausen.** R . . . .; RA Ochs Karl; S Heinz Heinr., Zink Mich.; A Guillon Karl, *Kerzdörfer Wilh., Eckart Fritz; J *Seiderer Joh.; D Neumüller Joh., Lingl Joh. Ev.

65. **Hammelburg.** R Heussler Ludwig; S Gäbisch Phil., Schäfer Jos., Fischer Karl, Wirth Joh.; A Klimm Adam, *Schleupner Gg.; D Meyer Karl.

66. **Heidenheim.** R Ossenbrunner Karl; S Fürbringer Gg., *Racher Joh.; A Nagel Matth., *Mirsberger Johann; J Grillenberger Karl; D Bleisteiner Gg.

67. **Heilsbronn.** R Dexel Johann; S Lienhardt Andr., *Föttinger Christ.; A Leykauff Friedr., *Fleischmann Gust.; D Domke Hermann.

68. **Hemau.** R Ehrlich Konrad; S Raab Joh., *Sagstetter Alois; A Thomas Georg., *Uhl Johann, Kellner Anton; D Remlein Jos., Dürre Alb.

69. **Herrieden.** R Bassler Moritz; S Orwitz Joh., *Weigel Heinr.; A Müller Heinr., *Wittmann Kasp.; J *Roas Karl; D Sammer Gg.

70. **Hersbruck.** R Brügel Max; RA Baer Friedr.; S Wick Konr., Obers., Meier Hans, Frosch Friedr., *MeyerHans, *Pätzold Joh., *Kergl Peter, Knäulein Gg.; A Schäfer Franz, Rupprecht Leonh., *Ferner Joh.; J *Schlelein Gg.; An Müller

Maria, Raum Elise, Christl Margareta, Herrmann Marg.; D Flühr Gg., Frank Mich., Hassold Friedr.

71. **Herzogenaurach.** R Richter Herm.; S Mayer Paul, Dassler Aug.; A Kiessling Andr., *Dassler Konr., Reinmann Gg.; J Bitter Gg.; D Hillenbrand Gg., Will Christ.

72. **Hilpoltstein.** R Knauber Friedr.; S Wagner Frz. X., Vierlinger Ludw., *Meyer Andr.; A *Siegmund Karl, Schuster Jos.; J *Dirsch Jos.; An Zeitler Josephine; D Koch Johann.

73. **Höchstadt a. A.** R Bauer Friedr.; S Sagstetter Ludw., Beck Joh.; A Scheuenstuhl Gg., *Dillmann Gg., *Geis Joseph; J Berlein Jos.; D Nicol Christian, Spörlein Joh.

74. **Höchstädt a. D.** R Högel Joh. Bapt., FinR.; S *Nocker Friedr., *Schwesinger Lorenz, Luy Joh.; A *Eisenschmid Seb.; J *Bissle Jos.; An Tschaffon Kreszenz; D Rath Wilh.

75. **Hof.** RegR Abendroth Ed.; R Deininger Joh. (KAV); RA Meyer Franz; S Langheinrich Gg., Escher Friedr., Höfer Gg., *Gipser Eug., *Jahreiss Steph., *Sack Karl, Baumann Frz., gepr. KPr.; A Linhardt Karl, *Hübner Joh., Schirmer Joh.; An Müller Johanna, Zottmaier Theresia, Hager Helene; D Kreil Eberh., Angerer Heinr., Seifert Christ., Sommer Joh.

76. **Hofheim.** R Lauterbach Karl; S Barthel Gg.; *Mittelberger Gg.; A Heil Eduard, Herbert Phil.; J Walther Friedr.; An Fuchs Katharina; D Schuhmann August.

77. **Homburg.** R . . . .; RA Cuno Max; S Kurz Joh., *Schneider Friedr., *Dauscher Alois; A Königstein Jakob, Russhardt Jakob, *Hoffmann Ludw., *Zapp Erwin; An Zöller Anna, Compter Karolina; D Vetter Frz., Maisch Peter, Bindsack Martin.

78. **Illertissen.** R Schleis von Löwenfeld Max; S Müller Karl, gepr. KPr., Lindinger Telesph.; A Zink Jos., *Leonhard Jos.; J Martin Frz. X., Vogt Friedr.; An Auer Kath., Hofmiller Anna; D Heichele Mich., Gleich Mich.

79. **Immenstadt.** R Grähl Ludw.; RA Blasy Karl; S Neber Matth., Obers., Steger Jos., Glück Klemens; A Fuchs Herm., *Wiedemann Rob., Jäger Alfred, *Prucker Gg.; J *Wägele Joh.; An Rädler Elisabethe, Preckwiz Maria, Neber Rosa; D Hausdörfer Louis, Berthele Benedikt.

80. **St. Ingbert.** R Höchstetter Karl; RA Reiss Christian; S *Antretter Jos.; A *Nack Karl, *Aigner Fr. X., Thiery Jos.; J Wagner Frz.; An Regula Frida; D Hübner Chr. Joh., Scherm Mich.

81. **Ingolstadt.** R Bayer Gg., FinR; RA Schmidhofer Mart.; S Rackl Gg., Obers., Leibrecht Joh. Gg., Popp Joh. Heinr., Stegmaier Gg.; A Zimmerer Engelb., *Scholl Jos., *Schoppe Heinrich, *Eichhorn Xaver, Falkenberg Hugo; An Brunner Pauline, Saule Therese, Schweighofer Johanna; D Meissner Gregor, Berger Karl, Gruber Rudolf.

82. **Kaiserslautern.** RegR Benker Gust.; R Sixt Mich. (KAV); RA Schmidt Karl, Klensch Ludw.; S Mayer Eugen, Fischer Jakob, Lenhard Jakob, Kayser Wilh., Müller Otto, Kremp Heinrich, Schlemmer Joh., Weissler Gg., *Herbach Otto, *Müller Oskar; A Schaumlöffel Karl, *Corressel Eugen, Demuth Joh., *Coressel Johann, *Strubel Karl, *Mais Alfr.; J Bauer Wilh., Schwab Friedr.; An Jung Karol., Scharmann Emilie, Frank Emma, Becker Lydia; D Reichrath

Ludw., Weller Heinr., Scheithe Friedr., Kirch Jak., Rödel Adam, Trapp Oskar, Mirsberger Konr., Schön Joh.

83. **Kandel.** R Hess Valent.; S Groh Joh. Chr., Obers., Wilde Aug., *Wissing Gustav; A Dinies Joh., Roth Karl, Hanss Ludw., *Bossert Karl; J Beyer Rich.; D Bechtold Jos., Hartmeyer Jakob.

84. **Karlstadt.** R Höhne Jos.; S Meixl Jak., Polster Andr., *Kleinschnitz Ludw.; A Hofmann David, Lutz Eduard, Ziegler Kilian; An Russ Franz.; D Haas Ludw., Weyh Dominikus.

85. **Kastl.** R Fraunholz Jos.; S Renner Karl, *Oberndorfer Ant.; A *Beer Gustav, *Gösswein Joh.; D Weiss Mart.

86. **Kaufbeuren.** R Führer Rudolf; RA Rohrmoser Gg.; S Sylge Konrad, Munz Max, Schmitt Alois; A Merdan Karl, *Wiederhut Jos., *Kibele Andreas; J *Schiller Xav.; An Enzinger Anna, Schumacher Maria; D Hauck Joh., Brugger Anton.

87. **Kelheim.** R Derleth Matth.; S Bäuml Gg., *Lutz Gg.; A Hochrein Franz, Funk Joh., *Fröschl Otto; J Meier Joh., Amann Otto; An Frühholz Josephine; D Pradl Frz. X., Poll Jos.

88. **Kemnath.** R Schuhmann Xaver; S Potzel Joh., Obers., Krügl Joh. Bapt.; A Stiegler Gg., Mauerer Siegmund, Schatz Gg.; J Leissner Gg.; An Lex Karolina, Dötterl Berta, Thurn Anna; D Steinbruckner Mich., Schnödt Johann.

89. **Kempten.** R Kathan Edmund, RegR; RA Lins Johann, Gröhling Heinrich; S Otto Robert, Obers., Stautner Heinr., Schatz Heinr., Behr Mich., Eberhart Friedr., Schnelle Jos., *Cunz Reinhard; A *Pichler Joseph, *Rieder Herm., *Zech Ludw., *Lindermayer Peter, *Traut Johann; J *Michel Martin; An Spachert Josephine, Faubel Berta, Lachenmeyer Karolina; D Bollinger Gg., Wenger Johann, Ganss Heinr., Stelzer Lor.

90. **Kipfenberg.** R König Benedikt; S Betz Gg., Schirmer Wilh.; A Mathieu Joh. Adam, *Dorrer Ant. Ludw., *Scholz Frz., Pflaum Heinr.; An Steinl Maria; D . . . .

91. **Kirchheimbolanden.** R Weis Theod.; S Steitz Phil., Lawaldt Otto, Böhm Otto; A Kerz Ludwig, Schreiber Friedr., Strack Friedrich, Ader Heinr.; J *Steinbrückner Leop.; An Gass Elisab.; D Klein Jakob, Bug Jakob.

92. **Kissingen.** R Feineis Herm.; RA Winkler Hugo; S Dietz Jos., Blum Robert, gepr. KPr., *Röckl Anton; A Ziegler Gustav, *Trageser Andr., *Brand Eugen; J *Christoph Gg.; An Otter Anna, Kleinhenz Olga, Zirkelbach Anna; D Schubert Joh., Klempf Joh.

93. **Kitzingen.** R Arnold Const., FinR; RA Eisenmüller Joh.; S Ahles Andreas, *Breitinger Ernst; A Hofmann August, Hinterleitner Steph., Buchka Friedr.; J *Hofknecht Mich.; An Cälius Johanna, Gross Berta; D Paulus Joh., Zitzmann Jakob.

94. **Klingenberg.** R Kolb Max; S Kern Ant. gepr. KPr, Thor Andr., Weidinger Jos.; A Hegmann Eug., Dotzel Ed., Seuferling Frz.; J Deckert Valentin; An Albert Elisab.; D Bergkammer Xav., Bürger Gg.

95. **Königshofen.** R Bauer Alfons; S Liebler Adolf, Seit Valentin; A Völker Joseph, *Mathes Matthias, *Mennig Anton; An Pfeuffer Hilda; D Lieb Val., Blecher Mich.

96. Kötzting. R Scheibenbogen Max; S Hummel Georg, *Franz Aug., *Schuster Norb.; A Scheuchengraber Ferd., Zitzlsberger Oswald, *Willax Alfons; J *Eder Rob.; An Kothbauer Klara; D Dietrich Jos., Kolbeck Joh. Bapt.

97. Kronach. R Bähr Joh.; RA Fahmüller Max; S Harter Mich., Rochholz Friedrich, Amschler Heinrich, Kraus Georg, Feulner Andr.; A Wörfel Leonh., Grebner Anton, *Baumer Bernh., III. AG. Breu Anton; An Burger Rosa; D Zeder Heinr., Derks Heinr., Förster Konr.

98. Krumbach. R Eggelkraut zu Wildengarten Paul, Edler von; S Pfänder Jos., Eismann Joh., Filgis Rup.; A Kroll Joh., *Prinz Ferd., *Schneid Johann; J Steinbichler Michael, *Baumberger Klemens; An Hörberg Sophie, Hörberg Kreszenz; D Schuster Jos., Pühler Jos.

99. Kulmbach. R Sonderschefer Max; RA Hagen Adolf; S Lang Mart., Spörlein Wolfg., *Strössner Max; A Schrüfer Joh., Witzgall Joh., *Geyer Georg; An Frank Elise; D Oelschlegel Christoph, Geyer Georg.

100. Kusel. R Agne Wilh.; S Ningelgen Karl; A Steigelmann Heinrich, Edinger Otto, Steiger Ludwig; An Creutz Karolina; D Schneider Heinr., Groitzsch Max.

101. Landau a. I. R Weisenseel Andr.; S *Kinader Karl, Reschauer Joh.; A *Eckert Joh., Strobel Christ., *Neumüller Wilh.; An Bittel Gertraud, Blumschein Anna; D Göckler Jos., Hermann Gustav.

102. Landau i. Pf. R Leschhorn Ludwig, FinR; RA Schreiner Alb.; S Weigel X., Obers., Brinnel Karl, Doll Jak., Lautersack Ferd.; *Herrmann Ludw.; A Stauffert Wilh., *Hoffmann Heinr., Leicht Heinrich, *Wurmsee Paul; J Reichling Leonh., *Kimmel Ludw.; An Göhringer Elisabetha, Thomas Marg., Jungmann Sophie; D Hund Frz., Ohlinger Gg., Weiser Heinrich.

103. Landsberg. R Kölbel Johann; RA Lizius Max Dr.; S Burkhardt Ludw., Nagel Dav., Schott Mor., Dummler Franz Xav., gepr. KPr.; A Berger Joh., Pfanzelt Max, *Heufelder Ant., *Finsterwalder Jos.; J *Burger Alfons; An Renner Franziska, D Rosenbauer Leonh., Hammer Anton.

104. Landshut. R Flury Theobald; RA Höning Johann, Pöverlein Ludw.; S Wagner Bernh., Obers., Forster Ed., Bertl Jos., Kroiss Otto, Deiler Jos.; A Amberger Karl, Mergenthaler Ludw., Hofmann Ludw., *Schröpfer Mart., *Eggerdinger Ant., *Müller Reinhold, Weber Ant.; J *Müller Hans, *Beckenbauer Ant., *Skladanowsky Julius; An Kolbinger Anna, Wagner Sophie, Engelhardt Maria, Schinabeck Thekla; D Meckler Wilhelm, Goderbauer Sebast., Böck Gg.

105. Landstuhl. R Eymann Jak.; S Hauss August, Kainz Friedr., gepr. KPr.; A Bentz Jak., Stemmler Ludw., Fey Heinrich; J Kling Otto, *Müller Frz.; An Baumann Josephine; D Linow Wilh., Schanuel Ludw.

106. Laufen. R Moritz Karl; S Hartmann Adam, Obers., Dilling Joh., *Stubhan Gg., Völkel Philipp; A Hasselbacher Joh., Höllmüller Frz. Xav., *Stückner Gord., *Seeberger Max; An Gruber Maria; D Kränzlein Georg, Stern Joh.

107. Lauingen. R Gmach Max; S Hiller Jos., Markert Gg.; A Popp Karl, *Grassl Max, Graf Maximilian; An Hiller Anna; D Grimminger Joseph.

108. Lauterecken. R Schellhaass Ludwig; S Leibrock Michael; A Werner Jul., Bambauer Jul., *Wagner Johann, *Engelskircher Heinr.; J Weber Otto; An Janzer Anna; D Hartmann Andr., Seifarth Rudolf.

109. Lengfurt. R Stubenrauch Christoph; S Jessberger Willibald, Obers., Dürrbeck Bernh., Hubert Eduard, *Ullrich Adam A Schüll Ernst, *Wiedemann Friedr.; An Huller Angelika D Hildner Nikol., Schmidt Aug.

110. Lichtenberg. R Standhardinger Friedrich; S Grimm Emil, *Dörfler Joh., *Schramm Joh. Konr.; A Lay Joh., Nicklas Friedr., Nelkel Mich.; J Wolf Alfr., Haas Max; An Lampert Lina, Schödel Anna; D Strohmayer Leonh., Neumüller Joseph.

111. Lichtenfels. R Dittmar Friedrich, FinR.; RA Kunstmann Georg; S Rossmann Mich., Kraus Andr., Vogel Johann; A Jakob Leonh., *Stammberger Luitp.; An Trautmann Wilhelm., Kratz Maria; D Seibert Mich., Schuck Nikolaus.

112. Lindau. R Ploebst Hermann, RegR.; RA Büschel Alfred; S *Bock Hans, Obers., *Stohr Gg., *Kellner Joh., *Pretzl Johann, Keller Ludw., gepr. KPr., *Kieser Jos.; A Martin Ant., *Wachter Joseph, *Wartbiegler Joh., *Paulsteiner Ludw.: J *Markl Georg, Strobl Joseph, *Bock Hans; An Häberlin Anna, Höbel Anna; D Sturm Jos., Donderer Joh. Bapt.

113. Lohr. R Kolb Christoph Dr.; RA Preuss Joh.; S Wohlfromm Jos., Obers., Kapp Leonh.; A *Denterlein Friedr., *Roos Gg.; J Franz Jos.; An Hofmann Barb., Redlich Agnes, Salzmann Maria; D Breunig Friedr., Rath Johann.

114. Ludwigshafen a. Rh. RegR Limbacher Rich.; R Hagemann Karl (KAV); RA Batteiger Otto, Eckel Franz, Hauss Oskar; S Frohn Karl, Obers., Knöchel Adam, Dichtl Peter, Steinhübel Karl, Welker Alb., *Neufeld August, *Herr Heinr., *Hoffmann Ludw., *Bischoff Heinr., Göring Wilh., Rauscher Joh., Müller Karl, Dechant Jakob; A Schunck Hermann, Hofmann Gg., Kripp Benedikt, *Hammer Joh., Steiner Phil., Stüber Karl, *Eckart Gg., *Hartleb Gg.; J Zeuch Johann, *Schäffer Rich., An Fickeisen Hedw., Hammer Elisabetha, Riedmiller Mathilde, Sattel Margareta, Schowalter Helene; D Selk Eduard, Mayer Franz, Kössinger Ulr., Weinheimer Jak., Valnion Peter, Martin Heinr., Leikheim Mich., Feldbauer Alois, Eber Johann.

115. Mallersdorf. R Krafft Ludw.; RA Irber Franz; S Pröhuber Gg., Müller Max, Schliermann Joh., Lotter Frz. X.; A Jäger Ludw.; Krapfenbauer Joh., Reisinger Heinr.; J *Franziszi Mich.; An Bögl Anna, Grimm Therese; D Speigl Mich., Weig August.

116. Markt Bibart. R Baron Jos.; S Henz Andr., Wenz Friedr. *Rupp Karl; A Hess Jak., Weitmeier Jos., *König Ant.; An Grün Lina; D Denisch Markus, König Christ.

117. Markt Erlbach. R Meyer Joh.; S Raithel Bernh.; A Schneider Nik., Kobes Friedr., *Dauberschmidt Wilh.; D Welker Gg

118. Markt Oberdorf. R Ladenberger Friedr.; RA Wagner Franz; S Buchka Karl, Lieberum Adolf, *Winkler Anton; A Baur Ludw., Heibler Rudolf, *Neudorfer Wilh.; J *Hafenmeier Michael; An Buchka Seraph.; D Endrass Jos., Schrüfer Joh.

119. **Marktschorgast.** R Kiefer Andr.; S Ackermann Herm., Schmidt Karl; A Opel Gg., Rosenberger Heinrich, Wörfel Mart. D Baumgärtner Friedr., Rauh Phil.

120. **Mellrichstadt.** R Beer Jos.; S Ledermann Eras., Obersekretär, Breun Jul.; A Klimm Franz, Legat Val., *Löser Hermann; An Ledermann Maria; D Kippes Ambros, Jessberger Karl.

121. **Memmingen.** R Bayer Karl; RA Kerler Johann; S Halder Otto, Seitz Franz, Kerler Karl; A *Benkert Konr., *Hafner Jak., *Fleischmann Willib., Junginger Roman, *Hirn Gg.; J *Roth Anton; An Schweigart Josepha, Vorsatz Maria, Bögner Hermine; D Fischer Peter, Walther Friedr.

122. **Miesbach.** R Bedall Alfr., FinR.; RA Mayer Anton; S Franz Wilh., Gölkel Eberhard, *Aubele Jos., *Rothe Aug., *Waldherr Karl; A Köll Hermann, Schinharl Mich., Wimmer Joh.; An Ritthaler Maria, Bocksberger Sophie; D Holzapfel Steph., Bayersdorfer Valent., Schreiner Jos.

123. **Mindelheim.** R Scholl Heinrich; S *Ahr Mart., *Zick Alfons; A Kolb Karl, *Maugg Alfons; An Dolpp Viktoria; D Körber Mart., Baur Eugen.

124. **Mitterfels.** R Rennert Jul.; S Seitz Karl, *Altmann Joh., Allwang Mich.; A *Prückl Xaver, Schäffer Jakob, *Breitsameter Jos.; An Scheininger Anna; D Schollerer Heinr., Bräu Otto.

125. **Monheim.** R Dehn Walter; S Fackler Ant.; A Ernstberger Joseph, *Lindenmeyer Franz; J *Ley Gg.; D Sailer Mart., Fiedler Theodor.

126. **Moosburg.** R Scheuten Frz., FinR.; S *Peter Otto; A Edelmann Seb., Ruhland Wolfgang, *Lorenz Joseph; J Ulrich Gg.; An Lechner Emma; D Nickl Joh., Schröttenbrunner Peter.

127. **Mühldorf.** R Kleist Wilh., FinR.; RA Fischer Anton; S Seiling Matth., Peez Karl, Mayer Ant.; A Bauer Joh. Adam, Luy Max, Höss Johann; An Waibl Maria, Drollmann Rosa; D Huber Anton.

128. **Münchberg.** R Spatny Ad.; S Schramm Val., Joas Karl, Gries Christ., *Häffner Georg; A *Lauterbach Heinr., *Köhler Karl, *Kumeth Heinrich; An Strössenreuther Dorothea; D Hertrich Adam, Limmer Gustav.

129. **München-Stadt I.** RegR Stöcklein Gottfried; R Zeissner Friedr., FinR. (KAV); RA Schoentag Theodor, Renttm., Oechslein Karl, Gold Emil; S Helmschrott Michael, Obers., Küstner Christoph, Rupp Ludw., Stark Adolf, Hohn Konr., Ferstl Georg, Dietz Adalbert, Schmitt Andr., Dratz Gg., *Sedlmaier Xaver, Stömmer Englb., *Bastl Gg., *Zahlauer Leop., *Fichtner Eduard; A Bartelme Jul., Reitz Gg., Hitzler Mark., *Singer Franz, Bauer Jos., *Recheis Ludw., *Graf Aug., Kormann Max; J *Karg Joh., *Kundmüller Frz.; An Detzer Erna, Steidl Mar., Hartmann Kresz., Birmelin Amalie; D Stürmer Aquilin, Strehle Jos., Hackl Max, Strasser Mich., Maul Joh., Moser Fr. X., Prechsl Xav., Scheuer Adrian, Lutz Mart., Erk Joh.

130. **München-Stadt II.** RegR Schmid Anton; R Fries Hugo, RegR. (KAV); RA Lechner Joh., Renttm., Hingkeldey Karl, Wütscher Karl, Uschold Adolf Dr.; S Seiler Ad., Obers., Wolfbauer Eman., Obers., Nothhaft Chr., Obers., Herterich Frz., Obers., Schubert Wolfgang, Obers., Wunschel Gg.,

König Val., Stader Franz, Krügel Karl, Witzgall Johann, *Weber Karl, Lohr Joh., Gruber Paul, Becker Joh., Blümlein Joh., Berger Joh., gepr. KPr., *Buchwieser Friedr., *Fleischmann Sim., Schwarzbeck Johann, Margraf Johann, Roider Ferd., Büttner Joh., Brunn Gg. Chr., *Hofer Ludw., *Niedermaier Xaver, Wernthaler Jos., Kasenbacher Ant., *Ebner Max, *Schmaderer Jos., *Heinlein Joh., *Weissert Peter, *Beyer Gerhard, *Harländer Joseph, *Rieger Ferd., Emmersleben Ludw., gepr. KPr., Steidle Karl, gepr. KPr., *Keller Hippolyt, **O** *Trenkle Eugen; **A** Scheckenbach Aug., Kalkum Max, Keim Gregor, Deiler Johann, Seeliger August, gepr. KPr., Söllinger Gg., Kammerer Otto, Schnug Leo, Zeitler Johann Bapt., Hauch Jos., *Beck Friedr., Luy Heinr., Lickleder Mart., Tomm Friedr., Schmittlein Konrad, *Keller Christian, *Schnurrer Gg., Glück Mart., *Schricker Joh., *Leissl Joh., *Adam Friedr., Münzer Gg., *Reiser Johann Bapt., **J** *Vogenauer Andr.; **An** Gschrei Ludow., Winkler Julie, Goss Elis., Schmidt Anna, Wittmann Mechtilde, Podrouschek Anna, Fadinger Johanna, Berst Pauline, Ertl Charlotte, Müllhofer Berta, Gmeiner Albine, Dürrbeck Luise, Mühe Antonie, Bauer Emma, Mangold Emilie, Pflaum Elisabeth, Azesdorfer Anna, Dittmann Viktoria, Heiss Hildegard, Stingl Erna; **D** Krauss Christoph, Steinhilber Ludw., Sommerauer Jos., Appel Jos., Rohrhirsch Frz. X., Luy Joh., Lohrer Adam, Guck Gg., Hölzle Aug., Schlemmer Jos., Fischer Jos., Wolf Frz., Werner Friedr., Stritter Karl, Drexler Friedr., Döbler Alois, Huber Jos., Hartung Frz., Schuler Adalb., Sennebogen Mich., Mayer Pet., Schmid Gg., Bayer Balth., Wieber Gg., Gregor Karl, Schmölzl Joh., Schreyer Aug., Sittenauer Theod., Bader Karl, Gerstner Sebast., Leikam Gg.

131. München-Stadt III. RegR Gimmi Otto von; **R** Collorio Adam, FinR (KAV); **RA** Weiss Engelb., Weigel Theod., Müller Michael, Mack Gottfried; **S** Rummel Joh., Obers., Detzer Ludwig, Obers., Groh Andr., Goller Johann, Widerspick Gust., gepr. KPr., Diem Joh. Maxim., Merkel Johann, Nützel Thomas, Ruppert Gg., Brandl Frz. X., Gürtler Karl, Ness Jos., Fick Gg., Schleifer Rich., Loy Gg., Müller Tobias, *Holzheu Jos., Tyroller Jos., Lehmaier Ludw., Wiesmann Ferdinand, Forster Ambros, *Lutzenberger Martin, *Gigler Franz, *Brunnthaler Johann, *Nusser Johann, Dietl Johann, Sälzle Joh., *König Adolf, Unger Hermann, gepr. KPr., *Forstner Joh., *Haarländer Georg, *Lochner Michael, Lindner Franz; **A** Detzer Martin, Wagner Nikol., Blöth Otto, Reichl Karl, Moser Anton, Nebmaier Georg, Geiger Konrad, Rampf Ludwig, *Hellwig August, Bögl Wolfgang, *Penzl Ludwig, *Maier Otto, *Neudecker Jos., *Eder Joh., *Hauer Hermann, *Ehbauer August, *Kreitmeier Alfons, Kothbauer Albert; **J** Stegmann Joseph, Bruckmayer Gg.; **An** Leitner Angelina, Neidhardt Kath., Lutz Aloisia, Reithmayr Anna, Kroiss Anna, Ruhland Anna, Hötzler Emil., Schlederer Eugen., Salcher Franz., Gruber Therese, Hinterneder Therese, Stritter Aug., Cornet Hermine, Schirmer Walb., Ehrbar Berta, Pfau Maria, Klein Walb., Müller Julie, Griener Else, Itzstein Amalie, Nothhaft Sophie; **D** Bruckmayer Joh., Munack Wilhelm,

Setzepfand Traug., Spangler Jos., Zeh Frz., Jörg Frz. X., Faltermeier Mart., Kerler Ottmar, Bscheidmeier Rupert, Kuhnle Anton, Bindl Ludw., Schatz Christ., Windsauer Andr., Benker Georg, Schlander Mart., Hertel Karl Gg., Pfeufer Val., Reuter Johann, Weber Karl Joh., Werzinger Jak., Lesewa Karl, Sternecker Michael, Köninger Frz.

132. **München-Stadt IV.** **R** Morneburg Jak., RegR.; **RA** Nepf Heinr.; **S** Möckel Gustav, Obers., Bühling Georg, Obers., Müller Hugo, Obers., Schneider Joh., Fürst Jos., Tremmel Gg., Grötsch Gg., *Zellner Franz, *Mayer Karl; **A** Lachermayer Vitus, *Dörfler Konr., *Schneider Karl, Schätzl Joh., *Hofmann Joh., *Angermaier Mich., *Höss Otto, *Schuster Georg; **An** Bamann Maria, Dellinger Aloisia, Böhme Christina, Rosskopf Elsa, Lutz Anna; **D** Kramer Gg., Bühling Johann, Oberwallner Gg., Schäfer Friedr., Bauer Karl, Höhn Joh., Wirtheim Frz., Fastl Andr.

133. **München-Land.** **R** Schilbach Gg., FinR.; **RA** Tritschler Aug., Tyroller Ant.; **S** Dassler Joh., Zieglmaier Frz. X., Neber Joh., Hämmel Gg., Schwarzmeier Jos., Stenzel Friedr., Schaumberger Andr., gepr. KPr., *Sperl Jos.; **A** Fett Mich., Specht Franz, Rössler Gust., Klerner Heinr., *Steinle Jos., Heigl Heinr., *Haberkorn Aug., Karl Johann, **AV** Niedermayer Anton; **J** *Leibl Johann, *Lell Joh.; **An** Biersack Anna, Neuner Anna, Bruckschlögl Amalie, Kolb Berta, Schmidt Maria, Strasser Franziska, Schäff Berta, Ursprung Aloisia, Merxmüller Maria; **D** Mündel Konr., Pöhner Karl, Heinrich Gustav, Weiss Joh., Gehring Joh., Geyer Franz.

134. **Münnerstadt.** **R** Baur Andr.; **S** Hertling Joh. Frz., *Mangold Wilh.; **A** Tischler Heinr., *Reiter Karl; **D** Barthelmes Anton.

135. **Nabburg.** **R** Schmidt Joh.; **S** Hösl Ant., Kellner Mich., Neumann Christ.; **A** Elbinger Gg., Schelbert Alois; **J** *Fersch Jos.; **D** Braun Christ., Schaller Leo.

136. **Neuburg a. D.** **R** Sellner Wilh.; **RA** Obeltshauser Jos.; **S** *Zach Michael, Döring Max, Mechler Aug., Gegler Jos. Anton; **A** Kapeller Xav., *Körner Adam, *Hauber Gg.; **An** Eckert Sophie, Froschmaier Antonie; **D** Müller Joh., Kobold Jos., Mayr Jos.

137. **Neumarkt i. O.** **R** Limbacher Frz.; **S** *Burghart Jos., Schmidt Hans; **A** Müller Jos., *Kern Adolf, Scherer Otto; **J** *Bauer Karl; **An** Rauch Anna, Inzenhofer Barbara; **D** Hahn Kasp., Donner Paul.

138. **Neunburg v. W.** **R** Griesbauer Hugo; **RA** Mangold Karl; **S** *Eichmeier Heinr., Nicol Nik., Detter Jos.; **A** Hofmann Ed., *Hartmann Franz, *Schöpf Albert; **J** *Zilbauer Ant.; **An** Feuersteiner Agnes; **D** Gunzelmann Pank., Wolf Ant., Förtsch Jos.

139. **Neunkirchen a. Br.** **R** Meyer Sigm.; **S** Reder Isid.; **A** Weissmann Joh., *Sendner Joh., *Eckerlein Karl; **J** *Köppel Eberhard; **D** Schrödel Lor., Rath Christ.

140. **Neustadt a. A.** **R** Thaler Joh. Gg.; **S** Geier Joh. Friedr., Fuchs Gg.; **A** Seyfert Gg., Meier Sixtus; **An** Stäudtner Katharina; **D** Schickert Mich., Eckhof Leonh.

141. **Neustadt a. D** **R** Obich Max; **RA** Rossmüller Gg.; **S** Stähr Jos., *Ermann Karl, Kusterer Ed., *Eberle Ludw.; **A** Orthofer Ant., *Luckner Friedr., *Schmid Jos., *Perger Joh.;

An Behr Maria, Geiger Anna; **D** Knirlberger Heinrich, Parr Andr., Hallermeier Johann, Kunzelmann Johann.

142. **Neustadt a. H.** **R** Fritz Karl; **RA** Mohr Georg, Geul Karl; **S** *Hess Philipp, Schneider Gg., Stamer Joh., Mayer Friedr., gepr. KPr., Schmitt Aug., gepr. KPr.; **A** Steigelmann Karl, Graf Heinr., Roos Anton, Kern Jos.; **J** *Walther Richard; **An** Schotthöfer Maria, Neckerauer Elisabetha, Mork Philippine; **D** Winkelmann Aug., Zimmermann Phil., Günthert Gg., Engelhardt Gg.

143. **Neustadt a. S.** **R** Koos Christ.; **RA** Weickert Frz.; **S** Henkel, Edu., Stäblein Joh.; **A** Haas Albin, Limpert Lamb., *Fischer Max; **An** Schmitt Helene Emma; **D** Mager Gg. Adam, Boreiter Peter.

144. **Neu-Ulm.** **R** Müller Eug., RegR.; **S** Blaumeier Jos., Graf Jos., *Dömling Ant.; **A** Bauer Andr., *Ziegler Jak., *Off Andr.; **J** *Abele Eugen; **An** Röttinger Rosa, Stempfle Josepha; **D** Jehle Joh.

145. **Nördlingen.** **R** Ehard Jos.; **RA** Winderl Gg.; **S** Denzler Friedr., Geggerle Adf., Schmiedel Heinr.; **A** Kessler Heinr., Schmid Karl, *Döbler Friedrich; **J** *Baudrexl Max; **An** Will Anna, Barnickel Anna, Lechner Philomena; **D** Umfahrer Ludw., Trostdorf Bernh.

146. **Nürnberg I.** **RegR** Rubner Karl; **R** Wüst Gust. (KAV); **RA** Breu Karl, Wank Gg.; **S** Schöpf Karl, Obers., Hagen Friedr., Schwenck Johann, Hahn Paul, Lehr Karl, Schmausser Joh., Woitscheck Heinr., Körner Christ., *Fischer Johann, *Hornung Wilh.; **A** Bickel Joh. Leonh., Vogelhuber Rob., Rüger Georg, Specht Wilh., Müller Gg. Leonh., Lautenschlager Alois, *Bauer Leop., Seiberth Felix, Baumann Johann, Baier Max, Pflaum Joh., *Wirth Nikolaus, *Beigel Herm.; **J** *Kolb Joh.; **An** Buchta Mathilde, Börner Johanna, Römer Frida, Krämer Marg., Franz Maria, Cramer Magdalena, Bodensteiner Kath.; **D** Lindner Gg., Backert Pankraz, Riemer Otto, Gräf Gust., Schieder Frz., Kühne Ed., Vollrath Gg., Maier Jak., Spörlein Gg.

147. **Nürnberg II.** **RegR** Schmidt Anton; **R** Effert Herm. FinR (KAV); **RA** Müller Wilh., Schröder Robert; **S** Metz Frz., Obers., Mayer Joh. Gg., Obers., Rotter Gg., gepr. KPr., Friedmann Pankr., Mayr Joh., Seiss Leonh., Krauss Paul, Pfahler Paul, *Busch Christian, Welker Heinr., Lochner Aug., *Schussmann Max, *Dillinger Franz, Wegert Gg., *Baumgärtner Heinr., *Egermeier Friedr.; **A** Löw Aug., Schwarz Matth., Bauer Wolfgang, *Satzinger Adam, *Bögler Gg., *Beichhold Rud., *Hagnbuchner Karl, *Stuhlfauth Gg., *Schirmer Friedr.; **J** *Heidecker Karl; **An** Westerholz Frida, Kartini Elisabeth, Ströhlein Marg., Schwertschlag Therese, Kraus Maria; **D** Dorsch Joh. Gg., Schedel Joh., Seefried Gg., Seidenspinner Greg., Bähr Gg., Merz Joh. Heinr., Fenn Joh., Hofmann Georg, Kuhn Joh., Brechtelsbauer Matth., Michel Klemens.

148. **Nürnberg III.** **RegR** Burckhardt Heinrich; **R** Knaus Anton (KAV); **RA** Feuerlein Ludwig, Lenz Konrad, Faltermaier Hugo Dr.; **S** Kapp Gg., Obers., Dieterich Kasp., Obers., Grimps Mart., Falcke Friedr., gepr. KPr., Bayerl Hans, Cramer Joh. Adam, Bitter Jak., Haider Gg. Gust., Zugschwert Karl, Scherer Nik., Nonnenmacher Heinr., *Rössler

Friedr., *Potzel Ferd., Meier Gg., Landauer Joh., Sturm Joh., gepr. KPr., Hofmann Joh.; A Kraus Leopold Gg., Kefferlein Leonh., Seitz Wilh., Richter Friedr., Zeder Joh., *Sedlmeier Alb., *Härtl Joh., Danner Ludw., Hassloch Heinr., Hofmann Gg., Lottes Gg., *Herzog Heinr., Fischer Andr., J *Herbolzheimer Karl, *Fiedler Andr., *Schuster Hugo, *Stahl Paul, Haberzett Max; An Habenstein Anna, Brand Maria, Fischer Maria, Albrecht Franziska, Lierheimer Kunig., Berthold Babette, Reich Maria, Berngruber Lisette, Franz Walb., Feulner Betty, Aurich Josephine; D Wohlfart Mart., Pfefferlein Rob., Huber Joh., Hollederer Friedr., Haberzett Joh., Müller Mich., Rachinger Joh., Fürsattel Leonhard, Schöpplein Andr., Graf Joh. Bapt.

149. **Obermoschel.** R Matheis Jak.; S Schwind Karl, *Schilling Joh.; A Hasenöder Wilh., Weller Heinrich, Cronebach Karl, Leibrock Ernst; J Altvater Ernst, *Wilhelm Otto; An Stock Adelheid; D Häring Kurt, Lampel Christ.

150. **Obernzell.** R Zimmerer Heinr.; S *Schramm Otto, Scherrer Joseph gepr. KPr.; A *Lechner Heinrich, *Büchl Georg, Winklhofer Joh., Wörle Gg.; D Hastreiter Ant., Weindler Andreas.

151. **Ochsenfurt.** R Zimmermann Nik.; S Rosenberger Aug., Rasp Joh. Christ., Pfändner Gg.; A Pfrenger Friedr., Pröscholdt Hugo, Stark Andr.; J Bauer Georg; An Klüh Frida; D Müller Ant., Werner Joh.

152. **Oettingen.** R Gromeder Joh.; S Lehnert Joh.; A Brennich Daniel, *Dietrich Adolf, Dornecker Xaver, *Kletter Karl, D Hafenmaier Leonhard.

153. **Ottobeuren.** R Mehrwald Melch.; S Windorfer Alois, Schmidt Ant., gepr. KPr.; A *Urgibl Franz, *Martin Otto; An Schwägele Antonie; D Braun Aquilin.

154. **Passau.** RegR Ullrich Alexander; R Danhauser Frz. (KAV); RA Donderer Karl; S Wagner Gg., Obers., Schmuck Max, Lautenschlager Gg., Raithel Friedr., Eckert Jos., *Zirngibl Max, *Hussendörfer Gg.; A Sesselmann Andr., Bauhuber Gg., *Heilmayr Anton, Rummel Karl, *Knott Wilhelm, *Gottinger Alfred; An Knittlmayer Martina, Schwiwagner Karolina, Wagner Kath., Sommersberger Magd.; D Bauer Mich., Höfler Jos., Fritzl Jos., Zechmann Jos.

155. **Pegnitz.** R Jacob Ludw.; S Abel Joh. Friedr.; A *Pfeifenberger Ludwig, Hager Karl, Körber Joh.; J Bondick Herm., D Fuchs Gg., Bondick Herm.

156. **Pfaffenhofen.** R Vogel Karl; RA Schätzl Steph.; S Tristl Ant., Obers., Hartmann Wilh.; A Lutz Jos., *Wissnet Jos.; AV *Seufert Frz.; An Greil Magdalena; D Rucker Willib., Haunold Jos.

157. **Pfarrkirchen.** R Fleckenstein Anton; S Huber Max, Obers., A Kammermayer Max, Gmeinwieser Karl, *Heckel Albert, *Zierer Otto; An Oberhuber Berta; D Nuber Johann, Schweiger Jos.

158. **Pirmasens.** RegR Hartmuth Ludwig; R Trütschel Georg (KAV); RA Ritter Ludw., Franz Joseph; S Keipert Joh., Obers., Weber Herm., *Heibler Mart., Glaser Wilhelm, *Walther Wilhelm, *Alexander Wilhelm; A Welter Ludw., *Konrath Eugen, *Diel Jos., Weber Tob., *Rittler Max, Brust Martin; J *Grohmann Albert, *Lott Rob., Schäfer

Ludwig; **An** Franck Adelh., Knauber Maria, Heinlein Emilie, Blum Emma, Stein Elisabeth; **D** Löffler Adam, Geib Friedrich, Knott Sebastian, Kolb Joh., Werner Rich. Paul, Rink Franz.

159. Pottenstein. R Pessl Andreas Ritter u. Edler von, FinR; **S** Zambelli Frz.; **A** Stöcker Andr., *Löwel Hans, *Pimpl Bernhard; **D** Hesel Joh., Bauer Mich.

160. Rain. R Steinle Johann Bapt.; **S** *Hertle Xav.; **A** *Walter Otto, *Lüttich Franz, *Huber Joseph, **J** Augustin Johann; **D** Augustin Johann.

161. Regensburg I. RegR Letz Ferd.; **R** Bertram Gust. (KAV); **RA** Woerner Gg., Neuner Rich., Lautenschlager Friedr.; **S** Wolff Fried., Obers., Hain Max, Obers., Lang Heinr., Obers., Mayer Jos., Weisskopf Frz. X., Huber Jos., *Legat Paul, Madel Engelb., *Reiter Anton, *Wahl Heinr., Flasser Joseph; **A** Schottenloher Karl, Bauernfeind Xaver, *Karl Johann, Markreither Frz., Ferstl Friedr., Heidenreich Konr., *Gradl Jos., *Sicherer Max v.; **J** *Lösch Joh., *Eckl Jos.; **An** Brunner Vikt., Penzkofer Betty, Pfannenstiel Maria, Hoffmann Maria, Huber Elise, **D** Dentelsbeck Andreas, Strauss Friedr., Sperl Karl, Rieger Jos., Bachmeier Karl, Barth Albin.

162. Regensburg II. R Walter Joh., FinR.; **S** Lierheimer Gg., Obers., Reinhartinger Johann gepr. KPr., Liebermeister Joseph, *Flierl Wilhelm; **A** Zugschwert Jos., Schichtl Max, *Fraundorfer Aug., *Liebl Adolf; **J** *Köhler Sebast.; **An** Friedl Ther., Rheinwald Hildegard; **D** Brandl Joh., Wittlinger Gg.

163. Riedenburg. R Wismüller Karl; **S** Reng Mich., Mösl Jos.; **A** Ferstl Joh., *Rosskopf Jos., *Lauterbach Heinr.; **J** Weimer Konstantin; **An** Brend'amur Karolina; **D** Weber Joh., Schotterer Joh. Heinr.

164. Röttingen. R Then Jos.; **S** Leiser Herm., Speidel Gg.; **A** Günther Joh., *Faustmann Frz.; **D** Fuchs Johann.

165. Rosenheim. R Veh Paul, FinR.; **RA** Hartmann Friedr.; **S** Holzer Seb., Obers., Lutz Leonh., Schweiger Max, Baltheiser Lor., Bauer Jos., Rupp Alf., Nickles Heinr.; **A** Rummel Joh., *Neumüller Phil., *Sirch Steph., *Wunderlich Moritz, Ertl Joh.; **J** *Steigenberger Jos., *Kopp Jos.; **An** Kaufmann Cäcilie, Schustetter Kath., Hinderer Rosa, Holzner Anna, Zelenka Luise, Kagerer Philomena, Schiermaier Therese; **D** Schinn Friedr., Schmidt Georg, Grünwald Jos.

166. Rothenburg o. T. R Aldinger Ludwig; **RA** Voeller Gustav; **S** Schmidt Heinr., Obers., Paulus Joh.; **A** Lindner Peter, *Wallner Alois, *Weber Joh.; **J** *Friedrich Gg.; **An** Reiss Elise, Fürst Maria; **D** Stahl Joh. Mich., Klingler Wilh.

167. Rothenkirchen. R Mauter Karl; **S** Aurnhammer Frz., Tremel Andr., *Gollwitzer Gg.; **A** Schubert Konr., Lindner Nik., *Günther Johann Mich.; **An** Hauguth Kath.; **D** Eichhorn Pankranz, Lauterbach Friedrich.

168. Schesslitz. R Killinger Heinr.; **S** *Tempel Adam, *Vischer Ad.; *Maisel Friedr.; **J** *Bäumel Friedr.; **D** Pötzinger Johann, Liebscher Mich.

169. Schönberg. R Cuno Friedr.; **S** Mühllehner Gg., Gegenfurtner Kasimir; **A** Lorenz Franz Xav., *Fischer Jos.; **An** Kollros Maria, Lang Kresz.; **D** Mareis Frz., Kugler Max.

170. Schongau. R Volkert Karl; **S** Hessdorfer Karl, Obers., Eder

Karl, gepr. KPr.; **A** Aidlspurger Joh., *Mayer Karl, *Gerstetter Christ.; **An** Müller Anna, Bergmann Franziska; **D** Achmüller Heinr., Hagenmüller Mark.

171. Schrobenhausen. **R** Weninger Otto, FinR; **S** Taig Georg, Simmeth Frz.; **A** Weiss Heinr., Schraid Joh., Wagner Jos.; **An** Lampert Emma; **D** Danner Anton.

172. Schwabach. **R** Gerner Joh., FinR; **RA** Scheider Friedr.; **S** Schrenk Ant. Lor., Obers., Rissmann Friedr., Gring Karl, gepr. KPr., Patutschnick Stephan; **A** Rühl August, *Mohrmann Max, Schauppmeier Karl, *Starklauf Georg; **An** Gundlsheimer Luise, Kohlbauer Charlotte; **D** Pfannenmüller Thom., Holzwart Gg., Heidner Joh.

173. Schwabmünchen. **R** Weinmayer Gg.; **S** Deubler Seb., *Bögle Gg., *Daffner Karl; **A** Beurer Ant., *Weber Karl; **J** *Kugelmann Jos.; **An** Schöpfl Hedwig, Guntner Wilhelmine; **D** Schreitmüller Joh., Albrecht Gg.

174. Schweinfurt. **R** Knorr Ludw., FinR.; **RA** Faulhaber Nik., Steinert Wilh.; **S** Weidner Friedr., Schnackig Joh., Müller Joh., gepr. KPr., Zeitler Jos., gepr. KPr.; **A** Ludwig Christoph, *Endres Erh., Leichtlein Friedr., *Schmitt Andr., Schunk Otto, *Baier Max; **J** *Günther Frz., *Geuder Georg; **An** Aul Maria, Straub Jona, Köhler Hedwig; **D** Meier Gg. Wilh., Nützel Andr.

175. Selb. **R** Kerth Phil.; **S** Zöllner Hans, Koch Wolfg., gepr. KPr., *Pretz Max; **A** Herpich Mart., Erhard Joh., *Künneth Karl; **J** *Schertel Georg; **An** Wurzer Maria; **D** Plechschmidt Jak., Wetzel Kornelius.

176. Simbach. **R** Rockenstein Ant.; **S** *Durchschein Ant.; **A** Goller Gg., Pritzl Max, Lorenz Joseph; **J** *Schwimmer Hermann; **An** Wagner Maria; **D** Eder Karl, Marchl Jos.

177. Spalt. **R** Wagner Gg.; **S** Mark Mart., Meyer Herib.; **A** *Bogner Osk., *Lang Gg., *Scheu Wilh.; **An** Weiss Klara, Wechsler Amalie; **D** Piele Theod., Kubeile Hermann.

178. Speyer. **R** Acker Theod., FinR.; **RA** Köhler Philipp; **S** Zirker Frz., Welker Adolf, Irl Mich., Stephan Franz, *Zöller Ludwig; **A** Mächerle Jak., Bürkmann Ludwig; **An** Raffler Frida, Schultz Elisabeth; **D** Deyerling Friedr., Krill Karl.

179. Stadtsteinach. **R** Rabe Siegm.; **S** Hebentanz Joh. Max; **A** Baumgärtner Gg., Pfändner Aug., Greim Ed.; **D** Müller Joh.

180. Staffelstein. **R** Schenk Herm.; **S** Dietz Ant., Lieb Heinr.; **A** Sebald Joh., Losgar Gg., Löffler Andr., Baier Simon; **J** *Hacker Hans; **An** Porzelt Doroth.; **D** Häussner Karl, Beyer Jakob.

181. Starnberg. **R** Knözinger Ant.; **S** Eberle Mart., Binner Herm., Kellermann Joh.; **A** *Gleifenstein Otto, *Loibl Gottfr., Neff Jos.; **An** Fuchs Wally, Will Therese; **D** Wiesner Adam, Peppel Jos.

182. Straubing. **R** Liepert Karl, FinR.; **RA** Hausmann Joh.; **S** Beinhardt Phil., Obers., Kurz Alfred, Altmann Max, *Nattermüller Xav.; **A** Auer Art., Grimm Joh. Ev., *Kainzbauer Guido, *Kerscher Gg., *Härtl Jak.; **An** Biermaier Christ., Trisl Kreszenz, Rott Viktoria, Fleischmann Maria, Halla Maria; **D** Kammerl Aug., Zahlhaas Adolf, Raum Peter.

183. Sulzbach. **R** Henke Karl; **RA** Micheler Jul.; **S** Lautenbacher Jos., Scharl Paul, Pfefferlein Rob.; **A** Maul Johann Gg.,

*Schweiger Jos.; J *Schumacher Jakob, Schedl Otto; An Heldmann Henr.; D Faeth Gg., Habelt Christ.

184. Thurnau. R Schwab Karl; S Hunebald Heinr.; A Schneider Joh., Dummer Joh.; D Rausch Joh. Konr.

185. Tirschenreuth. R Auer Ant., FinR.; S Stiegler Frz., Trissl Ludw.; A Hirschauer Matthias, Cehak Ant., Heldmann Amadeus; J Puppele Alf., Doyscher Karl; D Puppele Joh., Herberich Karl.

186. Tölz. R Rockstroh Ludw.; S Hamberger Jos., *Holzhammer Wilh.; A Bernardy Aug., *Zeyss Eug., Lindacher Jos., *Frosch Gustav; An Lang Anna; D Brodwolf Joh., Kerl Joh Baptist.

187. Traunstein. R Burckhardt Joh., RegR; RA Dicknether Karl Dr.; S Metz Mart., Obers., Wittauer Adam; A Stark Joh., Auer Joh., *Mössmer Anselm, *Krammer Lor.; An Schmeckenbecher Antonie, Böhm Therese; D Hiemer Heinr., Dick Gg.

188. Trostberg. R Schwab Herm., FinR.; S Benker Heinr.; A Heigl Alois, Höss Jos., *Hartig Joh. Georg, Schröfl Waldemar; D Kronzucker Max.

189. Türkheim. R Albrecht Wendelin; S *Bicherl Emil, *Wieland Ant.; A Bernhart Ant., Reuther Konr., *Steinbacher Joh.; J Kohn Otto; D Prechtl Joh., Geyer Konr.

190. Uffenheim. R Prenitzer Theodor; S Gewinner Jul., Büchold Eug., gepr. KPr., *Scheuering Heinr.; A Kirchdorfer Emil, Iffland Alois; J *Dittmar Ernst; D Holzberger Matth.

191. Velburg. R Schwaiger Karl,; S Rügamer Valentin, Schmausser Joseph; A Gottschall Justin, Strauss Mich.; An Ulrich Babette; D Klein Ludw., Scholl Heinrich.

192. Viechtach. R Nenning Benev.; S Lankes Joh., *Schramm Adf.; A *Bruckner Joh.; An Eid Kath.; D Kumpf Karl, Kraus Mich.

193. Vilsbiburg. R Herbert Otto; S Bayerlein Konr., Ober., Fischer Jos., *Saller Jos.; A *Didusch Joh., *Mitznegg Friedrich, *Bieber Friedr.; An Biersack Elis.; D Kohlpaintner Ant., Maier Jos.

194. Vilshofen. R Beyerlein Gust.; RA Cloeter Karl; S Scherbel Gg., Obers., Kroiss Sim., Zrenner Sim., gepr. KPr., *Dauer Joh.; A *Wimmer Franz, Anthofer Georg, *Stengl Jos., *Heider Albert; J Penn Ign.; An Probst Maria, Bauer Ther., Handick Ida, Zollner Kreszenz; D Seuss Mart., Gattermann Friedr., Zacher Jos.

195. Vohenstrauss. R Rothenanger Albert; S *Grötsch Joseph, Bodensteiner Karl; A Löbisch Andreas, Stümpfler Joseph, *Tischler Gg.; An Bodensteiner Franziska, Seibert Mathilde; D Jungkunst Georg, Hofmann Jos.

196. Volkach. R Streit Ludwig; S *Knauer Rob., *Stich Aug.; A Schmitt Gg., Weiss Joseph; An Hastreiter Berta; D ...

197. Waischenfeld. R Bergdolt Phil.; S Hofmeier Otto; A Haas Gg., Kellermann Gg., *Dresel Joh.; D Schuster Georg, Thun Karl.

198. Walderbach. R Fetzer Emil; S Holzinger Ernst, gepr. KPr., Schuster Hs.; A *Sommer Wilh., *Schricker Gg., Kastner Eugen: D Geyer Aug., Heydt Johannes.

199. Waldmünchen. R Geyer Adalb.; S Heinrich Wolfg.; A Höcht Andreas, Maier Franz, Meixl Wilhelm; An Betz Therese; D Wölfel Karl, Betz Jos.

200. Waldsassen. **R** Voment Aug.; **S** Rüth Gg., Grillmaier Andreas; **A** *Schmidbauer Hermann, *Baumgartner Andr., *Bauer Joh.: **An** Thoma Johanna, Wohlrab Sophie; **D** Träger Heinr., Dengler Christoph.

201. Wasserburg. **R** Fügenschuh Jos.; **RA** Häusler Frz. X.; **S** Hofmann Johann, Hausladen Max, *Ebelt Max; **A** Fischer Martin, Kopp Joh., *Eck Karl; **An** Kronast Anna, Wörndle Rosa; **D** Bachmaier Joh., Herl Gg., Gress Alb.

202. Wassertrüdingen. **R** Sondermann Herm.; **S** Stark Friedr.; **A** Roth Joh. Heinr., Frosch Joh.; *Gsänger Gg.; **D** Richter Johann.

203. Weiden. **R** Beck Joh., FinR.; **RA** Ungemach Eug.; **S** Sauer Jul. Friedr., Früh Joh., Lautenschlager Hans, *Engert Karl, Hofmann Heinr., gepr. KPr.; **A** Stangl Alois, *Bogner Heinr., *Andritzky Frz., Schmitt Jos.; **J** *Stiegler Joh., *Witt Kurt; **An** Sailer Ros., Scheibenbogen Ther., Brein Luise; **D** Maul Joh., Wenning Joh., Trautner Joh. Bapt.

204. Weilheim. **R** Kern Georg, FinR.; **RA** Landthaler Ludwig; **S** Wallner Seb., Kliese Alb., Landgraf Wilh.; **A** Rothmeier Georg, *Maling Ludw., *Brand Ludw.; **An** Kennerknecht Euph., Heinlein Johanna; **D** Fritz Franz, Glöckl Wolfg.

205. Weismain. **R** Wolf Aug.; **S** Spitzer Mich., Ackermann Christ.; **A** Tröger Karl, Dück Andr.; **D** Rothlauf Ludw., Holzbock Gg.

206. Weissenburg i. B. **R** Ertl Max; **RA** Riedelbauch Herm.; **S** Amos Joh., Obers., Langohr Heinr., Sauer Friedr., *Seidel Herm.; **A** Sorg Joh., gen. Rothmund, *Geiger Karl, *Albrecht Karl; **J** *Bölch Robert, Lang Wilh.; **An** Braun Elsa, Hager Auguste, Grimm Anna; **D** Kölbel Heinr., Fischöder Gg., Schweser Karl.

207. Weissenhorn. **R** Braun Karl; **S** Habisreitinger Hans, *Hornung Matthäus; **A** Lingg Ludw., *Meier Otto, Habisreitinger Alois, *Zehmeister Friedr.; **J** Heckenberger Konstantin; **D** Burkhart Max.

208. Werneck. **R** Hellenthal Gg.; **S** Amslinger Karl; **A** *Himl Joh., *Schrödel Rud., *Persau Joh.; **J** Weckert Alfred; **An** Brod Johanna; **D** Ziegler Kilian.

209. Wertingen. **R** Zorn Eugen; **S** Doll Hans, Gerblinger Friedr.; **A** Krauss Ferd., *Seelmann Andr., *Heiss Joh., Rudhart Friedr., *Heimer Aug.; **An** Deller Philom.; **D** Stadler Silv., Rick Georg.

210. Windsheim. **R** Hertel Wilhelm; **S** Hofreuther Friedr., Teufel Jos.; **A** Eitel Gg., Müller Joh. Bapt., *Schreyer Hans, Reuter Michael; **An** Müller Maria, **D** Wunderlich Christoph.

211. Winnweiler. **R** Finger Joh.; **S** *Winkelmann Emil; **A** Jung Theod., *Kempf Julius; **J** *Geimann Ludw., Stier Ernst; **D** Gollwitzer Adolf, Sauer Seb.

212. Wolfratshausen. **R** Müller Paul, RegR; **S** Schottenhaml Jos., Weiss Jos.; **A** Drausnick Ludw., *Leonhard Heinr., *Laubender Konr.; **J** *Scheppach Alois; **An** Bockhorni Laura, Cornet Christine; **D** Neff Jos., Deiser Jos.

213. Würzburg-Stadt. **RegR** Linsmayer Christ.; **R** Hans Eug. (KAV); **RA** Full Otto, Rauch Kaspar, Kitz Hugo; **S** Baier Frz., Obers., Zinser Karl, Obers., Engert Heinr., Zederer Georg, Fischer Friedr., Wendel Eust., *Englert Joseph *Klemm Ant., *Kreuzer Heinr., Lindl Anton, gepr. KPr., Krebs Philipp, gepr. KPr.; **A** Wörle Gg., *Federl Mich.,

Reuther Joh., Weindl Fr. X., *Burger Joh.; **An** Gebhardt Margareta, Böhm Maria, Otto Veronika, Schmitt Bab., Schierlitz Karolina, Bosch Anna, Vervier Anna; **D** Kögler Gg., Göb Val., Linsenmaier Wilhelm, Abersfelder Karl, Neumeister Joh. Gg., Fischer Joh., Kraus Alois.

214. Würzburg-Land. **R** Forster Joh. Nep.; **RA** Nunn Ferd.; **S** Kolb Jos., Obers., Reiss Emil, Obers., Kornbrust Friedr., Rauh Joh., *Höfler Paul; **A** Troll Georg., *Wundling Ludwig *Schmid Konr., *Kernstock Joh.; **An** Kissler Rosa, Fleckenstein Margareta; **D** Hübner Ant., Weth Jos., Lucht Herm.

215. Wunsiedel. **R** Zeiss Karl; **RA** Fischer Herm.; **S** Ries Joh., Popp Friedr., Pittrof Ant., Brunner Paul; **A** Welker Ludw., *Beck Wilhelm, *Dressel Max, Weiss Karl, *Koch Johann; **J** *Urbach Karl; **An** Mösch Bab., Pistor Anna, Egerer Elisabeth, Vogl Elisabeth; **D** Schuhmann Johann, Ruckriegel Mart., Medick Joh. Adam.

216. Zeil. **R** Häglsperger Dionys; **S** Ködel Jos., Diflo Karl, gepr. KPr., Rosenberger Hugo; **A** Schöpf Joseph, Wöhrle Adolf, *Hempfling Mich.; **AV** Büttner Alf.; **An** Dressel Berta **D** Finzel Jos., Raithel Johann.

217. Zusmarshausen. **R** Niggl Michael; **S** Lipp Jak., *Weiss Alois; **A** *Höck Rud., *Lampert Jos., *Klotz Gg.; **J** *Zott Joh.; **D** Voggeser Leo.

218. Zweibrücken. **R** Bally Eugen; **RA** Häfner Wilh.; **S** *Bachmann Friedrich, *Zöller Rudolf; **A** Hunsicker Heinrich, Autsch Bernh., *Fauster Wilh., *Conrad Adolf, Wolf Joh.; **An** Klein Anna, Sefrin Kath., Gerbes Elisab., Brill Maria; **D** Steigner Valentin, Küspert Friedrich.

219. Zwiesel. **R** Leitenbauer Hugo; **S** Thiem Joh., Obers., *Weingärtner Mart.; **A** Goller Joh., *Dürmeier Jos., *Sporn Rud.; **An** Völkl Christiane, Stangl Babette; **D** Krug Dominikus, Centmayer Adolf.

C. Kasseverwaltungen, die dem Finanzministerium nicht unterstehen.

XIV. Liste.

Kasseverwaltung der K. Akademie der Wissenschaften und der K. Verwaltung der wissenschaftlichen Sammlungen des Staates.

a) Kassier.

1 Dehner Hans — 1. XII. 15

b) Sekretär.

1 Meier Leonhard — 1. X. 10 / 1. II. 16

c) Kassediener (Nebenamt).

1 Ennichl Joseph, Hausverwalter — 1. II. 08

XV. Liste.

Kasseverwaltung des Bayer. Nationalmuseums und des K. Landesamts für Denkmalpflege.

a) Kassier.

1 Birzer Maximilian — 1. XI. 13

XVI. Liste.

Kasseverwaltung der K. Akademie der Tonkunst München.

a) Kassier und Sekretär.

1 Müller Anton, K. Hauptkassier — 1. X. 13 / 16. IX. 02

b) Kanzlei- und Kasseassistent.

1 Hohnbaum Karl — 1. XII. 13

NB.! Die Geschäfte des Kassedieners besorgt der Schuldiener Sebast. Rachinger seit 16. III. 99.

XVII. Liste.

K. Universitäts-Rentämter.

a) Amtsvorstände.

1	Heene Hans, K. Regierungsrat	München	1. VIII. 91
2	Giegold Julius, K. Finanzrat	Erlangen	16. IV. 06
3	Frischholz Gustav, Universitäts-Rentamtmann	Würzburg	1. XI. 15

b) Hauptkassekontrolleure.

1	Kessler Paul, k. Rentamtmann	München	16. IV. 06
2	Nenninger Bernhard	Erlangen	1. VI. 07
3	Masel Heinrich	Würzburg	1. XI. 10

c) Sekretäre.

1	Greiter Joseph	München	1. IX. 10
2	Stelzl Joseph	"	16. XII. 10
3	Roider Hans	"	1. XI. 12
4	Neuberger Daniel	Erlangen	16. XI. 12
5	König Max	Würzburg	1. I. 03

d) Diener.

1	Seitz Franz, Oberdiener	Würzburg	1. IX. 99
2	Unger Michael, Oberdiener	Erlangen	1. V. 02

XVIII. Liste.
Kasseverwaltung der K. Universitäts - Frauenklinik und der K. Hebammenschule München.

a) K. Oberverwalter.

1 Hollreiser Joseph 1. I. 91

b) Kanzleisekretär.

1 Popp Bernhard 1. II. 02

XIX. Liste.
Kasseverwaltung der K. Universitäts-Poliklinik München.

a) Verwalter.

1 Burger Joseph (KLKr) 16. IX. 10

b) Kanzleisekretär.

1 Weidner Johann (KLKr—J) 1. II. 13

XX. Liste.
Kasseverwaltung der K. Psychiatrischen Klinik München.

a) Verwalter.

1 Mayer Max (KLKr) 15. IX. 04

b) Kanzleiassistent.

1 Inselsberger Johann (MVK1b — PLc — PrAllgEhrenz—KLKr) 1. 10. 10

XXI. Liste.
Kasseverwaltung der tierärztlichen Institute der K. Universität München, der K. Biologischen Versuchsanstalt für Fischerei und der K. Hufbeschlagschule München.

a) Verwalter.

1 Günther Christian (KLKr) 1. IV. 12

b) Sekretär.

1 Gehring Otto (KLKr) 16. V. 12

c) Assistentin.

1 Plank Maria

d) Diener.

1 Dressler Gustav, Hausmeister. 1. X. 06

XXII. Liste.
Kasseverwaltung der K. Technischen Hochschule München.

a) Kassier.

1 Lutz Theodor, Rat 1 XII. 05

b) Sekretär.

1 Raum Ludwig 1. II. 11

c) Kasseassistent.

Zurzeit nicht besetzt.

d) Diener,

1 Birker Martin, Oberdiener 1. I. 09

XXIII. Liste.
Kasseverwaltung der K. Akademie für Landwirtschaft und Brauerei Weihenstephan.

a) Kassier.

1 Loy Fritz 16. IX. 00

b) Sekretäre.

1 Weber Anton 16. VIII. 03
2 Weber Franz Xaver 16. IV. 11

c) Kanzleiassistenten.

1 Leitner Karl 16. V. 00
2 Wimmer August 1. VI. 13

d) Boten und Diener.

1 Maier Karl 1. III. 03

XXIV. Liste.
Kasseverwaltung des K. Technikums Nürnberg.

a) Kassier und Sekretär.

1 Maier Paul 1. IX. 09

b) Kanzleiassistent.

Zurzeit nicht besetzt.

c) Pedell.

Zurzeit nicht besetzt.

XXV. Liste.

Kasseverwaltung der K. Bauschule mit Gewerbelehrerinstitut in München.

Kassier und Sekretär.

1 Miller Joseph 1. II. 16

XXVI. Liste.

Kasseverwaltung der K. Kunstgewerbeschule München.

Kassier und Sekretär.

1 Meule Joseph 16. XI. 10

XXVII. Liste.

Kasseverwaltung der K. Kunstgewerbeschule Nürnberg.

Kassier und Sekretär.

1 Bayer Georg 1. VII. 00

XXVIII. Liste.

Alphabetisches Verzeichnis zu den Listen I–XII und XIV–XXVII.

Bem. Die römische Zahl bedeutet die Hauptliste, der kleine lateinische Buchstabe die Unterabteilung darin und die arabische Zahl die Reihenfolge innerhalb einer Liste.

D.

Erklärung der in den Personallisten gebrauchten

Ordensbezeichnungen.

(BL) Belgischer Leopoldorden 1: Grosskreuz; 2: Grossoffizier; 3: Kommandeur; 4: Offizier; 5: Ritter; mSch. = mit Schwertern.
(BKr) Belgischer Kronenorden 1: Grosskreuz.
(BdBl) Badischer Orden — Bertold des Ersten 1: Grosskreuz; (m.g.K. = mit goldener Kette).
(BZL) Badischer Orden vom Zähringer Löwen 1: Grosskreuz; 2a, b: Kommandeur I., II. Kl.; 3: Ritter I. Kl.; 4: Ritter II. Kl.
(BrsL) Herzoglich Braunschweig'scher Orden Heinrich des Löwen. 1: Grosskreuz; 1a: I. Kl.; 2a: Kommandeur mit Stern, 2b: Kommandeur; 3a, b: Ritter I., II. Kl.
(DKr) Dienstauszeichnungskreuz 1: 1. Kl.; 2: 2. Kl.
(HP) Grossherzogl. Hessisch. Verdienst-Orden Philipps des Grossmütigen; 1: Grosskreuz m. d. Kr.; 1a: Grosskreuz; 2a, b: Komtur 1. 2. Kl.
(J1) Jubiläums-Medaille mit der Krone.
(J) Jubiläums-Medaille.
(K) Verdienstorden der Bayerischen Krone 1: Grosskreuz; 2a: Grosskomtur; 2b: Komtur; 3: Ritter; 4, 5: goldene, silberne Medaille. (Bestimmungen über Unterstützungsbeiträge an Hinterbliebene GVBl. 1898 S. 259.)
(KLKr) König Ludwig-Kreuz für Kriegsverdienst in der Heimat.
(KrDM) Kriegsdenkmünze für 1870/71. 1: aus Bronze.
(L) Ludwigs-Orden 1: Ehrenkreuz; 2: goldene Ehrenmünze.
(LM) Ludwigsmedaille, Abt. A f. Wissenschaft u. Kunst, Abt. B f. Industrie usw. 1: in Gold, 2: in Silber.
(LH) Fürstl. Lippescher Hausorden 1, 2, 3, 4: Ehrenkreuz I., II., III., IV. Kl.; m. E. = mit Eichenlaub.
(LJM) Landwirtschaftliche Jubiläums-Medaille 1: goldene; 2: silberne; 3: bronzene.
(LK) Luitpoldkreuz.
(LEK) Grossh. Luxemburg. Orden d. Eichenkrone 1: Grosskreuz; 2: Grossoffizier; 3: Kommandeur; 4: Offizier; 5: Ritter.
(Malt) Souveräner Malteser-Ritter-Orden: Gr: Grosskreuz; E: Ehren- und Devotionsritter; G: Gnadenritter; DI: Donaten I. Kl.
(M) Bayer. Verdienstorden vom hl. Michael a) nach den älteren Satzungen: 1: Grosskreuz; 2a: Gross-Komtur; 2b: Komtur; 3, 4: Ritter I., II. Kl.; b) nach den neuen Satzungen (v. 16. XII. 87, 20. IV. 94 und 22. II. 10); MGK. = Grosskreuz, I = I. Kl., II m. St. = II. Kl. mit Stern, II = II. Kl., ME. = Ehrenkreuz, III = III. Kl., IV = IV. Kl. mit der Krone, IVa = IV. Kl. ohne Krone, M = Verdienstkreuz mit der Krone, Ma = Verdienstkreuz ohne Krone, Me 1, 2: silberne, bronzene Medaille. (Bestimmungen über Unterstützungsbeiträge an Hinterbliebene GVBl. 1898 S. 259.)
(MJ) Militär-Max-Joseph-Orden: 4 = Ritter.

(MV) Bayer. Militär-Verdienstorden. Gk: Grosskreuz; 1: I. Kl.; 2a: II. Kl. m. St.; 2b; II. Kl.; O: Offizierskreuz; 3: III. Kl.; 4a: IV. Kl. mit Krone; 4b: IV. Kl. (Kr: Kriegsdekoration.)
(MVK) Bayer. Militär-Verdienstkreuz 1: I. Kl.; 2a: II. Kl. m. Krone, 2b: II. Kl., 3a: III. Kl. m. Krone, 3b: III. Kl., 4a: IV. Kl. m. Krone, 4b: IV. Kl. (Kr: mit Schwertern als Kriegsdekoration; KrV: mit Schwertern am Bande für Kriegsverdienst).
(MVM) Militär-Verdienst-Medaille 1: goldene, 2: silberne.
(MWK) Grossherz. Mecklenb. Haus-Orden der Wendischen Krone 1: Grosskreuz; 2a: Grosskomtur; 2b: Komtur; 3: Ritter.
(MG) Grossherz. Mecklenb. Greifen-Orden 1: Großkreuz, 2a; Grosskomturkreuz.
(OEK) Oesterreich. Kaiserl. Orden der eisernen Krone 1, 2, 3: I. II. III. Kl.
(OEL) Oesterreich. Kaiserl. Leopold-Orden 1: Grosskreuz mit Brillanten; 1a: Grosskreuz.
(OEFJ) Oesterr. Franz Joseph-Orden 1: Grosskreuz; 2: Komtur mit Stern; 3: Komtur; 4: Offizier; 5: Ritter.
(OEMVKr) Oesterreichisches Militärverdienstkreuz 1., 2., 3. Klasse, Kr. = mit Kriegsauszeichnung.
(OP) Grossherz. Oldenburg. Haus- u. Verdienstorden des Herzog Peter F. L. 1: Grosskreuz; 2a: Grosskomtur; 2b: Komtur; 3a, b: Ritter I., II. Kl.
(PG) Päpstlicher Gregorius-Orden 1: Grosskreuz; 2a: Komtur mit Stern; 2b: Komtur; 3: Ritter.
(PEetP) Päpstl. Kreuz pro ecclesia et pontifice.
(PP) Päpstl. Pius-Orden 1: Grosskreuz.
(PEK) Preussisches Eisernes Kreuz 1, 2: I., II. Kl.
(PJ) Preuss. Johanniter-Orden 1: Kommandator; 2: Rechts-Ritter; 3: Ehren-Ritter.
(PK) Preussischer Kronenorden 1: I. Kl.; 2a: II. Kl. mit Stern; 2b, 3, 4: II., III. IV. Kl.
(PKM) Preussische Medaille zum Kronen-Orden.
(PKrVKr) Preussisches Verdienstkreuz für Kriegshilfe.
(PLmK) Prinz-Regent-Luitpold-Medaille mit der Krone 1: goldene; 2: silberne; 3: bronzene.
(PL) Prinz-Regent-Luitpold-Medaille a: goldene; b: silberne; c: bronzene.
(PL1) Prinz-Regent-Luitpold-Medaille aus Bronze, mit der Krone am Bande der Jubiläums-Medaille.
(PL2) Prinz-Regent-Luitpold-Medaille aus Bronze, am Bande der Jubiläums-Medaille.
(PRA) Preuss. roter Adler-Orden 1: Grosskreuz; 2: I. Kl.; 3a: II. Kl. mit Stern; 3b, 4, 5: II., III., IV. Kl.
(PRAM) Preussische Rote Adler-Medaille.
(PRKr) Preußische Rote Kreuzmedaille 1, 2, 3: I., II., III. Kl.
(RA) Kaiserl. Russisch. St. Annen-Orden 1: 1. Klasse.
(RM) Rettungsmedaille.
(SA) K. Sächs. Albrechtsorden 1: Grosskreuz; 1a, b: Grosskreuz m. goldenem, mit silbernem Stern; 2a, b: Komtur I., II. Kl.; 2c. Offizier; 3a, b: Ritter I., II. Kl.
(SFAM) K. Sächs. Friedrich August-Medaille.
(SEH) Herzoglich Sachsen-Ernestinischer Hausorden 1: Grosskreuz; 2a, b: Komturkreuz I., II. Kl.; 3a, b: Ritter I., II. Kl.
(SMEKr) Sachsen-Meiningen Ehrenkreuz für Kriegsverdienst.

(SWwF) Grossherzogl. Sächs. Haus-Orden der Wachsamkeit oder vom weissen Falken 1. Grosskreuz; 2a, b Komtur mit Stern, Komtur.
(SpJ) Spanischer Isabellen-Orden 1 Grosskreuz; 2a, b: Kommandeur I., II. Kl.
(TRHM) Türkische Rote-Halbmond Medaille, b · in Silber.
(V†) Verdienstkreuz für freiwillige Krankenpflege.
(WK) Königl. Württ. Orden der Krone 1 · Grosskreuz; 2 · Kommentur mit Stern; 3 · Kommentur; 4: Ehrenritter; 5: Ritter I., II. Kl.
(WF) Königl. Württ. Friedrichs-Orden 1: Grosskreuz; 2a, b: Kommentur 1., 2. Klasse; 3a, b · Ritter 1. 2. Kl.
(WWKr) Württembergisches Wilhelmskreuz.

54. Nachschlag-Verzeichnis.

Alljährlich ergänzt und erweitert.

Abbruchmaterial, Verwendung des Erlöses zur Deckung von Baukosten MB. v. 23. Juni 1907 (FMBl. 227), MB. v. 18. Juni 1911 (FMBl. 463), FMB. v. 13. Jan. 1915 (FMBl. 3).

Abfuhr von Eis, Kies, Sand usw. aus öffentlichen Gewässern, Gebühren hiefür Art. 73 WasserG. v. 23. März 1907 (GVBl. 177) §§ 165, 173, VollzV. v. 3. Dez. 1907 (GVBl. 941) Verrechnung Etat 14 Kap. 6 ausgeschieden von den übrigen unter der gleichen Position zu verrechnenden Einnahmen MB. v 18. Juni 1911 (FMBl. 468), Gebühren für d. Beschluss des Bezirksamts usw Art. 152 KostG. FME. v. 13. Juli 1908 Nr. 6980. Fehlanzeige bildet Rechnungsbeleg. • Behandlung der Gesuche §§ 58 ff., 166 ff. VollzV. v. 3. Dez. 1907 (GVBl. 941), InnME. v. 4. Febr. 1908 Nr. 3452.

Abgaben, Diensteinkommensmehrungsabgabe, FMB. v. 7. Febr. 1909 (FMBl. 108), VO. v. 30. März 1881 (FMBl. 117), MB. v. 5. April 1881 (FMBl. 127), FME. v. 23. April 1890 (FMBl. 62), FMB. v. 26. Dez. 1909 (FMBl. 714) bezüglich des Forstpersonals. • von Bergwerken G. v. 6. April 1869 (GVBl. 794), FMB. v 10. Juli 1869 (FMBl. 195). • für Wandergewerbescheine KostG. Art. 165, InnME. v. 7. Febr. 1898 (FMBl. 95). • Zuwiderhandlungen gegen die Vorschriften über die Erhebung öffentlicher Abgaben JustMB. v. 3. August 1885 (FMBl. 779) §§ 459 ff. Reichsstrafprozessordnung. • der Notare für ihre Versorgungseinrichtungen siehe Notare. • der Notare zur Unterstützung der Notar.-Gehilfen Ges. v. 28. Jan. 1908 (GVBl. 49), MB. v. 31. Jan. 1908 (FMBl. 101).

Ableben eines Beamten, Sicherungsmassregeln VO. v. 7. Dez. 1899 (GVBl. 1013, JMBl. 549), bei kassaführenden Beamten §§ 31 ff. GeschAnw. f. d. Rent. (FMBl. 1903, 286). • von Militärpensionisten, FMB. v. 11. Febr. 1895 (FMBl. 31).

Ablieferung der Notare bei 1000 M, der grösseren Gerichtsschreibereien und Gerichtsvollziehereien bei 500 M, der kleineren bei 200 M. • auch auf Girokonto der Rentämter. • MB. v. 12. Mai 1911 (FMBl. 420), der Bezirksämter bei 500 M § 12 MB. v. 25. Dezember 1899 (FMBl. 309). Zulässig aber auch Lieferungen in kleineren runden Beträgen. FMB. v 29. Nov. 1900 (FMBl. 423). • der gebührenverrechnenden Behörden, Steuervorgeher usw. an die mit der Detaileinhebung betrauten Beamten § 12 FMB. v. 10. April 1911 (FMBl. 294), § 63 GeschAnw. f. d. Rent. • der Rentamtssekretäre bei 1000 M § 70 GeschAnw. • der Rentamtsdiener § 72 GeschAnw. • der Rentämter bei den Kreiskassen auf ein gemeinsames Konto zu buchen § 18 FMB. v. 10. April 1911 (FMBl. 297). • der Gefällsablösungsschillinge der Staatskassa und Tilgungsfonds der Ablösungskassa bei 500 M FME. v. 21. Febr. 1892 (FMBl. 9), der

Staatsgüterkaufschillinge bei 200 M, ausserdem am Monatsschluss FME. v. 15. Juni 1860 (Geret Bd. 32, I. 149). • zum Abmarkungsfonds FMB. v. 3. April 1901 §§ 10 ff. (FMBl. 283). • der Kulturrenten FME. v. 13. Sept. 1901 § 6 (FMBl. 475). • der Unfallversicherungsbeiträge je nach dem Stand der Perzeption an die Kreiskasse. FME. v. 27. April 1904 Nr. 10 386 (v. 5. Juni 1896 Nr. 10 470). • der Vereinsbeiträge und Einkommensmehrungsabgaben zu den Unterstützungsvereinen vierteljährlich wenn über 100 M FME. v. 23. April 1890 (FMBl. 60). • der Brand- und Hagelversicherungsbeiträge bei beendigter Perzeption oder bei einem Kassenbestand von über 6000 M. § 7 VollzInstr. v. 13. Dez. 1875 (FMBl. 347), FME. v. 23. Juli 1884 Ziff. 1 und 4 (FMBl. 162). • der Beiträge zum Pensionsverein d. Rentamtsgehilfen FME. v. 21. Dez. 1896 (FMBl. 320). • der Eintrittsgelder und Mitgliederbeiträge für die Kreisvereine zur Unterstützung der Hinterbliebenen der Volksschullehrer MB. v. 18. Dez. 1906 (FMBl. 307 ff.), KME. v. 13. Dez. 1908 Nr. 26 219 und 25. April 1909 Nr. 10 317 (Rücksendung d. Heblisten portofrei). • der Reichserbschaftssteuern VollzV. v. 10. August 1906 (GVBl. 520), der Reichsstempelabgaben MB. v. 3. August 1906 (GVBl. 477), § 38 MB. v. 25. Okt. 1909 (FMBl. 629), der örtlichen Besitzveränderungsabgaben MB. v. 15. August 1910 Ziff. 34 (GVBl. 447).

Abmarkung: Ges. v. 30. Juni 1900 (GVBl. 553); Vollzugsbek. v. 21. Dez. 1900 (FMBl. 1901, 122); technischer Vollzug d. Ges. FMB. v. 20. Febr. 1901 (FMBl. 217); Bezeichnung mit Buchstaben-Pl.-Nr. u. Grundstücksteilung FMB. v. 24. Okt. 1901 (FMBl. 525); Abmarkung d. Staatsforstgrundstücke FME. v. 24. März 1901 (FMBl. 261); Verwaltung d. Abmarkungsfonds FMBek. v. 3. April 1901 (FMBl. 279); Messungs- u. Abmarkungsgebühren FMB. v. 18. Febr. 1907 (FMBl. 117). Mitteilungspflicht d. Gerichte FMB. v. 8. April 1914 (FMB. 99).

Abrechnung zwischen Reichshauptkasse und den Landeskassen GVBl. 1917 S. 103.

Amtsbürgschaften: sind aufgehoben, AVO. v. 11. Dez. 1898 (GVBl. 603) u. FMBek. v. 12. Dez. 1898 (GVBl. 604).

Anerkennungsgebühren: InnME. v. 14. Aug. 1915 (FMBl. 272).

Angestellten-Versicherung: RG. v. 20. Dez. 1911 (RGBl. 989) Vollzug d. § 11, MBek. v. 20. Mai 1913 (FMBl. 345) u. v. 16. Dez. 1913 (FMBl. 1914 S. 16), Verfahren d. Rentenausschüsse VO. v. 14. Febr. 1913 (RGBl. 103). • für das Personal der Staatsbauverwalt., MBek. v. 10. Januar 1913 (FMBl. 185) u. v. 20. Febr. 1914 (FMBl. 99). Beitragsleistung d. Staates: MB. v. 7. Okt. 1914 (FMBl. 292), VersPflicht d. Notariats- u. Rechtsprakt. MB. v. 21. Mai 1915 (JMBl. 42).

Arbeitshaus: § 362 II RStGB., Festsetzung u. Vollziehung der korrektionellen Nachhaft MB. v. 28. März 1891 (JMBl. 65), ärztl. Unters. JMB. v. 8. März 1901 (FMBl. 255).

Arbeitsordnung: für d. Steuer- u. Gemeinde-Einn. MB. v. 9. Juli 1913 (FMBl. 361) • die Betriebe der Staatsforstverwaltung FMBek. v. 3. Sept. 1911 (FMBl. 531).

Armengesetz: v. 21. Aug 1914 (GVBl. 551). VollzBek. v. 4. Aug. 1915 (GVBl. 613). MB. v. 6. März 1916 (GVBl. 41). Rechnungswesen d. Ortsarmenverb. InnMB. v. 28. Dezember 1916 MABl. 1917 S. 1.

v. 10. Dez. 1908 (GVBl. 1041). • Einrichtung d. Behörden und Benennung der Beamten, AVO. v. 10. Dez. 1908 (GVBl. 1051). • der Versicherungskammer, AVO. v. 10. Dez. 1908 (GVBl. 1150), des Wasserversorgungsbureau, AVO. v. 21. Dez. 1908 (GVBl. 1155), d. Versicherungsanstalten, AVO. v. 21. Dez. 1908 (GVBl. 1158). • Rangverhältnisse, AVO. v. 23. Dez. 1908 (GVBl. 1211) mit Rangordnung (GVBl. 1214 ff.), Rangverhältnisse der Hofbeamten usw., AVO. v. 21. Dez. 1909 (GVBl. 1910 S. 81). • Satzungen d. allg. Unterstützungsvereins für die Hinterbliebenen der Beamten, Bek. v. 30. Dez. 1908 (GVBl. 1253). • Disziplinargesetz f. richterliche Beamte in der Fassung der JMB. v. 5. Dez. 1908 (GVBl. 1007). • Haftung d. Staates f. Amtshandlungen d. Just.-Beamten, MB. v. 1. Sept. 1910 (FMBl. 272), Ergänzung d. GehaltsO., AVO. v. 28. Febr. 1911 (GVBl. 149); cf. auch Nebenamt.

Begnadigungs- und Strafaufschubsachen: MB. v. 6. Mai 1911 (FMBl. 395).

Beihilfen an Kriegsteilnehmer vgl. Reichsbeihilfen.

Berggesetz: Aenderung d. Bergges. Ges. v. 13. August 1910 (GVBl. 799), Neutextierung in der Fass. d. Bek. v. 1. Sept. 1910 (GVBl. 815). Aenderung: Ges. v. 15. Aug. 1914 (GVBl. 413). Geschäfte d. Markscheider, AVO. v. 24. Nov. 1913 (GVBl. 811). Aenderung: AVO. v. 29. April 1915 (GVBl. 45), deren Gebühren MB. v. 13. Febr. 1914 (GVBl. 59).

Berufsgenossenschaften: landwirtschaftl., MBek. v. 30. November 1912 (GVBl. 1235). Verrechnung d. Ein- u. Ausgaben: FME. v. 1. Dez. 1914 (FMBl. 313). • Vergütung für Einhebung der Beträge: MB. v. 21. Jan. 1915 (FMBl. 107).

Besitzsteuergesetz: RG. v. 3. Juli 1913 (RGBl. 524). Kriegssteuerges. RG. v. 21. Juni 1916 (RGBl. 561). Veranlagungsbehörden: FMBl. 1917 S. 29. Vergütung für die Veranlagung FMBl. 1917 S. 41.

Bezirksämter: Einteilung, Besetzung, Regie, Dienstreisen, Tagegelder. AVO. v. 21. Juli 1908 (GVBl. 1121). Mittlerer u. unterer Dienst: InnMB. v. 17. Mai 1909 (InnMBl. 377); §§ 7, 8, 9 u. 12 geändert mit InnMB. v. 19. Nov. 1911 (InnMBl. 767) u. v. 4. Nov. 1912 (InnMBl. 1085); sächliche Ausgaben: InnME. v. 18. Aug. 1910 (InnMBl. 503), Reinigung u. Beheizung: InnME. v. 18. Aug. 1910 (InnMBl. 505), geändert mit JME. v. 31. Jan. 1913 (InnMBl. 126). • Reisen d. Nebenbeamten: InnME. v. 1. Jan. 1869 (FMBl. 13).

Boten u. Diener: Dienstesaufgaben MB. v. 9. Mai 1906 (FMBl. 161) u. v. 23. Okt. 1915 (FMBl. 321).

Brand- und Hagelversicherung: BrandvGes. v. 3. April 1875 (GVBl. 269); Vollz.-Instr., MinABl. 1875 S. 334, FMBl. 1913 S. 511; Abänderung: Ges. v. 2. Nov. 1912 (GVBl. S. 1123, 1124), ME. v. 3. August 1878 (MABl. S. 271) und Bek. v. 3. Juni 1913 (FMBl. S. 348), 27. August 1913 (FMBl. 416); Ausdehnung auf die Pfalz, Ges. vom 5. Mai 1890 (GVBl. 223); Art. 164 AusfG. z. BGB. • HagelversicherGes. vom 13. Febr. 1884 (GVBl. 61), Abänder. dess. Ges. v. 4. April 1910 (GVBl. 160), neue Fassung, Bek. v. 23. April 1910 (GVBl. 179), Versicherungsbedingungen InnMB. v. 1. Febr. 1910 (GVBl. 67); Vollzugsbek. hiezu FME. v. 23. Juli 1884 (FMBl. 162); Einf. d. Hagelv. i. d. Pfalz. AVO. v. 13. Febr.

1884 (GVBl. 509) und FME. vom 6. Januar 1885 (FMBl. 1) Tantiemen FME. v. 8. Febr. 1905 (FMBl. 26). • Anlage und Abschluss des Brandv.-Katasters, E. d. Oberst. RechnH. v. 26. Sept. 1903 (FMBl. 451).

Budget: Aufstellung und Vollzug des Staatsbudgets, FMB. v. 23. Juli 1907 (FMBl. 221 ff.), FMB. v. 23. Febr. 1909 (FMBl. 123 ff.), FMB. v. 24. Januar 1911 (FMBl. 37), die vierteljährigen Nachweisungen über die budgetmässigen Einnahmen und Ausgaben, FME. v. 31. März 1910 (FMBl. 81).

Depositen. Depositenordnung f. d. rechtsrh. Bayern v. 22. Dez. 1840 RegBl. 1841 S. 34. • Hinterlegungsordnung, AVO. v. 18. Dez. 1899 (GVBl. 1033, FMBl. 1900 S. 5) für d. Gerichte; HinterlegGeb. AVO. v. 25. Dez. 1899 (FMBl. 1900 S. 24) u. MB. v. 12. Januar 1900 (FMBl. 81); Errichtung gemeinschaftl. Hinterlegungsstellen, JMB. v. 27. Dez. 1899 (FMBl. 1900 S. 29); Geschäftsführung der amtsger. Hinterlegungsstellen, JMB. v. 28. Dez. 1899 (FMBl. 1900 S. 30); Besorgung d. ger. Hinterlegungswesens durch d. Bank, MB. v. 28. Dez. 1899 (FMBl. 1900 S. 65 u. 66); Bezirke für d. Anlage bei d. Bank, JMB. v. 28. Dez. 1899 (FMBl. 1900 S. 71), MBek. v. 17. Dez. 1895 (GVBl. 427), 21. August 1908 (GVBl. 571) und vom 24. September 1913 (GVBl. 520); Reglement für die Bank vom 28. Dezember 1899 (FMBl. 1900 S. 74). • Hinterlegung d. Schlüsselduplikate, § 60 GeschAnw. f. d. Rent.; Ausscheidung d. Dep. in d. rent. Kasse, § 64 a. a. O.; rent. Depositentagebuch, § 74 a. a. O. • Annahme offener Depots von Kultusstift. und Kirchengemeinden durch d. Bank, FMBl. 1905 S. 204, bei der Handelsbank FMBl. 1905 S. 281. • Depositen von Holzproduktenkäufern, ME. v. 2. Mai 1885 § 34 (FMBl. 307). • Hinterlegung d. Kosten f. Aufforstung, InnME. v. 23. Okt. 1910 (FMBl. 33).

Diäten: s. Tagegelder.

Diensteinkommensmehrungsabgabe: AVO. 30. März 1881 (GVBl. 171 / FMBl. 117), Einhebung und Verrechnung FMBek. v. 7. Febr. 1909 (FMBl. 108), Bek. v 5. April 1881 (FMBl. 127); während des Gehaltseinzuges: FMBl. 1916 S. 84, einmalige Aufrundung, FME. v 29. August 1911 Nr. 16559, der prot. Pfarrer etc. FMBl. 1917 S. 121.

Dienstaufgaben d. Boten u. Diener: MB. v. 9. Mai 1906 (FMBl. 161), v. 23. Okt. 1915 (FMBl. 321), v. 1. Aug. 1916 (FMBl. 106).

Dienstwertzeichen MB. v. 15. Juli 1916 (GVBl. 108) u. v. 25. Juli 1916 (GVBl. 179), ergänzt: GVBl. 1917 S. 71 u. 190; im Verkehr mit Österreich etc. InnME. v. 23. Okt. 1916 (InnMBl. 199 u. FMBl. 169), Verkauf gebrauchter MB. 13. Okt. 1916 (JMBl. 53) u. 26. März 1917 (InnMBl. 59).

Dienstwohnungen: Mietentschädigung, Art. 37 Beamtenges., MBek. v. 28. Juni 1909 (FMBl. 515), bezügl. der Kreisbeamten usw. Bek. v. 23. August 1909 (FMBl. 591); Badezimmer, MBek. v. 2. Nov. 1902 (FMBl. 370); Gas- und elektr. Beleuchtung, FMBl. 1905 S. 19.

Distriktsumlagen. Distriktsratsges. v. 28. Mai 1852 mit Art. 49 des UmlagenGes. (GVBl. 1910 S. 581). • Distriktsumlagen cf. UmlagenGes. Art. 38 ff.

Disziplinarverfahren: DisziplGes. f. richterl. Beamte in d. Fass. der Bek. v. 5. Dez. 1908 (GVBl. 1007), VollzBek. hiezu v 29. Dez. 1908 (FMBl. 307); Dienstaufsicht und Dienststrafrecht f. nichtrichterliche Beamte, Art. 103 mit 175 Beamtenges., VollzBek. hiezu v. 22. Okt. 1909 (GVBl. 737).

Doppelbesteuerung: RG. v. 22. März 1909 in d. Fass. der Bek. v. 24. März 1909 (RGBl. 332); Vertrag mit Oesterreich, MBek. v. 6. Oktober 1913 (GVBl. 747) und FMB. v. 2. Nov 1913 (FMBl. 499).

Eichordnung: v 10. Dez. 1911 (GVBl. 1163), Ergänzung v. 10. April 1913 (GVBl. 146) u. v. 30. Dez. 1913 (GVBl. 1914 S. 3), sowie v. 1. Aug 1915 (GVBl. 654) u. v 1. Dez. 1916 (GVBl. 496), v. 6. Sept. u. 10. Sept. 1917 (GVBl. 481, 482). Eichdienst AVO. v. 29. März 1912 (GVBl. 333); Übergangsbest. v. 30. März 1912 (GVBl. 342) u. v 2. Aug. 1915 (GVBl. 657), abgekürzte Mass- u. Gewichtsbezeichnungen MB. v. 13. April 1912 (GVBl. 364), Zulassung von weiteren Messgeräten Bek. v. 1. Juni 1912 (GVBl. 654).

Einbruchdiebstahl: JME. v. 2. Juni 1910 Nr. 20 699 (Justiz betr.). Zum Abschluss und zur Erneuerung v. Versicherungsverträgen gegen Einbruchdiebstahl ist Genehmigung des Just.-Min. notwendig und wird nur in besonderen Ausnahmsfällen — erhöhte Einbruchgefahr mit Rücksicht auf mangelhafte Beschaffenheit der Kasse und auf die Lage und bauliche Beschaffenheit des Gebäudes — in Aussicht gestellt.

Einhängen und Aushängen: d. Vortüren, Fenster usw., MBek. v. 29. Dez. 1909 (FMBl. 727); MBek. v. 9. Mai 1906 (FMBl. 162) u. 23. Okt. 1915 (FMBl. 321).

Einhebgebühren: des gerichtl. Botenpersonals, MB. v. 8. Febr. 1911 (FMBl. 249).

Einjährig-Freiwillige: Lehranstalten, welche zur Ausstellung von Zeugnissen über die Befähigung berechtigt sind, Bek. vom 13. Nov. 1912 (GVBl. 1169).

Einkommensteuer: Ges. v. 14. Aug. 1910 (GVBl. 493), Einführungsges. v. 14. August 1910 (GVBl. 578), Vollzugsbek. v. 28. Mai 1911 (GVBl. 455), Vollzug (Mitwirkung der Justizbehörden) FMB. v. 30. Juli 1911 (FMBl. 507) u. FMBl. 1913 S. 1.

Einölen der Fussböden: an den Etat gebundene Ausgaben; dagegen bei Lehranstalten auf Regie, MBek. v. 29. Dez. 1909 Ziff. III (FMBl. 726) u. MB. v. 21. April 1915 (FMBl. 152) Wichsen: auf Geschäftsbedürfnisse (FMBl. 1915 S. 152)

Einziehung: Mitteil. d. Einzieh.-Beschl. an d. Rent., JME. v. 27. März 1865 (FMBl. 89); (FMBl. 1868, 264); Aufbewahrung, JME. v. 7. Okt. 1870 (FMBl. 311); Rechnungsdeckung, FMBl. 1868 S. 264; Fischereigeräte, FMBl. 1888 S. 95; Ueberweisung an Kriminalmuseum, JMBek. v 18. August 1903 (FMBl. 438); Verrechnung, FME. v. 1. Okt. 1870 (FMBl. 244); in Zollstrafsachen, FMBl. 1904 S. 235; Wein, MB. v. 18. Januar 1908 (FMBl. 1909 S. 649); von Reichsgerichtskosten MB. v. 7. April 1913 (FMBl. 294); von Reichsabgaben FME. v. 28. Dez. 1913 Nr. 39 896; Verzeichn. derj. Behörden, an welche das Ersuchen um Einz. v. Gerichtskosten zu richten ist FMBl. 1912 S. 140; 1913 S. 446, 1916 S. 173, von Papiergeld · siehe Papiergeld. • der 25 ₰-Stücke FME. v 16. Juli 1915 (FMBl. 256).

Elektr. und Gasbeleuchtung: MBek. v. 5. Febr. 1905 (FMBl. 19).

Elementarschäden: Steuernachlässe, GVBl. 1910 S. 1053, § 123; Verrechnung, FMBl. 1911 S. 38.

Erbschaftssteuer: I. Bayerische. Ges. v. 18. August 1879 in der Fassung der Bek. v. 11. Nov. 1899 (GVBl. 890), VollzB. v. 27. Dez. 1899 (FMBl. 341). II. Reichserbschaftssteuer, Reichsgesetz v. 3. Juni 1906 (RGBl. 654) und v. 3. Juli 1913 (RGBl. 521), AusfBest. d. Bundesrats v. 16. Juni 1906 (GVBl. 235), geändert durch Bek. v. 15. April 1911 (GVBl. 289) u. v. 18. Juni 1914 (GVBl. 358), Bayer. VollzBest. v. 10. Aug. 1906 (GVBl. 509), Mitteilungen d. Gerichte u. Notare an d. Erbsch.-Steuerämter, JMB. v. 31. März 1910 (FMBl. 117), Erbschaftssteuerstatistik, mitgeteilt m. FMB. v. 28. Juni 1907 (FMBl. 289), geändert FMB. v. 6. Jan. 1910 (FMBl. 23). • abweichende Führung d. Erbschaftssteuerlisten, FMB. v. 28. April 1911 (GVBl. 289) und FMB. v. 22. Febr. 1912 (GVBl. 45). Zuschlag zur Reichserbschaftsst. Ges. v. 21. Aug. 1914 (GVBl. 414) u. Vollzugsbek hiezu v 28. Sept. 1914 (FMBl. 278) mit FMB. v. 11. März 1917 (FMBl. 49).

Erlös: aus Bäumen, Abbruchmaterial, Einrichtungsgegenständen u. dgl., FMBl. 1907 S. 227 und 1911 S. 463.

Fahrräder: Fahrradentschädigung d. Rentamtsdiener, FME. v. 24. Febr. 1904 Nr. 7417 und § 13 Abs. 6 GeschAnw. f. d. Rent. FME. v. 28. Juni 1909 Nr. 20416 Ziff. 18 d. MB. v. 20. Juli 1915 (GVBl. 580).

Fideikommissabgabe: § 68 d. Zuwachssteuerges. v. 14. Febr. 1911 (RGBl. 33), ME. v. 25. Okt. 1909 (FMBl. 615) und Bek. v. 25. April 1911 (FMBl. 310); Grundsteuer-Verh.-Z. drückt den Grundst.-Ertrag in Gulden aus, JME. v. 27. Dez. 1911 Nr. 52460; Sollstellung, FMBl. 1909 S. 634, § 47, GVBl. 1909 S. 622 § 127 t.

Finanzdienst: Vorbedingungen f. d. höheren und mittleren, AVO. v. 10. Mai 1903 (GVBl. 340); VollzB. vom 26. Mai 1903 (FMBl. 235) u. 9. Januar 1912 (FMBl. 2), v. 2. März 1905 (FMBl. 103), v. 13. März 1905 (FMBl. 105); Verwendung weibl. Hilfskräfte, AVO. v. 6. April 1911 (FMBl. 277), FMB. v. 6. April (FMBl. 277).

Fischereigesetz: Ges. v. 15. August 1908 (GVBl. 527); InnME. v. 13. August 1908 u. FME. v. 19. Sept. 1908 (FMBl. 147); InnME. v. 2. Okt. 1908 (FMBl. 160); VollzVO. v. 18. März 1909 (GVBl. 245); Abmarkung, Bek. v. 19. März 1909 (GVBl. 249); VollzBek. v. 19. März 1909 (GVBl. 252); LandesfischereiO., Bek. v. 23. März 1909 (GVBl. 294); Eintragung in d. Grundb. und Mitt. an d. Rent., JMBek. v. 15. März 1909 (FMBl. 377); Fischereir. d. Staates, FMBek. v. 17. Juni 1909 (FMBl. 497); Gewerbsfischer, InnME. v. 22. Juni 1910 (FMBl. 172).

Flurbereinigung: Ges. v. 29. Mai 1886 (GVBl. 721), Art. 171 AusfG. z. BGB., neuer Text, GVBl. 1899 S. 507; VollzBek. v. 18. Mai 1915 (InnÄMBl. 125); s. auch AbmarkGes. v. 30. Juni 1900 (GVBl. 553); Kosten, FME. v. 28. Febr 1888 (FMBl. 39), v. 25. Jan. 1889 (FMBl. 31).

Form d. schriftl. Verkehrs: s. Nr. 14 d. Fin.-Kalenders.

FormationsVO. Formation, Wirkungskreis und Geschäftsgang des Ministeriums, AVO v. 9. Dez. 1825 (RegBl. 978); desgl. bezügl. der Kammern d. Fin., AVO. v. 17. Dez. 1825 (RegBl. 1049). Änderung: GVBl. 1917 S. 89 betr. Straßen- und Flußbau u. S. 487 Archiv betr.

Forstverwaltung: Organisation, AVO. v. 15. Dez. 1908 (FMBl. 1909 S. 49) und v. 23. Febr. 1913 (FMBl. 214); Akademischer forstl. Unterr AVO. v. 14. Sept. 1910 (GVBl. 891) u. v. 2. Aug. 1915 (FMBl. 260), Bek. v 2. März 1912 (FMBl. 41), v. 5. Aug. 1915 (FMBl. 263), v 17 Sept. 1917 (FMBl. 140 u. 143 Kriegsteilnehmer betr.), Forstdiensttauglichkeit FMB. v. 10. Jan 1916 (FMBl. 23). Vorbereitungsdienst u. Staatsprüfung FMB. v 15. Febr. 1914 (FMBl. 55), Forstproduktenverkäufe, FMBl. 1885 S. 369, Forstges. v 28. März 1852 (GVBl. 1313), neue Redaktion v. 4. Juli 1896 (GVBl. 325), Änderung, Ges. v 26. Febr. 1908 (GVBl. 87). Entwendung von Christbäumen (GVBl. 1909 S. 854). VollzV z. Reichsversicherung im Staatsforstbetrieb ME. v 27. Dez 1913 (FMBl. 539).

Freigesprochene Angeschuldigte: Ersatz der erwachsenen notwendigen Auslagen, FMBl. 1898 S. 351; Unterstützung von Untersuchungsgefangenen, die bei d. Entlassung hilfsbedürftig sind, JME. v. 11. Januar 1909 Nr. 51 652, desgl. mitteloser Beschuldigter, JME. v. 28. Januar 1909 Nr. 2130.

Fürsorgeerziehung: Ges. v. 10. Mai 1902 in d. Fassung v. 21 Juli 1915 (GVBl. 595) VollzB. v. 24. Dez. 1915 (MABl. 309, JMBl. 1916 S. 15), AusfB. v. 28. Juni 1902 (FMBl. 211), Verz. d. Erziehungsanstalten InnMB. v. 13. Juli 1912 (FMBl. 251) u. 26. Febr. 1913 (FMBl. 289). Auskunftsstellen für Familien und Anstalten bei der Fürsorgeerz. InnMB. v 7. Sept. 1917, JMBl. 82.

Gebührenwesen: Kosten- u. StempelG. v. 21. Aug. 1914 (GVBl. 437); VollzV. AVO. v. 28. Dez. 1914 (GVBl. 677 u. 684). FMB. v. 20. Juni 1915 (GVBl. 156) u. v. 20. Juni 1915 (GVBl. 317); Gebührenges. v. 13. Juli 1910 (GVBl. 311) teilweise noch in Kraft. Gebühren f. Hoftitel AVO. v. 20. Jan. 1915 (GVBl. 13). Vergleichende Uebersichten FMB. v. 18. März 1916 (FMBl. 35).

Gemeindeumlagen: s. Umlagen.

Gendarmerie: Organisation, AVO. v. 21. Dez. 1908 (GVBl. 1189), Änderung: GVBl. 1917 S. 197. Regelung d. Gendarmeriepensionen, FMB. v. 27. Juni 1911 (FMBl. 490). Entschäd. bei Zeugenvernehmung MB. v. 25. Juli 1915 (JMBl. 56).

Gerichtsgefängnisse: Hausordnung JMB. v. 3. Januar 1910 (JMBl. 25) • Ein- u. Ausg. des Arbeitsbetriebs MB. v. 2 März 1915 (FMBl. 124). • Ökonomische Verwaltung MB. v. 23. April 1883 (FMBl. 145). Aufsicht über die Gebäude Bek. v 15. März 1910 JMBl. 568, Änderung MABl. 1917 S. 13.

Gerichtskosten: Einziehung u. Verrechnung in reichsgerichtlichen Sachen, Bek. v. 7. April 1913 (FMBl. 294). — Verzeichnis derj. Behörden, an welche das Ersuchen um Einziehung zu richten ist (FMBl. 1912 S. 140 u. 1913 S. 446).

Gerichtsvollzieher: Ordnung v. 16. Dez. 1899 (JMBl. 517, mit Aenderungen: JMBl. 1905 S. 779, 1908 S. 151); Dienstvorschriften v. 28. Dez. 1899 (JMBl. 1133, geändert JMBl. 1902

S. 384; 680, 1903 S. 452, 1908 S. 199; 1910 S. 231, 1915 S. 68) GeschAnweisung v. 28. April 1900 (JMBl. 621, geändert JMBl. 1902 S. 1049, 1905 S. 29; 1908 S. 199, 1910 S. 231; 1912 S. 107, 1913 S. 86, 1915 S. 69) Gebühren-Ordnung v. 16. Dez. 1899 (JMBl. 533) geändert VO. v. 26. Juni 1908 (JMBl. 151) u. v. 10. Sept 1915 (GVBl. 675) vgl. auch JMBl. 1902 S. 383 u. 384 u. bay. Kosten- u. StGes. v. 21 Aug. 1914 (GVBl. 439).

Geschäftsjournal: § 50 GeschAnw. f. d. Rent.; Behandl. d. Postanweis., § 51 GeschAnw. f. d. Rent., § 10 FMB. v. 10. April 1910 (FMBl. 292) u. hiezu ergangene RegE.

Gewerbsteuer: Ges. v. 14. August 1910 (GVBl. 535), Vollzugsbek. v. 28. Mai 1911 (GVBl. 673), Mitwirkung d. Justizbehörden, FMB. v. 30. Juli 1911 (FMBl. 507).

Giro: vgl. Fin.-Kalender Nr. 36.

Grenzberichtigung: MB. v. 1. Dez. 1910 (FMBl. 1911 S. 1), Kosten a. a. O. S. 4, Grenztafeln (des Bezirksamts), Inn. ME. v 1. April 1911 Nr. 1316 a 1. Landesgrenzvermarkung: InnMBl. 1910 S. 946 (FMBl. 1911 S. 3).

Grundbuch: Grundbuchordnung, RGes. v. 24. März 1897 in d. Fassung der Bek. v. 20. Mai 1898 (RGBl. 754); § 55 Satz 1 d. Ges. geändert mit RGes. v. 14. Juli 1905 (RGBl. 707); Dienstanweisung f. d. Grundb.-Aemter v. 27. Febr. 1905 (JMBl. 63), erg. d. Bek. v. 2. Nov. 1905 (JMBl. 829), 2. März 1907 (JMBl. 96); Eintragung der Fischereirechte, JMB. v. 15. März 1909 (FMBl. 377); Feststellung d. Eigent. an unsteuerbaren Flächen, Wegen, Gewässern und Gräben, JMB. v. 30. Dez. 1910 (FMBl. 1911 S. 225), Evidenthaltung d. Grundb., FMB. v. 18. April 1912 (FMBl. 103).

Grundsteuer: Ges. v. 14. August 1910 betr. Aenderung d. Ges. über d. allg. Grund- und Haussteuer (GVBl. 569), Einführungsges. zu d. Ges. über die direkten Steuern v. 14. Aug. 1910 (GVBl. 578), Neutextierung in d. Fassung d. Bek. v. 4. Nov. 1910 (GVBl. 1029).

Grundsteuerkataster (vgl. auch Grundbuch) Fortführung d. Grdst-Kat., JMB. v. 23. Febr. 1905 (FMBl. 39); §§ 159 ff., Dienstanweisung f. d. Grdb.-Aemter v. 27. Febr. 1905 (JMBl. 63); Kat.-Umschreib. aus Anlass v. Todesfällen, FMB. v. 24. März 1903 (FMBl. 149), ferner JMB. v. 20. März 1903 (JMBl. 158) u. JMB. v. 25. März 1903 (FMBl. 167); katastertechnische Behandl. v. Privatflüssen, Wegen u. Gräben, FMB. v. 15. Okt. 1910 (FMBl. 294); katastermässige Beschreibung v. Grundst. u. Miteigentumsverhältn., FMB. v. 2. Juli 1911 (FMBl. 490); Sternplan-Nummern, FMB. v. 4. Dez. 1902 (FMBl. 415 u. FMBl. 1911, 491 Ziff. 3); Unschädlichkeitszeugnis, Ges. v 15. Juni 1908 (GVBl. 301); Einsicht der Katasterpläne FMB. v 23. Mai 1914 (FMBl. 181); Verkaufspreise für Katasterpläne und Übersichtskarten FMBl. 1917 S. 122. • Erneuerung der Landesvermessung Bek. v. 9. August 1917 (GVBl. 417).

Grundstücksübertragungen: cf. Reichsstempelges.

Güterzertrümmerung: G. v 13. August 1910 (GVBl. 627), gewerbsmässiger Handel mit ländlichen Grundstücken, MB. v. 24. August 1910 (GVBl. 633), Vollzug des GüterzG. betr. InnMB. v. 27. August 1910 (GVBl. 657) u. v. 30. Dez.

1910 (GVBl. 1911 S. 1). MB. v. 12. Febr. 1916 (GVBl. 31). MB. v. 13. Sept. 1917 (GVBl. 479).

Güterverkehr: Besteuerung RG. v. 8. April 1917 (RGBl. 329), AusfBest. des Bundesrats betr Änderungen der AusfB. z. RStG.: GVBl. 1917 S. 221; AusfBest. d. Bundesr. v. 23. Aug. 1917 (GVBl. 491); K. VO. v 11 Sept. 1917 (GVBl. 553).

Haftung des Staates f. Amtshandlungen d. Justizbeamten, MB. v. 1. Sept. 1910 (FMBl. 272).

Hagelversicherung: s. Brandversicherung.

Hausiersteuer: Ges. v. 10. März 1879 / 20. Dez. 1897 (GVBl. 1897 S. 415, 424), VollzB. v. 16. März 1879 (GVBl. 171); v. 11. Sept. 1879 (FMBl. 175); v. 19. Nov. 1879 (FMBl. 527); v. 10. März 1879 (FMBl. 3); v. 8. Februar 1885 (FMBl. 19); vom 23. Dezember 1897 (GVBl. 423); Bek. v. 7. März 1898 (FMBl. 77); Anweisung v. 7. Febr. 1898 (InnMABl. Nr. 7); Behandlung d. Straffälle, Bek. v. 25. Okt. 1879 (GVBl. 1467); Ausfertigung v. Legitimationsscheinen f. Musik u. Schaustellgesellschaften, Bek. v. 1. Febr. 1881 u. ME. v. 13. Januar 1881 (MABl. 9, FMBl. 84). • §§ 55, 56, 56 a, b, c; 42 a, b; 55 a, 55 d, 57, 57 a, b, 58, 60, 60 a, b, c, d, 61, 62, 63, 59, 59 a. §§ 44, 44 a, 64, 65, 66, 67, 68, 69, 70, 71 ReichsgewOrdn.

Haussteuer: Ges. v. 14. Aug. 1910 betr. Aenderungen d. Ges. über d. allgemeine Grund- u. Haussteuer (GVBl. 569), Einführungsges. zu d. Ges. über die direkten Steuern v. 14. Aug. 1910 (GVBl. 578), Neutextierung in der Fassung der Bek. v. 4. Nov. 1910 (GVBl. 1055), VollzBek. v. 2. März 1911 (GVBl. 107), Entschädigung der Haussteuertaxatoren, FMB. v. 27. Febr. 1911 (FMBl. 235), Haussteuerkataster u. rechnerische Behandlung der Haussteuer, FMB. v. 9. Juni 1911 (FMBl. 445), Revision d. Mietsteuer, MB. v. 18. Nov. 1910 (FMBl. 355).

Heerespflichtige: FMBl. 1876 S. 7 (Transportkosten).

Hoheitszeichen: InnMBl. 1910 S. 946 (FMBl. 1911 S. 3).

Holzgeld: FME. v. 25. Mai 1885 §§ 44 ff. (FMBl. 369), aut. FME. v. 21. April 1909 Nr. 11 796 (Haftung der Rentamtsvorstände); Art. 13 Beamtenges.; FME. FAbt. v. 30. März 1909 Nr 10 026 (Bürgschaftsleistung nicht bayer. Banken), FME. v. 8. März 1911 Nr. 34 149 II (RR. Nr. 44 610).

Hundeabgaben: Ges. v. 14. August 1910 (GVBl. 604), Oberpolizeiliche Vorschr. zur Sicherung u. Ueberwachung d. Abgabe v. 13. Juni 1911 (GVBl. 907), InnMB. zum Vollz. d. HundeabgG. v. 13. Juni 1911 (GVBl. 909).

Jagdkarten: Tar. 26 Kost.- u. StGes.

Immobilien-Inventar: E. d. Oberst. RechnH. v. 26. Sept. 1903 (FMBl. 445).

Invalidenversicherung: s. Reichsversicherungs-Ordnung.

Inzipienten: Aufnahme, Verpflichtung, Ausbildung, Qualifik., Entlassung, FMB. v. 12. April 1911 (FMBl. 298). Allgemeine Qualifikationsverschriften FMB. v. 27. Januar 1914 (FMBl. S. 1).

Kaminkehrer: VO v 26. März 1903 (GVBl. 115), Änderung GVBl. 1917 S. 196. InnME. v 28. März 1903 (InnMBl. 119). Insertionskosten f. Ausschreibung e. erledigten Kehrbezirks trägt die Staatskassa (Et. 26 VI c 5), ME. d. Inn. v. 2. Jan. 1904 Nr. 20 261. Kaminkehrerlöhne f. Staatsgebäude MB. v. 1. Jan. 1917 FMBl. 65.

Kapitalrentensteuer: Ges. v. 14. August 1910 (GVBl. 549), Vollzugsbek. v. 28. Mai 1911 (GVBl. 721), Mitwirkung d. Justizbehörden, FMB. v. 30. Juli 1911 (FMBl. 507).

Kapitalabfindungsgesetz: RG. v. 8. Juli 1916 (RGBl. 684), Untersuchung der Kriegerswitwen InnME. v. 3. Febr. 1917 (FMBl. 81).

Kassaschränke: Zum Abschluss von Einbruchversicherungsverträgen im Bereiche d. Justizverwaltung ist d. Genehmigung d. JustM. notwendig, die nur in besonderen Ausnahmefällen — erhöhte Einbruchsgefahr wegen mangelhafter Beschaffenheit der Kassa oder wegen der Lage u. baulicher Beschaffenheit d. Gebäudes — in Aussicht gestellt wird. JME. v. 2. Juni 1910 Nr. 20 699, 16 915 h.

Kataster: vgl. Grundsteuerkataster u. Grundbuch; Brandvers.

Kirchengemeindeordnung: v. 24. Sept. 1912 (GVBl. 911), für die Pfalz AVO. v. 26. Okt. 1913 (GVBl. 753), VollzV. v. 19. Okt. 1912 (GVBl. 1071), Kirchenwahlordnung v. 20. Okt. 1912 (GVBl. 997); Bekenntniszugehörigkeit Bek. v. 8. Mai 1914 (GVBl. 117).

Kirchensteuer: für die protest. Kirchen G. v. 15. August 1908 (GVBl. 513), Inkrafttreten, Allh. E. v. 24. März 1910 (GVBl. 149).

Konfiskate: FMBl. 1888 S. 95 (Einziehung verbotwidriger Fischereigeräte); FME. v. 25. August 1864 (Geret XXXV S. 53) und v. 26. April 1873 Nr. 5085 III, Gewehre betr.; Hunde werden verkauft oder erschossen, Kosten der Fütterung bis zur Rechtskraft d. Urteils und nach Rechtskraft auf versch. Etats; Verwertung eingezogenen Weines, FMBl. 1909 S. 649; MB. v. $\frac{\text{6. Juli 1897}}{\text{13. Mai 1900}}$ Nr. $\frac{17\,383}{18\,363}$.

Korrektionelle Nachhaft: s. Arbeitshaus.

Kosten- u. Stempelges. v. 21. Aug. 1914 (GVBl. 437), Vollz.-Bek. v. 20. Juni 1915 (GVBl. 156 u. 317).

Krankenversicherungspflicht d. Beamten und im Dienste d. Staates Beschäftigten: FMBl. 1914 S. 34, 35, 37, 39, 93. Zahlung u. Verrechnung: FMBl. 1914 S. 42. Versicherungspflicht bei Dienstleistungen der Familienangehörigen der Beamten: MB. v. 14. Aug. 1914 (FMBl. 287). • Beitragsleistung d. Staates: MB. v. 7. Okt. 1914 (FMBl. 292).

Kreishilfskassen: K. E. v. 10. März 1917 (GVBl. 39).

Kreisumlagen: Landratsges. v. 28. Mai 1852 mit Art. 42 ff. d. UmlagenG. (GVBl. 1910 S. 581).

Kriegsgewinnsteuer: RG. v. 24. Dez. 1915 (RGBl. 837), Bundesr.-AusfB. v. 27. Jan. 1916 (GVBl. 25), FMB. v. 31. März 1916 (GVBl. 50). Mitteilung der Gerichte, JMBl. 1916 S 42.

Kriegsjahre: Anrechnung Kais. Erl. v. 7. Sept. 1915 (RGBl. 599), v. 24. Jan. 1916 (RGBl. 85), v. 26. Juni 1916 (RGBl. 653) u. v. 20. März 1917 (RGBl. 315).

Kriegssteuergesetz: RG. v. 21. Juni 1916 (RGBl. 561). AusfBest. Zentralbl. f. d. Deutsche Reich 1916 S. 469; Annahme von Kriegsanleihen in Zahlung Zentralbl. 1917 S. 104, FMBl. S. 161, 74, 58, 36; Veranlagungsbehörden FMBl. 1917 S. 29; Kriegssteuersollbuch FMBl. 1917 S. 48; Sicherung der Kriegssteuer RG. v. 9. April 1917 (RGBl. 351) u. FMBl. 1917

S. 101; Vollzug GVBl. 1917 S. 347; Zuschlag RGBl. 1917 S. 349.

Kulturtechnischer Dienst: Aufnahme, InnMB. v. 22. Dez. 1908 (GVBl. 1175), grösstenteils aufgehoben durch MB. v. 28. Mai 1911 (GVBl. 779), Regelung, AVO. v. 21. Dez. 1908 (GVBl. 1159), Aufwand, FMBl. 1909 S. 133 u. 1916 S. 190, 1915 S. 2.

Kurse zur Unterweisung der Amtsärzte im Desinfektionswesen ÄInnMBl. 1908 S. 356.

Landesgewerbekasse: Ges. v. 17. Juli 1916 (GVBl. 175).

Landesgrenzvermarkung: Kosten FMBl. 1911 S. 3.

Landeskulturrentenanstalt: G. v. 21. April 1884 (GVBl. 113), neue Fass. v. 31. Januar 1908 (GVBl. 235), Vollzugsvorschr. AVO. v. 8. Febr. 1911 (GVBl. 77), Instruktion, ME. v. 13. Sept. 1901 (FMBl. 461) § 82 GeschAnw. f. d. R.

Landgerichtsärzte: KVO. v. 9. Jan. 1912 (GVBl. 7), MB. v. 22. März 1915 (JMBl. 19).

Landratsabschiede: für 1913 (GVBl. 217), für 1914 (GVBl. 183), für 1915 (GVBl. 415).

Landratswahlen: Tagegeld. u. Reisek. d. Rentamtsvorstände u. Forstbeamten, FME. v. 23. Juli 1896 Nr. 10 522 I (sächl. Ausg. d. Fin. bzw. Forst.).

Landwirtsch. Berufsgenossenschaft: GVBl. 1912 S. 1235, FMBl. 1914 S. 313, 1915 S. 107.

Landw. Unfallvers.: MBek. v. 10. Sept. 1913 (FMBl. 427).

Landwirtschaftslehrer: FMBl. 1897 S. 61 (Diäten und Reisekosten), Fahrradbenützung, KultMBl. 1900 S. 199.

Lebensversicherungsverträge zur Erleichterung der Hinterbliebenenfürsorge MB. v. 9. Juni 1915 (FMBl. 201), MB. v. 26. April 1916 (FMBl. 47 u. FMBl. 1917 S. 15), FMB. v. 19. Juli 1916 (FMBl. 99), FMBl. 1916 S. 180.

Legitimation d. Rent.-Diener § 47 GeschAnw.

Lehrer: Schulbedarfsges. v. 28. Juli 1902 (GVBl. 265 — BG. Art. 229 — UmlagenG. Art. 51). • Kreisvereine z. Unterstützung der Hinterbliebenen Allh. VO. v. 2. Jan. 1904 (GVBl. 1), v. 14. Mai 1916 (GVBl. 83), Instruktion MBek. v. 18. Dez. 1906 (FMBl. 307), aut. KultFinME. v. 13. Dez. 1908 Nr. 26 219 u. 25. April 1909 Nr. 10 317 (Rücksendung d. Hebelisten an die Hauptkassiere portofrei), Kriegsjahre MB. v. 15. Mai 1916 (KultMBl. 102).

Lieferung: s. **Ablieferung.**

Literalien: § 32 Gesch.-Anw. • Bayerland FME. v. 1. Febr. 1903 Nr 2803; • Mitt. d. Oberber.-Komm., FMB. v. 17. Januar 1901 (FMBl. 195) und v. 16. Nov. 1901 (FMBl. 543); • Abonnementspreise der amtl. Bl. in d. J. z. verr. auf das d. Abonnement lautet FME. v. 11. Juli 1868 (FMBl. 207). • Zeitschriften ausschliessl. z. Zwecken d. Steuerkontr. auf Pers.-St. z. verr., FME. v. 19. März 1912 Nr. 7865 (Steuer-Komment. auf Regie).

Locheisen: Anschaffung Geret 30 S. 131.

Lokalmiete f. Amtstage § 89 GeschAnw.

Lotterie: Ges. v. 11. Okt. 1912 (GVBl. 983); Staatsvertrag vom 29. Juli 1911 u. Zusatzvertrag v. 10. März 1916, Bek. v. 5. Dez. 1912 u. 11. Okt. 1916 (GVBl. 1249 und 1916, 447), auch Reichsstempelges. v. 3. Juli 1913 (RGBl. 544).

Mahngebühren: usw. ausschliesslich f. d. Staatsk. z. vereinnahmen, FMB. v. 8. Febr. 1905 (FMBl. 27), FME. v.

23. Juli 1906 Nr. 18736. • Anteil d. Rent.-D. § 13 Gesch.-Anw. kein Gehaltsbestandt., FME. v. 28. Juni 1909 Nr. 20416. Anforderung nur zulässig, wenn d. Pflichtige Kenntn. v. s. Schuld hat, FMB. v 27. April 1905 (FMBl. 148).

Mahnverfahren: Beitreibungsinstr. v. 27. Dez. 1899 (FMBl. 355), Pfänd. v. Früchten usw., FMB. v. 17. Mai 1900 (FMBl. 283). • bei Holzgeldern cf. auch Ziff. 8 des Versteiger.-Prot. (FMBl. 1885 S. 410). • Anfertig. d. Mahnvorweise. § 68 Gesch.-Anw.

Mass- u. Gewichtsordnung: RG. v. 30. Mai 1908 (RGBl. 349). Bek. v 22. Sept 1915 (GVBl. 678), 14. Febr. 1916 (GVBl. 32) GVBl. 1916 S. 95.

Messungsdienst: Organisation, AVO. v. 15. Dez. 1908 (GVBl. 1094), Entschädigung f. äussere Dienstgesch., FMBl. 1909 S. 477. • Mess. u. Abmark.-Geb., FMBl. 1907 S. 117. • Aufwand d. Mess.-Aemter, FMBl. 1911 S. 42.

Messungsgebühren: FMBek. v. 18. Febr. 1907 (FMBl. S. 117).

Mietentschädigung (**Mietzinse**) **für Dienstwohnungen u. Dienstgärten**, BeamtenGes. Art. 37; FME. v. 28. Juni 1909 (FMBl. 515); Abzug am Gehalt, a. a. O. Ziff. 5 Nr. 4, MBek. v. 22. August 1913 (FMBl. 412).

Mietsteuer: Revision, FMBl. 1910 S. 355 cf. Haussteuer.

Militärdienstzeit: Anrechnung auf das Besoldungsdienstalter, FME. v. 12. Januar 1911, FMBl. 1911 S. 23, GVBl. 1910 S. 1199, 1202, Art. 28, 55 BeamtenG.; Anrechnung auf die Widerruflichkeit Art. 7 d. BeamtenG., GVBl. 1908 S. 1042, FMBl. 1909 S. 641.

Militärpensionen: OffiziersPensG. RG v 31. Mai 1906 (RGBl. 565); für die Unterklassen RG. v. 31. Mai 1906 (RGBl. 593); Ruhen der Militärpens. FMBl. 1917 S. 153, Mitteilung von dem Ableben oder Wegzug FME. vom 24 März 1917 (FMBl. 68), Militär-HinterbliebenenGes. vom 17 Mai 1907 (RGBl. 214); militär. **Versorgungsgebührnisse der im Zivildienst angestellten ehemaligen Militärpersonen**, MB. vom 26. April 1909 (FMBl. 400); **vorschussweise Zahlung**, FME. v. 20. August 1910 (FMBl. 248).

Motorräder u. Autos: Ziff. 18 der MB. v. 20. Juli 1915 (GVBl. 580).

Nacherhebung und Erstattung von Zöllen, Reichssteuern usw., FMB. v. 1. Mai 1912 (GVBl. 625) u. v. 28. Okt. 1913 (GVBl. 771).

Naturalleistungen für d. bewaffnete Macht im Frieden: RG. v. 24. Mai 1898 (RGBl. 361), AVO. v. 28. Aug. 1898 (GVBl. 509), AVO. v. 15. Aug. 1913 (GVBl. 503).

Nebenamt: Art. 18 BeamtenG.; **Ausübung von Nebenämtern und Nebengeschäften durch Beamte**, Bek. v. 4. April 1912 (GVBl. 343).

Notariat: Geschäftsordnung v. 24. Dez. 1899 (JMBl. 591), mit Nachträgen v. 5. 7. 1903 (JMBl. 338), 15. Sept. 1908 (JMBl. 199), 29. Dez. 1909 (JMBl. 557). • Gebührenordnung v. 24. Juni 1915 (GVBl. 127), GebRegAend. JMB. v. 12. Juli 1915 (JMBl. 52), Vergütung f. Besorgung des Kost.- u. Stempelwesens MB. v. 20. Juni 1915 (GVBl. 405), rechnerische Behandlung MB. v. 20. Juni 1915 (GVBl. 407); • Kanzleipersonal, JMB. v. 16. Okt. 1909 (JMBl. 411), Titelführung JMB. v. 24. Dez. 1913 (JMBl. 737). • Aufbringung d.

Mittel für die Versorgungseinrichtungen d. Notariats, Ges. v. 4. Januar 1910 (GVBl. 1, FMBl. 4), VollzB. v. 4. Januar 1910 (FMBl. 8); Verrechnung (FMBl. 1911 S. 40). • Tantiemen f. örtl. Bes.-V.-Abg. und Zuführung z. Pensionsverein, AVO. v. 1. Febr 1902 (FMBl. 21); JMB. v. 2. Mai 1914 (InnMBl. 71); desgl. f. Erhebung d. Reichsstempelabgaben, AVO. v. 19. Okt. 1910 (FMBl. 322), • Aufbring. d. Mittel f. Unterst. d. Not.-Gehilfen, JFMB. v. 13. Januar 1908 (FMBl. 101). Pensionsverein f. d. Not. u. deren Hinterbliebene JBek. v. 2. Mai 1914 (JMBl. 71 u. 235).

Niederschlagung: von Steuern, Art. 90 EinkStG.; § 119 GrundsteuerG.; § 37 HausstG.; Art. 29 GewStG.; Art. 22 KapStG.; Umlagen: §§ 9, 123, 124, 154 d. VollzV. z. UmlG., Art. 35 UmlG.; RErbschSt. § 25 Ausf. d. Bundesr. z. ErbschStG. u. § 17 d. bay. AusfB.; • falls d. Beitr.-Kosten in kein. Verh. z. Schuld, FMB. v. 27. April 1905 (FMBl. 148); • v. Gebühren, welche durch unrichtige Sachbehandlung erwachsen, Art. 36 KostG., § 6 RGerKG., Beschl. d. Oberst. LG. v. 22. März 1903 (Entsch. Bd. 14 S. 530); v. Geb. f. d. Ausschlag. d. Erbsch. od. d. fortges. Gütergem. Art. 104 KostG.; in Verwaltungssachen Art. 181 KostG.

Notariatsgehilfen: Satzungen d. Pensionsvereins JMB. v. 27. Dez. 1913 (JMBl. 738) u. 6. April 1914 (JMBl. 67).

Oekonomische Verwaltung d. Gerichtsgefängnisse u. die Kosten der Haft: Bek. v. 23. April 1883 (JMBl. 179) und 29. Jan. 1913 (FMBl. 150).

Oelen: der Fussböden in Lehranstalten auf sächl. Ausgaben, MB. v. 29. Dez. 1909 (FMBl. 726), sonst an d. Etat gebundene Bauausgaben (a. a. O.), MB. v. 21. April 1915 (FMBl. 152).

Oesterreichische Taler: ab 1901 eingez., ME. v. 22. Dez. 1900 (GVBl. 1222), FME. v. 31. März 1903 (FMBl. 172).

Oertliche Besitzveränderungsabgaben: Ges. v. 14. August 1910 (GVBl. 433) u. Art. 1 Abs. III Ges. über Aend. d. GebWes. (GVBl. 1914 S. 437); VollzBek. v. 15. Aug. 1910 (GVBl. 436); Verzeichnis d. ber. Gemeinden, MBek. v. 15. Dez. 1911 (GVBl. 1261), Nachträge werden im FMBl. veröffentlicht. Neues Verz.: Staatsanzeiger 1913 Nr. 109.

Organisation: der Rentämter, AVO. v. 10. Mai 1903 (FMBl. S. 205 ff.), AVO. v. 6. April 1911 (FMBl. S. 275 ff.).

Ortsentfernungstabellen: FME. v. 3. März 1910 Nr. 2903 (Messungsgeb. f. d. Mitwirkg. d. Mess.-Aemter kommen nicht mehr in Ansatz).

Pachtentschädigung: für Gärten u. Grundstücke der Beamten, FMB. v. 28. Juni 1909 Ziff. VII (FMBl. 529); bezügl. Dienstwohnungen s. Mietentschäd.

Papiergeld: Behandlung nachgemachter u. verfälschter sowie beschädigter Reichskassenscheine: FMB. v. 20. Juli 1876 (FMBl. 152) u. JMB. v 12. Nov. 1876 (JMBl. 291). • Darlehenskassenscheine MB. v. 18. Febr 1915 (FMBl. 121). Neue Reichsbanknoten zu 20 ℳ GVBl. 1917 S. 5.

Pensionen: BeamtenG. Art. 47 ff.; P.-Beihilfen, FMB. v. 21. Nov 1910 (FMBl. 347); P.-Zulagen, FMB. v. 23. Aug. 1910 (FMBl. 221); Feststell. d. pensionsfäh. Dienstzeit, FMB. v. 19. Juni 1910 (FMBl. 149) MB. v. 16. Aug. 1917 (MABl. 212) u.

JMB. v. 10. Aug. 1917 (JMBl. 36); der Gendarmerie, FMB. v. 27. Juni 1911 (FMBl. 490); Festsetzung d. Bezüge d. Hinterbliebenen, FME. v. 5. April 1910 (FMBl. 107), v. 21. Febr. 1911 Nr. 2351, bei widerruflichen Beamten FME. v. 4. Dez. 1914 Nr. 34 749 u. JMB. v. 12. Dez. 1914 (JMBl. 238). • Pens.-Ueberweisung FME. v. 15. Juli 1915 Nr. 31 762/13.

Personenstandsregister: FMBl. 1910 S. 35 (abgekürzte Auszüge).

PferdeversicherungsGes. in d. Fass. v. 2. Nov. 1912 (GVBl. 1126), Vollz.-Bek. v. 2. Okt. 1913 (FMBl. 461), FinGes. v. 2. Nov. 1912 (GVBl. 1125).

Plannummernbezeichnung d. Grundstücke: FMBl. 1901 S. 525.

Politische Blätter: 30 M. Jahreshöchstbetrag § 32 Gesch.-Anw. f. d. Rent.; BezAe. kein Höchstbetrag, InnMBl. 1910 S. 504.

Polytechn. Verein: Falls nicht aus bez. Regie, ev. aus Distriktsmittel, ÄME. v. 3. August 1909 Nr. 19 226 II.

Porto: Dienstwertzeichen MB. v. 15. Juli 1916 (GVBl. 108); Gemeindewaisenräte, FMBl. 1909 S. 305, JMB. v. 18. Juli 1916 (JMBl. 35); Zahlung u. Verrechnung, FMBl. 1909 S. 422; Wahlvorsteher u. Wahlkommissäre, FMBl. 1909 S. 352 ff., 1911 S. 493; Hauptquittungen am Jahresschlusse: MB. v. 25. Aprl 1914 (FMBl. 169); Briefe an deutsche Konsulate im Ausland portopflichtig: InnMBl. 1916 S. 50; Portoersatz der Versicherungsämter an die Gemeinden InnME. v. 6. März 1916 (MABl. 40).

Postanweisungen: eingehende, §§ 50, 51 GeschA. § 10 FMBl. 1911 S. 292.

Postordnung: f. d. Deutsche Reich v. 28. Juli 1917 (RGBl. 763, GVBl. 357); f. Bayern: Bek. v. 24. März 1917 (GVBl. 79); Änderung: GVBl. 1917 S. 354, 484.

Postscheckverkehr: ReichsPostscheckGes. v. 26. März 1914 (RGBl. 85), Postscheckordnung Bek. v. 22. Mai 1914 (RGBl. 131); für Bayern: Postscheckordnung v. 7. Juni 1914 (GVBl. 160); Änderung: GVBl. 1917 S. 170; Scheckgesetz v. 11. März 1908 (RGBl. 71), FMB. v. 9. Sept. 1909 (GVBl. 670/71), Anschluss der Aemter d. Finanzverwaltung, FMB. v. 17. August 1909 (FMBl. 561), der Aemter und Stellen des Min. d. Aeussern u. Innern, ÄInnMB. v. 21. Febr. 1910 (ÄInnMBl. 43 ff.), der Gerichte u. Strafanstalten, JFMB. v. 11. August 1910 (FMBl. 240). • Behandlung der Zahlungsanweisungen, FMB. v. 29. März 1910 (FMBl. 106), Zahlkarten über 10 000 M., FME. v. 7. Juli 1910 (FMBl. 170). Auszahlung von Bezügen der Beamten etc. FMB. v. 20. Juli 1913 (FMBl. 371), Zahlungen im Wege des Postscheckverkehrs FME. v. 14. Okt. 1916 (FMBl. 164); Einhebung von Steuern etc. durch Vermittlung der bay. Postscheckämter FMB. v. 27. Juni 1917 (FMBl. 111).

Prüfungsvorschriften: für den höheren u. mittl. Finanzdienst — allgemein — AVO. v. 10. Mai 1903 (GVBl. 340), FMBek. v. 26. Mai 1903 (FMBl. 235) u. v. 9. Januar 1912 (FMBl. 2), Prüfungen f. d. höh. Justiz- u. Verwalt.-Dienst, AVO. v. 4. Juli 1899 in d. Fass. der Bek. v. 1. August 1912 (GVBl. 703); für den mittl. Finanzd., FMBek. v. 13. März 1905 (FMBl. 105); für d. Studierenden d. Forstwissenschaft, MBek. v. 2. März 1912 (FMBl. 41).

Reblausbekämpfung: RGBl. 1904 S. 261, 265, 325, GVBl. 1906 S. 193; FMBl. 1907 S. 1 (§§ 12, 17, 19, 23, 35, 61, 62, 69, 70, 72—75).

Rechnungsstellung: Aufstellung u. Vollzug des Budgets, Bek. v. 23. Juni 1907 FMBl. 1907 S. 221; Herstellung der Rechnungen über die budgetmäßigen Einnahmen und Ausgaben, E. v. 23. Febr. 1909 FMBl. S. 123; staatliche Rechnungswesen, MB. v. 21. Juni 1911 (FMBl. 487); Vereinf. des Rechnungswesens, ME. v. 5. Febr. 1912 (FMBl. S. 11), FMB. v. 13. Jan. 1915 (FMBl. 1); Beschleunigung, FMB. v. 12. März 1913 (FMBl. 205); Rechnungsschema ME. v. 8. Jan. 1913 (FMBl. 1), FMB. v. 13. Jan. 1915 (FMBl. 1).

Rechtshilfe: MBek. v. 29. März 1907 (FMBl. 148) mit MB. v. 6. Dez. 1914 (FMBl. 1915 S. 85) u. v. 9. Mai 1912 (FMBl. 233).

Regie: der richterl. Disziplinargerichte, FMBl. 1909 S. 319.

Reichsbeihilfen: RGBl. 1895 S. 237, § 2 d. Ges. v. 9. Juni 1906 (RGBl. 730), v. 19. Mai 1913 (RGBl. 297) AusfBest. d. Bundesr. FMBl. 1914 S. 21, InnME. v. 24. Dez. 1913 (FMBl. 1914 S. 17, MABl. 1913 S. 941), InnME. v. 11. April 1908 Nr. 9510, ME. v. 1. Febr. 1913 (FMBl. 209) (Wegzug in e. anderen Bundesstaat); Wegfall beim Genuss einer Unterstützung aus d. Kaiserl. Dispositionsfond, FMBl. 1905 S. 334; Erhöhung auf 150 Mk., RG. v. 19. Mai 1913 (RGBl. 297).

Reichsbesteuerungsgesetz: RG. v. 15. April 1911 (RGBl. 187).

Reichs-Gerichtskosten-Ges.: RG. v. 1. Juni 1909 (RGBl. 475), Aend. RGBl. 1910 S. 771. VollzugsBek. v. 12. Aug. 1910 (FMBl. 183), K. VO. v. 28. Dez. 1914 (GVBl. 677), FMB. v. 20. Juni 1915 (GVBl. 156), vgl. auch Einziehung.

Reichs- u. Staatsangehörigkeit: RG. v. 22. Juli 1913 (RGBl. 583). • BundesrB. v. 29. Nov. 1913 (ZentrBl. f. d. Deutsche Reich S. 1201, 1212). InnMB. v. 3. März 1916 (MABl. 21).

Reichsversicherungsordnung: Ges. v. 19. Juli 1911 (RGBl. 509), EinfG. v. 19. Juli 1911 (RGBl. 839), AusfG. v. 2. Nov. 1912 (GVBl. 1135); OberversAe., Bek. v. 30. November 1912 (GVBl. 1229), VersAe., Bek. v. 30. Nov. 1912 (GVBl. 1232), MBek. d. Inn. v. 10. Januar 1913 (FMBl. 141) und v. 10. Jan. 1913 (FMBl. 145); OberversA. d. Verkehrsverw., Bek. vom 16. Dez. 1912 (GVBl. 1273), KnappschOberversA., Bek. v. 17. Dez. 1912 (GVBl. 1279), MB. v. 14. Jan. 1914 (GVBl. 25); Kassen-RechnWes., MBek. v. 4. April 1913 (FMBl. 237 u. 263), • GVBl. 1913 S. 80, 768, • 1914 S. 9, 25, 58, 102, • FMBl. 1913 S. 33, 34, 101, InnME. v. 24. Aug. 1914 (FMBl. 289), • VollzVorschr. z. Reichsvers. im Staatsforstbetrieb ME. v. 27. Dez. 1913 (FMBl. 539), Gebühren der Amtsärzte FMBl. 1914 S. 129. • Versicherungspflicht bei Dienstleistungen der Familienangehörigen der Beamten: MB. v. 14. Aug. 1914 (FMBl. 287). • Beitragsleistung d. Staates: MB. v. 7. Okt. 1914 (FMBl. 292). • Etatsm. Beamte MBek. v. 30. Dez. 1913 (GVBl. 1914 S. 9) u. v. 8. April 1914 (GVBl. 102). KVO. v. 18. Aug. 1915 (GVBl. 669). • Invalidenvers. RG. v. 12. Juni 1916 (RGBl. 525). • Kassen- u. Rechnungsführung d. Krankenkassen InnME. v. 2. Febr. 1916 (MABl. 9).

Reichsstempelgesetz: v. 3. Juli 1913 (RGBl. 544), neue Fassung Bek. v. 2. August 1913 (RGBl. 639), Ausführungsbestimmungen d. Bundesrats, Bek. v. 15. Sept. 1913 (GVBl. 523). Aenderung hiezu. ReichskanzlBek. v. 21. Nov. 1914 (GVBl. 653); BundesrB. v. 13. Juli 1916 (GVBl. 217) u. v. 7. Sept. 1916 (GVBl. 391); AVO. v. 13. März 1914 (GVBl. 81, FMBl. 141) u. MB. v. 17. April 1914 (FMBl. 143). • ReichskBek. v. 5. Nov. 1914 (GVBl. 647); Stundung v. Grundwechselabgaben BundesrVO v. 24. Juni 1915, FMB. v. 7. Aug. 1915 (GVBl. 659). Vergütung an d. Notare bei Grundstücksübertragungen, AVO. v. 19. Okt. 1910 (GVBl. 1019), AVO. v. 15. Okt. 1914 (FMBl. 311), MB. v. 20. Juni 1915 (GVBl. 405), rechnerische Behandlung der Vergütung d. Not. MBek. v. 20. Juni 1915 (GVBl. 407). • zur Abstempelung zuständige Stellen FMB. v. 16. Jan. 1911 (GVBl. 23). Versicherungen zu Lasten des Reichs oder e. Bundesstaats stempelfrei FMB. v. 22. Dez. 1915 (GVBl. 743). • Warenumsatzstempel RG. v. 26. Juni 1916 (RGBl. 639). • Frachturkundenstempel RG. v 17. Juni 1916 (RGBl. 555), K. VO. v. 30. Juli 1916 (GVBl. 247) MB v 31. Juli 1916 (GVBl. 249), Ersatz d. Scheckstempels (GVBl. 1916 S. 391), Gesellschaftsstempel FMBl. 1916 S. 212.

Reinigung, Beheizung d. Rentamtsräume: FME. v. 18. März 1913 (FMBl. 217).

Reisekosten: s. Tagegelder.

Rentamtsgehilfen-Pensionsverein: FMBl. 08 S. 120.

Sachverständige: Gebührenordn. f. Zeugen u. Sachv. s. Fin.-Kal. Nr 23, • ärztliche s. Fin.-Kal. Nr. 24.

Schätzungen: von Grundstücken, JInnMB. v. 14. Juli 1909 (JMBl. 307). • Schätz.-Kosten bei Versicher. d. Staatsgeb. gegen Brandschaden nach Anfall zahlbar, MB. v. 29. Dez. 1909 (FMBl. 722). • Schätzungstabelle f. Dienst-Mietwohnungen, MB. v. 28. Juni 1909 (FMBl. 531, 535).

Scheck: RG. v. 11. März 1908 (RGBl. 71), Scheckstempel weggefallen: RG. v. 26. Juni 1916 (RGBl. 639, vgl. auch RGBl. 1913 S. 522); s. Fin.-Kal. Nr. 35 u. 36.

Schenkungssteuer: §§ 55 ff. Reichserbschaftssteuerges. v. 3. Juni 1906 RGBl. S. 672, Mitteilung von Schenkungsurkunden zwischen Eheleuten untereinander und Eltern u. Abkömmlingen durch Gerichte u. Notare erlassen: FMBl. 1910 S. 117.

Schlüsselduplikate: Hinterlegung §§ 60, 71 IV Gesch.-Anw.

Schubwesen: Geb. d. Schubführer (Ziviltransporteure) InnMB v. 10. Dez. 1908 (FMBl. 1909 S. 4 u. InnME. v. 18. Okt. 1916 Nr. 2077 c 1, Krankenversicherungs-Pflicht ders. MABl. 1904 S. 97; • Schubkosten bei Zwangserziehung MABl. 1909 S. 365 u. JME. v. 7. Januar 1910 Nr 36 659, • bei Ausländern FMBl. 1873 S. 80; 1881 S. 263; 1876 S. 99; • Bekleidungskosten FMBl. 1866 S. 95; 1867 S. 118; 1869 S. 83, 191; 1886 S. 339; • Beschwerderecht FMBl. 1865 S. 151; • Schnellzüge FMBl. 1895 S. 29; • in d. Pfalz JMBl. 1881 S. 185.

Schulbedarfsges. s. Lehrer.

Schulbeiräte: K. VO. v. 29. Juli 1917 (GVBl. 341).

Schulordnung f. d. höher Lehranstalten: AVO. v. 30. Mai 1914 (GVBl. 133) u. InnMABl. 1916 S. 273.

Schulpflicht: AVO. v. 22. Dez. 1913 (GVBl. 966).

Sicherungsmassregeln: bei Ableben e. Beamten cf. Ableben.

Soldatenreiche Familien: s. Aufwandsentschädigung.

Sonntagsruhe: Fin.-Kal. Nr. 48.
Staatsgüterfondsrechnung: Schema E. d. K. Obersten Rechnungshofes v. 25. März 1909 Nr. 127 I, FME. v. 5. August 1908 Nr. 21 011 nun FMBl. 1917 S. 9.
Staatsschuldbuch: Ges. v. 20. Juli 1912 (GVBl. 684), FMB. v. 7. Febr. 1913 (FMBl. 155), AVO. v. 20. Dez. 1912 (GVBl. 1283), Bek. v. 21. Dez. 1912 (GVBl. 1284).
Standesamtliche Nebenregister usw.: JMBl. 1899 S. 1305; JME. v. 22. Dez. 1900 Nr. 46 518 (Aversalentschädigung für Aufsichtsführung über d. Standesbeamten in d. Pfalz).
Statistik: ReichserbschSt. FMB. v. 28. Juni 1907 (FMBl. 289) u. v. 6. Januar 1910 (FMBl. 23), • der Straffälle bezügl. Wechsel- u. Reichsstempel aufgehoben FMBl. 1911 S. 421; • stat. Landesamt AVO. v. 21. Dez. 1908 (GVBl. 1138).
Steuerämter: Organisation AVO. v. 15. Dez. 1908 (GVBl. 1098).
Steuer- u. Gemeinde-Einnehmer: Sicherheitsleistung K. VO. v 23. Aug. 1903 (GVBl. 461) u. v 28. Jan. 1917 (GVBl. 31).
Strafaufschub: Verfahren in Begnadig. u. Strafaufschubsachen JFMB. v. 6. Mai 1911 (FMBl. 395).
Strafanstalten: Kassen, Buchführungswesen MB. v. 24. Dez. 1913 (FMBl. 587).
Strafvollzugskosten: Strafanstalten MB. v. 24. Dez. 1913 (FMBl. 583).
Stundungswesen: Stundung d. Geldstrafen JMBl. 1910 S. 1031; JFMBek. v. 6. Mai 1911 (FMBl. S. 406).
SüßstoffGes. v. 6. Juli 1898 (RGBl. 919), 7. Juli 1902 (RGBl. 253).
Tabaksteuer: RG. v. 15. Juli 1909 (RGBl. 793) u. 12. Juni 1916 (RGBl. 507).
Tagegelder u. Reisekosten: K. VO. v 17. Juli 1915 Entschädig d. Be. bei Vornahme auswärtiger Dienstgeschäfte. (GVBl. 563), MB. v. 20. Juli 1915 (GVBl. 574), Kostenvorschuss ME. v. 2. Jan. 1916 (FMBl. 2); • Tagegelder usw d. Messungsämter FMB. v. 16. Juni 1909 (FMB. 480); • der Landwirtschaftslehrer FME. v. 21. April 1897 (FMBl. 60), • der Rentamts- u. Bauamtsvorstände bei Besichtigung v. Wohnungen auf Et. 14 c. 4 § 3 (FMBl. 1915 S. 5), • d. Bezirksamtmänner AVO. v. 21. Juli 1908 (GVBl. 1121); • der Geschworenen, Schöffen und Vertrauensmänner GVerfGes. §§ 40, 55, 96; AVO. v. 29. Juli 1913 (RGBl. 617), Bek. v 2. August 1913 (RGBl. 618), Bek. v. 18. August 1913 (FMBl. 405), AVO. v. 18. August 1913 (GVBl. 497); • der Waisenräte MB. v. 22. Dez. 1899 (JMBl. 553) u. v. 23. Aug. 1900 (FMBl. 352); • der Mitglieder der Steuerausschüsse, Beruf.-Komm., Zeugen u. Sachverst. in Steuers. FMB. v. 29. Juli 1911 (FMBl. 504), • Haussteuertaxatoren FMB. v. 27 Febr. 1911 (FMBl. 235).
Telegramm- u. Telephonverkehr: TelegraphenO. v 29. Juni 1904 in d. Fassung v. 1. Aug. 1916 an (GVBl. 153), Änderung GVBl. 1917 S. 192; der staatlichen Behörden VerkME. v. 4. Febr. 1908 (FMBl. 432). • Zahlung u. Verrechnung d. Post- usw. Geb. MBek. v. 14. Mai 1909 (FMBl. 422) und staatl. VersicherungsBeh. MBek. v. 19. Nov. 1913 (FMBl. 511). Bedingungen f. den Anschluss an d. Ortstelephonnetz GVBl. 1917 S. 153, 1916 S. 165.

Tierärzte: AVO. v. 21. Dez. 1908 (GVBl. 1141).
Umlagen: Gesetz v 14. August 1910 (GVBl. 581), Änderungen GVBl. 1917 S. 69; • Vollzugsvorschriften v. 12. Juni 1911 (GVBl. 819); • des Aerars u. deren Liquidation InnME. v 23. März 1910 (FMBl. 133).
Umzugskosten: Ersatz der Umzugskosten AVO. v. 20. Nov. 1902 (GVBl. 709), geändert durch § 4 AVO. v. 10. Dez. 1908 (GVBl. 1041); • Vollzugsvorschr. hiezu FMB. v. 20. Nov. 1902 (FMBl. 347), • siehe Beil. z. Fin.-Kal. 1913.
Unfallversicherung: s. Reichsversicherungsordnung.
Unsteuerbare Flächen: Feststellung d. Eigentums FMBl. 1911 S. 225.
Unterhaltung d. Staatsgebäude: Ausgaben u. Verrechnung MBek. v. 29. Dez. 1909 (FMBl. 721).
Unterstützungsfonds f. Industrie u. Gewerbe: FME. v. 5. April 1909 Nr. 8158 (Bez.-Ae. sind bei der Bewilligung u. Auszahlung d. Darlehen beteiligt, aber nicht bei d. Rückzahlung, die von den Genossensch. usw. unmittelbar an d. Kreiskassa geleistet werden, erst bei Rückz.-Anständen hat d. Bez.-A. einzugreifen).
Unterstützungsverein: I. Allgemeiner St.-U.-V revidierte Satzungen FMBl. 1909 S. 58; geändert GVBl. 1912 S. 720 u. FMBl. 1912 S. 93; • rechnerische Behandlung d. Einnahmen u. Ausgaben FMBl. 1890 S. 52; • Hauptbuch § 82 II Gesch.-Anweis. für d. Rent. — II. U.-V. f. d. Forstpersonal: FMBl. 1897 S. 285, geändert FMBl. 1909 S. 674, 1916 S. 222. • Töchterkasse FMBl. 1883 S. 68, 1903 S. 131. • Zu Ziff. I u. II: Beitragspflicht während der Beurlaubung FMBl. 1916 S. 84.
Unterstützungswohnsitz: Ges. v. 30. Mai 1908 (RGBl. 381), in Bayern eingeführt, RG. v. 30. Juni 1913 (RGBl. 495).
Vereinszollges. v. 1. Juli 1869 (BundesgesBl. 317).
Vergütungen: an Amtsdiener MBek. v. 9. Mai 1906 (FMBl. 161) u. MB. v. 23. Okt. 1915 (FMBl. 321), v. 1. Aug. 1916 (FMBl. 106); Bezirksamtsdiener InnM. v. 18. Aug. 1910 (MABl. 505, 1913 S. 126); cf. auch Nebenamt; • f. Aktenausscheidung nur mit minist. Gen. Etatsreskr. v. 17. Aug. 1910 Nr. 26725, Verrechnung FME. v. 23. Febr. 1909 § 18 (FMBl. 135); Verg. an Gemeinden f. Erhebung d. bes. Abg. nach Art. 220 GebG. (jetzt Tarif Nr. 19 StempelG.) MBek. v. 19. Juni 1913 (FMBl. 350); • der Not. f. d. Besorgung des Kosten- u. Stempelwesens Bek. v. 20. Juni 1915 (GVBl. 405 u. 407).
Verkehrsverwaltung: Errichtung e. Staatsmin. f. Verkehrsangelegenheiten K. VO. v. 14. Dez. 1913, geändert mit VO. v. 18. Dez. 1906 u. 29 April 1917, neue Fassung Bek. v. 30. April 1917 (GVBl. 94); Zuständigkeitsordnung Bek. v 21. März 1907 (GVBl. 109) u. v. 7. Dez. 1908 (GVBl. 1071). • Verwaltungsordnung f. d. Verkehrsanstalten AVO. v. 18. Dez. 1906 (GVBl. 871), AVO. v. 31. Dez. 1912 (GVBl. 1317) u. AVO. v. 3. Dez. 1908 (GVBl. 1069).
Vermögenszeugnisse: zu Stipendien, Unterstütz.-Zwecken, Geb. frei Art. 180 KostG.; • in Strafsachen MB. v. 3. Okt. 1912 (FMBl. 323).
Verweisung eines Rechtstreits an d. Gericht eines anderen Bundesstaates: Kosteneinziehung FMBl. 1911 S. 420.

Viehversicherung: Ges. v. 2. Nov. 1912 (GVBl. 1126) VollzB. v. 2. Okt. 1913 (FMBl. 461).
Volksschulen: Schulbedarfsges. v 28. Juli 1902 (GVBl. 265) u. BG. Art. 229, Staatszuschüsse FMBl. 1916 S. 190.
Volkszählung: Kosten infolge bezirksamtl. Tätigk. InnME. v. 24. März 1911 Nr. 606, sonst Gemeinde.
Waldbauschulen: FMB. v. 30. März 1915 (FMBl. 137). Schulordnung FMB. v. 28. Mai 1915 (FMBl. 163).
Waldwärter: Anstellungsbedingungen FMB. v. 15. April 1914 (FMBl. 149).
Warenhaussteuer: Ges. v. 14. August 1910 (GVBl. 597), VollzB. v. 14. Juni 1911 (GVBl. 943).
Warenumsatzstempel RG. v. 26. Juni 1916 (RGBl. 639). KVO. v. 29. Sept. 1916 (GVBl. 431). Reichsaufsicht FMBl. 1917 S. 22, Tätigkeit d. Notare FMBl. 1917 S. 73; Staatsforstverwaltung FME. v 5. Mai 1917 (FMBl. 82).
Wassergesetz: Ges. v. 23. März 1907 (GVBl. 157); Wasserschau InnME. v. 4. Mai 1909 (FMBl. 454).
Wehrbeitrag: RG. v. 3. Juli 1913 (RGBl. 505), VollzBek. vom 19. Nov. 1913 (GVBl. 815), desgl. v. 9. Dez. 1913 (GVBl. 881).
Wein: Weinges. RG. v. 7. April 1909 (RGBl. 393), Vollzug GVBl. 1909 S. 435, Verwertung eingezogenen W. MB. v 18. Jan. 1908 (FMBl. 1909 S. 649); • Untersuchungsstellen für import. W. GVBl. 1909 S. 634 u. 845; der Intendantur II. AK. anzubieten FMBl. 1917 S. 161
Wichsen d. Fussböden: FMB. v. 21. April 1915 (FMBl. 152).
Wiederaufforstung: Hinterlegung der Sicherheit FMBl. 1910 S. 33.
Wiederverwendung pens. Beamten FME. v. 16. Febr. 1912 (FMBl. 35).
Zahlung: (vgl. auch Auszahlung) aus Staatskassen an auswärtige Empfangsberechtigte im Postanweisungsverkehr FME. vom 24. August 1911 (FMBl. 521). ME. v. 5. Febr. 1912 (FMBl. S. 11.)
Zustellung: Briefe mit Zustellungsurk. JMBl. 1914 S. 40, 123; Zahlungsanweisungen über Witwenbezüge im Falle des Todes oder der Wiederverehelichung als unbestellbar zu behandeln FMBl. 1917 S. 159.
Zeitungen: Verrechnung der Abonnementpreise FMBl. 1868 S. 207 u. 1907 S. 234 § 18 Abs. 3; • Verkauf alter Z. FMBl. 1871 S. 43, 1873 S. 76, 1874 S. 65, • Abholung durch die Amtsdiener FMBl. 1873 S. 77; • Höchstbetrag bei d. Rentämtern FMBl. 1903 S. 288 § 32; • bei den Bezirksämtern ME. d. Innern v. 7. August 1907 Nr. 10855, AInnMBl. 1910 S. 504.
Zuwachssteuer: RG. v. 14. Febr. 1911 (RGBl. 33), AusfVorschr. d. Bundesrats Bek. v. 27. März 1911 (Zentralbl. S. 79, mitgeteilt mit MB. v. 3. April 1911 GVBl. 189 ff.), AVO. v. 1. April 1911 (GVBl. 185) d. Vollzug betr. MB. v. 27. Juni 1911 (GVBl. 965) den Vollzug betr. desgl. FMB. v. 21. Mai 1911 (GVBl. 791), FMB. v. 11. März 1913 (GVBl. 95), RG. v. 3. Juli 1913 (RGBl. 521, die Erhebung des Reichsanteils fällt weg), VollzBek. v. 2. Juli 1915 (GVBl. 413).
Zwangserziehung: s. Fürsorgeerziehung.
Zwangsversteigerung u. Zwangsverwaltung: RG. v. 24. März 1897 in d. Fass. v. 20. Mai 1898 (RGBl. 713), Aenderung RGBl. 1915 S. 327, EinfGes. RGBl. 1898 S. 750 JMBek. v. 31. März 1905 (JMBl. 587) u. 27. Juli 1915 (JMBl. 58).

Alphabetisches Verzeichnis.

www.ingramcontent.com/pod-product-compliance
Lightning Source LLC
LaVergne TN
LVHW010534300926
849162LV00002B/146